指引办案思路的新型工具书

9

民商事典型疑难问题适用指导与参考

土地房地产与建设工程纠纷卷

主编／王玮玲 周江涛

◎ 疑难问题汇总
◎ 典型案例参考
◎ 办案依据集成

中国检察出版社

图书在版编目（CIP）数据

民商事典型疑难问题适用指导与参考．土地房地产与建设工程纠纷卷/王玮玲，周江涛主编．—北京：中国检察出版社，2013.2
ISBN 978-7-5102-0810-2

Ⅰ.①民… Ⅱ.①王…②周… Ⅲ.①土地管理法-法律适用-中国②房地产业-法规-法律适用-中国③建筑法-法律适用-中国 Ⅳ.①D922.305②D922.181.5③D922.297.5

中国版本图书馆CIP数据核字（2012）第310046号

民商事典型疑难问题适用指导与参考
土地房地产与建设工程纠纷卷

主编/王玮玲　周江涛

出版发行：	中国检察出版社
社　　址：	北京市石景山区鲁谷东街5号（100040）
网　　址：	中国检察出版社（www.zgjccbs.com）
电　　话：	（010）68630385（编辑）　68650015（发行）　68636518（门市）
经　　销：	新华书店
印　　刷：	三河市燕山印刷有限公司
开　　本：	720 mm×960 mm　16开
印　　张：	45.75印张
字　　数：	839千字
版　　次：	2013年2月第一版　2014年9月第二次印刷
书　　号：	ISBN 978-7-5102-0810-2
定　　价：	98.00元

检察版图书，版权所有，侵权必究
如遇图书印装质量问题本社负责调换

出版说明

近十余年来,在合同、侵权、婚姻家庭、金融等民商事领域的司法实践中,出现了很多新情况、新问题,其中不乏具有典型性、疑难性的法律适用问题,针对这些问题,急需进行归纳总结,并得出具有参考和借鉴价值的处理和认定思路。基于上述现实需求,我们倾力组织法学专家、资深法官、检察官及律师等编撰并推出《民商事典型疑难问题适用指导与参考丛书》。

本丛书分为婚姻家庭继承纠纷卷、物权纠纷卷、合同纠纷卷、知识产权与竞争纠纷卷、劳动争议与人事争议卷、公司企业纠纷卷、金融纠纷卷、侵权纠纷卷、土地房地产与建设工程纠纷卷共九卷。各卷紧密结合各地司法实践,归纳提炼出百余个司法典型疑难问题并作出精准解析,同时附以具有权威性的指导、参考案例对同类案件的案情、诉辩情况、裁判结果、裁判理由等核心要素加以介绍,以帮助读者寻求破解疑难问题的办案思路、标准和尺度。各卷还提供了各类型纠纷全面、准确的办案依据。《民商事典型疑难问题适用指导与参考丛书》所提炼的问题凸显典型性、疑难性,解答思路具有很强的指导、参考和专业性,参考案例具有真实性、权威性,办案依据提供了便捷查询的通道,特别适合公检法人员、律师等法律专业人士使用。

受时间和能力所限,丛书在编撰过程中难免出现不足或错漏,敬请读者批评指正,以便我们在再版时予以修订。

编　者

2013 年 1 月

目　录

―――― 第一部分　土地与房地产纠纷 ――――

第一章　建筑物区分所有权纠纷

一、业主专有权纠纷 …………………………………………（1）

1. 物业公司能否以与业主签订协议的方式限制业主封闭阳台？……（1）

2. 购房时对阳台状况约定不明，物业公司以协议限制业主封闭阳台是否可行？……………………………………（3）

3. 业主在自己房屋内安装大型浴缸，可能对整幢大楼的安全和正常适用有较大影响，物业公司可否对其权利行使加以干涉？……………………………………………………（6）

4. 购房时售楼人员口头承诺"买一楼送花园"，但购房协议及物权登记上无相关记载，该业主是否有权对其屋前庭院绿地进行改造？……………………………………（9）

　办案依据集成（13）

二、业主共有权纠纷 …………………………………………（16）

5. 房地产开发公司未经业主同意将建筑物楼顶空间及架空层扩建成楼房，业主是否有权要求其恢复原状？……（16）

6. 业主是否有权不经其他共有权人同意，在公共楼道墙壁上开门并安装防盗门？………………………………（20）

7. 新建小区中配建的社区办公用房产权归属业主或业主委员会还是开发商或物业服务公司？……………………（22）

8. 开发商因违规建造被撤销建设工程规划许可证和房产证，经与业主委员会协商将违规建筑交由业委会所有，经规划、房产部门审批同意后办理产权登记手续，此后，开发商可否以赠与合同为由撤销赠与？……………………（23）

9. 经营性用房的业主能否在其阳台与他人阳台之间的外墙上悬挂经营性广告牌？………………………………………（26）

10. 业主能否在建筑物共有部分内安装太阳能？…………（29）

11. 物业公司能否以与业主签订协议的方式限制业主改变外立面？…………………………………………………（32）

12. 在签订相关协议后，业主可否安装齐墙外置式防盗栅栏和外挂式晾衣架？………………………………………（32）

   办案依据集成 ……………………………………………（36）

三、车位纠纷 ……………………………………………（39）

13. 开发商能否为了满足特殊要求，擅自减少规划中设置的停车位数量或改变消防通道的通行方式？………………（39）

   办案依据集成 ……………………………………………（43）

四、车库纠纷 ……………………………………………（46）

14. 业主与开发商对售房时是否承诺建立"公用停车库"说法不一，应如何认定事实？…………………………（46）

   办案依据集成 ……………………………………………（49）

第二章 土地承包经营权纠纷

一、土地承包经营权确认纠纷 …………………………（52）

15. 户籍未迁走的"出嫁女"是否仍在原村中享有土地承包经营权？……………………………………………（52）

16. "出嫁女"是否有权获得土地征用的补偿费？……………（ 52 ）

17. 对外发包的土地承包合同未报乡（镇）人民政府批准，是否无效？……………………………………………（ 54 ）

18. 以家长会议形式决定并签订的山林承包合同的效力如何认定？……………………………………………（ 58 ）

19. 土地承包经营权转包口头协议是否有效？………………（ 59 ）

20. 村民将自己承包的土地交由他人耕种是否表明其放弃了土地承包经营权？……………………………………（ 61 ）

21. 承包土地的交回需满足什么条件？………………………（ 64 ）

22. 村委会能否强行收回发包土地并转包给第三人？………（ 66 ）

23. 当与不同村民就同一土地先后签订了两份土地承包合同时，如何确定土地承包经营权的归属？……………（ 68 ）

📖 **办案依据集成** ……………………………………………（ 72 ）

二、承包地征收补偿费用分配纠纷……………………………（ 83 ）

24. 承包户户口变更为非农业但仍然耕种原承包地时，能否获得征地补偿款？……………………………………（ 83 ）

25. 征地补偿款的分配能否以姓氏为标准进行区分？………（ 83 ）

26. 服刑人员或服过刑的村民能否参与征地款的分配？……（ 86 ）

27. 婚后未将户籍迁出的"出嫁女"是否享有原集体经济组织的征地补偿款分配权？…………………………（ 87 ）

28. 村委会能否通过决议剥夺"出嫁女"的征地款分配权？…（ 87 ）

29. 进城镇落户的"农转非"农民是否享有征地补偿款的分配权？………………………………………………（ 90 ）

30. 农村家庭承包与其他承包方式的征地补偿费分配标准是否相同？………………………………………………（ 95 ）

31. 户籍迁出但未在迁入村分得土地的"出嫁女"是否有权分得原村承包地的征地补偿款？……………………（105）

32. 在进行征地补偿款分配时，村民要求贯彻计划生育奖励政策对其多加分配，此争议是否属于民事权益纠纷？……（110）

33. 户口迁至学校的在校大中专学生是否享有征地款的分配权？……（111）

34. 村民自愿农转非，是否必然丧失原集体经济组织成员资格？……（112）

35. 家庭成员因死亡或出嫁发生变动时，应如何分配征地补偿款？……（114）

36. 出嫁后户口未迁出，且将婚后子女户口登记在原村的"出嫁女"，能否与子女一起要求分配原集体经济组织的征地补偿款？……（116）

37. 征地补偿安置方案确定后方迁入该集体经济组织的成员能否要求分配土地补偿费？……（118）

　　办案依据集成 ……（126）

三、土地承包经营权继承纠纷 ……（129）

38. 土地承包经营权能否继承？……（129）

　　办案依据集成 ……（131）

第三章　建设用地使用权合同纠纷

一、建设用地使用权出让合同纠纷 ……（132）

39. 建设用地使用权出让合同中，合同项下的土地部分办理了农用地转用审批、部分土地未经审批，该合同效力如何？……（132）

40. 由于国家政策性要求导致土地使用权出让合同无法继续履行，应如何处理？……（139）

41. 在土地使用权出让过程中，挂牌出让公告这一行为属于要约还是要约邀请？……（158）

　　办案依据集成 ……（168）

二、建设用地使用权转让合同纠纷……………………（172）

  42. 在未支付全部土地使用权出让金并未取得土地使用权证书的情况下将土地使用权转让，此转让合同是否有效？……（172）

  43. 为逃避土地使用权转让税费而签订的虚假土地使用权出让合同应如何处理？……………………………………（177）

  44. 已设定抵押的土地使用权能否转让？………………（180）

  45. 在转让方未取得土地使用权的情况下，双方签订的土地使用权转让合同是否有效？……………………………（190）

  46. 受让方要求返还已支付土地使用权转让费的诉讼时效期间如何计算？…………………………………………（191）

  47. 签订土地使用权转让合同后，转让方方取得土地使用权的，合同效力如何？……………………………………（202）

  48. 土地使用权转让的税费双方如何分担？……………（202）

  49. 人民法院可否自行对合同违约金数额进行调整？…（203）

  50. 双方对转让合同条款的约定内容发生歧义，应如何处理？……（218）

  办案依据集成……………………………………………（229）

第四章　房地产开发经营合同纠纷

一、合资、合作开发房地产合同纠纷……………………（231）

  51. 如何认定合同当事人签订的是合作开发房地产合同还是土地使用权转让合同？……………………………………（231）

  52. 村委会与他人订立的合作开发合同的效力如何认定？……（246）

  53. 合作开发房地产合同纠纷中，应如何区分合同双方是借用资质还是合作开发？………………………………（253）

  54. 合作开发房地产合同中，一方当事人构成根本违约，另一方当事人可否单方解除合同？………………………（257）

📕 办案依据集成 ································· （289）

二、项目转让合同纠纷 ································· （291）

  55. 代理人擅自将被代理人的参建权益转让给他人，如何认定转让行为是否有效？ ················ （291）

  📕 办案依据集成 ································· （298）

第五章　房屋买卖合同纠纷

一、商品房预约合同纠纷 ······························· （301）

  56. 签订商品房订购协议后，由于开发商提供的商品房预售格式合同中有样板房仅供参考等不利于购房者的条款，以致双方未能订立商品房预售合同，此时，开发商已收取的定金应如何处理？ ···················· （301）

  57. 欲购房人与开发商签订的《购房意向书》是否属于预约合同的性质？ ···································· （306）

  58. 预约合同中的定金罚则如何运用？ ················ （312）

  59. 开发商在取得预售许可证之前与购房者签订的认购协议书是否有效？ ································ （316）

  60. 双方在签订的商品房预约合同中约定由购房者先行交付一定数额的定金，在购房者未全额给付定金的情形下，开发商将商品房售与他人，是否构成违约？ ·············· （319）

  📕 办案依据集成 ································· （329）

二、商品房预售合同纠纷 ······························· （330）

  61. 交房时购房者发现所购房屋窗外加有展示沙盘及房屋模型上所未出现的装饰钢梁，购房者能否要求开发商承担违约责任？ ···································· （330）

62. 交房后，购房者发现房屋实际层高较双方签订的预售合同中约定的层高为低，购房者能否因此要求开发商进行相应赔偿? ………………………………………………………… (333)

63. 开发商建成后的房屋不完全符合商品房预售广告的宣传内容，是否构成违约? ………………………………… (336)

64. 以预售商品房为标的进行的拍卖，拍卖成交后，拍卖人在约定的时间内无法完整交付拍卖物或办理产权过户是否构成违约? …………………………………………… (342)

65. 预售房屋非为商品房，且出卖人未取得商品房预售许可证，此预售合同效力如何? ………………………… (345)

66. 商品房预售合同对有关定金数额是否有限制? ……… (348)

67. 在迟延履行的情形下能否适应定金罚则? …………… (348)

68. 商品房预售合同中，开发商未按约履行交房义务，购房者因此而主张的违约金的诉讼时效期间如何计算? …… (351)

69. 交房后，买受人发现出卖人交付使用的房屋建筑面积小于商品房预售合同约定的面积的，应如何处理? ……… (359)

 办案依据集成 …………………………………………… (365)

三、商品房销售合同纠纷 ……………………………………… (367)

70. 在房屋买卖合同不成立的情形下，是否存在定金问题? … (367)

71. 开发商与购房人签订的商品房买卖合同中约定的土地使用年限超出国家法定出让年限10年，应如何处理? …… (370)

72. 卖房多年后，夫妻一方能否以不知情为由主张夫妻关系中的另一方与他人的房屋买卖合同无效? …………… (374)

73. 商品房买卖合同签订后，买受人能否以房屋存在质量问题为由行使抗辩权，而拒付剩余房款? ………………… (376)

74. 商品房买受人诉请房地产公司、房产测量机构告知公摊面积的计算依据、公摊部位、计算方法和过程结果等，应否支持? ……………………………………………………… (379)

75. 开发商因政府部门变更规划而未履行在先签订的商品房买卖合同中的义务应否承担民事违约责任? ……（383）

76. 无法计入产权登记的露台能否出售? ……（385）

77. 双方在商品房买卖合同中约定，房屋实际面积大于约定面积的，买受人于开发商出示测绘部门出具的产权登记面积文件之日起 30 日内补交面积差价款，此处"测绘部门出具的产权登记面积文件"应如何理解? ……（388）

78. 商品房买受人违约后能否要求出卖人返还其已支付的价款及其利息? ……（391）

79. 出卖人"一屋二卖"应如何处理? ……（393）

80. 房地产开发商协助办证义务具体包括哪些内容? ……（395）

81. 如何认定房屋买卖活动中"阴阳合同"的效力? ……（398）

82. 职工与企业因福利房产生的纠纷是否属于法院受理范围? …（401）

83. 职工在合同履行期限未到的情况下离开企业，购买的福利房应如何处理? ……（402）

84. 合同双方对商品房买卖中格式合同的理解不同时，应如何处理? ……（405）

　办案依据集成 ……（409）

四、商品房委托代理销售合同纠纷 ……（418）

85. 双方当事人对合同约定存在不同理解时，应如何处理? ……（418）

86. "履约保证金"性质属违约金还是定金? ……（427）

　办案依据集成 ……（430）

五、农村房屋买卖合同纠纷 ……（436）

87. 农村居民因土地征用而成为非农户口，仍生活在农村的，其在农村购房行为是否有效? ……（436）

　办案依据集成 ……（439）

第六章 租赁合同纠纷

一、土地租赁合同纠纷 …………………………………………（440）

　88. 双方当事人签订的土地租赁合同期限超过20年的，该租赁合同的效力该如何认定？ …………………………（440）

　89. 租赁合同解除后，应如何处理？ ………………………（440）

　90. 双方当事人签订的改变农田使用性质的租赁合同，效力如何？ …………………………………………………（447）

　　📕 办案依据集成 ……………………………………………（451）

二、房屋租赁合同纠纷 …………………………………………（459）

　91. 房屋所有人以营利为目的，将以划拨方式取得使用权的国有土地上的房屋出租的，是否有效？ ……………（459）

　92. 当事人对租赁合同变更约定不明的，该如何处理？ …（459）

　93. 租赁双方约定的租赁期限未届期，但双方对之后的租金未明确约定亦达不成一致，一方提出解除合同，人民法院是否应当准许？ ………………………………………（459）

　94. 因第三方无偿使用部分租赁房屋，出租人和承租人各执一词，难以查清哪一方同意其使用，因此造成的损失该如何承担？ ………………………………………………（459）

　95. 在合同履行过程中，因发生雪灾导致租赁房屋坍塌是否构成不可抗力而不能实现合同目的？ ……………………（468）

　96. 出租人和承租人在租赁合同中如有承租人维修保养租赁物义务的约定，应如何界定承租人的维修保养义务的限度？ ……（469）

　97. 在不定期房屋租赁合同中，添附使用时间较为长久的固定设备，双方未对添附物的处置进行约定，租赁合同终止后，对于拆除该固定设备而引起的损失应如何承担？ ………（471）

　　📕 办案依据集成 ……………………………………………（475）

第七章 房屋拆迁安置补偿合同纠纷

98. 违约一方当事人承担赔偿责任如何与另一方当事人的损失程度相对应? ……（483）

99. 拆迁人违反合同约定，将本应回迁安置该被拆迁人的房屋出卖给第三人，被拆迁人请求解除合同的主张能否得到支持? ……（485）

100. 合同解除后，违约人该如何承担责任? ……（485）

101. 拆迁人签订的关于责任承担内部协议，是否对被拆迁人有效? ……（485）

办案依据集成 ……（490）

第八章 农村土地承包经营权合同纠纷

一、农村土地承包经营权转包合同纠纷 ……（495）

102. 在订立转包合同时，双方当事人在合同中没有约定明确的四至界限，也没有到现场勘测定桩划界，导致转包土地面积无法确定，承包人关于第三人侵权的主张能否得到支持? ……（495）

103. 如何认定土地承包经营权转包口头协议的法律效力? ……（500）

104. 如果在诉讼过程中，当事人主张的法律关系的性质或者民事行为的效力与人民法院根据案件事实作出的认定不一致，该如何处理? ……（500）

办案依据集成 ……（503）

二、农村土地承包经营权转让合同纠纷 ……（505）

105. 在当事人约定不明时，如何根据具体情况认定当事人所签合同为转让合同还是转包合同? ……（505）

📖 **办案依据集成** …………………………………………（509）

三、农村土地承包经营权互换合同纠纷 ……………………（511）

　106. 不在同一集体经济组织内互换土地经营，是否有效？………（511）

　107. 同一集体经济组织的双方当事人互换土地经营的行为，未在集体经济组织备案，那么，双方的互换行为如何认定？…………………………………………………………（511）

　108. 双方当事人互换土地承包经营权事实存在的情况下，一方能否随时解除合同？……………………………（514）

　　📖 **办案依据集成** …………………………………………（516）

四、农村土地承包经营权入股合同纠纷 ………………………（518）

　109. 以土地承包经营权入股而成立的公司，能否将土地再次流转？………………………………………………（518）

　　📖 **办案依据集成** …………………………………………（522）

五、农村土地承包经营权抵押合同纠纷 ………………………（523）

　110. 承包方以其家庭承包方式获得的土地经营权是否可以进行抵押？………………………………………………（523）

　　📖 **办案依据集成** …………………………………………（525）

六、农村土地承包经营权出租合同纠纷 ………………………（526）

　111. 本集体经济组织之外的农户能否以其他方式承包土地？……（526）

　112. 土地承包人由于治病而远赴台湾，将土地承包管理事项交由其儿子负责。在此期间，其儿子将该土地出租给善意无过失第三人，承包人关于该出租合同无效的主张能否支持？…………………………………………………（526）

　　📖 **办案依据集成** …………………………………………（530）

第九章　房地产服务合同纠纷

一、房地产咨询合同纠纷……………………………………………（531）

  113. 在委托方投资开发的楼盘实际进度迟延的情况下，受托方履行策划推广工作也存在一定迟延，委托方能否要求受托方承担违约责任？……………………………………（531）

  114. 提供咨询一方迟延出具审价报告，双方均无证据证明哪一方应当对此承担责任，该如何分配双方的责任？…………（535）

  115. 在咨询方提供服务存在瑕疵的情况下，其要求对方支付利息的主张能否得到支持？……………………………（535）

  ■ 办案依据集成……………………………………………（539）

二、房地产价格评估纠纷……………………………………………（540）

  116. 在地方制定的房屋估价收费标准低于国家计委、建设部计价格〔1995〕第971号文规定的最高收费标准的情况下，应当以哪个标准确定收费数额？………………………（540）

  ■ 办案依据集成……………………………………………（548）

第二部分　建设工程纠纷

第十章　建设工程合同纠纷

一、建设工程勘察合同纠纷…………………………………………（549）

  117. 如果建设工程勘察合同中明确约定，因勘察错误造成工程质量事故，勘察机构除免收勘察费外，赔偿金最多不超过全部勘察费。那么，因勘察错误而造成的损失能否依照此约定计算？………………………………………（549）

118. 在签订建设工程勘察合同时，委托勘察一方未提供清晰明确的界址资料，也未和勘察机构一起到现场进行勘察工作，从而导致勘察场地与实际场地出现偏差，针对因此造成的扩大损失，委托方是否需要承担责任？……（549）

119. 在勘察机构已经承担勘察错误的损失责任的情况下，委托方能否要求返还勘察费用？……（549）

120. 勘察方在履行完勘察任务后，合同当事人之外的第三人依照合同支付的勘察费，是否因第三人的主张而应该返还？……（554）

　　📖 办案依据集成 ……（558）

二、建设工程设计合同纠纷 ……（560）

121. 建设工程设计单位在建设工程设计合同签订后设计图纸完全交付前才取得相应资质等级的，是否影响建设工程设计合同效力？……（560）

　　📖 办案依据集成 ……（568）

三、建设工程施工合同纠纷 ……（571）

122. 建设工程施工合同若出现"阴阳合同"，即备案合同和实际履行合同，且无证据表明备案合同是由双方协商约定的情况下，工程结算应以哪个合同为准？……（571）

123. 如果鉴定机构出具有关停、窝工时间及损失的鉴定报告，但没有建设单位指定的工地代表签证，建设单位对此亦否认的话，能否认定其效力？……（571）

124. 在双方对工程款支付进度有明确约定的情况下，如果发包方迟延支付工程款，工程款利息从何时开始起算？……（571）

125. 仲裁委员会已经作出仲裁裁决，其中一当事人虽对该仲裁裁决不服，但又没有在法定期间内提起诉讼撤销该仲裁裁决而导致仲裁裁决已经发生法律效力，那么其再向人民法院起诉，能否得到支持？……（581）

126. 当事人只是选择适用了建设部制定的建设工程施工合同格式文本，并没有对发生上述情况下是否以承包人报送的竣工结算文件作为工程款结算依据一事作出特别约定，此时能否直接以该格式文本中的通用条款为依据，直接适用最高人民法院《关于审理建设工程施工合同纠纷案件适用法律问题的解释》第20条的规定？ …………（588）

127. 当事人在举证期限内不提交证据，视为放弃举证权利，人民法院可以根据对方当事人提供的证据认定案件事实。但是，被视为放弃举证权利的一方当事人是否依法仍享有抗辩权？ …………（589）

128. 在施工过程中，如果因办理变更手续、设计变更、工程量增加、天气等因素影响施工的话，工期是否可以顺延？ …………（597）

129. 如何认定工程已经竣工并通过验收？ …………（597）

130. 建设工程在保修范围和保修期限内发生质量问题，应当由谁承担责任？ …………（597）

　　办案依据集成 …………（613）

四、建设工程价款优先受偿权纠纷 …………（618）

131. 在"烂尾楼"工程中，行使建设工程价款优先受偿权的时间起算点如何认定？ …………（618）

132. 基于债权的转让，债权受让人能否对完成的工程享有优先受偿权？ …………（620）

133. 发包方与承包方均有违约情况，导致工程延期完工，违约金该如何支付？ …………（620）

134. 在除斥期间，承包人若向发包人发出催款函，其是否能行使建设工程价款优先权？ …………（630）

135. 如果利害关系人对催款函的日期提出异议，而承包人只能提供复印件，无法提供催款函的原件，则如何认定催款函的效力？ …………（630）

📖 办案依据集成 …………………………………… (636)

五、建设工程分包合同纠纷 …………………………… (637)

136. 在发包人处于破产清算阶段、工程款无法全部支付的情况下，实际施工人和分包人是否就已支付的工程款按比例分配？ ………………………………………………… (637)

137. 双方当事人在签订分包工程过程中，对于工程造价明确予以约定，分包人能否以对方当事人施工过程成本降低为由主张核减工程款？ ……………………………… (646)

138. 总包单位和分包单位对所建设的工程是否逾期、是否完工等事项存在争议，应如何确定？ ……………………… (653)

📖 办案依据集成 …………………………………… (663)

六、建设工程监理合同纠纷 …………………………… (668)

139. 监理公司超越其经营范围而接受的监理委托是否有效？ …… (668)

140. 监理酬金付至工程竣工验收，但该工程完工后未经验收而直接投入使用，监理酬金该如何支付？ ……………… (672)

141. 监理期限到期后，监理单位继续履行监理合同，其要求增加监理费的主张能否得到支持？ …………………… (675)

142. 在要求增加监理费的函件丢失的情况下，监理单位重新发函并经委托监理方项目部负责人确认，能否认定该新函件的效力？ …………………………………………… (676)

📖 办案依据集成 …………………………………… (679)

七、装饰装修合同纠纷 ………………………………… (680)

143. 发包人的副经理以个人名义出具的收条能否认定为职务行为？ ……………………………………………………… (680)

144. 在履行装饰装修合同过程中，承包方承建的工程部分不合格，那么在合同解除后其承担的责任是返还全部的工程价款还是限于该局部工程价款？ ……………………… (684)

145. 由于装修装饰工程质量不合格，造成的预期损失如何计算？ …（684）

   📖 办案依据集成 ……………………………………………………（690）

八、铁路修建合同纠纷 ………………………………………………（692）

146. 由于承包方为个人，不具有施工资质，导致铁路建设施工合同无效后，该个人能否以该合同为依据主张工程款？
……………………………………………………………（692）

147. 承包方向发包方所打收款手续上明确注明"工程款"，发包方关于承包方为其内部职工的抗辩理由能否成立？ ……（692）

   📖 办案依据集成 ……………………………………………………（696）

九、农村建房施工合同纠纷 ……………………………………………（699）

148. 承包方依照合同约定将工程完工并交付，发包方已经实际入住，在无证据证明的情况下，发包方关于工程质量存在瑕疵而拒绝支付工程款的抗辩是否成立？ ……………（699）

149. 在一审法院明确阐明发包方有权对工程质量申请鉴定的情况下，发包方明确表示不申请鉴定也不缴纳鉴定费，在上诉时再提出鉴定申请，二审法院能否支持其主张？ ……（699）

150. 因承包方无资质而导致农村建房施工合同无效后，发包方是否也需要承担一定的责任？ ……………………………（701）

   📖 办案依据集成 ……………………………………………………（703）

第一部分　土地与房地产纠纷

第一章　建筑物区分所有权纠纷

一、业主专有权纠纷

1. 物业公司能否以与业主签订协议的方式限制业主封闭阳台？

> 物业公司以协议方式限制业主封闭阳台，属于以格式条款的方式排除业主的主要权利，按照《中华人民共和国合同法》的规定，该条款无效。业主仍可以就其阳台行使其所有权。

典型疑难案件参考

南通新海通物业管理有限责任公司诉裴蕾物业管理合同纠纷案

基本案情

2003年5月，裴蕾向南通新海通有限公司购买天安花园2幢04室房屋一套，双方在合同中约定："不得擅自封闭阳台（北阳台除外）"、"买受人在结清房款、签订物业管理合同、交纳相关费用后，方可领取房屋钥匙"。2003年11月，裴蕾领取房屋钥匙时与物业公司签订了《天安花园物业管理公约》及《补充协议》等。双方在《补充协议》中约定："本小区统一不得封闭阳台、改变立面"。裴蕾入住后，发现房屋挑檐过于狭窄，雨天积水。同时，由于房屋紧邻马路，噪声大、灰尘多，便在南侧阳台加装了无色、无边框、平推开合式的玻璃窗。物业公司要求裴蕾将南侧阳台恢复原状，确认《补充协议》中不得封闭阳台的约定合法有效。另查明，天安花园业主委员会尚未正式成立。

一审裁判结果

南通市崇川区人民法院依据《合同法》第40条的规定，于2006年4月

27日作出如下判决：

一、《补充协议》中不得封闭阳台的内容无效；

二、驳回物业公司要求裴蕾将南侧阳台恢复原状的诉讼请求。

一审裁判理由

南通市崇川区人民法院认为：物业公司以事先拟订的格式条款，排除各业主对阳台的专有支配权，根据《合同法》第40条的规定该条款无效。物业公司作为受全体业主委托的管理人，应当从符合多数业主意愿的原则出发与业主协商确定封闭阳台的材料和方式等。在相关的物业管理协议达成之前，对于本案裴蕾封闭阳台的行为是否适当应由法院进行审查。裴蕾出于居住安全、防尘、防噪声等目的将南侧阳台封闭不为物业管理法律法规所禁止。并且，裴蕾采用无色、无边框、平推开合式的玻璃封闭阳台，也已顾及物业外观的美丽，未与小区业主的公共利益产生冲突，是对其合法权利的正当行使，物业公司无权干涉。

二审诉辩情况

物业公司上诉称：（1）封闭阳台不属于业主专有支配权的正当行使。裴蕾作为业主对阳台具有专有支配权，但不代表其具有任意使用的权利，案涉房屋的南侧阳台从设计到交付，均为不封闭，这符合国家规范及阳台的功能，能够满足业主的需要。（2）封闭阳台不属于裴蕾的主要权利。在阳台使用上要求其具有"安全、防尘、防噪声"的功能，是对使用阳台权利内容的增加，不属于业主的主要权利。原审判决在没有充分理由的情况下，将封闭阳台认定为业主的主要权利，违背了《合同法》第40条的规定，是对业主主要权利的任意扩大，显属不当。

被上诉人裴蕾称：（1）物业公司以格式条款排除业主的主要权利无效。（2）环保局对本人居住环境进行了噪声监测，表明噪声严重超标。封闭阳台正当合理。（3）小区已成立临时业主委员会，并以书面形式征询了业主意见，结果大多业主赞成封闭阳台。根据业主自治原则，物业公司不得干涉。

二审裁判结果

南通市中级人民法院于2006年6月29日作出判决：驳回上诉，维持原判。

二审裁判理由

南通市中级人民法院经审理认为：首先，《补充协议》禁止封闭阳台的格式条款排除了裴蕾的主要权利，应属无效。本案物业公司通过《补充协议》，提出"不得封闭阳台"的条款，该条款未与裴蕾等业主协商，也未遵从业主大会的决定或业主委员会的授权，根据《合同法》第39条第2款的规定，属于格式条款。《补充协议》以格式条款禁止封闭阳台，排除了对方的主要权利，根据《合同法》第40条的规定，应属无效。物业公司关于封闭阳台并非裴蕾主要权利的上诉理由不能成立。其次，业主基于专有所有权而享有的居住利益应得到优先保护。对于本案阳台能否封闭以及如何封闭的问题，理想的方式是由物业公司从符合多数业主意愿的原则出发与业主协商。但由于物业公司与包括裴蕾在内的业主不能就此达成一致，因此，本院只能就本案个案依法做出裁量，以平衡各方利益。法律应当保护业主裴蕾对专有所有权的正当行使。建筑物和小区外部美观、整体风貌的保护亦属法理和通常意义上的正当利益，理应得到维护。利益衡量之下，业主基于专有所有权而享有的居住利益比建筑物和小区整体美观这样的表层利益等次更高，也更为重大，应优先得到保护。

2. 购房时对阳台状况约定不明，物业公司以协议限制业主封闭阳台是否可行？

阳台属于建筑物区分所有权中业主专有权的权利范围，业主作为阳台的专有所有权人，有权对阳台行使正当支配权。在购房时双方对阳台状况约定不明时，物业公司以协议方式限制业主封闭阳台，不当干涉了业主专有权的行使，属无效行为。

典型疑难案件参考

北京市大成物业管理公司诉汪艳秋等物业管理纠纷案

基本案情

2001年6—7月，被告12户分别与大成开发公司签订《商品房买卖合同》，购买其所开发的映日园1号楼房屋各一套。双方签订的合同中没有明确房屋的南北阳台是否为封闭阳台，而在该合同的附件3——《长安新城装修及设备标准》第8条中约定为"封闭阳台、白色塑钢窗"。2002年6月28—30日，被告12户于入住时与原告签订《大成南里（长安新城）物业管理服务合同》、《大成南里（长安新城）室内装饰装修管理细则》，该细则规定："为了保持大成南里（长安新城）的整体外观，不得擅自封闭阳台或平台，不得在阳台或平台上搭建任何构筑物，或者改变其外表颜色；不得在阳台或平台上安装任何防盗网或防护栏"。业主入住后认为南阳台不封闭存在不安全、不卫生、不保暖、不节能等弊端，多次与原告协商，要求封闭南阳台，并于同年12月9日交给原告一份1号楼100位业主联合签名的《长安新城一楼业主封闭阳台的决议暨送达北京市大成物业管理公司的通知》。在原告仍不同意的情况下，被告12户于2003年1月将自家居室的南阳台用白色塑钢窗封闭。原告在与被告协商无果的情况下，起诉至法院，要求被告拆除塑钢窗，将阳台恢复原状。

一审诉辩情况

原告诉称：我公司受北京大成房地产开发集团有限公司（以下简称大成开发公司）的委托，负责该公司开发建设的《长安新城》项目的物业管理。被告汪艳秋购买了该项目映日园1号楼7单元602室房屋，并于2002年6月29日与我公司签订了《物业管理服务合同》，领取了我公司发放的物业管理公约，办理了房屋入住手续。2003年1月18日，被告在未经任何有关单位批准，也未通知我公司的情况下擅自封闭自家阳台。被告的行为违反了双方签订的《物业管理服务合同》、《长安新城业主公约》中的有关约定，妨碍了我公司对小区的正常管理，也使我公司无法全面履行与大成开发公司签订的委托管理合同的义务。在与被告协商及劝阻无效的情况下，我公司诉请法院依法判决被告拆除塑钢窗，将阳台恢复原状。

被告辩称：被告与其他11名被告于2001年4月1—5日交纳定金，确定购买了大成开发公司开发建设的经济适用房——长安新城映日园1号楼的房产。2001年6—7月，12户被告分别与大成开发公司签订了《商品房买卖合同》，合同中明确规定房屋阳台为白色塑钢窗的封闭阳台。大成开发公司提供的沙盘及口头多次承诺房屋为封闭阳台。入住后，发现映日园1号楼南阳台未封闭，且存在很多问题，例如，交付使用的阳台违反了国家质量技术监督局和建设部联合发布的于1999年6月1日实施的《住宅规范》关于阳台部分的相关规定；另，2002年11月26日，长安新城映日园1号楼8单元802室业主家中发生盗窃案件，随后映日园1号楼3单元101室及6单元201室的业主房屋也相继被非法侵入。据分析，确认犯罪嫌疑人均通过未封闭的南阳台侵入；不利于保暖、防尘、隔热；等等。为此，长安新城映日园1号楼的100位业主联名起草《长安新城一楼业主封闭阳台的决议暨送达北京市大成物业管理公司的通知》，并于2002年12月9日交与原告负责人。根据决议内容，为保证长安新城映日园1号楼的整体美观，决定于2002年12月30日前集体封闭阳台。

首批 15 户业主于 2003 年 1 月 18 日集体封闭了自家阳台。另，我认为与原告签订的《物业管理服务合同》、《长安新城业主公约》不具有法律效力，属于未经双方协商的不平等、不合理的无效合同。

▶一审裁判结果◀

北京市丰台区人民法院依照《中华人民共和国民事诉讼法》第 53 条第 1 款，《中华人民共和国合同法》第 39 条第 2 款、第 41 条，《中华人民共和国民法通则》第 71 条，《中华人民共和国消费者权益保护法》第 24 条的规定，判决如下：驳回原告北京市大成物业管理公司的诉讼请求。诉讼费用 50 元由原告北京市大成物业管理公司负担（已交纳）。

▶一审裁判理由◀

北京市丰台区人民法院根据上述事实和证据认为：大成开发公司与被告 12 户签订《商品房买卖合同》时没有明确房屋的南、北阳台是否为封闭阳台，在该合同的附件 3——《长安新城装修及设备标准》第 8 条中约定"封闭阳台：白色塑钢窗"，使业主在买房时认为阳台都是封闭的，影响了业主在购买房屋、缔结合同时选择权的行使，这是 1 号楼业主与物业管理公司发生纠纷的主要原因。该合同是大成开发公司预先拟订、在订立合同时未与对方协商的格式条款，对其中的条款有争议的，应作出不利于提供格式条款一方的解释。

原告为履行物业管理职责与被告签订的物业管理服务合同也为格式条款，双方是物业经营管理者与消费者（业主）的关系。业主作为所购房屋的所有权人，对阳台具有专有所有权，可自主使用。原告在合同中没有考虑售房时所签的《商品房买卖合同》中有关阳台状况约定不明的情况而强制不准许"擅自封闭阳台"的约定不合理，该内容无效。鉴于 12 名被告封闭阳台使用的材料及样式统一，并未影响小区内的整体美观、市容环境及其他公共利益，故对原告的诉讼请求不予支持。

▶二审诉辩情况◀

北京市大成物业管理公司上诉称：原判认定事实不清，请求二审法院撤销原判，支持我公司的诉讼请求。

被告 12 户称：同意原判。

▶二审裁判结果◀

北京市第二中级人民法院依照《中华人民共和国民事诉讼法》第 4 条的规定，作出如下判决：驳回上诉，维持原判。

二审裁判理由

北京市第二中级人民法院经审理认为：原审法院综合本案实际情况，没有支持北京市大成物业管理公司（现北京大成物业管理有限公司）的诉讼请求并无不当。

> **3. 业主在自己房屋内安装大型浴缸，可能对整幢大楼的安全和正常适用有较大影响，物业公司可否对其权利行使加以干涉？**
>
> 对房屋的使用属于业主专有权的行使，在正常情况下，他人（包括物业公司）不得对业主的权利行使加以干涉。但是，公民只能在法律规定的范围内自由行使占有、使用、收益、处分个人财产的权利，即其权利的行使应以不损害公共利益和他人权益为前提，否则，应当对其权利行使予以必要的限制。

典型疑难案件参考

顾然地诉上海巨星物业有限公司财产损害赔偿案

基本案情

1997年1月，海南古斯利微电子技术有限公司购买了位于本市延平路123弄三和花园4号楼29E室房屋一套。同年10月，顾然地作为海南古斯利微电子技术有限公司员工入住该房屋，并与三和花园原物业管理部门上海和馨物业管理有限公司订立《公共契约》。1998年10月，顾然地购买一只占地面积8.826平方米、上口面积9.754平方米（长、宽、高分别为4.267米、2.286米、1.219米）的浴缸（以下简称系争浴缸）。系争浴缸自重362.8kg，可放水4160.5kg。顾然地就系争浴缸在三和花园4号楼29E室房屋内安放一事与巨星公司多次交涉，巨星公司以系争浴缸的安放未经安全检测为由不予准许，并制止了顾然地进一步吊装安放系争浴缸的行为。2001年12月10日，顾然地与上海三和房地产公司就本市延平路123弄三和花园4号楼29E室房屋签订商品房出售合同，合同中，购房者由海南古斯利微电子技术有限公司变更为顾然地。2001年12月13日，顾然地再次提出将系争浴缸搬入29E室屋进行安放，遭巨星公司阻止，为此，顾然地起诉至法院，要求巨星公司排除妨碍，赔偿其人工费用人民币7600元、精神损失费人民币5000元。

一审诉辩情况

原告顾然地诉称：2001年12月10日，我与上海三和房地产公司签订购房合同一份，购买了位于本市延平路123弄三和花园4号楼29E室房屋一套，并办理了入住手续。同年12月13日，我聘请专业安装公司将一只大浴缸搬入29E室屋内安放时，遭巨星公司制止。为此，我要求巨星公司排除妨碍，赔偿人工费人民币7600元、精神损失费人民币5000元。

被告巨星公司辩称：顾然地安装的浴缸面积和体积均过大，将使房屋楼板无法承受，会对房屋产生危险，影响其他业主的正常生活，我公司依法履行管理职责，制止顾然地吊装浴缸，请求法院驳回诉讼请求。

一审裁判结果

一审法院判决如下：

一、顾然地要求上海巨星物业有限公司排除妨碍，不得阻挠其将浴缸搬入上海市延平路123弄三和花园4号楼29E室房屋内的诉讼请求不予支持；

二、顾然地要求上海巨星物业有限公司赔偿精神损失费人民币5000元的诉讼请求不予支持；

三、顾然地要求上海巨星物业有限公司赔偿人工费人民币7600元的诉讼请求不予支持。

一审裁判理由

一审法院审理后认为：公民只能在法律规定的范围内自由行使占有、使用、收益、处分个人财产的权利。顾然地作为三和花园4号楼29E室业主，应当本着安全、合理的原则使用物业，并遵守法律、法规及业主公约的有关规定。浴缸作为具有特定使用功能的物品，其使用价值的实现表现为沐浴，而系争浴缸注满水后的重量显然是楼板所不能承受的，长期使用必然会对大楼的楼板强度及承重结构造成危害，对大楼构成安全隐患。同时全幢业主均系相邻关系的主体，顾然地安装、使用浴缸，应顾及相邻各方的利益，以不损害公共利益和他人权益为前提，否则就应当对其加以必要的限制。同时顾然地房屋3间浴室中最大的一间只有10余平方米，而浴缸上口面积就为9.754平方米，根据日常生活经验，该浴缸根本无法安装于浴室内，即使安放于非浴室部位，也势必会改变房屋设计用途、功能和布局，是法律、法规所不允许的。巨星公司作为物业管理企业，按照法律规定履行管理职责，按照与业主委员会的约定履行合同义务，对顾然地不使用浴缸的主张表示怀疑有一定的合理性。巨星公司因顾然地违反法规及业主公约，在不能保证相邻各方安全的情形下，对顾然地吊装浴缸的行为加以制止，并无不妥。

二审诉辩情况

顾然地上诉称：我将浴缸安放在29E室内，根据浴缸的大小、自重，如果不投入使用，浴缸不会对房屋造成危险；且29E室内属上诉人的权利范围，若存在危害，损害的也是上诉人自身的利益，不涉及损害他人利益或公共利益。另，被上诉人巨星公司也不是三和花园正规、合法的管理者，因此被上诉人巨星公司制止上诉人安放浴缸的行为是不正当的，故上诉坚持原审的诉讼请求。

被上诉人巨星公司辩称：上诉人顾然地购买浴缸就是为了使用浴缸，虽然29E室房屋系上诉人顾然地所有，但还是需要遵守相关法律规定，上诉人顾然地安装浴缸后将给楼板及房屋构成安全隐患，将影响其他人的正常生活。退一步讲，即使上诉人顾然地安装浴缸没有危险性，但由于安装浴缸仍必须改变房屋结构和用途，也违反有关物业管理规定，所以原审法院的判决正确，请求予以维持。

二审裁判结果

二审法院认为，原审法院所查明的事实清楚，法律适用正确，判决对顾然地诉讼请求不予支持并无不当，本院予以维持。据此，依照《中华人民共和国民事诉讼法》第153条第1款第1项的规定，判决如下：驳回上诉，维持原判。上诉案件受理费人民币514元和本案鉴定费人民币12000元，由上诉人顾然地负担。

二审裁判理由

二审法院认为：根据《中华人民共和国宪法》和相关法律的规定，中华人民共和国保护在中国境内的外国人的合法权益及合法财产的所有权，同时在中国境内的外国人也要自觉遵守《中华人民共和国宪法》和相关法律规定，履行法律规定的权利、义务，且在权利的行使过程中不得损害社会、集体和他人的合法权益。上诉人顾然地作为本市三和花园4号楼29E室房屋的所有权人，可以依法行使占有、使用、收益和处分权，同时也有义务和责任在行使权利时，不损害他人的合法权益和公共利益。

本案中，上海市建筑科学研究院出具的《评估报告及补充报告》证明，三和花园4号楼29E室跃层安装系争浴缸后，不仅会对29E室跃层楼盖造成不安全性，还会对整幢大楼的安全和正常使用产生不利影响。被上诉人巨星公司作为三和花园的物业管理者，根据《上海市居住物业管理条例》的有关规定，依法制止上诉人顾然地安装系争浴缸的行为是正当、合法的，本院予以支持。对于上诉人顾然地说其在上诉中提出其在房屋内只是安放系争浴缸并不使用这一辩称本院不予采信。

4. 购房时售楼人员口头承诺"买一楼送花园",但购房协议及物权登记上无相关记载,该业主是否有权对其屋前庭院绿地进行改造?

对于与业主所购房屋毗邻庭院绿地的权属,不能仅仅依据房地产开发商售楼人员的口头承诺及该庭院绿地实际为业主占有、使用的事实即认定业主对该庭院绿地享有独占使用权,庭院绿地作为不动产,其使用权的归属必须根据房屋买卖双方正式签订的商品房买卖协议及物权登记情况加以确定。业主不得违反业主公约及物业管理规定,基于个人利益擅自破坏、改造与其房屋毗邻的庭院绿地。即使业主对于该庭院绿地具有独占使用权,如果该庭院绿地属于小区绿地的组成部分,业主在使用该庭院绿地时也应遵守业主公约、物业管理规定中关于小区绿地的管理规定,不得擅自破坏该庭院绿地,损害小区其他业主的合法权益。

典型疑难案件参考

青岛中南物业管理有限公司南京分公司诉徐献太、陆素侠物业管理合同纠纷案(《最高人民法院公报》2007年第9期)

基本案情

2005年3月10日,被告徐献太、陆素侠与常锦公司签订《商品房买卖契约》1份,约定徐献太、陆素侠购买常锦公司开发的麒麟锦城小区房屋1套,总价款为323470元。合同签订后,徐献太、陆素侠一次性付清了房款。原告中南物业南京公司受常锦公司委托对麒麟锦城小区进行前期物业管理。2005年10月1日,被告徐献太、陆素侠办理了房屋交付手续。当日,徐献太、陆素侠签署了《中南麒麟锦城业主公约》,并与中南物业南京公司签订了《中南麒麟锦城物业管理服务协议》。《中南麒麟锦城业主公约》第3章第2条第5项规定,业主应当遵守政府有关部门对于房屋使用及装修的规定,不得擅自改变使用房屋及公共设施的用途、外观、结构。该条第8项规定,业主应当自觉维护区域内的公共秩序和环境卫生,不得私搭乱建、乱停放车辆、随意占用绿地或破坏绿地，污染环境及制造噪声扰民。《中南麒麟锦城业主公约》第5章第2条第6项规定，物业管理服务的内容包括庭院绿地及其他设施的养护管理。《中南麒麟锦城业主公约》第6章第2条第3项规定，业主不得在天井、庭院、平台、房顶、绿地、道路或其他公用部位、场地搭建建筑物、构筑物。该条第4项规定，业主不得侵占或损害道路、绿地、花卉树木、艺术景观和文娱、体育及休闲设施。《中南麒麟锦城物业管理服务协议》第2条第9项约定，中南物业南京公司向业主提供的物业管理服务内容包括对公共绿地、花木、建筑小品的养护与管理。

被告徐献太、陆素侠所购麒麟锦城小区的房屋南阳台外有一庭院绿地，该庭院绿地周边有高50厘米左右的木栅栏围挡，常锦公司建设该房屋时在南阳台上预留了出入门。徐献太、陆素侠与常锦公司签订的购房合同中并未就该庭院绿地的使用权归属问题作出明确约定。徐献太、陆素侠也未领取房屋所有权证及国有土地使用权证。2005年12月，徐献太、陆素侠在对所购麒麟锦城小区房屋进行装修时，将该房屋南阳台外的庭院绿地进行了改造，他们在破坏原有绿地后又在庭院里铺设了水泥地、砌花台、建鱼池。为此，原告中南物业南京公司分别于2005年11月1日、2006年3月21日向徐献太、陆素侠发出整改通知，要求徐献太、陆素侠停止对该庭院绿地的改建，将其恢复原状。徐献太两次签收了中南物业南京公司出具的整改通知单。但徐献太、陆素侠未按物业管理要求加以整改。2006年11月，中南物业南京公司就此向法院提起诉讼。

一审期间，被告徐献太、陆素侠申请证人出庭作证，以证明其在常锦公司售楼处购房时，售楼人员曾口头承诺买一楼送花园。上述事实，有被告徐献太、陆素侠与常锦公司签订的商品房买卖契约、《中南麒麟锦城业主公约》、《中南麒麟锦城物业管理服务协议》、现场勘验照片、原告中南物业南京公司出具并经徐献太签收的整改通知单、证人证言及双方当事人的陈述等证据证实，足以认定。

诉辩情况

原告中南物业南京公司诉称：2005年3月10日，被告徐献太、陆素侠购买了由原告管理的麒麟锦城小区房屋一套，同年10月1日办理了房屋交付手续。同年12月，二被告对该房屋进行装修，并擅自将该房屋南阳台外的公共绿地破坏，新建水泥地、花台和鱼池。二被告的上述行为已严重违反了《中南麒麟锦城业主公约》和《中南麒麟锦城物业管理服务协议》的相关规定，侵犯了小区其他业主的合法权益。请求判令二被告拆除违法改建的水泥地、花台和鱼池，恢复原有的绿地。

被告徐献太、陆素侠辩称：（1）原告中南物业南京公司无权起诉；（2）开发建设麒麟锦城小区的南京常锦房地产开发有限公司（以下简称常锦公司）在销售房屋时向被告方承诺"买一楼送花园"，被告所购房屋南阳台外的庭院即为常锦公司所送，故被告对南阳台外的庭院绿地具有使用权，其改造庭院绿地的行为他人无权干涉；（3）被告改造庭院绿地时中南物业南京公司的管理人员是知晓的，但却并未阻止被告的改建行为，说明中南物业南京公司默认同意被告改造。故被告不同意将该庭院绿地恢复原状，请求法院判决驳回中南物业南京公司的诉讼请求。

裁判结果

南京市江宁区人民法院依照《中华人民共和国民法通则》第106条第1款、第111条的规定，于2006年11月30日作出判决：被告徐献太、陆素侠于本判决发生法律效力之日起60日内拆除在其所购麒麟锦城小区房屋南阳台外庭院绿地内改建的水泥地、鱼池、花台，恢复该庭院绿地。一审宣判后，双方当事人在法定期间内均未提出上诉，一审判决已经发生法律效力。

裁判理由

南京市江宁区人民法院一审认为：根据本案事实，不能认定被告徐献太、陆素侠对所购麒麟锦城小区的房屋南阳台外的庭院绿地享有独占使用权。被告徐献太、陆素侠坚持常锦公司的售楼人员曾口头承诺买一楼送花园，并有证人证实常锦公司的售楼人员确实作出过上述口头承诺。根据现场勘察情况，徐献太、陆素侠所购麒麟锦城小区房屋的南阳台外的庭院绿地有栅栏围挡，在南阳台上也有出入门可供进出。据此，徐献太、陆素侠一家认为他们可以进入该庭院绿地，而小区其他业主则不可以，即从该庭院绿地的建造设计情况看，似乎该庭院绿地是仅供徐献太、陆素侠一家使用的。但是，根据上述事实，并不能认定徐献太、陆素侠对所购房屋南阳台外的庭院绿地享有独占使用权。首先，即使常锦公司的售楼人员曾向被告徐献太、陆素侠口头承诺"买一楼送花园"，但在常锦公司与徐献太、陆素侠正式签订的《商品房买卖契约》中，并未对此作出明确约定。常锦公司的售楼人员作出口头承诺在先，徐献太、陆素侠签订《商品房买卖契约》在后，且《商品房买卖契约》系书面合同，故房屋买卖双方关于该庭院绿地使用权归属问题的约定，应当以常锦公司与徐献太、陆素侠正式签订的《商品房买卖契约》的内容为准，而根据该《商品房买卖契约》并不能认定徐献太、陆素侠在购买麒麟锦城小区房屋的同时取得了该房屋南阳台外庭院绿地的使用权。其次，如果被告徐献太、陆素侠对其所购房屋南阳台外的庭院绿地具有独占使用权,则该项事实应当在房屋所有权证、国有土地使用权证书中都加以明确记载。鉴于徐献太、陆素侠尚未领取房屋所有权证及国有土地使用权证,不能以物权证书证明其对该庭院绿地享有独占使用权,因此,徐献太、陆素侠关于其对该庭院绿地享有独占使用权的主张缺乏事实根据。综上,根据本案事实,只能认定被告徐献太、陆素侠对其所购麒麟锦城小区房屋南阳台外的庭院绿地享有一般使用权,不能认定其对该庭院绿地享有独占使用权。因此,徐献太、陆素侠擅自改造该庭院绿地的行为违反了《中南麒麟锦城业主公约》、《中南麒麟锦城物业管理服务协议》中的规定,中南物业南京公司要求徐献太、陆素侠停止对该庭院绿地的改建,拆除水泥地、鱼池、花台,恢复该庭院绿地的诉讼请求应予支持。

业主专有权纠纷办案依据集成

1.《中华人民共和国物权法》(2007年3月16日主席令第62号公布)(节录)

第七十条 业主对建筑物内的住宅、经营性用房等专有部分享有所有权,对专有部分以外的共有部分享有共有和共同管理的权利。

第七十一条 业主对其建筑物专有部分享有占有、使用、收益和处分的权利。业主行使权利不得危及建筑物的安全,不得损害其他业主的合法权益。

第七十二条 业主对建筑物专有部分以外的共有部分,享有权利,承担义务;不得以放弃权利不履行义务。

业主转让建筑物内的住宅、经营性用房,其对共有部分享有的共有和共同管理的权利一并转让。

2. 最高人民法院《关于审理建筑物区分所有权纠纷案件具体应用法律若干问题的解释》(2009年5月14日 法释〔2009〕7号)

为正确审理建筑物区分所有权纠纷案件,依法保护当事人的合法权益,根据《中华人民共和国物权法》等法律的规定,结合民事审判实践,制定本解释。

第一条 依法登记取得或者根据物权法第二章第三节规定取得建筑物专有部分所有权的人,应当认定为物权法第六章所称的业主。

基于与建设单位之间的商品房买卖民事法律行为,已经合法占有建筑物专有部分,但尚未依法办理所有权登记的人,可以认定为物权法第六章所称的业主。

第二条 建筑区划内符合下列条件的房屋,以及车位、摊位等特定空间,应当认定为物权法第六章所称的专有部分:

(一)具有构造上的独立性,能够明确区分;

(二)具有利用上的独立性,可以排他使用;

(三)能够登记成为特定业主所有权的客体。

规划上专属于特定房屋,且建设单位销售时已经根据规划列入该特定房屋买卖合同中的露台等,应当认定为物权法第六章所称专有部分的组成部分。

本条第一款所称房屋,包括整栋建筑物。

第三条 除法律、行政法规规定的共有部分外,建筑区划内的以下部分,也应当认定为物权法第六章所称的共有部分:

(一)建筑物的基础、承重结构、外墙、屋顶等基本结构部分,通道、楼梯、大堂等公共通行部分,消防、公共照明等附属设施、设备,避难层、设备层或者设备间等结构部分;

(二)其他不属于业主专有部分,也不属于市政公用部分或者其他权利人所有的场所及设施等。

建筑区划内的土地,依法由业主共同享有建设用地使用权,但属于业主专有的整栋建筑物的规划占地或者城镇公共道路、绿地占地除外。

第四条 业主基于对住宅、经营性用房等专有部分特定使用功能的合理需要,无偿利用屋顶以及与其专有部分相对应的外墙面等共有部分的,不应认定为侵权。但违反法律、法规、管理规约,损害他人合法权益的除外。

第五条 建设单位按照配置比例将车位、车库,以出售、附赠或者出租等方式处分给业主的,应当认定其行为符合物权法第七十四条第一款有关"应当首先满足业主的需要"的规定。

前款所称配置比例是指规划确定的建筑区划内规划用于停放汽车的车位、车库与房屋套数的比例。

第六条 建筑区划内在规划用于停放汽车的车位之外,占用业主共有道路或者其他场地增设的车位,应当认定为物权法第七十四条第三款所称的车位。

第七条 改变共有部分的用途、利用共有部分从事经营性活动、处分共有部分,以及业主大会依法决定或者管理规约依法确定应由业主共同决定的事项,应当认定为物权法第七十六条第一款第(七)项规定的有关共有和共同管理权利的"其他重大事项"。

第八条 物权法第七十六条第二款和第八十条规定的专有部分面积和建筑物总面积,可以按照下列方法认定:

(一)专有部分面积,按照不动产登记簿记载的面积计算;尚未进行物权登记的,暂按测绘机构的实测面积计算;尚未进行实测的,暂按房屋买卖合同记载的面积计算;

(二)建筑物总面积,按照前项的统计总和计算。

第九条 物权法第七十六条第二款规定的业主人数和总人数,可以按照下列方法认定:

(一)业主人数,按照专有部分的数量计算,一个专有部分按一人计算。但建设单位尚未出售和虽已出售但尚未交付的部分,以及同一买受人拥有一个以上专有部分的,按一人计算;

(二)总人数,按照前项的统计总和计算。

第十条 业主将住宅改变为经营性用房,未按照物权法第七十七条的规定经有利害关系的业主同意,有利害关系的业主请求排除妨害、消除危险、恢复原状或者赔偿损失的,人民法院应予支持。

将住宅改变为经营性用房的业主以多数有利害关系的业主同意其行为进行抗辩的,人民法院不予支持。

第十一条 业主将住宅改变为经营性用房,本栋建筑物内的其他业主,应当认定为物权法第七十七条所称"有利害关系的业主"。建筑区划内,本栋建筑物之外的业主,主张与自己有利害关系的,应证明其房屋价值、生活质量受到或者可能受到不利影响。

第十二条 业主以业主大会或者业委会作出的决定侵害其合法权益或者违反了法律规定的程序为由,依据物权法第七十八条第二款的规定请求人民法院撤销该决定的,应当在知道或者应当知道业主大会或者业主委员会作出决定之日起一年内行使。

第十三条 业主请求公布、查阅下列应当向业主公开的情况和资料的,人民法院应予支持：

（一）建筑物及其附属设施的维修资金的筹集、使用情况；

（二）管理规约、业主大会议事规则，以及业主大会或者业主委员会的决定及会议记录；

（三）物业服务合同、共有部分的使用和收益情况；

（四）建筑区划内规划用于停放汽车的车位、车库的处分情况；

（五）其他应当向业主公开的情况和资料。

第十四条 建设单位或者其他行为人擅自占用、处分业主共有部分、改变其使用功能或者进行经营性活动，权利人请求排除妨害、恢复原状、确认处分行为无效或者赔偿损失的，人民法院应予支持。

属于前款所称擅自进行经营性活动的情形，权利人请求行为人将扣除合理成本之后的收益用于补充专项维修资金或者业主共同决定的其他用途的，人民法院应予支持。行为人对成本的支出及其合理性承担举证责任。

第十五条 业主或者其他行为人违反法律、法规、国家相关强制性标准、管理规约，或者违反业主大会、业主委员会依法作出的决定，实施下列行为的，可以认定为物权法第八十三条第二款所称的其他"损害他人合法权益的行为"：

（一）损害房屋承重结构，损害或者违章使用电力、燃气、消防设施，在建筑物内放置危险、放射性物品等危及建筑物安全或者妨碍建筑物正常使用；

（二）违反规定破坏、改变建筑物外墙面的形状、颜色等损害建筑物外观；

（三）违反规定进行房屋装饰装修；

（四）违章加建、改建，侵占、挖掘公共通道、道路、场地或者其他共有部分。

第十六条 建筑物区分所有权纠纷涉及专有部分的承租人、借用人等物业使用人的，参照本解释处理。

专有部分的承租人、借用人等物业使用人，根据法律、法规、管理规约、业主大会或者业主委员会依法作出的决定，以及其与业主的约定，享有相应权利，承担相应义务。

第十七条 本解释所称建设单位，包括包销期满，按照包销合同约定的包销价格购买尚未销售的物业后，以自己名义对外销售的包销人。

第十八条 人民法院审理建筑物区分所有权案件中，涉及有关物权归属争议的，应当以法律、行政法规为依据。

第十九条 本解释自2009年10月1日起施行。

因物权法施行后实施的行为引起的建筑物区分所有权纠纷案件，适用本解释。

解释施行前已经终审，本解释施行后当事人申请再审或者按照审判监督程序决定再审的案件，不适用本解释。

二、业主共有权纠纷

5. 房地产开发公司未经业主同意将建筑物楼顶空间及架空层扩建成楼房，业主是否有权要求其恢复原状？

建筑物区分所有权是一个综合型的、复合型的权利，由对专有部分的专有所有权、对共用部分的共有所有权及区分所有人对建筑物及居住于建筑物上的人的行为的管理权三部分所构成。建筑物楼顶空间及其架空层的所有权是归属于全体业主的专有权之外的共有权，即为全体区分所有权人所共有，房地产开发公司无权处置，只有全体区分所有权人才有权决定楼顶空间及其架空层的使用。若房地产开发公司未经业主同意将建筑物楼顶空间及架空层扩建成楼房，侵犯了全体业主的共有权，业主有权要求其进行拆除、恢复原状。

典型疑难案件参考

曾李嵘等15人与东兴房地产开发有限公司、东淮房地产开发有限公司财产损害纠纷案

基本案情

原告曾李嵘等15人系丰泽区兴淮花苑小区B幢的业主，该事实由原告向泉州市房地产管理局调取的房屋信息表为凭。原告所提供的NO.00240844《商品房买卖合同》一份及《商品房预售许可证》一份，载明丰泽区兴淮花苑的开发公司为被告东兴房地产公司和被告东淮房地产公司。2004年上半年，原告等陆续入住后，发现两被告违反规划图纸的设计方案，在不具备合法手续的情况下，擅自将该小区B幢第12层屋顶架空层围砌围墙，违章扩建成楼房，侵害了原告等业主的合法权益。原告于2005年9月2日向法院起诉，请求法院判令被告立即停止侵权行为并拆除对兴淮花苑小区B幢第12层屋顶围筑的违章建筑物，并严格按规划部门批准的规划设计方案恢复原状。被告东兴房地产公司和被告东淮房地产公司分别于2005年9月22日及2005年9月26日以其不服泉州市城乡规划局作出的责令其自行拆除在兴淮花苑第12层屋顶架空层部分封闭的建筑砌墙体的泉规法〔2005〕罚526号《行政处罚决定书》，被告以正提起复议为由，申请法院要求中止本案的审理。因被告的该申请理由不

符合中止的条件，故原审法院告知两被告不予准许中止本案审理的申请。

▶一审诉辩情况

原告曾李嵘等15人诉称：原告系两被告共同开发的丰泽区兴淮花苑小区的业主。2004年上半年陆续入住后，发现两被告违反规划图纸的设计方案，在不具备合法手续的情况下，擅自将该小区B幢第12层屋顶架空层围砌围墙，违章扩建成楼房，侵害了原告等业主的合法权益。故原告请求法院判令被告立即停止侵权行为并拆除对兴淮花苑小区B幢第12层屋顶围筑的违章建筑物，并严格按规划部门批准的规划设计方案恢复原状。

被告东兴房地产公司辩称：双方诉争的兴淮花苑小区B幢第12层屋顶也就是第13层的建筑物，是经过政府相关部门批准建筑的，被告并未将其作为公摊面积由业主公摊，所以其所有权并不属于原告。B幢第12层屋顶与原告不具有利益关系，所以被告的行为没有侵犯原告的合法权益，请求驳回原告的诉讼请求或中止其诉讼请求。

被告东淮房地产公司辩称：原告资格不明确，原告没有充分证据证明其是兴淮花苑小区B幢的业主。即使原告是业主，也没有资格要求其拆除建筑物，双方诉争的建筑物属行政部门管理范畴，且该部分并未列入原告公摊部分。请求驳回原告的诉求。

▶一审裁判结果

福建省泉州市丰泽区人民法院依照《中华人民共和国民事诉讼法》第13条、第64条第1款，《中华人民共和国民法通则》第117条第1款的规定，判决如下：被告泉州市东兴房地产开发有限公司、被告泉州市丰泽区东淮房地产开发有限公司应于本判决生效之日起15日内拆除在丰泽区兴淮花苑B幢第12层屋顶架空层违章围砌的建筑墙体，并恢复至规划设计原状。本案受理费50元由两被告共同负担。

▶一审裁判理由

一审法院审理后认为：原告所提供的向泉州市房地产管理局调取的房屋信息表，可以证明原告系丰泽区兴淮花苑B幢的业主，本案原告是从侵权角度来主张权利，故原告是本案的适格主体。原告所提供的NO.00240844《商品房买卖合同》一份及《商品房预售许可证》一份，载明了丰泽区兴淮花苑的开发公司为被告东兴房地产公司和被告东淮房地产公司，故本案的侵权责任可以由两被告共同承担。原告所提供的证据可以证明兴淮花苑B幢第12层屋顶架空层原规划设计中并没有围砌成封闭墙体，被告所提供的证据也印证了这一事实，被告对该事实也未予否认。现被告违反规划设计，私自将该架空层部分围砌封闭墙体，侵犯了 B 幢业主的权益。该架空部分虽未计入业主的公摊面积，但其使用权仍属 B 幢业主。被告作为开发公司无权分权。现原告要求被告拆除私自围砌的封闭墙体合理合法，法院予以支持。被告辩称兴淮花苑 B 幢第 12 层屋顶架空层围砌的建筑物有经政府相关部门批准，但被告对该主张并未提供证据予以证明，故对被告的该主张不予采信。综上，被告应当拆除在兴淮花苑 B 幢第 12 层屋顶架空层私自围砌的封闭墙体，并恢复规划设计原状。

二审诉辩情况

东兴房地产公司上诉称：原审判决认定曾李嵘等 15 位被上诉人是本案适格的主体错误。被上诉人提供的 15 份"信息资料表"，无法证明他们与上诉人发生商品房买卖合同关系，更不能证明他们就是兴淮花苑 B 幢的业主。被上诉人提供的 NO.00240844《商品房买卖合同》复印件，没有提供相应的原件相互印证，不能证明被上诉人是兴淮花苑 B 幢的业主，更不能证明其主体适格。兴淮花苑 B 幢的业主（连同店面）共 120 多位，15 位原告并非 120 多位业主的代表，假使被上诉人系兴淮花苑 B 幢的业主，他们 15 人也无权独自提起侵权诉讼。假使被上诉人具有相应的诉讼主体资格，被上诉人的诉求也缺乏事实和法律依据，法院也应当依法判决驳回其诉讼请求。兴淮花苑 B 幢第 12 层的上面，还有一个第 13 层（被上诉人称的第 12 层屋顶）即架空层，该层包括楼梯及门厅、消防阳台、配电室及其架空部分，其中架空部分有柱、有围护结构、有永久性顶盖、层高在 2.2 米以上。除已纳入公摊的楼梯急门厅、消防阳台外，上诉人并没有将诉争的架空部分面积纳入公摊范围由业主公摊，业主对未纳入公摊的"架空部分"并不具有使用权。上诉人砌墙体将"架空部分"封闭，无论如何都不侵犯被上诉人的任何权益，被上诉人与此并没有直接利害关系，原审判决支持被上诉人的无理诉求，属认定事实、适用法律错误。上诉人砌墙体将"架空部分"封闭，是否系违章建筑，并不侵犯被上诉人的任何权益，被上诉人对此不具有起诉权。被上诉人如不服，应依法向相关行政机关申请认定及解决。被上诉人通过民事诉讼要求拆除依法无据。请求二审法院撤销原审判决，裁定驳回被上诉人的起诉或判决驳回被上诉人的诉讼请求；本案一、二审诉讼费由被上诉人承担。

东淮房地产公司上诉称：本案中被上诉人不具备诉讼主体资格。被上诉人仅提供由泉州市房地产管理局出具的房屋信息表来主张自己的主体资格，并没有提供房屋买卖合同及其他相关证据来证明自己的主体资格。上诉人除信息表之外再也没有收到被上诉人提供的其他证据，包括其在庭审中才提供的

NO.00240844《商品房买卖合同》。原审仅以信息表来认定被上诉人的主体资格是不严谨的，也不符合法律程序。即使被上诉人提供的合同是真实的，也只能证明一个业主的主体资格。本案诉争的房屋有96户业主，在本案中仅有15人参加诉讼也是不合法律规定的，这15人并不能代表全体业主，其他业主是否参加诉讼，法院并没有通知。原审法院在诉讼主体缺失的情况下直接作出判决，程序是不合法的。本案诉争房屋的第12层架空层的建筑物与被上诉人没有法律和事实上的任何关联，该架空层部分并没有让业主进行任何的分摊，被上诉人并没有为其付款埋单。即使被上诉人是诉争房屋的业主，也没有任何权利要求拆除架空层部分的建筑。本案中，上诉人砌墙体将"架空部分"封闭，是否违反规划设计，认定的主体是建设规划部门，而不是法院。一审诉讼中上诉人已经向省建设厅提起行政复议为由提出中止本案的审理，但原审法院置之不理，继续本案的审理。原审法院在行政复议机关没有作出认定之前就直接进行判决是错误的，本案应当以行政程序处理，而不是通过民事诉讼的程序进行处理。请求二审法院撤销原审判决，改判驳回被上诉人的诉讼请求或将本案发回重审；由被上诉人承担一切诉讼费用。

被上诉人曾李嵘等15人答辩称：被上诉人提供的由泉州市房地产管理局出具的房屋信息表上记载业主的信息，是上诉人提供的，被上诉人在原审提供的《商品房买卖合同》复印件是因为当时只有一份合同原件，被上诉人是兴淮花苑B幢的业主，具备诉讼主体资格。上诉人也未能提供证据证明原告不具备主体资格的事实。上诉人砌墙体将第12层屋顶的"架空部分"封闭，作为办公室，侵害了被上诉人的合法权益，构成民事侵权，被上诉人提起诉讼是正确的。架空部分未列入公摊并不代表上诉人可以随意处置该架空部分。上诉人的上诉理由不能成立，应驳回上诉，维持原判。

二审裁判结果

泉州市中级人民法院认为，原审判决认定事实清楚，适用法律正确，应予维持。依照《中华人民共和国民事诉讼法》第153条第1款第1项的规定，判决如下：驳回上诉人东兴房地产公司、东淮房地产公司的上诉，维持原判。二审受理费50元，由上诉人东兴房地产公司、东淮房地产公司负担。

二审裁判理由

泉州市中级人民法院经审理认为，被上诉人在原审中提供其向泉州市房地产管理局调取的"房屋信息表"，记载被上诉人是丰泽区兴淮花苑B幢的业主。该信息表是房地产管理部门根据上诉人作为房地产开发公司提供的资料登记备案的，具有客观、真实、合法性，可作为定案依据，原审据此认定被上诉人是丰泽区兴淮花苑 B 幢的业主，具备诉讼主体资格。上诉人作为兴淮花苑 B 幢房地产的开发单位，其提出被上诉人不是兴淮花苑 B 幢的业主，但未能提供相反的证据予以证明，故其上诉理由不能成立，本院不予采纳。本案诉争的兴淮花苑 B 幢第 12 层屋顶架空部分在原规划设计中并没有围砌封闭墙体，也没有包括在兴淮花苑 B 幢建筑面积中，没有计入业主的公摊面积，属于非独立的所有权空间，不属于某位业主所有，也不属于业主的公摊范围，更不属于开发公司的产权保留空间，应属于兴淮花苑 B 幢楼房全体区分所有权人所共有，上诉人无权处分。上诉人未经该楼房的所有业主同意，违反规划设计，擅自将该楼房第 12 层屋顶架空部分围砌成封闭墙体，改变该架空层的结构和用途，侵犯了该楼房全体区分所有权人的权利。15 位被上诉人是该楼房的部分业主，其有权提起民事侵权诉讼，要求上诉人停止侵权行为，拆除违章建筑，恢复原状。因此，上诉人提出被上诉人不是全体业主的代表，无权独自提起侵权诉讼，应通知其他业主参加诉讼的上诉理由不能成立，本院不予采纳。原审判决上诉人应拆除其在兴淮花苑 B 幢第 12 层屋顶架空层违章围砌的建筑墙体，并恢复原状正确。上诉人提出被上诉人无权要求上诉人拆除架空层围砌的建筑墙体的上诉理由不能成立，本院不予采纳。综上，上诉人东兴房地产公司、东淮房地产公司提出的上诉主张，缺乏事实和法律依据，其上诉理由不能成立，本院不予采纳。

6. 业主是否有权不经其他共有权人同意，在公共楼道墙壁上开门并安装防盗门？

公共楼道属于建筑物区分所有权中的业主共有权的对象，业主对于建筑物中共有部分的使用，须征得其他共有人的同意。业主擅自改变房屋的分隔结构，对其他共有人的权益造成侵害的，应承担相应的民事责任。

典型疑难案件参考

谢东、吴宁、张俊杰诉吴小敏建筑物区分所有权纠纷案

基本案情

原、被告系楼上楼下的相邻住户。原告谢东是丹阳市画院路 30 号北楼 1

单元401室房屋的登记所有人，吴宁是丹阳市画院路30号北楼1单元501室房屋的登记所有人，张俊杰是丹阳市画院路30号北楼1单元601室房屋的登记所有人。被告吴小敏于1999年8月领取了丹阳市画院路30号北楼108室门面房的房屋所有权证，该门面房是三原告所在的丹阳市画院路30号北楼1单元的一楼。该1单元的二楼也属被告吴小敏所有。在该楼的北部，有一个独立的归该楼一、二层房屋独用的楼道，该楼道现已纳入被告的私人活动空间。一楼门面房被告现用于开设麻将馆。该门面房内室南墙上原来无门也无窗。2008年3月，被告在未经有关部门审批以及未与原告等其他同一单元业主协商一致的情况下，在前述内室南墙上开设了一扇门，并安装了防盗门，此即本案诉争之门。该门正对着三原告所在的北楼1单元南部的楼道口，楼上住户在此楼道口安装了一扇铁皮门。在此南楼道内，二楼无门，三楼住宅的门朝西开设在东墙上，四楼至六楼住宅的门则开设在南墙上，即同于诉争之门的地理位置，此均为该楼道内的原始设置。三原告于2008年4月25日向本院提起诉讼，要求被告排除妨碍，将其在墙体上开设的门恢复原状。

诉辩情况

原告谢东、吴宁、张俊杰诉称：三原告与被告系相邻关系，三原告所在单元一楼楼道的北面即被告的门面房。2008年3月，被告在三原告毫不知情的情况下，擅自在楼道北面的墙体上开设了一个门，以致原告所在的单元直接与被告开设的临街的麻将馆相通，严重妨碍了三原告的正常通行，造成了三原告住宅的不安全性，且麻将馆的嘈杂喧哗声和烟尘也严重影响了三原告的正常生活和休息。原告经多次与被告交涉，要求其恢复原状，被告均置若罔闻。三原告起诉请求判令被告立即排除妨碍，将其擅自开设的门恢复原状。

被告吴小敏辩称：他在自己房子的墙壁上开门并安装防盗门是行使房屋所有权的正当行为，是合法使用共同共有建筑物的行为。开设该门有利于被告室内的通风和采光，利于被告改善室内环境，且未给原告的住宅带来不安全性，也未对原告造成通行妨碍。该楼道是公共通道，属整个单元的各业主共同共有，不为任何一方所独有，故作为一楼业主的被告对其享有使用权，被告不同意拆除该门，恢复原状。

裁判结果

一审法院依照《中华人民共和国物权法》第70条、第71条，《中华人民共和国民事诉讼法》第128条的规定，判决如下：被告吴小敏于本判决生效后15日内拆除其在丹阳市画院路30号北楼108室门面房内室南墙上设置的防盗门，将墙体恢复原状。被告吴小敏不服，向镇江市中级人民法院提起上诉，后又撤回上诉。

> **裁判理由**

丹阳市人民法院经审理认为：根据案情，本案应属建筑物区分所有权纠纷。业主对建筑物内的住宅、经营性用房等专有部分享有所有权，对专有部分以外的共有部分享有共有和共同管理的权利。业主对其建筑物专有部分享有占有、使用、收益和处分的权利，并须按专有部分的本来用途和使用目的行使专有权，不得危及建筑物的安全，不得损害其他业主的合法权益。本案中，原、被告均系丹阳市画院路30号北楼1单元的建筑物区分所有权人，被告作为该30号北楼108室门面房的区分所有权人，对其专有房屋室内及内墙部分可以任意使用或者改造，但不得有损建筑物的整体安全，不得擅自改变房屋结构、外貌和用途。而对于建筑物中业主共有部分的使用，则须征得其他共有人即原告等人的同意。本案诉争之门开设在三原告等人共有的楼道墙体上，该墙体朝向被告室内的内墙部分及于表面敷层属于被告的专有权范围，但其朝向楼道的外墙部分则系公共楼道的一个组成部分，属该单元业主共有。被告就该堵墙享有的专有权达不到穿透该堵墙体的效力，被告穿透该墙体开设诉争之门，超出了其行使专有权的范围，其未经其他共有人的同意即擅自改造共有墙体，侵害了原告等共有人的建筑物区分所有权。因此，该院对被告关于其所开之门是在其自己所有的房屋墙壁上，是其行使房屋所有权的正当行为的辩称不予采信。被告另辩称，其开设诉争之门是改善其住房环境和通风、通行及采光之需。但被告购买房屋时，内室即为此结构，该门面房也有原始设置的通向画院路的门，且有独立的楼道供该一、二层房屋通行，而非必须通过开设诉争之门才能实现其不动产通行权，故原告等人不负有法律上的为被告改善其住宅室内环境而改变建筑物原始结构和外貌、占用共有部分提供便利的义务。现三原告不同意被告在共有的楼道墙体上开门，要求被告拆除妨碍，恢复原状，于法有据，该院予以支持。

7. 新建小区中配建的社区办公用房产权归属业主或业主委员会还是开发商或物业服务公司？

小区中配建的社区办公用房应属于建筑物区分所有权中共有权的对象，即属于全体业主共有。

8. 开发商因违规建造被撤销建设工程规划许可证和房产证，经与业主委员会协商将违规建筑交由业委会所有，经规划、房产部门审批同意后办理产权登记手续，此后，开发商可否以赠与合同为由撤销赠与？

开发商违反规划建造的社区服务用房，被规划部门和房地产管理部门分别依法撤销建设工程规划许可证和房产证后，开发商将该用房产权移交给小区业主委员会，并与小区业主委员会联名申请办理建设工程规划许可，在规划、房产等部门审批同意后办理产权登记手续，将该用房登记在小区业主委员会名下的，双方并不构成赠与合同关系，而是涉及行政机关的行政处置行为。该社区办公用房的产权归小区业主委员会，开发商不得以赠与合同为由撤销赠与。

典型疑难案件参考

合肥商业投资控股志德置业投资有限公司诉合肥市中央花园小区业主委员会赠与合同案

基本案情

志德公司系合肥市中央花园小区的开发商。2004年5月13日，志德公司取得建设中央花园小区8号、9号楼的规划许可证，并进行了建设。在中央花园小区8号、9号楼建成后，合肥市规划局根据中央花园小区业主举报，对中央花园小区8号、9号楼建设过程中存在的问题进行了调查，认定：志德公司未按照建设工程规划许可证副本施工，合肥市规划局遂决定撤销中央花园小区8号、9号楼建设工程规划许可证正本，限期拆除违法多建部分。并同时向合肥市房地产管理局、合肥市国土资源局发函，告知志德公司违规建设8号、9号楼，两栋楼的建筑功能为用于社区服务的办公用房，不得对外出售，建议依法撤销已核发的房产证。合肥市房地产管理局接函后撤销了中央花园小区8号、9号楼的房产证。此后，经志德公司与中央花园业委会协商，志德公司承诺将8号、9号楼产权移交给中央花园小区全体业主，双方联名向合肥市规划局提交了《关于中央花园小区8号、9号楼违规整改有关问题的请示》，要求规划部门根据现状，请求给予保留8号、9号楼不再拆除，移交给中央花园小区全体业主。合肥市规划局经研究决定给予8号、9号楼重新补办《建设工程规划许可证》。2007年7月16日，中央花园业委会向合肥市房地产管理局申请办理房屋权属登记。在登记手续办理过程中，志德公司诉至法院。原告志德公司称，本公司相关经办人员未经授权和审批，擅自决定将8号、9号楼无偿移交给全体业主。因移交行为的法律属性为赠与，本公司依法享有撤销赠与的权利，请求判令撤销本公司关于8号、9号楼的赠与行为。

一审诉辩情况

原告志德公司起诉称：中央花园小区8号、9号楼系本公司投资建设，因施工过程中未严格按照规划许可证施工，导致实际建成面积大于规划许可准建面积。小区业主发现后向有关部门举报，而本公司相关经办人员未经授权和审批，擅自决定无偿移交给全体业主。因移交行为的法律属性为赠与，本公司依法享有撤销赠与的权利，请求判令撤销本公司关于8号、9号楼的赠与行为。

中央花园业委会辩称：志德公司向本业委会移交的8号、9号楼是小区公共配套设施，志德公司并不是该两幢楼的产权人，双方间不存在赠与合同关系。志德公司相关人员与业委间协商和办理8号、9号楼产权移交行为是职务行为，代表了志德公司。志德公司要求撤销赠与的请求不能成立，应驳回其诉讼请求。

一审裁判结果

一审法院依据《中华人民共和国合同法》第185条、最高人民法院《关于民事诉讼证据的若干规定》第2条的规定，判决如下：驳回合肥商业投资控股志德置业投资有限公司的诉讼请求。

一审裁判理由

一审法院审理后认为：根据《中华人民共和国合同法》的规定，赠与合同是赠与人将自己的财产或财产权利无偿给予受赠人，受赠人表示接受赠与的合同。本案诉争的中央花园小区8号、9号楼的工程虽系志德公司建设，但是按照有关规定，该两栋楼的建筑功能为用于社区服务的办公用房，不得对外出售，也不应用作其他商业用途。志德公司曾领取的8号、9号楼房产证，也已被撤销，现该两栋房屋已被房产部门决定登记于中央花园业委会名下。故志德公司主张撤销其所有的房产赠与行为，并没有事实和法律依据，依法不予支持。

二审诉辩情况

志德公司上诉称：中央花园小区8号、9号楼规划用途虽为社区服务用房，但因该两幢楼的建设成本并未分摊入房屋销售价格，因而并不属于小区共用设施，产权应归本公司所有。由于本公司无法定义务将该两幢楼的产权交给被上诉人，故本公司与被上诉人之间关于移交8号、9号楼的协议依法应属于赠与合同，因房管部门至今未将产权登记在被上诉人名下，依据法律规定本公司有撤销赠与的权利，原审法院仅以房管部门已决定将该两幢楼登记于被上诉人名下为由，驳回本公司的诉讼请求错误。请求二审法院查明事实，依法撤销原判，改判如原审所请。

被上诉人中央花园业委会辩称：中央花园小区8号、9号楼设计规划为小区配套设施，作为小区的开发商建设小区的配套设施是其义务，且其在诉讼中也未提供充分证据证明该两幢楼的建造成本是否摊入销售价格中，因而志德公司主张该两幢的产权应归其所有的理由不能成立，该两幢楼应归全体业主共有。现针对该两幢楼的移交问题双方经协商已达成一致协议，房地产管理部门也已决定将该两幢楼的产权登记在本业委会名下，正是由于志德公司拒不提供资料，才导致登记至今未完成，志德公司的行为完全是出于恶意。另因志德公司并不是该两幢楼的产权人，移交该两幢楼是其义务，双方不存在赠与合同关系，上诉人撤销赠与无从谈起。综上，请求二审法院依法查明事实，驳回上诉，维持原判。

二审裁判结果

二审法院依据《中华人民共和国民事诉讼法》第153条第1款第2项、最高人民法院《关于民事诉讼证据的若干规定》第2条的规定，判决如下：驳回上诉，维持原判。

二审裁判理由

二审审理后认为：志德公司在开发建设中央花园小区过程中，违反规划建造8号、9号楼，合肥市规划局依法撤销该两幢楼的《建设工程规划许可证》，合肥市房地产管理局亦依据合肥市规划局的建议撤销了该两幢楼的房产证，正是在相关行政机关对合肥商业投资控股志德置业投资有限公司违规建设行为进行行政处罚的过程中，双方协商同意将该两幢楼的产权移交合肥市中央花园小区业主委员会，并联名向合肥市规划局递交申请，合肥市规划局经审批同意后，才决定给8号、9号楼补发《建设工程规划许可证》，合肥市房地产管理局遂依据申请决定将该两幢楼登记在被上诉人名下，因而双方间关于移交上述两幢楼的行为涉及了行政机关的行政处置行为，双方之间不存在赠与合同法律关系，上诉人以双方间关于移交房产的协议系赠与合同，并依据赠与合同的相关法律规定请求撤销赠与的上诉理由不能成立。综上，原审虽未能正确认定双方间的法律关系，但判决驳回上诉人的诉讼请求并无不当。

9. 经营性用房的业主能否在其阳台与他人阳台之间的外墙上悬挂经营性广告牌？

业主对建筑物区分所有权享有的权利包括两个部分：一是住宅或经营性用房的专有部分；二是该专有部分以外的共有部分。从专有部分的法律性质方面考察，业主对建筑物专有部分享有权的权利范围是有限的，原则上以由四周的墙壁、地板以及天花板所组成的空间为限。而这里的"空间为限"，不及于作为整栋建筑物主体结构的柱、梁、墙，以及两个或多个相邻的建筑物区分所有权共用的墙壁。也就是说，作为整栋建筑物主体结构的墙等部分属于共有部分。经营性用房的业主在其与他人阳台相邻的外墙上悬挂广告牌，属于对建筑物共有部分行使使用权，原则上应当准许。

典型疑难案件参考

邓贤贵诉杨秀芳侵害业主共有权纠纷案

基本案情

原告居住在乌鲁木齐市南昌路11号3-101室，被告居住在其楼上。2000年，原告将住房腾出作为商用房，开办了乌鲁木齐市沙依巴克区经纬通信经营部，并在一楼与二楼阳台中间悬挂了"中国移动"、"中国联通"两块招牌。2004年，双方因招牌悬挂问题发生纠纷，原告将被告起诉至我院，请求判令被告对损坏的招牌进行修复。我院以〔2004〕沙民一初字第2887号民事判决支持了原告的诉讼请求。随后，被告又将原告起诉至我院，请求法院判令原告拆除悬挂在其阳台外的广告牌，恢复原状。我院作出〔2004〕沙民一初字第3149号民事判决，以广告牌并未影响被告通风、采光等利益为由，驳回了被告的诉讼请求；被告不服，上诉至乌鲁木齐市中级人民法院。中级法院经二审，查明了被告家的窗户铁栅栏系原告无偿安装的，即判决驳回了被告上诉，维持了原判。后原告又在店门上悬挂了"名烟名酒"的牌匾，被告随即提起行政诉讼，起诉至我院，要求沙依巴克区城市管理行政执法局履行法定拆除职责。执法局查明原告悬挂"名烟名酒"牌匾，未依法办理相关审批手续，遂给原告下发了沙改通〔2008〕第090030号《责令改正通知书》。原告接到通知后，自愿拆除了牌匾；被告也撤回了起诉。此后，被告为阻止原告继续悬挂经营、广告牌匾，在撤诉之后，从其家中封闭阳台离地面30厘米处穿出一根铁棍。原告起诉称，被告穿出的铁棍使我的房子商用开店却无法挂牌，严重侵犯了我合法经营的权利，请求判令被告停止侵权。

一审诉辩情况

原告邓贤贵诉称：2000年，因我家经济困难，在沙依巴克区政府、八一街道办事处的帮助、支持下，我家腾出一半住房代办"中国移动"和"中国联通"两家公司的一些零碎业务。开业时，我应被告要求给他家窗户安装了铁栅栏作为一次性补偿之后，才在门头上悬挂了"中国移动"、"中国联通"两块牌匾。2003年下半年，生意有所好转。2004年6月，被告要求我每月再无偿给其1000元，我不同意，被告就砸烂了"中国移动"的牌子。我将被告起诉至沙依巴克区人民法院，要求修复赔偿，沙依巴克区法院经过审理，判决我胜诉；被告不服，上诉至中级人民法院，中级人民法院驳回其上诉，维持了原判。我一直催促被告执行法院判决，赔偿我的牌子，被告不但不予赔偿，还在我的店门上方钉了一根1米长的铁棍，致使我的房子商用开店却无法挂牌，严重侵犯了我合法经营的权利。故诉至法院，请求判令被告停止侵权，立即拔掉钉在我店门楣上的铁棍；并由被告承担诉讼费。

被告杨秀芳辩称：我不同意原告的诉讼请求。铁棍是钉在我自家的阳台上，并未影响原告。我钉铁钉是为了维护我的合法权益，阻止原告使用我家阳台外墙。另原告悬挂广告牌是非法的，未经业主同意，公民非法的民事权益不受法律保护。故请求人民法院驳回原告的诉讼请求。

一审裁判结果

沙依巴克区人民法院依照《中华人民共和国物权法》第77条的规定，判决：驳回原告的诉讼请求。

一审裁判理由

沙依巴克区人民法院经审理认为：将住宅改变为经营性用房的，除遵守法律、法规以及管理规约外，还应当经有利害关系的业主同意。本案原告将住宅改为经营性用房后，在店门与二楼阳台外墙间悬挂广告牌，应当经过被告的同意。被告从其自己居住使用的阳台中穿出一根铁棒，并未对原告构成权利上的侵害，故原告的诉讼请求不能成立，本院不予支持。对原告合理的意见，本院予以采纳。

二审诉辩情况

邓贤贵上诉称：第一，我于2000年8月开店并挂牌，是经被上诉人同意的，当时我与被上诉人杨秀芳的丈夫任元礼（退休前与我系同一科室的同事），在台长的协调下，在任元礼退休后开的商店内达成口头协议，即任元礼家同意我家开店挂牌，由我免费为任元礼家窗户安装铁栅栏作为一次性补偿，此事实有当年现场实物照片及乌鲁木齐市中级人民法院〔2005〕乌中民一终字第190号判决书为证。第二，杨秀芳从其家阳台向外穿出的长铁棍，顶掉了我店的门头牌匾，推翻了2004年沙依巴克区人民法院和2005年乌鲁木齐市中级人民法院已经生效的判决，造成了我店各种经营手续齐全，却不能正常营业的后果。请求二审法院纠正一审的错误判决，判令杨秀芳立即拔除钉在我店门楣上的大铁棍，恢复我店挂牌营业的权利。

被上诉人杨秀芳答辩称：我的铁钉是钉在自家阳台上，并未钉在邓贤贵店门楣上，没有对邓贤贵构成权利上的侵害，我钉铁钉是为了阻止邓贤贵违法使用我的阳台外墙面，为维护自己的合法权益，不得已而采取的措施。邓贤贵所挂"名烟名酒"牌匾是违法的、是未经我及任元礼同意和有关部门批准而私设的，是沙依巴克区行政执法局明令其应拆除的户外广告店牌。根据相关法律规定邓贤贵的行为也是被法律所禁止的、是违法的。故请求二审法院驳回邓贤贵的上诉，维持原审法院判决。

二审裁判结果

乌鲁木齐市中级人民法院依照《中华人民共和国民事诉讼法》第153条第1款第2项的规定，判决如下：

一、撤销乌鲁木齐市沙依巴克区人民法院〔2008〕沙民三初字第868号民事判决；

二、杨秀芳于本判决生效后10日内拔除其从阳台内向外穿出的铁棍。

二审裁判理由

乌鲁木齐中级人民法院审理后认为：依据我国物权法的相关理论，建筑物专有所有权的客体，在内部相互关系上，专用部分仅包括墙壁、天花板、地板等境界部分表层所粉刷部分，在外部关系上（如买卖、保险、税金等），专用部分达到墙壁、天花板、地板等境界部分厚度之中心线。建设部1992年颁布的《公有住宅售后维修养护暂行办法》中明确规定，住宅的共用部分，是指承重结构部位（包括楼盖、屋顶、梁、柱、内外墙体和基础等）、外墙面、楼梯间、走廊通道、门厅、楼内自行车存车库等。由此杨秀芳所居住房屋的阳台外墙作为该栋楼房的基本组成部分，并不为杨秀芳所专有，建筑物的专有所有权人对其专有部分享有权利，但专有所有权人对专有部分的使用应当考虑到对其他区分所有权人的影响，应当在合理的范围内行使自己的使用权，不得损害其他区分所有权人的利益，因我国《物权法》第71条明确规定，业主对其建筑物专有部分享有占有、使用、收益和处分权利，但不得危及建筑物的安全，不得损害其他业主的合法权益。杨秀芳为阻止邓贤贵在其门楣上方悬挂经营或广告牌匾而从其家封闭阳台离地面30厘米处从内向外穿出一根铁棍的行为属对建筑物的不当使用行为，也损害了该楼宇其他共有人的权益，邓贤贵作为其所居住楼房的业主及利害关系人，有权请求法院判令杨秀芳停止其不当使用和侵害其他共有权人权益的行为，故邓贤贵请求法院判令杨秀芳拔除其钉在邓贤贵店门楣上的铁棍的诉讼请求成立。邓贤贵如果设置牌匾广告，应经市政市容行政管理部门审批。杨秀芳在本案诉讼中所称邓贤贵将住宅改变为经营性用房及在其房屋门楣上设置经营性广告牌匾未经其同意的主张与原审法院〔2004〕沙民一初字第3149号民事判决及本院〔2005〕乌中民一终字第190号民事判决所确认的事实相悖，本院不予采信。原审法院判决确认杨秀芳从其家封闭阳台离地面30厘米处从内向外穿出铁棍的行为不构成侵权不当，本院予以纠正。

10. 业主能否在建筑物共有部分内安装太阳能？

建筑物区分所有中的专有部分原则上以由四周的墙壁、地板以及天花板所组成的空间为限。楼道、外墙等原则上属于业主的共有部分，虽然可以通过合同约定顶层的归属，但楼道层面仍属于公共部分，业主在楼道层面安装太阳能属于对建筑物共有部分行使使用权，原则上应当准许。

典型疑难案件参考

张义胜诉方秋平侵权、排除妨害案

基本案情

原告张义胜与被告方秋平同为南康市芙蓉新城玉蓉苑3座住户，原告张义胜住701室，被告方秋平住501室。由于通往楼顶屋面的楼梯间设置在原告张义胜家中，原告张义胜、被告方秋平与第三人中联公司签订的《商品房买卖合同》中均约定该商品房所在楼宇屋面使用权归顶层业主。2005年8月3日，原告与第三人订立"屋面使用协议书",由第三人将701室的屋面无偿交给原告使用。2006年年初,被告方秋平在楼顶的楼梯间屋面上安装太阳能热水器,原告不允,故诉至本院要求被告将安装在楼宇屋面上的太阳能热水器及其附属物拆除,恢复原状,并赔礼道歉。

一审诉辩情况

原告张义胜诉称:被告方秋平在没有征得原告同意的情况下,在原告使用的屋面上安装太阳能,侵犯了原告的屋面使用权和危害了原告的住宅生活安全。现诉至法院要求被告停止侵犯原告的屋面使用权,拆除太阳能及其附属物,恢复原状,并向原告赔礼道歉;诉讼费由被告承担。

被告方秋平辩称:被告是在屋面上安装了太阳能,但未对原告构成侵权,该屋面应当属原、被告等全体业主所共有,第三人与原告订立的屋面使用权协议违反了法律规定,是无效的。故请求法院驳回原告的诉讼请求。

第三人南康中联芙蓉新城开发有限公司诉称:第三人与原、被告签订的购房合同中,均约定了屋面使用权归顶层业主,是为了楼面管理方便。被告在楼面上安装太阳能应与原告协商,被告现在安装太阳能的位置也是不允许安装任何物品的。

一审裁判结果

南康市人民法院依照《中华人民共和国民法通则》第83条、《中华人民共和国民事诉讼法》第64条的规定,作出如下判决:

一、被告方秋平应在本判决生效后3天内将安装在芙蓉新城玉蓉苑3座楼顶的太阳能及其附属物予以拆除;

二、驳回原告张义胜的其他诉讼请求。本案受理费50元、实支费260元、现场勘验费200元,合计人民币510元,由被告方秋平承担。

一审裁判理由

南康人民法院经审理认为:原告张义胜、被告方秋平同为一栋楼上下层住户,本应按照方便生活团结互助的精神,正确处理好各种相邻关系,本案中,第三人为了楼宇屋面的管理,与购房户约定楼宇屋面归顶层业主使用,并设计楼宅屋面必须从顶层业主家中通行出入,被告方秋平在购房时和入住后对楼宇屋面的使用权以及通往楼宇屋面的过道应当清楚。被告方秋平在未与原告张义胜协商一致的情况下,在楼宇屋面上安装太阳能热水器,具有明显过错,其行为构成侵权,也给原告带来安全隐患,故原告要求被告予以拆除的诉讼请求予以支持。原告要求被告赔礼道歉,证据不足,不予支持。

二审诉辩情况

上诉人（原审被告）诉称：（1）本案中，上诉人在包括被上诉人在内的玉蓉苑全体业主所共有的楼面上安装太阳能热水器，这一行为不具有违法性，也没有任何损害被上诉人利益的事实存在。上诉人不具有任何过错。一审判决上诉人必须拆除太阳能热水器，既无事实依据也无法律依据。（2）上诉人在与第三人签订《房屋买卖合同》时，约定了屋面的使用权归顶层业主使用，但这种使用不是顶层住户的独占使用，上诉人作为共有的所有权人之一，在屋面上安装太阳能装置是行使所有权的行为，屋面归顶层住户使用并不能排除上诉人使用权。况且，作为共有部位的屋面，其维修管理义务属全体业主，全体业主的购房款中就包含了房屋维修基金。（3）一审判决还认为上诉人安装的太阳能装置给被上诉人带来安全隐患，但被上诉人并没有任何证据证明。（4）依据《中华人民共和国可再生能源法》第17条规定，上诉人安装太阳能不具有违法性，有利于社会，有利于环境。

被上诉人（原审原告）辩称：（1）原审原告、原审被告分别与本案第三人签订的《商品房买卖合同》第17条明确约定"该商品房所在楼宇的屋面使用权归顶层业主"。（2）通往屋面的楼梯设置在顶层业主原审原告家中。（3）原审被告在归原审原告使用的屋面上安装太阳能热水器的行为也已经直接危害了原审原告的个人住宅生活安全，为其带来了极大的安全隐患：其一，该热水器安装在最高处，由于安装不牢，极有可能被大风吹倒；其二，由于该热水器系金属制品，极易破坏整栋楼的避雷系统；其三，该热水器所安装位置的屋面承重能力非常有限，很可能导致该屋面裂缝，甚至倒塌。

二审裁判结果

赣州市中级人民法院依据《中华人民共和国民事诉讼法》第153条第1款第3项的规定，作出如下判决：

一、撤销南康市人民法院〔2006〕康民一初字第1001号民事判决；

二、驳回被上诉人张义胜的诉讼请求。一审案件受理费50元、一审实支费260元、现场勘察费200元，二审案件受理费50元、实支费800元，合计1360元，由被上诉人张义胜负担。

二审裁判理由

赣州市中级人民法院经审理认为：对于安全负荷隐患的问题，经现场勘察和测算，上诉人安装的太阳能热水器的负荷并没有超过屋面的最大荷载能力。对于建筑物区分所有权的问题，虽然方秋平与张义胜所在的该栋房屋的业主在购买商品房时均在《商品房买卖合同》第17条约定了"所在楼宇的屋面使用权归顶层业主",但是,上诉人方秋平安装太阳能热水器的所在部位即楼道屋面,并不包括在归顶层业主使用的屋面范围内,楼道屋面仍属于公共部位。方秋平在公共的屋面上安装太阳能热水器,没有侵犯张义胜的使用权,其太阳能热水器的最大承载也没有超出层面的最大荷载,没有构成现实的安全问题,故张义胜要求方秋平拆除其楼道屋面上的太阳能热水器的诉讼请求没有事实和法律依据,本院不予支持。

11. 物业公司能否以与业主签订协议的方式限制业主改变外立面?

建筑物的外立面属于业主共有部分,对于共有部分使用权的处分应由业主大会或业主委员会决议。在业主大会或业主委员会作出决议后,可与物业公司签订相关协议。

12. 在签订相关协议后,业主可否安装齐墙外置式防盗栅栏和外挂式晾衣架?

安装齐墙外置式防盗栅栏和外挂式晾衣架属于对建筑物共有部分的使用。原则上,业主可以对建筑物的共有部分进行使用,但如果业主委员会作出相关决议,以与物业公司签订协议的方式放弃对共有部分的使用,则业主不得擅自使用建筑物的共有部分。

典型疑难案件参考

绍兴时代物业管理有限公司诉杨佳昕物业管理案

基本案情

2002年3月10日,原告绍兴时代物业管理有限公司与时代·凤凰岛住宅小区的开发商中国轻纺城时代房地产有限公司就物业管理事项签订合同一份,由原告对时代·凤凰岛实行物业管理。被告杨佳昕于2002年5月5日购得该小区22幢103室,同年11月3日被告接收该住宅的全部钥匙并签收了相关资料（包括《业主手册》一本、时代·凤凰岛装修审批指南一份及其他资料）。同年12月22日被告在装修前与原告及装修施工单位又签订了时代·凤凰岛住宅装饰装修管理服务协议一份，约定：被告应严格遵守对外立面的管理要求，不擅自改变外立面，不得封闭阳台，不擅自安装防盗栅栏、花架、雨篷等。后因担心财产及人身安全，被告自行安装了齐墙外置式防盗栅栏，原告于2004年2月23日派人强制拆除。但此后被告再次安装齐墙外置式防盗栅栏及外挂式晾衣架，原告遂诉至本院，要求解决。

▶一审诉辩情况◀

原告绍兴时代物业管理有限公司诉称：原告是时代·凤凰岛住宅小区的物业管理公司，被告是该小区22幢103室业主。该小区开发商中国轻纺城时代房地产有限公司在2002年11月3日向被告移交的物业资料中，就住宅装饰装修作出规定：住宅的阳台均不得封闭（包括安装防盗栅栏），顶层露台不得安装雨篷，屋顶不得安装任何设施、设备，所有门窗外部位均不得安装防盗栅栏，阳台外和窗外均不得安装晾衣架、花架、雨篷等。2002年12月22日被告在装修前与原告及装修施工单位签订《时代·凤凰岛住宅装饰装修管理服务协议》一份，约定：被告应严格遵守对外立面的管理要求，不得擅自改变外立面，不得封闭阳台，不得擅自安装防盗栅栏、花架、雨篷等。但被告违反约定，在22幢103室擅自安装防盗栅栏、晾衣架等，严重影响了小区内相邻物业的安全，对原告的工作造成了妨碍。故诉请法院判令被告立即拆除擅自安装的防盗栅栏、阳台外墙晾衣架；本案诉讼费用由被告承担。

被告杨佳昕辩称：原告系开发商自行委托，未通过招投标形式公开聘任，故其不具备起诉的主体资格。原、被告之间签订的协议违背业主意愿，且该协议内容侵犯公民财产权，而小区内财产人身安全隐患多，失窃事件也屡有发生，故要求法院撤销此协议。此外，房产开发商与物业管理方违约在先，安全设施未到位，还私闯本户拆除防盗设施，而对其他住户在小区内开公司、顶楼装雨篷、封闭阳台等事却不阻止、不起诉。对业主的相关权益至今尚未解决，如土地使用权证无法办理、规划及配套设施未完成、未形成景观等。综上，被告安装防盗窗并未影响相邻安全，如果原告能作出财产和生命安全方面的承诺并签订安全协议，切实负起责任，被告可以考虑是否拆除防盗窗，请求法院作出公正合理的裁决。

▶一审裁判结果◀

浙江省绍兴市越城区人民法院依照《中华人民共和国民法通则》第54

条、第 55 条、第 57 条、第 106 条第 1 款，《中华人民共和国合同法》第 60 条第 1 款的规定，判决如下：被告杨佳昕应于本判决生效之日起 15 日内拆除其安装于绍兴市越城区凤凰岛 22 幢 103 室的齐墙外置式防盗栅栏、阳台外墙外挂式晾衣架。案件受理费 40 元、实支费 80 元，合计 120 元，由被告负担。该款原告已预交，应由被告负担的部分，由被告在履行上述条款时一并付给原告。

▶一审裁判理由

浙江省绍兴市越城区人民法院认为：本案争议焦点主要在以下几个方面：

第一，原告是否具备物业管理资格的问题。原告绍兴时代物业管理有限公司与中国轻纺城时代房地产有限公司约定，由原告对时代·凤凰岛实行物业管理，因该合同签订于 2002 年 3 月 10 日，而《物业管理条例》于 2003 年 9 月 1 日起施行，且不具溯及力，另时代·凤凰岛住宅小区至今尚未成立业主大会选举业主委员会另聘物业管理企业，故对建设单位选聘物业管理企业并签订书面合同的行为，应认定为合法有效，原告享有对时代·凤凰岛住宅小区实行物业管理的权利并承担相应义务。被告认为原告系开发商自行委托、未经招投标形式公开聘任的，辩称意见缺乏法律依据，本院不予采纳。

第二，被告能否安装齐墙外置式防盗栅栏及外挂式晾衣架的问题。被告在购入该小区 22 幢 103 室后，已签收业主手册等资料，后又与原告及装修施工单位签订了装饰装修管理服务协议，均对"不擅自改变外立面，不得封闭阳台，不擅自安装防盗栅栏、花架、雨篷"等条款达成一致协议。该协议并未违反国家法律禁止性规定，故应认定为合法有效，合同的当事人应当按照合同的约定履行自己的义务。现被告违反约定安装齐墙外置式防盗栅栏和外挂式晾衣架，原告为维护全体业主的共同利益及整个小区外貌景观要求被告予以拆除，理由正当，本院予以支持。被告认为原告在签订协议时违背其意愿，因被告未能提供相应有效证据，故对被告这一辩称意见不予采纳；此外，因原、被告已达成协议，被告对自身权利的放弃并未违反法律规定，故对被告认为原告侵犯其财产权的辩称意见也不予采纳。但考虑到业主采取措施预防失窃事件发生这一做法对小区物业管理具有积极意义，同时结合目前市场上防盗装置规格及原告建议，被告可安装内置式防盗装置，以达到维护自身人身、财产安全及规范小区规划的和谐统一。

第三，原告及开发商是否违约的问题。被告在答辩时称原告及开发商存在违约行为，但因该辩称意见与本案不属同一法律范畴，故本案不予一并审理。

综上，原告请求判令被告立即拆除擅自安装的齐墙外置式防盗栅栏、阳台外墙晾衣架的诉讼请求，理由正当，本院予以支持。

二审裁判结果

一审判决后，原告杨佳昕不服一审判决，提出上诉。

经绍兴市中级人民法院主持调解，双方当事人自愿达成如下协议：

一、杨佳昕目前所安装的位于绍兴市越城区凤凰岛22幢103室的齐墙外置式防盗栅栏、阳台外墙外挂式晾衣架在该住宅小区业主委员会成立并作出决议前仍维持现状；

二、绍兴市越城区凤凰岛业主委员会成立后，如对上述双方讼争问题作出决议，杨佳昕应于该决议生效之日起10日内按决议内容执行。

本案一审案件受理费40元、其他实际支出费80元，由绍兴时代物业管理有限公司负担；二审案件受理费40元、其他实际支出费50元，由杨佳昕负担。

业主共有权纠纷办案依据集成

1.《中华人民共和国物权法》（2007年3月16日主席令第62号公布）（节录）

第七十二条 业主对建筑物专有部分以外的共有部分，享有权利，承担义务；不得以放弃权利不履行义务。

业主转让建筑物内的住宅、经营性用房，其对共有部分享有的共有和共同管理的权利一并转让。

第七十三条 建筑区划内的道路，属于业主共有，但属于城镇公共道路的除外。建筑区划内的绿地，属于业主共有，但属于城镇公共绿地或者明示属于个人的除外。建筑区划内的其他公共场所、公用设施和物业服务用房，属于业主共有。

第七十四条 建筑区划内，规划用于停放汽车的车位、车库应当首先满足业主的需要。

建筑区划内，规划用于停放汽车的车位、车库的归属，由当事人通过出售、附赠或者出租等方式约定。

占用业主共有的道路或者其他场地用于停放汽车的车位，属于业主共有。

第七十九条 建筑物及其附属设施的维修资金，属于业主共有。经业主共同决定，可以用于电梯、水箱等共有部分的维修。维修资金的筹集、使用情况应当公布。

2. 最高人民法院《关于审理建筑物区分所有权纠纷案件具体应用法律若干问题的解释》（2009年5月14日 法释〔2009〕7号）

为正确审理建筑物区分所有权纠纷案件，依法保护当事人的合法权益，根据《中华人民共和国物权法》等法律的规定，结合民事审判实践，制定本解释。

第一条 依法登记取得或者根据物权法第二章第三节规定取得建筑物专有部分所有权的人，应当认定为物权法第六章所称的业主。

基于与建设单位之间的商品房买卖民事法律行为，已经合法占有建筑物专有部分，但尚未依法办理所有权登记的人，可以认定为物权法第六章所称的业主。

第二条 建筑区划内符合下列条件的房屋，以及车位、摊位等特定空间，应当认定为物权法第六章所称的专有部分：

（一）具有构造上的独立性，能够明确区分；

（二）具有利用上的独立性，可以排他使用；

（三）能够登记成为特定业主所有权的客体。

规划上专属于特定房屋，且建设单位销售时已经根据规划列入该特定房屋买卖合同中的露台等，应当认定为物权法第六章所称专有部分的组成部分。

本条第一款所称房屋，包括整栋建筑物。

第三条 除法律、行政法规规定的共有部分外，建筑区划内的以下部分，也应当认定为物权法第六章所称的共有部分：

（一）建筑物的基础、承重结构、外墙、屋顶等基本结构部分，通道、楼梯、大堂等公共通行部分，消防、公共照明等附属设施、设备，避难层、设备层或者设备间等结构部分；

（二）其他不属于业主专有部分，也不属于市政公用部分或者其他权利人所有的场所及设施等。

建筑区划内的土地，依法由业主共同享有建设用地使用权，但属于业主专有的整栋建筑物的规划占地或者城镇公共道路、绿地占地除外。

第四条 业主基于对住宅、经营性用房等专有部分特定使用功能的合理需要，无偿利用屋顶以及与其专有部分相对应的外墙面等共有部分的，不应认定为侵权。但违反法律、法规、管理规约，损害他人合法权益的除外。

第五条 建设单位按照配置比例将车位、车库，以出售、附赠或者出租等方式处分给业主的，应当认定其行为符合物权法第七十四条第一款有关"应当首先满足业主的需要"的规定。

前款所称配置比例是指规划确定的建筑区划内规划用于停放汽车的车位、车库与房屋套数的比例。

第六条 建筑区划内在规划用于停放汽车的车位之外，占用业主共有道路或者其他场地增设的车位，应当认定为物权法第七十四条第三款所称的车位。

第七条 改变共有部分的用途、利用共有部分从事经营性活动、处分共有部分，以及业主大会依法决定或者管理规约依法确定应由业主共同决定的事项，应当认定为物权法第七十六条第一款第（七）项规定的有关共有和共同管理权利的"其他重大事项"。

第八条 物权法第七十六条第二款和第八十条规定的专有部分面积和建筑物总面积，可以按照下列方法认定：

（一）专有部分面积，按照不动产登记簿记载的面积计算；尚未进行物权登记的，暂按测绘机构的实测面积计算；尚未进行实测的，暂按房屋买卖合同记载的面积计算；

（二）建筑物总面积，按照前项的统计总和计算。

第九条 物权法第七十六条第二款规定的业主人数和总人数，可以按照下列方法认定：

（一）业主人数，按照专有部分的数量计算，一个专有部分按一人计算。但建设单位尚未出售和虽已出售但尚未交付的部分，以及同一买受人拥有一个以上专有部分的，按一人计算；

（二）总人数，按照前项的统计总和计算。

第十条 业主将住宅改变为经营性用房，未按照物权法第七十七条的规定经有利害关系的业主同意，有利害关系的业主请求排除妨害、消除危险、恢复原状或者赔偿损失的，人民法院应予支持。

将住宅改变为经营性用房的业主以多数有利害关系的业主同意其行为进行抗辩的，人民法院不予支持。

第十一条 业主将住宅改变为经营性用房，本栋建筑物内的其他业主，应当认定为物权法第七十七条所称"有利害关系的业主"。建筑区划内，本栋建筑物之外的业主，主张与自己有利害关系的，应证明其房屋价值、生活质量受到或者可能受到不利影响。

第十二条　业主以业主大会或者业主委员会作出的决定侵害其合法权益或者违反了法律规定的程序为由，依据物权法第七十八条第二款的规定请求人民法院撤销该决定的，应当在知道或者应当知道业主大会或者业主委员会作出决定之日起一年内行使。

第十三条　业主请求公布、查阅下列应当向业主公开的情况和资料的，人民法院应予支持：

（一）建筑物及其附属设施的维修资金的筹集、使用情况；

（二）管理规约、业主大会议事规则，以及业主大会或者业主委员会的决定及会议记录；

（三）物业服务合同、共有部分的使用和收益情况；

（四）建筑区划内规划用于停放汽车的车位、车库的处分情况；

（五）其他应当向业主公开的情况和资料。

第十四条　建设单位或者其他行为人擅自占用、处分业主共有部分、改变其使用功能或者进行经营性活动，权利人请求排除妨害、恢复原状、确认处分行为无效或者赔偿损失的，人民法院应予支持。

属于前款所称擅自进行经营性活动的情形，权利人请求行为人将扣除合理成本之后的收益用于补充专项维修资金或者业主共同决定的其他用途的，人民法院应予支持。行为人对成本的支出及其合理性承担举证责任。

第十五条　业主或者其他行为人违反法律、法规、国家相关强制性标准、管理规约，或者违反业主大会、业主委员会依法作出的决定，实施下列行为的，可以认定为物权法第八十三条第二款所称的其他"损害他人合法权益的行为"：

（一）损害房屋承重结构，损害或者违章使用电力、燃气、消防设施，在建筑物内放置危险、放射性物品等危及建筑物安全或者妨碍建筑物正常使用；

（二）违反规定破坏、改变建筑物外墙面的形状、颜色等损害建筑物外观；

（三）违反规定进行房屋装饰装修；

（四）违章加建、改建，侵占、挖掘公共通道、道路、场地或者其他共有部分。

第十六条　建筑物区分所有权纠纷涉及专有部分的承租人、借用人等物业使用人的，参照本解释处理。

专有部分的承租人、借用人等物业使用人，根据法律、法规、管理规约、业主大会或者业主委员会依法作出的决定，以及其与业主的约定，享有相应权利，承担相应义务。

第十七条　本解释所称建设单位，包括包销期满，按照包销合同约定的包销价格购买尚未销售的物业后，以自己名义对外销售的包销人。

第十八条　人民法院审理建筑物区分所有权案件中，涉及有关物权归属争议的，应当以法律、行政法规为依据。

第十九条　本解释自2009年10月1日起施行。

因物权法施行后实施的行为引起的建筑物区分所有权纠纷案件，适用本解释。

解释施行前已经终审，本解释施行后当事人申请再审或者按照审判监督程序决定再审的案件，不适用本解释。

三、车位纠纷

13. 开发商能否为了满足特殊要求，擅自减少规划中设置的停车位数量或改变消防通道的通行方式？

业主对其建筑物专有部分享有占有、使用、收益和处分的权利。但其行使权利不得危及建筑物的安全，不得损害其他业主的合法权利。开发商为了出租的便利，擅自减少车位数量，致使小区业主居住便利受到影响；改变消防通道走向，对小区业主安全构成隐患。这些行为违反了全体业主的共同利益，其他业主得加以禁止。

典型疑难案件参考

上海市黄浦区中福花苑业主大会诉上海中福（集团）有限公司等恢复地下车位、消防通道案

▶ **基本案情** ▶

被告上海中福地产置业有限公司（以下简称中福地产）是中福花苑项目的开发商。2001年9月，中福地产与被告广州市好又多百货商业广场有限公司（以下简称好又多公司）签订租赁协议，将中福花苑地下停车库和地上商业用房出租给好又多公司。合同在"租赁房屋配套要求"一节，特别约定中福地产交付的房屋，须符合好又多公司要求，对房屋进行全面加固和补强等。中福地产按照好又多公司的要求，对地下停车库和消防通道进行改造，安装超市自动扶梯并加建通信机房，致使停车位比竣工验收设计图中设计的停车位减少近10个。2003年2月，中福地产取得中福花苑地下停车库和地上商业用房的产权。2003年9月，中福地产与好又多公司签订补充协议，确认租赁合同项下好又多公司的权利义务由被告上海诚鼎百货商业有限公司（以下简称诚鼎百货）承继。2005年9月，中福地产将上述房地产权利登记至被告上海中福（集团）有限公司（以下简称中福集团）名下。2005年7月，原告上海市黄浦区中福花苑业主大会（以下简称中福业主大会）经黄浦区房屋土地管理局备案成立。中福业主大会成立后，未与被告就各业主之间如何使用停车位进行协商。

一审诉辩情况

原告诉称：被告改变车库用途和消防通道通行方式的行为，严重影响了小区业主车辆停放，造成小区安全隐患，故诉请法院判令被告按照竣工图恢复停车位和消防通道。审理中原告提供了《商业房屋租赁合同》、《补充协议》（一）、《补充协议》（二）、中福花苑一期地下停车库交通设施示意图。

被告中福地产和中福集团共同辩称：车库改造不是其公司行为，消防通道过道走向是根据好又多公司的要求改变的。被告中福地产和中福集团提供了中福花苑一期《地下室平面图》和《七单元底板结构平面图》。

被告好又多公司和诚鼎百货共同辩称：好又多公司在签订租赁合同时，对消防通道的改变作出约定。中福地产交付时即为现状，应由中福地产负责。被告好又多公司和诚鼎百货提供了现状照片、现场平面图、《好又多量贩浦江店工程技术要求合同》、《好又多量贩浦江店装饰工程》、《投标标函》、《施工总承包合同》、《关于上海诚鼎百货商业有限公司消防验收基本合格的意见》、《建筑工程消防验收意见书》。

一审裁判结果

一审法院依照《中华人民共和国民法通则》第134条第1款第2项，《中华人民共和国物权法》第71条、第74条第1款、第2款的规定，判决如下：被告上海中福（集团）有限公司、上海中福地产置业有限公司、广州市好又多百货商业广场有限公司、上海诚鼎百货商业有限公司应于本判决生效之日起60日内按中福花苑一期《地下室平面图》恢复7单元处的停车位和消防通道。

一审裁判理由

一审法院认为：业主对其建筑物专有部分享有占有、使用、收益和处分的权利。业主行使权利不得危及建筑物的安全，不得损害其他业主的合法权利。中福地产将该地下车库出租给被告好又多公司、被告诚鼎百货和将房地产权利转让给中福集团，符合法律规定。由于中福地产所建造的房屋设计标准不符合好又多公司开设大型超市的使用要求，双方在签订《商业房屋租赁合同》时，约定出租方须对原有房屋进行全面的结构加固和补强。该结构加固和补强工程占用了原中福花苑一期地下车库交通设施设计方案中的停车位，导致停车位减少近10个。被告中福地产对上述经规划审批和竣工验收的内容的改变，形式上看系对其专有部分进行改造，目的为达到符合承租方的使用要求。但系争地下车库为小区规划配套设施之一，属于建筑区划内按规划要求配置的停放机动车的车库。《物权法》第74条第1款对此已有规定：建筑区划内，规划用于停放汽车的车位、车库应当首先满足业主的需要。该规定决定了车位的设置本质上是小区整体环境内容的组成部分，属服务于整个小区业主居住便利而建造的公共配套设施，故必须保障设置规定数量的停车设施。虽然原、被告未就停车位使用数量和部位有过协商，但作为房屋权利人和承租人无权擅自改作他用，挤占规划设置规定数量的停车位。据此，对原告要求众被告按经竣工验收的中福花苑一期《地下室平面图》恢复停车位之诉请，法院予以支持。同理，系争的消防通道作为该地下停车库必备的安全疏散通道，其虽包含在被告中福地产（中福集团）建筑物专有部分之中，但仍未改变其作为该幢建筑物附属建筑物共有特征。作为房屋权利人或承租人，有义务保证该消防通道畅通。根据小区总平面图可见，该小区由多幢高层建筑构成，且有多处通道与地下停车库相连通，而该消防通道系唯一与一层地面通道相连通的消防通道。由于现状已改变了该消防通道通行方式，一旦发生火警，客观上将延缓人员逃离时间，确实存在消防隐患。对原告要求众被告按经竣工验收的中福花苑一期《地下室平面图》恢复消防通道之诉请，法院予以支持。众被告实施恢复停车位、消防通道所发生的费用，应由各被告共同承担；各被告之间的分摊，可依据当事人订立的合同协商解决，协商不成可另行主张权利。

▶ **二审诉辩情况** ▶

好又多公司和诚鼎百货上诉称：本案地下车库非小区公共部分，产权属于中福公司，后中福公司将停车库出租给好又多公司，好又多公司取得该停车库的使用权，《物权法》规定"车库应当首先满足业主的需要"不应当解释为"业主对车库享有优先使用权"，小区业主的"优先使用"并不等于完全的"使用权"，不能延伸至物权人才有的"排除妨害请求权"，且原审法院认定消防通道和消防梯位置的依据不足，退一步讲，即使需要恢复停车位、消防通道，也是由中福地产、中福集团承担责任及费用。故请求依法改判，驳回中福业主大会在原审时的诉讼请求。

▶ **二审裁判结果** ▶

二审法院依照《中华人民共和国民事诉讼法》第153条第1款第1项的规定，判决：驳回上诉，维持原判。

▶ **二审裁判理由** ▶

二审法院经审理认为：作为建筑物专有部分的权利人，业主负担不得损害其他业主合法权益的义务。业主专有部分所有权的行使，又要受到其他建筑物专有部分所有人的制约。否则，其他业主可要求其停止侵害、排除妨碍、恢复原状、赔偿损失。中福地产作为系争的地下停车库的产权人（后将房地产权利转让给中福集团），其将该地下车库出租给好又多公司、诚鼎百货。双方在《商业房屋租赁合同》中约定，出租方须对原有房屋进行全面的结构加固和补强，双方对该约定的履行导致目前现状与经竣工验收的中福花苑一期《地下室平面图》、《七单元底板结构平面图》有所改变，比原设计减少近10个停车位，改变了规划设置规定数量的停车位，致使小区业主居住便利受到影响，同时，目前现状也改变了消防通道通行方式，对小区业主安全确实存在隐患。原审法院对中福业主大会要求中福地产、中福集团、好又多公司、诚鼎百货按经竣工验收的中福花苑一期《地下室平面图》恢复消防通道之诉请予以支持并无不当，实施恢复停车位、消防通道所发生的费用，应由中福地产、中福集团、好又多公司、诚鼎百货共同承担。

车位纠纷办案依据集成

1.《中华人民共和国物权法》（2007年3月16日主席令第62号公布）（节录）

第七十四条 建筑区划内，规划用于停放汽车的车位、车库应当首先满足业主的需要。

建筑区划内，规划用于停放汽车的车位、车库的归属，由当事人通过出售、附赠或者出租等方式约定。

占用业主共有的道路或者其他场地用于停放汽车的车位，属于业主共有。

2. 最高人民法院《关于审理建筑物区分所有权纠纷案件具体应用法律若干问题的解释》（2009年5月14日 法释〔2009〕7号）

为正确审理建筑物区分所有权纠纷案件，依法保护当事人的合法权益，根据《中华人民共和国物权法》等法律的规定，结合民事审判实践，制定本解释。

第一条 依法登记取得或者根据物权法第二章第三节规定取得建筑物专有部分所有权的人，应当认定为物权法第六章所称的业主。

基于与建设单位之间的商品房买卖民事法律行为，已经合法占有建筑物专有部分，但尚未依法办理所有权登记的人，可以认定为物权法第六章所称的业主。

第二条 建筑区划内符合下列条件的房屋，以及车位、摊位等特定空间，应当认定为物权法第六章所称的专有部分：

（一）具有构造上的独立性，能够明确区分；

（二）具有利用上的独立性，可以排他使用；

（三）能够登记成为特定业主所有权的客体。

规划上专属于特定房屋，且建设单位销售时已经根据规划列入该特定房屋买卖合同中的露台等，应当认定为物权法第六章所称专有部分的组成部分。

本条第一款所称房屋，包括整栋建筑物。

第三条 除法律、行政法规规定的共有部分外，建筑区划内的以下部分，也应当认定为物权法第六章所称的共有部分：

（一）建筑物的基础、承重结构、外墙、屋顶等基本结构部分，通道、楼梯、大堂等公共通行部分，消防、公共照明等附属设施、设备，避难层、设备层或者设备间等结构部分；

（二）其他不属于业主专有部分，也不属于市政公用部分或者其他权利人所有的场所及设施等。

建筑区划内的土地，依法由业主共同享有建设用地使用权，但属于业主专有的整栋建筑物的规划占地或者城镇公共道路、绿地占地除外。

第四条 业主基于对住宅、经营性用房等专有部分特定使用功能的合理需要，无偿利用屋顶以及与其专有部分相对应的外墙面等共有部分的，不应认定为侵权。但违反法律、法规、管理规约,损害他人合法权益的除外。

第五条 建设单位按照配置比例将车位、车库,以出售、附赠或者出租等方式处分给业主的,应当认定其行为符合物权法第七十四条第一款有关"应当首先满足业主的需要"的规定。

前款所称配置比例是指规划确定的建筑区划内规划用于停放汽车的车位、车库与房屋套数的比例。

第六条 建筑区划内在规划用于停放汽车的车位之外,占用业主共有道路或者其他场地增设的车位,应当认定为物权法第七十四条第三款所称的车位。

第七条 改变共有部分的用途、利用共有部分从事经营活动、处分共有部分,以及业主大会依法决定或者管理规约依法确定应由业主共同决定的事项,应当认定为物权法第七十六条第一款第(七)项规定的有关共有和共同管理权利的"其他重大事项"。

第八条 物权法第七十六条第二款和第八十条规定的专有部分面积和建筑物总面积,可以按照下列方法认定:

(一)专有部分面积,按照不动产登记簿记载的面积计算;尚未进行物权登记的,暂按测绘机构的实测面积计算;尚未进行实测的,暂按房屋买卖合同记载的面积计算;

(二)建筑物总面积,按照前项的统计总和计算。

第九条 物权法第七十六条第二款规定的业主人数和总人数,可以按照下列方法认定:

(一)业主人数,按照专有部分的数量计算,一个专有部分按一人计算。但建设单位尚未出售和虽已出售但尚未交付的部分,以及同一买受人拥有一个以上专有部分的,按一人计算;

(二)总人数,按照前项的统计总和计算。

第十条 业主将住宅改变为经营性用房,未按照物权法第七十七条的规定经有利害关系的业主同意,有利害关系的业主请求排除妨害、消除危险、恢复原状或者赔偿损失的,人民法院应予支持。

将住宅改变为经营性用房的业主以多数有利害关系的业主同意其行为进行抗辩的,人民法院不予支持。

第十一条 业主将住宅改变为经营性用房,本栋建筑物内的其他业主,应当认定为物权法第七十七条所称"有利害关系的业主"。建筑区划内,本栋建筑物之外的业主,主张与自己有利害关系的,应证明其房屋价值、生活质量受到或者可能受到不利影响。

第十二条 业主以业主大会或者业主委员会作出的决定侵害其合法权益或者违反了法律规定的程序为由,依据物权法第七十八条第二款的规定请求人民法院撤销该决定的,应当在知道或者应当知道业主大会或者业主委员会作出决定之日起一年内行使。

第十三条 业主请求公布、查阅下列应当向业主公开的情况和资料的,人民法院应予支持:

(一)建筑物及其附属设施的维修资金的筹集、使用情况;

(二)管理规约、业主大会议事规则,以及业主大会或者业主委员会的决定及会议记录;

（三）物业服务合同、共有部分的使用和收益情况；

（四）建筑区划内规划用于停放汽车的车位、车库的处分情况；

（五）其他应当向业主公开的情况和资料。

第十四条 建设单位或者其他行为人擅自占用、处分业主共有部分、改变其使用功能或者进行经营性活动，权利人请求排除妨害、恢复原状、确认处分行为无效或者赔偿损失的，人民法院应予支持。

属于前款所称擅自进行经营性活动的情形，权利人请求行为人将扣除合理成本之后的收益用于补充专项维修资金或者业主共同决定的其他用途的，人民法院应予支持。行为人对成本的支出及其合理性承担举证责任。

第十五条 业主或者其他行为人违反法律、法规、国家相关强制性标准、管理规约，或者违反业主大会、业主委员会依法作出的决定，实施下列行为的，可以认定为物权法第八十三条第二款所称的其他"损害他人合法权益的行为"：

（一）损害房屋承重结构，损害或者违章使用电力、燃气、消防设施，在建筑物内放置危险、放射性物品等危及建筑物安全或者妨碍建筑物正常使用；

（二）违反规定破坏、改变建筑物外墙面的形状、颜色等损害建筑物外观；

（三）违反规定进行房屋装饰装修；

（四）违章加建、改建，侵占、挖掘公共通道、道路、场地或者其他共有部分。

第十六条 建筑物区分所有权纠纷涉及专有部分的承租人、借用人等物业使用人的，参照本解释处理。

专有部分的承租人、借用人等物业使用人，根据法律、法规、管理规约、业主大会或者业主委员会依法作出的决定，以及其与业主的约定，享有相应权利，承担相应义务。

第十七条 本解释所称建设单位，包括包销期满，按照包销合同约定的包销价格购买尚未销售的物业后，以自己名义对外销售的包销人。

第十八条 人民法院审理建筑物区分所有权案件中，涉及有关物权归属争议的，应当以法律、行政法规为依据。

第十九条 本解释自2009年10月1日起施行。

因物权法施行后实施的行为引起的建筑物区分所有权纠纷案件，适用本解释。

解释施行前已经终审，本解释施行后当事人申请再审或者按照审判监督程序决定再审的案件，不适用本解释。

四、车库纠纷

14. 业主与开发商对售房时是否承诺建立"公用停车库"说法不一,应如何认定事实?

> 售房时开发商的承诺须在日后的买卖合同中有所体现,否则,业主可能要承担举证不能的不利后果。

典型疑难案件参考

易鑫花园小区业主委员会诉襄铁中心、易鑫公司房屋买卖合同案

基本案情

宜昌市西陵区得胜街24号易鑫花园住宅小区系襄铁中心于2003年开发建设并销售完毕。其中2号楼规划设计及许可为主体7层,使用情况为居住和物业管理,前期设计第一层含有部分面积为"会所"。2004年10月,襄铁中心将原设计为"会所"部分建成住宅并办理了房屋产权证,其中已出售7间,总面积为243.62平方米,产权证载明价值为609050元。原告诉称,二被告(襄铁中心、易鑫公司)在销售房屋时向小区业主表示,为了解决业主停车难的实际困难,开发商已将原规划图纸所标明"会所"处,即A座第一层面积共275平方米,改名为"公共停车库",由全体业主入住后共同享有、使用。然而,各业主入住后才发现,二被告公认违反诚信,不仅未依约将"公用停车库"交付给物业管理公司以供全体业主使用,反而改建成私家车库予以发售谋利。而且,二被告与小区前期物业管理公司订立的属于商品房买卖合同组成部分的物业管理委托合同中也约定,将"公用停车库"赠与全体业主。据此,易鑫花园业委会有权要求二被告赔偿损失。为保护全体业主的共同利益免受不法侵害,易鑫花园业委会现依法提起诉讼,恳请人民法院依法判决二被告向原告易鑫花园业委会赔偿损失609050元。

诉辩情况

原告诉称:易鑫花园小区位于宜昌市得胜街24号,是由二被告开发建设的住宅小区,二被告在销售房屋时向小区业主表示,为了解决业主停车难的实际困难,开发商已将原规划图纸所标明"会所"处,即A座第一层面积共275平方米,改变命名为"公共停车库",由全体业主入住后共同享有、使用。然

而，各业主入住后才发现，二被告公认违反诚信，不仅未依约将"公用停车库"交付给物业管理公司以供全体业主使用，反而改建成私家车库予以发售谋利。而且，二被告与小区前期物业管理公司订立的属于商品房买卖合同组成部分的物业管理委托合同中也约定，将"公用停车库"赠与全体业主。综上，易鑫花园业委会认为，二被告将本应属于全体业主共有的"公用停车库"改建为私家车库予以发售，属于擅自处分属于易鑫花园业委会的财产，既构成违约又侵犯了易鑫花园业委会的财产所有权。根据《物业管理条例》第27条的规定，该共用建筑的所有权依法应属全体业主享有。《物业管理条例》第58条规定："违反本条例的规定，建设单位擅自处分属于业主的物业共有部位、共用设施设备的所有权或者使用权的，由县级以上地方人民政府房地产行政主管部门处5万元以上20万元以下的罚款；给业主造成损失的，依法承担赔偿责任。"据此，易鑫花园业委会有权要求二被告赔偿损失。为保护全体业主的共同利益免受不法侵害，易鑫花园业委会现依法提起诉讼，恳请人民法院依法判决二被告向原告易鑫花园业委会赔偿损失609050元。

被告襄铁中心辩称：第一，易鑫花园业委会不具有本案诉讼主体资格。本案是商品房买卖合同纠纷，襄铁中心作为开发商从未与易鑫花园业委会签订过商品房买卖合同，易鑫花园业委会不是本案商品房买卖合同当事人。根据合同相对性原则，易鑫花园业委会不能主张合同权利。《物业管理条例》第19条第1款规定："业主大会、业主委员会应当依法履行职责，不得作出与物业管理无关的决定。"而本案商品房买卖合同纠纷，完全与物业管理无关。所以，即使本案易鑫花园业委会提起诉讼经过业主大会的授权，也因为该授权超出业主大会本身的职责而无效。根据最高人民法院关于"与物业管理无关的个别或部分业主的事宜，业主委员会无权向人民法院提起民事诉讼"的相关意见，易鑫花园业委会亦不具有本案诉讼主体资格。第二，襄铁中心在本案的商品房买卖活动中没有违约行为，更不存在侵权行为。襄铁中心在与易鑫花园业委会的业主签订的商品房买卖合同中，从未承诺提供公用停车库供业主使用，易鑫花园业委会也一直未提供相关证据证明襄铁中心做过承诺或双方有过相关约定；襄铁中心与物业公司的前期物业管理合同中，双方也从未约定提供公用停车库给业主使用；襄铁中心在整个开发活动中根本没有修建公用停车库，易鑫花园业委会所争议的"公用停车库"的位置是襄铁中心经规划部门批准，在房管部门办理了房屋所有权证的会所，襄铁中心出售自己拥有产权的会所合理合法，且该部分未纳于公摊面积。第三，易鑫花园业委会无权要求襄铁中心赔偿损失。本案是因"公用停车库"房屋所有权引发的纠纷，因为宜昌市房管部门已经为购买人办理了房屋所有权证，所有权证是国家规定唯一能证明房屋所有权的权证。易鑫花园业委会如果对该权证有异议，也只能向宜昌市房管部门申请，而无权直接要求襄铁中心赔偿损失。综上，请求驳回原告易鑫花园业委会的诉讼请求。

被告易鑫公司辩称：同意襄铁中心的辩称意见，易鑫公司在易鑫花园开发的前期活动中，与襄铁中心曾经有过合作意向，但后来双方未达成实际合作。易鑫公司从未参与本案的商品房买卖活动，根本不应是本案当事人。请求驳回原告易鑫花园业委会的诉讼请求。

裁判结果

湖北省宜昌市西陵区人民法律根据《中华人民共和国民事诉讼法》第64条第1款的规定，判决如下：驳回原告易鑫花园小区业主委员会的诉讼请求。

裁判理由

湖北省宜昌市西陵区人民法院经审理认为：本案系因"公用停车库"房屋所有权引发的纠纷。现庭审查明，易鑫花园业委会所主张的"公用停车库"即易鑫花园住宅小区2号楼一层约275平方米前期设计为"会所"部分。2号楼建设工程规划许可为主体7层，使用情况为居住和物业管理。襄铁中心建成住宅出售后，已在房管部分为购买人办理了房屋所有权证，且该会所部分未纳入房屋公摊面积由易鑫花园住宅小区业主承担。易鑫花园业委会主张二被告将应依约交付物业管理公司以供全体业主使用或已赠与全体业主的"公用停车库"擅自出卖，构成了违约又侵犯了易鑫花园业委会的财产所有权，应向本院提供相应证据。但易鑫花园业委会向本院提供的主要证据如物业管理委托合同和《商品住宅使用说明书》中的基本情况说明及消费设施说明，不能表明二被告与全体业主之间在"公用停车库"方面存在合同上的权利与义务关系，亦不能证明易鑫花园业委会的上述主张。故易鑫花园业委会请求赔偿损失的诉讼请求，无事实及法律依据，本院不予支持。

车库纠纷办案依据集成

1.《中华人民共和国物权法》（2007年3月16日主席令第62号公布）（节录）

第七十四条 建筑区划内，规划用于停放汽车的车位、车库应当首先满足业主的需要。

建筑区划内，规划用于停放汽车的车位、车库的归属，由当事人通过出售、附赠或者出租等方式约定。

占用业主共有的道路或者其他场地用于停放汽车的车位，属于业主共有。

2. 最高人民法院《关于审理建筑物区分所有权纠纷案件具体应用法律若干问题的解释》（2009年5月14日 法释〔2009〕7号）

为正确审理建筑物区分所有权纠纷案件，依法保护当事人的合法权益，根据《中华人民共和国物权法》等法律的规定，结合民事审判实践，制定本解释。

第一条 依法登记取得或者根据物权法第二章第三节规定取得建筑物专有部分所有权的人，应当认定为物权法第六章所称的业主。

基于与建设单位之间的商品房买卖民事法律行为，已经合法占有建筑物专有部分，但尚未依法办理所有权登记的人，可以认定为物权法第六章所称的业主。

第二条 建筑区划内符合下列条件的房屋，以及车位、摊位等特定空间，应当认定为物权法第六章所称的专有部分：

（一）具有构造上的独立性，能够明确区分；

（二）具有利用上的独立性，可以排他使用；

（三）能够登记成为特定业主所有权的客体。

规划上专属于特定房屋，且建设单位销售时已经根据规划列入该特定房屋买卖合同中的露台等，应当认定为物权法第六章所称专有部分的组成部分。

本条第一款所称房屋，包括整栋建筑物。

第三条 除法律、行政法规规定的共有部分外，建筑区划内的以下部分，也应当认定为物权法第六章所称的共有部分：

（一）建筑物的基础、承重结构、外墙、屋顶等基本结构部分，通道、楼梯、大堂等公共通行部分，消防、公共照明等附属设施、设备、避难层、设备层或者设备间等结构部分；

（二）其他不属于业主专有部分，也不属于市政公用部分或者其他权利人所有的场所及设施等。

建筑区划内的土地，依法由业主共同享有建设用地使用权，但属于业主专有的整栋建筑物的规划占地或者城镇公共道路、绿地占地除外。

第四条 业主基于对住宅、经营性用房等专有部分特定使用功能的合理需要，无偿利用屋顶以及与其专有部分相对应的外墙面等共有部分的，不应认定为侵权。但违反法律、法规、管理规约，损害他人合法权益的除外。

第五条 建设单位按照配置比例将车位、车库，以出售、附赠或者出租等方式处分给业主的，应当认定其行为符合物权法第七十四条第一款有关"应当首先满足业主的需要"的规定。

前款所称配置比例是指规划确定的建筑区划内规划用于停放汽车的车位、车库与房屋套数的比例。

第六条 建筑区划内在规划用于停放汽车的车位之外，占用业主共有道路或者其他场地增设的车位，应当认定为物权法第七十四条第三款所称的车位。

第七条 改变共有部分的用途、利用共有部分从事经营性活动、处分共有部分，以及业主大会依法决定或者管理规约依法确定应由业主共同决定的事项，应当认定为物权法第七十六条第一款第（七）项规定的有关共有和共同管理权利的"其他重大事项"。

第八条 物权法第七十六条第二款和第八十条规定的专有部分面积和建筑物总面积，可以按照下列方法认定：

（一）专有部分面积，按照不动产登记簿记载的面积计算；尚未进行物权登记的，暂按测绘机构的实测面积计算；尚未进行实测的，暂按房屋买卖合同记载的面积计算；

（二）建筑物总面积，按照前项的统计总和计算。

第九条 物权法第七十六条第二款规定的业主人数和总人数，可以按照下列方法认定：

（一）业主人数，按照专有部分的数量计算，一个专有部分按一人计算。但建设单位尚未出售和虽已出售但尚未交付的部分，以及同一买受人拥有一个以上专有部分的，按一人计算；

（二）总人数，按照前项的统计总和计算。

第十条 业主将住宅改变为经营性用房，未按照物权法第七十七条的规定经有利害关系的业主同意，有利害关系的业主请求排除妨害、消除危险、恢复原状或者赔偿损失的，人民法院应予支持。

将住宅改变为经营性用房的业主以多数有利害关系的业主同意其行为进行抗辩的，人民法院不予支持。

第十一条 业主将住宅改变为经营性用房，本栋建筑物内的其他业主，应当认定为物权法第七十七条所称"有利害关系的业主"。建筑区划内，本栋建筑物之外的业主，主张与自己有利害关系的，应证明其房屋价值、生活质量受到或者可能受到不利影响。

第十二条 业主以业主大会或者业主委员会作出的决定侵害其合法权益或者违反了法律规定的程序为由，依据物权法第七十八条第二款的规定请求人民法院撤销该决定的，应当在知道或者应当知道业主大会或者业主委员会作出决定之日起一年内行使。

第十三条 业主请求公布、查阅下列应当向业主公开的情况和资料的，人民法院应予支持：

（一）建筑物及其附属设施的维修资金的筹集、使用情况；

（二）管理规约、业主大会议事规则，以及业主大会或者业主委员会的决定及会议记录；

（三）物业服务合同、共有部分的使用和收益情况；

（四）建筑区划内规划用于停放汽车的车位、车库的处分情况；

（五）其他应当向业主公开的情况和资料。

第十四条 建设单位或者其他行为人擅自占用、处分业主共有部分、改变其使用功能或者进行经营性活动，权利人请求排除妨害、恢复原状、确认处分行为无效或者赔偿损失的，人民法院应予支持。

属于前款所称擅自进行经营性活动的情形，权利人请求行为人将扣除合理成本之后的收益用于补充专项维修资金或者业主共同决定的其他用途的，人民法院应予支持。行为人对成本的支出及其合理性承担举证责任。

第十五条 业主或者其他行为人违反法律、法规、国家相关强制性标准、管理规约，或者违反业主大会、业主委员会依法作出的决定，实施下列行为的，可以认定为物权法第八十三条第二款所称的其他"损害他人合法权益的行为"：

（一）损害房屋承重结构，损害或者违章使用电力、燃气、消防设施，在建筑物内放置危险、放射性物品等危及建筑物安全或者妨碍建筑物正常使用；

（二）违反规定破坏、改变建筑物外墙面的形状、颜色等损害建筑物外观；

（三）违反规定进行房屋装饰装修；

（四）违章加建、改建，侵占、挖掘公共通道、道路、场地或者其他共有部分。

第十六条 建筑物区分所有权纠纷涉及专有部分的承租人、借用人等物业使用人的，参照本解释处理。

专有部分的承租人、借用人等物业使用人，根据法律、法规、管理规约、业主大会或者业主委员会依法作出的决定，以及其与业主的约定，享有相应权利，承担相应义务。

第十七条 本解释所称建设单位，包括包销期满，按照包销合同约定的包销价格购买尚未销售的物业后，以自己名义对外销售的包销人。

第十八条 人民法院审理建筑物区分所有权案件中，涉及有关物权归属争议的，应当以法律、行政法规为依据。

第十九条 本解释自 2009 年 10 月 1 日起施行。

因物权法施行后实施的行为引起的建筑物区分所有权纠纷案件，适用本解释。

解释施行前已经终审，本解释施行后当事人申请再审或者按照审判监督程序决定再审的案件，不适用本解释。

第二章 土地承包经营权纠纷

一、土地承包经营权确认纠纷

15. 户籍未迁走的"出嫁女"是否仍在原村中享有土地承包经营权？

《中华人民共和国农村土地承包法》明文规定：承包方"在承包期内，发包方无权收回承包地"及"承包期内，妇女结婚在新居住地未取得承包地的，发包方不得收回其原承包地"，违反该规定的集体经济组织应当承担相应的民事责任，应及时重新给"出嫁女"分配承包地，并应对该行为给"出嫁女"造成的损失承担责任。

16. "出嫁女"是否有权获得土地征用的补偿费？

"出嫁女"能否获得土地征用的补偿费关键是看其在土地被征用之前是否承包该土地，如果"出嫁女"为被征用土地的承包经营者，其理所当然地有权获得土地征用的补偿费。同时，村民与农村集体经济组织之间土地承包及征地收益分配纠纷属于民事案件的受案范围。

典型疑难案件参考

张书彬诉河南省镇平县城郊乡北张庄10组土地承包纠纷案

基本案情

原告张书彬系河南省镇平县城郊乡北张庄村第10村民小组（以下简称"北张庄10组"）村民张香有的女儿，自幼生长在该组，2002年2月出嫁，但户籍未迁走,亦未在新居住地取得承包地。2002年10月被告在调整"北张庄10组"时未给原告承包地,同年年底在给该组其他成员分配土地征用补偿费4400元时,给原告分配1700元。为此,原告于2002年11月1日向河南省镇平县人民法院提起民事诉讼,要求被告重新分配给其一份承包地,支付土地补偿费2700元。2003年4月10日本院依法作出了驳回原告起诉的裁定,原告不服,提出上诉,南阳市中级人民法院于2003年10月15日指令本院重审,本院依法另行组成合议庭对原告的上述诉请进行了重新审理。

诉辩情况

原告张书彬诉称:我是河南省镇平县城郊乡北张庄村第10村民小组村民张香有的女儿,自幼生长在该组,2002年2月出嫁,但户籍未迁走,亦未在新居住地取得承包地。此前原告一直享有与村民小组其他成员同等权利,履行同等义务。2002年8月21日,张香有以原告家庭承包代表人身份与被告签订土地承包合同一份;2002年10月被告在调整"北张庄10组"时未给原告承包地,同年年底在给该组其他成员分配土地征用补偿费4400元时,给原告分配1700元。为此,原告于2002年11月1日向河南省镇平县人民法院提起民事诉讼,要求被告重新分配给其一份承包地,支付土地补偿费2700元。

被告辩称:原告所述事实基本真实,但其诉请不能成立,理由是:(1)张香有作为原告父亲,明确表示放弃对原告的土地承包权,被告分配承包土地是根据上级指示精神办的;(2)原告不能分得剩余的土地补偿费,原告已分得的1700元土地补偿费本身就是"照顾性质的",并且也不是从被告处得到的,同时,被告也不实际控制这笔款,即使想给也给不成;(3)"北张庄10组"与张香有的土地承包合同书是假的。

裁判结果

一审法院根据《中华人民共和国民事诉讼法》第108条、《中华人民共和国农村土地承包法》第6条、第30条、第14条第1项、第54条第7项的规定,判决如下:

一、原告张书彬与被告"北张庄10组"之间的土地承包合同有效;

二、被告"北张庄10组"在下次调整土地时分配给原告张书彬与其他村民同等份额的承包土地;

三、驳回原告的其他诉讼请求。案件受理费50元,原、被告各负担25元。

裁判理由

镇平县人民法院经审理认为:农村集体经济组织成员有权依法承包由本集

体经济组织发包的农村土地，张香有以原告户主身份与被告"北张庄10组"所签订的土地承包合同，系本集体经济组织的农户与本集体经济组织之间签订的家庭承包形成的土地承包合同，该合同符合法律规定，为有效合同。该合同含有原告承包的土地，应当有效，故双方应当履行，被告"北张庄10组"在承包期内剥夺原告的土地承包经营权，违反了《中华人民共和国农村土地承包法》第6条、第30条、第14条第1项、第54条第7项的规定，属违约行为，应负相应的民事责任，原告要求继续承包土地的诉讼请求成立，予以支持；但鉴于被告"北张庄10组"的土地已经分包完毕，可待再次调整时再给原告分配。原告要求被告支付土地补偿费的诉请，由于土地补偿费用的分配属于村民小组与其成员之间的内部分配问题，双方不是平等主体，不属于民事案件受理范围，法院不予受理。被告关于"土地承包合同是假的"的辩称，由于原告原承包土地属实，双方已形成事实上的土地承包关系，且被告未能提供相反证据，故被告以此否认原告原承包土地事实的理由不能成立。

17. 对外发包的土地承包合同未报乡（镇）人民政府批准，是否无效？

《中华人民共和国农村土地承包法》第48条对集体经济组织的对外发包做了规定，一是要事先经本集体经济组织成员的村民会议2/3以上成员或2/3以上村民代表同意；二是报乡（镇）人民政府批准。如果当事人订立合同不符合上述条件，则属于违反了法律规定，应当被认定为无效。但如果双方当事人订立的合同满足条件一，但未报乡（镇）人民政府批准，此时，在合同已实际履行的情形下，宜将该承包合同认定为有效。

典型疑难案件参考

广州市萝岗区九龙镇旺村第一、第二经济合作社诉吴家来等要求确认农业承包合同无效案

基本案情

2004年6月，增城市中新镇旺村第一、第二经济合作社（以下分别简称旺村一社、旺村二社）村委欲将所属的农田向外发包，即向农户征求意见，一社共有26户，其中有25户签名同意；二社共29户，其中28户签名同意。

同年6月29日，增城市中新镇旺村第一、第二、第三、第四、第七、第八经济合作社与被告吴家来、覃龙邦、覃勇邦、宁家顽共同签订《水田承包合同》一份，合同以中新镇旺村第一、第二、第三、第四、第七、第八经济合作社为甲方，以四被告为乙方，约定经甲方群众讨论同意将坐落于旺村叶田段的314亩水田发包给乙方承包经营；发包水田面积为旺村一社50亩、旺村二社50亩、旺村三社35亩、旺村四社39亩、旺村七社70亩、旺村八社70亩，总数为314亩，实际面积以红线图测量为准；承包期限为20年，从2005年1月1日起至2025年1月1日止；乙方承包用途为种植蔬菜，短期性经济作物，附带饲养生猪、家禽，不准挖鱼塘、构造土石建筑物等，不准改变水田耕作用途；承包款在承包期的前3年，每亩每年承包款300元，从2008年起直到合同期届满，每亩每年承包款以二类优质谷600市斤计算；付款方法为乙方在签订合同之日支付定金30000元、押金100000元给甲方，合同期满定金抵做清场费，押金抵做承包期最后一年的承包款，多退少补。每年承包款一次性交清，交款时间在当年的公历8月1日至10日，过期不交作违约处理；合同还对双方的权利义务及违约责任等作了详细约定。合同签订后，经增城市中新镇法律服务所见证。之后，被告依合同约定交纳了30000元定金给旺村第三经济合作社，并于2004年12月31日交纳了10万元押金。其中，旺村一社收17720元、旺村二社收18331元、旺树三社收10479元、旺村四社收11946元、旺村七社收20760元、旺村八社收20760元。原告旺村一社、旺村二社交付合同约定土地给被告耕种，被告也按合同约定支付了2005年度的土地租金给原告。被告承包到原告水田后主要用于种植各类蔬菜。2006年，广州市区所属区县行政区域规划调整，增城市中新镇旺村第一、第二、第三、第四、第七、第八经济合作社划归广州市萝岗区，更名为广州市萝岗区九龙镇旺村第一、第二、第三、第四、第七、第八经济合作社。2006年6月29日，原告以其与被告方签订的承包合同违反法律的强制性规定无效为由，向法院提起诉讼，要求确认双方签订的农业承包合同应为无效合同，四被告交还水田。诉讼期间，被告于2006年8月向原告交纳土地租金时，原告拒绝收取。

► 一审诉辩情况

被告吴家来、覃龙邦、覃勇邦、宁家顽答辩称：旺村近年大力发展第三产业，村内绝大部分劳动力外出打工及从事其他行业，造成土地荒芜，为此，村内的土地统一由村委及各社统一经营管理，村民根据自己股份从村委收取土地经营的收益。在发包给被告之前，该土地一直由村委对外发包。在2004年6月29日签订合同之前，原告的村委干部已向村内每家每户征求意见，签名同意的人数达99%，远远超过了村内的2/3户，符合《中华人民共和国农村土地承包法》第48条的规定。另据最高人民法院《关于审理农业承包合同纠纷案件若干问题的规定（试行）》第25条的规定，被告在签订承包合同后实施耕种也超过了一年，不能确认合同无效。并且，该合同经增城市中新镇法律服务所见证，通过了合法审查，应为有效合同。

一审裁判结果

一审法院判决如下：

一、被告与原告于2004年6月29日签订的《水田承包合同》无效，终止履行；

二、被告应于本判决生效之日起10日内向两原告各返还占用的水田50亩；

三、原告旺村一社应于本判决生效之日起10日内返还人民币17720元给原告，逾期履行的，加倍支付迟延履行期间的债务利息；

四、原告旺村二社应于本判决生效之日起10日内返还人民币18331元给原告，逾期履行的，加倍支付迟延履行期间的债务利息。一审案件受理费50元，由原告承担25元、被告承担25元。

一审裁判理由

一审法院认为：根据《中华人民共和国农村土地承包法》第48条的规定，发包方将农村土地发包给本集体经济组织以外的单位或者个人承包，应当事先经本集体经济组织成员的村民会议2/3以上成员或者村民代表的同意，并报乡（镇）人民政府批准，被告吴家来、覃龙邦、覃勇邦、宁家顽是广东信宜人，不属原告旺村一社、旺村二社成员，被告也未举证证实其个人承包已经过村民会议2/3以上的成员或村民代表同意，并报中新镇人民政府批准，故原告与被告的承包合同因违反法律的强制性规定而无效。被告辩称：根据最高人民法院《关于审理农业承包合同纠纷案件若干问题的规定（试行）》第25条的规定，其与原告签订的合同也因超过一年，且已做了大量投入而不应被法院确认为无效，一审法院认为该条规定是针对人民法院在审理依最高人民法院《关于审理农业承包合同纠纷案件若干问题的规定（试行）》第2条所起诉的案件中适用的，与本案发包方起诉确认无效的情形不同，所以一审法院对被告的此项抗辩不予采纳。对于本案的处理，一审法院认为：造成合同无效，双方均有过错，由此造成的损失由当事人各自负担。故原告旺村一社基于无效合同收取的押金17720元，原告旺村二社基于无效合同收取的押金18331元，应当返还给被告。因被告实际耕种了原告出租的土地,其理应支付2005年度的土地租金,原告收取的2005年度的土地租金无须退还给被告。被告交纳的30000元合同定金因收取人为旺村三社,不是本案当事人,与本案不属同一法律关系,所以本案不作处理。因原告未对2006年度的土地租金或费用主张权利,本案不作处理,原告可另行主张权利。

二审诉辩情况

被告不服一审判决,提出上诉,上诉意见与一审答辩意见一致。

二审裁判结果

二审法院依照《中华人民共和国合同法》第6条的规定、《中华人民共和国民事诉讼法》第153条第1款第2项的规定,判决如下:

一、撤销广州市萝岗区人民法院〔2006〕萝法萝民二初字第74号民事判决;

二、驳回原告旺村一社、旺村二社的诉讼请求。一、二审案件受理费各50元,由原告旺村一社、旺村二社负担。

二审裁判理由

二审法院审理后认为:旺村一社、旺村二社在与被告签订承包合同前,已就发包事项征求了社员的意见,其中一社26户农户中有25户签名同意,二社29户农户中有28户签名同意,因此,发包事项已经集体经济组织2/3以上村民代表同意,符合我国农村土地承包法的规定。在签订承包合同以后,发包方也实际交付了水田给被告承包经营,因此,可推定各农户对此知情并同意。对于发包水田所得收益,原告在诉讼中也承认是按农户使用面积的比例分配,故发包行为亦符合集体经济组织成员的利益。据此,虽然承包合同未报镇政府审批,但是并未违反村民的意志、侵犯村民的利益,故应认定承包合同有效。依最高人民法院《关于审理农业承包合同纠纷案件若干问题的规定(试行)》第25条的规定,在审理本规定第2条所起诉的案件中,对于发包方违背集体经济组织成员意志,越权发包的,应当确认合同无效;但如果承包合同签订超过一年,或虽未超过一年,但承包人实际作了大量投入的,也不能确认合同无效。依该条司法解释保护承包人之精神,及"举重以明轻"之解释规则,本案发包方并无越权发包,且承包人承包经营已达两年,则更不应该确认合同无效。至于该司法解释所述的"在审理本规定第2条所起诉的案件中",不应当理解为"以村民为原告起诉发包方"这一特定形式的案件才适用该司法解释。一审法院对此理解有误,应予纠正。

> **18. 以家长会议形式决定并签订的山林承包合同的效力如何认定？**
>
> 以家长会议来决定集体的重要事务是许多农村所采用的通行方式，该形式虽然有别于村民大会或村民代表大会，但是作为农村的习惯性议事方式，其决议应具有与村民大会或村民代表大会相同的效力。

典型疑难案件参考

从化市吕田镇安山村东门经济合作社诉被告夏东垣、夏春林承包合同纠纷案

基本案情

2001年4月7日，从化市吕田镇安山村东门经济合作社（以下简称东门合作社）通过召开经济社内家长会议讨论的形式，同意将集体的荒山承包给夏东垣、夏春林（以下简称两夏），并同两夏签订了《承包山林种植合同》，将集体所有的4300亩荒山承包给两夏经营树木种植。合同约定：承包期截至2021年12月31日止；承包租金为每年5000元，于每年12月底交纳；如因国家、林业部门有规划和补贴，一律属乙方所有，并由吕田镇司法所作见证。两夏在承包山林后，雇用村民于山林间的通道两旁种植杉树。2003年，上述山林被划为生态公益林。两夏领取2004年度及2005年度生态公益林补偿金48966元及61268.65元。东门合作社向广州从化市人民法院起诉认为，两夏利用原经济社干部缺乏经验及法律常识，在没有经过村民大会或村民代表大会2/3同意的情况下违法签订了《承包山林种植合同》，从合同签订至今，两夏从未在承包的林地上种植树木或进行管理等经营行为，严重违反了合同的约定。要求法院判决终止合同履行。两夏认为合同的签订是有效的。合同签订后，2001—2006年，他们投入资金5万多元，按照林业技术员制订的经营计划，种下了10万多株各种树苗和种子，并进行有效维护，主张继续履行合同。

一审裁判结果

一审法院依照《中华人民共和国合同法》第8条、第94条的规定，判决：驳回原告的诉讼请求。

▶ 一审裁判理由

从化市人民法院一审认为：东门合作社通过召开经济社内家长会议讨论的形式，同意将集体的荒山承包给两夏，并与两夏签订了承包合同；因召开家长会，由每户派代表参加会议作出表决是农村普遍采用的议事形式，故通过该会议多数代表签名表示同意的对经济社内事务处理的事项，应视为经济社集体的意思表示，符合法律规定的农村土地承包的条件，承包合同成立生效。东门合作社提出两夏在签订合同中私自增添合同条款"如因国家、林业部门有规划和补贴，一律属乙方所有"的内容，但未能提出有效的证据以证实；两夏所提出的证人证言，则能证明合同的签订过程符合法律规定，该条款是在司法所作见证时，由双方一致同意而添加的，故对东门合作社的意见不予采纳。合同签订后，两夏按约定向东门合作社交纳了承包款，雇用村民在所承包的山地上种植杉树，并对林木进行管理与保养，故其已履行了合同约定的主要义务。两夏所承包的山地被划为生态公益林，不能对林木进行砍伐，但仍可对该山地进行管理和保养林木并领取相应的补偿金。两夏在合同的有效期限内，按合同的约定领取生态公益林补偿款，是其基于合同及有关规定而取得的利益。

▶ 二审裁判结果

经审理，广州市中级人民法院依法判决：驳回上诉，维持原判。

▶ 二审裁判理由

广州市中级人民法院二审审理认为：涉讼《承包山林种植合同》签订时间是2001年4月7日，而《中华人民共和国土地承包法》自2003年3月1日起实施，故不适用该法规定的必须经村民大会或村民代表大会2/3同意的限制，东门合作社认为《承包山林种植合同》未经法定2/3以上村民同意而无效的理由不能成立。

19. 土地承包经营权转包口头协议是否有效？

鉴于农村的某些特殊性，农村村民的土地承包经营权转包，仅有口头协议，没有书面合同的，并不必然导致合同不成立。当事人未采用书面形式但一方已经履行主要义务，对方接受的，该合同成立。

典型疑难案件参考

符宝鋆、周秀雪诉王坤土地承包经营权纠纷案

基本案情

1986年10月23日，经原琼海县人民政府批准，琼海县石壁区森林保护公司负责人符宝鋆与原琼海县林业局签订《国有林区承包造林合同书》。合同约定，石壁金公岭的国有林区由原琼海市人民政府委托原琼海县林业局承包给琼海县石壁区森林保护公司经营，其四至：东至晒日水利沟，西至210.0米高程，南至岭应老路，北至晒日沟坝。合同承包期限30年，从1986年10月起至2016年止。因琼海县石壁区森林保护公司被注销，2007年8月28日，原告符宝鋆、周秀雪与琼海市林业局在原《国有林区承包造林合同书》的基础上签订一份《石壁金公岭林地补充承包合同》，合同约定原告承包金公岭林地面积304亩；承包期限为原承包造林合同书所约定的期限延长至2037年10月止；合同承包金，在2016年之前为每年每亩45元，2016年后的承包金每年每亩50元，2016年10月前付清。承包地共有三处地块，其中第三处地块为：东至陈家庆地，南至大路，西至赵植燕槟榔，北至符宝鋆、陈开明橡胶。2007年春节，被告与琼海五丰现代农业开发有限公司负责人陈家庆商定，由琼海五丰现代农业开发有限公司将其承包经营的嘉积镇加参农场在喻园岭（金公岭地段）的土地约30亩转包给被告承包经营。同年，被告在该土地上开发投产种植橡胶约500株。2007年秋季，原告发现被告种植上述500株橡胶的林地在其承包地范围内。原告遂向琼海市林业局反映，为此，琼海五丰现代农业开发有限公司与琼海市林业局就石壁金公岭地段的林地发生纠纷，2007年10月8日，经双方协商划定了四至界限。被告开发种植橡胶约500株的林地划归在原告向琼海市林业局承包的第三处地块内。2008年3月13日，原、被告经琼海市林业局石壁林业站主持调解，并到实地丈量，确定被告种植地面积约10亩，双方口头达成协议：原告同意将被告已种植橡胶约500株的林地转包给被告种植，转包期限为30年，即2007年10月起至2037年10月止，承包金每年每亩70元，共21000元，若被告两个月内付清则为20000元。嗣后，被告并没有向原告给付承包金。2009年5月26日，原告提起诉讼，以被告侵占林地承包经营权为由要求被告腾出承包地，清除种植物。案经审理，被告不同意腾退，主张该林地已向其转包，只欠承包金而已。经本院进行法律释明后，原告同意变更主张土地承包金。

诉辩情况

原告诉称：东至陈家庆地，南至大路，西至赵植燕槟榔，北至符宝銮、陈开明橡胶的林地属原告向琼海市林业局合法承包，现被告擅自占用该地种植橡胶约500株。被告侵占原告林地承包经营权，应腾出承包地，清除种植物。

被告辩称：东至陈家庆地，南至大路，西至赵植燕槟榔，北至符宝銮、陈开明橡胶的林地属原告向琼海市林业局合法承包无异议。但在2008年3月13日，原、被告经琼海市林业局石壁林业站主持调解，并到实地丈量，确定被告种植地面积约10亩，双方口头达成协议：原告同意将被告已种植橡胶约500株的林地转包给被告种植，转包期限为30年，即2007年10月起至2037年10月止，承包金每年每亩70元，共21000元，若被告两个月内付清则为20000元。原告要求被告腾退，则应补偿被告的经济损失。

裁判结果

经琼海市人民法院主持调解，双方当事人自愿达成如下协议：

一、原告符宝銮、周秀雪同意将其向琼海市林业局承包的位于琼海市石壁镇金公岭（面积约10亩），东至坑沟，南至离公路约10米，西至赵植燕槟榔，北至符宝銮、周秀雪空地（以双方树立的地标为准）的林地转包给被告王坤种植经济作物；

二、被告王坤对该林地享有的承包经营期限为30年，即从2007年10月至2037年10月止；

三、被告王坤当庭一次性向原告符宝銮、周秀雪给付该林地从2007年10月至2037年10月止，共30年的土地承包金20000元；

四、案件受理费50元，原告符宝銮、周秀雪自愿承担。

20. 村民将自己承包的土地交由他人耕种是否表明其放弃了土地承包经营权？

土地承包经营权是一种用益物权性质的权利，属物权范畴。此种权利的放弃应以当事人明示为标准，不能以当事人的行为去推断。村民将自己承包的土地交由他人耕种，他人所享有的仅是该土地的占有、使用权能，村委会不能据此直接认定他享有该土地的承包经营权。

典型疑难案件参考

崔凤仙诉谢金相土地承包案

基本案情

1983年崔凤仙与其女儿谢敏敏、儿子谢天保承包村委会土地3亩（每人1亩），未签订书面承包合同。谢敏敏后来转为非农业户口，其承包土地被村委会收回。1991年左右，崔凤仙因不在北关居住，不愿意再耕种，后经其所在第一生产小组将其原承包经营的土地交给谢金相耕种，谢金相向村里交纳统筹、提留等费用。2000年12月份第二轮承包时村委会与谢金相就谢金相耕种的土地（村里未重新调整）签订了土地承包合同，约定承包土地8.67亩，其中粮田3亩、果园5.67亩，该合同经临东镇政府确认，30年不变。签订承包合同时，谢金相一户有家庭成员4人，崔凤仙一户有家庭成员2人，两户所在第一生产小组每人享有1亩粮（棉）田的土地承包经营权，如不种粮（棉）田则可享有不足2亩的果园承包经营权。崔凤仙诉求人民法院判令村委会与谢金相签订的土地承包经营合同部分无效，恢复其母子的承包经营权。临清市人民法院一审判决驳回诉讼请求。崔凤仙又上诉至聊城市中级人民法院，中院二审维持原判。之后，崔凤仙申请再审。

诉辩情况

崔凤仙申请再审称：谢金相与北关村委会签订的承包合同是代表其家4口人与崔凤仙、谢天保二人签订的，因为谢金相与崔凤仙所在第一生产小组，是按每人一亩地的原则进行的家庭联产承包，而且第二轮承包时并未进行土地调整，而是按谢金相原来所承包的土地签订的承包合同，谢金相原来所承包的土地包括其一家四口应享有承包经营权的土地与交其耕种的崔凤仙母子应享有承包经营权的土地。请求法院依法改判。

谢金相辩称：崔凤仙诉称两户共同一个承包合同与实际不符，实际是谢金相一家与村委会签订的承包合同，谢金相有合法的土地承包经营权。请求法院依法维持原审判决。

临清市青年办事处北关有限责任公司（原临清市青年办事处北关村村委会）未进行答辩，但在庭审中承认村委会与村民均是按家庭联产承包的方式签订的承包合同，没有以其他承包方式签订承包合同。

裁判结果

聊城市中级人民法院依照《中华人民共和国民事诉讼法》第184条和最

高人民法院《关于适用〈中华人民共和国民事诉讼法〉若干问题的意见》第201条及《中华人民共和国民法通则》第134条第4项,聊城市中级人民法院于2006年10月10日作出如下判决:

一、撤销本院〔2003〕聊民四终字第170号民事判决及临清市人民法院〔2003〕临民二初字第414号民事判决;

二、谢金相于本判决生效之日起10日内交出2亩粮(棉)田土地给崔凤仙承包经营。

裁判理由

聊城市中级人民法院再审认为:崔凤仙母子系原北关村村民,土地承包经营权是其基本的生存权利,是其社会生活的基本保障。承包经营权是一种用益物权性质的权利,属物权范畴。此种权利的放弃应以当事人明示为标准,不能以当事人的行为去推断其放弃,原一、二审均以其不再耕种与第二轮承包时未向村委会主张为由而认定其放弃承包经营权不当。崔凤仙母子所在生产小组人均享有1亩土地的承包经营权,其二人应享有承包经营权的土地因在第二轮承包前转由谢金相耕种,而在第二轮承包签订承包合同时,村委会未再进行土地调整,是以谢金相当时耕种的土地作为合同标的,且该村委会与村民均是按家庭联产承包的方式签订的承包合同,未以其他承包方式签订承包合同,结合原村委会会计徐振魁的证言及第一生产小组人均享有承包经营权的土地面积,以及谢金相为代表的与村委会所签订合同约定的承包经营的土地面积,又基于承包经营权是一种用益物权性质的权利,与集体组织成员的身份密不可分,农户与村委会签订土地承包合同所确定的土地承包经营权的权利主体是其相应的集体经济组织成员,综上分析,应认定谢金相与村委会签订的承包合同约定的承包地实为六人应享有承包经营权的土地,包括崔凤仙母子应享有承包经营权的土地。根据《中华人民共和国民法通则》第80条第2款的规定,公民依法对集体所有土地的承包经营权受法律保护,谢金相耕种崔凤仙母子应享有承包经营权的土地是一种占有使用,崔凤仙主张行使其承包经营权,谢金相应当交出,其拒绝交出构成对崔凤仙母子合法承包经营权的侵犯。崔凤仙要求恢复其母子承包经营权的申请再审理由成立,本院予以支持。原一、二审判决认定事实不清,适用法律欠当,应予纠正。崔凤仙原审诉求赔偿其经济损失未提供证据,本院不予支持。2000年签订承包合同时,村委会并未剥夺崔凤仙母子的承包经营权,故其对村委会的诉讼请求本院亦不予支持。

21. 承包土地的交回需满足什么条件？

农民通过家庭承包方式依法取得的土地承包经营权是其安身立命的根本，法律赋予了其长期而稳定的土地承包经营权，在法定承包期内，任何组织和个人不得干预农民生产经营自主权，不得违法调整和收回承包地。《中华人民共和国农村土地承包法》第29条规定："承包期内，承包方可以自愿将承包地交回发包方。承包方自愿交回的，应当提前半年以书面形式通知发包方。"《甘肃省农业承包合同管理条例》第37条规定："变更或解除承包合同，应达成书面协议，经双方签字盖章后生效；经鉴证的承包合同变更或解除后，应到鉴证的承包合同管理委员会备案。"根据上述规定，如果土地承包方与发包方解除承包合同，首先，承包方要在半年前写出自愿交回土地的书面材料；其次，双方要在达成的书面协议上签字盖章；最后，发包方要将与承包方达成的解除、变更承包合同的书面协议在鉴证的承包合同管理委员会备案。满足上述条件后，发包方方能收回土地，再行发包给其他承包人。

典型疑难案件参考

潘为平诉卢占平土地承包经营权纠纷抗诉案

基本案情

潘为平与卢占平系同组村民，1997年2月2日，潘为平与敦煌市七里镇3号桥村经济联合社签订一份土地承包合同书，承包集体土地8.25亩，并经敦煌市七里镇合同管理委员会鉴证，取得了该土地的经营权，承包期限为30年。当时，潘为平因孩子小又种温室忙不过来，便通过该组组长和卢占平口头协商，将其承包的2.28亩土地交由卢占平代种并缴纳各种费用。后由市上下派的工作人员会同村组人员，在村保管潘为平承包土地档案的"基本情况说明"栏内注明："78号地1.85亩、4号地0.43亩转入卢占平名下，共计2.28亩，实地5.97亩。"但在七里镇上保存的潘为平的土地承包合同档案中的"基本情况说明"栏内未作注明，没有相关变更登记内容。1998年敦煌市七里镇镇政府发放农村土地承包经营权证书时，潘为平与卢占平的土地承包经营权证书均没有发，该证书在村上保管，经营权证书上只填写有二人的名字，对承包地的相关情况没有记载。后潘为平找卢占平要回耕地未果，于2005年3月7日向敦煌法院提起诉讼，要求卢占平返还2.28亩耕地。

原审裁判结果

敦煌市人民法院依据《中华人民共和国民法通则》第5条、第80条第2款，《中华人民共和国农村土地承包法》第9条、第29条的规定，对原告潘为平的诉讼请求不予支持。

原审裁判理由

敦煌市人民法院经审理认为：公民、集体的承包经营权应受法律保护。原告潘为平在二轮土地承包时作为承包方与发包方与敦煌市七里镇3号桥村经济联合社签订承包合同。依法取得承包该村8.25亩土地承包经营权，后又自愿将其中2.28亩承包地交回发包方，发包方又将其交回的承包地分配给被告卢占平，使其取得承包权。现原告要求被告返还承包地的请求无事实依据，其辩解理由亦不能成立，为维护农村政策的稳定、促进农村经济发展、保护农民合法权益，敦煌市人民法院对原告要求被告返还承包地的请求不予支持。

再审诉辩情况

潘为平不服，向检察机关申诉。甘肃省酒泉市人民检察院审理后认为：原审认定潘为平将依法取得的2.28亩承包地自愿交回发包，发包方又将其交回的承包地分配给卢占平，使其取得承包权的证据不足。遂以原判决认定事实不清、证据不足，驳回潘为平的诉讼请求缺乏法律依据为由，向酒泉市中级人民法院提出抗诉。

再审裁判结果

再审法院依据《民法通则》第134条第1款第1项和第4项，《中华人民共和国农村土地承包法》第4条、第22条、第32条、第53条之规定，于2007年1月31日判决：被告卢占平退还原告潘为平土地2.28亩。

再审裁判理由

酒泉市中级人民法院受理抗诉后，指令敦煌市人民法院另行组成合议庭进行再审。敦煌市人民法院再审认为：原判决事实认定证据不足，判决驳回原告潘为平的诉讼请求适用法律不当，检察机关的抗诉意见正确，应予采纳。因再审期间发现诉讼主体不符，原告潘为平申请撤回起诉，以收取新的证据、另行追加被告起诉的要求符合法律的有关规定，依照《中华人民共和国民事诉讼法》第 131 条第 1 款、第 140 条第 1 款第 5 项，最高人民法院《关于适用〈中华人民共和国民事诉讼法〉若干问题的意见》第 211 条之规定，遂作出撤销原审判决、准予原审原告潘为平撤回起诉的再审裁定。2006 年 10 月，潘为平追加敦煌市七里镇 3 号桥村村委会与卢占平为共同被告，向敦煌市人民法院另行提起诉讼，要求二被告共同履行承包合同书，退还其承包耕地 2.28 亩。

22. 村委会能否强行收回发包土地并转包给第三人？

我国实行农村土地承包经营制度，广大农民通过家庭承包的形式取得的土地承包经营权受宪法和法律保护。除法律规定的特殊情形外，承包期内，发包方不得收回、调整承包地。

典型疑难案件参考

刘树德诉林口县林口镇振兴村村民委员会土地承包合同纠纷抗诉案

基本案情

1998 年，农村第二轮土地承包，振兴村村民每人应分土地 4.6 亩，刘树德家 12 口人，共计分得承包土地 55.2 亩，承包经营期限为 30 年。2001 年 5 月 20 日，振兴村村民委员会强行收回刘树德的承包土地 4.2 亩，发包给刘桂欣。2002 年，振兴村村民委员会又强行收回刘树德的承包土地 23.6 亩，发包给隋深贵。2003 年 5 月 20 日，刘树德起诉至林口县人民法院，要求振兴村继续履行发包义务，确认振兴村与刘桂欣、隋深贵之间的承包合同无效。2003 年，林口县人民法院作出〔2003〕林民初字第 414 号民事判决，以被告主体不适格为由驳回刘树德起诉。刘树德不服上诉。牡丹江市中级人民法院于 2003 年 12 月 23 日作出〔2003〕牡民终字第 534 号民事裁定书，裁定撤销原判，发回林口县人民法院重审。

原审裁判结果

林口县人民法院依照《中华人民共和国民事诉讼法》第 108 条、最高人民法院《关于民事诉讼证据若干规定》第 2 条之规定，裁定驳回刘树德的起诉。

原审裁判理由

2004 年 9 月 23 日，林口县人民法院作出〔2004〕林民初字第 79-2 号民事裁定认为，2000年7月13日，受林口镇领导于振波的委派组成了以林成京为党支部书记，魏兴宝、夏福臣、刘焕娥等为成员的村民委员会，该村民委员会成员并非依法定程序选举产生。林成京等人组成村民委员会后于2001年5月20日强行收回刘树德的承包土地4.2亩、2002年又收回刘树德的承包土地23.6亩的行为，不是振兴村村民委员会所实施的行为。因此，刘树德以振兴村村民委员会为被告，要求振兴村村民委员会继续履行发包义务，被告的诉讼主体不适格，不是法律意义上的直接利害关系人。刘树德的具体请求应由相关部门予以调整解决。

再审诉辩情况

刘树德不服，向检察机关申诉。黑龙江省牡丹江市人民检察院以下列理由向牡丹江市中级人民法院提出抗诉：

1. 原审法院直接采用书面审理方式审理该案，程序违法，剥夺了当事人的合法诉讼权利，影响了案件的正确判决、裁定。该案是由牡丹江市中级人民法院作出的〔2003〕牡民终字第534号民事裁定书，裁定撤销林口县人民法院民事判决，发回林口县人民法院重审的案件。对于重审的案件，应当按照第一审普通程序审理，而林口县人民法院对该案进行重审时，没有按照第一审普通程序履行告知、通知义务，没有开庭审理，而是采用书面审理的方式进行了审理，并裁定驳回原告的起诉，违反了法定程序，剥夺了当事人的诉讼权利。

2. 原审法院重审认定"刘树德的具体请求应由相关部门予以解决"，属适用法律错误。刘树德与振兴村村民委员会签订第二轮土地承包合同后，在承包合同履行期间，振兴村村民委员会强行收回了刘树德承包的部分土地，导致刘树德与振兴村村民委员会发生争议，引起纠纷，刘树德诉至法院，要求振兴村村民委员会继续履行合同义务。刘树德的诉讼请求为土地承包经营权纠纷，依据《中华人民共和国农村土地承包法》第51条的规定，"因土地承包经营发生纠纷的，双方当事人可以通过协商解决，也可以请求村民委员会、乡（镇）人民政府等调解解决。当事人不愿协商、调解或者协商、调解不成的，可以向农村土地承包仲裁机构申请仲裁，也可以直接向人民法院起诉"，本案属于人民法院直接受理案件的范围，法院应当对本案进行审理。

3. 原审法院重审认定"刘树德以振兴村村民委员会为被告，要求振兴村村民委员会继续履行发包义务，被告的诉讼主体不适格，不是法律意义上的直接利害关系人"，属适用法律错误。林成京是受林口镇领导的委派，担任振兴村党支部书记一职，并由魏兴宝、夏福臣、刘焕娥等成员组成了村民委员会。2001年，振兴村党支部以村民代表大会的方式作出了收回刘树德耕种的部分承包土地的决定,并以村民委员会的名义将收回的土地转包给了刘桂欣、隋深贵。故振兴村村民委员会作为本案的被告是适格的。

再审裁判结果

再审法院依照《中华人民共和国民事诉讼法》第186条,《中华人民共和国农村土地承包法》第26条、第51条、第54条的规定,判决如下:

一、撤销〔2004〕林民初字第79-2号民事裁定;

二、刘树德与振兴村村民委员会继续履行双方之间的农村土地承包合同(刘树德已于2005年开始继续耕种诉争的27.8亩承包地);

三、振兴村村民委员会与刘桂欣签订的3份机动地承包合同(分别为2001、2002、2003年度)无效,与隋深贵签订的机动地承包合同无效。

二审裁判理由

2006年11月15日,林口县人民法院作出〔2006〕林民再字第12号民事判决认为,经过再审刘树德与振兴村村民委员会对双方的土地承包关系及承包土地的范围、亩数均未提出异议,因此双方在二轮土地承包过程中约定的承包合同有效。刘树德作为承包方,在合同有效期间取得土地承包经营权,任何组织和个人不得侵犯。刘树德主张振兴村村民委员会继续履行发包义务应予支持。发包方应维护承包方的土地经营权,不得非法变更、解除承包合同。因此,振兴村村民委员会与刘桂欣、隋深贵之间的承包合同无效。检察机关的抗诉理由成立。原审判决适用法律错误。

23. 当与不同村民就同一土地先后签订了两份土地承包合同时,如何确定土地承包经营权的归属?

基于民事行为取得土地承包经营权的,包括创设取得和移转取得两种情况。(1)土地承包经营权的创设取得,主要是指承包人与发包人通过订立承包经营合同而取得承包经营权,分为家庭承包与以招标、拍卖、公开协商等方式进行的承包。通过这两种方式承包的,都应当签订承包合同,承包合同自成立之日起生效,承包方于合同生效时取得土地承包经营权。(2)土地承包经营权的移转取得,是指在土地承包经营权的流转过程中,受让人通过转包、互换、转让等方式,依法从承包人手中取得土地承

> 包经营权。土地承包经营权人将土地承包经营权互换、转让，当事人要求登记的，应当向县级以上地方人民政府申请土地承包经营权变更登记；未经登记，不得对抗善意第三人。
>
> 在就同一块土地先后签订两份承包合同的情况下，首先要明确先后签订的两个合同是否存在时间上的重合性，如不存在，则现行有效合同的承包人为该土地的承包经营人；如存在时间上的重合性，则按照合同签订的先后来确定。

典型疑难案件参考

桦甸市金沙乡民龙村村民委员会诉袁宝忠农村土地承包合同纠纷抗诉案

基本案情

1986年袁宝忠和其父袁刚从桦甸市金沙乡福兴村搬至金沙乡民龙村新安社，时任社长的孙长海召开社员大会，同意袁家父子入社并分给土地7.44亩。经查，此次承包没有书面合同，无证据证明该地具有长期承包性质。1995年袁宝忠搬家至同村蚕场社，时任新安社社主任的乔成山欲将其所承包土地收回，双方发生纠纷。金沙乡人民政府指派综治办主任和民龙村治保主任一同给双方调解，达成协议："因袁宝忠搬家到蚕场社，其所承包土地1995年由袁宝忠耕种1年，1996年交回队里做机动地，袁宝忠或者他父亲袁刚不管谁搬回来住，生产队就把地还给袁宝忠种。"协议达成后，袁宝忠将所诉争的土地7.44亩交到新安社，由社里做机动地每年一发包。1996年土地第二轮延包时，桦甸市金沙乡民龙村村民委员会（以下简称民龙村委会）与申诉人蒋尚武签订了承包合同，将该7.44亩土地中的1.86亩承包给蒋尚武，2003年4月15日桦甸市人民政府为其颁发了农村土地承包经营权证。2005年年初，袁宝忠向金沙乡经管站提出申诉，要求对索要的7.44亩土地给予仲裁。经乡经管站仲裁，金沙乡民龙村新安社无条件返还袁宝忠土地。民龙村委会不服，向法院提起诉讼。

原审裁判结果

桦甸市人民法院依照《中华人民共和国土地承包法》第35条之规定，判决民龙村委会与蒋尚武签订的1.86亩土地承包合同无效，诉争土地由袁宝忠承包经营。

原审裁判理由

桦甸市人民法院审理认为：民龙村委会在没有和袁宝忠解除合同的情况下又将袁宝忠所承包土地中的1.86亩承包给第三人，是一种无效的民事行为，袁宝忠现耕种的土地系自己承包范围内的土地。民龙村委会请求袁宝忠将土地返还给第三人蒋尚武的主张，本院不予支持。

再审诉辩情况

蒋尚武不服，向检察机关申诉。吉林市人民检察院以如下理由向吉林市中级人民法院提出抗诉：

（一）原审认定袁宝忠与民龙村委会签订合同有效，认定民龙村委会与蒋尚武签订合同无效缺乏事实和法律依据，理由如下：（1）1986年袁宝忠与民龙村委会口头承包有效，但合同约定是一年一签，不具有长期性。1995年年末袁宝忠与民龙村委会终止承包关系，合同解除。虽有个别领导承诺袁搬回来住可以继续承包，但不能代表村集体，口头约定效力难以确认。（2）民龙村委会与蒋尚武签订的合同合法有效。1996年国家延长土地承包期时（第二轮承包），民龙村委会与蒋尚武签订了30年不变的长期承包合同，并于2003年由桦甸市人民政府颁发了土地经营权证，该合同合法有效。

（二）经查，桦甸市人民政府于2003年对辖区内农民颁发了土地承包经营权证。根据农业部发布的《中华人民共和国农村土地承包经营权证管理办法》第2条规定，农村土地承包经营权证是农村土地承包合同生效后，国家依法确认承包方享有土地承包经营权的法律凭证，农村土地承包经营权证具有对外公示效力。且该证的颁发是行政机关作出的具体行政行为，在没有依法撤销该行政行为效力之前，应依法保护该村民对该地的经营权。蒋尚武是取得该经营权证人之一，应依法保护。

再审裁判结果

吉林市中级人民法院受理抗诉后，指令桦甸市人民法院再审。桦甸市人民法院再审认为，原审判决认定事实清楚，适用法律正确，判决维持原判。蒋尚武不服上诉至吉林市中级人民法院。

再审二审裁判结果

吉林市中级人民法院依照《中华人民共和国民事诉讼法》第153条第1款第2项、《中华人民共和国农村土地承包法》第12条、第22条之规定，判决如下：

一、撤销桦甸市人民法院〔2005〕桦民一初字第615号民事判决和〔2006〕桦民再初字第5号民事判决；

二、确认桦甸市金沙乡民龙村委会与蒋尚武签订的1.86亩土地承包合同有效；

三、蒋尚武对本案诉争的1.86亩土地有承包经营权。一、二审案件受理费120元，其他诉讼费用220元，由被上诉人袁宝忠负担。

再审二审裁判理由

吉林市中级人民法院再审认为：民龙村委会和新安社作为农民集体所有土地的所有人，均有权将其所有的土地发包给承包人。袁宝忠承包新安社土地是一年签一次承包合同，双方没有签订长期承包合同，袁宝忠于1995年将承包地交给社里后，民龙村委会将本案诉争的1.86亩土地承包给蒋尚武，双方签订了为期30年的承包合同，该承包合同是双方的真实意思表示，不违反法律规定，且蒋尚武又取得了农村土地承包经营权证，取得了对本案诉争土地的承包经营权，其提出的上诉理由成立，应予支持。原审判决认定事实基本清楚，但适用法律错误，应予纠正。

土地承包经营权确认纠纷办案依据集成

1.《中华人民共和国物权法》（2007年3月16日主席令第62号公布）（节录）

第一百二十五条　土地承包经营权人依法对其承包经营的耕地、林地、草地等享有占有、使用和收益的权利，有权从事种植业、林业、畜牧业等农业生产。

第一百二十七条　土地承包经营权自土地承包经营权合同生效时设立。

县级以上地方人民政府应当向土地承包经营权人发放土地承包经营权证、林权证、草原使用权证，并登记造册，确认土地承包经营权。

第一百二十八条　土地承包经营权人依照农村土地承包法的规定，有权将土地承包经营权采取转包、互换、转让等方式流转。流转的期限不得超过承包期的剩余期限。未经依法批准，不得将承包地用于非农建设。

第一百二十九条　土地承包经营权人将土地承包经营权互换、转让，当事人要求登记的，应当向县级以上地方人民政府申请土地承包经营权变更登记；未经登记，不得对抗善意第三人。

第一百三十条　承包期内发包人不得调整承包地。

因自然灾害严重毁损承包地等特殊情形，需要适当调整承包的耕地和草地的，应当依照农村土地承包法等法律规定办理。

第一百三十一条　承包期内发包人不得收回承包地。农村土地承包法等法律另有规定的，依照其规定。

第一百三十二条　承包地被征收的，土地承包经营权人有权依照本法第四十二条第二款的规定获得相应补偿。

第一百三十三条　通过招标、拍卖、公开协商等方式承包荒地等农村土地，依照农村土地承包法等法律和国务院的有关规定，其土地承包经营权可以转让、入股、抵押或者以其他方式流转。

第一百三十四条　国家所有的农用地实行承包经营的，参照本法的有关规定。

2.《中华人民共和国农村土地承包法》（2009年8月27日修正）

第一章　总　则

第一条　为稳定和完善以家庭承包经营为基础、统分结合的双层经营体制，赋予农民长期而有保障的土地使用权，维护农村土地承包当事人的合法权益，促进农业、农村经济发展和农村社会稳定，根据宪法，制定本法。

第二条　本法所称农村土地，是指农民集体所有和国家所有依法由农民集体使用的耕地、林地、草地，以及其他依法用于农业的土地。

第三条　国家实行农村土地承包经营制度。

农村土地承包采取农村集体经济组织内部的家庭承包方式，不宜采取家庭承包方式的荒山、荒沟、荒丘、荒滩等农村土地，可以采取招标、拍卖、公开协商等方式承包。

第四条 国家依法保护农村土地承包关系的长期稳定。

农村土地承包后，土地的所有权性质不变。承包地不得买卖。

第五条 农村集体经济组织成员有权依法承包由本集体经济组织发包的农村土地。

任何组织和个人不得剥夺和非法限制农村集体经济组织成员承包土地的权利。

第六条 农村土地承包，妇女与男子享有平等的权利。承包中应当保护妇女的合法权益，任何组织和个人不得剥夺、侵害妇女应当享有的土地承包经营权。

第七条 农村土地承包应当坚持公开、公平、公正的原则，正确处理国家、集体、个人三者的利益关系。

第八条 农村土地承包应当遵守法律、法规，保护土地资源的合理开发和可持续利用。未经依法批准不得将承包地用于非农建设。

国家鼓励农民和农村集体经济组织增加对土地的投入，培肥地力，提高农业生产能力。

第九条 国家保护集体土地所有者的合法权益，保护承包方的土地承包经营权，任何组织和个人不得侵犯。

第十条 国家保护承包方依法、自愿、有偿地进行土地承包经营权流转。

第十一条 国务院农业、林业行政主管部门分别依照国务院规定的职责负责全国农村土地承包及承包合同管理的指导。县级以上地方人民政府农业、林业等行政主管部门分别依照各自职责，负责本行政区域内农村土地承包及承包合同管理。乡（镇）人民政府负责本行政区域内农村土地承包及承包合同管理。

第二章 家庭承包

第一节 发包方和承包方的权利和义务

第十二条 农民集体所有的土地依法属于村农民集体所有的，由村集体经济组织或者村民委员会发包；已经分别属于村内两个以上农村集体经济组织的农民集体所有的，由村内各该农村集体经济组织或者村民小组发包。村集体经济组织或者村民委员会发包的，不得改变村内各集体经济组织农民集体所有的土地的所有权。

国家所有依法由农民集体使用的农村土地，由使用该土地的农村集体经济组织、村民委员会或者村民小组发包。

第十三条 发包方享有下列权利：

（一）发包本集体所有的或者国家所有依法由本集体使用的农村土地；

（二）监督承包方依照承包合同约定的用途合理利用和保护土地；

（三）制止承包方损害承包地和农业资源的行为；

（四）法律、行政法规规定的其他权利。

第十四条 发包方承担下列义务：

（一）维护承包方的土地承包经营权，不得非法变更、解除承包合同；

（二）尊重承包方的生产经营自主权，不得干涉承包方依法进行正常的生产经营活动；

（三）依照承包合同约定为承包方提供生产、技术、信息等服务；

（四）执行县、乡（镇）土地利用总体规划，组织本集体经济组织内的农业基础设施

建设;

(五)法律、行政法规规定的其他义务。

第十五条 家庭承包的承包方是本集体经济组织的农户。

第十六条 承包方享有下列权利:

(一)依法享有承包地使用、收益和土地承包经营权流转的权利,有权自主组织生产经营和处置产品;

(二)承包地被依法征用、占用的,有权依法获得相应的补偿;

(三)法律、行政法规规定的其他权利。

第十七条 承包方承担下列义务:

(一)维持土地的农业用途,不得用于非农建设;

(二)依法保护和合理利用土地,不得给土地造成永久性损害;

(三)法律、行政法规规定的其他义务。

第二节 承包的原则和程序

第十八条 土地承包应当遵循以下原则:

(一)按照规定统一组织承包时,本集体经济组织成员依法平等地行使承包土地的权利,也可以自愿放弃承包土地的权利;

(二)民主协商,公平合理;

(三)承包方案应当按照本法第十二条的规定,依法经本集体经济组织成员的村民会议三分之二以上成员或者三分之二以上村民代表的同意;

(四)承包程序合法。

第十九条 土地承包应当按照以下程序进行:

(一)本集体经济组织成员的村民会议选举产生承包工作小组;

(二)承包工作小组依照法律、法规的规定拟订并公布承包方案;

(三)依法召开本集体经济组织成员的村民会议,讨论通过承包方案;

(四)公开组织实施承包方案;

(五)签订承包合同。

第三节 承包期限和承包合同

第二十条 耕地的承包期为三十年。草地的承包期为三十年至五十年。林地的承包期为三十年至七十年;特殊林木的林地承包期,经国务院林业行政主管部门批准可以延长。

第二十一条 发包方应当与承包方签订书面承包合同。

承包合同一般包括以下条款:

(一)发包方、承包方的名称,发包方负责人和承包方代表的姓名、住所;

(二)承包土地的名称、坐落、面积、质量等级;

(三)承包期限和起止日期;

(四)承包土地的用途;

(五)发包方和承包方的权利和义务;

(六)违约责任。

第二十二条 承包合同自成立之日起生效。承包方自承包合同生效时取得土地承包经营权。

第二十三条 县级以上地方人民政府应当向承包方颁发土地承包经营权证或者林权证等证书,并登记造册,确认土地承包经营权。

颁发土地承包经营权证或者林权证等证书,除按规定收取证书工本费外,不得收取其他费用。

第二十四条 承包合同生效后,发包方不得因承办人或者负责人的变动而变更或者解除,也不得因集体经济组织的分立或者合并而变更或者解除。

第二十五条 国家机关及其工作人员不得利用职权干涉农村土地承包或者变更、解除承包合同。

第四节 土地承包经营权的保护

第二十六条 承包期内,发包方不得收回承包地。

承包期内,承包方全家迁入小城镇落户的,应当按照承包方的意愿,保留其土地承包经营权或者允许其依法进行土地承包经营权流转。

承包期内,承包方全家迁入设区的市,转为非农业户口的,应当将承包的耕地和草地交回发包方。承包方不交回的,发包方可以收回承包的耕地和草地。

承包期内,承包方交回承包地或者发包方依法收回承包地时,承包方对其在承包地上投入而提高土地生产能力的,有权获得相应的补偿。

第二十七条 承包期内,发包方不得调整承包地。

承包期内,因自然灾害严重毁损承包地等特殊情形对个别农户之间承包的耕地和草地需要适当调整的,必须经本集体经济组织成员的村民会议三分之二以上成员或者三分之二以上村民代表的同意,并报乡(镇)人民政府和县级人民政府农业等行政主管部门批准。承包合同中约定不得调整的,按照其约定。

第二十八条 下列土地应当用于调整承包土地或者承包给新增人口:

(一)集体经济组织依法预留的机动地;

(二)通过依法开垦等方式增加的;

(三)承包方依法、自愿交回的。

第二十九条 承包期内,承包方可以自愿将承包地交回发包方。承包方自愿交回承包地的,应当提前半年以书面形式通知发包方。承包方在承包期内交回承包地的,在承包期内不得再要求承包土地。

第三十条 承包期内,妇女结婚,在新居住地未取得承包地的,发包方不得收回其原承包地;妇女离婚或者丧偶,仍在原居住地生活或者不在原居住地生活但在新居住地未取得承包地的,发包方不得收回其原承包地。

第三十一条 承包人应得的承包收益,依照继承法的规定继承。

林地承包的承包人死亡,其继承人可以在承包期内继续承包。

第五节 土地承包经营权的流转

第三十二条 通过家庭承包取得的土地承包经营权可以依法采取转包、出租、互换、转让或者其他方式流转。

第三十三条 土地承包经营权流转应当遵循以下原则：

（一）平等协商、自愿、有偿，任何组织和个人不得强迫或者阻碍承包方进行土地承包经营权流转；

（二）不得改变土地所有权的性质和土地的农业用途；

（三）流转的期限不得超过承包期的剩余期限；

（四）受让方须有农业经营能力；

（五）在同等条件下，本集体经济组织成员享有优先权。

第三十四条 土地承包经营权流转的主体是承包方。承包方有权依法自主决定土地承包经营权是否流转和流转的方式。

第三十五条 承包期内，发包方不得单方面解除承包合同，不得假借少数服从多数强迫承包方放弃或者变更土地承包经营权，不得以划分"口粮田"和"责任田"等为由收回承包地搞招标承包，不得将承包地收回抵顶欠款。

第三十六条 土地承包经营权流转的转包费、租金、转让费等，应当由当事人双方协商确定。流转的收益归承包方所有，任何组织和个人不得擅自截留、扣缴。

第三十七条 土地承包经营权采取转包、出租、互换、转让或者其他方式流转，当事人双方应当签订书面合同。采取转让方式流转的，应当经发包方同意；采取转包、出租、互换或者其他方式流转的，应当报发包方备案。

土地承包经营权流转合同一般包括以下条款：

（一）双方当事人的姓名、住所；

（二）流转土地的名称、坐落、面积、质量等级；

（三）流转的期限和起止日期；

（四）流转土地的用途；

（五）双方当事人的权利和义务；

（六）流转价款及支付方式；

（七）违约责任。

第三十八条 土地承包经营权采取互换、转让方式流转，当事人要求登记的，应当向县级以上地方人民政府申请登记。未经登记，不得对抗善意第三人。

第三十九条 承包方可以在一定期限内将部分或者全部土地承包经营权转包或者出租给第三方，承包方与发包方的承包关系不变。

承包方将土地交由他人代耕不超过一年的，可以不签订书面合同。

第四十条 承包方之间为方便耕种或者各自需要，可以对属于同一集体经济组织的土地的土地承包经营权进行互换。

第四十一条 承包方有稳定的非农职业或者有稳定的收入来源的，经发包方同意，可以将全部或者部分土地承包经营权转让给其他从事农业生产经营的农户，由该农户同发包方确立新的承包关系，原承包方与发包方在该土地上的承包关系即行终止。

第四十二条 承包方之间为发展农业经济，可以自愿联合将土地承包经营权入股，从事农业合作生产。

第四十三条 承包方对其在承包地上投入而提高土地生产能力的，土地承包经营权依法流转时有权获得相应的补偿。

第三章 其他方式的承包

第四十四条 不宜采取家庭承包方式的荒山、荒沟、荒丘、荒滩等农村土地，通过招标、拍卖、公开协商等方式承包的，适用本章规定。

第四十五条 以其他方式承包农村土地的，应当签订承包合同。当事人的权利和义务、承包期限等，由双方协商确定。以招标、拍卖方式承包的，承包费通过公开竞标、竞价确定；以公开协商等方式承包的，承包费由双方议定。

第四十六条 荒山、荒沟、荒丘、荒滩等可以直接通过招标、拍卖、公开协商等方式实行承包经营，也可以将土地承包经营权折股分给本集体经济组织成员后，再实行承包经营或者股份合作经营。

承包荒山、荒沟、荒丘、荒滩的，应当遵守有关法律、行政法规的规定，防止水土流失，保护生态环境。

第四十七条 以其他方式承包农村土地，在同等条件下，本集体经济组织成员享有优先承包权。

第四十八条 发包方将农村土地发包给本集体经济组织以外的单位或者个人承包，应当事先经本集体经济组织成员的村民会议三分之二以上成员或者三分之二以上村民代表的同意，并报乡（镇）人民政府批准。

由本集体经济组织以外的单位或者个人承包的，应当对承包方的资信情况和经营能力进行审查后，再签订承包合同。

第四十九条 通过招标、拍卖、公开协商等方式承包农村土地，经依法登记取得土地承包经营权证或者林权证等证书的，其土地承包经营权可以依法采取转让、出租、入股、抵押或者其他方式流转。

第五十条 土地承包经营权通过招标、拍卖、公开协商等方式取得的，该承包人死亡，其应得的承包收益，依照继承法的规定继承；在承包期内，其继承人可以继续承包。

第四章 争议的解决和法律责任

第五十一条 因土地承包经营发生纠纷的，双方当事人可以通过协商解决，也可以请求村民委员会、乡（镇）人民政府等调解解决。

当事人不愿协商、调解或者协商、调解不成的，可以向农村土地承包仲裁机构申请仲裁，也可以直接向人民法院起诉。

第五十二条 当事人对农村土地承包仲裁机构的仲裁裁决不服的，可以在收到裁决书之日起三十日内向人民法院起诉。逾期不起诉的，裁决书即发生法律效力。

第五十三条 任何组织和个人侵害承包方的土地承包经营权的，应当承担民事责任。

第五十四条 发包方有下列行为之一的，应当承担停止侵害、返还原物、恢复原状、排除妨害、消除危险、赔偿损失等民事责任：

（一）干涉承包方依法享有的生产经营自主权；

（二）违反本法规定收回、调整承包地；

（三）强迫或者阻碍承包方进行土地承包经营权流转；

（四）假借少数服从多数强迫承包方放弃或者变更土地承包经营权而进行土地承包经营权流转；

（五）以划分"口粮田"和"责任田"等为由收回承包地搞招标承包；

（六）将承包地收回抵顶欠款；

（七）剥夺、侵害妇女依法享有的土地承包经营权；

（八）其他侵害土地承包经营权的行为。

第五十五条　承包合同中违背承包方意愿或者违反法律、行政法规有关不得收回、调整承包地等强制性规定的约定无效。

第五十六条　当事人一方不履行合同义务或者履行义务不符合约定的，应当依照《中华人民共和国合同法》的规定承担违约责任。

第五十七条　任何组织和个人强迫承包方进行土地承包经营权流转的，该流转无效。

第五十八条　任何组织和个人擅自截留、扣缴土地承包经营权流转收益的，应当退还。

第五十九条　违反土地管理法规，非法征用、占用土地或者贪污、挪用土地征用补偿费用，构成犯罪的，依法追究刑事责任；造成他人损害的，应当承担损害赔偿等责任。

第六十条　承包方违法将承包地用于非农建设的，由县级以上地方人民政府有关行政主管部门依法予以处罚。

承包方给承包地造成永久性损害的，发包方有权制止，并有权要求承包方赔偿由此造成的损失。

第六十一条　国家机关及其工作人员有利用职权干涉农村土地承包，变更、解除承包合同，干涉承包方依法享有的生产经营自主权，或者强迫、阻碍承包方进行土地承包经营权流转等侵害土地承包经营权的行为，给承包方造成损失的，应当承担损害赔偿等责任；情节严重的，由上级机关或者所在单位给予直接责任人员行政处分；构成犯罪的，依法追究刑事责任。

第五章　附　则

第六十二条　本法实施前已经按照国家有关农村土地承包的规定承包，包括承包期限长于本法规定的，本法实施后继续有效，不得重新承包土地。未向承包方颁发土地承包经营权证或者林权证等证书的，应当补发证书。

第六十三条　本法实施前已经预留机动地的，机动地面积不得超过本集体经济组织耕地总面积的百分之五。不足百分之五的，不得再增加机动地。

本法实施前未留机动地的，本法实施后不得再留机动地。

第六十四条　各省、自治区、直辖市人民代表大会常务委员会可以根据本法，结合本行政区域的实际情况，制定实施办法。

第六十五条　本法自2003年3月1日起施行。

3.《中华人民共和国草原法》（2009年8月27日修正）（节录）

第十三条　集体所有的草原或者依法确定给集体经济组织使用的国家所有的草原，可以由本集体经济组织内的家庭或者联户承包经营。

在草原承包经营期内，不得对承包经营者使用的草原进行调整；个别确需适当调整的，必须经本集体经济组织成员的村（牧）民会议三分之二以上成员或者三分之二以上村（牧）民代表的同意，并报乡（镇）人民政府和县级人民政府草原行政主管部门批准。

集体所有的草原或者依法确定给集体经济组织使用的国家所有的草原由本集体经济组织以外的单位或者个人承包经营的，必须经本集体经济组织成员的村（牧）民会议三分之二以上成员或者三分之二以上村（牧）民代表的同意，并报乡（镇）人民政府批准。

第十四条 承包经营草原，发包方和承包方应当签订书面合同。草原承包合同的内容应当包括双方的权利和义务、承包草原四至界限、面积和等级、承包期和起止日期、承包草原用途和违约责任等。承包期届满，原承包经营者在同等条件下享有优先承包权。

承包经营草原的单位和个人，应当履行保护、建设和按照承包合同约定的用途合理利用草原的义务。

第十五条 草原承包经营权受法律保护，可以按照自愿、有偿的原则依法转让。

草原承包经营权转让的受让方必须具有从事畜牧业生产的能力，并应当履行保护、建设和按照承包合同约定的用途合理利用草原的义务。

草原承包经营权转让应当经发包方同意。承包方与受让方在转让合同中约定的转让期限，不得超过原承包合同剩余的期限。

4. 最高人民法院《关于审理涉及农村土地承包纠纷案件适用法律问题的解释》（2005年7月29日　法释〔2005〕6号）

根据《中华人民共和国民法通则》、《中华人民共和国合同法》、《中华人民共和国民事诉讼法》、《中华人民共和国农村土地承包法》、《中华人民共和国土地管理法》等法律的规定，结合民事审判实践，对审理涉及农村土地承包纠纷案件适用法律的若干问题解释如下：

一、受理与诉讼主体

第一条 下列涉及农村土地承包民事纠纷，人民法院应当依法受理：

（一）承包合同纠纷；

（二）承包经营权侵权纠纷；

（三）承包经营权流转纠纷；

（四）承包地征收补偿费用分配纠纷；

（五）承包经营权继承纠纷。

集体经济组织成员因未实际取得土地承包经营权提起民事诉讼的，人民法院应当告知其向有关行政主管部门申请解决。

集体经济组织成员就用于分配的土地补偿费数额提起民事诉讼的，人民法院不予受理。

第二条 当事人自愿达成书面仲裁协议的，受诉人民法院应当参照最高人民法院《关于适用〈中华人民共和国民事诉讼法〉若干问题的意见》第145条至第148条的规定处理。

当事人未达成书面仲裁协议，一方当事人向农村土地承包仲裁机构申请仲裁，另一方当事人提起诉讼的，人民法院应予受理，并书面通知仲裁机构。但另一方当事人接受仲裁管辖后又起诉的,人民法院不予受理。

当事人对仲裁裁决不服并在收到裁决书之日起三十日内提起诉讼的,人民法院应予受理。

第三条 承包合同纠纷,以发包方和承包方为当事人。

前款所称承包方是指以家庭承包方式承包本集体经济组织农村土地的农户,以及以其他方式承包农村土地的单位或者个人。

第四条 农户成员为多人的,由其代表人进行诉讼。

农户代表人按照下列情形确定:

(一)土地承包经营权证等证书上记载的人;

(二)未依法登记取得土地承包经营权证等证书的,为在承包合同上签字的人;

(三)前两项规定的人死亡、丧失民事行为能力或者因其他原因无法进行诉讼的,为农户成员推选的人。

二、家庭承包纠纷案件的处理

第五条 承包合同中有关收回、调整承包地的约定违反农村土地承包法第二十六条、第二十七条、第三十条、第三十五条规定的,应当认定该约定无效。

第六条 因发包方违法收回、调整承包地,或者因发包方收回承包方弃耕、撂荒的承包地产生的纠纷,按照下列情形,分别处理:

(一)发包方未将承包地另行发包,承包方请求返还承包地的,应予支持;

(二)发包方已将承包地另行发包给第三人,承包方以发包方和第三人为共同被告,请求确认其所签订的承包合同无效、返还承包地并赔偿损失的,应予支持。但属于承包方弃耕、撂荒情形的,对其赔偿损失的诉讼请求,不予支持。

前款第(二)项所称的第三人,请求受益方补偿其在承包地上的合理投入的,应予支持。

第七条 承包合同约定或者土地承包经营权证等证书记载的承包期限短于农村土地承包法规定的期限,承包方请求延长的,应予支持。

第八条 承包方违反农村土地承包法第十七条规定,将承包地用于非农建设或者对承包地造成永久性损害,发包方请求承包方停止侵害、恢复原状或者赔偿损失的,应予支持。

第九条 发包方根据农村土地承包法第二十六条规定收回承包地前,承包方已经以转包、出租等形式将其土地承包经营权流转给第三人,且流转期限尚未届满,因流转价款收取产生的纠纷,按照下列情形,分别处理:

(一)承包方已经一次性收取了流转价款,发包方请求承包方返还剩余流转期限的流转价款的,应予支持;

(二)流转价款为分期支付,发包方请求第三人按照流转合同的约定支付流转价款的,应予支持。

第十条 承包方交回承包地不符合农村土地承包法第二十九条规定程序的,不得认定其为自愿交回。

第十一条 土地承包经营权流转中,本集体经济组织成员在流转价款、流转期限等主要内容相同的条件下主张优先权的，应予支持。但下列情形除外：

（一）在书面公示的合理期限内未提出优先权主张的；

（二）未经书面公示，在本集体经济组织以外的人开始使用承包地两个月内未提出优先权主张的。

第十二条 发包方强迫承包方将土地承包经营权流转给第三人，承包方请求确认其与第三人签订的流转合同无效的，应予支持。

发包方阻碍承包方依法流转土地承包经营权，承包方请求排除妨碍、赔偿损失的，应予支持。

第十三条 承包方未经发包方同意，采取转让方式流转其土地承包经营权的，转让合同无效。但发包方无法定理由不同意或者拖延表态的除外。

第十四条 承包方依法采取转包、出租、互换或者其他方式流转土地承包经营权，发包方仅以该土地承包经营权流转合同未报其备案为由，请求确认合同无效的，不予支持。

第十五条 承包方以其土地承包经营权进行抵押或者抵偿债务的，应当认定无效。对因此造成的损失，当事人有过错的，应当承担相应的民事责任。

第十六条 因承包方不收取流转价款或者向对方支付费用的约定产生纠纷，当事人协商变更无法达成一致，且继续履行又显失公平的，人民法院可以根据发生变更的客观情况，按照公平原则处理。

第十七条 当事人对转包、出租地流转期限没有约定或者约定不明的，参照合同法第二百三十二条规定处理。除当事人另有约定或者属于林地承包经营外，承包地交回的时间应当在农作物收获期结束后或者下一耕种期开始前。

对提高土地生产能力的投入，对方当事人请求承包方给予相应补偿的，应予支持。

第十八条 发包方或者其他组织、个人擅自截留、扣缴承包收益或者土地承包经营权流转收益，承包方请求返还的，应予支持。

发包方或者其他组织、个人主张抵销的，不予支持。

三、其他方式承包纠纷的处理

第十九条 本集体经济组织成员在承包费、承包期限等主要内容相同的条件下主张优先承包权的，应予支持。但在发包方将农村土地发包给本集体经济组织以外的单位或者个人，已经法律规定的民主议定程序通过，并由乡（镇）人民政府批准后主张优先承包权的，不予支持。

第二十条 发包方就同一土地签订两个以上承包合同，承包方均主张取得土地承包经营权的，按照下列情形，分别处理：

（一）已经依法登记的承包方，取得土地承包经营权；

（二）均未依法登记的，生效在先合同的承包方取得土地承包经营权；

（三）依前两项规定无法确定的，已经根据承包合同合法占有使用承包地的人取得土地承包经营权，但争议发生后一方强行先占承包地的行为和事实，不得作为确定土地承包经营权的依据。

第二十一条 承包方未依法登记取得土地承包经营权证等证书，即以转让、出租、入股、抵押等方式流转土地承包经营权，发包方请求确认该流转无效的，应予支持。但非因承包方原因未登记取得土地承包经营权证等证书的除外。

承包方流转土地承包经营权，除法律或者本解释有特殊规定外，按照有关家庭承包土地承包经营权流转的规定处理。

四、土地征收补偿费用分配及土地承包经营权继承纠纷的处理

第二十二条 承包地被依法征收，承包方请求发包方给付已经收到的地上附着物和青苗的补偿费的，应予支持。

承包方已将土地承包经营权以转包、出租等方式流转给第三人的，除当事人另有约定外，青苗补偿费归实际投入人所有，地上附着物补偿费归附着物所有人所有。

第二十三条 承包地被依法征收，放弃统一安置的家庭承包方，请求发包方给付已经收到的安置补助费的，应予支持。

第二十四条 农村集体经济组织或者村民委员会、村民小组，可以依照法律规定的民主议定程序，决定在本集体经济组织内部分配已经收到的土地补偿费。征地补偿安置方案确定时已经具有本集体经济组织成员资格的人，请求支付相应份额的，应予支持。但已报全国人大常委会、国务院备案的地方性法规、自治条例和单行条例、地方政府规章对土地补偿费在农村集体经济组织内部的分配办法另有规定的除外。

第二十五条 林地家庭承包中，承包方的继承人请求在承包期内继续承包的，应予支持。

其他方式承包中，承包方的继承人或者权利义务承受者请求在承包期内继续承包的，应予支持。

五、其他规定

第二十六条 人民法院在审理涉及本解释第五条、第六条第一款第（二）项及第二款、第十六条的纠纷案件时，应当着重进行调解。必要时可以委托人民调解组织进行调解。

第二十七条 本解释自2005年9月1日起施行。施行后受理的第一审案件，适用本解释的规定。

施行前已经生效的司法解释与本解释不一致的，以本解释为准。

二、承包地征收补偿费用分配纠纷

24. 承包户户口变更为非农业但仍然耕种原承包地时,能否获得征地补偿款?

能否参加征地补偿款的分配,主要取决于是否属于集体经济组织成员。对于是否属于集体经济组织成员的认定,除考虑户籍情况外,还应考虑其与该集体经济组织之间的经济生活关系。在承包土地后户口变更为非农业,但未对土地进行调整,仍由承包户进行耕种的情况下,该承包户对于征地补偿款应享有分配权。

25. 征地补偿款的分配能否以姓氏为标准进行区分?

以姓氏为标准对征地补偿款进行分配具有浓厚的封建宗族色彩,与民法的平等原则严重不符,对于征地补偿款,集体经济组织成员应享有平等的分配权,不应以姓氏为标准进行区分。

典型疑难案件参考

谢泉恒等11人诉兰花村委会眼头村小组集体土地征用补偿款分配纠纷案

基本案情

原告谢泉恒一家早年迁入眼头村小组种田,1981年全家分得责任田和责任山。1998年11月原告谢大根、谢二根、谢三根及其妻儿三家的户口迁至八都镇,并将其户口性质变更为非农业户口。但原告方的责任田等未进行调整,而是仍由原告一家进行耕作。1999年9月份起,八都镇政府为建设工业园,先后向眼头村小组征用耕地、油茶林地,并按规定向眼头村小组支付土地征用补偿款、青苗补助款。2003年12月底和2004年1月初,被告眼头村小组将已到账的土地征用补偿款和青苗款25083元分配给村民,并决定按眼头村小组的曾氏祖谱上的人口为依据,祖谱中的男子分配总补偿款的50%,然后所有村民及在外的女人参与分配另外的50%,但在外的非农业户口按农业人口的1/2分配。依此计算曾氏祖谱上的男性村民可分得土地补偿款2200元、女性分得800元,非农业户口的男性分得1400元、女性分得400元。对眼头村小组的外姓邹圣甫一家按曾姓的80%分配，谢泉恒一家以及后来迁居眼头村小组的曾小伟、曾小毛两家按每个农业人口160元分配。原告方认为被告的分配方案不合理，侵犯了其合法权益，因此于2004年10月20日向吉水县人民法院起诉。

▶一审诉辩情况

原告诉称，原告谢泉恒于1958年随父母迁居到眼头村小组种田，1981年全家6口人在眼头村小组分得责任田13.12亩、油茶林5亩。原告一家在眼头村居住了40多年，与其他村民一样为集体做出了贡献，尽了村民各种应尽的义务。2000年八都镇政府为建工业园区征用眼头村小组的土地，原告家的2亩责任田和全部油茶林被征用。被告眼头村小组在分配补偿款时的分配方案确定，村小组的曾姓男性每人分得2200元、女性每人分得800元，而以原告一家系该村的外姓，不属曾姓为由，不同意按曾姓同等标准分给原告一家11人的补偿款。因此请求法院判令被告给付2004年应分配给原告的土地征用补偿费18600元，并由被告负担本案的诉讼费。

被告辩称，首先，依照2002年8月19日〔2002〕民立他字第4号最高人民法院《关于徐志君等11人诉龙泉市龙州镇第8村村委会土地征用补偿分配纠纷案的请求》，法院对本案应依法不予受理，应驳回原告的诉讼请求。其次，八都镇政府建工业园从1999年9月已支付土地征用补偿费、青苗补款、开垦费共计250530元，尚有615520元未支付。最后，眼头村小组于2003年12月26日和2004年元月6日两次召开村民代表会，通过了土地补偿费的分配方案，即按曾氏祖谱总册上的人口为依据，区别男女进行分配。同时村民代表会决定，谢泉恒夫妇按每个人160元分配。谢大根等9人早于1998年以前外迁，变更为非农业户口，已不属于眼头村的在册村民，而且土地征用行为在其户口外迁之后，因此他们不应享有该笔补偿款。总之，不管是按案件的管辖，还是按村民代表会议的决定，原告的起诉都是没有法律依据的，应驳回原告的起诉。

▶一审裁判结果

一审法院依照《中华人民共和国民法通则》第4条、第5条之规定，判决被告眼头村小组应分给原告谢泉恒集体土地征用补偿款2200元，分给原告周桂仔集体土地征用补偿款800元，分给原告谢大根、谢辉、谢二根、谢鹏、谢三根、谢坤集体土地征用补偿款各1400元，分给原告张利清、曾春莲、周燕平集体土地征用补偿款各400元。以上款项共计12600元。

一审裁判理由

江西省吉水县人民法院审理认为：农村集体经济组织与其成员之间因收益分配产生的纠纷属于平等主体之间的纠纷，当事人就此起诉到人民法院只要符合《中华人民共和国民事诉讼法》第108条的规定，人民法院应当受理。因此，被告方提出原告不符合诉讼主体的资格，原、被告讼争事实不属法院民事诉讼受理范围的意见不能成立，本院不予采纳。村民小组的合法财产收益是全体村民的共同财产，在分配共同财产时应当由全体村民平等分配，不得因姓氏差异而区别对待。原告谢泉恒夫妻系眼头村小组村民，被告对此予以认可，因此，两原告应按照村民代表大会的决议即男性分得土地补偿款2200元、女性分得800元。原告谢大根、谢二根、谢三根等9人虽在1998年迁出该村，并且变更户籍性质为非农业户口，但由于其原有的责任田依然由原告进行耕作，依照责任田产生的各项义务依然由其负担，其将户籍外迁是农民发展多种经营逐步减少单纯依赖土地生存的良好趋势，应予以鼓励。由于其部分生活来源还要依靠土地，故不能因此否定谢大根等9人系该村村民，而剥夺其对村集体财产享有的各项权利。加之被告在制定土地补偿款分配方案时，对眼头村村民的范围没有依法合理明确界定，以曾氏祖谱的人口为依据分配农村集体财产带有浓厚的封建宗族色彩，该做法不合法。部分从来没有分得责任田和责任山的曾姓外迁户包括在外有固定工作和固定收入的人也参与了集体土地征用补偿款的分配，而仅以姓氏差异剥夺谢大根等九原告的平等权益，显然不公平。因此谢大根等九原告应认定为眼头村小组的村民，但由于其已从事其他经营，其收入来源已不完全依赖于土地，故九原告可参照该村曾姓在外有固定工作和收入的人员分得土地补偿款即男性1400元、女性400元。

二审诉辩情况

眼头村小组不服，以原审法院判决不符合事实和法律为由，向江西省吉安市中院提出上诉。

谢泉恒等11人同意原审判决。

二审裁判结果

二审法院经审理，于2005年3月28日判决驳回上诉，维持原判。

二审裁判理由

江西省吉安市中级人民法院经审理认为：能否参加集体经济组织的财产收益分配，取决于是否属于集体经济组织成员。是否属于集体经济组织成员，除考虑其户籍情况外，还应考虑其与该集体经济组织之间的经济生活关系。依照《中华人民共和国承包法》的有关规定，承包户全家迁入小城镇的可保留其土地承包经营权，因原告谢大根等虽系小城镇户口，但仍保留了责任田承担了相应义务。因此应认定谢大根等为眼头村小组的集体经济成员，对集体财产的收益也应享有平等的分配权。

26. 服刑人员或服过刑的村民能否参与征地款的分配？

法律规定征地补偿款归农村集体经济组织所有，有权参与分配的是集体经济组织成员。服刑人员只要符合法律和政策的规定，其合法财产权利不受剥夺，不应当以其正在服刑或服过刑为由拒绝发放征地补偿款。

典型疑难案件参考

高延柱诉蚌埠市淮上区梅桥乡裔湾村村民委员会返还征地补偿款纠纷案

基本案情

原、被告所处的辖区原属于怀远县大岗乡苏岗村。2003 年，怀远县工业园区征地，村民按每亩 18000 元领取征地补偿款。原告高延柱家承包的土地被征 3.48 亩。在领取征地款时，原告同组的村民提出异议，认为原告的儿子高秀亮在 1991 年去服刑，应扣除高秀亮口粮田 0.8 亩被征土地的补偿款，分给同组的其他村民。被告村委会因解决不了这起矛盾，即扣留了原告户的 0.8 亩征地款未发放。原告于 2005 年 2 月提起诉讼。在诉讼中另查明该 0.8 亩土地的补偿款应为 14400 元。

诉辩情况

原告诉称，原告全家共有 6 口人，在农村进行一轮承包时，共分得土地 9.75 亩，其中口粮田 3 亩、承包地 6.75 亩。2003 年怀远县工业园征地，原告家被征土地 3.48 亩，但在原告领取征地补偿款时，被告村委会以原告的三儿子曾经服过刑为由，强行扣除原告家 0.8 亩土地的补偿款计 16000 元。故起诉请求人民法院判令被告给付原告户的征地补偿款 16000 元。

被告辩称，原告有一个儿子被判刑，所以将他的 0.8 亩口粮田被征后产生的征地款扣除后分给其他村民。

裁判结果

安徽省蚌埠市淮上区人民法院依照《中华人民共和国农村土地承包法》第 16 条第 2 项、第 26 条第 1 款之规定,判决:被告淮上区梅桥乡裔湾村村民委员会于判决生效后 10 日内给付原告高延柱征地款 14400 元。本案诉讼费 960 元由被告村委会负担。一审宣判后,双方当事人均未提出上诉,一审判决已经发生法律效力。

裁判理由

安徽省蚌埠市淮上区人民法院经审理后认为:原、被告之间虽然没有签订土地承包合同,但双方对原告户所承包的土地亩数和争议的事实认定一致,本院对承包关系的存在予以确认。按照我国农村土地承包法的有关规定,农民的土地被依法征用后有权得到补偿,双方争议的 0.8 亩土地一直由原告户耕种,而且每年依法缴纳农业税费,因此,被告村委会应按照法律规定将原告户被征土地的征地款完全发放给原告。故本院对原告要求被告给付 0.8 亩的征地款 14400 元予以支持。

27. 婚后未将户籍迁出的"出嫁女"是否享有原集体经济组织的征地补偿款分配权?

有权对征地款参与分配的是集体经济组织成员,户籍未迁出的"出嫁女"仍属于集体经济组织的成员,理应享有原集体经济组织的征地补偿款的分配权。

28. 村委会能否通过决议剥夺"出嫁女"的征地款分配权?

村民具有的集体经济组织成员的资格和待遇是特定的,不因出具放弃保证而取消,村委会也不得以村民会议民主表决为由剥夺其成员的正当、合法权益。

典型疑难案件参考

芦利霞诉新乡市开发区东杨村村民委员会土地补偿款纠纷案

基本案情

原告芦利霞是东杨村村民，1996年12月23日原告芦利霞与延津县榆林乡大杨村郭树法登记结婚，婚后一直在朱召村居住。其户籍仍保留在东杨村，婚后芦利霞未在开发区人口和计划生育委员会参加孕检。1999年11月19日芦利霞出具保证书，保证其和儿子的户口为空头户口，今后不参与东杨村的分配，不划宅基地、不分耕地。自2002年7月3日至2005年10月27日，东杨村同新乡市开发区土地部门和有关单位共签订了7份征地补偿安置方案，东杨村自2002年8月10日至2005年11月20日每人共分配土地补偿费42412.45元。这些征地补偿款均未给原告芦利霞分配。为此原告提起诉讼，要求判令被告支付土地补偿款43112.45元。

一审诉辩情况

被告辩称：不分给原告土地补偿款是由村民会议表决决定的，村委会必须执行。在2002年秋后调整土地时，专门为出嫁女户口未迁出的留出一部分口粮田，并规定不得参与村里的任何分配。既然申请分得了口粮田，那么就说明同意了村里"不得参与村里的任何分配"的规定，现再起诉显然不妥。况且原告并未履行村民义务，计划生育等也未纳入村里管理，婚后也一直在婆家居住。原告已写过保证，放弃了村民待遇。

一审裁判结果

一审法院根据《中华人民共和国民法通则》第4条、第57条的规定，判决：驳回芦利霞的诉讼请求。本案受理费1735元，由原告负担。

一审裁判理由

新乡市红旗区人民法院经审理认为：土地补偿费是因国家征用土地对土地所有者的农村集体经济组织或原土地使用人对土地的投入和收益造成的损失的补偿，芦利霞虽具备东杨村户籍，但其未在该村居住，且原告芦利霞于1999年11月19日出具保证书，保证其和儿子的户口为空头户口，今后不参与东杨村的分配，不划宅基地，不分耕地。该保证书系原告的真实意思表示，视为其自愿放弃自身权利，故原告芦利霞无权再要求参加分配征地补偿款，对原告要求被告东杨村村委会支付土地补偿款的诉讼请求不予支持。原告芦利霞称其出具的保证书系在被威逼之下所写，没有相关证据予以证实，理由不充分，不予采信。

二审诉辩情况

一审宣判后，芦利霞不服，向新乡市中级人民法院提出上诉称：其1976年11月26日在东杨村出生，在东杨村长大，虽然于1996年12月23日与郭树法登记结婚，但婚后户口并未迁出，应当认定为东杨村的村民，具备集体经济组织成员资格。1999年11月19日上诉人签字的保证书没有法律效力，并不能代表上诉人放弃分配土地补偿款权利。保证书是被上诉人以不给上诉人刚出生的孩子上户口作为胁迫，迫使上诉人在村委会事先写好的保证书上签字。上诉人为给孩子登记上户口，被迫签的字。上诉人的孩子在东杨村出生，依法可以随母亲下户，村委会强迫上诉人在书写有"不参与东杨村的分配、不划宅基地、不分耕地"等违法内容的保证书上签字的行为本身即是违法的，签字行为并非上诉人所自愿，也非上诉人的真实意思表示。村委会无权剥夺公民的基本权利。一审法院认定所谓的保证书是上诉人的真实意思表示，认定其合法有效，是明显的适用法律错误。请求二审法院撤销一审判决，依法改判，支持上诉人的诉讼请求。

东杨村村民委员会辩称：上诉人的保证是其真实意思表示，并且是1999年书写，其从没有对该保证提出过异议，故该保证合法有效。上诉人没有在东杨村居住，没有尽到村民义务，故要求驳回上诉人的上诉请求，维持一审判决。

二审裁判结果

二审法院经审理认为，原审认定事实不清，判决不当。其依照《中华人民共和国民事诉讼法》第153条第1款第3项之规定，判决如下：

一、撤销新乡市红旗区人民法院〔2006〕红民一初字第838号民事判决；

二、新乡市开发区东杨村村民委员会于本判决生效后10日内给付芦利霞土地补偿费共计42412.45元；

三、驳回芦利霞的其他诉讼请求。如果未按判决指定期间履行给付金钱义务，应当依照《中华人民共和国民事诉讼法》第232条之规定，加倍支付迟延履行期间的债务利息。一审案件受理费1735元，由新乡市开发区东杨村村民委员会承担；二审案件受理费880元，由新乡市开发区东杨村村民委员会承担。

二审裁判理由

河南省新乡市中级人民法院认为：土地补偿费是因国家征用土地而对土地所有人和使用人的损失给予的补偿，在土地补偿安置方案确定时具有该集体经济组织成员资格的人，应当享有分配该笔土地补偿费的权利。上诉人芦利霞系东杨村人，于1996年12月23日同延津县榆林乡大杨村郭树法结婚后，在其丈夫的村未分配有土地，户籍也未迁出东杨村，一直接受东杨村的管理。上诉人于2002年7月3日第一次制定土地补偿安置方案便具有东杨村集体经济组织成员资格，依法应当享受土地补偿款的待遇。故上诉人请求分配相应的土地补偿费的请求，本院予以支持。关于1999年11月19日上诉人签字的保证书的法律效力问题，上诉人作为被上诉人处的村民，享有参与东杨村的集体经济组织收益的分配、划分宅基地、承包耕地的权利，这也是上诉人的基本权利，被上诉人无权剥夺，被上诉人以不给刚出生的孩子上户口迫使上诉人芦利霞在村委会事先写好的保证书上签字，被上诉人的行为显系违法，被上诉人无权剥夺公民的基本权利。根据《中华人民共和国民法通则》第58条第1款第5项的规定，违法的民事行为为无效行为，故对于该保证应当认定为无效。

29. 进城镇落户的"农转非"农民是否享有征地补偿款的分配权？

考虑到农民迁入小城镇后的社会保障问题，《中共中央国务院关于促进小城镇健康发展的若干意见》（中发〔2000〕11号）指出，要积极探索适合小城镇特点的社会保障制度。对进镇落户的农民，可根据本人意愿，保留其承包土地的经营权，也允许依法有偿转让。根据该精神，在对征地补偿款进行分配时，可以根据进城落户者的具体情况，比照其他村民的征地补偿标准给予征地补偿款。

典型疑难案件参考

陈清棕诉亭洋村一组、亭洋村村委会征地补偿款分配纠纷案（《最高人民法院公报》2005年第10期）

基本案情

1996年1月5日，原告陈清棕代表全家四口人，以被告亭洋村一组村民（户别为农业户口）的身份，与亭洋村一组签订农业承包合同，承包了该组村民所有的旱地1.16亩、水田0.38亩，共计1.54亩。1998年12月31日，厦门市同安区人民政府给陈清棕发放证号为NO.66277的《土地承包经营权证》，确认了陈清棕一家与亭洋村一组之间的农业承包合同关系。2002年1月21日，陈清棕一家迁往同安区大同镇碧岳村岳口居住，户别也转为非农业户。陈清棕一家迁出后，亭洋村一组就将陈清棕一家原来承包的土地调整给其他村民。2002年7月23日，如意食品公司与被告亭洋村村委会签订《土地征用协议》，征用了包括陈清棕一家原来承包的1.16亩土地在内的旱地69.8亩，支付了土地补偿款、安置款及青苗补偿款。亭洋村村委会和亭洋村一组按比例将补偿款分发给被征用土地的各户村民，但未分给陈清棕一家，因此引起纠纷。2002年7月24日，陈清棕将全家户口从大同镇碧岳村岳口迁回亭洋村，户口类别仍为非农业户。2003年3月11日，陈清棕提起本案诉讼。

▶ 一审诉辩情况

原告诉称：原告一家四口是被告亭洋村一组的村民。1996年1月5日，原告代表全家承包了亭洋村一组的1.54亩土地，该土地承包关系得到厦门市同安区人民政府于1998年12月31日颁发的NO.066277《土地承包经营权证》的确认。2002年7月23日，被告亭洋村村委会与厦门如意食品有限公司（以下简称如意食品公司）签订土地征用协议，由如意食品公司在向亭洋村村委会支付土地补偿款、安置款及青苗补偿款后，征用亭洋村的旱地69.8亩，其中包括原告承包的1.16亩土地。亭洋村一组在向承包土地被征用的各户村民发放土地补偿款时，不给原告一家发放。请求判令亭洋村一组和亭洋村村委会给原告支付土地征用补偿款、安置款共计17400元。

被告亭洋村一组辩称：原告一家四口原来虽系本组村民，并在本组承包过土地，但自2002年1月21日，原告一家已将户口迁出本村并转为非农户。其原承包的土地，已由本组按村规民约形成的惯例，重新调整给其他村民承包。本组土地被征用后，土地补偿款、安置款等，均已如数发放给相关农户。由于自2002年1月21日后，原告已不是本集体经济组织的成员，没有承包经营的土地被征用，故无权请求分配征地补偿款。原告即使仍持有前几年发放的《土地承包经营权证》，也改变不了这一事实，因此其诉讼请求应当驳回。

被告亭洋村村委会辩称：首先，支持亭洋村一组的答辩意见。其次，依照《中华人民共和国村民委员会组织法》第5条的规定，本村委会作为村农民集体所有土地的管理者，只是按照亭洋村一组大多数村民的意愿，履行与如意食品公司签订《土地征用协议》的手续而已。土地被征用后获得的土地补偿款，村委会已经全部交给亭洋村一组，由该组村民按照自主决策的方案全部分配。村委会没有截留这笔款项，谈不上与原告发生土地补偿款分配纠纷。原告将本村委会列为被告起诉，是错误的。请依法驳回原告的诉讼请求。

一审裁判结果

厦门市同安区人民法院经审理，于 2003 年 6 月 25 日判决如下：驳回原告陈清棕的诉讼请求。本案案件受理费 706 元，由原告陈清棕负担。

一审裁判理由

厦门市同安区人民法院认为：《中华人民共和国民法通则》（以下简称民法通则）第 71 条规定："财产所有权是指所有人依法对自己的财产享有占有、使用、收益和处分的权利。"第 74 条第 2 款规定："集体所有的土地依照法律属于村民集体所有，由村农业生产合作社等农业集体经济组织或者村民委员会经营、管理。已经属于乡（镇）农民集体经济组织所有的，可以属于乡（镇）农民集体所有。"原告陈清棕一家原来虽是被告亭洋村一组的村民，但因其一家已于 2002 年 1 月 21 日迁往大同镇居住，户别也转为非农户，故已丧失了作为农业人员承包土地的权利。亭洋村一组依法收回陈清棕一家承包的土地，是合理的。陈清棕一家承包该地享有的权利及应尽的义务随之消灭。此后，该承包土地于 2002 年 7 月 23 日被征用。陈清棕一家虽于 2002 年 7 月 24 日回迁亭洋村，但仍保留非农业户性质。故陈清棕请求亭洋村一组及被告亭洋村村委会给其支付征地补偿安置款，理由不能成立，不予支持。

二审诉辩情况

一审宣判后，原告陈清棕不服，向福建省厦门市中级人民法院提出上诉。理由是：（1）《土地承包经营权证》是证实农村土地承包合同关系真实有效存在的唯一法律凭证，上诉人在一审中已经举出这个证据和《农业承包合同书》，充分证实上诉人一家对亭洋村一组的 1.16 亩旱地享有 30 年的承包经营权。上诉人迁出亭洋村时，将自己的承包地交给他人耕种，不是由被上诉人亭洋村一组调整给他人耕种。亭洋村一组虽然主张其已经收回上诉人的承包地，却没有举出任何有效证据。在此情况下，一审置真实有效的法律凭证于不顾，完全采信亭洋村一组的说法，认定亭洋村一组已经收回上诉人的承包地，这是认定事实错误。（2）根据《中华人民共和国农村土地承包法》（以下简称《土地承包法》）第 26 条的规定，只有在承包方全家迁入设区的市并转为非农户的情况下，发包方才能收回承包地；相反，承包人如果仅是迁入城镇或者仅是将户口转为非农户，承包地则不能被收回。上诉人一家虽于 2002 年年初迁往大同镇生活半年，户口也转为非农户，但由于大同镇未曾建立相应的社会保障机制，上诉人与妻子到那里后，没有固定职业，缺乏稳定的收入来源，因此生活无着落，不得已才又于当年 7 月份迁回原址居住，准备继续靠承包地收入维持生活。上诉人一家常年在被上诉人的村民小组劳作生活，与其他村民一样将农业收入作为重要生活来源，理应享有参与分配土地补偿款、安置款的权利。短短半年时间，户籍类别虽然变更为非农户，但上诉人的农民身份却未改变。从今年7月1日起，厦门市的户籍管理开始取消农户与非农户的区别。现在，那些事实上已经取得过土地补偿款、安置款的村民，也和上诉人一样，都是居民户。这说明，尽管户籍管理上曾经存在过类别的区分，但这不能成为取得土地补偿款、安置款的决定因素。被上诉人亭洋村村委会、亭洋村一组负有维护成员合法财产权利及生活保障权利的责任，理应妥善安置上诉人一家，帮助上诉人一家摆脱生活困境。然而亭洋村村委会、亭洋村一组竟以上诉人已不是本村农户为由，不给上诉人以同等的村民待遇，剥夺上诉人一家的生存基本权利，将上诉人一家推向生活困境，这种做法与法律规定明显不符。一审忽视了上诉人的具体情况，违背相关法律规定的基本精神，简单地以上诉人一家已转为非农户为由，认定亭洋村一组收回上诉人的承包地合理，继而依此驳回上诉人的诉讼请求，是适用法律错误。请求二审撤销一审判决，改判支持上诉人在一审提出的诉讼请求。

被上诉人亭洋村一组答辩称：自从实行生产责任制以来，本组村民的承包地，每年都要根据各户人口增减情况调整一次，后来改为每2年变动一次。这种变动方式，已经延续了20年，成为本组村民约定俗成的土地调整分配形式。尽管1998年年底实行了土地延包和给各户发放了《土地承包经营权证》，但本组村民还都一直按原来约定俗成的惯例进行承包土地的调整分配。这种约定俗成的承包土地分配形式，全体村民（包括迁出户口前的上诉人在内）没有异议，已构成一项村规民约。上诉人正是根据本组村民人口构成比例和此项村规民约，才在当时按惯例取得一家四口相应份额的承包土地。2002年1月21日以后，上诉人的户口迁出本村，按照本组的村规民约，其原承包的土地已由全组村民重新调整分配承包。本组所有69.8亩土地的使用权按照每亩1.5万元标准出让给如意食品公司后，获得的104.7万元土地补偿款和168792.40元地上物补偿款已经全部支付给承包土地被征用的农户。由于上诉人不是本组村民，此次也没有承包经营的土地被征用，故无权请求分配征地补偿款。一审判决正确，应当维持。

被上诉人亭洋村村委会支持亭洋村一组的答辩意见。

▶ 二审裁判结果

厦门市中级人民法院经审理认为：一审判决认定事实不清，适用法律错误，依法应当改判。据此，厦门市中级人民法院依照《中华人民共和国民事诉讼法》第 64 条第 1 款、第 153 条第 1 款第 3 项的规定，于 2003 年 12 月 11 日作出如下判决：

一、撤销一审民事判决；

二、被上诉人亭洋村一组、亭洋村村委会应于本判决生效之日起 10 日内，支付上诉人陈清棕土地补偿款 17400 元。本案一、二审案件受理费各 706 元，均由被上诉人亭洋村一组、亭洋村村委会负担。

二审裁判理由

厦门市中级人民法院经审理查明：一审判决事实认定部分关于"陈清棕一家迁出后，亭洋村一组就将陈清棕一家原来承包的土地调整给其他村民"的认定，没有相应的证据证实，应不予确认；关于如意食品公司支付土地补偿款、安置款及青苗补偿款的时间，应当是 2002 年 9 月 1 日。除此以外，确认一审认定的其他事实属实。另查明，在土地被征用前，被上诉人曾以《新乡村征地表决书》一份，逐户征求在征地范围内有承包地的村民对征地的意见，上诉人陈清棕在该表决书上签字同意征地。厦门市中级人民法院认为：民法通则第 4 条规定："民事活动应当遵循自愿、公平、等价有偿、诚实信用的原则。"《中华人民共和国土地管理法》（以下简称《土地管理法》）第 14 条第 1 款规定："农民集体所有的土地由本集体经济组织的成员承包经营，从事种植业、林业、畜牧业、渔业生产。土地承包经营期限为 30 年。发包方和承包方应当订立承包合同，约定双方的权利和义务。承包经营土地的农民有保护和按照承包合同约定的用途合理利用土地的义务。农民的土地承包经营权受法律保护。"第 2 款规定："在土地承包经营期限内，对个别承包经营者之间承包的土地进行适当调整的，必须经村民会议 2/3 以上成员或者 2/3 以上村民代表的同意，并报乡（镇）人民政府和县级人民政府农业行政主管部门批准。"《土地承包法》第 26 条第 1 款规定："承包期内，发包方不得收回承包地。"第 2 款规定："承包期内，承包方全家迁入小城镇落户的，应当按照承包方的意愿，保留其土地承包经营权或者允许其依法进行土地承包经营权流转。"第 3 款规定："承包期内，承包方全家迁入设区的市，转为非农业户口的，应当将承包的耕地和草地交回发包方。承包方不交回的，发包方可以收回承包的耕地和草地。"农民到城市落户，是社会发展趋势，然而适合小城镇特点的社会保障制度，还在积极探索和建立中。目前农民进入小城镇后，无论户口类别是否改变，都还不能确保享受到基本生活保障。土地承包法之所以规定"承包方全家迁入小城镇落户的，应当按照承包方的意愿，保留其土地承包经营权或者允许其依法进行土地承包经营权流转"，主要是考虑土地是农民的基本生活保障,在农民进入小城镇后的基本生活保障尚未落实时,如果收回他们的承包地,可能使他们面临生活困难。2002年1月21日以前,上诉人陈清棕及其家人居住在亭洋村,是被上诉人亭洋村村委会和亭洋村1组的村民。《土地承包经营权证》证明,陈清棕一家在亭洋村1组承包了土地,承包期截至2028年12月31日。陈清棕签字同意的《新乡村征地表决书》,不仅可以证明陈清棕承包的部分土地在此次征地范围内,还可以证明在该土地被征用前,亭洋村村委会和亭洋村1组承认陈清棕对这部分土地享有承包经营权。在承包期内,陈清棕一家的土地承包经营权,依法应当受到保护。2002年1月22日至7月24日期间,陈清棕一家的户口虽然迁离亭洋村并转为非农业户,但其不是迁往设区的市,而是小城镇。在此期间,陈清棕一家在亭洋村承包的土地,应当按照其意愿保留土地承包经营权,或者允许其依法进行土地承包经营权的流转。亭洋村村委会和亭洋村1组没有证据证明陈清棕承包的旱地已经在征用前被调整给其他村民,即使能证明此事属实,这种做法也由于不符合土地管理法第14条第2款和土地承包法第26条第1款、第2款的规定,不能受到法律保护。因此,陈清棕诉请比照其他村民的标准获得征地补偿款(每亩1.5万元×1.16亩=17400元)符合法律规定,应予支持。一审判决认定事实不清,适用法律错误,依法应当改判。

30. 农村家庭承包与其他承包方式的征地补偿费分配标准是否相同?

农村家庭承包和其他方式承包在承包土地被征收后所能获得的补偿范围不同。征收补偿费用中的土地补偿费归农村集体经济组织所有,是对土地所有权人的补偿;安置补助费只能补助给失去土地的农村集体经济组织和农村集体经济组织成员。以其他方式承包农村土地的个人或者单位不是上述补偿项目的补偿主体。以其他方式承包的土地被依法征收后,承包人除了可以要求地上附着物及青苗补偿费的补偿外,还可以要求发包方对其为改良土地的实际投入给予适当补偿。

典型疑难案件参考

陈进成、陈德虎诉安溪县凤城镇吾都村第15村民小组、安溪县凤城镇吾都村村民委员会征用土地补偿款纠纷案

基本案情

被告安溪县凤城镇吾都村第15村民小组（甲方）于1987年12月1日与原告陈进成、陈德虎（乙方）签订承包合同，约定把坐落在该村鸟公笼山集体所有的荒埔地及荒畲地共9亩（其中低产田1亩，系以3个人口的责任田调换），承包给原告种植柑橘果树；乙方每年交给甲方大米486斤，按每年国家粮店的议价价格折款，在次年的正月底付清；乙方的责任田及承包的荒埔荒畲地承包期限为25年（自1988年春起至2012年冬止）；承包期满后，乙方应将所有的柑橘树留存移交甲方管理收益；合同签订后，双方即于1988年3月22日在安溪县公证处公证，安溪县公证处出具〔88〕安证内字第530号公证书。原告并于当日交付村民小组承包款243元。两原告系兄弟，1987年12月1日各自的家庭人口分别为3人。为承包和履行本案合同，经与小组18户户主代表讨论（代表73名成员）并经18户户主的盖章同意，两原告分别以1.5人共3人的人口，将自己原来在别处耕作的家庭承包责任田调换至本承包合同中的低产田（1亩）。其余3个人口的家庭承包责任田则维持不变。村民小组并就此形成合同附件，各户主均盖章确认。本案讼争的除1亩低产水田外，其余8亩土地在原告承包前，确系荒埔荒畲地（此次被征用时相类似的地块被确认为林地）；被政府征用时确系果园。两原告承包了上述荒埔荒畲地和1亩低产田后，进行了相应的开垦和改造，并种植柑橘成为果园至被征用时。承包期间，原告均有交付合同约定的承包金。

2005年12月21日，安溪县城区工业园吾都片区因建设需要，征用吾都村集体所有的相应地块（包括原告承包的果园地块）。《安溪县城区工业园吾都片区土地征用及房屋拆迁安置补偿方案》规定：（1）土地补偿费计赔办法按被征用土地前3年平均年产值，根据各种不同地类按不同倍数予以支付补偿款。①水田按土地被征用前3年平均年产值的10倍补偿，每亩10173元。②旱地按土地被征用前3年平均年产值的8倍补偿，每亩6511元。③园地按水田补偿70%，每亩7121元。④林地按水田补偿40%，每亩4069元。⑤未利用土地按水田补偿15%，每亩1526元。（2）安置补助费按该征用地前3年平均产值的15倍计算补偿；征用园地的安置补助费，按征地前3年平均年产值的5倍计算补偿。①水田每亩15260元。②旱地每亩12208元。③园地每亩3561元。（3）青苗补偿费按征用地前3年平均年产值1倍计算补偿。①水田

每亩1017元。②旱地每亩814元。综合上述征用每亩土地的补偿费、安置补助费及青苗补偿费的标准合计为：水田每亩26450元、旱地每亩19530元、园地每亩10680元、林地每亩4069元、未利用土地每亩1526元。该方案同时规定：地上附着物补偿中，果树补偿按成片果园补偿和零星果树补偿进行补偿，其中"成片果园补偿（面积1亩以上包括1亩），补偿费包括土地补偿费"。安溪县城区工业园吾都片区征用被告吾都村集体土地时，村委会作为土地所有人受领土地补偿款和安置费。涉及第15村民小组管理的土地共46.2亩，其中包括原告所承包的果园地块9.39亩。经村委会和村民小组等争取，开发办同意该果园地块按照水田地的补偿标准，即每亩26450元（土地补偿费、安置补助费及青苗补偿费综合数）给予补偿；地上附着物补偿中，两原告的果园按成片果园进行补偿，补偿费分果树补偿费和果园土地补偿费。其中的果树补偿费由两原告直接向镇财政所领取，果园土地补偿费和安置费则拨付村委会。与涉案的果园相类似的荒埔荒畬地在此次征地中，均按林地的标准给予补偿，即每亩4069元。该果园承包地的土地补偿款和安置费拨付给村委会后，村里提留15%后，余款212543元留待村民小组分配，目前尚由村委会代管。

就小组有关土地征用款的分配问题，第15村民小组于2006年12月28日召开小组村民户主会议，决定具体分配方案，并形成会议记录。一致同意对过溪洋土地征用款的分配方案为：水田总面积46.2亩，可分配款1045739元，扣除陈德虎屋脚（本案讼争地）9.39亩金额212543元暂留待后分配……其余的土地征用款可分配额899568元，按截至2006年12月28日的总人口数95人平均分配。会议记录中，原告陈进成家现有人口4人，陈德虎家现有人口5人。到会的小组成员20户户主（人）包括原告陈进成、陈德虎均在该会议记录上签名。两原告在小组的土地被征用后，均以现有的家庭总人口参与无争议地块补偿款、安置款的分配。

一审诉辩情况

原告诉称，被告安溪县凤城镇吾都村第15村民小组于1987年11月底经民主讨论，把坐落在吾都村"鸟公笼山"的荒埔地及荒畬地共9亩（其中以责任田调换低产田1亩、荒埔地和荒畬地8亩），承包给原告开垦果园种植果树，同年12月1日双方签订合同书，并办理公证手续〔[88]安证内字第530号〕，承包期限25年。原告承包后，除1亩低产田外，对其余8亩荒地及荒畬地投入了大量的资金、人力和物力，几经努力，把荒地开垦成标准果园，并对土壤进行了有机改造，建设水利水源设施，使原来的荒埔荒畬地变成适宜柑橘生长的果园地。2006年春，政府征用了原告上述承包果园，也因为原告上述投入改造荒地的结果，征地部门乃按水田的标准进行了补偿，即水田每亩补偿10173元，而未利用土地每亩只补偿1526元。因此，该果园所增值的补偿费应为水田补偿款10173元/亩－未利用土地补偿费1526元/亩＝8647元/亩×8亩＝69176元。原告认为，这些地经过原告的承包经营和改造，投入了大量的资金、人力、物力，使得原来未利用的荒埔荒畲地变为水田而增值，故应属于原告的投资所得（庭审中，更正为"增值部分应属于原告所有"）。此外果园安置补偿费为15260元/亩×8亩＝122080元，此也是原告上述果园改造所派生的，也应归属原告。故请求判令：（1）两被告给付原告因承包土地（果园）被征用的果园的补偿费和果园安置费合计人民币191256元；（2）诉讼费用由被告承担。

被告安溪县凤城镇吾都村第15村民小组辩称：（1）原告于1987年12月1日在征得小组内每家每户的同意后才正式与答辩人签订承包合同，并进行公证。故该承包地系本小组每一家庭成员共同共有的责任地（庭审中更正为村集体所有，由村民小组具体管理和经营）。该地块被政府征用时，并不是真正的水田地，但征地部门本着为民着想的原则，将本地块一并列为水田地标准给予补偿，该补偿标准是全组成员与征地开发办协商争取的结果，与承包人无关。此外，原告承包本组的荒埔空地用于种果树是商业性承包，双方并约定承包期满原告种植的果树，全部归小组全体所有。故原告承包的果园并非家庭联产承包的责任田，他更非该土地所有权人。因此，根据法律规定，原告没有理由取得上述款项。（2）原告承包中并没有全面履行合同义务，尚有2年的承包金未交付。原告的经营投入是承包人应尽的义务，何况再过6年承包期就届满，答辩人有权取得原告经营种植的所有果树，因此，原告的投入与土地的性质和增值无关。（3）在村民小组尚未就本地块的补偿、安置费分配事宜议定并通过方案前，任何单位和个人都无权分解上述的土地补偿安置费用。综上，原告诉求没有事实与法律依据，应予驳回。

被告安溪县凤城镇吾都村村民委员会辩称：（1）原告所承包的土地系本村第15组的集体土地，村民小组对外发包的行为，系村民小组民主自治管理的行为，村委会对此予以尊重，也无权予以干涉（对以上说法，庭审中更正为："本案发包的土地性质属于村集体所有，本案承包合同未经村委会同意，合同应认定无效"）。（2）原告的承包经营行为是商业承包行为，不是家庭联产承包性质，原告不能得到双重补偿。（3）根据法律规定，村民小组有权就小组重大事项进行民主表决，包括土地补偿安置款的分配，通过具体的分配方案，并要求每一个集体小组成员均等地得到补偿。本案由于小组尚未形成最终的分配方案，故原告无权获得该承包地的补偿款和安置费。综上，原告诉求不能成立，应予驳回。

▎一审裁判结果▶

福建省安溪县人民法院根据《中华人民共和国土地管理法》第10条、第

47条第1款,《中华人民共和国农村土地承包法》第3条第2款、第44条,《中华人民共和国土地管理法实施条例》第26条第1款、第2款,最高人民法院《关于审理农业承包合同纠纷案件若干问题的规定(试行)》第12条之规定,判决:

一、被告安溪县凤城镇吾都村第15村民小组和安溪县凤城镇吾都村村民委员会应在本判决生效之日起10日内给付原告陈进成、陈德虎果园土地增值补偿款31742.4元;

二、驳回原告陈进成、陈德虎的其他诉讼请求。本案案件受理费5335元,由被告安溪县凤城镇吾都村第15村民小组和安溪县凤城镇吾都村村民委员会共同负担1280元,原告陈进成、陈德虎共同负担4055元。

一审裁判理由

福建省安溪县人民法院经审理认为:本案的争议焦点有三:本案承包合同的性质是家庭联产承包还是其他方式承包;被征用的果园土地补偿费及其安置费的受领主体应该是谁;原告主张经过自己的经营改造,使得原有土地增值是否属实,对于该增值部分原告是否应该获得补偿?

针对上述三点,结合查明的事实,福建省安溪县人民法院认为:(1)根据《中华人民共和国土地管理法》第10条规定:"农民集体所有的土地依法属于村农民集体所有的,由村集体经济组织或者村民委员会经营、管理。"最高人民法院《关于审理农业承包合同纠纷案件若干问题的规定(试行)》第36条也规定:"本规定所称发包方,是指村内各农村集体经济组织或者村民小组……"因此,作为诉争集体土地的实际经营者和管理者的村民小组,可以针对所经营管理的荒地荒山等集体土地通过公开协商的方式,与承包方在双方合意一致的情况下签订承包合同。从查明的事实看,本案承包合同的签订和履行是双方真实的意思表示,未违反法律、行政法规的强制性规定,应确认为合法有效。但值得注意的是,自我国开始实行农村土地承包经营之后,我国的法律法规一直都未对农村中的具体承包经营方式做出明确的规定。直到2003年3月1日起施行的《中华人民共和国农村土地承包法》才明确农村土地承包的两种具体形式,即"家庭承包"和"其他方式的承包"。该法中明确规定了两种不同形式的承包的法律性质、条件、当事人权利义务以及法律后果等,显现两种承包性质、条件以及法律后果上的不同。根据庭审查明的事实,很明显,本案承包权的取得是基于双方的公开协商,而不是基于集体经济组织成员的权利,不存在"人人(户户)有份"的家庭承包经营的情形。从承包的对象及其功能上,本案的承包对象除了1亩低产水田外,其余8亩均是荒埔荒畲地,和家庭承包性质的责任田不同，并不具有强烈的社会保障和福利功能。何况，除了原告自愿以3个人口调换1亩的低产田外，两原告的其他家庭人口仍然参与其他责任田的承包。在承包合同的具体内容、格式及其承包期限上，本案的承包合同与家庭承包方式的强制性规定也明显不同，双方的权利和义务、承包期限、承包费的缴纳等条款内容，都由双方共同协商确定，与家庭承包方式的内容及其统一格式不同。因此，本案的承包合同应认定为其他方式的承包合同，具有明显的商业性质。（2）如上所述，有关农村土地承包的具体方式，《中华人民共和国农村土地承包法》已经作出明确规定，在该法中，两种不同形式的承包在性质、条件以及法律后果上明显不同。该法第16条规定："家庭承包形式的承包方享有在承包地被依法征用、占用时依法获得相应补偿的权利"，对于其他形式的承包则没有这方面的规定。这就意味着其他方式的具有商业性质的承包方，并不当然地享有获得相应承包地补偿款的权利。根据《中华人民共和国土地管理法实施条例》第26条规定："土地补偿费归农村集体经济组织所有；地上附着物及青苗补偿费归地上附着物及青苗的所有者所有。"因此，就本案承包地的土地补偿款而言，该补偿款系属集体的土地（果园）被依法征用后，征地方发给集体土地所有者即村集体经济组织的补偿费用，只能由集体经济组织受领。而对于该款项的分配问题，则应由该集体内部的全体成员共同讨论决定。本案中，涉及村集体被征用的土地（含本案被征地）的补偿款已经由村委会受领，而村委会在对这些补偿款进行村集体提留15%后，余款全部留给相应村民小组再行分配，并不违反法律规定，应予准许和支持。对于地上附着物的补偿费问题，根据查明的事实，本案承包地附着物的实际补偿采取果树补偿和果园土地补偿，其中的果树补偿费由果农自行领取，而果园土地补偿费则由村集体经济组织受领，应该说，这样的处理和安排是符合法律规定的，应予支持。也因此，两原告在已经全额领取了果园上的果树补偿款后，又将果园视为地上附着物，要求两被告再给付果园土地补偿费的理由牵强，与事实和法律规定不符，不予支持。

  安置补助费是国家征收集体土地后，安置被征地单位由于征地造成损失的多余劳动力的补助费用。目的是保障以土地为主要生产资料和生活来源的失地农民的基本生活，解决因土地被征用而产生的剩余劳动力的安置问题。因而安置补助费具有很强的人身性，只能补偿给失去土地的农村集体经济组织和农村集体经济组织成员。《中华人民共和国土地管理法实施条例》第26条第2款明确规定，"征用土地的安置补助费必须专款专用，不得挪作他用。需要安置的人员由农村集体经济组织安置，安置补助费支付给农村集体经济组织，由农村集体经济组织管理和使用。"根据上述规定，需要安置的对象是家庭承包方式而失地的村民和村集体经济组织,其他方式承包的承包方并不存在因土地被征收而丧失基本生产资料和生活来源的问题,也不需要进行相应的安置。承包方基于土地被征收而发生的损失,可以通过领取青苗补偿费的形式得到弥补。也因此,两原告请求支付安置费缺乏法律依据。何况,两原告均自认在小组的其他土地被征用后,都以现有的家庭总人口(陈进成现有人口4人,陈德虎现有人口5人)参与无争议地块的补偿款、安置款的分配,两原告也均在小组的土地补偿款分配方案会议记录上签名同意,故在这样的情况下,两原告的主张更难以得到法律的支持。

原告主张的经过自己的经营改造,使得原有的土地增值。根据最高人民法院《关于审理农业承包合同纠纷案件若干问题的规定(试行)》第12条"承包方……或者要求发包方对其改良土地的实际投入给予适当补偿的,人民法院应当予以支持"的规定及本案所查明的事实,可以确认双方签订本案承包合同前,本案讼争地除1亩低产水田外,其余8亩土地均系荒埔荒畲地,在被政府征用时则变成果园。而在此次的征地补偿中,荒埔荒畲地与果园的补偿标准存在着较大的地价之差。很显然,经过近20年的承包和经营,原告确实对该荒埔荒畲地进行了相应的改良投入,确实付出了艰辛的劳动,使得原有的荒埔荒畲地变成了果园,客观上导致了被征用土地的价值升值。对此,两被告应予足够的考虑。故两原告要求对该果园被征地时的增值部分给予补偿的请求,符合法律和相关司法解释,予以支持。但请求依水田的补偿价值予以补偿,依据不足,不予支持。因本案承包地在被征用时并非是真正的水田,之所以按水田价值予以补偿,乃两被告与开发办共同协商努力的结果,这一结果的利益应属全体村民所有。根据此次征地中,荒埔荒畲地均按照林地的征地标准的实际情况,并鉴于两原告承包经营的年限及相关经营投入等客观情况,原告应得的增值部分补偿额可以是:(1)果园土地补偿与林地补偿价值差×8亩,然后与村民小组按6:4分成,即原告得60%,村民小组得40%。即果园土地增值补偿=(果园土地补偿7121元/亩-林地补偿4069元/亩)×8亩×60%=14649.6元;(2)安置费相关增值补偿额则按园地的安置费补偿额,按同样的比例计算。即安置费补偿=园地安置费3561元/亩×8亩×60%=17092.8元。二者合计共为31742.4元。

二审诉辩情况

宣判后,原告陈进成、陈德虎不服上诉称:上诉人向被上诉人承包荒埔荒畲地共9.35亩,承包期25年后,投入大量的资金、人力和物力,把承包地开垦构筑成标准的果园,并配备了水利排灌设施。上诉人承包的土地被国家征用,并按水田标准进行补偿,根据补偿方案规定,土地被征收取得了如下补偿项目：土地补偿费、安置补助费、青苗补助费和地上附着物补偿费。其中，地上附着物补偿费包括成片果园补偿费和果树补偿费。同时规定成片果园补偿费已包括土地补偿费。上诉人认为，"果园"是上诉人对承包地投资、开垦的构筑物，属于不可剥离的地上附着物，是上诉人的私有财产，应归上诉人所有。上诉人承包地虽为果园，但由于水利灌溉设施良好，在实际征用中按水田标准征用补偿。根据补偿方案规定，果园的补偿费为水田10173元/亩－未利用土地补偿费1526元/亩＝8647元/亩。上诉人的承包地共计8647元/亩×9.38亩＝81195.33元。此外，"安置补助费"是对承包者丧失土地承包权并且未提到另行安置的补偿，根据补偿方案规定，上诉人的承包土地安置补助费为15260元/亩×9.39亩＝143291.4元。以上合计224486.73元，上诉人在一审仅请求191256元合理合法。原审法院一方面认定"本案承包地附着物的实际补偿采取果树补偿和果园土地补偿，其中果树补偿费由果农自行领取，而果园土地补偿费由村集体经济组织受领"。上诉人据此要求给付地上附着物的补偿是合理合法的，但原审判决却同时认定"原告在已全额领取了果园的果树补偿款后，又将果园视为地上附着物，要求再给付果园土地补偿费的理由牵强"明显自相矛盾；安置补助费的功能是因承包土地被征收而丧失承包经营权的一种补偿。原审法院错误地认为"安置补助费是国家征收集体土地后，安置被征地单位由于征地造成损失的多余劳动力的补助费用"，这一认定与补偿方案规定的"安置费是对水田、果园的安置，对未利用土地并不存在安置项目上"相悖；原审法院把上诉人承包的土地视为"其他承包方式"并适用相关规定不妥。上诉人是经双方民主协商承包，在承包过程中，集体经济组织直接与征地方签订征用合同，集体经济组织也从征用补偿款中提留15%，这种操作方式明显是按家庭承包方式对待和操作，而不是按平等主体间的商业承包合同对待和操作；上诉人承包的荒埔地是基于上诉人投资、开垦、构筑、改良及配套良好的水利设施，在被征用时，上诉人提出与水田的标准相当，征地方才按水田的标准予以征收补偿的，原审法院认为这是被上诉人共同与开发办协商努力的结果。作为被上诉人所有的原始荒埔荒畲地能经"协商"以水田价值补偿吗？请求撤销原审判决，改判被上诉人共同给付上诉人果园（土地）补偿款及安置补助费合计191256元并承担本案的诉讼费用。

被告安溪县凤城镇吾都村第15村民小组不服上诉称：被上诉人请求支付果园（土地）补偿款及安置补助费，而原审法院给予判决果园土地增值补偿费，前后两者性质不同，判非所诉；如果原审法院采用驳回被上诉人请求的果园（土地）补偿款及安置补助费，而支持了土地增值补偿费，其前提是被上诉人变更了诉讼请求，原审法院没有给上诉人应有的举证时间，是程序违法；

原审法院适用最高人民法院《关于审理农业承包合同纠纷案件若干问题的规定（试行）》是错误的，2005年9月1日起实施的《关于审理涉及农村土地承包纠纷案件适用法律问题的解释》明确规定之前的司法解释与本解释不一致的，以本解释为准，这说明《关于审理农业承包合同纠纷案件若干问题的规定（试行）》中关于支持土地增值的解释已不再适用。即使按照"试行"的规定，承包人既可以要求发包人依法给予补偿，也可以要求发包人对改良土地投入给予补偿，二者是并列关系。本案承包人已从发包人手中领取了果园补偿款，不能再另行要求土地的投入。即使按照原审法院的思路，给予承包人适当的补偿也是对其投入改良土地适当的补偿，并不是理所当然的支付补偿费的差额；本案双方基于合同关系，原告种植果园是投入，村民小组将原园地发包也是一种投入，被上诉人陈进成、陈德虎仅以每年几百斤的大米换取长达19年的收成，其因征地未能提到的全部收成，已由征用单位解决。且在征地方案里明确指出，果园补偿包括土地补偿，旨在考虑被上诉人投入的损失，对其增值土地予以了最大限度的弥补。剩下的，则是对同样也是投入的发包人应有的土地补偿与安置。再过6年，被上诉人的果园应无偿交还给上诉人，这是上诉人对合同利益的期待。被上诉人拿走了全部的果园补偿，本身对上诉人来说是不公平的。请求依法驳回被上诉人的诉讼请求。

被上诉人安溪县凤城镇吾都村村民委员会未做书面答辩。

二审裁判结果

二审法院经审理认为，上诉人陈进成、陈德虎和安溪县凤城镇吾都村第15村民小组的上诉理由均不能成立，原审判决正确，应予维持。依照《中华人民共和国民事诉讼法》第153条第1款第1项之规定，判决如下：驳回上诉人陈进成、陈德虎和安溪县凤城镇吾都村第15村民小组的上诉，维持原判。

二审裁判理由

福建省泉州市中级人民法院认为：农村土地承包制度中的家庭承包，是指按照国家有关农村土地承包的政策和地方人民政府的有关规定统一进行的承包，是集体经济组织成员人人有份的承包，是以户为单位签订的承包合同。上诉人陈进成、陈德虎与安溪县凤城镇吾都村第15村民小组签订的承包合同是基于双方平等公开协商，由集体组织针对所经营管理的集体土地中的荒埔荒畲地通过协商的方式与承包方签订的合同，不符合农村家庭承包合同的一般特征。原审法院将本案双方当事人承包合同的性质认定为《中华人民共和国农村土地承包法》规定的"其他方式的承包"是正确的。

安置补助费，是指国家征收集体土地后，安置被征地单位由于征地造成的多余劳动力的补助费用。通过支付安置补助费，保障以土地为主要生产资料和生活资料来源的失地农民的基本生活，因而安置补助费具有很强的人身性。在承包地被征收的情况下，只有家庭承包方在其放弃统一安置的情况下才有权请求发包方给付已经收到的安置补助费。而其他形式的承包，即使承包地被依法征收，由于承包方不存在因土地被征收而丧失基本生产资料和生活来源的问题，上诉人陈进成、陈德虎在小组的其他土地被征收后，都以包括本人在内的现有家庭人口参与无家庭承包土地的补偿费及安置费的分配。因此，基于本案承包合同项下的承包土地被征收，上诉人陈进成、陈德虎的损失可以通过给付地上附着物和青苗补偿费的形式得到填补。原审法院驳回上诉人陈进成、陈德虎关于安置补助费的请求适用法律正确。根据《中华人民共和国土地管理法》第26条的规定，土地补偿费归农村集体经济组织所有，集体经济组织可以依照法律规定的民主议定程序决定在本集体经济组织内部分配已经收到的土地补偿费。因此，上诉人陈进成、陈德虎承包的土地被征收后，土地补偿费仍然归属村集体经济组织所有，上诉人陈进成、陈德虎无权基于与安溪县凤城镇吾都村第15村民小组签订的承包合同要求发包方支付土地补偿费。只有在上诉人安溪县凤城镇吾都村第15村民小组对该土地征收后的土地补偿款经过民主议定程序决定分配方案后，上诉人陈进成、陈德虎才有权以集体经济组织成员的身份要求与其他集体经济组织成员平等享有权利。原审法院不予支持上诉人陈进成、陈德虎关于土地补偿款的诉讼请求并无不当。

由于对法律概念理解上的偏差，上诉人陈进成、陈德虎在原审法院诉讼中明确其诉讼请求中的土地（果园）被征用的果园的补偿费和果园安置费中包括了土地增值部分的补偿，是对其诉讼请求的进一步明确，而不是变更诉讼请求。因此，上诉人安溪县凤城镇吾都村第15村民小组关于原审法院审理程序违法的上诉理由不能成立。由于最高人民法院《关于审理涉及农村土地承包纠纷案件适用法律问题的解释》中对土地增值部分的补偿并没有作出与以前的司法解释不一致的规定，因此，最高人民法院《关于审理农业承包合同纠纷案件若干问题的规定（试行）》第12条关于"承包方因承包经营的土地被依法征用或者被依法批准使用后，要求发包方按照有关法律、法规的规定给予补偿或者要求发包方对其为改良土地的实际投入给予适当补偿的，人民法院应当予以支持"的规定仍然是有效的。原审法院根据该规定认定上诉人陈进成、陈德虎有权请求发包方对其改良土地的实际投入给予补偿适用法律正确。在上诉人陈进成、陈德虎近20年的承包经营期间内确实对承包的荒埔荒畲地进行了投入，并将其改造成被征收前的适种果园，如果按照其实际投入来确定应该获得的补偿款对上诉人陈进成、陈德虎来讲确实难以举证，原审法院按照补偿方案中荒埔荒畲地与果园的补偿款差额来确定上诉人陈进成、陈德虎应得的补偿款符合公平原则，应予维持。上诉人安溪县凤城镇吾都村第15村民小组主张陈进成、陈德虎2003年以后至今的承包金分文未交，系双方关于承包合同履行中的另一法律关系，可以另案处理。

31. 户籍迁出但未在迁入村分得土地的"出嫁女"是否有权分得原村承包地的征地补偿款？

《农村土地承包法》第30条规定："承包期内，妇女结婚，在新居住地未取得承包地的，发包方不得收回其原承包地。"根据此规定，只要该妇女在新居住地未取得承包地，即能维持原承包地。在分享土地征用补偿费时，也应该公平合理地对待出嫁女的权利，不得歧视。

典型疑难案件参考

沙六妹、沙三元诉沙安、沙波等返还征地补偿款案

基本案情

第三人沙业光和邱丽娟是夫妻关系，生育有7个子女：大儿子沙安、二儿子沙波、三儿子沙据，大女儿沙许兰（已婚）、二女儿沙雪（已婚）、三女儿沙三元（已婚）、四女儿沙六妹（已婚）。两原告原是被告阳江市江城区岗列街坪郊村沙屋下村村民小组（以下简称沙屋下村）的村民。1984年沙屋下村分田到户时，以第三人沙业光为户主的一家共分得8份责任田，其中，3个儿子每人一份，3个女儿每人一份，沙业光和邱丽娟夫妻两人每人一份，大女儿沙许兰没有分到田地。2005年，因开发建设需要，阳江市高新技术开发区再次征收沙屋下村的土地，并根据征收土地补偿标准将征地款支付给了沙屋下村。对于该征地补偿款，沙屋下村经民主议定，按如下分配方案进行分配：按两类分配：一部分（占45%）是人口款；另一部分（占55%）是田份款，每份田份款为26820元。此前的2005年1月21日第三人沙业光与被告沙安、沙波及第三人沙据自行达成的协议：原以沙业光为户主的8份田地征地补偿款平均分成4份，沙业光、沙安、沙波、沙据各得2份，其中，沙安、沙波、沙据各要一次性给15000元沙业光的女儿分成，以后分配没有女儿的份。但两原告没有在协议上签名确认。

对于本次征地所得的补偿款,被告沙屋下村已分给沙业光等人,其中田份款(每份田分得26820元,沙业光等人共8份田份款)也已分给沙业光等人,再由其父(母)子(女)之间作分配。沙业光等人对该田份款作了如下处理:沙业光、邱丽娟夫妇领取了2份,沙据领取了1份,沙雪领取了1份(通过沙据取款后再支付给沙雪),被告沙安、沙波则每人领取了2份。两原告认为,其两人各应得到的1份田份款已被被告沙安、沙波侵占,遂以此为由诉至本院。

另查明,原告沙三元于1994年3月3日与阳江市江城区岗列街道办事处那格村委会洛西村梁敬相结婚,婚后,沙三元已迁移到洛西村登记入户。原告沙六妹于1999年1月18日与阳江市江城区埠场镇端逢村委会罗屋村罗铁语结婚,婚后,沙六妹已迁移到罗屋村登记入户。2005年5月,沙三元、沙六妹及沙雪(本案的第三人)为此前的2003年的征地补偿款(非本案征地补偿款)中的田份款分配问题(每份田份款为13860元)提起诉讼,请求沙波、沙安及沙据(本案的第三人)各自返还田份款13860元。本院经审理后,于2005年9月20日作出〔2007〕城法民一初字第437、438、439号民事判决书,该判决支持原告的诉讼请求,判令沙安、沙波、沙据将其各自多收取的田份款13860元返还给沙三元、沙六妹及沙雪。上述判决已生效,该判决认定,原告沙三元结婚后,其夫家所在的农村集体经济组织(洛西村)没有分配土地给其经营使用;原告沙六妹结婚后,其夫家所在的农村集体经济组织(罗屋村)没有分配土地给其经营使用。

一审诉辩情况

原告沙六妹、沙三元诉称:1984年,沙屋下村分田到户,以沙业光为户主的原、被告一家共分得8份田,其中,3个儿子每人一份,3个女儿每人一份,沙业光和邱丽娟每人一份,大女儿沙许兰没有分到田地。原告沙三元于1994年3月结婚,户籍已迁移到那格村委会洛西村,但婚后那格村委会洛西村没有分配土地给原告沙三元经营使用。原告沙六妹于1999年1月结婚,户籍已迁移到端逢村委会罗屋村,但婚后端逢村委会罗屋村没有分配土地给原告沙六妹经营使用。沙屋下村对征地时补偿款按两类分配:一类是人口款,另一类是田份款,田份款按1984年分田时的人口数分。2006年再次(第二次)征地时每份田份分得26820元。但两被告和沙屋下村却没有把征地补偿费分给两原告。经多次协商,三被告都不肯支付征地补偿款给两原告。2006年,发放征地补偿款时,每份田份分有26820元补偿费,沙据已把沙雪应得征地款分给沙雪,但沙安、沙波和沙屋下村民小组就是不把两原告应得的田份征地款分给两原告。为此请求法院:(1)判令三被告共同支付征地补偿款53640元给两原告（原告每人各占 26820 元）；（2）本案诉讼费由三被告承担。

被告沙安、沙波辩称：（1）沙屋下村已收回两原告的土地分配给答辩人承包耕种。（2）原告结婚后原承包的土地至今已超承包期。两原告承包的土地于 1999 年承包期满既无法签订延长土地承包期合同，又未实际耕种该地，其主张仍拥有该地的承包权不当。（3）两原告客观默认同意沙屋下村收回其原承包的土地分给两被告承包。两原告对上述沙屋下村收回土地分给被告承包的行为并未提出异议，一直以来客观默认沙屋下村收回土地分配给答辩人承包的行为。所以两原告无权获得土地补偿款。（4）沙屋下村收回两原告的原承包的土地是否合法是属另一法律关系，与被告无关。两原告把答辩人列为本案被告不当。（5）原告沙六妹在端逢村委会罗屋村、沙三元在那格村委会洛西村领有责任田，并且在征地过程中领取征地补偿款及征地预留宅居地，所以原告依法不应保留承包土地经营权。因此，两原告主张没有事实和法律依据，请求法院驳回其诉讼请求。

被告沙屋下村辩称：同意被告沙安、沙波的答辩意见。

第三人沙业光述称：本案讼争的土地原来都是我做的，除了大女儿没有份儿外，其他 6 个子女与第三人夫妇共有 8 份儿田，有份儿的都应该分得征地款。

第三人邱丽娟、沙据、沙雪没有提供陈述。

一审裁判结果

一审法院依照《中华人民共和国民事诉讼法》第 130 条、《中华人民共和国农村土地承包法》第 16 条第 2 项、第 30 条和最高人民法院《关于审理涉及农村土地承包纠纷案件适用法律问题的解释》第 24 条之规定，判决如下：

一、被告沙安、沙波分别支付征地补偿款（田份款）26820 元给原告沙三元、沙六妹收领，该款分别由两原告每人分配 26820 元，限在本判决生效之日起 10 日内付清；

二、驳回原告沙三元、沙六妹的其他诉讼请求。

一审裁判理由

广东省阳江市江城区人民法院经审理认为：本案中，原告沙六妹、沙三元在结婚后没有在新居住地分得承包地，这一事实应予确认。虽然被告沙屋下村于 2007 年 1 月 5 日出具了内容为"1998 年原承包田承包期满后，沙屋下村根据文件精神和政策，决定原由沙三元、沙六妹名义承包的田份不再由沙三元、沙六妹承包，而是调整给已实际耕作的沙安、沙波来承包"的证明，但被告未能提供其他诸如调整土地分配的会议记录、决议等材料予以佐证，且原告不予认可，故对该证明内容应不予采信。根据《中华人民共和国农村土地承包法》第30条"承包期内，妇女结婚，在新居住地未取得承包土地的，发包方不得收回原承包地；妇女离婚或者丧偶，仍在原居住地生活或者不在原居住地生活但在新居住地未取得承包地的，发包方不得收回其原承包地"的规定，沙六妹、沙三元仍享有在沙屋下村的土地承包经营权；根据《中华人民共和国农村土地承包法》第16条"承包方享有下列权利"第2项"承包土地被依法征用、占用的，有权依法获得相应的补偿"的规定，原告享有被征土地补偿款的权利。被告沙安、沙波已收取的征地补偿款（田份款）中，包括应属于原告的田份款26820元，现原告请求被告沙安、沙波返还属其本人应得的26820元，理由充分，应予支持。

洛西村村委会主任梁成龙于2005年8月1日开具的证明与其后来在接受本院调查时的陈述相矛盾，虽然梁成龙称以其现在所说为准，但从前后所述（其开具的证明其实也相当于其所陈述）完全相反这一事实来看，其所述具有相当的随意性。因此，在本案中没有相关土地承包协议、承包经营权属证书等材料予以确认2002年洛西村经调整后承包农户的承包地的相关情况，当事人也未能提供洛西村经民主议定程序而作出的有关调整土地承包方面的决定以及民主议定时的会议记录等材料予以佐证的情况下，不应光凭梁成龙个人的陈述来认定沙三元已在洛西村分得承包地——梁成龙的个人陈述不足以推翻本院生效判决所确认的事实。因而，还是应认定沙三元结婚后在新居住地并未取得承包地，其仍享有在沙屋下村的土地承包经营权，与沙六妹一样，其享有被征土地补偿款的权利。被告沙安、沙波已收取的征地补偿款（田份款）中，包括应属于原告沙三元、沙六妹的田份款26820元，现原告请求被告沙安、沙波返还属其本人应得的26820元，理由充分，亦应予支持。

被告沙屋下村经民主议定程序后，将包括田份款在内的征地补偿款分到各户，其中已将以沙业光为承包户主的8份田的田份款分给沙业光等人，与日常生活经验、习惯习俗等并不相悖，也未违反法律法规规定。因此，原告请求沙屋下村共同支付征地补偿款，缺乏依据，应不予支持。第三人邱丽娟、沙据、沙雪经本院传票传唤，无正当理由拒不到庭，本院依法缺席判决。

二审诉辩情况

一审宣判后，沙安、沙波不服提出上诉称：（1）沙三元、沙六妹由于结婚后户口已迁出，不再具有沙屋下村村民资格，没有续承包期，而由沙安、沙波各自承包2.7亩田地耕种，并按规定承包期为30年。沙三元、沙六妹在第一次家庭承包期满时已出嫁,原承包期满后,其不是本集体经济组织成员,不再享有本村的承包土地资格,且沙屋下村将其两人原承包土地调整由沙安、沙波承包,沙安、沙波履行承包2.7亩田的义务,承包土地上收益由其两人支配,沙三元、沙六妹对沙安、沙波承包上述耕地事实并没有提出异议,亦未要求沙屋下村保留其土地承包经营权,客观默认沙屋下村收回其土地承包经营权的事实。《农村土地承包法》自2003年3月1日起施行,而沙屋下村收回沙三元、沙六妹承包土地分给沙安、沙波是在该法实施之前,不应受该法调整。此外,2005年1月21日签订的《关于沙业光家庭分配调协议》确认沙三元、沙六妹无权获得土地补偿款。(2)沙三元、沙六妹结婚后将户口迁往其丈夫所在村入户已有多年。沙六妹、沙三元在端逢村委会罗屋村、那格村委会洛西村分配有责任田,并且在征地过程中领取了征地补偿款及征地预留宅居地,依照有关政策,不能参与原集体经济组织(沙屋下村)分配的征地补偿款,原因是她们不能同时获得双重利益。本案在审理过程中,原审法院依法调查洛西村村委会主任梁成龙,梁成龙证实,2002年洛西村调整土地承包时,沙三元一家三口各分配一份0.098亩的责任田,并纠正洛西村2005年8月1日出具的证明与事实不符。原审判决本应以现时证据对本案作出判决,但原审反而不尊重客观事实,为掩盖之前判决所犯的错误而将错就错,侵害沙安、沙波的合法权益。(3)双方于2005年发生征地补偿款纠纷后,经村委会干部参与调解,双方达成《关于沙业光家庭分配调解协议》,达成由沙安、沙据、沙波一次性支付分成款1.5万元给沙业光女儿,以后分配没有女儿的份的协议,沙业光是沙三元、沙六妹的父亲,形成表见代理关系,该协议有效,既然家庭内部对补偿款分配达成协议,应驳回沙三元、沙六妹的诉讼请求。综上所述,请求撤销原审判决,驳回沙三元、沙六妹的诉讼请求。

被上诉人沙三元、沙六妹辩称:(1)沙三元、沙六妹从1984年起就承包沙屋下村土地,该土地从1984年起至今从未做过调整,仍是由沙三元、沙六妹承包,这一事实经一审法院的调查该土地未作过调整及另一生效判决所确认。(2)沙安、沙波陈述的家庭协议是单方达成的,该协议无效。因为该协议没有沙三元、沙六妹的签名,也没有事前或者事后征得沙三元、沙六妹同意,损害了沙三元、沙六妹的合法权益,也违反了《土地承包法》第16条的规定。沙三元结婚后没有在夫家分得承包土地,有沙三元结婚后村委会及村民小组出具的证明证实,这已为另一法院生效判决所确认。原审法院在庭审后对洛西村村委会主任进行调查,是违反最高人民法院《关于民事诉讼证据若干问题的规定》的,而且被调查人所反映的情况与其村原来作出的证明内容相矛盾,村代表集体,而被调查的是个人,调查结论与原一审生效判决查明的事实相违背。所以，一审法院否决调查取得的证人证言正确。沙三元结婚后没有在新居住地取得土地。沙三元、沙六妹作为沙屋下村土地承包人，在土地被征用后，依据《农村土地承包法》的规定，有权获得相应的补偿，即本案应分得的田份款。沙安、沙波收取了沙三元、沙六妹的田份款，理应返还田份款给沙三元、沙六妹。原审判决正确，请求维持原判。

原审第三人沙业光辩称：对原审判决没有意见。

二审裁判结果

二审法院依照《中华人民共和国民事诉讼法》第153条第1款第1项的规定，判决如下：驳回上诉，维持原判。二审案件受理费1141元，由沙安、沙波负担。本判决为终审判决。

二审裁判理由

广东省阳江市中级人民法院认为：原审判决认定事实清楚，证据充分，适用法律正确，处理恰当，应予维持。沙安、沙波上诉的理据不足，本院不予采纳。

32. 在进行征地补偿款分配时，村民要求贯彻计划生育奖励政策对其多加分配，此争议是否属于民事权益纠纷？

落实计划生育奖励政策而请求分配土地征用补偿费的，不属于平等主体之间的财产关系，不属于民事权益纠纷，人民法院可以不予受理或者驳回起诉。

典型疑难案件参考

陈蕾、陈楠诉邓北村村民委员会征地分配纠纷案

基本案情

两原告均为被告村村民，其母遵守计划生育政策，已做绝育手术，属双女户。2002年元月，原告所属村委会给该村村民每人分配土地补偿费45000元，但被告给原告分配土地补偿费时拒绝增加半个人份额，经有关部门处理无效。

诉辩情况

两原告诉称，其户口一直在西安市长安区郭杜镇邓北村，系双女户，但被

告在分配土地补偿费时，不按有关计划生育奖励政策规定给其增加半个人的份额，请求被告给其分配土地补偿费22500元。

被告辩称，土地补偿费分配方案是该村村民代表大会讨论形成的，按会议决议及该镇政府有关文件规定，原告要求分配土地补偿费时给其增加半个人的份额没有道理，表示不同意原告的诉讼请求。

裁判结果

法院经审理，依照《中华人民共和国民事诉讼法》第108条第4款、第140条第3款的规定，裁定驳回陈蕾、陈楠的起诉。裁定送达后，在法定上诉期内，双方未提起上诉。

裁判理由

法院经审理后认为，原告请求落实计划生育奖励政策给其分配征地款，不属民事权益纠纷，不属人民法院受理范围。

---

33. 户口迁至学校的在校大中专学生是否享有征地款的分配权？

土地承包合同期间，发包方对大中专在校生，不得收回承包土地。在校的大中专学生应同其他村民一样享有集体收益分配权。

典型疑难案件参考

陈丽媛诉厦门市同安区祥平街道阳翟村第4村民小组土地征用补偿款纠纷案

基本案情

原告陈丽媛于1998年9月至2002年7月，就读于厦门师范学校。其间，其户口已经迁到所在学校。2002年被告厦门市同安区祥平街道阳翟村第4村民小组的集体土地被同安区某单位由于建设需要征用，征用后建设方支付给被告的土地款由被告支配。被告在分配时，以原告系在读的学生、户口已迁出为由把其列为不能享受分配的对象，原告陈丽媛及其家人多次催要，被告不同意支付。因此，原告在多次催要无果的情况下，于2003年6月18日向同安区人民法院提起诉讼。

> **诉辩情况**

同安区人民法院于 6 月 27 日受理了此案,并于 2003 年 8 月 18 日适用简易程序公开开庭审理了此案。审理过程中,被告阳翟村第 4 村民小组(以下简称阳翟 4 组)经法院合法传唤,无正当理由拒不到庭。原告陈丽媛请求被告支付土地出租、出卖收益款人民币 4200 元。被告没有做出答辩。

> **裁判结果**

审理法院依照《中华人民共和国民事诉讼法》第 130 条、参照福建省(闽政办)〔1997〕79 号文件规定精神,判决如下:被告厦门市同安区祥平街道阳翟 4 组应于本判决生效之日起 3 日内支付原告陈丽媛土地收益款人民币 4200 元。判决后,当事人双方均未提出上诉。

> **裁判理由**

法院经审理认为:被告阳翟 4 组系村民自治的最基层组织,其有权在法律规定的范围内自主解决涉及村收益分配,只要其形成意见的过程、程序不违法,结果不违反法律、政策的强制性规定,都应当尊重其民主自治权利。但本案被告认为原告户口已迁出,不能享受土地分配款,有悖《农村土地承包法》与相关政策规定。原告户口虽已迁出,但其依附于家庭承包的土地并未调整,且福建省人民政府办公厅(闽政办)〔1997〕79 号文件明确指出,在校大中专学生在学习期间,其承包的土地不能调整,涉及因土地出租、出卖所得收益,有与其他村民同等享有分配权利,因此,被告不支付原告分配款,显然侵犯了原告的合法权益,故原告诉请被告支付分配款 4200 元应予支持。

34. 村民自愿农转非,是否必然丧失原集体经济组织成员资格?

集体成员资格的判断,在尊重村民自治的前提下,应结合户籍因素和生活保障基础做综合考量。村民根据相关政策规定,自愿农转非后,未纳入城镇社会保障体系或国家公务员行列的农转非村民仍然具有原村民小组集体经济组织成员资格,当原村民小组农民集体所有土地被征用时,其主张获得土地补偿费的诉求应获得支持。

典型疑难案件参考

林秀敏诉厦门市集美区杏滨街道前场社区居民委员会及第6小组侵犯集体经济组织成员权益纠纷案

基本案情

原告林玉娟与被告前场社区居委会于1998年有建立土地承包关系。其户籍从出生后就落户在被告处,原告原系被告村民,2000年5月原告依据相关政策将其户口由农村转为城镇居民,2003年3月前场村民委员会依法更名为前场社区居民委员会。2007年4月,因被告前场社区居委会第6小组部分土地被国家征收,向所属居民按每人300元的标准向小组成员发放了征地补偿,被告以原告不是分配对象为由未向原告发放上述土地征地补偿款。另查明,讼争的征地补偿由被告前场社区居委会持有。

诉辩情况

原告林玉娟诉称:原告系两被告集体经济组织成员。因小组所有集体土地被国家征收,被告于2007年4月向所属居民按每人300元的标准向小组成员发放了征地补偿款。原告长期居住、生活在被告前场社区居委会第6小组处,也在被告前场社区居委会处拥有承包经营土地,原告的户口也落户在被告处,原告作为该小组的集体经济组织成员,也依法享有与被告其他居民获得同等的征地补偿款的权利,但是二被告以原告不属于被告集体经济成员为由不发放给原告土地补偿费。二被告的行为侵犯了原告的合法权益,为此,原告为维护自己的合法权益,特向本院提起诉讼请求:(1)请求判令二被告发放给原告征地补偿款300元。(2)判令本案诉讼费用由二被告承担。

被告前场社区居委会第6小组辩称:被告确实是按每人300元标准发放征地补偿款给小组成员,因原告于2000年自愿将户口由农村转为城镇居民,加入到由失地农民农转非组建的原前场村第14组,已丧失被告集体经济组织资格,原告不属于分配对象,因此,被告没有分配补偿款给原告。

被告前场社区居委会未到庭应诉,也未提交书面答辩。

裁判结果

福建省厦门市集美区人民法院根据《中华人民共和国民事诉讼法》第130条、最高人民法院《关于审理涉及农村土地承包纠纷案件适用法律问题的解释》第24条的规定,判决如下:被告厦门市集美区杏滨街道前场社区居民委员会及厦门市集美区杏滨街道前场社区居民委员会第6小组应于本判决生效之日起 10 日内支付给原告林玉娟征地补偿款人民币 300 元。案件受理费 50 元，由被告厦门市集美区杏滨街道前场社区居民委员会及厦门市集美区杏滨街道前场社区居民委员会第 6 小组共同负担，限于本判决生效之日起 7 日内缴纳。

> **裁判理由**

福建省厦门市集美区人民法院经审理认为：原告是否享有参加被告前场社区居委会及前场社区居委会第 6 小组征地补偿款分配的权利，应依原告是否具有该集体经济组织成员的资格为标准来确定。集体成员资格的判断，在尊重村民自治的前提下，应结合户籍因素和生活保障基础作综合考量。本案中原告林玉娟的户籍自出生后就落户在被告前场社区居委会第 6 小组处，且原告林玉娟自 1998 年至今在被告厦门市集美区杏滨街道前场社区居民委员会分有承包地，因此，可以认定原告林玉娟的生活保障基础在被告前场社区居委会第 6 小组，即原告原系被告村民，具备集体经济组织成员资格，原告林玉娟虽于 2000 年 5 月根据政策自愿将户口农转非，加入到由失地农民农转非组建而成的原前场村第 14 组，但取得非农业户口并不必然享有城市居民的基本生活保障，即不必然丧失集体经济组织成员资格，因为农村居民取得非农业户口往往仍需以集体经济组织农村土地保障其基本生活。被告并未举证证明原告农转非后已经纳入国家公务员行列或者加入城镇企业职工社会保障体系，从而已脱离了原集体经济组织农村土地的基本生活保障需求，因此应当认定原告仍然具有被告前场社区居委会第 6 小组的集体经济组织成员资格。由于诉争的征地补偿款系由被告前场社区居委会持有，因此，二被告应共同承担责任。故原告林玉娟请求二被告支付征地补偿款 300 元的诉讼请求，本院予以支持。被告前场社区居委会经本院合法传唤，无正当理由拒不到庭应诉，应视为自愿放弃诉讼权利，本案经开庭审理已查明事实，可依法缺席判决。

35. 家庭成员因死亡或出嫁发生变动时，应如何分配征地补偿款？

因土地承包期限较长（一般为 30 年），在承包期限内，因生老病死、婚娶嫁出、分家析产等各种变动原因，家庭成员的人数、承包经营的权利、义务经常发生变化。在处理此类纠纷时，应以原承包关系确立时同一农户的家庭成员作为基础，因土地被征用而由集体分配的各种补偿款项属原家庭成员共同共有，应按照原家庭成员各自应得的份额予以分配。

典型疑难案件参考

陈小英诉陈志明征地补偿款分配纠纷案

基本案情

原告陈小英和被告陈志明系同胞兄妹。1980年第一轮农村土地承包时，原、被告家庭共有8位成员：父亲陈有兴、兄陈志明、陈志明妻子冼如翠及女儿陈达妃，还有陈有兴的4个女儿陈小英、陈小唱、陈少花、陈小妹，户主为陈有兴。一家8人共分得水田5.19亩、旱田6.8亩、园地9.7亩。第一轮土地承包后，原告陈小英四姐妹相继于1981年、1983年、1988年、1991年出嫁，均同在一个村委会。由于该村委会实行"增人不增地、减人不减地、30年不能更改"的土地承包方式，原告四姐妹出嫁后均未分到承包地。故出嫁后，各人还是按各自长期的耕作习惯使用部分原家庭承包地，各自享有收益。2007年，原户主陈有兴去世，陈志明变为新户主。2008年，由被告长期使用的园地中有1亩被征用，被告以户主的名义领取了补偿款人民币79800元。由于被告认为该被征用土地已经家庭决定由其使用，补偿款应归其所有，遂引发纠纷。原告四姐妹于是诉至法院，要求按原分地时现存家庭人口7份平均分配补偿款。

一审诉辩情况

原告陈小英诉称：征地补偿款人民币79800元，应按原分地时现存家庭人口7份平均分配。

被告陈志明辩称：该被征用土地已经家庭决定由其使用、收益，补偿款应全部归其所有。

一审裁判结果

一审法院依照《中华人民共和国民法通则》第78条，最高人民法院《关于贯彻执行〈中华人民共和国民法通则〉若干问题的意见》（试行）第89条、第90条，《中华人民共和国农村土地承包法》第3条、第6条、第30条的规定，判决补偿款按7份平均分配，被告应给付原告人民币11400元。

一审裁判理由

三亚市城郊人民法院经审理认为：原、被告为同一家庭的成员，虽然作为原户主的父亲已于2007年去世，但没有重新分配承包地，故土地承包经营权还是由原家庭成员共同共有。因此，在承包期限内，无论哪一个家庭成员使用的任何部分家庭承包地被征收、征用，除青苗等补偿费用归使用者个人外，其他因土地被征用而由集体分配的各种补偿款项，均属原家庭成员共同共有，平均分配。

二审诉辩情况

被告不服一审判决，上诉称：第一轮土地承包后，被告家庭又增加了5位家庭成员，故补偿款应按12份平均分配而不应按7份平均分配。

原告辩称：上诉人的上诉理由不成立，混淆了家庭和户之间的法律关系，任意扩大了家庭承包经营户成员的范围，损害了其他成员的合法利益。

二审裁判结果

二审法院依照《中华人民共和国农村土地承包法》第4条、第28条的规定，判决：驳回上诉，维持原判。

二审裁判理由

二审法院认为：依照《中华人民共和国农村土地承包法》第4条、第28条的规定，土地承包关系确定后，原承包户内新增的人口不能参与分配原承包份额。

---

36. 出嫁后户口未迁出，且将婚后子女户口登记在原村的"出嫁女"，能否与子女一起要求分配原集体经济组织的征地补偿款？

户口未迁出，且将婚后子女户口登记在原集体经济组织的，二者皆应被认定为集体经济组织成员，应当享有平等的集体经济组织收益分配权。

典型疑难案件参考

邱笑静等诉龙岩市新罗区西城街道西安居委会第6居民小组征地补偿案

基本案情

原告邱笑静系被告西安第6组的村民，1996年9月与西安第7组村民刘明九（属居民户）结婚，1997年7月15日双方生育一女，即本案原告刘泠珊。邱笑静婚后未将户口从被告处迁出，刘泠珊出生后户口登记在被告处。二原告在西安第7组未承包责任田。1997年1月，被告将原发包给邱笑静的责任田以其已出嫁为由收回并发包给他人。之后，邱笑静未在被告处承包责任田，亦未交纳公粮。刘泠珊出生后被告未给其划分责任田。1999年8月，被告集体所有的部分土地因龙岩市人民政府建设人民路的需要被依法征用。2000年12月，被告将所得的土地补偿费大部分发放给村民，余额用于集体发展生产。其中，被告组里有承包责任田的人口为151人，被告给在本组有承包责任田的在册户口人员每人1000元分配土地补偿费（实际领款人口为149人），即被告实际发放给本组村民土地补偿费149000元。被告以二原告在被告处未承包责任田为由，未发放土地补偿费给二原告。2001年1月15日，被告再次重新调整责任田，原告仍然未分得。原告主张其户口在被告处，系被告村民，享有与被告其他村民同等待遇，有权分得集体所有的土地被征用后所得的土地补偿费；被告主张原告未承包责任田，也未尽村民义务，且2000年12月3日的村民会议已决定由有承包责任田的人口每人分得1000元土地补偿费，余款留作被告日后生产资金，2001年4月9日的村民会议亦决定不分给原告，故原告无权要求分得土地补偿费，被告对该主张提供了2000年12月3日、2001年4月9日的两份村民会议记录为证。该会议记录经庭审质证，原告提出异议，认为不属实。

诉辩情况

原告诉称：邱笑静祖居西安第6组，于1996年9月23日与西安第7组刘明九结婚，双方于1997年7月15日生育一女刘泠珊。邱笑静婚后户口未迁出西安第6组，刘泠珊出生后户口亦登记在西安第6组。1999年龙岩市人民政府因建设人民路征用西安第6组C块石磨盘的部分土地。西安第6组平均每人可分得征用土地款1000元，而二原告分文未得。为此，原告将被告诉至法院，要求被告支付其土地征用款2000元。

被告辩称：原告邱笑静的责任田在其婚后已由队长收回，1997年农历正月15日重新调整责任田时，邱笑静对此未提出异议。土地补偿费是用于补偿土地被征用的农民的生活，而原告在被告处已没有承包土地，也未履行交纳公粮的义务，故原告无权要求分得土地补偿费。请求法院驳回原告的诉讼请求。

裁判结果

龙岩市新罗区人民法院依照《中华人民共和国民法通则》第72条第1款，《中华人民共和国妇女权益保障法》第30条，《中华人民共和国土地管理法实施条例》第26条第1、2款的规定作出如下判决：被告龙岩市新罗区西城街道西安居委会第6居民小组应于判决生效之日起30日内给付原告邱笑静、刘泠珊征地补偿费各1000元。本案案件受理费90元，由被告负担；其他诉讼费用100元，由原告负担。

> **裁判理由**

龙岩市新罗区人民法院根据上述事实和证据认为：被告西安第6组属村民生产性互助组织，全体村民依法有权对集体收益进行分配。被告决定将其集体所有的土地被征用而得的征地补偿费大部分发放给未被统一安置的全体村民，未违反有关法律规定。农村妇女结婚后，根据户籍管理的有关规定，可以保留当地户口，也可以把户口迁往配偶所在地，本人及其子女与户口所在地村民享有同等待遇。根据中共中央办公厅、国务院办公厅《关于切实维护农村妇女土地承包权益的通知》，"农村妇女无论是否婚嫁，都应与相同条件的男性村民享有同等权利，任何组织和个人不得以任何形式剥夺其合法的土地承包权、宅基地使用权、集体经济组织收益分配权和其他有关经济权益"，原告邱笑静出嫁后，未将户口迁出被告处，原告刘泠珊出生后户口登记在被告处，故二原告作为被告集体经济组织的成员，应享受与被告村民同等的待遇，应当享有平等的集体经济组织收益分配权。本案的讼争款系被告集体经济组织的收益，二原告有权参与分配。责任田的承包权与集体经济组织收益的分配权系两种不同的权利，被告以原告无承包责任田为由剥夺原告对集体经济组织收益的分配权，没有法律依据。被告于2000年12月3日、2001年4月9日的村民会议决定违反男女平等原则、侵害了妇女合法权益，故被告以该决定为由不分给原告土地补偿费，理由不充分，应予纠正。被告应限期给付二原告土地补偿费各1000元。

37. 征地补偿安置方案确定后方迁入该集体经济组织的成员能否要求分配土地补偿费？

具有土地补偿费分配资格的应是集体经济组织的成员。最高人民法院《关于审理涉及农村土地承包纠纷案件适用法律问题的解释》第24条规定："农村集体经济组织或者村民委员会、村民小组，可以依照法律规定的民主议定程序，决定在本集体经济组织内部分配已经收到的土地补偿费。征地补偿安置方案确定

> 时已经具有本集体经济组织成员资格的人,请求支付相应份额的,应予支持……"此处存在的关键问题是,要求分配土地补偿款的人须在征地补偿安置方案确定时已经具有本集体经济组织成员资格。征地补偿安置方案确定后方迁入该集体经济组织的成员无权要求分配土地补偿款。

典型疑难案件参考

卢对忠、卢少欢、卢嘉欣与佛山市三水区芦苞镇四联村民委员会君荣村土地补偿费纠纷案

基本案情

2005年9月2日,佛山市三水区芦苞镇投资管理有限公司(甲方)与三水区芦苞镇四联村民委员会君荣村(乙方)签订《土地征购合同》。该合同约定:甲方征购乙方……土地面积共1090.42亩……合共征购地总款为71083934.59元;甲方每年向乙方支付征购款2369464.48元;各项青苗补偿款按三水区人民政府有关标准在核实金额后3天内付清;被征购的土地有负担农业税的,自土地被征购之日起,由甲方负担;按国家现行土地法规,工业用地使用期限为50年,50年使用期满后,按届时国家的土地法规确定土地使用权的归属……同年9月29日,君荣村村民户主代表大会通过《佛山市三水区芦苞镇君荣村(君影村)村民户主代表大会决议》,该决议认为:一、具有2005年征地的征地款分配资格的人员必须同时具备以下3个条件:(1)户口是2004年12月31日前已在本村;(2)在本村居住并履行村民义务;(3)不是本决议规定不能享受分配资格的村民……八、若户口已迁入本村,但不具备获得分配征地款资格的村民,在向本村交纳一十五万元入股费后,即可从交纳费用的下一年起获得征地款分配资格……同年12月31日,君荣村再次对征地款分配进行表决,结果为:同意按2005年9月29日签订的《君荣村村民户主代表大会决议》进行征地款分配。2006年1月8日,君荣村按每人8255元的标准向村民分配征地补偿款,卢对忠等四原告没有分得该征地补偿款。

另查明,卢对忠等四原告的户籍于2005年10月27日从三水区西南街道康乐三街八座703迁入君荣村七巷5号。卢对忠等四原告自认经常居住地为迁入前的地址,只是过年过节才回君荣村住,原告卢嘉欣、卢良德均在西南街道第10小学读书。卢对忠等四原告均没有购买君荣村的股份。

另查明，被上诉人于2006年3月26日经村民代表扩大会议讨论，作出的《芦苞镇四联君荣村土地公开投包的决定》，对2006年度的土地承包以公开投包方式进行，此次土地投包与村里股份分红及其他分配无关。上述决议作出后，包括上诉人在内的部分村民承包了村里水田。

一审裁判结果

经法院审判委员会讨论决定：一审法院依照最高人民法院《关于审理涉及农村土地承包纠纷案件适用法律问题的解释》第24条、《广东省征用农民集体所有土地各项补偿费管理办法》第6条的规定，判决如下：

一、驳回原告卢对忠、卢少欢、卢嘉欣、卢良德的诉讼请求；

二、案件受理费1331元，由原告负担。

一审裁判理由

一审法院经审理认为：根据最高人民法院《关于审理涉及农村土地承包纠纷案件适用法律问题的解释》第24条"农村集体经济组织或者村民委员会、村民小组，可以依照法律规定的民主议定程序，决定在本集体经济组织内部分配已经收到的土地补偿费。征地补偿安置方案确定时已经具有本集体经济组织成员资格的人，请求支付相应份额的，应予支持……"的规定，本案的关键问题是在征地补偿安置方案确定时，原告是否具有君荣村集体经济组织的成员资格。被告与佛山市三水区芦苞镇投资管理有限公司于2005年9月2日签订的《土地征购合同》约定了土地补偿费、青苗补偿款的标准和支付方式，且三水区芦苞镇人民政府出具的《证明》证实了土地补偿费已包含劳力安置费，故合同签订的时间应当视为征地补偿安置已确定。同时，根据《广东省征用农民集体所有土地各项补偿费管理办法》第6条第2款"集体所有的土地征地各项补偿费的使用和收益分配办法，必须经村民会议或者村民代表会议过半数通过，报乡级人民政府备案"的规定，被告君荣村可以召开村民会议或者村民代表大会对已经收到的土地补偿费在本集体经济组织内部的分配办法进行表决。被告君荣村在2005年9月29日召开的村民户主代表大会决议具有2005年征地的征地款分配资格的人员应在本村居住并履行村民义务，且户口是2004年12月31日前在本村。该决议符合国务院《关于深化改革严格土地管理的决定》（国发〔2004〕28号）中关于按照土地补偿费主要用于被征地农户的原则，土地补偿费应在农村集体经济组织内部合理分配的要求。四原告的户籍均是2005年10月27日才迁入君荣村七巷5号，虽然其户籍是在君荣村，但是在户籍迁入之后仍经常在外居住、生活、工作和学习，只是过年过节才回君荣村居住,也没有购入君荣村的股份。而征地补偿制度的目的是保证被征土地的农民能够保持原有的生活水平,使被征地农民的长远生计有保障。因此,根据上述的法律法规和权利义务对等原则,四原告不具有分得君荣村2005年土地补偿费的资格,对原告的诉讼请求不予支持。

二审诉辩情况

卢对忠、卢少欢、卢嘉欣、卢良德不服一审判决,向广东省佛山市中级人民法院提起上诉称:

1. 一审判决认定《土地征购合同》的签订"视为征地补偿安置已确定"是错误的。(1)征地补偿安置方案应由市、县级人民政府土地行政部门拟订并报同级人民政府批准确定。根据《中华人民共和国土地管理法实施条例》第25条"市、县人民政府土地行政主管部门根据经批准的征用土地方案,会同有关部门拟订征地补偿、安置方案,在被征用土地所在地的乡(镇)、村予以公告,听取被征用土地的农村集体经济组织和农民的意见。征地补偿、安置方案报市、县人民政府批准后,由市、县人民政府土地行政主管部门组织实施"的规定,征地补偿安置方案应当由市、县级人民政府土地行政部门会同有关部门拟订,并听取被征用土地农村集体经济组织和农民的意见后报市、县级人民政府批准确定。(2)佛山市三水区芦苞镇投资管理有限公司作为佛山市三水区芦苞镇的一个投资公司,在征地过程中没有制定也没有资格制定征地补偿安置方案。对此,佛山市三水区芦苞镇人民政府出具的《证明》已明确表示其在"征用君荣村土地时,没有制定征地补偿安置方案",即征地补偿安置方案至今未确定。

2. 一审判决认定上诉人"不具有分得君荣村2005年土地补偿费资格"是错误的。(1)上诉人是君荣村集体经济组织成员。上诉人卢对忠原本就是君荣村的村民,在20世纪80年代初期,国家实行"分田到户"政策时,承担了相应的份额,后由于生计外出务工,但经常在农忙时期回家帮忙,现在又回到君荣村种田谋生,一直履行村民义务。上诉人卢少欢是卢对忠的妻子,上诉人卢嘉欣、卢良德是卢对忠的儿女,他们一直随卢对忠生活,现在又随其回到君荣村种田谋生,履行村民义务,且四上诉人已于2005年10月27日将户籍回迁到君荣村七巷5号,是君荣村集体经济组织成员。(2)上诉人依法应当分得君荣村2005年土地补偿费的相应份额。本案的征地补偿安置方案至今尚未确定,即使按照一审判决"合同签订的时间应当视为征地补偿安置已确定"认定,但上诉人在合同签订前就已经成为君荣村集体经济组织的成员,根据最高人民法院《关于审理涉及农村土地承包纠纷案件适用法律问题的解释》第

24条"农村集体经济组织或者村民委员会、村民小组,可以依照法律规定的民主议定程序,决定在本集体经济组织内部分配已经收到的土地补偿费。征地补偿安置方案确定时已经具有本集体经济组织成员资格的人,请求支付相应份额的,应予支持"的规定,上诉人应当分得君荣村2005年土地补偿费的相应份额。

3. 被上诉人2005年9月29日《君荣村村民户主代表大会决议》的内容违反法律规定,一审判决对该决议予以认定是错误的。被上诉人2005年9月29日的《君荣村村民户主代表大会决议》规定"户口2004年12月31日前已在本村"的村民才具有"征地款分配资格",同时规定"没有资格"的村民"在向本村缴纳壹拾伍万元入股费后,即可从缴纳费用的下一年起获得征地款分配资格",这些规定目的在于剥夺包括上诉人在内的一部分村民依法应当分得的土地补偿费份额,明显违反了最高人民法院《关于审理涉及农村土地承包纠纷案件适用法律问题的解释》第24条的规定。

综上所述,上诉人是君荣村集体经济组织成员,有权要求被上诉人支付相应的土地补偿费份额。但上述《君荣村村民户主代表大会决议》违反法律规定,侵害了上诉人的合法权益,一审判决对该决议予以认定并驳回上诉人的诉讼请求是错误的。恳请二审法院查明事实,依法改判:撤销〔2006〕三法民一初字第303号民事判决;被上诉人立即向上诉人支付土地补偿款33020元;确认君荣村2005年9月29日的《君荣村村民户主代表大会决议》无效;本案一、二审诉讼费由被上诉人承担。

被上诉人四联君荣村答辩称:一审判决驳回原告诉讼请求合情、合理、合法,请求二审法院予以维持。理由如下:

1. 如一审被告答辩所述,答辩人认为佛山市三水区芦苞镇投资管理有限公司与答辩人所签订的《土地征购合同》,实质是土地租赁合同;答辩人分30年收取的是租金收益;相应地,本案是股份分红纠纷,而不是土地补偿费纠纷。

2. 无论本案性质是股份分红还是土地补偿费分配,答辩人均可依法律规定的民主议定程序,决定分红或分配的方案,这是《村民委员会组织法》、最高人民法院《关于审理涉及农村土地承包纠纷案件适用法律问题的解释》等有关法律法规所赋予村民进行自治的权利,并不违法。

3. 答辩人依法制定的分红或分配方案遵循了权利义务对等的原则、遵循了公平原则,是符合法律法规及国家政策规定的,是有效的。答辩人一审答辩状已详述答辩人进行农村股权配置及分红、分配的做法是符合当前国家政策及各地实践经验的,在此不再赘述。

在此仍需强调以下几点：(1) 中国的户籍制度从 1958 年建立到今天，其与社会实际的脱节、矛盾已越来越明显，现在广大农村中存在的一些寄挂户、空挂户就是一个明显的例子，这些人的户口虽然记挂在农村，但实际上既不履行义务，也不享受权利。对于这些户口配以股份或分配土地权益显然是不公平的，实践中各地的做法也都是不配给股份或分配权益。所以，户口本已不是判断是否具有股份或权益分配资格或本集体经济组织成员资格的唯一依据。(2) 农村的资源性资产与经营性资产是全体村民历经岁月的变迁长期积累的结果，是否配给股份或分配土地权益，绝不能单凭一纸户口本，而必须综合考虑权利义务对等的原则，必须考虑公平的原则，必须考虑迁入人员迁入的原因等几方面的因素。有关原告迁入的原因，一审已查明相关事实：原告的户籍均是于 2005 年才迁入君荣村的，虽然其户籍是在君荣村，但是在户籍迁入之后仍在三水区西南街道居住、生活、工作和学习，只是逢年过节才回君荣村，也没有购入君荣村的股份。可见原告迁入的目的很明显，就是企图获取农村的股份分红、权益分配，出于这样的动机，难道能获得支持吗？君荣村在制定分红或分配方案的时候充分考虑了以上几方面的因素，对于长期在本村生产、生活、学习、履行村民义务的人员配给股份及进行分红或土地权益的分配，而对于那些看到有利可图就要求迁入的人员，则规定必须履行相应的义务，新入户的人员必须符合相应的条件，按规定缴纳入股金，才能获得股份或权益的分配，这是符合权利义务一致原则、符合公平原则的。试想：如果凡是迁入户口的人都当然地取得股份分红或权益的分配，那么，将有数以百计的人陆续回迁，那对于只依靠土地维持生计的本村村民的生活保障将造成严重的影响，对农村的稳定将造成严重的影响，这与国家进行农村股权改革及土地补偿的相关政策都是相违背的。(3) 拥有君荣村的户口是否就具备最高人民法院《关于审理涉及农村土地承包纠纷案件适用法律问题的解释》第 24 条中所规定的"集体经济组织成员资格"呢？我们认为，道理如前所述，要具有本集体经济组织成员资格，必须符合本集体经济组织按照法律规定的民主议定程序所规定的条件，履行相关义务，而不能单凭一纸户口本。(4) 上诉人的情形与"进城务工农民"的情形有着本质的区别，进城务工农民外出务工挣钱是为弥补生产、生活所需，本质上他们没有与土地脱离关系；而本案上诉人的情形却不尽然，上诉人本与土地完全脱离了联系，根本未尽村民义务。综上所述，一审判决正确，敬请二审法院予以维持原判。

二审裁判结果

二审法院经审理认为：原审判决认定事实清楚，适用法律正确，应予维持。上诉人的上诉请求的理由不成立，本院不予支持。依照《中华人民共和国民事诉讼法》第153条第1款第1项、第158条之规定，判决如下：

一、驳回上诉，维持原判；

二、二审案件受理费1331元，由上诉人卢对忠、卢少欢、卢嘉欣、卢良德负担；

三、本判决为终审判决。

二审裁判理由

二审法院认为：本案上诉的争议焦点为2005年9月29日的《君荣村村民户主代表大会决议》的效力，以及上诉人主张被上诉人支付其2005年土地补偿款相应份额的理由是否成立。

关于《君荣村村民户主代表大会决议》的效力问题。在本案中，被上诉人于2005年9月2日通过与佛山市三水区芦苞镇投资管理有限公司签订《土地征购合同》，约定由该公司征购被上诉人土地，并支付相应的土地补偿款。为了在该农村集体经济组织内部合理分配上述所取得的土地补偿款，被上诉人于同年9月29日召开君荣村村民户主代表大会，并通过了《佛山市三水区芦苞镇君荣村（君影村）村民户主代表大会决议》。该决议具有以下内容：一、具有2005年征地的征地款分配资格的人员必须同时具备以下三个条件：（1）户口是2004年12月31日前已在本村；（2）在本村居住并履行村民义务；（3）不是本决议规定不能享受分配资格的村民……八、若户口已迁入本村，但不具备获得分配征地款资格的村民，在向本村交纳壹拾伍万元入股费后，即可从交纳费用的下一年起获得征地款分配资格。同年12月31日，被上诉人君荣村再次对征地补偿款分配进行投票表决，绝大多数村户代表投票赞成按上决议执行，投票结果为："同意按2005年9月29日签订的《君荣村村民户主代表大会决议》进行征地款分配。"本院认为，根据《中华人民共和国村民委员会组织法》相关规定，被上诉人在该农村集体经济组织内部合理分配土地补偿款属于其自治事项范畴，应通过村民代表会议讨论决定。而被上诉人已经按法律规定的民主程序召开了村民代表会议，并根据"少数服从多数"的原则作出《君荣村村民户主代表大会决议》进行征地款分配。被上诉人召开的村民代表讨论决定的合理分配土地补偿款事项并没有与宪法、法律、法规和国家的政策相抵触，符合国务院《关于深化改革严格土地管理的决定》（国发〔2004〕28号）中关于按照土地补偿费主要用于被征地农户的原则，土地补偿费应在农村集体经济组织内部合理分配的要求；同时，也没有侵犯村民的人身权利、民主权利和合法财产权利的内容，符合《中华人民共和国村民委员会组织法》第 20 条等条款的规定，应依法认定合法有效，对被上诉人及全体村民具法律约束力。故本院对上诉人主张《君荣村村民户主代表大会决议》无效的诉请不予采纳。

关于上诉人主张被上诉人支付其 2005 年土地补偿款相应份额的理由是否成立问题。如前述，《君荣村村民户主代表大会决议》合法有效，对上诉人、被上诉人及全体村民具法律约束力，被上诉人按照决议内容进行分配土地补偿款合法合理，符合最高人民法院《关于审理涉及农村土地承包纠纷案件适用法律问题的解释》第 24 条"农村集体经济组织或者村民委员会、村民小组，可以依照法律规定的民主议定程序，决定在本集体经济组织内部分配已经收到的土地补偿费"的规定。上诉人主张有权获得分配 2005 年土地补偿款相应份额，必须证明其已经具有本集体经济组织成员资格和符合土地补偿款分配条件。但是上诉人长年在外工作、生活、学习，其户籍于 2005 年 10 月 27 日才迁入君荣村，并且在户籍迁入之后仍经常在外居住、生活、工作和学习，在君荣村的居住时间不多，在 2006 年以前没有承包经营村里的土地，也没有认购村里的股份。原审法院根据上述的法律法规和权利义务对等原则，认定上诉人不具有分得君荣村 2005 年土地补偿费的资格，驳回上诉人的诉讼请求，并无不当。至于上诉人在二审期间，举证证明其于 2006 年 4 月承包经营村里土地事实，但被上诉人 2006 年度土地承包系以公开投包方式进行，明确此次土地承包与村的股份分红及其他分配无关。故不能作为支持上诉人有权分得君荣村 2005 年土地补偿款的正当理由。

承包地征收补偿费用分配纠纷办案依据集成

1.《中华人民共和国物权法》（2007年3月16日主席令第62号公布）（节录）

第四十二条 为了公共利益的需要，依照法律规定的权限和程序可以征收集体所有的土地和单位、个人的房屋及其他不动产。

征收集体所有的土地，应当依法足额支付土地补偿费、安置补助费、地上附着物和青苗的补偿费等费用，安排被征地农民的社会保障费用，保障被征地农民的生活，维护被征地农民的合法权益。

征收单位、个人的房屋及其他不动产，应当依法给予拆迁补偿，维护被征收人的合法权益；征收个人住宅的，还应当保障被征收人的居住条件。

任何单位和个人不得贪污、挪用、私分、截留、拖欠征收补偿费等费用。

第四十三条 国家对耕地实行特殊保护，严格限制农用地转为建设用地，控制建设用地总量。不得违反法律规定的权限和程序征收集体所有的土地。

2.《中华人民共和国农村土地承包法》（2003年3月1日）（节录）

第三条 国家实行农村土地承包经营制度。

农村土地承包采取农村集体经济组织内部的家庭承包方式，不宜采取家庭承包方式的荒山、荒沟、荒丘、荒滩等农村土地，可以采取招标、拍卖、公开协商等方式承包。

第四条 国家依法保护农村土地承包关系的长期稳定。

农村土地承包后，土地的所有权性质不变。承包地不得买卖。

第六条 农村土地承包，妇女与男子享有平等的权利。承包中应当保护妇女的合法权益，任何组织和个人不得剥夺、侵害妇女应当享有的土地承包经营权。

第十六条 承包方享有下列权利：

（一）依法享有承包地使用、收益和土地承包经营权流转的权利，有权自主组织生产经营和处置产品；

（二）承包地被依法征用、占用的，有权依法获得相应的补偿；

（三）法律、行政法规规定的其他权利。

第二十六条 承包期内，发包方不得收回承包地。

承包期内，承包方全家迁入小城镇落户的，应当按照承包方的意愿，保留其土地承包经营权或者允许其依法进行土地承包经营权流转。

承包期内，承包方全家迁入设区的市，转为非农业户口的，应当将承包的耕地和草地交回发包方。承包方不交回的，发包方可以收回承包的耕地和草地。

承包期内，承包方交回承包地或者发包方依法收回承包地时，承包方对其在承包地上投入而提高土地生产能力的，有权获得相应的补偿。

第二十八条 下列土地应当用于调整承包土地或者承包给新增人口：

（一）集体经济组织依法预留的机动地；
（二）通过依法开垦等方式增加的；
（三）承包方依法、自愿交回的。

第三十条　承包期内，妇女结婚，在新居住地未取得承包地的，发包方不得收回其原承包地；妇女离婚或者丧偶，仍在原居住地生活或者不在原居住地生活但在新居住地未取得承包地的，发包方不得收回其原承包地。

第四十四条　不宜采取家庭承包方式的荒山、荒沟、荒丘、荒滩等农村土地，通过招标、拍卖、公开协商等方式承包的，适用本章规定。

第四十六条第一款　荒山、荒沟、荒丘、荒滩等可以直接通过招标、拍卖、公开协商等方式实行承包经营，也可以将土地承包经营权折股分给本集体经济组织成员后，再实行承包经营或者股份合作经营。

3.《中华人民共和国土地管理法》（2004年8月28日修正）（节录）

第十条　农民集体所有的土地依法属于村农民集体所有的，由村集体经济组织或者村民委员会经营、管理；已经分别属于村内两个以上农村集体经济组织的农民集体所有的，由村内各该农村集体经济组织或者村民小组经营、管理；已经属于乡（镇）农民集体所有的，由乡（镇）农村集体经济组织经营、管理。

第十四条　农民集体所有的土地由本集体经济组织的成员承包经营，从事种植业、林业、畜牧业、渔业生产。土地承包经营期限为三十年。发包方和承包方应当订立承包合同，约定双方的权利和义务。承包经营土地的农民有保护和按照承包合同约定的用途合理利用土地的义务。农民的土地承包经营权受法律保护。

在土地承包经营期限内，对个别承包经营者之间承包的土地进行适当调整的，必须经村民会议三分之二以上成员或者三分之二以上村民代表的同意，并报乡（镇）人民政府和县级人民政府农业行政主管部门批准。

第二十六条　经批准的土地利用总体规划的修改，须经原批准机关批准；未经批准，不得改变土地利用总体规划确定的土地用途。

经国务院批准的大型能源、交通、水利等基础设施建设用地，需要改变土地利用总体规划的，根据国务院的批准文件修改土地利用总体规划。

经省、自治区、直辖市人民政府批准的能源、交通、水利等基础设施建设用地，需要改变土地利用总体规划的，属于省级人民政府土地利用总体规划批准权限内的，根据省级人民政府的批准文件修改土地利用总体规划。

第四十七条第一款　征收土地的，按照被征收土地的原用途给予补偿。

4.《中华人民共和国妇女权益保障法》（2005年8月28日修正）（节录）

第三十条　国家保障妇女享有与男子平等的财产权利。

第三十二条　妇女在农村土地承包经营、集体经济组织收益分配、土地征收或者征用补偿费使用以及宅基地使用等方面，享有与男子平等的权利。

第三十三条第一款　任何组织和个人不得以妇女未婚、结婚、离婚、丧偶等为由，侵害妇女在农村集体经济组织中的各项权益。

5. 最高人民法院《关于审理涉及农村土地承包纠纷案件适用法律问题的解释》（2005年9月1日）（节录）

第二十四条 农村集体经济组织或者村民委员会、村民小组，可以依照法律规定的民主议定程序，决定在本集体经济组织内部分配已经收到的土地补偿费。征地补偿安置方案确定时已经具有本集体经济组织成员资格的人，请求支付相应份额的，应予支持。但已报全国人大常委会、国务院备案的地方性法规、自治条例和单行条例、地方政府规章对土地补偿费在农村集体经济组织内部的分配办法另有规定的除外。

三、土地承包经营权继承纠纷

38. 土地承包经营权能否继承？

我国《农村土地承包法》对土地承包经营权的继承采取了两种不同的规定：对于家庭承包，只有林地承包的承包人死亡，其继承人才可以在承包期内继续承包，而耕地或草地等农用地上的土地承包经营权不能继承。家庭承包是以户为单位取得的土地承包经营权，承包期内家庭的某个或部分成员死亡的，土地承包经营权不发生继承问题。家庭成员全部死亡的，土地承包经营权消灭，由发包方收回承包地。对于其他方式的承包，在承包期内，承包人死亡的，其继承人可以继续承包。理由在于，其他方式的承包通常是以承包人个人的名义而非农户进行的承包，因此承包人死亡时，其继承人自然可以继承。

典型疑难案件参考

孙纪平与张凤兰等6人土地承包经营权纠纷案

基本案情

原告孙纪平与其叔伯兄弟孙纪贤和张秀温夫妻是同村且同为第3生产队，被告张凤兰系孙纪贤之妻张秀温的侄女，被告张凤兰与张秀温虽为同村，但非同一生产队。张秀温在肖庄村有承包土地，因张秀温夫妇无子女，一直由原告管理，在第二轮土地承包时，张秀温与原告家庭户以原告孙纪平为代表签订了承包合同。以上事实双方没有争议，双方认可。原告称在1999年第二轮土地承包中，张秀温放弃了土地承包权，肖庄村委会与孙纪平签订了土地承包合同书，将其土地承包给了孙纪平，承包期自1999年9月1日至2029年9月1日止，承包期为30年，该地位于武强县职教中心南侧，面积4.77亩，长245米，宽13米，县政府于1999年9月1日给原告颁发了土地承包经营权证，张秀温不是承包人，被告无权继承。原告提交了土地承包合同书和武强县土地承包经营权证。被告对该土地承包合同书和土地承包经营权证当庭认定没有异议。被告张凤兰称其姑张秀温生前已将其个人的承包地1.83亩以遗嘱留给张凤兰继承，并办理了公证，所以被告要求原告归还该1.83亩承包地。被告张凤兰提交了武强县公证处的公证书及张秀温的遗嘱一份、肖庄村委会证明一份、庞景波等四人的书面证言一份。原告提出异议。因庞景波等证人未到庭接受质证，肖庄村委会的证明不符合法定形式，不予认定。被告张凤兰与张秀温非同一承包经营户，又非同一集体经济组织成员，其土地承包经营权不发生继承，对于公证书及张秀温的遗嘱中所涉及土地承包经营权的部分内容，与土地承包法相违背应属无效，不能作为定案依据。原告提交照片3张，证明六被告在其承包地内铲土起垄，铲毁了部分苜蓿，损失约合500元，被告对铲土起垄的事实认可，但否认造成了以上经济损失，原告未提交证据证明其损失。

诉辩情况

原告诉称：2005年3月21日被告张凤兰带领张铁山、张立山、张景山、郭妍、张娜两次无故非法到原告的位于武强县职教中心南侧承包地内铲除种植的农作物苜蓿，进行铲土起垄划界，企图强行占有原告承包地，其行为严重侵犯了原告的合法权益，故诉请法院判令被告恢复土地原貌，赔偿给原告造成的损失500元。

被告张凤兰称：我一颗苜蓿也没有铲，因我姑家的地和原告家的地伙着，我打埝是在我姑家地里。原告和我姑夫是叔伯兄弟，当初房屋和土地都是原告管理，后来因原告不伺候我姑、姑夫，我姑夫死前写了一份遗嘱给了我姑，我姑死亡之前也写了一份遗嘱，把房产和土地都给了我继承，并在公证机关进行了公证。

裁判结果

武强县人民法院依照《中华人民共和国土地承包法》第9条、第53条，《中华人民共和国民法通则》第134条第1款1项、第5项和第7项、第106条第2款、第117条第2款的规定，判决如下：

一、被告张凤兰、张铁山、张立山、张景山、郭妍、张娜于判决书生效后3日内将其在原告孙纪平承包地内堆起的土垄清除，恢复原状；

二、驳回原告的其他诉讼请求。

裁判理由

武强县人民法院经审理认为：原告孙纪平对位于武强县职教中心南侧的4.77亩土地持有县政府颁发的土地承包经营权证，享有土地承包经营权，受法律保护。被告张凤兰要求继承耕种其中张秀温的部分承包地，没有法律依据，不予支持。六被告到原告承包土地内私自铲土起垄，给原告造成了妨害，属侵权行为，对其行为应承担恢复原状、排除妨碍、赔偿损失的民事责任。原告要求六被告赔偿经济损失500元，原告未提供有效的证据，证据不足，不予支持。

土地承包经营权继承纠纷办案依据集成

1.《中华人民共和国物权法》（2007年3月16日主席令第62号公布）（节录）

第一百二十八条 土地承包经营权人依照农村土地承包法的规定，有权将土地承包经营权采取转包、互换、转让等方式流转。流转的期限不得超过承包期的剩余期限。未经依法批准，不得将承包地用于非农建设。

第一百二十九条 土地承包经营权人将土地承包经营权互换、转让，当事人要求登记的，应当向县级以上地方人民政府申请土地承包经营权变更登记；未经登记，不得对抗善意第三人。

第一百三十条 承包期内发包人不得调整承包地。

因自然灾害严重毁损承包地等特殊情形，需要适当调整承包的耕地和草地的，应当依照农村土地承包法等法律规定办理。

第一百三十一条 承包期内发包人不得收回承包地。农村土地承包法等法律另有规定的，依照其规定。

2.《中华人民共和国农村土地承包法》（2009年8月27日修正）（节录）

第三十一条 承包人应得的承包收益，依照继承法的规定继承。

林地承包的承包人死亡，其继承人可以在承包期内继续承包。

第三章 建设用地使用权合同纠纷

一、建设用地使用权出让合同纠纷

> **39.** 建设用地使用权出让合同中，合同项下的土地部分办理了农用地转用审批、部分土地未经审批，该合同效力如何？
>
> 《土地管理法》规定："建设占用土地，涉及农用地转为建设用地的，应当办理农用地转用审批手续。"当当事人双方签订的建设用地使用权出让合同中涉及农用地转为建设用地，而合同项下的土地部分经过审批、部分未经审批时，根据《合同法》"部分合同无效，不影响其他部分效力的，其他部分仍然有效"的规定，宜认定出让合同部分有效，部分无效。

典型疑难案件参考

青岛乾坤木业有限公司诉青岛市国土资源和房屋管理局崂山国土资源分局土地使用权出让合同纠纷案

基本案情

2000年5月29日，青岛市崂山区人民政府向青岛市人民政府报送《青岛市崂山区人民政府关于2000年度第一批城市建设用地的请示》。该请示称：根据《崂山区土地利用总体规划》，我区拟批次转用北宅街道办事处沟崖村园地126666平方米、洪园村园地6667平方米，合计133333平方米。上述用地在《崂山区土地利用总体规划》中已确定为城市建设用地。该批次土地办理农转用手续和征归国有后，我区将按照土地审批权限和具体建设项目另行审批。后青岛市人民政府向山东省人民政府报送青政地发〔2000〕267号《关于崂山区2000年度第一批城市建设用地的请示》。

2001年2月28日，乾坤公司与北宅街道办事处签订《土地使用权出让协议》。该协议约定，北宅街道办事处将北宅工业区内土地约 150 亩（松岭路以西、麦沟路以北）的土地使用权出让给乾坤公司，使用期限为 50 年，每亩地价为 6.88 万元，总价款约为人民币 1032 万元。合同签订后，乾坤公司依据 1999 年青岛市崂山区人民政府的有关文件，分别于 2001 年 4 月 20 日和 2001 年 9 月 5 日，向原崂山区国土资源局的派出机构——崂山区人民政府北宅街道办事处土地规划与矿产资源管理所（以下简称土管所）缴纳土地出让定金 180 万元和 50 万元，土管所为其开具收款收据。2001 年 8 月 25 日，乾坤公司给付土管所 258 万元支票一张，土管所向其开具 258 万元收款收据一份。该款实际于 2003 年 3 月 27 日划转至土管所。

2001 年 9 月 10 日，乾坤公司取得青岛市崂山区环保局下发的〔2001〕青崂环预定字第 10 号《建设项目定点环保审核通知书》。2001 年 9 月 28 日，取得青岛市崂山区村镇规划建设管理办公室下发的青崂村规定字〔2001〕第 045 号《青岛市崂山区村镇建设项目定点通知书》。2001 年 9 月 29 日，取得青岛市崂山区村镇规划建设管理办公室下发的崂建村字〔2001〕第 045 号《建设用地规划许可证》，明确本用地项目符合城市规划要求，准予办理征用划拨土地手续。同日，取得青岛市崂山区村镇规划建设管理办公室下发的青崂村规设字〔2001〕第 045 号《青岛市崂山区村镇规划建设项目规划设计要求通知单》。同年 9 月 30 日，青岛市崂山区发展计划局依据北宅街道办事处经济贸易办公室的立项申请，下发崂计项字〔2001〕96 号《关于同意青岛乾坤木业有限公司新建厂房项目立项的批复》。同日，崂山区国土局出具《关于青岛乾坤木业有限公司用地的说明》，该说明载明：青岛乾坤木业有限公司位于北宅工业园的 150 亩工业用地，因北宅工业园规划调整，经北宅街道办事处申请，我局研究同意将该公司用地调整为 215 亩，现该公司土地手续正在办理之中。

2002 年 1 月 31 日，山东省人民政府下发鲁政土字〔2002〕35 号《山东省人民政府关于青岛市崂山区城市建设用地的批复》称：青岛市崂山区土地管理局拟征用该区北宅街道办事处沟崖村等 2 个村园地 133333 平方米（折合 200 亩），作为青岛市崂山区政府建设储备用地。经审查，该批次用地符合青岛市崂山区土地利用总体规划，并已纳入你市土地利用年度计划，上报农用地转用方案和征用土地方案切实可行，同意该批次用地。

2003 年 1 月 16 日，原青岛市崂山区国土资源局与乾坤公司签订青崂土合字〔2003〕4 号《国有土地使用权出让合同》，其中约定，崂山区国土局出让给乾坤公司的宗地位于北宅街道沟崖村麦沟路北、松岭路西，宗地面积为 175907 平方米，其中出让土地面积为 146383 平方米。本合同项下出让宗地的用途为工业。本合同项下的土地使用权出让年限为 50 年。本合同项下的土地使用权出让金为每平方米103.20元，总额为18153602.40元。本合同签订之日起60日内，受让人一次性付清上述土地使用权出让金……合同还约定，受让人在按合同约定支付全部土地使用权出让金之日起30日内，应持本合同和土地使用权出让金支付凭证，按规定向出让人申请办理土地登记，领取《国有土地使用证》，取得出让土地使用权。出让人应在受让土地登记申请之日起30日内，依法为受让人办理出让土地使用权登记，颁发《国有土地使用证》。受让人必须按照本合同约定，按时支付土地使用权出让金。如果受让人不能按时支付土地使用权出让金的，自滞纳之日起，每日按迟延支付款项的3‰向出让人缴纳滞纳金，延期付款超过6个月的，出让人有权解除合同，收回土地，受让人无权要求返还定金，出让人并可请求受让人赔偿因违约造成的其他损失。本合同项下宗地出让方案尚须经山东省人民政府批准，本合同自山东省人民政府批准之日起生效。本合同未尽事宜，可由双方约定后作为合同附件，与本合同具有同等法律效力。同日，双方签订《补充协议》，就代征道路及绿化带面积、费用作出约定。2003年2月18日，双方共同申请，对上述合同和协议在青岛市公证处办理了公证。同年3月26日，乾坤公司向土管所交付300万元支票一张，土管所向其开具300万元收款收据，但未实际划转该300万元。现崂山国土资源分局认可实际收取乾坤公司土地出让金共计488万元。此后，乾坤公司未缴纳剩余土地出让金。上述合同涉及的146383平方米的出让土地中，部分土地经鲁政土字〔2002〕35号文批准转为建设用地。

2005年6月6日，原青岛市崂山区国土资源局以乾坤公司未按合同约定如期缴纳全部土地使用权出让金以及项目用地违反青岛市政府〔2003〕95号文件为由，作出崂国土〔2005〕139号《崂山区国土资源局关于撤销国有土地使用权出让合同的决定》，决定撤销与乾坤公司2003年1月16日签订的《国有土地使用权出让合同》，并要求乾坤公司自收到本决定之日起10日内持《国有土地使用权出让合同》原件到该局办理解除合同相关事宜，已交款项的退还事宜到北宅街道办事处建设服务中心（原北宅街道办事处土管所）办理。2005年6月7日，原青岛市崂山区国土资源局通过特快专递将上述决定送达乾坤公司。

2006年3月13日，青岛市崂山区国土资源局更名为青岛市国土资源和房屋管理局崂山国土资源分局。

一审审理期间，崂山国土资源分局向一审法院提交涉案土地"现状地形图"一张，载明图中全部黑线部分为签订土地使用权出让合同后的地形图，图中红线圈定的部分为农转用获批准的部分。经质证，乾坤公司对此证据没有异议。

由于崂山国土资源分局单方解除合同，乾坤公司交付部分出让金后未能受让合同项下的土地，乾坤公司认为崂山国土资源分局违反合同约定，给其造成各项经济损失1200余万元，故向一审法院起诉，请求判令崂山国土资源分局履行青崂土合字〔2003〕4号《国有土地使用权出让合同》，向乾坤公司交付合同项下的全部土地。

▶ 一审裁判结果

一审法院依据《中华人民共和国合同法》第8条、第56条、第107条的规定，判决如下：

一、被告崂山国土资源分局于本判决生效后30日内向原告乾坤公司交付合同项下已经审批转为建设用地的土地（具体以山东省人民政府鲁政土字〔2002〕35号《山东省人民政府关于青岛市崂山区城市建设用地的批复》及现状地形图红线坐标为准）；

二、驳回原告乾坤公司其他诉讼请求。案件受理费160778元，由乾坤公司承担130070元，崂山国土资源分局承担30708元。

▶ 一审裁判理由

一审法院认为：双方当事人签订的《国有土地使用权出让合同》涉及的土地中有部分履行了农用地转为建设用地的批准手续，根据《土地管理法》第43、44条的规定，崂山国土资源分局对该部分土地有权进行出让，其余部分未经人民政府批准，仍然为农村集体土地，崂山国土资源分局对此无权处分。因此，双方签订的《国有土地使用权出让合同》部分有效。关于乾坤公司缴纳的土地出让金问题。签订合同之前，乾坤公司已向崂山国土资源分局缴纳土地出让金共计488万元。2003年3月26日，乾坤公司向崂山国土资源分局交付300万元银行转账支票，崂山国土资源分局为其开具收款收据。上述一系列行为表明，乾坤公司一直在履行合同义务，对崂山国土资源分局辩称该300万元银行转账支票是空头支票、无法划转的理由，没有证据支持，一审法院不予采纳。关于《国有土地使用权出让合同》应否继续履行的问题。因合同项下的该宗土地部分获得山东省人民政府批准，该部分土地具备履行条件。鉴于乾坤公司涉案土地的相关项目已经政府有关部门批准，获得了项目立项、规划、环保等审批手续。故崂山国土资源分局应当向其交付该部分土地。崂山国土资源分局主张合同解除的抗辩理由，没有法律依据，一审法院不予支持。

综上所述，双方当事人签订的《国有土地使用权出让合同》部分有效，乾坤公司亦部分履行了付款义务，崂山国土资源分局应在政府批准的农用地转建设用地范围内向乾坤公司交付涉案土地。乾坤公司请求崂山国土资源分局履行青崂土合字〔2003〕4号《国有土地使用权出让合同》,向其交付合同项下的全部土地的主张部分成立。

二审诉辩情况

崂山国土资源分局认为一审判决认定事实错误,适用法律不当。向最高人民法院提起上诉,请求二审撤销一审判决,依法驳回乾坤公司的诉讼请求,一、二审诉讼费由乾坤公司承担。理由是:

1. 一审判决认定上诉人和被上诉人双方签订的《国有土地使用权出让合同》部分有效是错误的。(1)本案合同中的标的物——宗地为不可分物,不适用量上的部分有效、部分无效。(2)上诉人对土地没有处分权,本案土地的出让要经过青岛市人民政府审批。(3)本合同项下宗地出让方案尚须经山东省人民政府批准,本合同自山东省人民政府批准之日起生效。由于本案项下的土地还没有完全办理农转用手续,所以不具备拟订出让方案报人民政府批准的条件,本案中的出让合同还不具有法律效力,被上诉人只具有一种期待权。(4)一审判决上诉人出让部分土地给被上诉人,违反了青岛市人民政府的规划。青岛市人民政府于2003年11月11日批准了包括本案宗地在内的地区规划。根据该规划,高新产业区"适当往东北方向发展延伸至李沙路,严禁继续往崂山风景区内延伸",本案出让合同中的土地在青岛市政府规定的不准建设区域内。本案已经办理农转用的84亩土地的批准文件依法已经自动失效。

2. 一审法院认定"崂山国土资源分局主张合同解除的抗辩理由,没有法律依据"是错误的。上诉人对被上诉人交纳的土地出让金数额有异议,即使按一审认定的788万元,也只占土地出让金总数18153602.4元的43%。被上诉人在合同签订后超过6个月没有付清出让金,上诉人依据涉案合同第9条和第31条,具有解除合同的权利,且乾坤公司已经收到解除合同的决定书。依据《合同法》第96条的规定,双方签订的《国有土地使用权出让合同》自乾坤公司收到该决定书时解除。由于合同没有约定上诉人行使解除权的时间,在解除条件构成后,上诉人可以随时行使解除权。

3. 一审判决关于被上诉人所交出让金数额的认定是错误的。一审判决认定乾坤公司所交土地出让金为488万元是错误的,不符合本案实际。扣除崂山区人民法院扣划的土地出让金3813357元,应认定乾坤公司所交的土地出让金为1066643元。

乾坤公司辩称:(1)一审认定涉案合同部分有效具有事实和法律依据,处理结果正确。涉案合同约定崂山国土资源分局向乾坤公司交付215亩土地,但实际上只有84亩具备了出让条件，符合合同部分无效的情形。崂山国土资源分局所称审批权上交是合同签订后发生的，审批权上交不影响合同的效力。至于崂山国土资源分局强调的政府新规划，是指规划后不再向风景区延伸，并不影响之前的合同。（2）一审认定崂山国土资源分局主张解除合同的抗辩理由不成立是正确的。乾坤公司没有全额付款的原因在崂山国土资源分局，当时乾坤公司的银行支票账户内存款多达700余万元，但土管所却停收土地出让金，致使乾坤公司履约不能。崂山国土资源分局单方解除合同的条件未成就。崂山区人民法院扣划土地出让金发生在合同解除之前，该行为与本案无关，崂山国土资源分局应当继续履行合同。

二审裁判结果

最高人民法院经审理认为：一审法院认定事实不清，适用法律不当，应予改判。依照《中华人民共和国民事诉讼法》第153条第1款第3项的规定，判决如下：

一、驳回青岛乾坤木业有限公司的诉讼请求；

二、本案一审案件受理费160778元，二审案件受理费192568.01元，均由青岛乾坤木业有限公司负担。

二审裁判理由

最高人民法院认为，本案涉及三个争议焦点：（一）关于《国有土地使用权出让合同》效力的认定；（二）一审认定乾坤公司交纳土地出让金的数额是否正确；（三）崂山国土资源分局是否有权解除合同。

1. 关于《国有土地使用权出让合同》效力的认定问题。本合同虽约定合同须经山东省人民政府批准方可生效，但在合同签订前，合同项下的84亩土地已经山东省人民政府批准，由农业用地转为建设用地，故这部分土地未经审批不影响相应部分的合同效力；合同项下其余部分土地尚未办理农用地转用审批手续，按约定合同尚未生效，依法不得出让。崂山国土资源分局认为合同已经成立但未生效，不应认定部分有效、部分无效。本院认为，涉案合同是双方当事人的真实意思表示，内容不损害国家、集体和第三人的合法权益，且已经过公证，应认定已经成立。我国《合同法》第44条规定："依法成立的合同，自成立时生效。法律、行政法规规定应当办理批准、登记等手续生效的，依照其规定。"《土地管理法》第44条规定："建设占用土地，涉及农用地转为建设用地的，应当办理农用地转用审批手续。"据此认定本案中未经政府批准农转用土地的部分合同无效。根据《合同法》第56条的规定，部分合同无效，不影响其他部分效力的,其他部分仍然有效。就本案情况看,认定部分合同无效,不会影响其他部分的效力。因此,应当认定合同中经过政府批准的84亩土地使用权出让有效,未经政府批准的131亩土地使用权出让无效,其他合同条款仍然有效。对于崂山国土资源分局关于涉案合同项下转让的土地是不可分物,不适用量上的部分有效、部分无效的上诉主张,本院不予支持。

2. 关于一审认定乾坤公司交纳土地出让金的数额是否正确的问题。一审认定乾坤公司已向崂山国土资源分局交纳土地出让金788万元,乾坤公司对此不持异议。而崂山国土资源分局只承认收到乾坤公司的土地出让金488万元,且被崂山区人民法院划走3813357元,目前仅剩1066643元。双方当事人的主要分歧在于2003年3月26日乾坤公司向土地管理所交付的一张300万元的支票应否算作已付土地出让金。鉴于该支票因无出票日期而被认定为无效,凭无效支票不能划转乾坤公司的银行存款。乾坤公司的出票行为应被认定为无效民事行为。尽管土地管理所收到这张支票后出具了收据,但因支票无效,土地管理所出具的收据并不意味着已经或者能够收到300万元土地出让金,事后乾坤公司也未对这张支票进行补正。事实上崂山国土资源分局也未收到此笔款项。由于乾坤公司对这张支票的无效具有过错,不能认定乾坤公司提交这张支票即视为其支付了300万元土地出让金。崂山国土资源分局关于该支票无效的抗辩具有事实和法律依据,本院应予支持。一审认定乾坤公司已向崂山国土资源分局支付土地出让金788万元有误,应予纠正。

为执行〔2004〕崂执字第297号、第1162号民事裁定书,崂山区人民法院于2005年3月25日扣划被执行人乾坤公司在北宅街道办事处的出让土地定金907528元、2905829元至该院账户。同月29日,北宅街道办事处致函乾坤公司称,崂山区人民法院强行扣划北宅街道办事处财政款3813357元,北宅街道办事处已从乾坤公司交付的土地出让金488万元中支付486.623万元。因此,一审判决认定乾坤公司交纳的土地出让金为488万元是正确的。乾坤公司应交纳的土地出让金应按照合同有效部分的土地出让面积计算,乾坤公司应交纳的土地出让金为5782089.6元(84亩×667平方米×103.2元=5782089.6元),所付488万元低于应付的土地出让金数额,故应认定乾坤公司未交齐合同有效部分的土地出让金。

3. 崂山国土资源分局是否有权解除合同。解除合同的前提是合同已经生效。涉案《国有土地使用权出让合同》第31条约定,受让人延期支付土地出让金超过6个月的,出让人有权解除合同。该合同未约定行使合同解除权的期限,也未约定出让方在解除合同前要进行催告。鉴于该合同部分有效,乾坤公司应在合同有效部分的范围内履行义务。涉案合同于2003年1月16日签订,截至 2003 年 3 月 26 日，乾坤公司向崂山国土资源分局交付土地出让金 488 万元，未达到 84 亩土地的出让金总额。因此，解除合同的条件已经成就。崂山国土资源分局根据《合同法》第 93 条第 2 款的规定，行使了合同解除权，且已经通知了乾坤公司。其未对乾坤公司进行催告，并不构成违约。对崂山国土资源分局关于乾坤公司没有按期付清合同项下全部土地出让金，其有权解除合同的主张，本院应予支持。对乾坤公司关于解除合同的条件未成就，崂山国土资源分局无权单方解除合同的主张，本院不予支持。

综上，最高人民法院认为：根据双方当事人在土地出让合同中的约定，涉案合同经过政府批准的部分有效、未经政府批准的部分无效。对于合同的有效部分，双方当事人均有义务履行。乾坤公司未在合同约定的期限内履行合同有效部分的交纳土地出让金的义务，解除合同的条件已经成就，崂山国土资源分局解除合同的行为有效。合同解除后，崂山国土资源分局不再履行向乾坤公司出让 84 亩土地使用权的义务。崂山国土资源分局的上诉有理，予以支持。

40. 由于国家政策性要求导致土地使用权出让合同无法继续履行，应如何处理？

土地属于稀缺商品，关涉国家利益甚巨，因此国家对于土地使用权出让等问题设定了很多政策性要求，当事人在签订土地使用权出让合同时应严格遵照国家相关要求进行。未按照这些政策性要求进行，很可能导致出让合同的无法履行甚至无效的情形。在由于国家政策性要求导致土地使用权出让合同无法继续履行时，宜赋予合同当事人以解除权，终止双方的权利义务。

典型疑难案件参考

崂山国土局与南太置业公司国有土地使用权出让合同纠纷案

基本案情

2001 年 2 月 23 日，山东省青岛市人民政府在澳大利亚举办"青岛日"招商活动。在招商活动中，山东省青岛市崂山区沙子口街道办事处段家埠村与澳大利亚南太置业股份有限公司、青岛鑫城房地产有限公司签订了《开发"澳大利亚旅游观光度假村"联建合同书》，青岛高科园管委会副主任张运平作为山东省青岛市崂山区沙子口街道办事处段家埠村授权代表，澳洲南太资源开发集团公司首席执行官作为澳大利亚南太置业股份有限公司和青岛鑫城房地产有限公司授权代表，山东省青岛市人民政府副市长周嘉宾作为山东省青岛市崂山区沙子口街道办事处段家埠村证人代表，澳洲本市政厅议员派克·柯顿作为澳大利亚南太置业股份有限公司和青岛鑫城房地产有限公司证人代表，分别在合同上签了字。

2001年8月15日，崂山区国土局与南太公司、澳大利亚南太置业股份有限公司签订青崂土预字〔2001〕第18号《青岛市崂山区国有土地使用权预约协议》。该协议约定：土地位于山东省青岛市崂山区沙子口街道办事处段家埠村，土地面积为20万平方米，土地使用权出让费用为每亩21万元，总计金额为6300万元，土地规划用途为综合用地，使用期限为50年；南太公司和澳大利亚南太置业股份有限公司凭本协议办理企业设立等手续，在预约有效期内，与崂山区国土局正式签订《国有土地使用权出让合同》，取得土地使用权。

2001年10月11日，山东省青岛市人民政府以商外资青府字〔2001〕82号《外商投资企业批准证书》同意成立南太公司。该批准证书载明，企业类型为中外合资企业，经营年限为10年，注册资本为2000万元，其中澳大利亚南太置业股份有限公司出资600万元，占注册资本的30%；青岛鑫城房地产有限公司出资200万元，占注册资本的10%；青岛福日汽车销售有限公司出资600万元，占注册资本的30%；青岛高科工业园竟佳商贸有限责任公司出资600万元，占注册资本的30%。经营范围：在山东省青岛市崂山区沙子口街道办事处段家埠村，依据青崂土预字〔2001〕18号文件确定的300亩土地范围内，从事房地产开发及房屋销售等业务。2001年11月13日，山东省青岛市工商行政管理局给南太公司颁发了《企业法人营业执照》。

2002年1月24日，山东省青岛市崂山区发展计划局依据南太公司的申请，下发崂计项字〔2002〕29号《关于澳洲花园项目立项的批复》，同意澳洲花园开发项目实施。该批复载明：（1）项目内容：建设澳洲花园住宅小区，包括住宅、公寓和别墅。（2）项目位于沙子口街道办事处段家埠村，总占地面积20万平方米，总建筑面积26万平方米。（3）项目计划总投资3.5亿元，所需资金由南太公司自筹解决。（4）项目计划2002年10月开工，建设工期3年。（5）项目须办理土地使用、规划定点、环保、消防等审批手续后方可开工建设。

2002年2月4日，山东省青岛市规划局下发青规函字〔2002〕84号《建设工程规划审查意见书》。该意见书载明，根据《中华人民共和国城市规划法》和有关法规、规范规定及城市规划要求，函复意见如下：（1）根据山东省青岛市人民政府批复的沙子口镇总体规划，该项目用地规划性质为居住用地，开发性质与规划用地性质相符，同意选址建设。（2）考虑到拟建用地周边的建设现状与规划情况，为统筹安排拟建用地周边的开发建设与各类设施的综合配套，请建设单位依据沙子口总体规划，按照《城市规划编制办法》的要求，先行编制汉河西侧图示红线围合区域的控制性详细规划方案。（3）请到山东省青岛市规划局崂山分局落实河道蓝线、周边及区内道路红、绿线。（4）请抓紧作出上述区域的控制性详细规划并报山东省青岛市规划局审批后，再办理相关规划手续。

2002年7月29日，山东省青岛市规划局下发《建设用地规划设计条件通知书》，同意南太公司按规划设计条件，对该用地进行规划设计。

2002年12月26日，山东省青岛市人民政府向山东省人民政府报送《关于崂山区2002年度第18批城市建设用地的请示》。该请示称，经审查，该批用地符合崂山区沙子口街道办事处土地利用总体规划，在确定的建设用地范围内，所占耕地已开发补充同等数量的耕地，并验收合格，拟同意作为崂山区2002年度第18批城市建设用地呈报，办理农用地转用和土地征用手续。该用地经批准后，由崂山区国土局作为储备土地进行管理。具体安排项目时，按照国家规定分别供地。土地有偿使用费由崂山区人民政府负责缴纳。

2002年12月27日，山东省青岛市规划局崂山分局下发《建设工程规划方案审查意见书》，原则上同意南太公司报送的沙子口8、10、12、15、17、19号线道路工程规划设计方案，并要求南太公司报审施工图。

2003年1月6日，崂山区国土局与南太公司签订《国有土地使用权出让合同》。该合同第3条约定：崂山区国土局出让给南太公司的宗地位于沙子口街道办事处段家埠村，宗地面积186235平方米，其中出让土地面积为152702平方米。第4条约定：出让土地用途为住宅。第6条约定：出让年限为50年。第7条约定：出让价格为每平方米369.15元，总额为56369943.3元。第15条约定：南太公司在按本合同约定支付全部土地使用权出让金之日起30日内，应持本合同和土地使用权出让金支付凭证，按规定向崂山区国土局申请办理土地登记，领取《国有土地使用权证》，取得出让土地使用权。崂山区国土局应在受理土地登记申请之日起30日内，依法为南太公司办理出让土地使用权登记，颁发《国有土地使用权证》。第40条第2款约定：本合同项下宗地出让方案尚须经山东省人民政府批准，本合同自山东省人民政府批准之日起生效。第45条约定：本合同未尽事宜，由双方约定后作为合同附件，与本合同具有同等法律效力。同日，双方就本合同未尽事宜达成《补充协议》，该《补充协议》第4条约定：根据合同第3条约定，宗地总面积为186235平方米，其中净地面积152702平方米，南太公司同意代征道路及绿化带面积33533平方米，价格为每亩5万元，总计2514975元，并承担相关税费及地面附着物补偿费。最终用地面积确定后，本款用地面积作相应调整。第5条约定：崂山区国土局供地时间自本合同批准之日起。第6条约定：本协议经崂山区国土局和南太公司双方签字、盖章后生效。

2003年1月13日，山东省青岛市规划局向南太公司发放了青规用地字〔2003〕3号《建设用地规划许可证》，明确"澳洲花园"项目用地符合城市规划要求，准予办理规划用地手续。

2003年2月19日，山东省人民政府下发鲁政土字〔2003〕52号《关于青岛市崂山区2002年第18批次城市建设用地的批复》，同意青岛市将崂山区沙子口街道办事处20万平方米农用地转为建设用地，其中耕地66191平方米、园地133809平方米。上述农用地转用后同意征用，用于山东省青岛市城市建设。

2004年4月12日，崂山区国土局以《国有土地使用权出让合同》无效、其无法履行合同约定的义务为由，通知南太公司解除双方签订的《国有土地使用权出让合同》，并要求南太公司于接到通知后30日内到崂山区经营性用地合同清理办公室办理退款等相关事宜。2004年6月18日，崂山区国土局向南太公司送达《关于抓紧办理土地出让金退款手续的函》，要求南太公司于接到本函后15日内到崂山区经营性用地合同清理办公室办理土地出让金退款等相关手续，逾期崂山区经营性用地合同清理办公室将依法律程序退还南太公司已经缴纳的土地出让金。2004年6月28日，南太公司向一审法院起诉，要求判令崂山区国土局继续履行《国有土地使用权出让合同》，立即为南太公司颁发土地使用权证。

另查明，自2001年9月28日至2003年5月29日，南太公司付清了出让合同约定的土地出让金56369943.3元及《补充协议》约定的代征道路及绿化用地征地费2514975元，两项合计58884918.3元。

最高人民法院二审查明：青岛鑫城房地产有限公司为南太公司股东，占南太公司10%的股份。2001年8月15日，崂山区国土局与南太公司、澳大利亚南太置业股份有限公司签订《青岛市崂山区国有土地使用权预约协议》时，路国强担任南太公司的总经理，并作为南太公司代表在该预约协议上签字。

另查明，2003年2月19日，山东省人民政府下发鲁政土字〔2003〕52号《关于青岛市崂山区2002年第18批次城市建设用地的批复》，除同意青岛市将崂山区沙子口街道办事处20万平方米农用地转为建设用地，以及上述农用地转用后征用，用于青岛市城市建设外，同时指出，要严格按照有关规定向具体建设项目提供用地，供地情况要经青岛市国土资源部门及时报山东省国土资源厅备案。

又查明，2002年10月31日，崂山区国土局以崂国土价字〔2002〕55号《关于确认土地估价结果的批复》，对南太公司委托青岛东部房地产评估咨询有限公司土地评估结果进行了确认。

还查明，2004年3月1日，青岛市人民政府法制办公室与青岛市国土资源和房屋管理局共同下发青法制〔2004〕22号《关于崂山区段家埠村"澳洲花园"项目用地的情况报告》提出的处理意见为：鉴于目前情况，该宗用地实际已不能按2003年1月6日崂山区国土局与南太公司签订的《国有土地使用权出让合同》的约定进行协议出让，处理该问题的关键是依法解除该出让合同。但因该合同的性质属民事法律关系范畴，其主体是崂山区国土局与南太公司，而不是市政府，故应由合同双方当事人依法解除该合同。为此，建议市政府召集崂山区政府及相关单位会议，对下列事项进行研究和明确后，由有关责任单位依法组织实施：（1）崂山区国土局依法解除与南太公司签订的《国有土地使用权出让合同》，退还土地出让金等相关费用。（2）崂山区国土局依法完善该宗地征地手续，并将其依法纳入政府储备。2004年3月8日，山东省青岛市人民政府办公厅向山东省人民政府督查处报送《关于青岛市崂山区段家埠村"澳洲花园"项目用地的情况报告》提出的处理意见为：鉴于目前情况，该宗用地实际已不能按2003年1月6日崂山区国土局与南太公司签订的《国有土地使用权出让合同》的约定进行协议出让，应依法解除该出让合同，退还其土地出让金等相关费用，将该宗地依法纳入政府储备。

2005年7月4日，崂山区国土局向最高人民法院提交《关于青岛市崂山区国土资源局上诉青岛南太置业有限公司一案的几点补充说明》，在该材料中提到，如果不支持崂山区国土局的上诉请求，其结果是合同无法履行，当事人主张的权利也无法实现。请求本院查清事实，实事求是地作出判决，即使认定合同有效，也要考虑到由于法律和事实上的障碍，崂山区国土局已经无法继续履行本案中的出让合同的事实，作出合法合理合情的判决。

2005年9月1日，山东省青岛市崂山区人民政府向本院提交崂政函〔2005〕21号《关于我区国土资源局与青岛南太置业有限公司国有土地使用权出让合同纠纷案有关情况说明的函》。该函中提及，因该案涉及执行国家部委规定及落实国务院领导批示事宜，特作如下说明：（1）根据有关规定和领导批示精神，崂山区国土局于2004年4月14日作出《关于解除〈国有土地使用权出让合同〉的通知》；（2）根据现行国有土地出让管理的规定以及目前崂山区实际情况，该宗土地出让合同已无法继续履行，理由及相关具体意见请参见青岛市人民政府法制办公室与青岛市国土资源和房屋管理局青法制〔2004〕

22号《关于崂山区段家埠村"澳洲花园"项目用地的情况报告》。

本院二审期间,2005年3月10日,崂山区国土局提供山东省泰安市中级人民法院于2005年1月13日作出的〔2004〕泰刑二初字第20号刑事判决书。被告人于志军在法定期间内未提起上诉,该判决已经发生法律效力。南太公司对此不持异议。该判决书认定:2001年8月,被告人于志军利用担任崂山区国土局局长职务的便利,接受青岛鑫城房地产有限公司总经理路国强的请托,为该公司办理了国有土地使用权预约手续。为表示感谢及继续得到于志军的关照,2002年春节的前一天,路国强送给于志军3万元的青岛佳世客购物卡。2003年1月,于志军以购车为由,向路国强索要33万元。于志军的上述行为已构成受贿罪,且具有索贿情节。

一审诉辩情况

2004年6月28日,南太公司向一审法院起诉称:南太公司系青岛"澳洲花园"项目的开发商,《国有土地使用权出让合同》是为该项目用地所签。该项目是山东省青岛市人民政府的招商引资项目,该项目及为此项目成立的项目公司已经山东省青岛市人民政府合法批准。2003年2月19日,山东省人民政府以鲁政土字〔2003〕52号文批复了澳洲花园项目所涉土地使用权的农用地转用手续及征地事宜。山东省青岛市规划局及崂山分局、崂山区发展计划局以及崂山区国土局为南太公司办理了"澳洲花园"项目所需的各种规划手续。依据2001年8月15日南太公司与崂山区国土局签订的《国有土地使用权预约协议》,2003年1月6日双方正式签订了《国有土地使用权出让合同》。该合同签订后,南太公司不仅如约履行了自己的义务,还向当地村民支付了500万元的土地补偿费,并协助当地村委会给全体村民办理了养老保险等相关事宜。但崂山区国土局却不仅没有依约为南太公司办理《国有土地使用权证》,反而以合同无效为由,于2003年7月口头通知南太公司解除合同,于2004年4月12日书面通知南太公司解除合同,于同年6月18日发函催促南太公司办理退款手续。崂山区国土局的行为不仅严重违约,而且给南太公司造成了不可估量的经济损失。为维护自己的合法权益,特请依法判令崂山区国土局继续履行《国有土地使用权出让合同》,立即为南太公司颁发土地使用权证。

崂山区国土局口头答辩称:崂山区国土局和南太公司签订的《国有土地使用权出让合同》没有生效,该合同对双方当事人没有约束力。请求一审法院判决驳回南太公司的诉讼请求。

一审裁判结果

一审法院经审理,判决如下:

一、崂山区国土局、南太公司继续履行双方于2003年1月6日签订的《国有土地使用权出让合同》；

二、崂山区国土局于判决生效后30日内为南太公司办理《国有土地使用权证》。案件受理费291859.72元，财产保全费281849.72元，均由崂山区国土局负担。

一审裁判理由

一审法院经审理认为：双方当事人的争议焦点为：《国有土地使用权出让合同》是否生效及是否有效；《国有土地使用权出让合同》应否继续履行。

关于《国有土地使用权出让合同》是否生效及是否有效的问题。根据《国有土地使用权出让合同》第40条第2款的约定，该合同的生效条件为"本合同项下宗地出让方案尚须经山东省人民政府批准，本合同自山东省人民政府批准之日起生效"。经查，本案所涉及的"澳洲花园"项目是山东省青岛市人民政府在招商引资活动中引入的项目，该项目引进后，与该项目相关的立项、规划、用地等手续已经山东省青岛市人民政府有关职能部门批准。2002年12月26日山东省青岛市人民政府向山东省人民政府报送了《关于崂山区2002年第18批城市建设用地的请示》，该请示的内容包括了本案所涉及的土地。2003年2月19日，山东省人民政府以《关于青岛市崂山区2002年第18批次城市建设用地的批复》，批准了山东省青岛市人民政府的用地请示。至此，双方当事人所签订的《国有土地使用权出让合同》的生效条件已成就，该合同自山东省人民政府批复之日起生效。至于山东省青岛市人民政府报送的请示中是否包括合同约定的"出让方案"，不影响该合同的效力。崂山区国土局关于《国有土地使用权出让合同》没有生效的抗辩主张不成立，不予支持。双方当事人签订的《国有土地使用权出让合同》及《补充协议》内容合法，意思表示真实，为有效合同。

关于《国有土地使用权出让合同》应否继续履行的问题。南太公司按照《国有土地使用权出让合同》和《补充协议》的约定，付清了土地出让金和代征道路及绿化用地征地费，山东省青岛市人民政府有关职能部门为该项目办理了项目立项、规划、土地农转用、征用等手续，双方的合同义务已基本履行完毕。根据合同第15条的约定，今后只要崂山区国土局继续履行合同义务，依约为南太公司办理国有土地使用权证，合同目的即可得到实现。因此，南太公司请求崂山区国土局继续履行合同的主张，予以支持。

二审诉辩情况

崂山区国土局不服一审判决，向本院提起上诉，请求撤销一审判决，改判

驳回南太公司的诉讼请求,由南太公司负担本案一审、二审诉讼费及财产保全费。主要事实和理由是:

(一)一审判决认定崂山区国土局与南太公司所签《国有土地使用权出让合同》的生效条件已经成就不符合事实和法律规定

1. 本案所涉《国有土地使用权出让合同》是附生效条件的合同,所附条件并未成就。双方明确约定了合同的生效条件,即在《国有土地使用权出让合同》第40条约定:"本合同项下宗地出让方案尚须经山东省人民政府批准,本合同自山东省人民政府批准之日起生效。"在双方签订的《补充协议》第5条中也约定:崂山区国土局供地时间自本合同批准之日起。《合同法》第45条规定:"当事人对合同的效力可以约定附条件。附条件的合同,自条件成就时生效。"本案中双方约定的合同生效条件,即本合同项下宗地出让方案,山东省人民政府从未批复过。按国家法律规定,只有供地方案(包括出让方案)经过有批准权的人民政府批准后,市、县人民政府土地行政管理部门才能与土地使用者签订《国有土地使用权出让合同》。《中华人民共和国土地管理法实施条例》第22条明确规定:"建设单位持建设项目的有关批准文件,向市、县人民政府土地行政主管部门提出建设用地申请,由市、县人民政府土地行政主管部门审查,拟订供地方案,报市、县人民政府批准;需要上级人民政府批准的,应当报上级人民政府批准。供地方案经批准后,由市、县人民政府向建设单位颁发建设用地批准书。有偿使用国有土地的,由市、县人民政府土地行政主管部门与土地使用者签订国有土地有偿使用合同。"可见,供地方案的审批,是市、县人民政府土地行政主管部门签订土地出让合同的必经步骤,也是前置程序。在实践中,也存在先签合同后报批的情况。正因为有这种情况,由国土资源部和国家工商行政管理局监制的标准合同《国有土地使用权出让合同》才在开头部分"使用说明"第7条中指出:"合同第40条关于合同生效的规定中,宗地出让方案业经有权人民政府批准的,按照第1款规定生效;宗地出让方案未经有权人民政府批准的,按照第2款规定生效。"双方在签订《国有土地使用权出让合同》时,对第40条关于合同生效的规定作出了第2项选择,即"本合同项下宗地出让方案尚须经山东省人民政府批准,本合同自山东省人民政府批准之日起生效"。并且,根据《山东省实施〈中华人民共和国土地管理法〉办法》的规定,本案中的出让方案应当由山东省人民政府审批。实践中的做法是,土地使用者向建设项目当地市、县人民政府土地行政管理部门提出申请,由当地市、县人民政府土地行政管理部门拟订出让方案,报同级人民政府批准;需要报上级人民政府批准的,再报上级人民政府批准。根据1999年8月22日山东省人大常委会制定的《山东省实施〈中华人民共和国土地管理法〉办法》第24条规定:"占用土地8公顷以上的,由省人民政府批准。"这是山东省地方性法规关于建设项目使用国有建设用地审批权限的规定。本案项下合同出让土地的面积为15.27公顷,依法应由山东省人民政府批准。因本案所涉的出让方案至今没有得到山东省人民政府批准,因而合同的生效条件始终没有成就。

2. 一审判决混淆了政府对出让方案审批和对农用地转用审批这两个不同性质的审批,错误地认定对农用地转用的审批就是对出让方案的审批。通过和取得农用地转用的审批是形成供地方案的前提条件。供地方案包括划拨方案和出让方案。之所以需要对供地方案(包括出让方案)进行审批,是因为我国《城市房地产管理法》第11条规定:"土地使用权出让,由市、县人民政府有计划、有步骤地进行。出让的每幅地块、用途、年限和其他条件,由市、县人民政府土地管理部门会同城市规划、建设、房地产管理部门共同拟订方案,按照国务院规定,报有审批权的人民政府批准后,由市、县人民政府土地管理部门实施。"依照《建设用地审查报批管理办法》第10条第4款的规定,供地方案(包括出让方案)应当包括供地方式、面积、用途、土地有偿使用费标准、数额等。可见,对农用地转用的审批是对供地方案(包括出让方案)审批的前置程序,二者不能等同。而一审法院恰恰混淆了两者,在当事人已经在合同中明确约定以出让方案得到批准作为合同生效条件的情况下,错误地认为山东省人民政府批准山东省青岛市人民政府的农用地转用请示后,双方所签订《国有土地使用权出让合同》的生效条件就已经成就。山东省人民政府对青岛市人民政府的用地请示的批复,是对包括该《国有土地使用权出让合同》项下宗地在内的20万平方米的农用地转为建设用地的批复,并非是对出让方案的审批。一审判决认定双方当事人所签订的《国有土地使用权出让合同》的生效条件已成就,没有事实和法律依据。

(二)一审判决认定双方签订的《国有土地使用权出让合同》为有效合同不能成立

1. 双方签订的《国有土地使用权出让合同》严重违反了《城市房地产管理法》第8条"城市规划区内的集体所有的土地,经依法征用转为国有土地后,该幅土地的使用权方可有偿转让"的规定。山东省人民政府是在2003年2月19日《关于青岛市崂山区2002年第18批次城市建设用地的批复》中,同意青岛市将崂山区沙子口街道办事处20万平方米农用地转为建设用地。上述农用地转用后同意征用,用于青岛市城市建设。而本案所涉的《国有土地使用权出让合同》却早在2003年1月6日即已签订,其时农用地尚未被征用转为国有土地。建设用地须先征用后签订出让合同,这是房地产管理法的强制性规定。本案所涉的《国有土地使用权出让合同》违反了这一强制性规定。因此，该合同自始即没有法律效力。

2. 双方签订的《国有土地使用权出让合同》严重违反了国家关于招标拍卖挂牌出让国有土地使用权的相关强制性规定。国土资源部颁发的《招标拍卖挂牌出让国有土地使用权规定》早在 2002 年 7 月 1 日即已开始实施，而本案所涉的《国有土地使用权出让合同》在 2003 年 1 月 6 日才签订。《招标拍卖挂牌出让国有土地使用权规定》第 4 条规定："商业、旅游、娱乐和商品住宅等各类经营性用地，必须以招标、拍卖或者挂牌方式出让。"按照这一规定，本案《国有土地使用权出让合同》项下的土地必须通过招标、拍卖、挂牌的方式公开进行出让，而双方在《招标拍卖挂牌出让国有土地使用权规定》已实施半年后仍以协议方式签订《国有土地使用权出让合同》，出让国有土地用于住宅建设，违反了国家关于招标拍卖挂牌出让国有土地使用权的规定，也违反了国土资源部和监察部国土资发〔2002〕265 号《关于严格实行经营性土地使用权招标拍卖挂牌出让的通知》的相关规定。因此，该《国有土地使用权出让合同》属无效合同。

3. 除前述导致《国有土地使用权出让合同》无效的情形外，南太公司在签订《国有土地使用权出让合同》过程中还存在着与前崂山区国土局局长于志军恶意串通、损害国家利益的嫌疑。这一点从土地评估的过程中可窥见一斑。同以 2002 年 8 月 13 日为基准日，南太公司委托的青岛东部房地产评估咨询有限公司对本案项下土地的评估价格是每平方米 369.15 元，据此确认的南太公司应交纳的出让金为 56369943.3 元。崂山区国土局在处理群众对本案的举报中，又委托青岛衡元评估有限责任公司进行评估，评估的价格是每平方米 1001.9 元，如果据此要求南太公司交纳土地出让金，则应为 152992133.8 元。也就是说，每平方米的评估价格相差近 3 倍，土地出让金的差距更是达96622190.5 元之巨。根据《城市房地产市场估价管理暂行办法》第 10 条的规定，每个土地估价项目必须由两名以上的估价师承办，而南太公司委托的青岛东部房地产评估咨询有限公司的《土地估价报告》却是由一名估价师做出的。评估时的土地用途为综合用地，到了出让合同中就变成了住宅。而且，《国有土地使用权出让合同》使用说明中规定：合同第 4 条土地用途按《城镇地籍调查规程》规定的土地二级分类填写，属于综合用地的，应注明各类具体用途及所占的面积比例。双方签订的出让合同与规划和评估报告中的土地用途都不相同。

（三）一审法院以支持南太公司诉讼主张的判决结果，错误地否定了崂山区国土局贯彻中央和各级政府指示精神，对非法出让土地进行的纠偏行为鉴于改革开放以来，由于我国政府在土地管理上的经验不足和立法上的滞后，加之部分房地产商与个别官员相勾结，在暴利的诱惑下不惜采用非法手段攫取土地，造成国家土地出让秩序混乱，致使大面积土地进入个别人的控制范围，国有资产流失严重，国务院于2001年以来出台了一系列政策、法规，严格整顿和规范土地出让行为。本案就是在这种国家整顿和治理土地管理秩序的大背景下发生的。在山东省人民政府的高度重视下，山东省青岛市人民政府经对本案项下出让行为进行充分调查研究后，认定该宗地的出让属于非法出让，指示崂山区国土局依法进行查处，并将此出让行为认定为违法违规重点案件之一。

一审法院认定只要崂山区国土局依约为南太公司办理《国有土地使用权证》，合同目的即可实现，这是错误的。依照我国土地管理法规的规定，只有土地出让方案经过有权人民政府批准以后，土地管理部门才有权依照出让方案和相对方签订出让合同。就本案来讲，土地管理部门在签订合同以前没有经过有权人民政府批准，所以才约定出让方案经过有权人民政府批准以后合同才生效。而目前既然政府已经认定该宗地的出让是非法出让，政府就不会再批准该宗地的出让方案，崂山区国土局根本无法继续履行合同义务。如果按照一审法院的判决内容，为南太公司办理《国有土地使用权证》，则不仅否定了崂山区国土局在治理整顿土地市场秩序过程中针对向南太公司非法出让土地而进行的纠偏行为，与中央和各级政府的指示精神相冲突，而且也不符合相关法律法规的规定。因此，无论从《国有土地使用权出让合同》未生效及无效的法律层面上考虑，还是从贯彻中央和各级政府指示精神的层面考虑，双方签订的《国有土地使用权出让合同》均已没有履行的可能。如果二审法院不支持崂山区国土局的上诉请求，其结果是合同无法履行，当事人主张的权利也无法实现。故请求二审法院查清事实，实事求是地作出判决，即使认定合同有效，也要考虑到由于法律和事实上的障碍，崂山区国土局已经无法继续履行本案中的合同的事实，作出合法合理合情的判决。

（四）一审判决超越民事审判权限，扩大了判决范围，违反了"不告不理"的民事诉讼法准则

南太公司在民事诉状中提出的诉讼请求为两项：（1）判令崂山区国土局继续履行双方所签《国有土地使用权出让合同》；（2）判令崂山区国土局承担案件受理费、保全费及其他诉讼费用（庭审过程中，南太公司撤销了原来提出的要求判令崂山区国土局赔偿损失的诉讼请求）。可见，南太公司的实质性诉讼请求只有一项，即"继续履行《国有土地使用权出让合同》"，而一审判决除支持南太公司的诉讼请求外，又增加了一项崂山区国土局于判决生效后

30日内为南太公司办理《国有土地使用权证》。该判项内容，南太公司在起诉中并没有作为一项诉讼请求提出。一审法院超出当事人的诉讼请求作出判决，违反了"不告不理"的民事诉讼法准则。另外，颁发《国有土地使用权证》在性质上应属于崂山区国土局的行政行为，一审法院在民事案件审理和判决中无权判决当事人做出行政行为。因此，一审判决既超出了当事人的诉请范围，又超越了民事审判权限，应予撤销。

（五）一审判决在认定事实和适用法律方面还存在以下问题：

（1）混淆了山东省青岛市人民政府与崂山区国土局的关系，将山东省青岛市人民政府的行政行为视同为崂山区国土局的履行合同行为。本案中的项目不是山东省青岛市人民政府引入的项目。签订《开发"澳大利亚旅游观光度假村"联建合同书》的双方中没有山东省青岛市人民政府，而且所签合同违反了土地管理法的强制性规定，属于无效合同。（2）不合理地采取诉讼保全措施并判决崂山区国土局负担财产保全费。（3）错误地认定山东省青岛市人民政府有关的职能部门为该项目办理了项目立项、规划等手续，双方的合同义务已基本履行完毕。（4）没有采纳崂山区国土局在一审中提交的大量证据，也没有说明理由。

南太公司答辩称：崂山区国土局提起上诉依据的事实和理由不成立，请求驳回上诉，维持原判。主要事实和理由是：

（一）一审判决认定双方当事人所签订的《国有土地使用权出让合同》的生效条件已成就，符合事实和法律规定

1. 根据现行土地管理法和土地管理法实施条例等法律和行政法规的规定，国有土地使用权出让中，像本案所涉土地的情况，只有农用地转用方案、补充耕地方案、征用土地方案应当由省人民政府审批，而本案中山东省人民政府已以鲁政土字〔2003〕52号文就上述事项批复同意。

2. 正因为只有上述内容依法应由省人民政府审批，因此双方合同第40条关于合同的生效条件"本合同项下的宗地出让方案尚须经山东省人民政府批准，本合同自山东省人民政府批准之日生效"，只能是指对宗地出让方案中的农用地转用方案、补充耕地方案、征用土地方案的审批，其余事项山东省人民政府既无法律授予的审批权限，也无此义务。即使合同中用了"宗地出让方案"这个不确切的词，也只能依法确定其真实意思并据此审查合同是否生效。

3. 崂山区国土局在上诉状中，将供地方案、宗地出让方案及农用地转用方案、补充耕地方案、征用土地方案的审批，混淆不清，其认为本案所涉《国有土地使用权出让合同》不生效的理由不能成立。（1）供地方案的审批，并非双方合同约定的生效条件。（2）供地方案的审批机关依法并非山东省人

民政府，而是山东省青岛市崂山区人民政府。法律依据为《中华人民共和国土地管理法实施条例》第22条第2项规定。（3）崂山区国土局在上诉状中所有引用的法律条文，均没有供地方案（或其所称的出让方案）应由山东省人民政府批准的规定。其引用《山东省实施〈中华人民共和国土地管理法〉办法》第24条来论证供地方案的审批机关是山东省人民政府也是错误的，因为从该条所处的章节位置来看，该条规定的是农用地转用的审批权限，并非供地方案的审批权限。综上，一审判决认定出让合同设定的生效条件已成就是完全符合事实和法律规定的。

（二）一审判决认定双方当事人签订的《国有土地使用权出让合同》为有效合同是完全正确的

本案双方所签出让合同的内容并未违反法律和行政法规的强制性规定，合同的主体、客体、意思表示等各要素均合法。至于崂山区国土局在上诉状中列举的所谓违法问题，均是崂山区国土局对法律规定的任意曲解和有意回避法律规定造成的，依法根本不能成立。（1）崂山区国土局对房地产管理法的错误理解。该法第8条规定："城市规划区内的集体所有的土地，经依法征用转为国有土地后，该幅土地的使用权方可有偿出让。"该规定崂山区国土局任意曲解为"城市规划区内的集体所有的土地，经依法征用转为国有土地后，该幅土地的使用权方可签订出让合同（有偿出让）"。所以才得出"建设用地须先征用，后签订出让合同"的错误结论。该规定的立法本意是，强调集体所有的土地未经依法征用转为国有后，不能进行事实上的出让行为或产生出让的结果。也即该条款限制的是《土地使用权出让合同》的具体履行时间，并非是对《土地使用权出让合同》签订时间的限制，法律也不可能对合同的签订时间进行限制。况且，本案所涉出让合同签订时，约定了以土地征用等被批准为生效条件，该生效条件业已成就。崂山区国土局已与原土地所有权人签订土地征用合同，已经履行完毕。（2）崂山区国土局有意回避国家关于招标拍卖挂牌出让国有土地使用权的相关规定。崂山区国土局在论证本案所涉土地可否协议出让这一问题时，有意回避了国地发365号文，即国土资源部《关于进一步治理整顿土地市场秩序中自查自纠若干问题的处理意见》。该意见第3条专门对《招标拍卖挂牌出让国有土地使用权规定》实施前遗留问题进行了明确规定。根据该规定，本案所涉土地是可以协议出让的。崂山区国土局无视该365号文已颁布实施的事实，论证出让合同无效是错误的。（3）关于崂山区国土局提及的南太公司在签订出让合同过程中存在与前崂山区国土局局长于志军恶意串通、损害国家利益的嫌疑，纯属对南太公司的中伤。对于评估问题，在南太公司起诉到一审法院前1年多"调查时间"里，崂山区国土局从未向南太公司提起该问题，本案所涉土地的评估符合当时的法律规定。关于评估报告上应当由几个评估师署名，法律无明确规定。

（三）所谓"纠偏行为"与本案无关

举报的内容为南太公司是假外商，未投一分钱，土地付款超期，均与事实相悖。本案的土地本已通过了国务院五部委、省国土资源厅等部门的土地审查验收，因匿名举报人的恶意举报，引起所谓的"纠偏"。崂山区国土局竟不顾举报内容不实之事实，直奔收地主题。并且在举报到正式通知收地的过程中，崂山区国土局一次又一次找理由（不是举报中的理由）欲收回土地，当所找理由均不能成立时，才以最终书面通知的理由解除合同，而该解除理由与所谓的举报无关。

（四）一审判决并未超越审判范围

关于请求法院判令由崂山区国土局为南太公司办理《国有土地使用权证》的申请，南太公司在当庭宣读诉状第1项请求判令崂山区国土局继续履行双方所签合同时，特意明确了为南太公司办理《国有土地使用权证》这一继续履行合同的实质内容，并记录在案。因此，一审并未超越审判范围，并未违反"不告不理"原则。另外，颁发《国有土地使用权证》是崂山区国土局在民事合同中应尽的义务，该判决内容也未超出民事审判范围。

（五）一审判决并未混淆山东省青岛市人民政府与崂山区国土局的关系

本案所涉《国有土地使用权出让合同》中崂山区国土局的主要义务，就是提供土地和为南太公司办理土地证。上述义务履行涉及依法应办理的审批手续，是崂山区国土局履行上述义务的必经程序，也是其应尽义务。

（六）采取诉讼保全措施是正当必须的，其费用理应由崂山区国土局承担

本案在南太公司向崂山区国土局及其上级部门积极反映情况、要求公正合法处理过程中，崂山区国土局于2004年4月12日书面通知解除合同，并于同年6月18日办理退款手续，且限期为15天，否则依法处理。如果南太公司不采取保全措施，崂山区国土局完全可以提取土地款项并另行出让土地。故南太公司申请保全是必须的、正当的。

二审裁判结果

最高人民法院依照《中华人民共和国民事诉讼法》第153条第1款第3项之规定，判决如下：

一、撤销山东省高级人民法院〔2004〕鲁民一初字第9号民事判决；

二、驳回青岛南太置业有限公司关于继续履行合同的诉讼请求。一审案件受理费、财产保全费和二审案件受理费共计865569.16元，均由青岛市崂山区

国土资源局负担。

本判决为终审判决。

二审裁判理由

最高人民法院经审理认为：本案双方当事人在二审中争议的焦点问题有三个：一是双方签订的《国有土地使用权出让合同》是否生效；二是双方签订的《国有土地使用权出让合同》是否有效；三是一审判决是否违反"不告不理"民事诉讼原则。

1. 关于双方签订的《国有土地使用权出让合同》是否生效的问题。根据《中华人民共和国合同法》第45条规定，当事人对合同的效力可以约定附条件。附条件的合同，自条件成就时生效。所谓附条件的合同，是指当事人在合同中特别约定一定的条件，以条件是否成就作为合同效力发生的根据。合同所附条件，必须是将来发生的、不确定的事实，是当事人约定的而不是法定的，同时还必须是合法的。在我国，政府机关对有关事项或者合同审批或者批准的权限和职责，源于法律和行政法规的规定，而不属于当事人约定的范围。当事人将法律和行政法规规定的政府机关对有关事项或者合同的审批权或者批准权约定为附条件的合同中的条件，不符合合同法有关附条件的合同的规定。当事人将法律和行政法规没有规定的政府机关对有关事项或者合同的审批权或者批准权约定为附条件的合同中的条件，同样不符合合同法有关附条件合同的规定。根据合同法规定精神，当事人在订立合同时，将法定的审批权或者批准权作为合同生效条件的，视为没有附条件。将法律未规定为政府机关职责范围的审批权或者批准权作为包括合同在内的民事法律行为生效条件的，同样视为没有附条件，所附的"条件"不产生限制合同效力的法律效果。

根据一审法院和本院查明的事实，本案涉及的"澳洲花园"项目是山东省青岛市人民政府在招商引资活动中引入的项目，与该项目相关的立项、规划、用地等手续已经山东省青岛市人民政府有关职能部门及山东省青岛市崂山区人民政府有关职能部门陆续批准。2002年12月26日，山东省青岛市人民政府向山东省人民政府报送了《关于崂山区2002年第18批城市建设用地的请示》，内容中包括了本案所涉及的土地。2003年2月19日，山东省人民政府下发鲁政土字〔2003〕52号《关于青岛市崂山区2002年第18批次城市建设用地的批复》，同意青岛市将崂山区沙子口街道办事处20万平方米农用地转为建设用地。上述农用地转用后同意征用，用于青岛市城市建设。该批复还指出，要严格按照有关规定向具体建设项目提供用地，供地情况要经青岛市国土资源部门及时报山东省国土资源厅备案。这表明山东省人民政府对建设项目供地管理采取的是备案制而不是审批制,有关供地事项不需要报经山东省人民政府审批。

崂山区国土局与南太公司在《国有土地使用权出让合同》中约定"本合同项下宗地出让方案尚须经山东省人民政府批准,本合同自山东省人民政府批准之日起生效",虽然表明双方约定经山东省人民政府批准合同项下宗地出让方案作为《国有土地使用权出让合同》的生效条件,但该条件不属于我国合同法规定的附生效条件合同的条件,并且山东省人民政府在有关批复中明确指出,具体建设项目提供用地情况经青岛市国土资源部门及时报山东省国土资源厅备案,表明不需要报经批准。因此,双方关于合同项下宗地出让方案须经山东省人民政府批准生效的约定,对本案所涉《国有土地使用权出让合同》不产生限制合同效力的法律效果。崂山区国土局认为双方签订的《国有土地使用权出让合同》约定的合同生效条件未成就,以此为由主张所涉土地出让合同未生效,没有法律依据。一审法院认为山东省青岛市人民政府报送的请示中是否包括合同约定的"出让方案",不影响该合同的效力,适用法律是正确的。

2. 关于双方签订的《国有土地使用权出让合同》是否有效的问题。本案双方所签《国有土地使用权出让合同》,是在平等自愿基础上达成的协议,意思表示真实。根据自1999年1月1日起施行的《中华人民共和国土地管理法》第44条规定,建设占用土地,涉及农用地转为建设用地的,应当办理农用地转用审批手续。在土地利用总体规划确定的城市和村庄、集镇建设用地规模范围内,为实施该规划而将农用地转为建设用地的,按土地利用年度计划分批次由原批准土地利用总体规划的机关批准。在已批准的农用地转用范围内,具体建设项目用地可以由市、县人民政府批准。本案讼争土地已经山东省人民政府鲁政土字〔2003〕52号批复批准,属于已批准的建设用地,土地出让方案应由市、县人民政府批准。根据自1999年1月1日起施行的《中华人民共和国土地管理法实施条例》第22条规定,具体建设项目占用土地利用总体规划确定的城市建设用地范围内的国有建设用地的,需要市、县土地行政主管部门出具建设项目用地预审报告,由市、县人民政府批准土地行政主管部门拟订的供地方案,市、县人民政府批准供地方案后向建设单位颁发建设用地批准书,然后由市、县土地行政主管部门与土地使用者签订国有土地有偿使用合同。本案中,作为市、县一级土地行政主管部门的崂山区国土局与作为土地使用者的南太公司签订《国有土地使用权出让合同》之前,虽然没有颁发建设用地批准书,但这属于崂山区国土局在办理有关供地手续过程中程序的简化或者遗漏,不属于违反《中华人民共和国合同法》第52条规定导致合同无效的情形。

在崂山区国土局与南太公司于2003年1月6日签订《国有土地使用权出让合同》后不久，即2003年2月19日，山东省人民政府批准了合同项下宗地农用地转为建设用地的审批手续和征地手续，同时要求按照有关规定向具体建设项目提供用地并将供地情况报山东省国土资源厅备案。这表明双方签订的《国有土地使用权出让合同》项下的土地已经履行了农用地转为建设用地以及征地手续，符合《中华人民共和国土地管理法》规定的由市、县人民政府批准具体建设项目用地条件，不再需要将合同项下宗地出让方案报经山东省人民政府批准，合同项下宗地符合建设用地条件，可以进入土地出让市场。双方于2003年1月6日签订的《国有土地使用权出让合同》效力自此得到补正，符合《中华人民共和国合同法》第51条关于无处分权的人处分他人财产，订立合同后取得处分权的，该合同有效的规定精神。故崂山区国土局主张双方签订的《国有土地使用权出让合同》违反法律和行政法规的强制性规定，应认定为无效合同，于法无据，不予支持。

山东省人大常委会制定的《山东省实施〈中华人民共和国土地管理法〉办法》，是一部地方性法规；自2002年7月1日起施行的《招标拍卖挂牌出让国有土地使用权规定》，是国土资源部为加强土地管理而制定的部门规章。根据《中华人民共和国合同法》第52条第5项的规定和最高人民法院《关于适用〈中华人民共和国合同法〉若干问题的解释（一）》第4条"合同法实施以后，人民法院确认合同无效，应当以全国人大及其常委会制定的法律和国务院制定的行政法规为依据，不得以地方性法规、行政规章为依据"的规定，只有违反法律和行政法规强制性规定的合同才能被确认为无效，地方性法规和行政规章不能作为确认合同无效的依据。因此，崂山区国土局提出双方签订的《国有土地使用权出让合同》违反山东省人大常委会制定的地方性法规和国土资源部制定的部门规章，应认定为无效的请求，于法无据，不予支持。此外，按照国家有关规定，在2002年7月1日前未经市、县政府前置审批或者签订书面项目开发协议而在此后协议出让经营性用地的，应当按照有关规定改为以招标拍卖挂牌方式出让。崂山区国土局提出其出让讼争土地的行为违反有关行政管理规定需要完善招标拍卖挂牌手续，无法继续履行《国有土地使用权出让合同》，属于对相关合同的变更或者解除，影响到相关合同能否实际履行以及是否解除的问题，不影响和限制合同的效力，不是认定合同无效的理由和依据。

根据崂山区国土局提供的已经生效的山东省泰安市中级人民法院于2005年1月13日作出的〔2004〕泰刑二初字第20号刑事判决书认定，路国强在2001年8月签订《国有土地使用权预约协议》后，送给于志军价值3万元的购物卡。于志军于2003年1月以购车为由，向路国强索要33万元。于志军利用时任崂山区国土局局长职务的便利条件受贿和索贿，是其个人犯罪行为，已由有关法院对其追究了相应的刑事责任。崂山区国土局与南太公司签订《国有土地使用权预约协议》和《国有土地使用权出让合同》，是具体落实山东省青岛市人民政府有关招商引资项目，于志军在签订有关协议时虽然担任崂山区国土局局长，但不具有决定有关协议和合同是否签订的权力和责任。作为时任崂山区国土局局长的于志军，在签订有关协议后向对方索要33万元购车款的事实，不能证明崂山区国土局与南太公司签订有关国有土地使用权预约协议和出让合同时，恶意串通损害国家利益。没有证据证明崂山区国土局与南太公司在签订《国有土地使用权出让合同》过程中存在恶意串通损害国家利益的情形。故崂山区国土局以此为由主张认定有关国有土地使用权出让合同无效，证据不足，不予采信。

关于本案所涉土地的评估是否符合有关规定的问题。崂山区国土局主张其在处理群众对本案的举报中委托青岛衡元评估有限责任公司同以2002年8月13日为基准日，对本案项下土地的评估价格，与当时作为签订出让合同价款依据的青岛东部房地产评估咨询有限公司对本案项下土地的评估价格相差很大，以此为由主张土地使用权出让合同无效，并未对鉴定机构的鉴定资质提出异议。南太公司委托评估的鉴定机构由两名土地估价人员进行评估，符合有关规定。崂山区国土局委托评估时的土地用途为住宅用地，双方签订出让合同之前南太公司委托评估的土地用途为综合用地。因此，虽然同是以2002年8月13日为基准日，但由于鉴定结论出自不同的鉴定机构和鉴定人员，评估时间不同，土地用途不同，土地评估价格会出现较大差异。双方在国有土地使用权预约合同中约定的土地用途是综合用地，但山东省青岛市规划局于2002年2月4日下发的青规函字〔2002〕84号《建设工程规划审查意见书》载明意见，根据山东省青岛市人民政府批复的沙子口镇总体规划，该项目用地规划性质为居住用地，开发性质与规划用地性质相符，同意选址建设。因此，在双方签订《国有土地使用权出让合同》之前南太公司委托评估土地用途为综合用地，在签订《国有土地使用权出让合同》中将土地用途变成住宅，属于崂山区国土局与南太公司通过签订合同的形式对部分条款内容的变更，与《中华人民共和国土地管理法》第56条关于建设单位使用国有土地的，应当按照土地使用权出让等有偿使用合同的约定或者土地使用权规划批准文件的规定使用土地的内容不相冲突。双方签订的《国有土地使用权出让合同》与规划和评估报告中的土地用途不相同，如果可能导致土地使用权出让金低于订立合同时当地政府按照国家规定确定的最低价的，属于影响国有土地使用权出让合同价格条款效力的因素，但不导致国有土地使用权出让合同无效。

3. 关于一审判决是否违反"不告不理"民事诉讼原则的问题。经查，南太公司在一审当庭宣读起诉状第 1 项请求判令崂山区国土局继续履行双方所签合同时，特意明确了办理《国有土地使用权证》这一继续履行合同的实质内容，并有一审庭审笔录佐证。按照双方在《国有土地使用权出让合同》第 15 条第 2 款约定，崂山区国土局应依法为南太公司办理出让土地使用权登记，颁发《国有土地使用权证》。这是崂山区国土局基于双方签订的《国有土地使用权出让合同》而应尽的合同义务，属于继续履行合同义务范畴。一审法院对此进行审理并作出判决，没有超出民事审判范围，并未违反"不告不理"民事诉讼原则。

在对当事人的上述三个争议焦点问题做出评判之后，本案还面临着双方签订的《国有土地使用权出让合同》如何处理的问题。从双方当事人在本案一审和二审中的诉辩情况看，当事人争议的焦点问题始终围绕本案所涉《国有土地使用权出让合同》的效力问题。在经法院审理确认崂山区国土局主张合同未生效、无效的理由不成立的情况下，从本案的具体情况看，还存在一个合同权利义务是否应当终止的问题，或者说合同应否解除问题。民事主体从事民事活动，除必须遵守法律外，在法律没有规定的情况下还应当遵守国家政策。按照国家有关规定，在 2002 年 7 月 1 日前未经市、县政府前置审批或者签订书面项目开发协议，而在此后协议出让经营性用地的，应当按照有关规定改为以招标拍卖挂牌方式出让。本案所涉项目用地在 2002 年 7 月 1 日前只取得计划立项而未取得《建设用地规划许可证》，不属于已进行了前置审批情形；在 2002 年 7 月 1 日前，双方当事人虽然签订了联建合同书和国有土地使用权预约协议，但未签订书面项目开发协议，故本案讼争用地不符合国家有关规定确定的历史遗留问题可以协议方式出让的范围。南太公司在一审中提出的请求法院判令崂山区国土局继续履行《国有土地使用权出让合同》，立即为南太公司颁发国有土地使用权证，因本案讼争国有土地使用权需要按照国家有关规定改为以招标拍卖挂牌方式出让，属于国家政策性要求。崂山区国土局未严格执行国家有关政策通过招标拍卖挂牌方式出让本案讼争土地使用权，是造成双方签订的《国有土地使用权出让合同》无法继续履行的原因。这一政策方面的程序要求虽不导致本案所涉《国有土地使用权出让合同》无效，但却造成该合同在客观上无法继续履行，故南太公司要求判令崂山区国土局继续履行《国有土地使用权出让合同》的诉讼请求难以支持，一审判决相关判项应予撤销，对南太公司的该项诉讼请求应予驳回。根据有关法律规定精神，解除权在实体方面属于形成权，在程序方面则表现为形成之诉，在没有当事人依法提出该诉讼请求的情况下，人民法院不能依职权径行裁判。该《国有土地使用权出让合同》的解除或者权利义务终止及其法律责任承担问题，须通过独立的诉讼请求予以保护。本案中，南太公司始终未就此问题提出诉讼请求。限于本案当事人的诉讼请求和二审案件的审理范围，本院对此问题不予审理。

综上所述，崂山区国土局上诉主张本案所涉《国有土地使用权出让合同》未生效、无效的理由不能成立，认为一审判决违反民事诉讼原则的理由亦不能成立。因双方签订的《国有土地使用权出让合同》事实上无法继续履行，南太公司要求判令继续履行该合同的诉讼请求难以支持，一审判决相关判项应予撤销，南太公司的该项诉讼请求应予驳回。本案所涉《国有土地使用权出让合同》是否应当依法予以解除及其法律后果承担问题，当事人可依法另行解决。由于双方纠纷成讼以及南太公司关于继续履行合同的诉讼请求不能得到支持，是崂山区国土局的行为造成的，崂山区国土局应当为诉讼成本付出代价，即承担本案的全部诉讼费用。

41. 在土地使用权出让过程中，挂牌出让公告这一行为属于要约还是要约邀请？

要约，是当事人一方向对方发出的希望与对方订立合同的意思表示，其对象通常为特定的人；要约邀请是指希望他人向自己发出要约的意思表示，其对象可能为不特定主体。《合同法》规定，"寄送的价目表、拍卖公告、招标公告、招股说明书、商业广告等为要约邀请"。刊登于报纸上的挂牌出让公告与拍卖公告、招标公告相同，亦是向不特定主体发出的以吸引或邀请相对方发出要约为目的的意思表示，其实质是希望竞买人提出价格条款，其性质应认定为要约邀请。

典型疑难案件参考

时间集团公司诉浙江省玉环县国土局土地使用权出让合同纠纷案

基本案情

2002年11月7日，玉环县国土资源局（以下简称国土局）在《玉环报》上刊登了《玉环县国土资源局国有土地使用权挂牌出让公告》（以下简称《挂牌出让公告》），主要内容：经玉环县人民政府批准，国土局定于2002年11

月21日8时到同年12月4日15时,在玉环县地产交易窗口挂牌出让下列一宗国有土地使用权:(1)该地块位于玉环县珠港镇坎门鱼港花礁岩填海开发工程区域,开发编号为2002-005号,面积25.9434公顷,用途为混合住宅用地(商住混合),土地使用年限为70年;容积率不大于1.5,绿化率不小于35%,日照间距为1:1.1以上,建筑密度在30%以下,在取得土地使用权之日起5年内完成建设;(2)该地块挂牌起拍价为4300万元,成交地价在成交后付40%,余额在合同中约定付清;(3)凡具有资金实力,并能在规定时间完成建设的中华人民共和国境内外的公司、企业和其他组织均可参加竞买;(4)报名时间:2002年11月1日至同年11月20日15时止;报名地点:玉环县地产交易窗口;报名须带资料:注册资本在1亿元(注册到位5000万元)以上的营业执照副本原件,加盖公章的法定代表人证明书;(5)参加竞买者在报名时须交纳保证金2000万元;(6)挂牌时间:2002年11月21日8时始至同年12月4日15时止;挂牌地点:玉环县地产交易窗口。《玉环县国土资源局国有土地使用权挂牌出让须知》(以下简称《挂牌出让须知》)第13条载明:"挂牌期限届满,按照下列规定确定是否成交:(1)在挂牌期限内只有一个竞买人报价,且报价高于底价并符合其他条件的,挂牌成交;(2)在挂牌期限内有两个或两个以上的竞买人报价的,出价最高者为竞得人;报价相同的,先提交报价单者为竞得人,但报价低于底价者除外;(3)在挂牌期限内无应价者或竞买人的报价均低于底价或均不符合其他条件的,挂牌不成交;(4)在挂牌期限截止时仍有两个或两个以上的竞买人要求报价的,出让人可以决定实行现场竞价,也可另行确定时间实行拍卖竞价,出价最高者为竞得人。"2002年11月20日,国土局收到时间房地产建设集团有限公司(以下简称时间公司)的"挂牌出让竞买申请书",该申请书载明:"经认真审阅贵局国有土地使用权挂牌出让文件,我们愿意遵守国有土地挂牌出让文件的要求和规定,决定申请参加贵局2002年11月21日至同年12月4日在玉环县地产交易所窗口进行的国有土地使用权挂牌出让竞买。"同日,时间公司依约汇入玉环县土地储备中心2000万元,国土局出具了浙江省行政事业单位往来收据一份,确认收到该笔款项。次日,时间公司向国土局提供了"挂牌出让竞买报价单",报价为5000万元。

2001年12月14日,浙江渝汇置业有限公司(以下简称渝汇公司)与国土局签订《国有土地使用权出让草签合同》,该合同第4条、第7条约定:"本合同项下出让宗地的用途为《浙江省玉环县坎门湾风景区总体开发规划(草案)》一期投资的海景花园小区";"本合同项下宗地的土地使用权出让金为每平方米人民币165元,总额为4400万元"。同年12月18日,渝汇公司汇入浙江省玉环县坎门渔港开发中心100万元，该中心确认收到该款项；2002年10月17日，渝汇公司汇入玉环县财政局1120万元；同日，渝汇公司又汇入玉环县财政局200万元；次日，渝汇公司汇入玉环县财政局300万元；同年11月14日，渝汇公司向国土局提供了《关于将应退土地转让金转为土地挂牌保证金的报告》，要求将上述款项直接转为挂牌竞买保证金；同年11月18日，国土局法定代表人王伍勇书面同意转为保证金；同年11月20日，渝汇公司汇入玉环县土地储备中心280万元，同日，国土局出具收到该笔款项的收据；同年11月22日，该款项进入玉环县土地储备中心账户；同年11月21日，渝汇公司向国土局提供了"挂牌出让竞买报价单"，报价为5100万元。

2002年11月20日，国土局将"玉环海滨新城金港湾（2002-005号海域开发宗地）挂牌出让底价为5700万元，计人民币伍仟柒佰万元整"的底价函保存在玉环县公证处。

2002年11月20日，浙江省国土资源厅接到举报称国土局在当日坎门渔港金海湾土地挂牌出让中有不规范、暗箱操作行为后，查明该宗土地正在上报审批而未获批准，要求国土局在未经依法批准前停止挂牌。同年11月22日，国土局分别向时间公司、渝汇公司发出了《关于对2002-005号海域开发宗地停止挂牌出让的通知》，该通知载明："根据浙江省国土资源厅意见，玉环海滨新城金港湾，即开发编号为2002-005号海域开发宗地，未经省厅批准，不得进行挂牌出让。故本局停止对2002-005号海域开发宗地的挂牌出让，若重新挂牌，另行公告。"同日，国土局将2000万元退还给时间公司。时间公司收到上述通知和款项后，于同年12月6日发给国土局《关于对2002-005号海域开发宗地停止挂牌出让通知的复函》，认为"贵局的发布公告及接受挂牌押金和我公司挂牌报价的行为是民事法律行为，对双方都具有法律约束力，贵局擅自停止挂牌的行为已违反了我国的有关法律规定，应属无效行为。我公司现要求贵局恢复挂牌，将该块土地依法出让。若贵局一意孤行，我公司将依法要求贵局双倍返还挂牌押金，并赔偿相应的经济损失。请贵局在收到函后于5个工作日内给予答复，否则，我公司将依法对贵局提起诉讼。"

另：一审法院根据时间公司的申请，于2003年5月22日委托浙江省高级人民法院司法鉴定处（以下简称司法鉴定处）对下列事项进行鉴定：（1）2002年11月20日挂牌出让底价为5700万元的函件的真实性，即该函件上的打印字体及函件上国土局的印章是否系2002年11月20日或在此以前所写、所盖；（2）2002年11月21日"挂牌出让竞买报价单"上打印字体、书写字体和渝汇公司的印章是否在2002年11月21日或在此以前所写、所盖。2003年6月27日，司法鉴定处发了退卷函，结论为"样本材料不足，且鉴定技术条件限制,故无法做出鉴定结论"。双方对该函件无异议,但时间公司认为应送更权威部门进行鉴定,故再次提出申请。

一审诉辩情况

时间公司向浙江省高级人民法院提起诉讼称:2002年11月7日,国土局在《玉环报》上刊登出《挂牌出让公告》,载明经玉环县人民政府批准,国土局挂牌出让开发编号为2002-005号、面积25.9434公顷、用途为混合住宅用地、土地使用年限为70年的国有土地使用权。根据公告的要约,时间公司于2002年11月20日向国土局提交了注册资金为10089万元的营业执照副本,并交纳了挂牌押金2000万元。2002年11月21日,时间公司在国土局规定的挂牌地点玉环县地产交易窗口依法参加挂牌竞投活动,并于当日14时30分挂出了5000万元报价的竞买单。2002年11月22日,国土局以该开发宗地未经浙江省国土资源厅批准为由,通知时间公司对该开发宗地停止挂牌出让,拒绝与时间公司订立国有土地使用权出让合同。时间公司认为,根据国家法律规定:"商业、旅游、娱乐和商品住宅等各类经营性用地,必须以招标、拍卖或挂牌方式出让",而国土局作为唯一代表国家出让国有土地的部门,在未经有权部门批准发布挂牌公告后又取消挂牌,按照常理,是不可能的事情,国土局对此恶意毁约行为应承担全部法律责任。时间公司已取得了本次挂牌的最高报价,是本次挂牌的竞得人。根据2001年11月11日台州市人民政府第74号令即《台州市国有土地使用权出让招标拍卖管理办法》(以下简称台州市政府令)第29条之规定,时间公司交纳的2000万元履约保证金,是时间公司、国土局约定的在签订国有土地使用权出让合同之前的立约定金,根据《中华人民共和国担保法》(以下简称《担保法》)第89条、第90条之规定,国土局应双倍返还。根据《中华人民共和国民法通则》第4条、《中华人民共和国合同法》(以下简称《合同法》)第5条所规定的公平原则和国土资源部、监察部于2002年8月26日颁布的《关于严格实行经营性土地使用权招标拍卖挂牌出让的通知》的精神,为了防止国有资产流失,国土局不得改变《挂牌出让公告》和《挂牌出让须知》中确定的报名主体的条件,应尽速补办相关手续,继续履行公告所确定的义务。故时间公司请求:(1)判令国土局继续履行合同,将开发编号为2002-005号开发宗地出让给时间公司;(2)判令国土局双倍返还时间公司所交的约定为定金性质的保证金计4000万元(已返还2000万元);(3)由国土局承担案件受理费。

国土局答辩称:(1)2002年11月7日的《挂牌出让公告》就法律性质而言,是向不特定的多数人所发出的要约邀请,并不是要约,因此,国土局在发出该公告后,根据浙江省国土资源厅的指令撤销该具有要约邀请性质的出让公告,不是毁约行为,更谈不上继续履行合同的问题。(2)国土局停止对该开发宗地的挂牌出让,不是出于恶意,而是为了执行浙江省国土资源厅的指令和遵守程序的规定。2002年11月21日,国土局不只收到了时间公司的"挂牌出让竞买报价单",还收到了渝汇公司的"挂牌出让竞买报价单",且时间公司并不是本次挂牌的最高报价者。时间公司在报名后,当场向国土局索要挂牌材料,因当时在国土局办理事务的人较多,国土局工作人员无法分身,国土局要求时间公司在30分钟后再来领取材料,遭到了时间公司的无端怀疑,时间公司当即向浙江省国土资源厅举报,称国土局暗箱操作。鉴于此次挂牌竞买有人举报,加之未经批准就将土地挂牌出让违反了《中华人民共和国土地管理法》(以下简称《土地管理法》)的有关规定,故在浙江省国土资源厅的干预下,国土局向时间公司发出了停止挂牌的通知。可见,在此次停止挂牌出让的问题上,国土局不存在任何恶意。(3)不论是国土局所发布的《挂牌出让公告》,还是国土局出具的行政事业单位往来款收据,均明确记载时间公司于2002年11月20日向国土局支付的2000万元只是保证金,并不是定金,时间公司将保证金说成是定金,缺乏法律依据。故请求驳回时间公司的诉讼请求。

▶一审裁判结果

一审法院根据《合同法》第15条、《担保法》第90条、担保法若干问题解释第118条、《中华人民共和国民事诉讼法》第64条之规定,判决如下:驳回时间公司的诉讼请求。案件受理费360010元,由时间公司负担。

▶一审裁判理由

一审法院认为,关于2000万元是保证金还是定金的问题,根据《担保法》第90条规定"定金应当以书面形式约定。当事人在定金合同中应当约定交付定金的期限。定金合同从实际交付定金之日起生效"。而从本案的证据来看,双方当事人之间没有签订过任何形式的定金合同或定金条款。从双方挂牌出让的有关文件来看,只约定了2000万元的保证金。而最高人民法院《关于适用〈中华人民共和国担保法〉若干问题的解释》(以下简称《担保法若干问题解释》)第118条规定"当事人交付留置金、担保金、保证金、订约金、押金或订金等,但没有约定定金性质的,当事人主张定金权利的,人民法院不予支持",从该规定来看,时间公司主张定金权利,缺乏法律依据。约定,是指双方当事人之间意思表示一致,而台州市政府令是独立于当事人意思表示之外的行政规章,据此,时间公司认为台州市政府令的内容就是双方当事人之间意思表示的内容的理由,不能成立。关于双方当事人之间国有土地使用权出让合同是否成立的问题,合同法第15条第1款明确规定"要约邀请是希望他人向自己发出要约的意思表示。寄送的价目表、拍卖公告、招标公告、招股说明书、商业广告等为要约邀请"。据此,本案的挂牌公告系要约邀请,而非要约。时间公司诉称本案系要约的理由不能成立。2002年11月21日,时间公司的报价系要约。根据中华人民共和国国土资源部2002年5月9日颁布的《招标拍卖挂牌出让国有土地使用权规定》第19条的规定"挂牌期限届满,按照下列规定确定是否成交:(1)在挂牌期限内只有一个竞买人报价,且报价高于底价,并符合其他条件的,挂牌成交;(2)在挂牌期限内有两个或两个以上的竞买人报价的,出价最高者为竞得人;报价相同的,先提交报价单者为竞得人,但报价低于底价者除外;(3)在挂牌期限内无应价者或竞买人的报价均低于底价或均不符合其他条件的,挂牌不成交。在挂牌期限截止时仍有两个或两个以上的竞买人要求报价的,出让人应当对挂牌宗地进行现场竞价,出价最高者为竞得人"。而本案国土局在未经依法批准前,擅自挂牌出让国有土地使用权,浙江省国土资源厅责令停止挂牌,在此情况下,既没有确定时间公司为中标人,也没有与其签订确认书,国土局尚未作出承诺,据此,双方之间的合同关系尚未成立。时间公司诉称双方之间已形成合同关系的理由不能成立。鉴于2002年11月20日挂牌出让底价为5700万元的函件及2002年11月21日"挂牌出让竞买报价单"非本案主要证据,对其认定与否对本案实体处理没有影响,故对时间公司要求对上述两份证据再次申请鉴定不予支持。关于双方之间的国有土地使用权出让合同是否有效的问题,双方之间的国有土地使用权出让合同关系尚未成立,因此,不存在国有土地使用权出让合同的效力问题。至于本次挂牌出让行为的效力问题,《土地管理法》、《中华人民共和国城市房地产管理法》(以下简称《城市房地产管理法》)、《中华人民共和国土地管理法实施条例》、《城市房地产开发经营管理条例》等法律法规对土地出让的权限范围均未作规定,但浙江省人大常委会颁布的于2000年7月5日施行的《浙江省实施〈中华人民共和国土地管理法〉办法》第21条规定"在已批准的农用地转用范围内和原有建设用地范围内,具体建设用地按照下列规定办理审批手续:(一)2公顷以下的建设项目用地,由县(市)人民政府土地行政管理部门审核,报同级人民政府批准,并报设区的市和省人民政府土地行政主管部门备案;(二)2公顷以上5公顷以下的建设项目用地,由设区的市人民政府土地行政主管部门审核,报同级人民政府批准,并报省人民政府土地行政主管部门备案;其中杭州、宁波两市人民政府可以批准2公顷以上6公顷以下的建设项目用地;(三)杭州、宁波两市6公顷以上、其他设区的市5公顷以上的建设项目用地，由省人民政府土地行政主管部门审核，报省人民政府批准。具体建设项目需要占用土地利用总体规划确定的国有未利用地的，按照前款规定办理审批手续。法律、行政法规另有规定的除外"。而讼争地块达25.9434公顷，依据上述规定，应报省政府批准，而国土局在挂牌出让公告以前，未报经省政府批准，这种挂牌行为也是无效的。综上，一审法院认为，国土局的挂牌出让行为未经浙江省人民政府批准，该挂牌出让行为是无效的；在挂牌过程中，经浙江省国土资源厅制止，国土局停止了挂牌出让行为，未确认时间公司为中标单位，对时间公司的报价行为未作出承诺，双方之间的合同关系尚未成立，时间公司要求判决双方继续履行合同，将讼争地块出让给时间公司的诉讼请求，缺乏法律依据，不予支持；双方之间也未约定时间公司所交2000万元为定金性质，据此，时间公司要求双倍返还定金的诉讼请求不予支持。

二审诉辩情况

时间公司不服一审判决，向本院提起上诉称：一审判决认定事实不清，证据不足，适用法律错误，请求撤销一审判决，依法支持时间公司起诉请求并判令国土局承担本案诉讼费用。主要事实和理由是：（1）一审判决基本事实认定错误。时间公司应为本次挂牌竞买唯一合法竞买人，国土局虚拟了案外人渝汇公司参与本次挂牌竞买的事实。本次挂牌交易不存在底价，国土局串通地方公证处出具了虚假底价证明。国土局在挂牌公告前已就涉案土地与渝汇公司签订出让合同，挂牌公告系为渝汇公司"量身定做"。（2）一审判决适用法律不当。①一审判决混淆了挂牌出让法律关系与国有土地使用权出让法律关系。②时间公司与国土局之间挂牌出让合同关系已经形成，国土局国有土地使用权挂牌出让行为应为有效。《合同法》第15条第1款并没有排除挂牌公告作为要约的情形，本案挂牌公告明确表示将与出价最高者订立合同，符合《合同法》关于构成要约的全部要件。时间公司是唯一具备资格的竞买人，且其报价5000万元高于起拍价4300万元，在没有继续竞价的情况下，该报价是针对国土局要约的有效承诺。浙江省国土资源厅的电话通知属国土资源行政系统内部非规范行政行为，不影响双方当事人之间挂牌出让法律关系的效力。根据城市房地产管理法的规定，本案讼争宗地应由玉环县人民政府批准，国土局具体实施出让，因此，国土局是唯一有权组织讼争宗地实施出让的政府机构，符合有关土地使用权出让主体的法律规定。根据最高人民法院《关于适用〈中华人民共和国合同法〉若干问题的解释（一）》第4条的规定，一审法院将浙江省人大常委会颁布的地方性法规作为法律依据确认国土局所实施的挂牌出让行为无效显属不当。③在通过有效挂牌行为确定了交易对象和交易价格后，双方国有土地使用权出让合同已经成立，未经有关部门批准属效力待定。一审法院关于讼争宗地必须经有关部门批准才能挂牌出让以及双方国有土地使用权出让合同未成立的观点于法无据。④时间公司在挂牌交易过程中向国土局缴纳的2000万元保证金在法律上应认定为立约定金，一审判决认为其不是定金，定性不当。依据台州市政府令第29条之规定，在台州市国有土地使用权出让活动中保证金的性质属于定金，这是台州市政府在此类活动中作为平等民事主体的公开、真实的意思表示，非一审法院所认定的是政府颁布行政规章的行为。根据担保法若干问题解释第118条之规定，时间公司缴纳的2000万元保证金在性质上属于定金，应当适用担保法关于定金罚则的相关规定。国土局要求时间公司缴纳该2000万元的目的是为防止时间公司在竞标成功后不按规定订立出让合同并支付相应价款，同时，根据《中华人民共和国招标投标法》第60条之规定，如果中标人拒绝签订土地出让合同，该保证金是不予退还的，显然该笔保证金在本案中具有担保正式订立合同的立约定金性质，因此，国土局应当继续履行合同，否则，应承担双倍返还定金的责任。

国土局答辩称：一审判决认定事实清楚，适用法律正确，请求驳回上诉，维持原判。主要事实和理由是：(1)时间公司不是本次挂牌出让唯一合法的竞买人，且同样符合竞买人条件的渝汇公司所提的报价明显高于时间公司报价。时间公司将政府有关部门提供的原始凭证、出具的证明说成是"伪造"，没有依据。(2)本次挂牌存在底价。《挂牌出让须知》第13条和国土局存于玉环县公证处内的底价原件充分说明在挂牌前双方已明确了本次挂牌存在底价且底价不可能为事后虚构。(3)依照法律规定，挂牌公告为向不特定的人所发出的要约邀请，国土局不可能对时间公司未达底价的报价进行承诺，也不可能与时间公司签订确认书，故时间公司关于合同已成立的诉讼请求，缺乏事实和法律依据，不能成立。(4)本次挂牌为国土局作为政府职能部门严格按照行政规章的规定进行国有土地使用权出让活动的举措，不存在时间公司所称的为渝汇公司"量身定做"的问题。国土局与渝汇公司草签出让合同是在国土资源部发布《招标拍卖挂牌出让国有土地使用权规定》之前。(5)时间公司所支付的2000万元保证金不能解释为带有担保性质的定金，不应双倍返还。挂牌公告只规定2000万元为履约保证金，双方之间没有对保证金做过定金性质的约定，也从未订立过任何专门的定金合同或定金条款。台州市政府令第29条因不具立法权限、内容性质迥然等原因不能作为处理本案的法律依据。(6)本案事实不符合效力待定合同法定情形。国土局未经有权机关批准而将讼争土地挂牌出让，违反了《土地管理法》和《合同法》的规定，其挂牌行为应当认定无效。

本院二审查明，至二审庭审结束时止，玉环县珠港镇坎门鱼港花礁岩填海开发工程区域即开发编号为2002-005号的国有土地使用权出让仍未获浙江省人民政府批准。

二审期间，时间公司当庭提交一份新证据，即玉环县人民政府常务会议纪要（〔2003〕4号），以证明国土局在本案尚未了结的情况下，就准备将涉案土地继续以协议方式出让给渝汇公司，缺乏履行挂牌义务的起码诚意。国土局认为该份证据已过举证时限，不予发表质证意见。

二审裁判结果

一审判决认定事实清楚，适用法律正确。根据《中华人民共和国民事诉讼法》第153条第1款第1项之规定，判决如下：驳回上诉，维持原判；二审案件受理费360010元，由时间公司负担240010元，国土局负担120000元。本判决为终审判决。

二审裁判理由

最高人民法院认为：时间公司与国土局之间国有土地使用权出让合同关系是否已成立的问题，是时间公司请求继续履行合同的前提，也是国土局承担合同责任的基础。对这一问题的判定应综合挂牌出让公告的法律性质、本案是否存在承诺、国土局承担责任的法律根据等三方面内容进行确定。关于挂牌出让公告的法律性质是要约邀请还是要约的问题，其区分标准应首先依照法律的规定。《合同法》第15条载明拍卖公告和招标公告的法律性质为要约邀请，本案刊登于报纸上的挂牌出让公告与拍卖公告、招标公告相同，亦是向不特定主体发出的以吸引或邀请相对方发出要约为目的的意思表示，其实质是希望竞买人提出价格条款，其性质应认定为要约邀请。时间公司于2002年11月21日所做的报价应为本案要约。时间公司诉称挂牌出让公告即为要约的主张缺乏法律依据，不能成立。《合同法》对要约邀请的撤回未作条件限制，在发出要约邀请后，要约邀请人撤回要约邀请，只要没有给善意相对人造成信赖利益的损失，要约邀请人一般不承担法律责任。要约邀请不形成合同关系，撤回要约邀请亦不产生合同上的责任。因此，时间公司要求国土局继续挂牌并与之签订国有土地使用权出让合同的主张于法无据，不予支持。关于本案是否存在承诺的问题，2002年11月22日，即时间公司与渝汇公司虽已报价但未开始竞价的次日，浙江省国土资源厅以"未经依法批准，擅自挂牌出让国有土地使用权"为由，责令国土局停止挂牌，从而使正在进行中的缔约行为因事实原因的出现而发生中断，此时，挂牌出让程序中的竞价期限尚未届满，国有土地使用权出让合同的主要条款即讼争宗地使用权的价格未能确定，国土局尚未对时间公司的报价作出承诺，双方关系仍停留于缔结合同过程中的要约阶段，因此，本案合同因尚未承诺而没有成立，双方当事人之间没有形成合同关系。时间公司主张存在有效承诺，双方之间已形成合同关系的理由不能成立。因本案合同未成立，故时间公司认为其与国土局之间存在效力待定合同的主张亦不予支持。关于国土局承担责任的法律根据问题，本案正在进行中的国有土地使用权挂牌交易，不仅于挂牌之时未获审批且至本院二审庭审结束时止该宗国有土地使用权出让仍未获浙江省人民政府批准，从而造成时间公司期待缔结国有土地使用权出让合同的目的不能实现，国土局对此存在过错，应承担相应的缔约过失责任。在缔约阶段所发生的信赖利益的损失，必须通过独立的赔偿请求予以保护。本案二审期间，虽然国土局同意承担缔约过失的赔偿责任，但时间公司直至二审庭审结束前仍坚持要求国土局承担继续履行合同或双倍返还保证金的责任，未就国土局缔约过失致其损失提出赔偿请求，限于当事人的诉讼请求和二审案件的审理范围，对此问题，本院不予审理。鉴于本案当事人之间的合同关系尚未成立，一审判决驳回时间公司要求国土局承担合同责任的诉讼请求，适用法律并无不当。至于《挂牌出让公告》和《挂牌出让须知》所规定的2000万元保证金是否为定金的问题，该2000万元在本案《挂牌出让公告》中载明为"保证金"，双方并未约定为定金。担保法及担保法若干问题解释中规定了定金和保证金的界定标准，即当事人主张保证金为定金的前提是双方有明确约定。时间公司所引用的台州市政府令第29条将保证金作为定金处理的规定，因其既不是双方当事人的约定，又不符合法律的相关规定，该政府令不能作为本案认定2000万元保证金为定金的法律依据。一审判决认定本案2000万元保证金不是定金，适用法律正确。时间公司关于该2000万元保证金应为担保正式订立合同的立约定金，国土局应予以双倍返还的主张，缺乏事实和法律依据，本院不予支持。时间公司在二审期间提出的对渝汇公司的报价单和国土局的底价单的真实性进行重新鉴定，对渝汇公司是否实际交纳2000万元保证金的事实进行调查的请求，因对本院认定双方当事人之间的合同并未成立没有影响，故不予支持。

建设用地使用权出让合同纠纷办案依据集成

1.《中华人民共和国物权法》（2007年3月16日主席令第62号公布）（节录）

第一百三十八条 采取招标、拍卖、协议等出让方式设立建设用地使用权的，当事人应当采取书面形式订立建设用地使用权出让合同。

建设用地使用权出让合同一般包括下列条款：

（一）当事人的名称和住所；

（二）土地界址、面积等；

（三）建筑物、构筑物及其附属设施占用的空间；

（四）土地用途；

（五）使用期限；

（六）出让金等费用及其支付方式；

（七）解决争议的方法。

第一百三十九条 设立建设用地使用权的，应当向登记机构申请建设用地使用权登记。建设用地使用权自登记时设立。登记机构应当向建设用地使用权人发放建设用地使用权证书。

第一百四十条 建设用地使用权人应当合理利用土地，不得改变土地用途；需要改变土地用途的，应当依法经有关行政主管部门批准。

第一百四十一条 建设用地使用权人应当依照法律规定以及合同约定支付出让金等费用。

第一百四十二条 建设用地使用权人建造的建筑物、构筑物及其附属设施的所有权属于建设用地使用权人，但有相反证据证明的除外。

2.《中华人民共和国土地管理法》（2004年8月28日修正）（节录）

第四十三条 任何单位和个人进行建设，需要使用土地的，必须依法申请使用国有土地；但是，兴办乡镇企业和村民建设住宅经依法批准使用本集体经济组织农民集体所有的土地的，或者乡（镇）村公共设施和公益事业建设经依法批准使用农民集体所有的土地的除外。

前款所称依法申请使用的国有土地包括国家所有的土地和国家征收的原属于农民集体所有的土地。

第五十四条 建设单位使用国有土地，应当以出让等有偿使用方式取得；但是，下列建设用地，经县级以上人民政府依法批准，可以以划拨方式取得：

（一）国家机关用地和军事用地；

（二）城市基础设施用地和公益事业用地；

（三）国家重点扶持的能源、交通、水利等基础设施用地；

（四）法律、行政法规规定的其他用地。

第五十五条　以出让等有偿使用方式取得国有土地使用权的建设单位，按照国务院规定的标准和办法，缴纳土地使用权出让金等土地有偿使用费和其他费用后，方可使用土地。

自本法施行之日起，新增建设用地的土地有偿使用费，百分之三十上缴中央财政，百分之七十留给有关地方人民政府，都专项用于耕地开发。

第五十六条　建设单位使用国有土地的，应当按照土地使用权出让等有偿使用合同的约定或者土地使用权划拨批准文件的规定使用土地；确需改变该幅土地建设用途的，应当经有关人民政府土地行政主管部门同意，报原批准用地的人民政府批准。其中，在城市规划区内改变土地用途的，在报批前，应当先经有关城市规划行政主管部门同意。

第五十七条　建设项目施工和地质勘查需要临时使用国有土地或者农民集体所有的土地的，由县级以上人民政府土地行政主管部门批准。其中，在城市规划区内的临时用地，在报批前，应当先经有关城市规划行政主管部门同意。土地使用者应当根据土地权属，与有关土地行政主管部门或者农村集体经济组织、村民委员会签订临时使用土地合同，并按照合同的约定支付临时使用土地补偿费。

临时使用土地的使用者应当按照临时使用土地合同约定的用途使用土地，并不得修建永久性建筑物。

临时使用土地期限一般不超过二年。

第五十八条　有下列情形之一的，由有关人民政府土地行政主管部门报经原批准用地的人民政府或者有批准权的人民政府批准，可以收回国有土地使用权：

（一）为公共利益需要使用土地的；

（二）为实施城市规划进行旧城区改建，需要调整使用土地的；

（三）土地出让等有偿使用合同约定的使用期限届满，土地使用者未申请续期或者申请续期未获批准的；

（四）因单位撤销、迁移等原因，停止使用原划拨的国有土地的；

（五）公路、铁路、机场、矿场等经核准报废的。

依照前款第（一）项、第（二）项的规定收回国有土地使用权的，对土地使用权人应当给予适当补偿。

3.《中华人民共和国城市房地产管理法》(2009年8月27修正)(节录)

第八条　土地使用权出让，是指国家将国有土地使用权（以下简称土地使用权）在一定年限内出让给土地使用者，由土地使用者向国家支付土地使用权出让金的行为。

第九条　城市规划区内的集体所有的土地，经依法征用转为国有土地后，该幅国有土地的使用权方可有偿出让。

第十条　土地使用权出让，必须符合土地利用总体规划、城市规划和年度建设用地计划。

第十一条　县级以上地方人民政府出让土地使用权用于房地产开发的，须根据省级以上人民政府下达的控制指标拟订年度出让土地使用权总面积方案，按照国务院规定，报国务院或者省级人民政府批准。

第十二条　土地使用权出让，由市、县人民政府有计划、有步骤地进行。出让的每幅地块、用途、年限和其他条件，由市、县人民政府土地管理部门会同城市规划、建设、房产管理部门共同拟定方案，按照国务院规定，报经有批准权的人民政府批准后，由市、县人民政府土地管理部门实施。

直辖市的县人民政府及其有关部门行使前款规定的权限，由直辖市人民政府规定。

第十三条　土地使用权出让，可以采取拍卖、招标或者双方协议的方式。

商业、旅游、娱乐和豪华住宅用地，有条件的，必须采取拍卖、招标方式；没有条件、不能采取拍卖、招标方式的，可以采取双方协议的方式。

采取双方协议方式出让土地使用权的出让金不得低于按国家规定所确定的最低价。

第十四条　土地使用权出让最高年限由国务院规定。

第十五条　土地使用权出让，应当签订书面出让合同。

土地使用权出让合同由市、县人民政府土地管理部门与土地使用者签订。

第十六条　土地使用者必须按照出让合同约定，支付土地使用权出让金；未按照出让合同约定支付土地使用权出让金的，土地管理部门有权解除合同，并可以请求违约赔偿。

第十七条　土地使用者按照出让合同约定支付土地使用权出让金的，市、县人民政府土地管理部门必须按照出让合同约定，提供出让的土地；未按出让合同约定提供出让的土地的，土地使用者有权解除合同，由土地管理部门返还土地使用权出让金，土地使用者并可以请求违约赔偿。

第十八条　土地使用者需要改变土地使用权出让合同约定的土地用途的，必须取得出让方和市、县人民政府城市规划行政主管部门的同意，签订土地使用权出让合同变更协议或者重新签订土地使用权出让合同，相应调整土地使用权出让金。

第十九条　土地使用权出让金应当全部上缴财政，列入预算，用于城市基础设施建设和土地开发。土地使用权出让金上缴和使用的具体办法由国务院规定。

第二十条　国家对土地使用者依法取得的土地使用权，在出让合同约定的使用年限届满前不收回；在特殊情况下，根据社会公共利益的需要，可以依照法律程序提前收回，并根据土地使用者使用土地的实际年限和开发土地的实际情况给予相应的补偿。

第二十一条　土地使用权因土地灭失而终止。

第二十二条　土地使用权出让合同约定的使用年限届满，土地使用者需要继续使用土地的，应当至迟于届满前一年申请续期，除根据社会公共利益需要收回该幅土地的，应当予以批准。经批准准予续期的，应当重新签订土地使用权出让合同，依照规定支付土地使用权出让金。

土地使用权出让合同约定的使用年限届满，土地使用者未申请续期或者虽申请续期但依照前款规定未获批准的，土地使用权由国家无偿收回。

第二十三条　土地使用权划拨，是指县级以上人民政府依法批准，在土地使用者缴纳补偿、安置等费用后将该幅土地交付其使用，或者将土地使用权无偿交付给土地使用者使用的行为。

依照本法规定以划拨方式取得土地使用权的，除法律、行政法规另有规定外，没有使用期限的限制。

第二十四条 下列建设用地的土地使用权，确属必需的，可以由县级以上人民政府依法批准划拨：

（一）国家机关用地和军事用地；

（二）城市基础设施用地和公益事业用地；

（三）国家重点扶持的能源、交通、水利等项目用地；

（四）法律、行政法规规定的其他用地。

第二十八条 依法取得的土地使用权，可以依照本法和有关法律、行政法规的规定，作价入股，合资、合作开发经营房地产。

第三十二条 房地产转让、抵押时，房屋的所有权和该房屋占用范围内的土地使用权同时转让、抵押。

二、建设用地使用权转让合同纠纷

42. 在未支付全部土地使用权出让金并未取得土地使用权证书的情况下将土地使用权转让，此转让合同是否有效？

以出让方式取得土地使用权的一方尚未按照出让合同的约定支付全部土地使用权出让金和取得土地使用权证书时将该土地使用权转让，只要该转让行为得到国土部门的同意或者事后追认，且受让方已支付全部土地使用权出让金，根据《合同法》第88条"当事人一方经对方同意，可以将自己在合同中的权利和义务一并转让给第三人"的规定，应当认为该转让合同有效。

典型疑难案件参考

贵阳兴龙有限责任公司诉中国石油化工股份有限公司贵州贵阳修文石油支公司土地使用权转让纠纷案

基本案情

2002年12月20日，兴龙公司与贵州省贵阳市修文县国土资源局签订《国有土地使用权出让合同》，约定：县国土资源局将修文县修文大道南侧面积1200平方米的国有土地以48万元价款出让给兴龙公司，用途为综合用地，兴龙公司在向县国土资源局支付全部土地使用权出让金后领取《建设用地批准书》，取得土地使用权，修建完工后换发《国有土地使用证》。2002年3月18日，兴龙公司向县国土资源局支付了土地使用权出让金5万元。2003年10月30日，兴龙公司与石化公司签订《加油站用地转让合同》及《补偿协议》，约定：兴龙公司将上述土地使用权转让给石化公司，并将土地使用权出让合同等相关手续交给石化公司，其余的土地出让金由石化公司直接向县国土资源局支付，石化公司补偿兴龙公司8万元（在加油站的修建过程中分期支付），合同及协议自双方签字并经公证之日起生效。合同签订后，兴龙公司将《国有土地使用权出让合同》的原件及其支付土地出让金5万元的收据交给了石化公司。同日，石化公司向县国土资源局支付其余土地使用权出让金43万元。2005年1月7日，石化公司又向县国土资源局支付土地增值部分出让金1.2万元。同日，县国土资源局向石化公司颁发了该宗土地的〔2005〕修国土资建字第02号《建设用地批准书》,有效期为2005年1月至2006年1月。同时,石化公司着手修建加油站的准备工作,于2005年向当地有关部门办理修建加油站的立项审批手续,由修文县国土资源局、贵阳市公安消防支队、修文县环境保护局三部门在石化公司的《加油站新建申请表》上签署同意意见。2005年9月8日,修文县发展与改革局向贵阳市经贸委行文《关于申请恢复修建修文县修文大道加油站立项的请示》,请示审批由石化公司修建修文大道加油站项目。2006年1月18日,《修文县人民政府办公会议纪要》明确:关于石化公司加油站规划选址的有关事宜议定"鉴于白云至修文至久长的高等级公路可行性研究报告尚未完成,该段公路与贵毕高等级公路连接点尚未确定,决定缓议"。为此,石化公司暂停加油站的修建准备工作。

2006年5月30日,兴龙公司向一审法院起诉,以"双方土地转让合同未经公证尚未生效,未办理土地变更手续,石化公司取得的《建设用地批准书》已超期失效"为由,请求确认其与石化公司签订的土地转让合同无效。一审期间,兴龙公司于2006年8月25日对县国土资源局提起行政诉讼,以"县国土资源局颁发的〔2005〕修国土资建字第02号《建设用地批准书》所依据的《加油站用地转让合同》未生效,县国土资源局的颁证行为侵害了兴龙公司的合法权益"为由,请求撤销县国土资源局做出的颁发该《建设用地批准书》的具体行政行为。在行政诉讼中,县国土资源局未提交证据,但答辩称"对于该宗土地,兴龙公司只交土地出让金5万元,其余43万元出让金是石化公司交纳,石化公司持其与兴龙公司签订的土地转让合同申请办理土地使用批准手续,因而县国土资源局向石化公司颁发《建设用地批准书》是符合法律法规规定的,目前该《建设用地批准书》确已过期"。2006年10月20日,县人民法院〔2006〕修行初字第20号行政判决书以"县国土资源局在举证期限内未提供做出其被诉具体行政行为的证据和所依据的规范性文件,视为县国土资源局的被诉具体行政行为没有相应的证据"为由,判决撤销县国土资源局做出该《建设用地批准书》的具体行政行为,该行政判决已生效。

一审诉辩情况

原告诉称:2002年12月20日,原告与修文县国土资源局签订《国有土地使用权出让合同》,约定国土资源局将修文明阳大道南侧1200平方米的国有土地以48万元的价款出让给兴龙公司。2003年10月30日,兴龙公司与被告签订《加油站用地转让合同》、《补偿协议》,约定原告将前述土地转让给被告,除原告已交付的5万元土地出让金外,剩余土地出让金由被告直接向国土资源局交付,并约定合同及协议自双方签字并经公证之日起生效。由于双方签订的土地转让合同未经公证尚未生效,双方又未办理土地变更手续,且被告取得的《建设用地批准书》已超期失效,因而该土地转让合同应为无效。请求:(1)确认双方签订的土地转让合同无效;(2)被告退还1200平方米土地使用权给原告;(3)由被告补偿原告经济损失4万元。

被告辩称:双方的土地使用权转让合同已实际履行,县国土局对双方的转让行为已认可并收取了被告交纳的土地出让金43万元及土地增值费12000元,原告亦早已知晓被告办理了《建设用地批准书》,这些行为表明双方已变更了合同须经公证才生效的约定,合同已无须公证,故原告已将其与国土局签订的出让合同转让给被告,原告的请求没有事实依据和法律依据,请求法院驳回原告的诉讼请求。

一审裁判结果

一审法院依照《中华人民共和国城市房地产管理法》第37条第1项、第38条第1款第1项,《中华人民共和国合同法》第52条第5项、第56条之规定,判决如下:

一、原告贵阳兴龙有限责任公司与被告中国石油化工股份有限公司贵州贵阳修文石油支公司于2003年10月30日签订的《加油站用地转让合同》及《补偿协议》无效;

二、驳回原告贵阳兴龙有限责任公司的其余诉讼请求。案件受理费10210元,由原告贵阳兴龙有限责任公司负担5105元,由被告中国石油化工股份有限公司贵州贵阳修文石油支公司负担5105元。

一审裁判理由

一审法院认为:当事人订立合同应当遵守法律、行政法规,《城市房地产管理法》第38条第1款规定"以出让方式取得土地使用权的,转让房地产时,应当符合下列条件:(一)按照出让合同约定已经支付全部土地使用权出让金,并取得土地使用权证书……"。兴龙公司在未支付完土地使用权出让金及未取得土地使用权证书的情况下,与石化公司签订《加油站用地转让合同》及《补偿协议》将土地使用权转让给石化公司,违反了上述法律的强制性规定,系无效合同。兴龙公司请求石化公司返还土地使用权,因其尚未取得本案争议土地的使用权,故对其该诉请不予支持。兴龙公司主张的直接损失4万元,因其未举证证明,亦不予支持。

二审诉辩情况

宣判后,石化公司不服,提起上诉称:其与兴龙公司所签订的《加油站用地转让合同》为有效合同，原审适用法律错误，请求二审撤销原判决，改判驳回被上诉人兴龙公司的诉讼请求。（1）双方的土地使用权转让合同已实际履行，国土局对双方的转让行为已认可并收取了石化公司交纳的土地出让金43万元及土地增值费1.2万元，这些行为表明双方已变更了合同经公证生效的约定，同时表明国土部门也认可石化公司作为土地使用权受让人的身份；（2）根据最高人民法院《关于审理涉及国有土地使用权合同纠纷案件适用法律问题的解释》第9条"转让方未取得出让土地使用权证书与受让方订立合同转让土地使用权，起诉前转让方已经取得出让土地使用权证书或者有批准权的人民政府同意转让的，应当认定合同有效"的规定，应认定本案合同有效。

被上诉人兴龙公司答辩称：一审判决正确，请求二审驳回上诉，维持原判。

二审裁判结果

二审法院依照《中华人民共和国民事诉讼法》第153条第1款第2项的规定，判决如下：

一、撤销贵州省贵阳市中级人民法院〔2006〕筑民二初字第95号民事判决；

二、驳回贵阳兴龙有限责任公司的诉讼请求。一、二审案件受理费各10210元，共计20420元，由贵阳兴龙有限责任公司负担。

二审裁判理由

二审法院认为：兴龙公司在与修文县国土资源局签订《国有土地使用权出让合同》后，与石化公司签订的《加油站用地转让合同》、《补偿协议》是双方当事人在平等、自愿、协商基础上达成的意思表示一致的行为。根据该《加油站用地转让合同》、《补偿协议》约定的内容，兴龙公司实际上是将其在《国有土地使用权出让合同》中的权利和义务一并转让给了石化公司，即通过对国有土地出让合同中权利及义务一并转让的方式间接转让国有土地使用权。此后修文县国土资源局收取了石化公司交付的土地使用权出让金43万元及土地转让增值部分出让金12000元，并为石化公司颁发了《建设用地批准书》，这表明修文县国土资源局同意兴龙公司将其在《国有土地使用权出让合同》中的权利义务一并转让给石化公司，并以颁发《建设用地批准书》的形式确认了石化公司取得相应土地使用权。根据《中华人民共和国合同法》第88条"当事人一方经对方同意，可以将自己在合同中的权利和义务一并转让给第三人"的规定，对兴龙公司将其在国有土地出让合同中的权利及义务一并转让给石化公司的行为,应认定为有效。同时,由于国有土地使用权受让方将国有土地使用权出让合同中的权利和义务一并转让的行为,仍然包含国有土地使用权转让的因素,因而判断该行为是否有效,还应适用《中华人民共和国城市房地产管理法》第37条第1项、第38条第1款第1项的规定,即转让以出让方式取得的国有土地使用权的,转让方应当具备已支付全部土地使用权出让金、取得土地使用权证书两个条件。在本案中,石化公司既承接了兴龙公司在国有土地使用权出让合同中的受让人地位,同时其还是与兴龙公司有国有土地使用权转让关系的受让人。虽然兴龙公司只支付国有土地使用权出让金5万元,也未取得国有土地使用权证书,但是石化公司在承接了兴龙公司在国有土地使用权出让合同中的权利和义务后,支付了土地出让金43万元,修文县国土资源局已收取了在国有土地使用权出让合同中约定的全部土地使用权出让金48万元,且石化公司还直接取得了《建设用地批准书》。由于《建设用地批准书》是人民政府土地行政主管部门对建设用地单位在建设项目尚未修建完工前取得土地使用权的确认,对《建设用地批准书》可待建设项目修建完工后换发《国有土地使用权证》,故《建设用地批准书》具有临时土地使用权证书的效力,因而至此本案已符合《中华人民共和国城市房地产管理法》第38条第1款第1项规定的国有土地使用权转让应当具有"已支付全部土地使用权出让金"、"已取得土地使用权证书"的实质要求,故对兴龙公司与石化公司通过对国有土地使用权出让合同中权利与义务一并转让的方式间接转让土地使用权的行为,应当认定为有效。虽然修文县国土资源局作出的颁发《建设用地批准书》的具体行政行为在事后进行的行政诉讼中被撤销,但是人民法院撤销该具体行政行为的理由是"修文县国土资源局在举证期限内未提供作出其被诉具体行政行为的证据和所依据的规范性文件,视为修文县国土资源局的被诉具体行政行为没有相应的证据",即该具体行政行为是因为行政机关在行政诉讼中的诉讼态度及诉讼行为而导致被撤销,因而该行政诉讼对另一法律关系的评判,不能从根本上影响对本案民事法律关系的认定,不能否认修文县国土资源局同意兴龙公司将国有土地使用权出让合同中的权利和义务一并转让给石化公司的客观事实。另外,本院在二审期间经走访修文县国土资源局,该局至今仍认可和同意兴龙公司与石化公司之间的转让行为。因而,一审对本案适用《中华人民共和国城市房地产管理法》第38条第1款第1项的规定并无不当,但是一审未充分认识本案事实的特殊性,未能正确识别本案所涉及的法律关系实质,从而未能正确地适用该法律规定,对此二审予以改判。至于兴龙公司与石化公司在《加油站用地转让合同》、《补偿协议》中约定"本合同协议自双方签字并经公证之日起生效",由于在以上合同签订后,兴龙公司按照合同的约定将相关手续（包括《国有土地使用权出让合同》的原件及其交付土地出让金5万元的收据等）交给了石化公司，同时石化公司也依照约定向修文县国土资源局交付了其余土地使用权出让金43万元，这说明双方以实际行为变更了合同经公证生效的条款，根据《中华人民共和国合同法》第36条规定"法律、行政法规规定或者当事人约定采用书面形式订立合同，当事人未采用书面形式但一方已经履行主要义务，对方接受的，该合同成立"、第37条规定"采用合同书形式订立合同，在签字或者盖章之前，当事人一方已经履行主要义务，对方接受的，该合同成立"确立的原理，应当认定本案当事人双方签订的合同已成立并生效。因而，兴龙公司关于"合同未经公证未生效，因而合同无效"的理由与法理相悖，不能成立。兴龙公司还主张"双方未办理土地变更手续，因而合同无效"，由于兴龙公司并未实际取得争议土地的土地使用权证书，因而双方之间不存在办理土地使用权变更手续问题，故兴龙公司的该项理由不能成立。另外，兴龙公司主张"石化公司取得的《建设用地批准书》已超期失效，因而合同无效"，由于石化公司取得的《建设用地批准书》是否因超期而失效的问题与双方当事人之间签订的《加油站用地转让合同》、《补偿协议》是否有效的问题并无必然联系，并且石化公司已为修建该加油站做了大量准备工作，其未能在〔2005〕修国土资建字第02号《建设用地批准书》的有效期内修建加油站，是因为当地政府规划的原因而暂停，故兴龙公司所持该理由也不能成立。上诉人石化公司关于"双方以实际行为改变了合同经公证生效的约定，国土部门已认可了双方的转让行为，因而合同应当有效"的上诉理由成立，二审予以采纳。

综上所述，兴龙公司与石化公司签订的《加油站用地转让合同》、《补偿协议》已成立生效，其中涉及国有土地使用权转让部分并未违反我国法律的禁止性规定，兴龙公司主张该合同无效的理由均不能成立，故对其请求确认该合同无效的诉讼请求应予以驳回，同时对其基于合同无效的主张而提出的其他诉讼请求也应当驳回。一审判决适用法律错误，二审予以改判。

43. 为逃避土地使用权转让税费而签订的虚假土地使用权出让合同应如何处理？

为逃避应交纳的土地使用权转让有关税费而签订虚假的土地使用权有偿出让合同的，损害了国家的利益，属无效民事行为。

典型疑难案件参考

吴圣远诉武夷山国家旅游度假区建设发展总公司等案

基本案情

因原告承包第三人坐落在武夷山国家旅游度假区7JHJ、8JHJ、9JHJ道路工程，第三人以土地支付工程款，双方于2000年1月3日签订了《武夷山国家旅游度假区国有土地使用权有偿出让项目用地合同书》。合同约定，甲方（第三人）提供给乙方（原告）的土地坐落在武夷山国家旅游度假区，土地面积为11亩，地价每亩21万元，总计地价款231万元，乙方以7JHJ、8JHJ、9JHJ路工程款对抵。因该合同尚在履行中，故原告尚未取得该土地使用权。2000年8月14日，原、被告为转让第三人出让给原告的11亩土地中的2.5亩土地而签订土地使用权转让协议书。双方约定以每亩19万元人民币成交该2.5亩的土地使用权，总金额为47万元，付款方式为：协议签字即日原告付给被告30万元，2000年12月31日再付10万元，余款7万元被告在2001年6月30日前一次性付清。协议书签订后被告于2000年8月15日支付原告30万元，2001年1月20日支付10万元，2001年7月8日支付3万元，合计支付地价款43万元。2000年8月24日，第三人就原、被告签订的协议书，又与被告签订武夷山国家旅游度假区国有土地使用权有偿出让项目用地合同书。该合同约定的转让标的物与被告约定的转让标的物一致，但每亩地价为21万元，总计地价款52.5万元，双方还约定，被告在用地合同签订后10日内支付总地价款52.5万元，逾期未付清，甲方有权解除合同。该合同签订后，并无实际履行意义，因为三方另外约定，实际上的履行义务在原、被告之间，即由被告付清原告款项后，再由原告与第三人进行结算，全部款项履行完毕后，第三人才能协助原、被告办理有关土地使用权转让过户登记手续。三方当事人签订合同后，由于被告未按约定时间支付地价款，原告向本院提起诉讼。

诉辩情况

原告诉称：2000年1月31日，原告与第三人签订国有土地使用权有偿出让项目用地合同书，第三人将坐落在武夷山国家旅游度假区北侧7号路面积11亩的土地使用权转让给原告，但未变更土地使用权权属。同年8月14日，原告又与被告签订土地使用权转让协议书，原告将其中的2.5亩土地使用权以每亩19万元的价款转让给被告，同月24日第三人与被告就原告转让给被告的土地使用权签订国有土地使用权有偿出让项目用地合同书，该合同约定"在用地合同签订后10天内支付总地价款人民币52.5万元，逾期未付清，甲方

(第三人)有权解除合同",因此,从有效合同角度分析,被告已经违约,因被告未按合同约定交清地价款,而原、被告及第三人之间的合同都是基于原、被告之间的转让关系而发生的,原告享有不可争议的解除合同履行的民事权利。从客观事实看,原告未依法办理土地使用权权属变更登记手续,即未领取土地使用证,原、被告之间的土地使用权转让合同无效,故请求法院依法解除原、被告之间的土地使用权转让协议书和被告与第三人签订的土地使用权出让合同。

被告辩称:(1)从原、被告之间签订的协议书看,原告提出的诉请不能成立,因为:其一,原告解除合同的理由是依照被告与第三人签订的合同为依据,属张冠李戴,证据应用混淆;其二,原、被告订立的协议书没有约定解除合同的条款;其三,原、被告履行合同中没有出现法律规定可以解除合同的条件。(2)从被告与第三人签订的合同看,原告提出解除诉请也不能成立,因为:其一,原告不是该合同的当事人,无权对他人订立的合同行使解除权;其二,原告诉讼中利用第三人与被告的约定不能成立,因为第三人并不向被告收取地价款,而是与原告对抵工程款。(3)被告在履行合同中没有违约。因为原告曾口头承诺:尾款随时付清或动工前付清。2001年7月8日,原告到被告处,要钱时明确表示:下个月我再来拿1万元,余款你说今年12月底付就12月底付,这属于双方另有约定,故被告并未违约。综上所述,原、被告签订的协议和第三人与被告签订的合同均是当事人的真实意思表示,被告在履行合同时没有违约行为,也没解除合同的条件,请求驳回原告的诉讼请求。

第三人述称:第三人与被告签订的合同是以原、被告之间签订的合同出现为依据的,第三人只是协助他们办理手续而已,而原、被告之间的纠纷与第三人无关,因为第三人只与原告之间有合同关系。

裁判结果

武夷山市人民法院依照《中华人民共和国城市房地产管理法》第36条、第37条第1款第6项,《中华人民共和国民法通则》第58条第1款第4项、第5项和第2款、第61条第1款,《中华人民共和国合同法》第52条第1款第2项、第5项、第58条的规定,作出如下判决:

一、原告吴圣远与被告韩福强于2000年8月14日签订的土地使用权转让协议书无效;

二、被告韩福强与第三人武夷山国家旅游度假区建设发展总公司于2000年8月24日签订的《武夷山国家旅游度假区国有土地使用权有偿出让项目用地合同书》无效;

三、原告吴圣远应在本判决书生效之日起 10 日内返还被告韩福强土地使用权转让金 43 万元,并按中国人民银行规定的同期同类贷款利息计算该款交付之日至返还之日的利息给被告人韩福强;

四、本案受理费 10260 元,由原告负担 5130 元、被告负担 3078 元、第三人负担 2052 元。

> **裁判理由**

一审法院经审理认为:原告与第三人签订土地使用权有偿出让合同后,未依法登记领取土地使用证,不是该土地的合法使用权人,原、被告之间的土地使用权转让行为违反了国家的法律、法规规定,属无效民事行为。被告和第三人明知原告未依法登记领取土地使用证,为了逃避应交纳的土地使用权转让有关税费而签订虚假的土地使用权有偿出让合同书,损害了国家的利益,亦为无效的民事行为。无效的民事行为,从行为开始起就没有法律约束力,当事人因该行为取得的财产,应当返还给受损失的一方。被告因该行为尚未取得土地使用证,亦未使用该土地,故原告没有受到损失,而原告因该行为已经取得了被告的 43 万元土地使用权转让金,应当返还给被告,并赔偿被告的利息损失。由于原、被告及第三人明知该行为违法,亦损害国家利益而为之,故三方当事人均有过错,其中原告应承担主要过错责任,故受理费的负担按过错原则分担。原告提出的解除合同的诉请不符合法律规定的情形,应按照法律规定的无效合同的处理原则进行。

44. 已设定抵押的土地使用权能否转让?

根据《担保法》第 49 条的规定,抵押期间抵押人转让抵押物应当通知抵押权人,否则转让行为无效;《物权法》第 191 条亦规定抵押期间转让抵押物须经抵押权人同意。其立法目的是为了确保抵押权人的利益不受侵害。但《担保法司法解释》第 67 条和《物权法》第 191 条也规定,未经通知或者未经抵押权人同意转让抵押物的,如受让方代为清偿债务消灭抵押权的,转让有效。即受让人可通过行使涤除权涤除转让标的物上的抵押权负担,从而使转让行为有效。上述相关立法和司法解释的指导思想是要在抵押权人和抵押人、受让抵押标的物的第三人之间实现利益平衡,既充分保障抵押权不受侵害,又不过分妨碍财产的自由流转,充分发挥物的效益。

而从合同法的角度看，转让方对转让标的负有权利瑕疵担保责任，其主动告知转让土地上的权利负担，并承诺由其在不影响开发进度的前提下先行解除抵押，该承诺构成合同中的负担行为，即承担义务的行为，符合意思自治和合同自由原则，且确保了抵押权人的利益不受侵害，与《担保法》、《物权法》和《担保法司法解释》的立法本意和制度设计不相抵触。因此，在此种情形下，宜认定双方的约定有效，合同有效成立。

典型疑难案件参考

重庆索特盐化股份有限公司与重庆新万基房地产开发有限公司土地使用权转让合同纠纷案

基本案情

索特公司在重庆市万州区观音岩1号拥有4块商用地使用权，并将上述土地抵押给相关银行用于贷款担保，抵押期限自2005年至2011年。2005年12月1日，新万基公司与索特公司签订了《金三峡花园联合开发协议》（以下简称《联合开发协议》），在上述土地上联合开发金三峡花园。约定：第1条，索特公司现已将上述土地抵押给某银行融资贷款，同意在约定时间内将该土地的抵押权解除。第2条，以新万基公司出资、索特公司出土地使用权，共同投资、共享利润的方式，共同进行房地产开发。第4条，新万基公司承诺按项目开发需要逐步投入开发资金，首期资金500万元在合同签订之日起7个工作日内到位，用于前期开发筹备工作。索特公司承诺，本项目所涉及的土地已办理的抵押手续应在不影响开发进度的前提下办理解除抵押的相关手续，并保证不存在其他权利瑕疵，也没有被司法机关查封或被行政机关限制。若第三人对该地块权益提出主张，或权属手续不完善，或有权属障碍，由索特公司负责解决，并独自承担其费用，由此给新万基公司造成的损失，索特公司应承担违约责任。第5条，新万基公司提供合作项目的全部建设资金不低于4亿元，索特公司提供合作项目合法取得的全部建设用地。第6条，新万基公司对索特公司的办公大楼进行四星级酒店的改造升级，改造金额3100万元，改造后，其产权归索特公司所有。第9条，土地上的建筑物、构筑物由新万基公司负责拆除。第10条，本协议签订后，索特公司违约不与新万基公司合作，或者在本项目的方案设计经过政府的审核同意后，索特公司不配合新万基公司向政府以双方名义申请审批联建、立项、规划等工作的，视为索特公司根本违约，索特公司按照新万基公司总投资额的30%向新万基公司支付违约金，并赔偿因此给新万基公司造成的包括并不限于前期设计及往返谈判等各项经济损失；因新万基公司资金不能按开发进度到位而影响了开发或新万基公司未按时支付索特公司利润款，新万基公司应按总投资额的30%向索特公司支付违约金，因项目开发资金问题而造成停工30天以上，除新万基公司应向索特公司支付违约金以外，索特公司有权终止合同，并有权通过法律途径要求新万基公司支付因此而造成的全部损失。

2005年12月1日，新万基公司与索特公司又签订了《联合开发协议之补充协议（一）》（以下简称《补充协议》），约定：（1）本项目具备开工条件时，双方共同确定"金三峡花园联合开发项目开发进度表"，并以此作为新万基公司开发资金到位及索特公司工作配合的时间表。（2）本项目无论以任何方式开发、分配所涉及的税费，由新万基公司承担，索特公司只以本补充协议第4条约定的利润分配方式获得税后利润。（3）索特公司以实际交付给新万基公司开发的土地使用权计算分配的税后利润，双方同意按照37万元/亩计算出总利润额，由新万基公司按本条支付给索特公司。索特公司对新万基公司在开发本项目产生的经营风险及亏损不承担任何责任。本补充协议签订之日起1年内，新万基公司向索特公司支付总利润额的30%；本补充协议签订之日起2年内，新万基公司向索特公司支付总利润额的40%；本补充协议签订之日起3年内（或开发期满），新万基公司向索特公司支付总利润额的30%，新万基公司已向索特公司支付的履约定金转为利润额，冲抵新万基公司应付给索特公司的利润额。（4）在本项目开工之时，新万基公司对索特公司现有的办公大楼进行四星级酒店改造，并于一年内按索特公司的方案完成改造，改造所产生的费用3100万元由新万基公司承担，该费用不属于本补充协议第4条新万基公司支付索特公司利润的范围。（5）本《补充协议》是《联合开发协议》的有效附件，与《联合开发协议》有冲突之处，以本《补充协议》为准。

2005年12月5日，新万基公司向索特公司发出《金三峡花园联合开发项目开发进度表（一）》，载明：为推进各项工作的顺利进行，请索特公司在相应时间内配合完成项目前期开发工作，于2006年1月20日前办理好土地解押手续，并要求索特公司予以确认回复。索特公司未予回复。

2005年12月25日，新万基公司与中冶赛迪工程技术股份有限公司签订了《建设工程设计合同（一）》，约定：新万基公司委托中冶赛迪工程技术股份有限公司对金三峡花园城进行设计，设计费按22元/平方米计算，暂估为1100万元。合同签订后，中冶赛迪工程技术股份有限公司出具了设计平面图与设计效果图。

2005年12月25日,新万基公司与重庆索特(集团)有限责任公司旅游公司(以下简称索特旅游公司)签订了《人员借用协议》,约定:为配合新万基公司与索特公司联合开发项目的进度,索特宾馆已正式停业,为妥善解决索特旅游公司职工在项目建设过渡期间的工作安置问题,索特旅游公司以借用形式向新万基公司输出职工17人,新万基公司按照劳动法规定支付借用人员的报酬、社会保险和福利待遇。2006年3月10日,新万基公司分别向王幼敏、洪江等17名职工支付了18980元工资。

2005年12月,新万基公司与索特旅游公司签订了两份《借款协议》,约定:由新万基公司借款150万元给索特旅游公司。

自2005年12月25日起,新万基公司多次致函索特公司,要求索特公司履行金三峡花园项目开发的配合工作。

2006年1月4日,新万基公司与成都尚筑地产顾问有限公司签订了《重庆新万基地产"万州观音岩"项目全程开发顾问暨营销代理合同》。新万基公司委托成都尚筑地产顾问有限公司担任金三峡项目"全程开发顾问暨营销代理",代理费用按照本项目销售合同金额的2.2%收取。合同签订后,成都尚筑地产顾问有限公司向新万基公司提供了《服务计划书》。

2006年3月6日,中国建设银行重庆万州分行致函索特公司称,索特公司未经该行同意,擅自将抵押物与他人合作进行房地产开发,严重侵害了该行的抵押权,要求索特公司必须立即停止侵权行为。

2006年4月10日,新万基公司与杨天歌签订了《房屋拆除合同》,约定由杨天歌承包金三峡花园项目范围内的地上建筑物拆除和垃圾清除工作。2007年4月12日,新万基公司与杨天歌又签订了《金三峡开发项目拆除补充协议》。该协议载明:因新万基公司未能履行其2006年6月开工的承诺,致杨天歌遭受一定经济损失,经双方协商,对2006年4月10日的《房屋拆除合同》作出一定修改。

2005年12月29日,新万基公司向重庆市万州区房地产管理局缴纳了2万元"房交会参展费"。2006年4月25日,新万基公司向成都康美凯信广告有限责任公司支付了"2006年万州房交会展台设计装修搭建费"40340.5元。

另查明:双方2005年12月1日签订《联合开发协议》及《补充协议》中约定的土地转让价格,双方确认为48万元/亩。2008年2月,索特公司将相关土地再次向银行进行抵押贷款时,其评估价约为88万元/亩。

▶ 一审诉辩情况

索特公司2007年12月20日向重庆市高级人民法院起诉称:其与新万基

公司签订《联合开发协议》和《补充协议》后，新万基公司并未按照合同约定履行相应义务，致使联建工作无法进行，联合开发的目的无法实现。据此，请求法院判决：（1）解除双方签订的《联合开发协议》及《补充协议》；（2）新万基公司向索特公司支付违约金1000万元；（3）新万基公司承担本案诉讼费用。

新万基公司辩称：合同签订后，新万基公司积极履行了义务，但索特公司却以各种理由拒不履行合同义务，导致联建工作无法开展。因此，新万基公司请求法院驳回索特公司的诉讼请求。

新万基公司反诉称：在《联合开发协议》及《补充协议》签订后，新万基公司积极开展前期开发工作，并多次催促索特公司履行合同义务，但索特公司至今仍未履行合同主要义务。此外，由于项目所涉土地价格上涨，索特公司为独享项目利益，以种种借口企图毁约。据此，新万基公司请求法院判决：（1）索特公司向新万基公司支付违约金6000万元；（2）本案诉讼费用由索特公司承担。

索特公司针对新万基公司反诉辩称：根据合同约定，新万基公司应先履行付款义务，并提供经政府审批的方案之后，才有权要求索特公司履行相应的配合义务。但新万基公司至今未履行上述义务，因此，新万基公司的反诉请求不能成立，应当予以驳回。

◀一审裁判结果▶

一审法院依据《担保法》第49条第1款、《担保法司法解释》第67条第1款、《合同法》第58条之规定，判决：

一、《联合开发协议》及《补充协议》无效；

二、自本判决生效之日起10日内索特公司向新万基公司赔偿损失79320.5元；

三、驳回索特公司的诉讼请求；

四、驳回新万基公司的反诉请求。

◀一审裁判理由▶

一审法院认为：

1. 双方当事人之间法律关系的性质。根据最高人民法院《关于审理涉及国有土地使用权合同纠纷案件适用法律问题的解释》第14条的规定，合作开发房地产合同以共同投资、共享利润、共担风险为构成要件。本案中，对于双方在金三峡花园项目开发中的利益分配与风险承担，《联合开发协议》并未作出明确约定，而是由《补充协议》进行了规定。从《补充协议》第4条、第5条确定的权利义务来看，在项目开发中，索特公司的主要义务是提供土地，并对新万基公司的开发行为予以配合，取得的利益则包括获得10360万元（37万元/亩×280亩）的价款，以及价值3100万元的办公大楼改造，索特公司并不承担项目的经营风险。因此，双方当事人之间法律关系不具备"共担风险"这一要件，在法律性质上不属于合作开发房地产合同。从该权利义务的具体内容来看，索特公司在提供该宗地的使用权之后，获得固定金额的对价，其实质是土地使用权转让，即索特公司是土地转让人，新万基公司是受让人。

2. 转让行为的法律效力。该土地使用权转让行为违反法律规定，应属无效。首先，《中华人民共和国担保法》（以下简称《担保法》）第49条第1款规定："抵押期间，抵押人转让已办理登记的抵押物的，应当通知抵押权人并告知受让人转让物已经抵押的情况；抵押人未通知抵押权人或者未告知受让人的，转让行为无效。"本案中，没有证据证明索特公司将转让行为通知了建设银行与工商银行，根据上述规定，该转让行为应属无效。其次，最高人民法院《关于适用〈中华人民共和国担保法〉若干问题的解释》（以下简称《担保法司法解释》）第67条第1款规定："抵押权存续期间，抵押人转让抵押物未通知抵押权人或者未告知受让人的，如果抵押物已经登记的，抵押权人仍可以行使抵押权；取得抵押物所有权的受让人，可以代替债务人清偿其全部债务，使抵押权消灭。受让人清偿债务后可以向抵押人追偿。"由于新万基公司受让的标的物上存在抵押权，根据该款规定，新万基公司可以通过行使涤除权消灭该抵押权，从而对转让行为的效力予以补正，但新万基公司并未行使涤除权，该转让行为的效力未能得到补正。索特公司请求解除双方签订的《联合开发协议》及其《补充协议》，这一诉讼请求不能成立。所谓合同的解除，是使合法有效的合同的法律效力归于消灭，而《联合开发协议》及其《补充协议》系无效合同，故不存在解除的问题。

3. 转让行为无效的法律责任。根据《中华人民共和国合同法》（以下简称《合同法》）第58条的规定，无效合同的法律后果是返还财产及赔偿损失。本案中，双方当事人之间并无财产交付、转移行为，故不存在返还的问题。至于损失，新万基公司为履行合同，先后向索特旅游公司17名职工支付了18980元工资，向重庆市万州区房地产管理局缴纳了"房交会参展费"2万元，向成都康美凯信广告有限责任公司支付了40340.5元展台设计装修搭建费，共计79320.5元。上述款项系新万基公司因履行合同而遭受的损失，应当按照当事人的过错确定赔偿责任。从本案合同无效的原因来看，是未将土地转让的情况通知抵押权人。根据《担保法》第49条第1款的规定，应当由抵押人履行该通知义务。因此，系索特公司单方的过错导致了合同无效，对新万基公司因此遭受的损失应由索特公司承担赔偿责任。虽然根据《担保法司法解释》第67条第1款的规定，也可由受让人行使涤除权消灭抵押权，从而使转让行为生效，但对受让人而言，该规定系权利的赋予，受让人作为权利人不行使权利，并不构成法律上的过错；新万基公司提出，其与索特旅游公司签订了《借款协议》借出款项143万元，属于为履行合同而支出的费用。既然是借款，则借款人负有归还的义务，新万基公司有要求借款人返还的权利。因此，该协议约定的借款金额不应视为新万基公司受的损失；新万基公司称，其与中冶赛迪工程技术股份有限公司签订了《建设工程设计合同（一）》，并支付了设计费440万元；与成都尚筑地产顾问有限公司签订了《重庆新万基地产"万州观音岩"项目全程开发顾问暨营销代理合同》，并支付了策划代理费115万元；与杨天歌签订了《房屋拆除合同》及《金三峡开发项目拆除补充协议》，不履行合同将导致相应的违约责任。上述合同及付款的真实性可另案审查。即使合同及付款真实有效，由于《联合开发协议》及其《补充协议》无效，因此上述4个合同无法继续履行。对于这类未履行完毕的合同，在确定其法律后果时，既要考虑已经履行的部分，也要考虑尚未履行的部分，要根据合同当事人的违约情况来确定违约责任。因此，新万基公司已经支付的费用并不等于其遭受的损失。目前，这4个合同的法律后果并未最终确定，所以无法认定新万基公司因此遭受的损失。只有待新万基公司在上述合同中的责任确定以后，人民法院才可以根据损失的不同性质，考虑发生原因、控制主体、可控程度、双方过错，确定新万基公司与索特公司之间的分担比例。基于此，本案对这部分损失不作处理；新万基公司称，其与张建华签订《房屋租赁合约》，并支付23.7万元租金；与李果签订《办公室装修合同》，并支付15万元装修费；购买办公家具、办公用品，支出313334元。新万基公司举示的证据无法证明这些费用与"金三峡花园"项目的关联性，即无法认定这些费用系因开发"金三峡花园"项目而支出的费用，故对新万基公司主张的这部分费用不予支持；新万基公司提出的交通费、差旅费、招待费等费用支出，因无证据证明，不予支持。

4. 双方当事人诉请的违约责任。在本诉中，索特公司要求新万基公司支付违约金1000万元。在反诉中，新万基公司要求索特公司支付违约金6000万元，这两项诉讼请求均不能成立。违约金属于违约责任范畴，而违约责任是因违反有效合同导致的法律责任，以存在合法有效的合同关系为基础。本案中，《联合开发协议》及《补充协议》无效，故不存在违约的问题，亦不会引起违约责任的承担。

二审诉辩情况

新万基公司不服一审判决，上诉称：（1）一审判决认定双方签订的土地使用权转让合同为无效合同，适用法律错误。根据《担保法司法解释》第67条、《中华人民共和国物权法》（以下简称《物权法》）第191条的规定，在未告知抵押权人的情况下，转让抵押物的行为并不当然无效。本案中，双方约定由索特公司履行先行解除转让土地的抵押，能够保护抵押权人的利益，该约定不违反法律的强制性规定，转让合同应为有效合同。（2）索特公司在合同签订后，虽经新万基公司多次敦促，迟迟不履行解除转让土地抵押的先履行义务，主动提起诉端，以谋求土地升值的巨大利益，有违诚信。新万基公司积极投入履约，蒙受了巨大经济损失。索特公司应为此承担违约责任。（3）索特公司应按合同约定承担违约金6000万元。故上诉请求：（1）撤销一审判决；（2）认定双方签订的《联合开发协议》及《补充协议》有效；（3）认定索特公司违约并承担6000万元违约金；（4）由索特公司承担全部诉讼费用。

索特公司答辩称：（1）本案所涉合同因违反《担保法》的强制性规定而无效。（2）双方的协议中并未对索特公司解除抵押权的时间做出规定，因新万基公司没有根据约定在合同签订的7日内投入首期资金500万元及后续资金，致使索特公司无法归还银行的贷款，从而向银行行使解除抵押权。因此可以看出，索特公司并没有违约，而是新万基公司违约。（3）违约金条款只有在合同有效的前提下才能适用，本案因合同无效，故新万基公司诉称适用违约金条款主张6000万元不成立。综上，一审判决程序合法，认定事实清楚，适用法律正确，应予维持。

二审裁判结果

二审法院根据《中华人民共和国民事诉讼法》第153条第1款第2项、第3项之规定，判决如下：

一、撤销重庆市高级人民法院〔2008〕渝高法民初字第2号民事判决；

二、《金三峡花园联合开发协议》及《金三峡花园联合开发协议之补充协议（一）》有效；

三、解除双方签订的《金三峡花园联合开发协议》及《金三峡花园联合开发协议之补充协议（一）》；

四、重庆索特盐化股份有限公司自本判决生效之日起10日内向重庆新万基房地产开发有限公司支付违约金4038万元；

五、驳回重庆新万基房地产开发有限公司其他上诉请求。逾期履行本判决确定之金钱给付义务，依照《中华人民共和国民事诉讼法》第229条的规定，加倍支付迟延履行期间的债务利息。一审案件受理费304900元，反诉费170900元，共计475800元，由重庆索特盐化股份有限公司负担350694元，重庆新万基房地产开发有限公司负担125106元。二审案件受理费170900元，由重庆索特盐化股份有限公司负担112794元，重庆新万基房地产开发有限公司负担58106元。本判决为终审判决。

二审裁判理由

根据当事人双方上诉请求及答辩情况，本案争议焦点为：（1）《联合开发协议》及其《补充协议》的效力问题；（2）索特公司是否应向新万基公司支付违约金。

1. 关于《联合开发协议》及其《补充协议》的效力问题

首先，根据《担保法》第49条的规定，抵押期间抵押人转让抵押物应当通知抵押权人，否则转让行为无效；《物权法》第191条亦规定抵押期间转让抵押物须经抵押权人同意。其立法目的是为了确保抵押权人的利益不受侵害。但《担保法司法解释》第67条和《物权法》第191条也规定，未经通知或者未经抵押权人同意转让抵押物的，如受让方代为清偿债务消灭抵押权的，转让有效。即受让人通过行使涤除权涤除转让标的物上的抵押权负担的，转让行为有效。上述法律和司法解释的规定体现了相关立法和司法解释的指导思想是要在抵押权人和抵押人、受让抵押标的物的第三人之间实现利益平衡，既充分保障抵押权不受侵害，又不过分妨碍财产的自由流转，充分发挥物的效益。本案双方当事人在《联合开发协议》中约定由索特公司在不影响开发进度的前提下办理解除抵押的相关手续，即以约定的方式将先行解除本案所涉土地上的抵押权负担的义务赋予了索特公司；该约定既保障了抵押权人的利益，也不妨害抵押人和受让土地的第三人的利益，与《担保法》、《物权法》以及《担保法司法解释》保障各方当事人利益平衡的立法精神并不相悖，不违反法律规定。从合同法的角度看，转让方对转让标的负有权利瑕疵担保责任，其主动告知转让土地上的权利负担，并承诺由其在不影响开发进度的前提下先行解除抵押，该承诺构成合同中的负担行为，即承担义务的行为，符合意思自治和合同自由原则，且确保了抵押权人的利益不受侵害，与《担保法》、《物权法》和《担保法司法解释》的立法本意和制度设计不相抵触。因此，应当确认该《联合开发协议》及《补充协议》有效，双方应按照合同诚信履行，索特公司有义务根据双方商定的开发进度清偿银行债务，从而解除该转让土地上的抵押权负担。

其次，根据《物权法》第15条的规定，当事人之间订立有关设立、变更、转让和消灭不动产物权的合同，除法律另有规定或者合同另有约定外，自合同成立时生效；未办理物权登记的，不影响合同效力。该规定确定了不动产物权变动的原因与结果相区分的原则。物权转让行为不能成就，并不必然导致物权转让的原因即债权合同无效。双方签订的《联合开发协议》及《补充协议》作为讼争土地使用权转让的原因行为，是一种债权形成行为，并非该块土地使用权转让的物权变动行为。相关法律关于未经通知抵押权人而导致物权转让行为无效的规定，其效力不应及于物权变动行为的原因行为。因为当事人可以在合同约定中完善物权转让的条件，使其转让行为符合法律规定。本案即属此种情形。

综上，双方当事人签订的《联合开发协议》未违反法律强制性规定，应为有效合同。一审判决对此问题的认定适用法律不当，应予纠正。

2. 索特公司是否应向新万基公司支付违约金

一审判决根据双方签订的《联合开发协议》及《补充协议》约定的权利义务内容，确定双方的协议为土地使用权转让协议，此认定事实清楚，适用法律正确，双方当事人亦无异议，本院予以确认。土地使用权转让协议作为一项双务合同，要求出让方首先提供具有使用权无瑕疵的土地，受让方依约支付转让款。双方的《联合开发协议》第一条即明确了该转让土地已被抵押，且约定索特公司履行解除抵押的义务。该条约定表明，索特公司作为土地使用权的转让方具有消除转让土地上所存权利瑕疵的义务。双方在随后签订的《补充协议》中对履行各自义务的时间作出了约定，即以双方共同确定的《金三峡花园联合开发项目开发进度表》作为双方履行义务的时间表。新万基公司依《补充协议》的约定，于2005年12月5日向索特公司提交了《金三峡花园联合开发项目开发进度表》，要求索特公司解除转让土地上的抵押，索特公司未予回复。索特公司此举违反了《联合开发协议》第1条关于双方共同确定项目开发进度表的义务性规定，未能按协议约定适时解除转让土地上设定的抵押，提供无权利瑕疵的土地，此种消极不履行合同的行为，已构成违约。索特公司的沉默行为，引起新万基公司对合同继续履行的正当信赖，导致新万基公司与中冶赛迪工程技术股份有限公司等第三方签订了工程设计等一系列与项目开发实施行为有关的合同。在此情况下，索特公司提起诉讼请求解除《联合开发合同》及《补充协议》，根据《合同法》第108条的规定，应认定其构成根本违约。索特公司辩称，索特公司未能解除抵押的原因是由于新万基公司未能支付转让款，致使其无资金解除抵押。根据《联合开发协议》第4条索特公司的承诺，索特公司应以其自有资金履行解除抵押权义务，而不是以新万基公司先行支付转让款为条件，因此，索特公司的抗辩理由不成立。综上，结合涉案土地已经大幅升值的实际情况，以及双方在土地使用权转让过程中的利益平衡，索特公司应按《联合开发协议》第10条的约定承担违约责任。依据该条约定，索特公司根本违约，应按照新万基公司总投资额的30%支付违约金。由于双方签订的《联合开发协议》实为土地使用权转让协议，故应将该条约定的"总投资额"变更为合同约定的转让款的数额，以之作为确定违约责任的计算依据。根据《补充协议》的约定，双方确定的索特公司转让土地使用权的应得收益为10360万元（280亩×37万元/亩），新万基公司应负担的索特公司办公楼装修款3100万元；作为土地使用权转让的对价，两项共计13460万元。以此计算，索特公司应向新万基公司承担4038万元的违约金。新万基公司以其计划开发投入的总投资数额为依据主张索特公司应给付6000万元违约金的请求，系以合作开发为前提，与本案事实不符，本院不予支持。鉴于新万基公司认为索特公司不履行合同义务已构成根本违约，本院对此也予以确认，且索特公司在一审诉讼中请求解除双方所签订的合同，故双方签订的《联合开发协议》及其《补充协议》应予解除。新万基公司在诉讼中提出，为履行协议实际支付了相关费用，要求本院予以确认；由于此项主张并非其一审的诉讼请求，且索特公司应支付的违约金已超出了该项请求，本院二审对该项主张不予支持。双方当事人签订的《联合开发协议》及其《补充协议》系当事人的真实意思表示，不违反法律和行政法规的禁止性规定，合法有效。索特公司未履行合同义务的行为，构成违约，应承担合同约定的违约责任。新万基公司的上诉理由部分成立，本院予以支持。

45. 在转让方未取得土地使用权的情况下，双方签订的土地使用权转让合同是否有效？

最高人民法院《关于审理房地产管理法施行前房地产开发经营案件若干问题的解答》第7条规定，"未取得土地使用证的土地使用者为转让方与他人签订的合同，一般应当认定无效，但转让方已按出让合同约定的期限和条件投资开发利用了土地，在一审诉讼期间，经有关主管部门批准，补办了土地使用权登记或变更登记手续的，可认定合同有效"。也就是说，在转让方未取得土地使用权时双方即签订土地使用权转让协议，且转让方未对土地进行实际的投资开发，且未在一审期间补办有关土地使用权登记或变更登记手续的，应认定双方当事人签订的土地使用权转让合同无效。

46. 受让方要求返还已支付土地使用权转让费的诉讼时效期间如何计算？

依照《中华人民共和国民法通则》第135条、第137条之规定，当事人向人民法院请求保护民事权利的诉讼时效期间为2年，诉讼时效期间从知道或者应当知道权利被侵害时起计算。但并非所有的民事请求都适用诉讼时效的规定。对于合同效力的认定来说，合同当事人不享有确认合同无效的法定权利，只有仲裁机构和人民法院有权确认合同是否有效。合同效力的认定，实质是国家公权力对民事行为进行的干预。合同无效系自始无效，单纯的时间经过不能改变无效合同的违法性。当事人请求确认合同无效，不应受诉讼时效期间的限制。而对于合同经确认无效后，当事人关于返还财产及赔偿损失的请求，则应当适用法律关于诉讼时效的规定。

典型疑难案件参考

广西北生集团有限责任公司与北海市威豪房地产开发公司、广西壮族自治区畜产进出口北海公司土地使用权转让合同纠纷案

基本案情

1993年3月3日，北生集团与威豪公司签订《土地合作开发协议书》约定，双方合作开发乡镇企业城范围内土地150亩；威豪公司按每亩20.5万元标准交付合作开发费用，共计3075万元；协议签订后两个工作日内，威豪公司支付北生集团土地合作开发费500万元作为定金，同时将原有的土地蓝线图正本和北生集团与广西壮族自治区北海市乡镇企业城招商中心（以下简称招商中心）签订的土地合作开发协议交给威豪公司保管；北生集团原则上在收到定金后，从招商中心办理好以威豪公司为该150亩土地占有人的蓝线图和转换合同，办理的手续费由北生集团负担；威豪公司在签约后10日内再付1000万元，其余的1575万元在1993年5月1日前付足；北生集团办理蓝线图及转换合同，最迟不能超过13日（自合同签订之日起），逾期北生集团赔偿给威豪公司100万元，同时本合同有效执行；威豪公司付清全款，北生集团根据威豪公司要求同意向威豪公司转让土地使用权，威豪公司提供办理红线图及土地使用权证所需的立项等全部文件，北生集团负责为其办理红线图及土地使用权

证；协议自签字盖章、交纳定金之日起正式生效。同日，双方又签订《补充协议》约定，北生集团与招商中心合作开发该150亩土地，尚欠合作开发费50%即600万元。在1993年5月1日威豪公司支付全款前，北生集团欠交土地合作开发费的损失由其自行承担，如果招商中心提高土地价格，加价部分由北生集团承担；如果收回土地，北生集团应在损失发生时将所收的款项全部退还给威豪公司，并在5日内赔偿500万元；如威豪公司未能在1993年5月1日前付足款给北生集团，威豪公司则赔偿500万元。同日，北生集团将土地示意图正本交付给威豪公司。威豪公司法定代表人习江南出具了收条。

合同签订后，威豪公司分别于1993年3月4日、3月13日及4月30日支付500万、1000万、1000万元给北生集团，北生集团开具了收款收据。但北生集团未依约办理蓝线图及转换合同，也未为威豪公司办理土地使用权证。北生集团至今未取得讼争土地的土地使用权，也未对讼争土地进行开发利用。双方当事人均当庭确认威豪公司在诉讼前一直未向北生集团主张过权利。

另查明，威豪公司系由北海公司申办成立，其性质为全民所有制企业法人，主管部门为北海公司。由于威豪公司未按规定申报工商年检，2003年11月26日，广西壮族自治区北海市工商行政管理局作出行政处罚决定书，决定吊销威豪公司的营业执照，但至今尚未成立清算组进行清算。北生集团在1997年1月1日前的名称为浙江广厦建筑集团北海公司；1997年1月1日变更为广西北海浙江广厦建筑有限责任公司；2002年8月23日变更为广西北生企业（集团）有限责任公司；2002年9月19日再次变更为北生集团。

还查明，2000年1月26日，广西壮族自治区北海市中级人民法院就柳州市恒通房地产开发公司（以下简称恒通公司）与威豪公司及成都三业投资开发股份有限公司（以下简称三业公司）土地使用权转让合同纠纷一案作出〔1999〕北民初字第66号民事判决，认定威豪公司转让给恒通公司的150亩土地是根据1993年3月3日其与北生集团签订的《土地合作开发协议书》受让而来。但威豪公司与三业公司未取得该幅土地的使用权即与恒通公司签订土地使用权转让协议，在一审期间也未补办土地使用权手续，因此，该土地使用权转让合同无效。遂判决威豪公司返还其从恒通公司取得的土地款2820万元及该款利息。该判决已为生效判决。

▶ **一审诉辩情况**

威豪公司、北海公司起诉讼称：1993年3月3日，威豪公司与北生集团的前身浙江广厦建设集团北海公司签订《土地合作开发协议书》约定，双方合作开发北海乡镇企业城范围内的土地150亩，威豪公司按照每亩20.5万元的标准向北生集团支付开发费用,北生集团应将土地使用权办理到威豪公司名下。协议订立后,威豪公司先后共支付2500万元,但北生集团未履行合同约定义务。事后,威豪公司发现北生集团无权签订该合作开发协议,协议违反了法律强制性规定,属无效合同。由于威豪公司两年未参加工商年检,现由其开办单位北海公司与威豪公司共同清理威豪公司的债权债务,故请求:(1)确认双方签订的《土地合作开发协议书》无效;(2)判令北生集团向其返还因无效合同取得的合作开发费用2500万元,并赔偿利息损失28395234.25元(自北生集团收到款项之日起到实际返还之日止,暂计至2005年4月29日)。

北生集团答辩称:(1)北海公司没有按照法定程序成立清算组对威豪公司进行清算,该公司又不是讼争合同的当事人,故北海公司不具备原告的主体资格。(2)威豪公司与北生集团签订的《土地合作开发协议书》的性质是合同权利义务之转让。北生集团原与招商中心约定由招商中心出地、北生集团出资,共同合作开发土地。而北生集团与威豪公司签订的合同却是将北生集团的出资义务转让给了威豪公司。该合同没有违反法律的强制性规定,合同合法有效。由于威豪公司未依约支付全额款项,致使北生集团不能协助威豪公司取得土地使用权,威豪公司对此应自行负责。(3)威豪公司的起诉已经超过了法定诉讼时效期间。《土地合作开发协议书》约定自合同签订之日起最迟不能超过13日,北生集团应办理土地的蓝线图及转换合同,但北生集团并没有在该期限内办理好上述手续,威豪公司在1993年3月16日就知道或应当知道其权利被侵害。此外,在另案诉讼中,2000年1月26日,广西壮族自治区北海市中级人民法院在〔1999〕北民初字第66号民事判决书中,已认定威豪公司未能取得土地使用权,亦不能协助恒通公司取得土地使用权,遂判决威豪公司返还土地款及赔偿利息损失给恒通公司。广西壮族自治区北海市中级人民法院作出该判决时,威豪公司就知道或应当知道其权利被侵害,诉讼时效最迟应该自此时起算,而威豪公司一直未向北生集团主张权利,直到2005年才提起诉讼,已超过了法定诉讼时效期间。故请求法院依法驳回威豪公司的诉讼请求。

一审裁判结果

依照《中华人民共和国民法通则》第61条第1款、第92条、第135条、第137条及最高人民法院《关于审理房地产管理法施行前房地产开发经营案件若干问题的解答》第7条之规定,经一审法院审判委员会讨论决定,判决如下:

一、威豪公司与北生集团于1993年3月3日签订的《土地合作开发协议书》为无效合同;

二、北生集团返还威豪公司、北海公司2500万元及利息(利息计算从北生集团取得款项之日起至判决规定的履行期限届满为止，按中国人民银行同期一年期存款利率计算）；

三、上述债务义务人应于判决生效之日起15日内履行完毕，逾期则应加倍支付迟延履行期间的债务利息；

四、案件受理费282986元，由北生集团负担。

▶ 一审裁判理由 ◀

一审法院经审理认为：本案争议焦点为：（1）北海公司是否为本案适格原告；（2）《土地开发协议书》是否无效；（3）威豪公司及北海公司的起诉是否超过了法定诉讼时效期间。

关于第一个争议焦点，即北海公司是否为适格原告的问题。一审法院认为：北海公司在本案中为适格原告。因为威豪公司系北海公司开办的全民所有制企业，威豪公司被工商管理部门依法吊销营业执照后，其民事行为能力受到一定的限制，且至今未成立清算组进行清算，北海公司作为该公司的开办单位、主管部门及唯一的出资方有权利及义务对威豪公司的债权债务进行清理。该公司作为共同原告参加诉讼并无不当。北生集团主张其是与威豪公司签订的合同，北海公司不是合同相对人，因而无权参加诉讼的理由不成立，不予支持。

关于第二个争议焦点，即《土地合作开发协议书》是否无效的问题。一审法院认为：威豪公司与北生集团签订的《土地合作开发协议书》，名为合作开发，实为土地使用权转让，该协议为无效合同。依据最高人民法院《关于审理房地产管理法施行前房地产开发经营案件若干问题的解答》第7条"未取得土地使用证的土地使用者为转让方与他人签订的合同，一般应当认定无效，但转让方已按出让合同约定的期限和条件投资开发利用了土地，在一审诉讼期间，经有关主管部门批准，补办了土地使用权登记或变更登记手续的，可认定合同有效"之规定，北生集团未取得讼争土地的使用权即与威豪公司签订协议转让该土地的使用权，且既未对土地进行实际的投资开发，也未在一审审理期间补办有关土地使用权登记或变更登记手续，因此，双方当事人签订的《土地合作开发协议书》无效。依据无效合同返还原则，北生集团应返还其收取的购地款2500万元及利息。

北生集团答辩认为：《土地合作开发协议书》合法有效，该协议的性质是合同权利义务的转让，即北生集团将其与招商中心签订的土地合作开发协议中的权利义务转让给威豪公司。但在一审审理期间，北生集团不能提供其与招商中心签订的协议或其他证据证明其与招商中心之间具有土地合作开发关系。而北生集团与威豪公司签订的《土地合作开发协议书》中也没有任何关于共同出资、共同经营、共担风险的约定。相反该协议书第6条约定威豪公司付清全款后,北生集团向威豪公司转让土地使用权,并为威豪公司办理土地使用权证。显然,威豪公司与北生集团之间的法律关系并非土地合作开发合同的权利义务转让,而是土地使用权的转让。即使《土地合作开发协议书》是合同权利义务的转让,北生集团的转让行为未得到原合同相对方的同意,该转让行为亦无效。所以,北生集团关于合同合法有效的抗辩主张没有事实和法律依据,不予采信。

北生集团还认为:威豪公司未按照《补充协议》的约定付足全部款项,致使其无法协助威豪公司取得该幅土地的使用权,威豪公司对此应自行负责。一审法院认为:依照最高人民法院《关于审理房地产管理法施行前房地产开发经营案件若干问题的解答》第7条的规定,北生集团作为土地使用权的转让方应当取得土地使用权后方可转让该土地使用权。北生集团在本案中的转让行为违反了上述规定。受让方未付清全部款项并不能使北生集团的违法行为合法化,它也不是导致涉案合同无效的原因。北生集团的该抗辩主张与司法解释的规定相悖,不予支持。

关于第三个争议的焦点,即威豪公司、北海公司的起诉是否超过法定诉讼时效期间的问题。一审法院认为:威豪公司、北海公司的起诉没有超过法定诉讼时效期间。当事人向法院请求保护民事权利的诉讼时效期间为两年,诉讼时效期间从知道或应当知道权利被侵害时起计算。首先,《中华人民共和国民法通则》规定的两年的诉讼时效期间适用于债权请求权,不适用于形成权。而威豪公司、北海公司关于确认合同无效的请求属于形成权之诉,不应受两年诉讼时效的限制。其次,因合同无效产生的财产返还请求权在性质上属于债权请求权范畴,理应受《中华人民共和国民法通则》关于诉讼时效期间的规定的限制,诉讼时效期间从原告知道或应当知道权利被侵害时起算。鉴于当事人并不享有确认合同无效的法定权力,合同只有在被法定裁判机关确认为无效之后,才产生不当得利的财产返还请求权及该请求权的诉讼时效问题。因此,威豪公司与北生集团签订的《土地合作开发协议书》被法院宣告无效后,威豪公司才享有财产返还请求权。如北生集团不予返还,威豪公司才知道或应当知道该权利受到侵害,诉讼时效才开始起算。以合同被宣告无效为无效合同诉讼时效的起点,威豪公司、北海公司的起诉没有超过法定诉讼时效期间。北生集团提出以合同被宣告无效为诉讼时效的起算点,可能会导致以无效合同为基础的民事关系长期处于不稳定状态,但诉讼时效原则体现的是国家公权力对私权的合理干预,以及在公共利益与私人利益发生冲突时,立法对公共利益的倾斜与保护。同时,在涉及无效合同财产返还的诉讼中,对《中华人民共和国民法通则》第137条如何适用，司法实践中还存在另一种诠释：即以无效合同的履行期限为确定诉讼时效的依据。其理由是无效合同的当事人通常在合同被法定机关确认为无效前，并不知道合同无效，当事人对无效合同约定的合同利益有合理的预期。如合同未约定履行期限，在当事人主张权利后，合同相对方仍不能完全履行义务，当事人即知道或应当知道其"合同权利"受到侵害，则应积极地行使诉讼权利，维护自身利益。但由于本案双方当事人未对土地使用权转让的履行时间进行约定，威豪公司、北海公司从未向北生集团主张过权利，北生集团也从未告知过威豪公司不能办理土地使用权转让手续，威豪公司不知道也不应知道北生集团不能履约。所以，无论是以合同被法定裁判机关宣告无效，还是以无效合同的履行期限为依据确定诉讼时效的起算点，威豪公司、北海公司在2005年提起返还财产的诉讼，均未超过法定诉讼时效期间。

北生集团认为：《土地合作开发协议书》约定北生集团应在合同签订之日起13日内为威豪公司办理蓝线图和转换合同。北生集团未在该期限内履行上述义务，威豪公司就应当知道其权利受到侵害，诉讼时效即开始起算。一审法院认为：首先，合同的诉讼时效计算应以合同主要义务的履行期限为依据。《土地合作开发协议书》中约定的威豪公司支付购地款的对价是北生集团转让土地使用权给威豪公司，办理蓝线图等只是附随义务，其履行期限并不能替代合同主要义务的履行期限，也不应作为确定整个合同诉讼时效的依据。其次，《土地合作开发协议书》约定，如果北生集团未能在合同订立之日起13日内办理蓝线图和转换合同，合同仍然继续有效执行。实际上在该时间之后，双方也还在继续履行合同。可见，未及时办理蓝线图及转换合同并不影响合同其他权利义务的履行。再次，从现实操作而言，土地使用权过户的全部手续通常也不可能在13日内办理完毕。因此，无论从法理、合同约定、实际履约情况还是从现实操作的情况分析，在合同签订后的13日内北生集团虽未依约办理好蓝线图等，但并不能据此推断威豪公司就知道或应当知道北生集团不能履行转让土地使用权的义务。

此外，北生集团还认为：广西壮族自治区北海市中级人民法院作出〔1999〕北民初字第66号民事判决后，威豪公司就知道或应当知道其权利被北生集团侵害，诉讼时效期间即开始起算。一审法院认为：广西壮族自治区北海市中级人民法院审理的是威豪公司与恒通公司的争议，并未就本案原、被告之间的纠纷进行审理。广西壮族自治区北海市中级人民法院判决认定威豪公司与恒通公司之间的合同不能履行、合同无效，并不能推导出威豪公司与北生集团之间的合同不能履行或无效，两者之间没有必然的因果关系。依照最高人民法院《关于审理房地产管理法施行前房地产开发经营案件若干问题的解答》

第7条的规定，威豪公司与北生集团之间的土地使用权转让协议在威豪公司提起诉讼时，实质上还处于效力待定状态，即如在本案一审诉讼期间北生集团能补办有关土地使用权的手续，合同仍然可以有效履行。此外，威豪公司与北生集团之间的合同没有约定办理土地使用权转让的履行期限，虽然威豪公司与恒通公司产生了诉讼，威豪公司仍未向北生集团主张权利，北生集团也未告知威豪公司不能办理土地使用权转让手续。所以，威豪公司虽在与恒通公司的诉讼中败诉，但并不能由此推定威豪公司知道或应当知道北生集团侵害了其权利，从而致使其不能履行与恒通公司之间的合同义务。

综上所述，北海公司作为威豪公司的开办单位、主管部门及唯一的出资方有权参加诉讼，对威豪公司的债权进行清理。威豪公司与北生集团之间的《土地合作开发协议书》名为合作开发，实为土地使用权转让，该协议违反了法律法规的强制性规定，为无效合同。北生集团取得2500万元购地款及利息没有合法依据，应予以返还。威豪公司、北海公司提起诉讼，符合法律关于诉讼时效期间的规定，其诉权应依法受到保护。

二审诉辩情况

北生集团不服一审判决，提起上诉，请求：（1）撤销一审判决；（2）驳回威豪公司、北海公司的诉讼请求；（3）由威豪公司、北海公司承担本案的全部诉讼费用。其理由如下：

1. 北海公司不是本案适格原告。北海公司作为威豪公司的开办单位、主管部门及唯一的出资方，虽然有权利和义务对威豪公司的债权债务进行清理，但并无法律规定，在法人尚未注销时，其开办单位有权作为当事人代为或共同参加诉讼。这在根本上违背了法人独立的原则。法人的民事权利能力和民事行为能力，从法人成立时产生，到法人终止时消灭。威豪公司虽然系由北海公司申请开办，但被依法吊销了营业执照之后并没有在包括其开办单位北海公司在内的组织下进行清算，也没有办理注销登记。因此威豪公司仍然是一个依法独立存在的法人。被吊销营业执照并不影响威豪公司依法保持独立的民事权利能力和其他民事行为能力，威豪公司仍然有权且只能以自己的名义独立行使法律赋予的各项民事权利，包括参加诉讼。因此，一审法院认定北海公司为本案适格原告显属错误。

2. 威豪公司的起诉已过诉讼时效。（1）一审法院关于"原告确认合同无效的请求属于形成权之诉，不应受两年诉讼时效的限制"的认定，没有法律依据。关于请求确认无效合同是否适用诉讼时效的问题，我国法律没有明确规定，一直以来在理论界和实务界都存在一定的争议。我国是成文法国家，在法律没有明确规定无效合同不适用诉讼时效制度的情况下，人民法院不宜也不应该把存在争议的学理、学说作为定案的依据，应该同样适用法律关于诉讼时效的规定，即以2年为限。（2）一审法院认定"以合同被宣告无效为无效合同诉讼时效的起点"是错误的。一审法院认为，"鉴于当事人并不享有确认合同无效的法定权力，合同只有在被法定裁判机关确认为无效之后，才产生不当得利的财产返还请求权及该请求权的诉讼时效问题"。北生集团认为，合同是否有效并不影响当事人主张权利，故确认合同无效和返还财产请求权是可以分开且应该分开的两个问题。法院不能抛开法律规定，自行推定威豪公司何时知道其权利受损，否则诉讼时效将形同虚设。而且，合同无效虽然存在违法因素，但本案涉及的财产均为当事人自由处分的范围，属私权，不是国家必须主动干预的范畴。简单地以合同被宣告无效为财产返还请求权诉讼时效的起点，必然导致以无效合同为基础的民事关系长期处于不稳定状态，不利于整个社会经济生活的健康发展。（3）权利人的权利是否受到侵害是一个价值判断问题，应由法定裁判机关确定，但权利人知否其权利受到侵害则是一个事实问题，要靠证据来认定。威豪公司与恒通公司的土地转让合同被判无效，确实不能推导出本案合同无效，从而确定威豪公司的权利受到侵害，但可以据此认定威豪公司应当知道自己的权利受到了侵害。首先，北生集团对涉案土地并无使用权，也没有实际投资开发利用土地，经过十几年，仍然不能办理土地转让手续，其与威豪公司的土地转让合同违反法律的强制性规定，极有可能被判无效；其次，威豪公司已经向恒通公司承担了法律责任，遭受了巨大的经济损失。威豪公司权利受到侵害的事实已经发生。而威豪公司急于行使自己的权利，从未向北生集团提出主张，致使诉讼时效期间届满。

威豪公司及北海公司答辩认为，一审判决认定事实清楚，适用法律正确，应予维持。北生集团的上诉请求不能成立，应予驳回。

1. 关于北海公司的主体问题。北海公司是威豪公司的开办单位，威豪公司已于2003年11月26日被广西壮族自治区北海市工商行政管理局吊销营业执照，并被责令由其主办单位、投资人或清算组进行清算。威豪公司至今未成立清算组，因此作为主办单位的北海公司有权利有义务对威豪公司的债权债务进行清算。本次诉讼，亦是对威豪公司债权债务的清算工作之一，由北海公司同权利义务已受限制的威豪公司共同参加诉讼，符合法律规定。

2. 关于诉讼时效问题。威豪公司的起诉没有超过诉讼时效，威豪公司的诉讼请求应当得到法院的支持。（1）无效合同的确认不适用诉讼时效，无效合同产生的财产返还请求权的诉讼时效期间应自合同被确认无效之日起算。无效合同的确认不受诉讼时效期间限制。合同无效是法律所代表的公共权力对合同成立过程进行干预的结果。确认合同效力是价值判断的范畴,只要法律、行政法规认为合同是无效的或损害社会公共利益的,就应当认定合同无效,而不应考虑合同无效经历的时间过程。此外,诉讼时效制度适用于债权请求权,而确认合同无效则属于形成权,确认合同无效之诉属确认之诉,不适用诉讼时效制度。合同无效是一种法律状态,法律不应强求当事人随时随地对合同效力进行审视,从而使交易处于不确定的状态。当事人在善意履行合同过程中,不发生对合同效力认定及无效合同财产处理的主张起算诉讼时效问题。无效合同产生的财产返还请求权的诉讼时效期间应自合同被确认无效之日起算。如果说以"民事关系的稳定"为借口使无效合同经过时间的延续达到与有效合同相同的事实结果,这显然是违背立法宗旨的。(2)即使无效合同的诉讼时效应从知道或应当知道权利被侵害之日起计算,北生集团有关威豪公司的诉讼请求已过诉讼时效的主张也是不能成立的。首先,威豪公司与北生集团之间的《土地合作开发协议书》未就主债务的履行约定履行期限。对于无履行期限的合同,根据我国《民法通则》与《合同法》的相关规定,诉讼时效的起算有如下几种:(1)债权人催告当时债务人就表示立即履行,实际上未履行的,诉讼时效自催告次日起算;(2)如果当事人协商一致,确定一个明确的履行期限的,诉讼时效自该期限届满之次日起算;如果当事人就履行期限协商不成,在任何一方提出了一个合理的履行期限后,诉讼时效自该合理期限之次日起算;(3)债权人向债务人主张债权,债务人当即明确拒绝,而该拒绝含有将来也不履行债务的意思,那么,诉讼时效应从该拒绝之日的次日起计算。本案中,上述几种情况均不存在,因此本案不存在威豪公司知道或应当知道权利被侵害的事实,诉讼时效并未起算。实际上,正是双方当事人结合北海市房地产业的状况,从最大限度维护双方利益的角度出发,共同认可合同处于一个持续的事实状态,因此不存在权利被侵害的情形。

3. 威豪公司与北生集团之间的合同效力非经裁判机关裁决,当事人及任何第三人都无权认定合同效力,威豪公司也不能援引另案的判决,来主观推断其在本案合同中的权利被侵害。事实上,威豪公司与第三人订立合作开发合同时,对北生集团何时能真正取得争议地块的土地使用权并不明确,对由此产生的可能对第三人的违约早有合理预知,并愿意承担此种风险,因北生集团即便不能在威豪公司与第三方约定的期限内取得该地块的国有土地使用权,威豪公司也不能想当然地单方推定北生集团违约。况且,在威豪公司与恒通公司的争议经广西壮族自治区北海市中级人民法院〔1999〕北民初字第66号民事判决书判决后,北生集团在本案一审前,依然存在依法取得约定地块国有土地使用权,并依合同约定再转让给威豪公司的可能性。事实上,威豪公司与北生集团之间的合同并非绝对无效的合同,如果北生集团在本案一审期间能够取得争议土地的国有土地使用权,该合同仍可认定为有效合同。威豪公司未能在另一诉讼一审期间取得争议地块的国有土地使用权,并不等于北生集团不能在此后取得国有土地使用权。根据最高人民法院《关于审理房地产管理法施行前房地产开发经营案件若干问题的解答》的精神,如果北生集团在本案一审期间能够取得争议地块的国有土地使用权,双方的合作开发合同仍可以被认定为有效合同。事实上,当时威豪公司的权利也未遭受侵害,直到起诉前,威豪公司及北海公司仍希望北生集团继续履行交付土地使用权的义务,但北生集团至今未完成该合同义务,直接导致了合作开发合同的无效。

二审裁判结果

二审法院依据《中华人民共和国民事诉讼法》第153条第1款第2项之规定,判决如下:

一、维持广西壮族自治区高级人民法院〔2005〕桂民一初字第3号民事判决第1项;

二、变更广西壮族自治区高级人民法院〔2005〕桂民一初字第3号民事判决第2项为:广西北生集团有限责任公司于本判决生效后15日内返还北海市威豪房地产开发公司2500万元及利息(利息从取得款项之日起,按中国人民银行同期1年期存款利率计算)。一审案件受理费、二审案件受理费共计565972元,由广西北生集团有限责任公司负担。本判决为终审判决。

二审裁判理由

二审法院认为:本案二审双方当事人争议的焦点有二:其一,北海公司是否具备原告的主体资格;其二,威豪公司的起诉是否超过诉讼时效期间。

1. 关于北海公司是否具备原告的主体资格

经查,威豪公司是由北海公司申办成立的。由于威豪公司未按规定申报工商年检,2003年11月26日,广西壮族自治区北海市工商行政管理局做出行政处罚决定书,决定吊销威豪公司的营业执照,但至今尚未成立清算组进行清算。根据《中华人民共和国民法通则》第36条的规定:"法人是具有民事权利能力和民事行为能力,依法独立享有民事权利和承担民事义务的组织。法人的民事权利能力和民事行为能力,从法人成立时产生,到法人终止时消灭。"《中华人民共和国公司登记管理条例》第38条规定:"经公司登记机关核准注销登记,公司终止。"威豪公司虽然系由北海公司申请开办,但被依法吊销了营业执照之后并没有进行清算,也没有办理公司的注销登记,因此威豪公司仍然享有民事诉讼的权利能力和行为能力,即有权以自己的名义参加民事诉讼。北海公司作为威豪公司的开办单位,虽然有权利和义务对威豪公司的债权债务进行清理,但在威豪公司尚未注销时,其开办单位作为当事人共同参加诉讼,没有法律依据。北海公司不是威豪公司与北生集团所签合同的缔约人,其与北生集团之间没有直接的民事法律关系。因此,一审法院认定北海公司为本案适格原告,于法无据。北生集团关于北海公司不具备本案原告的诉讼主体资格的上诉请求应予支持。

2. 关于威豪公司的起诉是否超过诉讼时效期间

一审法院认为:威豪公司与北生集团签订的《土地合作开发协议书》,名为合作开发,实为土地使用权的转让协议。因北生集团未取得讼争土地的使用权即与威豪公司签订协议转让该土地的使用权,且既未对土地进行实际的投资开发也未在一审审理期间补办有关土地使用权登记或变更登记手续,故双方当事人签订的《土地合作开发协议书》应认定为无效。一审法院上述关于合同性质及效力的认定,符合本案事实,适用法律正确。且双方当事人对合同效力亦无异议。

依照《中华人民共和国民法通则》第135条、第137条之规定,当事人向人民法院请求保护民事权利的诉讼时效期间为2年,诉讼时效期间从知道或者应当知道权利被侵害时起计算。本院认为,合同当事人不享有确认合同无效的法定权利,只有仲裁机构和人民法院有权确认合同是否有效。合同效力的认定,实质是国家公权力对民事行为进行的干预。合同无效系自始无效,单纯的时间经过不能改变无效合同的违法性。当事人请求确认合同无效,不应受诉讼时效期间的限制,而合同经确认为无效后,当事人关于返还财产及赔偿损失的请求,应当适用法律关于诉讼时效的规定。本案中,威豪公司与北生集团签订的《土地合作开发协议书》被人民法院确认为无效后,威豪公司才享有财产返还的请求权,故威豪公司的起诉没有超过法定诉讼时效期间。

北生集团主张,双方签订的《土地合作开发协议书》约定,北生集团应在合同签订之日起13日内为威豪公司办理蓝线图和转换合同,北生集团未在该期限内履行上述义务,威豪公司就应当知道其权利受到侵害,诉讼时效即开始起算。本院认为:双方当事人签订的《土地合作开发协议书》约定,如果北生集团未能在合同订立之日起13日内办理蓝线图和转换合同,合同仍然继续有效执行,只是北生集团应承担相应的违约责任,即赔偿威豪公司100万元。因此,合同仍处在履行状态,未及时办理蓝线图及转换合同并不影响合同其他权利义务的履行,而且,上述义务也不是双方所订合同的主要义务。故在合同签订后的13日内北生集团虽未依约办理好蓝线图等,但并不能据此推断威豪公司就知道或应当知道北生集团不能履行转让土地使用权的义务。北生集团的该点上诉理由不能成立。

北生集团上诉还认为：广西壮族自治区北海市中级人民法院作出〔1999〕北民初字第66号民事判决后，威豪公司就知道或应当知道其权利被北生集团侵害，诉讼时效期间即开始起算。本院认为，一审法院对此问题的认定，理据充分。广西壮族自治区北海市中级人民法院审理的是威豪公司与恒通公司的争议，与本案没有直接的联系。广西壮族自治区北海市中级人民法院判决认定威豪公司与恒通公司之间的合同无效，并不能推导出威豪公司与北生集团之间的合同亦为无效。依照最高人民法院《关于审理房地产管理法施行前房地产开发经营案件若干问题的解答》第7条的规定，威豪公司与北生集团之间的土地使用权转让协议在威豪公司提起诉讼时处于效力待定状态，即如在本案一审诉讼期间北生集团能补办有关土地使用权的手续，合同仍然可以有效并得到履行。北生集团也未告知威豪公司不能办理土地使用权转让手续。所以，威豪公司虽在与恒通公司的诉讼中败诉，但并不能由此推定威豪公司知道或应当知道北生集团侵害了其权利。北生集团的该点上诉理由亦不能成立。

47. 签订土地使用权转让合同后，转让方方取得土地使用权的，合同效力如何？

根据最高人民法院《关于审理涉及国有土地使用权合同纠纷案件适用法律问题的解释》第9条的规定，转让方未取得出让土地使用权证书与受让方订立合同转让土地使用权，起诉前转让方已经取得出让土地使用权证书或者有批准权的人民政府同意转让的，应当认定合同有效。

48. 土地使用权转让的税费双方如何分担？

虽然我国税收管理方面的法律、法规对于各种税收的征收均明确规定了纳税义务人，但是并未禁止纳税义务人与合同相对人约定由合同相对人或者第三人缴纳税款，即对于实际由谁缴纳税款并未作出强制性或禁止性规定。因此，当事人在合同中约定由纳税义务人以外的人承担转让土地使用权税费的，并不违反相关法律、法规的强制性规定，应认定为合法有效。

49. 人民法院可否自行对合同违约金数额进行调整？

根据《中华人民共和国合同法》第114条的规定，对于当事人在合同中约定的违约金数额，只有在当事人请求调整，且合同约定的违约金数额确实低于或者过分高于违约行为给当事人造成的损失时，人民法院才能进行调整。

典型疑难案件参考

山西嘉和泰房地产开发有限公司与太原重型机械（集团）有限公司土地使用权转让合同纠纷案

基本案情

2002年3月26日，太重公司（甲方）与嘉和泰公司（乙方）签订《协议书》。其主要内容如下：……（2）开发地段：位于太原市并州南路西一巷48号，并规选字〔2001〕第0068号规选中，南北约232米，东西约221米，除去其中西南角锅炉房、西北角已有建筑物，并留出变电室位置0.5亩左右，占地约64.5亩。（3）双方权利义务：①太重公司负责上述地段的旧屋拆除及安置；②太重公司负责三通一平，具体时间为2002年6月10日前为主干道以西地段，2002年11月30日前为剩余地段；③在土地转让手续办理完毕之前，太重公司协助嘉和泰公司办理项目的建设手续；④太重公司负责嘉和泰公司施工中的水、电供应，费用由嘉和泰公司按月支付，房屋建成后的水电增容及设施费用由嘉和泰公司承担；⑤太重公司现有锅炉房、变电室可与嘉和泰公司共同使用，由此产生的增容费由嘉和泰公司承担（产权归太重公司）；⑥嘉和泰公司负责开发项目所需规划、设计、报建等工作及费用；⑦嘉和泰公司负责工程费用筹措、支付、施工及房屋建成后的销售；⑧太重公司负责办理土地出让手续，土地出让金及相关出让费用由嘉和泰公司按太重公司与土地管理部门签署的《国有土地出让合同》约定的付款方式及付款时间支付给太重公司，再由太重公司向政府相关部门缴纳；⑨太重公司土地出让手续办理完毕且嘉和泰公司向太重公司支付全部土地补偿金后，太重公司即为嘉和泰公司办理土地使用权转让手续，转让费用由嘉和泰公司承担；⑩嘉和泰公司为取得土地使用权，向太重公司支付土地补偿金每亩94万元（不含土地出让金及相关税费）；⑪建成后的商铺和住宅，太重公司可按嘉和泰公司确定的价格优先购买；⑫如太重公司需在本小区内建设职工住宅，其占地面积从总面积中扣除；⑬嘉和泰公司在售房过程中发生的各类税、费均由嘉和泰公司承担。（4）付款方式：①协议签订后两日内，嘉和泰公司向太重公司支付土地补偿金500万元，10日内支付1500万元；②太重公司与土地部门签订土地出让合同后10日内，嘉和泰公司按该合同确定的土地出让金比例和数额向太重公司支付该笔款项；③太重公司土地出让完毕，且已取得国有土地使用权后，太重公司与嘉和泰公司签订该土地使用权转让合同，此合同一经土地局批准10日内，嘉和泰公司支付剩余的土地补偿金，太重公司收到土地补偿金后，将土地证及已批准的土地使用权转让协议交由嘉和泰公司办理过户手续。（5）违约责任：①在土地转让手续办理完毕前，太重公司如未按本协议第3条第2项约定时间实现三通一平，应按嘉和泰公司已付款额，以每日4‰计息赔偿待工损失，超过3个月仍无法实现约定条款，嘉和泰公司有权解除协议，太重公司须退还所收款项。②嘉和泰公司未按本协议第4条约定时间向太重公司支付该条约定款项，按该条应支付款项，每超过一日按4‰计息补偿给太重公司，如超过约定时间3个月后仍不能支付，太重公司有权终止协议，除留下已付款的10%作为对太重公司补偿外，其余款项退回嘉和泰公司。③施工期间，如因太重公司单方面原因不能保证用水、用电，太重公司应赔偿嘉和泰公司因此所遭受的直接经济损失；嘉和泰公司未按本协议约定支付水、电及增容费用，太重公司免除责任。④在土地转让手续办理完毕之前，因太重公司原因，嘉和泰公司未能及时办理工程项目审批手续、影响施工，太重公司须赔偿因此给嘉和泰公司造成的直接经济损失，但由于嘉和泰公司未按通知如期支付相关费用，太重公司免除责任。

2002年4月2日，太重公司（甲方）与嘉和泰公司（乙方）签订《补充协议》。其主要内容如下：（1）按原订协议的期限，嘉和泰公司按每亩94万元向太重公司支付土地补偿金，94万元/亩中的流转税按太重公司76%、嘉和泰公司24%的比例承担。嘉和泰公司承担的24%流转税款按原《协议书》约定在嘉和泰公司支付每期土地补偿金的同时一并支付，最终以实际交付的税款按双方约定的比例多退少补。（2）除以上一条以外，原协议履行过程中的所有各项税费（包括土地增值税、交易税等，但不限于此）均由嘉和泰公司承担。（3）以上各项税费凡以太重公司名义缴纳的，须由嘉和泰公司如数支付给太重公司。

2002年9月24日，太重公司与太原市国土资源局签订《国有土地使用权出让合同》（以下简称《出让合同》），太重公司取得了该宗土地的使用权，确认出让土地面积为42968.75平方米（约合64.45亩）。

2002年12月，太重公司与嘉和泰公司签订《太原市出让土地使用权转让合同书》（以下简称《转让合同》）。该合同主要内容如下：第7条土地使用权转让价格为每平方米1223元，总额为5255.08万元。第8条太重公司同意按原出让合同规定向国家交纳转让时的土地增值税。第10条双方在本合同签订15日内，由嘉和泰公司按太原市地产交易管理所审批意见办理相关手续，交纳有关税费。第11条双方在本合同签订后30日内到太原市国土资源局申请土地使用权变更登记。

根据《协议书》第4条约定：本协议签订后2日内，嘉和泰公司支付土地补偿金500万元，10日内支付土地补偿金1500万元。2002年4月2日，嘉和泰公司以承兑汇票方式向太重公司支付土地补偿金2000万元（该承兑汇票2002年9月到期）。2002年10月30日，嘉和泰公司以支票方式向太重公司支付土地补偿金250万元。

根据《协议书》第4条约定：太重公司取得国有出让土地使用权后，由太重公司与嘉和泰公司签订该土地使用权转让合同（按土地局规定文本），此合同一经土地局批准10日内，嘉和泰公司即支付剩余的土地补偿金。2002年12月，太重公司与嘉和泰公司签订《转让合同》，2003年1月20日，嘉和泰公司以承兑汇票方式向太重公司支付土地补偿金2000万元。2005年1月5日、8月19日、8月29日、9月22日，嘉和泰公司以支票、现金方式，4次向太重公司支付土地补偿金330万元。

综上，嘉和泰公司以承兑汇票、支票、现金方式共支付土地补偿金4580万元，余款未付。

根据《协议书》第3条约定：太重公司负责办理土地出让手续，土地出让金及相关出让费用由嘉和泰公司按太重公司与土地管理部门签署的《出让合同》约定的付款方式和付款时间支付给太重公司。《协议书》第4条约定：太重公司与土地管理部门签订土地出让合同10日内，嘉和泰公司应按该合同确定的土地出让金比例和数额向太重公司支付该笔款项。2002年9月24日，太重公司和太原市国土资源局签订《出让合同》。2002年8月12日嘉和泰公司以承兑汇票方式向太重公司支付土地出让金1000万元（该承兑汇票2003年2月到期）。2002年9月23日，嘉和泰公司以电汇方式向太重公司支付土地出让金50万元。嘉和泰公司合计向太重公司支付土地出让金1050万元。

2003年1月15日，太重公司与嘉和泰公司取得国有土地使用权转让鉴证单。双方通过办理权属变更登记手续，嘉和泰公司于2003年1月取得该宗土地的国有土地使用证。按照《协议书》和《补充协议》有关税费承担的约定，嘉和泰公司尚欠太重公司各种税金。

另查明，2002年12月31日，嘉和泰公司向太原市国土资源局支付土地出让金 386.72 万元。太重公司已缴纳契税 41.25 万元；已申报营业税 281.25 万元，实际缴纳营业税 242.526 万元。嘉和泰公司住所地由原太原市并州南路西一巷 48 号变更为太原市并州南路西一巷 10 号。

▶一审诉辩情况

太重公司起诉称：2002 年 3 月 16 日太重公司与嘉和泰公司签订《协议书》，就太重公司向嘉和泰公司转让太原市并州南路西一巷 48 号土地拆迁补偿事宜进行了明确约定。2002 年 4 月 2 日又签订《补充协议》，就《协议书》中有关税费承担问题进一步明确。合同签订后，太重公司按约履行了合同，而嘉和泰公司只支付了土地补偿金 4559.7 万元，尚欠太重公司土地补偿金、相关税费等合计 3548.6271 万元。嘉和泰公司应支付欠款并对其违约行为按照合同约定承担违约责任。请求依法判令：嘉和泰公司立即支付土地补偿金、相关税费合计 3548.6271 万元及违约金 755.86256 万元（截至 2006 年 1 月 12 日）及至全部清偿之日止的违约金；嘉和泰公司承担全部诉讼费用及律师费用。

2006 年 8 月 7 日，太重公司向一审法院递交补充诉状，称根据太重公司与嘉和泰公司签订的《转让合同》，嘉和泰公司还另外拖欠太重公司土地转让金 5255.08 万元没有支付。因此增加诉讼请求，请求依法判令嘉和泰公司立即支付土地出让金 5255.08 万元并承担全部诉讼费用。

嘉和泰公司辩称：嘉和泰公司不欠太重公司任何款项，太重公司的诉讼请求应被驳回。(1) 太重公司主张的"土地补偿金"与"土地转让金"是转让同一地块的不同阶段的称谓，其实质是土地转让价。2002 年 3 月 26 日，双方签订《协议书》时土地性质为划拨土地，且协议的名义是合作开发，故使用"补偿金"这一名词，实质是土地使用权转让合同。2002 年 12 月，双方就该地块重新签订了《转让合同》，并经政府批准。该合同是最终确定土地使用权转让法律关系的合法文件，转让价格为 5255.08 万元。嘉和泰公司已超额支付土地转让款，不存在欠款一说。(2) 嘉和泰公司不欠太重公司任何税费。《转让合同》中没有约定由嘉和泰公司负担相关税费，且在该合同第八条明确约定增值税由太重公司负担。(3) 嘉和泰公司不欠太重公司任何款项，太重公司无权主张所谓的违约金。

▶一审裁判结果

一审法院依照《中华人民共和国民事诉讼法》第 64 条第 1 款，《中华人民共和国合同法》第 56 条、第 78 条、第 107 条、第 109 条之规定，判决如下：

一、嘉和泰公司于判决生效后 30 日内向太重公司支付土地补偿金 1478.3 万元及利息（自 2005 年 9 月 23 日起至判决确定的支付之日，以 1478.3 万元为基数，按照中国人民银行同期贷款利率计算）；

二、嘉和泰公司于判决生效后 30 日内，向太重公司支付契税 41.25 万元；

三、驳回太重公司的其他诉讼请求；

四、案件受理费 51.7998 万元、保全费 26.5 万元、其他诉讼费 4.5 万元，由太重公司负担 50 万元、嘉和泰公司负担 32.7998 万元。

一审裁判理由

一审法院认为：双方当事人争议的主要焦点是：（1）《协议书》的效力问题；（2）《补充协议》的效力问题；（3）《转让合同》的效力问题；（4）嘉和泰公司已付价款数额的确定问题、税金问题及违约金问题。

1. 关于《协议书》的效力问题

一审法院从三个方面分析《协议书》的效力：（1）《协议书》的性质。太重公司认为《协议书》约定的土地补偿金，系用于地上房屋拆迁、职工安置、工厂搬迁及地上建筑物补偿等，与《转让合同》约定的土地转让金是两个概念，无法替代。嘉和泰公司认为《协议书》名为合作开发，实际是不同时期转让土地使用权的同一称谓，《协议书》的实质为土地使用权转让合同。一审法院认为：《协议书》的性质是土地使用权转让合同。就《协议书》内容看，主要是约定嘉和泰公司为取得该宗土地使用权，向太重公司支付 94 万元/亩的补偿金。并非以提供土地使用权、资金等作为共同投资，共同经营，共享利润、共担风险合作开发为基本内容。根据最高人民法院《关于审理涉及国有土地使用权合同纠纷案件适用法律问题的解释》第 24 条规定，应当认定为土地使用权转让合同。（2）《协议书》、《补充协议》和《转让合同》的关系。太重公司认为《协议书》涉及土地的拆迁、安置、办理出让手续等内容；《补充协议》涉及税费承担问题；《转让合同》仅是土地使用权的转让。三者之间不存在矛盾，《转让合同》不能取代《协议书》和《补充协议》。嘉和泰公司认为《协议书》和《补充协议》的实质是不具合同效力的土地使用权转让合同，最终被《转让合同》取代。一审法院认为，从形式上讲，《协议书》和《补充协议》是未经备案登记、仅由双方持有的合同。《转让合同》是经过备案登记的合同。从内容上讲，《协议书》和《补充协议》约定转让土地补偿金 94 万元/亩，共 6058.3 万元，土地增值税及相关税费由嘉和泰公司承担。《转让合同》约定土地转让金为每平方米 1223 元，共 5255.08 万元，土地增值税由太重公司承担。《协议书》约定的权利、义务、付款方式、违约责任、争议解决方式等条款，在《转让合同》中没有条款约定或者说明。二者是针对同一标的所签订的形式不同、内容也不尽相同的两份合同。虽然都有转让的真实意思表示，但《协议书》是真实履行的合同，而《转让合同》只是作为办理过户之用。(3)《协议书》的效力问题。太重公司认为《协议书》是双方的真实意思表示，不违反国家法律法规，是合法有效的合同。嘉和泰公司认为《协议书》是转让划拨土地，违反《中华人民共和国城市房地产管理法》第39条的规定，是效力瑕疵合同，被《转让合同》取代。一审法院认为，《协议书》是双方当事人的真实意思表示，也是实际真正履行的合同。《协议书》和《转让合同》是对同一标的所签的先后两份合同，但后签订的《转让合同》并不当然取代《协议书》。因为：一是《转让合同》未废止《协议书》及《协议书》中约定的补偿金条款，也未约定《协议书》与《转让合同》相抵触的部分无效。二是《协议书》和《补充协议》约定了拆迁、安置、履行期限、履行方式、违约责任承担、纠纷解决方式等内容，《转让合同》不具备该类交易行为所签合同的必要条款。依照《中华人民共和国合同法》第78条规定，应推定为未变更。三是《协议书》不违反国家法律、法规。太重公司与嘉和泰公司签订《协议书》时，该土地为划拨用地，但双方在履行合同过程中，在经政府管理部门批准后，该划拨用地使用权已转化为出让土地使用权，不存在《中华人民共和国合同法》第52条规定的合同无效的任何一种情形。根据最高人民法院《关于审理涉及国有土地使用权合同纠纷案件适用法律问题的解释》第11条规定，《协议书》应认定为合法有效。

2. 关于《补充协议》的效力问题

太重公司认为《补充协议》合法有效。嘉和泰公司认为《补充协议》同样是效力瑕疵合同，已被《转让合同》取代。一审法院认为：双方在《协议书》的基础上签订《补充协议》，对土地增值税、流转税的金额及履行方式等进行了明确约定，其内容与《协议书》内容并不冲突，与《协议书》的内容共同构成完整的合同内容，二者是同一的关系。根据《中华人民共和国合同法》第61条规定，该《补充协议》的内容是对《协议书》内容的补充，可以确认《补充协议》与《协议书》具有同等的法律效力。

3. 关于《转让合同》的效力问题

太重公司认为《转让合同》也是合法有效的。嘉和泰公司认为《转让合同》是唯一有效合同。一审法院认为：(1)《转让合同》第7条约定的土地转让价格5255.08万元，是国土局的评估价格，是国家土地管理部门对土地交易双方成交价格进行间接调控和引导的最低限价，并非双方达成合意的表示。

(2)《转让合同》约定的价格不符合客观事实,按照《转让合同》约定,该宗土地价格为 5255.08 万元,土地增值税由太重公司承担,相关税费没有约定,按规定由太重公司承担。则太重公司在取得 5255.08 万元收入时,须向国家交纳土地出让金 1417.97 万元,须向国家交纳土地增值税及其他相关税费,还要负责拆迁、安置,且该宗土地上建筑物评估价为 1041.2171 万元。显然,太重公司以 5255.08 万元转让该宗土地与客观事实和真实合意不符。(3)按照《转让合同》约定的价款 5255.08 万元,嘉和泰公司的支付有悖常理。嘉和泰公司在已支付 3300 万元的前提下,只应向太重公司支付 1955.08 万元。但嘉和泰公司于 2003 年 1 月 20 日支付了 2000 万元,在取得土地使用证、认为已超额支付的情况下,又于 2005 年 1 月 5 日、8 月 19 日、8 月 29 日、9 月 22 日 4 次向太重公司共付款 330 万元,显然与常理不符。(4)《转让合同》约定的重要条款形同虚设。《转让合同》第 8 条约定:太重公司同意按原出让合同规定向国家交纳土地增值税。但原出让合同中并无交纳土地增值税的约定。(5)《转让合同》没有约定土地交付、价款支付、违约责任、纠纷解决方式等内容,不具备土地使用权转让合同的必要条款,不符合一般的交易习惯。(6)按照《协议书》第 4 条约定:太重公司土地出让完毕,且已取得国有出让土地使用权后,与嘉和泰公司签订该土地使用权转让合同(按土地局规定文本),此合同一经土地局批准 10 日内,即由嘉和泰公司向太重公司支付剩余的土地补偿金,太重公司收到土地补偿金后,将土地证及已批准的土地使用权转让协议交由嘉和泰公司办理过户手续。《协议书》第 3 条约定:出让费标准为太重公司在政策中能享受到的最优惠的价格标准。显然双方存在合理减少土地转让费的合意。由此可以推断,《转让合同》是按照土地局规定文本,为履行土地局的批准手续而作出的。双方将转让价格约定为 5255.08 万元,是为了少报纳税金额,而非变更原约定的转让价格。因此,《转让合同》中关于转让价格及土地增值税的约定并非双方当事人的真实意思表示,该类条款只会使国家税款减少,因此该类条款应认定为无效。其余条款与以前协议内容基本竞合,是双方当事人的真实意思表示,且经土地管理部门审查,并作了土地权属变更登记,双方已实际履行,为有效条款。

4. 关于嘉和泰公司已付价款数额的确定问题、税金问题及违约金问题

(1)嘉和泰公司已付土地补偿金数额的问题。太重公司和嘉和泰公司对已付款有两个问题意见不同:一是承兑汇票。太重公司认为 2002 年 4 月 2 日 2000 万元和 8 月 12 日 1000 万元承兑汇票应当扣除贴现利息;嘉和泰公司认为应以收款金额和收据金额为准。一审法院认为:在双方未就付款方式作出明确约定的情况下,嘉和泰公司以承兑汇票方式付款并无不妥,太重公司收取承兑

汇票后也没有提出异议。对太重公司扣除贴现利息的主张不予支持。二是国土资源局收取的386.72万元土地出让金。嘉和泰公司认为其向国土资源局交纳的386.72万元出让金应计入太重公司收取的土地补偿金数额。一审法院认为：太重公司出售该地，实际就是要取得94万元/亩、合计6058.3万元的土地补偿金收益，其他一切费用均由嘉和泰公司支付。《协议书》第3条约定：太重公司土地出让手续办理完毕且嘉和泰公司已支付全部土地补偿金后，太重公司即为嘉和泰公司办理土地使用权转让手续，转让费由嘉和泰公司承担。因此，该笔出让金不应算在太重公司收取的补偿金中。

故按照《协议书》约定，嘉和泰公司应支付太重公司土地补偿金6058.3万元，已支付4580万元，欠付太重公司土地补偿金1478.3万元。

（2）税金问题。双方在《补充协议》中约定：除流转税按76%和24%的比例由太重公司和嘉和泰公司承担外，其余所有税费均由嘉和泰公司承担。嘉和泰公司认为，各项税金的纳税主体是明确的，双方的约定是规避法律的行为，应属无效。一审法院认为双方当事人对税金的约定并不违反法律、法规的强制性规定。嘉和泰公司向太重公司支付的补偿金是双方约定的不含税价格，双方约定各种税金由嘉和泰公司承担合法有效。但是土地增值税和印花税太重公司并未交纳，营业税部分交纳部分未发生，对于未交纳的税费太重公司没有权利向嘉和泰公司主张，在各税费实际发生后，太重公司可依据《协议书》及《补充协议》向嘉和泰公司主张或另行起诉。对太重公司已缴付的41.25万元契税予以支持。

（3）违约金问题。一审法院认为嘉和泰公司没有完全履行其付款义务，是基于双方签订了两份合同，双方都有过错，因此对太重公司主张按照日4‰计算违约金的请求不予支持。但由于嘉和泰公司迟延付款的责任显然大过太重公司，其迟延付款的行为客观上给太重公司造成了利息损失。依照《中华人民共和国合同法》第107条的规定，利息损失也属违约责任的一种，太重公司虽然未提出利息损失的请求，但提出了违约金请求。因此嘉和泰公司应负担迟延付款的利息。

二审诉辩情况

嘉和泰公司不服一审判决，提起上诉，请求：（1）撤销一审判决，依法改判驳回太重公司的诉讼请求；（2）一、二审诉讼费用由太重公司承担。事实和理由如下：（1）关于《转让合同》的效力。《转让合同》是双方当事人真实意思表示，符合法律规定，并经政府批准，是最终确定双方土地使用权转让法律关系的合法文件，土地价格应以《转让合同》的约定为准。嘉和泰公司已按约定履行完毕自己的义务，不存在拖欠款项的行为，一审判决嘉和泰公司承担责任是错误的。(2) 关于《协议书》和《补充协议》的效力。《协议书》和《补充协议》签订时，该宗土地为行政划拨地。根据法律规定，太重公司无权转让该宗土地，应属无效协议。在办理出让手续后，《协议书》的效力才得到补正，才发生法律效力。虽然该协议有效了，但它先天不足是事实，需要在履行过程中逐步合法化。《协议书》是《转让合同》的准备，并最终被《转让合同》取代。(3) 一审判决认定"《协议书》和《转让合同》是针对同一标的所签订的新旧两份合同"。既然如此，根据合同法的一般原理，后合同（《转让合同》）的效力应当优于前合同（《协议书》），政府批准的合同效力当然优于未经批准的合同。(4)《转让合同》和《协议书》相冲突的约定，应以《转让合同》为准。与《协议书》相比，《转让合同》在转让范围、面积、价格、增值税负担等方面都发生了变化，当然应以《转让合同》为准。(5)《补充协议》就税费负担所作的约定，违反了税法的强制性规定。即使有效，增值税的负担约定也显失公平。增值税的纳税主体是转让人而非受让人，所以《转让合同》变更增值税由太重公司承担。(6) 一审判决认定嘉和泰公司已付价款数额有误，嘉和泰公司代太重公司支付的386.72万元出让金，应计入已付款数额。(7) 2005年以后所付330万元是为了促使太重公司履行全面交付土地义务被迫多付的。(8) 假如一审判决结果是正确的，其对诉讼费的分担违背了人民法院诉讼收费办法，超过嘉和泰公司应负担的比例。

太重公司答辩称：(1) 嘉和泰公司主张《转让合同》取代《协议书》和《补充协议》毫无根据且严重歪曲事实。(2) 嘉和泰公司对协议约定的出让金和税金提出异议目的是歪曲协议、赖账。(3) 嘉和泰公司认为386.72万元出让金应由太重公司承担，没有根据。

太重公司不服一审判决，提起上诉，请求：(1) 撤销一审判决，依法改判支持太重公司一审的全部诉讼请求；(2) 一、二审诉讼费用均由嘉和泰公司承担。事实和理由是：(1) 一审判决对嘉和泰公司欠付土地转让金的事实没有认定是错误的。《协议书》约定嘉和泰公司支付土地补偿金每亩94万元，是对太重公司进行土地拆迁、安置、三通一平等工作的补偿，而非土地转让价格。《转让合同》约定的是土地转让金，是土地本身的转让价格。两份合同的约定并不矛盾，更不重复，嘉和泰公司应当分别履行相应的合同付款义务。《协议书》与《转让合同》的内容相互独立，没有重复，均有双方当事人的盖章签字。根据《合同法》规定，两份合同均成立并生效。在两份合同中，并没有任何相互否定或者变更的条款，分别构成双方不同的权利义务。(2) 一审判决为嘉和泰公司减免大部分违约责任，没有依据，也不公平。一审判决已认定嘉和泰公司拖欠土地补偿金的事实存在,应当履行付款义务,但是将太重公司根据合同约定诉请的违约金改为支付同期贷款利息,并且违约金的起算时间也被推迟了两年零8个月之多,显然不符合约定,对太重公司是不公平的。根据《协议书》第4条约定,协议签订后两日内,嘉和泰公司支付土地补偿金500万元,10日内支付1500万元;太重公司取得国有土地使用权后,双方签订土地使用权转让合同,此合同经土地局批准10日内,嘉和泰公司支付剩余的土地补偿金。第5条约定,嘉和泰公司未按本协议第4条约定的时间支付该条约定款项,则按该条应支付的款项每超过1日按4‰计息补偿给太重公司。以上约定清楚明确,对双方均有法律约束力,人民法院应当尊重当事人的意思自治。按《协议书》约定,嘉和泰公司应在《转让合同》经批准10日内付清土地补偿金。而《转让合同》经批准的时间双方均认可为2003年1月15日,则嘉和泰公司付清土地补偿金的时间应为2003年1月25日。太重公司正是据此计算违约金,并且对嘉和泰公司中间几次还款均相应予以核减,分段计算。截至2006年1月12日,嘉和泰公司应当支付违约金755.86256万元。这一计算结果既符合合同约定,也符合客观事实,应当得到法院的支持。(3)一审判决驳回太重公司对税金的诉讼请求是错误的。依法纳税是企业应承担的义务,税金对于太重公司是必然发生的费用,太重公司当然有权主张,是否已经发生并不影响嘉和泰公司承担合同义务。而且应纳税款的计算均有国家相关法律法规的规定,太重公司起诉税费金额是依法计算的结果,有充分的法律依据,应当得到支持。(4)一审判决对嘉和泰公司已付款数额的认定也存在错误。嘉和泰公司支付的款项中有2002年4月2日2000万元承兑汇票应扣除贴现利息30.3万元;8月12日1000万元的承兑汇票应扣除贴现利息15.6万元。

嘉和泰公司答辩称:嘉和泰公司不欠太重公司任何款项,太重公司的上诉请求应被驳回。(1)《协议书》和《补充协议》已被《转让合同》取代。嘉和泰公司已按《转让合同》确定的价格履行完毕付款义务,并无任何拖欠。(2)嘉和泰公司按约履行了全部付款义务,不拖欠太重公司的任何款项,太重公司无权主张所谓的违约金。(3)太重公司主张的各种税费包括营业税、契税、印花税、土地增值税由嘉和泰公司承担不能成立。因为《转让合同》取代《协议书》及《补充协议》后,《转让合同》并没有约定上述税费由嘉和泰公司承担,《转让合同》第8条还明确约定增值税由太重公司承担。(4)太重公司认为已付款中应扣除贴现利息,没有法律依据。嘉和泰公司支付承兑汇票时,太重公司按票面金额开具了收据,已认可不扣除贴现利息,现在无权主张扣除。

二审裁判结果

二审法院根据《中华人民共和国民事诉讼法》第 153 条第 1 款第 2 项之规定,判决如下:

一、维持山西省高级人民法院〔2006〕晋民初字第 20 号民事判决第 3 项;

二、变更山西省高级人民法院〔2006〕晋民初字第 20 号民事判决第 1 项为:山西嘉和泰房地产开发有限公司于判决生效后 30 日内向太原重型机械(集团)有限公司支付土地补偿金 1508.6 万元人民币,并从 2005 年 9 月 23 日起按实际迟延付款天数以日 4‰ 的比例计算违约金支付给太原重型机械(集团)有限公司直至还清之日止;

三、变更山西省高级人民法院〔2006〕晋民初字第 20 号民事判决第 2 项为:山西嘉和泰房地产开发有限公司于判决生效后 30 日内,向太原重型机械(集团)有限公司支付营业税 58.20624 万元人民币,支付契税 41.25 万元人民币。如逾期不履行本判决确定之金钱给付义务,应当依照《中华人民共和国民事诉讼法》第 232 条之规定,加倍支付迟延履行期间的债务利息。一审案件受理费 51.7998 万元、保全费 26.5 万元、其他诉讼费 4.5 万元,合计 82.7998 万元,由太原重型机械(集团)有限公司负担 50 万元,山西嘉和泰房地产开发有限公司负担 32.7998 万元;二审案件受理费 48.799848 万元,由山西嘉和泰房地产开发有限公司负担。本判决为终审判决。

二审裁判理由

二审法院认为:嘉和泰公司和太重公司对于《协议书》、《补充协议》及《转让合同》的真实性均无异议。综合双方当事人的上诉请求及事实和理由,本案二审争议的焦点问题是:(1)《协议书》、《补充协议》和《转让合同》的效力及相互关系问题;(2)嘉和泰公司已付土地补偿金的数额问题;(3)太重公司关于税金的请求是否成立的问题;(4)太重公司关于违约金的请求是否成立的问题。

1. 关于《协议书》、《补充协议》和《转让合同》的效力及相互关系问题

首先,关于《协议书》、《补充协议》的效力,太重公司认为:《协议书》、《补充协议》是双方的真实意思表示,不违反国家法律法规,是合法有效的合同。嘉和泰公司认为《协议书》签订时,该宗土地为行政划拨地,根据法律规定,太重公司无权转让该宗土地,应属无效协议。而《补充协议》就税费负担的约定,违反了税法的强制性规定。本院认为:《协议书》、《补充

协议》是双方在平等的基础上自愿协商达成的协议,是双方真实的意思表示。《协议书》不仅详细地约定了所转让土地的面积、价格、付款方式、违约责任,还具体约定了双方权利义务及履行程序。《协议书》签订时,嘉和泰公司及太重公司均知道该宗土地属于划拨用地,所以在《协议书》第3条约定:由太重公司负责办理土地出让手续;第3条约定:太重公司土地出让手续办理完毕,即为嘉和泰公司办理土地使用权转让手续。这一缔约行为并没有规避法律损害国家利益,事实上,太重公司和嘉和泰公司正是按照上述约定完成该宗土地转让的。2002年9月24日太重公司与太原市国土资源局签订《出让合同》,取得该宗土地的使用权,嘉和泰公司支付土地出让金;同年12月太重公司与嘉和泰公司签订《转让合同》,嘉和泰公司依据《协议书》向太原市国土资源局支付土地转让款,随后完成土地使用权变更登记;均是双方履行《协议书》的真实行为。根据最高人民法院《关于审理涉及国有土地使用权合同纠纷案件适用法律问题的解释》第9条规定,"转让方未取得出让土地使用权证书与受让方订立合同转让土地使用权,起诉前转让方已经取得出让土地使用权证书或者有批准权的人民政府同意转让的,应当认定合同有效",因此,《协议书》合法有效。《补充协议》是对《协议书》约定转让土地使用权的税费承担所作的补充约定,明确了转让土地使用权的税费如何承担及由谁承担的问题。虽然我国税收管理方面的法律法规对于各种税收的征收均明确规定了纳税义务人,但是并未禁止纳税义务人与合同相对人约定由合同相对人或第三人缴纳税款。税法对于税种、税率、税额的规定是强制性的,但对于实际由谁缴纳税款没有作出强制性或禁止性规定。故《补充协议》对于税费负担的约定并不违反税收管理方面的法律法规的规定,属合法有效协议。嘉和泰公司关于《协议书》签订时,所转让的土地属划拨地,太重公司无权转让及《补充协议》就税费负担的约定违反税法的强制性规定,均属无效协议的主张,没有法律依据,不予支持。一审法院对于《协议书》合法有效及《补充协议》与《协议书》具有相同的法律效力的认定是正确的,应予维持。

其次,关于《转让合同》的效力问题。嘉和泰公司认为,《转让合同》是双方当事人的真实意思表示,符合法律规定,并经政府批准,是最终确定双方土地使用权转让关系的合法文件,土地使用权转让价格应以《转让合同》约定为准。太重公司认为,《转让合同》有效,嘉和泰公司应承担《转让合同》约定的支付土地转让金义务。本院认为,太重公司与嘉和泰公司之所以在《协议书》之外又签订《转让合同》,是因为签订《协议书》时,双方当事人均知道所转让的土地属划拨用地,不能直接转让。只有在太重公司办完土地出让手续、取得国有出让土地使用权后,再与嘉和泰公司签订国有出让土地使用权转让合同，并由双方共同到土地管理部门办理登记备案，才能完成该土地使用权转让。因此，《转让合同》对于太重公司及嘉和泰公司来讲就是到土地管理部门办理登记备案手续，以完成《协议书》约定的转让土地使用权行为，而并非为了变更《协议书》的约定条款或者构成双方新的权利义务关系；对于土地管理部门来讲，以《转让合同》登记备案，则表明土地管理部门认可《转让合同》中的价格并据此征收转让税费，办理相关手续。虽然《转让合同》中的价格比双方当事人实际约定的价格低，但土地管理部门给予登记备案的事实表明，土地管理部门认可双方当事人可以此最低价格办理土地使用权转让手续，也表明双方当事人的这一做法并不违反土地管理部门的相关规定。事实上，土地管理部门也正是依据该《转让合同》办理了土地权属变更手续。由此可以认定，在本案中《转让合同》仅是双方办理登记备案之用，别无他用，其效力仅及于登记备案。《转让合同》对于合同双方既没有变更《协议书》约定条款，也不构成新的权利义务关系。从嘉和泰公司支付土地补偿金的过程和数额看，也可证明嘉和泰公司在签订《转让合同》后，仍是按《协议书》约定的土地补偿金数额支付的。故嘉和泰公司关于应以《转让合同》中的价格作为本案土地使用权转让价格及太重公司关于以《转让合同》请求另外支付土地转让金的主张，均不符合本案实际情况，没有事实依据，不能成立。

再次，关于《协议书》、《补充协议》与《转让合同》的关系。对于《补充协议》是《协议书》的补充约定双方均无异议，但对于《协议书》与《转让合同》双方争议较大。嘉和泰公司认为，《协议书》已被《转让合同》所取代，《转让合同》是本案唯一有效的合同。太重公司则认为，《协议书》约定的土地补偿金是对拆迁、安置的补偿。《转让合同》约定的土地转让金是土地本身的转让价格，两份合同的约定并不矛盾，也不重复，相互独立，均成立并有效。本院认为：双方当事人签订《转让合同》的目的是为了办理土地使用权转让登记备案手续。《转让合同》没有约定变更或取代《协议书》的条款，并未在双方当事人之间成立新的权利义务关系。从双方当事人实际履行合同的情况看，太重公司转让土地使用权收取土地补偿金、出让金、转让金，太重公司与太原市国土资源局签订《出让合同》及其与嘉和泰公司签订《转让合同》到土地管理部门登记等行为都是在履行《协议书》约定的权利义务。而嘉和泰公司支付土地补偿金、出让金、转让金，取得土地使用权等也是履行《协议书》约定的权利义务。因此，本案中的《转让合同》是双方在土地管理部门办理土地使用权转让手续的备案合同，《协议书》才是双方实际履行的合同。嘉和泰公司关于《转让合同》取代《协议书》、《转让合同》是本案唯一有效合同的主张不能成立。太重公司关于《协议书》和《转让合同》相互独立，均成立有效，并据此要求嘉和泰公司分别支付土地补偿金及土地转让金的主张也不能成立。

综上，本院认为：《协议书》及《补充协议》是合法有效的协议，是确定双方当事人权利义务及违约责任的合同依据。

2. 嘉和泰公司已付土地补偿金的数额问题

太重公司对于已收到嘉和泰公司以承兑汇票、支票、现金形式支付的土地补偿金总额4580万元人民币并无异议。但认为其中2002年4月2日2000万元承兑汇票应扣除贴现利息30.3万元及2002年8月12日1000万元承兑汇票应扣除贴现利息15.6万元。本院认为：根据2002年3月26日太重公司与嘉和泰公司签订的《协议书》第4条的约定，嘉和泰公司在《协议书》签订10日内，应支付土地补偿金2000万元。嘉和泰公司应按约定时间履行付款义务。但嘉和泰公司以2002年9月到期的2000万元承兑汇票支付该笔土地补偿金，导致太重公司不能在约定时间实际收到该款项。太重公司只有支付贴现利息，才能在约定时间取得上述款项。嘉和泰公司这种以远期承兑汇票履行到期付款义务的行为，实际是迟延付款，属于不当履行合同义务的行为。由于嘉和泰公司不当履行合同义务，造成太重公司为此支付30.3万元的贴现利息损失，应由嘉和泰公司承担。太重公司关于扣除该贴现利息的上诉请求成立，应予支持。一审判决对此处理不当，应予纠正。关于2002年8月12日1000万元承兑汇票，是嘉和泰公司依据《协议书》第3条的约定支付的土地出让金。而太重公司在一审中并未对土地出让金提出诉讼请求，因此太重公司关于该1000万元承兑汇票的贴现利息的上诉请求不属于本院二审的审理范围。

嘉和泰公司认为其2002年12月31日向太原市国土资源局支付的386.72万元土地出让金应计入已付土地补偿金数额。本院认为：该笔款项是2002年12月太重公司与嘉和泰公司签订《转让合同》后，由嘉和泰公司直接支付给太原市国土资源局的。依据《协议书》第3条约定，太重公司土地出让手续办理完毕且嘉和泰公司支付全部土地补偿金后，太重公司即为嘉和泰公司办理土地使用权转让手续，转让费用由嘉和泰公司承担。故该笔款项属于嘉和泰公司应承担的土地转让款，不应计入其已付的土地补偿金数额。一审判决处理适当，应予维持。

综上，一审判决认定嘉和泰公司已付土地补偿金4580万元，尚欠太重公司土地补偿金1478.3万元有误，应予纠正。嘉和泰公司实欠太重公司土地补偿金1508.6万元。

3. 太重公司的税金请求是否成立问题

根据《补充协议》的约定，除流转税按76%和24%的比例由太重公司和嘉和泰公司分别承担外，其余所有税费均由嘉和泰公司承担。如前所述，《补充协议》关于税费负担的约定并不违反税收管理法律法规的规定，是合法有效协议，双方当事人应按约定履行自己的义务。关于太重公司在没有缴纳税金的情况下是否有权请求嘉和泰公司支付其所承担的税金的问题。本院认为：《补充协议》约定转让土地使用权税费的承担，只是明确了转让土地使用权过程中所发生的相关税费由谁负担的问题。而对于何时缴纳何种税费及缴纳多少数额，《补充协议》没有约定，也无法约定。只有在相关主管部门确定税费种类及额度，太重公司缴纳后，嘉和泰公司才能支付。太重公司在未缴纳税金，也没有相关部门确定纳税数额的情况下，请求嘉和泰公司支付转让土地税金，没有事实依据。一审判决对于太重公司要求嘉和泰公司支付其尚未缴纳的税费的请求不予支持，但提示其在实际缴纳税费后可以向嘉和泰公司另行主张权利的处理，并无不当，应予维持。对太重公司已缴纳的营业税和契税，一审判决只支持太重公司的契税请求而没有支持其关于营业税的请求不当，应予纠正。对于太重公司已缴纳的242.526万元营业税，嘉和泰公司应按24%的比例负担58.20624万元。

4. 关于太重公司的违约金请求是否成立问题

本院认为：《协议书》对于双方当事人具体的权利义务中包括嘉和泰公司付款时间、数额及违约责任均作出了明确约定。太重公司及嘉和泰公司都应按照诚实、信用原则，实际履行合同义务。太重公司按约定办理了土地出让、转让手续并将涉案地块实际交付给嘉和泰公司。嘉和泰公司应按约定履行付款义务，但嘉和泰公司在取得土地使用权后，未按约定时间及数额支付土地补偿金。嘉和泰公司迟延向太重公司支付土地补偿金是引起本案诉讼的主要原因。因此，嘉和泰公司的行为已构成违约，应按合同约定承担违约责任。一审判决认定嘉和泰公司迟延付款构成违约，但对太重公司按照合同约定的日万分之四的比例计算违约金的请求却未予支持，并将双方当事人按照日万分之四的比例计算违约金的约定调整为按银行利率计算利息。根据《中华人民共和国合同法》第114条之规定，人民法院对于当事人在合同中约定的违约金的数额，只有在当事人请求调整，并确实低于或过分高于违约行为给当事人造成的损失时，才能进行调整。一审判决对违约金的调整既违背当事人双方的约定，也缺少法律依据，应予纠正。太重公司关于嘉和泰公司应按合同约定承担违约责任，支付违约金的上诉请求理据充分，应予支持。因为嘉和泰公司最后支付土地补偿金的时间是2005年9月23日，太重公司此前并未要求嘉和泰公司支付违约金。故嘉和泰公司应从 2005 年 9 月 23 日起承担违约责任。

综上所述,嘉和泰公司的上诉请求没有事实和法律依据,应予驳回。太重公司的上诉请求,部分有事实和法律依据,应予支持;部分没有事实和法律依据,应予驳回。一审判决认定事实清楚,但适用法律部分有误,应予纠正。

> **50. 双方对转让合同条款的约定内容发生歧义,应如何处理?**
>
> 当事人各方在有效合同履行过程中对合同条款的约定内容发生歧义,不能达成一致时,应依合同法规定的合同解释方法如合同目的、合同条款之间的关系等来确定发生争议条款的真实意思表示。

典型疑难案件参考

桂馨源公司诉全威公司等土地使用权转让合同纠纷案

基本案情

2003 年 9 月 18 日,柳州市全威电器有限责任公司(以下简称全威公司)、柳州超凡房地产开发有限责任公司(以下简称超凡公司)与南宁桂馨源房地产有限公司(以下简称桂馨源公司)签订《土地开发合同》约定,全威公司、超凡公司同意将全威公司位于柳州市柳石路 153 号 51.9979 亩土地转让给桂馨源公司,土地转让价款为 2860 万元。鉴于超凡公司在与全威公司签订 2003 年 3 月 31 日《协议书》之后投入了前期资金并作了一些前期工作,本协议签订后,全威公司同意桂馨源公司支付给超凡公司补偿款 1640 万元。土地转让款的付款期限和办法:根据全威公司的要求,桂馨源公司同意于 2003 年 9 月 30 日前,将 200 万元转入全威公司账户作为合作定金,逾期视为桂馨源公司违约,全威公司、超凡公司有权单方解除合同;全威公司、超凡公司必须在两个月内办理完成市政府同意该宗土地转让给桂馨源公司控股或桂馨源公司法定代表人控股的在柳州新成立的公司,并给予今年或明年上半年土地开发计划指标;桂馨源公司在得到开发指标批准可以进行房地产开发时起一个月内,代全威公司支付向中国工商银行柳州分行所借的 795 万元贷款及表内利息 96 万元(此利息如能减免,此款便加在厂房拆迁费里支付),此贷款经银行同意可转贷给桂馨源公司,全威公司应积极协助桂馨源公司办理,并提供该宗土地作贷款担保抵押，如银行确认，由于此贷款转给桂馨源公司的原因，而不能免去表内利息 96 万元（准确金额以银行确认的为准），此利息应由桂馨源公司承担，其他任何原因全威公司未得到银行的免息，均由全威公司承担；桂馨源公司在得到市政府将土地转让给桂馨源公司控股的或桂馨源公司法定代表人控股的在柳州成立的新公司，并得到开发指标批准可以进行房地产开发时起一个月内必须代全威公司支付该宗土地办理土地使用性质变更（由工业用地变更为商业用地）向土地管理部门交纳的土地变性费用及契税约 600 万元；全威公司在办理完成将该宗土地过户给桂馨源公司在柳州的控股公司或桂馨源公司法定代表人控股的公司三个月内，桂馨源公司在柳州的控股公司或桂馨源公司法定代表人控股的公司代全威公司分期支付职工安置费、厂房搬迁费及代全威公司偿还零星欠款，此三项共约 600 万元。以上共计 2300 万元在桂馨源公司支付给全威公司的土地转让费中扣除，余下 2200 万元（桂馨源公司根据全威公司和超凡公司的要求，支付给全威公司 560 万元、支付给超凡公司 1640 万元），桂馨源公司在得到土地使用和开发指标批准，可以进行房地产开发时起一年内支付给全威公司和超凡公司。由于政府和房地产开发建设管理部门因总体规划、市政建设和市政管理原因以及全威公司、超凡公司两方的原因（包括全威公司职工、全威公司周边单位及个人的原因），以及全威公司、超凡公司两方债权人追债等非桂馨源公司原因，半年内不能办理完成本项目工程开工报建手续进行开工建设的，按实际延续的时间，付款期间相应顺延。如全威公司、超凡公司愿意购买桂馨源公司在该宗土地上所开发的商品房，其购房款可在桂馨源公司支付给全威公司的费用中扣减。在桂馨源公司代全威公司、超凡公司向土地局支付该宗土地变性费及契税的同时，全威公司须将该宗土地过户给桂馨源公司控股或桂馨源公司法定代表人控股的在柳州新成立的公司。但桂馨源公司在付清全威公司、超凡公司 4500 万元之前，不得将该宗土地转让给桂馨源公司控股的或桂馨源公司法定代表人控股的公司以外的其他人。全威公司向桂馨源公司所转让的该宗土地使用权年限按政府的有关规定办理。桂馨源公司计划该宗土地分期开发，从桂馨源公司支付完需开发部分土地的厂房搬迁费和职工安置费之日起算，全威公司必须在三个半月内搬迁完毕，并将所拆除的垃圾清除干净，将达到"三通一平"的土地交付给桂馨源公司。桂馨源公司未付给全威公司、超凡公司的部分款项，由桂馨源公司或桂馨源公司在柳州的控股公司或桂馨源公司法定代表人的控股公司提供相应价值的土地和房产作为抵押担保。全威公司、超凡公司因自己的原因未按合同约定的期限办理完成土地过户手续、土地使用性质的变更和土地开发指标的办理及未按期搬迁完毕该宗土地上的所有附作物和完成"三通一平"，每逾期一日，按桂馨源公司已支付金额的千分之一向桂馨源公司支付罚息，逾期达30日以上，桂馨源公司有权单方解除合同。桂馨源公司因以上原因提出解除合同的，全威公司、超凡公司应双倍返还200万元定金。桂馨源公司未在合同约定的时间内代全威公司全额支付有关款项给有关单位及未付清全威公司、超凡公司土地转让费和补偿费，每逾期一日，桂馨源公司应按应付金额的千分之一分别向全威公司和超凡公司支付罚息，逾期达30日以上，全威公司、超凡公司有权单方解除合同。全威公司、超凡公司因以上原因单方提出解除合同，桂馨源公司以支付的200万元定金作为对全威公司、超凡公司的违约赔偿等。且约定本合同为三方执行合同，全威公司与超凡公司于2003年3月31日签订的《协议书》及全威公司与桂馨源公司于2003年9月1日签订的《房地产项目合作开发合同书》于本合同签订之日同时作废。2003年9月29日，桂馨源公司将200万元定金转入全威公司账户。2003年11月18日，柳州市发展计划委员会批准将本案所涉及的土地用途改变为经营性用地。2003年11月3日，桂馨源公司函告全威公司、超凡公司，授权桂馨源公司法定代表人罗先友控股的柳州市盛源房地产有限公司代其履行合同，要求全威公司、超凡公司按合同约定将土地过户给柳州市盛源房地产有限公司。2003年12月15日，桂馨源公司又函告全威公司、超凡公司，将代其履行合同的公司变更为柳州恒贸源房地产有限公司，要求全威公司、超凡公司按合同约定将土地过户给该公司。2003年11月21日，全威公司与超凡公司函告桂馨源公司，其已于2003年11月18日将柳州市发展计划委员会批准土地用途改变的文件办妥，并将复印件交于桂馨源公司，要求桂馨源公司提前支付600万元款项，其中300万元用于交纳土地收益金，办理土地过户及办理解封和搬厂，另300万元在办理完土地过户手续后的一个月内支付。2003年11月25日，全威公司提出资金计划：第一期资金计划总计300万元，包括：（1）支付河北科技有限公司欠款42万元，用于办理土地解封事宜。（2）交纳土地收益金120万元。（3）搬迁厂房所需费用100万元。（4）偿还其他零星欠款38万元。第二期资金应在土地过户后一个月内到位。2003年12月2日，超凡公司、全威公司再次致函桂馨源公司：（1）根据超凡公司、全威公司于中国工商银行柳州分行主要负责领导处得到的结果是，今年内还清银行欠款的本金，则所欠表内和表外利息全部免掉，明年的政策目前尚未明确。因此，要求桂馨源公司今年内全部按合同代柳州市磁电机厂（即全威公司）还清银行欠款，如果采用承担债务的做法，桂馨源公司必须承诺承担所有的利息。（2）桂馨源公司必须尽快书面确认最终合作公司并给予该公司有关法律认证的复印件。（3）桂馨源公司必须提供合同规定的抵押担保手续，使双方尽快进入下一步的土地办理程序。在该函中全威公司、超凡公司还提出：其曾于2003年

11月21日给桂馨源公司发函，未见桂馨源公司复函。为了表示合作诚意，现再次发函，希望桂馨源公司在5日内给予函复，使双方合作的操作程序得以进行，否则产生的一切后果和全部责任由桂馨源公司承担。2003年12月18日，全威公司、超凡公司致函桂馨源公司：由于《土地开发合同》第7条对桂馨源公司提供抵押担保的时间、抵押物、保证范围及担保金额均未作出明确约定，为此，三方都认为有修改并完善该条款的必要，并于2003年11月5日、12月15日、12月16日开会讨论了此问题，但没有达成一致意见。2003年11月22日、12月2日，全威公司、超凡公司也曾两次给桂馨源公司发函，要求桂馨源公司提供抵押手续，但桂馨源公司至今未予答复。由于桂馨源公司能否提供并办理抵押担保登记手续，对确保全威公司、超凡公司今后利益的实现至关重要，因此两公司再次发函，希望桂馨源公司务必在2003年12月8日前到全威公司商谈修改完善上述问题并最终达成一致意见，否则，《土地开发合同》无法履行，三方将全面终止该合同。2003年12月20日，柳州恒贸源房地产有限公司函复全威公司、超凡公司：《土地开发合同》充分体现了三方意志，是公正合法的，违约方在对方无违约行为或不同意解除合同的情况下，不能随意终止合同。我公司在2003年11月15日、16日及19日的协商会议时都表态，只要是合同上约定的，都会坚决执行，且将土地过户给我公司是安全的、无风险的。现全威公司、超凡公司以根本就不存在的不安全因素为由拒不办理该宗土地过户，已属严重违约，全威公司、超凡公司应以实际行动表明其合作诚意，在实实在在履行合同的前提下，三方才可以对合同约定以外的事项进行协商。2003年12月29日，全威公司、超凡公司致函桂馨源公司，以三方没有就办理抵押担保登记的时间及担保金额、保证范围达成一致意见，桂馨源公司又不愿商谈及全威公司是一个改制企业，桂馨源公司能否提供有效的抵押担保将关系到企业职工未来生活安置问题和社会安定问题为由，决定从即日起终止《土地开发合同》，并要求桂馨源公司商谈办理定金退还事宜。2004年1月3日，桂馨源公司致函超凡公司、全威公司，拒绝终止合同。

另查明，2004年1月18日，中国工商银行柳州分行鱼峰支行函复柳州恒贸源房地产有限公司：(1) 只要全部归还所欠我行贷款本金，我行即按规定解除该宗土地使用权的抵押关系。(2) 根据以上原则，贵公司能代债务人柳州市磁电机厂归还所欠我行的全部贷款本息，我行即解除该宗土地使用权的抵押关系。

还查明，全威公司系柳州市磁电机厂于2003年改制成立，其营业执照所载明的营业期限为2003年6月8日；本案所涉及的位于柳州市柳石路153号土地属国有出让土地，土地证号为柳国用〔2003〕字第188461号，土地面积为34665.3平方米（合51.9979亩），用途为工业用地，系全威公司根据与柳州市国土资源局2003年6月26日所签订的《国有土地使用权出让合同》受让取得；该宗土地按抵押合同设定土地使用权抵押登记，抵押面积为34537.3平方米，抵押金额为837万元，抵押期限从1997年7月11日至1999年7月9日，抵押权人为中国工商银行柳州分行，目前该笔抵押已到期，尚未办理注销登记；全威公司经企业改制后以出让方式处理该宗土地使用权，尚欠292.5万元的职工经济补偿金未支付；2003年11月18日，柳州市发展计划委员会通知全威公司：柳州市土地收购储备与审批委员会2003年第9次工作会议已同意你单位位于柳石路153号土地的用途改变为经营性用地，请于《通知》发出之日起至2004年6月30日，到市计委、规划局、国土局等有关部门办理相关手续，期限内未办理的，视为自动放弃，并告知：（1）房地产开发公司宗地改变用途的，请按房地产开发项目的有关程序办理；（2）非房地产开发公司宗地改变用途的，应在获得房地产开发资格后，按房地产开发项目的有关程序办理。

一审诉辩情况

桂馨源公司诉称：该公司与全威公司、超凡公司于2003年9月18日签订《土地开发合同》约定，桂馨源公司以2860万元受让全威公司位于柳州市柳石路153号的51.9979亩土地作为房地产开发用地，桂馨源公司在2003年9月30日前将定金200万元支付给全威公司，合同即为生效。合同签订后，桂馨源公司按期支付了定金200万元。依合同约定，全威公司必须在合同生效后两个月内办理完成将该宗土地转让给桂馨源公司或桂馨源公司法定代表人控股的在柳州新成立的公司，并给予今年或明年上半年土地开发计划指标，但全威公司已逾期40日仍不向土地管理部门办理过户手续，且于2003年12月29日函告桂馨源公司终止《土地开发合同》，使合同无法履行，给桂馨源公司造成和即将继续造成巨大的损失。故请求：（1）判令2003年9月18日签订的《土地开发合同》合法有效，全威公司与超凡公司应当继续履行。（2）全威公司、超凡公司双倍返还定金400万元，并赔偿由此给桂馨源公司造成的一切经济损失。（3）判令由全威公司、超凡公司承担本案全部诉讼费用。

全威公司辩称：（1）不同意继续履行合同。全威公司是一个特困企业，在得到开发指标后，要求桂馨源公司提供未付款项的抵押担保，桂馨源公司对全威公司这一正当要求予以拒绝。因此，全威公司已对桂馨源公司失去信任，若再继续履行，全威公司将承担很大的风险。（2）不同意双倍返还定金。全威公司在本案中不存在违约行为，全威公司是依法终止与桂馨源公司的合作。

(3) 不同意赔偿桂馨源公司的经济损失。桂馨源公司对此没有具体的诉讼请求且赔偿的前提是全威公司存在违约行为。

超凡公司辩称：（1）本案《土地开发合同》于 2003 年 9 月 18 日签订之时，全威公司并不具备独立的民事主体资格，该合同应为无效合同且超凡公司要求桂馨源公司对 1000 多万元应付款提供担保，而桂馨源公司不提供，超凡公司对此承担很大的风险，故超凡公司不同意继续履行合同。（2）超凡公司没有收到 200 万元的定金，也不存在违约行为，因此不同意双倍返还 200 万元定金。（3）不同意赔偿桂馨源公司的经济损失。桂馨源公司没有具体的损失数额，超凡公司在本案中亦未违约，定金罚则和违约金罚则不能同时适用，主张双倍返还定金则不能主张损失赔偿。

▶一审裁判结果

一审法院判决如下：

一、桂馨源公司、全威公司、超凡公司继续履行三方于 2003 年 9 月 18 日所签订的《土地开发合同》，全威公司与超凡公司应于判决生效之日起五个工作日内依该合同第 3 条第 2 款的约定，办理完成土地过户的相关手续；

二、驳回桂馨源公司的其他诉讼请求。案件受理费 179010 元，由桂馨源公司负担 35802 元，超凡公司负担 71604 元，全威公司负担 71604 元，财产保全费 143629 元，由超凡公司、全威公司共同负担。

▶一审裁判理由

一审法院经审理认为：本案性质为土地使用权转让合同纠纷。三方当事人签订的《土地开发合同》是在自愿、协商一致基础上签订的，合同约定转让的标的物亦系全威公司通过出让而取得的拥有使用权并经有关部门批准进行房地产开发的土地，该土地可以进入市场，合同内容没有违反法律规定。至于超凡公司所提出的在订立该合同时，全威公司已超过了营业期限的问题，根据《中华人民共和国民法通则》的规定，法人的民事行为能力始于设立，终于法人的终止，而本案中全威公司并未随着营业期限的到期而终止，其营业执照并未被注销或者吊销，其作为一个企业法人至今仍然合法存在，法人资格并未终止。且本案合同亦不属其营业执照所确定的营业范围之内，而是其对自身财产的自愿处分，符合合法的意思自治原则，故本案合同为有效合同。超凡公司主张合同无效没有法律和事实依据，不予支持。对于有效合同，根据诚实信用原则，各方当事人均应恪守合同的约定，全面履行合同。桂馨源公司已按照合同规定履行了合同，交付了定金并将合同中所约定的代其履行的公司告知了全威公司与超凡公司,而全威公司与超凡公司却没有按照合同的约定履行自己的义务,而是以三方在合同中对抵押担保问题约定不明确,又没有协商一致、其利益存在着风险为由,拒绝按合同的约定办理有关土地手续,并进而要求终止合同,显然有悖于合同的约定。根据合同约定,在桂馨源公司将200万元定金转至全威公司账户后,全威公司和超凡公司就应当履行合同第3条第2款所约定的义务,此间并不存在桂馨源公司应先行办理抵押手续的问题,因为合同并没有将桂馨源公司办理抵押手续作为全威公司和超凡公司履行该义务的前置条件,且综观合同分析,合同第7条所指的"桂馨源公司未付给全威公司、超凡公司的部分款项"也不是指200万元定金之后其余应付款项,而是合同第3条第3款所指的在支付2300万元之后余下的2200万元,也只有在其时并办理过户手续中才存在风险,才有要求桂馨源公司办理未付余款担保抵押的必要性。由此可见,合同约定的抵押担保条款并非不明确。何况,即使存在着全威公司和超凡公司所主张的抵押担保条款不明确的问题,也不影响合同的履行。根据合同约定,在桂馨源公司在履行本案合同中,除已支付给全威公司的200万元定金外,还需代全威公司履行相关的义务,只有支付约1500万元的款项后,方能实际取得土地过户且桂馨源公司也承诺以过户的土地使用权作为对未付款项的抵押担保,该承诺不违反法律规定且是切实可行的,故全威公司与超凡公司所主张的风险没有事实依据,是不存在的,不予支持。综上所述,全威公司、超凡公司在本案中的行为已构成违约,应承担违约责任,其无权主张终止本案合同;桂馨源公司作为守约方主张继续履行合同的诉讼请求于法有据,是成立的;其主张全威公司、超凡公司赔偿一切损失的诉讼请求,由于没有提出具体的损失数量和相应的证据,不予支持,予以驳回;由于桂馨源公司在本案中要求继续履行合同的诉讼请求已得到本院的支持,故其主张由全威公司与超凡公司双倍返还200万元定金的诉讼请求,既与三方当事人在本案合同中的约定不符,又不符合定金罚则的适用范围,该罚则中的双倍返还只适用于履行落空的情形中,故桂馨源公司的该诉讼请求亦不能成立,不予支持,予以驳回。

二审诉辩情况

全威公司不服一审判决提起上诉,请求依法改判。

全威公司诉称:驳回桂馨源公司的诉讼请求并解除本案合同,由桂馨源公司承担违约责任。主要理由:(1)一审判决对合同抵押担保条款的认定错误。讼争地块是本案土地转让的标的物,不是抵押的标的物,且只有全威公司有权在该地块上设置抵押。桂馨源公司主张全威公司应将土地使用权全部过户给该公司，然后其再以该块土地作为抵押财产向全威公司提供担保属无理要求。（2）合同第7条约定的"部分款项"应指全部未付款项，全威公司有权根据履行合同的需要随时要求桂馨源公司履行担保义务。一审判决将实际违约和预期违约混为一谈，显失公正。（3）对土地过户和提供抵押担保的时间应依同时履行作为判定依据。在桂馨源公司未依约提供相应价值的土地和房产作为抵押担保，双方未能达成一致意见且桂馨源公司根本不具备履约能力的情况下，全威公司提出解除合同符合法律规定。一审判决认为全威公司要求桂馨源公司履行担保义务构成违约错误。（4）《土地开发合同》第3条第2款主要约定了桂馨源公司的付款义务，即全威公司将土地过户给桂馨源公司的前置条件，没有全威公司将土地过户给桂馨源公司的义务约定。双方于2003年11月18日收到柳州市发展计划委员会土地开发指标后全威公司已履行完第3条第2款的约定义务，桂馨源公司应在一个月内即2003年12月18日以前支付中国工商银行柳州分行本息891万元，而桂馨源公司除交纳定金200万元外，其余款项并未支付。同时，《土地开发合同》第4条约定全威公司将土地过户给桂馨源公司成立的新公司的时间应在桂馨源公司付清600万元土地变性费及契税的同时，即全威公司履行土地过户义务的条件尚未成就。因此，双方纠纷的原因为桂馨源公司未按期履行合同且明确表示不履行担保的主要义务，一审判决认定桂馨源公司为"守约方"错误。（5）一审判决全威公司于"五个工作日"内单方履行土地过户义务而不要求桂馨源公司承担相应义务，与合同约定不符。且一审判决超越三方合同内容，要求不是土地使用权人的超凡公司承担其无法履行的义务，没有法律依据。

超凡公司不服一审判决提起上诉。

超凡公司诉称：请求确认《土地开发合同》无效，由双方承担同等过错责任。主要理由：（1）本案土地使用权转让合同，违反了法律法规的强制性规定，应认定无效。其中国有土地出让金至今未全部付清，尚欠292.5万元职工经济补偿金和97万余元土地收益金；当事人对该块"工业用地"至今没有投入开发资金，更未达到25%的投资标准；合同签订时尚未取得国有土地使用权证；合同签订前后，讼争地块已处于有关法院的查封之中；讼争土地转让情况未通知该地块的抵押权人柳州市工商银行；涉案"工业用地"的转让未办理相应的审批、登记手续。（2）桂馨源公司作为专业从事房地产开发的企业明知上述合同无效情形的存在和有关法律法规的规定仍坚持继续履行合同，故合同无效，双方应承担同等过错责任。

桂馨源公司辩称：一审判决认定事实清楚，适用法律正确，应予维持。主要理由：（1）本案土地使用权转让合同符合《中华人民共和国城市房地产管理法》(以下简称《城市房地产管理法》)及《合同法》的规定,应认定有效。全威公司已于出让合同签订后一次性付清 800805 元土地出让金,其欠交的职工经济补偿金及土地收益金不属土地出让金;全威公司于起诉前取得了土地使用权证,享有涉案土地的处分权,具备转让的法定条件;涉案土地为工业用地且出让合同没有投资开发的约定及在该地块上进行房屋建设的约定,城市房地产管理法关于投资 25% 的规定不适用本案土地使用权的转让;抵押权人不仅知道土地转让事宜且明确同意转让。(2)全威公司、超凡公司拒不履行合同义务,已严重违约,其认为桂馨源公司违约并要求解除合同的上诉理由不能成立。全威公司和超凡公司于合同生效后不仅未将土地使用权过户到桂馨源公司指定的公司名下且连过户的申请手续都未开始办理,已严重违反合同;全威公司、超凡公司关于桂馨源公司必须先办理抵押担保才能开始办理土地转让过户手续及要求桂馨源公司对全部转让款的支付提供抵押担保的要求没有合同依据,本案不存在合同约定不明以及其他风险问题;合同第 3 条第 2 款为本案合同对全威公司和超凡公司办理土地使用权转让过户的唯一约定,即桂馨源公司支付 200 万元定金之外的转让款的条件是全威公司应首先将土地使用权转让过户到桂馨源公司指定公司的名下,桂馨源公司得到开发指标批准,并在可以进行房地产开发以后。本案桂馨源公司支付转让款的条件尚未满足,不存在违约问题,全威公司、超凡公司主张桂馨源公司未按约支付转让款而要求解除合同的理由不能成立。

二审裁判结果

二审法院经审理认为:一审判决认定事实清楚,适用法律正确。判决如下:

一、驳回上诉,维持原判;

二、二审案件受理费 179010 元,由全威公司、超凡公司各半负担。本判决为终审判决。

二审裁判理由

二审法院认为:全威公司、超凡公司与桂馨源公司于 2003 年 9 月 18 日签订的《土地开发合同》约定,全威公司、超凡公司将柳州市柳石路 153 号土地使用权转让给桂馨源公司,桂馨源公司向全威公司、超凡公司支付 2860 万元土地转让价款,故本案性质为土地使用权转让合同纠纷。该《土地开发合同》为三方当事人协商一致后作出的真实意思表示,内容亦不违反法律规定。合同签订前,柳州市国土资源局已同意全威公司以出让方式取得讼争土地的使用权,双方订有《国有土地使用权出让合同》。本案一审起诉前全威公司办理了国有土地使用权证,讼争土地具备了进入市场进行依法转让的条件。而土地出让金的交纳问题，属土地出让合同当事人即柳州市国土资源局和全威公司之间的权利义务内容，其是否得到完全履行不影响对本案土地使用权转让合同效力的认定，故超凡公司提出的因《土地开发合同》签订时未取得国有土地使用权证及土地出让金未全部交清违反法律强制性规定应认定该合同无效的上诉主张，本院不予支持。关于投资开发的问题，《城市房地产管理法》第38条关于土地转让时投资应达到开发投资总额25%的规定，是对土地使用权转让合同标的物设定的于物权变动时的限制性条件，转让的土地未达到25%以上的投资，属合同标的物的瑕疵，并不直接影响土地使用权转让合同的效力，《城市房地产管理法》第38条中的该项规定，不是认定土地使用权转让合同效力的法律强制性规定。因此，超凡公司关于《土地开发合同》未达到25%投资开发条件应认定无效的主张，本院亦不予支持。关于转让土地使用权是否已向抵押权人履行通知义务的问题，中国工商银行柳州分行2004年1月18日向柳州恒茂源房地产有限公司出具的复函，2003年12月2日全威公司、超凡公司与中国工商银行柳州分行商谈银行贷款了结事宜的函件及《土地开发合同》第3条第2款三方当事人关于抵押债务数额及处理方式的约定内容等证据均表明，本案讼争土地的抵押权人中国工商银行柳州分行知道该土地使用权的转让事宜，且未提出异议。超凡公司关于本案土地使用权转让未通知该土地抵押权人导致转让无效的理由与事实不符，不能成立。综上所述，《土地开发合同》于签订之时虽有瑕疵，但经补正后已不存在违反法律强制性规定的情形，应认定有效。一审法院关于合同效力的认定，适用法律正确，应予以维持。当事人各方在有效合同的履行过程中对合同条款的约定内容发生歧义，应依合同法规定的合同解释方法确定发生争议条款的真实意思表示。一审判决根据合同目的、合同条款之间的关系，确认《土地开发合同》第7条约定的应由桂馨源公司提供抵押担保的"未付款项"是指桂馨源公司依合同第3条约定的义务内容代全威公司支付2300万元款项以外的余款2200万元，认定事实并无不当。全威公司要求桂馨源公司先行就全部转让款项提供抵押担保作为其履行合同义务的前置条件，与合同约定不符。同时，因柳州恒茂源房地产有限公司不是履行《土地开发合同》付款义务的债务人，其工商注资问题与认定桂馨源公司是否具有履约能力之间不具有关联性。因此，全威公司在未能提供确切证据证明桂馨源公司于履行期限届至时将不履行或不能履行合同的情形下，其行使合同解除权的条件尚未成就，故全威公司以存在履约风险为由要求解除合同的主张因缺乏事实和法律依据，本院不予支持。关于办理土地过户手续的问题，《土地开发合同》虽然存在前后条款约定不准确的问题，但从文义表述、交易习惯等方面综合判断，可以认定合同第3条第2款关于"办理完成市政府同意该宗土地转让给桂馨源公司控股的或桂馨源公司法定代表人控股的、在柳州新成立的公司,并给予今年或明年上半年土地开发计划指标"的约定,是指全威公司、超凡公司应履行的义务为办理政府同意将土地使用权转让给合同约定的公司和政府给予土地开发指标的手续。合同第4条则应是全威公司向土地管理部门办理土地使用权变更过户手续的义务。全威公司主张的其已办理的经柳州市发展计划委员会批准的土地变性手续就是履行合同第3条第2款的义务,与合同约定内容不符。一审判决认定全威公司、超凡公司于桂馨源公司支付定金后未能按期履行合同第3条第2款所约定的义务,已构成违约,适用法律未有不妥。至于全威公司、超凡公司履行《土地开发合同》第3条第2款义务的期限,一审判决指定为五个工作日,符合本案的实际情况。

建设用地使用权转让合同纠纷办案依据集成

1.《中华人民共和国物权法》（2007年3月16日主席令第62号公布）（节录）

第一百四十三条　建设用地使用权人有权将建设用地使用权转让、互换、出资、赠与或者抵押，但法律另有规定的除外。

第一百四十四条　建设用地使用权转让、互换、出资、赠与或者抵押的，当事人应当采取书面形式订立相应的合同。使用期限由当事人约定，但不得超过建设用地使用权的剩余期限。

第一百四十五条　建设用地使用权转让、互换、出资或者赠与的，应当向登记机构申请变更登记。

第一百四十六条　建设用地使用权转让、互换、出资或者赠与的，附着于该土地上的建筑物、构筑物及其附属设施一并处分。

第一百四十七条　建筑物、构筑物及其附属设施转让、互换、出资或者赠与的，该建筑物、构筑物及其附属设施占用范围内的建设用地使用权一并处分。

第一百四十八条　建设用地使用权期间届满前，因公共利益需要提前收回该土地的，应当依照本法第四十二条的规定对该土地上的房屋及其他不动产给予补偿，并退还相应的出让金。

第一百四十九条　住宅建设用地使用权期间届满的，自动续期。

非住宅建设用地使用权期间届满后的续期，依照法律规定办理。该土地上的房屋及其他不动产的归属，有约定的，按照约定；没有约定或者约定不明确的，依照法律、行政法规的规定办理。

第一百五十条　建设用地使用权消灭的，出让人应当及时办理注销登记。登记机构应当收回建设用地使用权证书。

第一百五十一条　集体所有的土地作为建设用地的，应当依照土地管理法等法律规定办理。

2.《中华人民共和国城市房地产管理法》（1995年1月1日）（节录）

第三十六条　房地产转让，是指房地产权利人通过买卖、赠与或者其他合法方式将其房地产转移给他人的行为。

第三十七条　下列房地产，不得转让：

（一）以出让方式取得土地使用权的，不符合本法第三十八条规定的条件的；

（二）司法机关和行政机关依法裁定、决定查封或者以其他形式限制房地产权利的；

（三）依法收回土地使用权的；

（四）共有房地产，未经其他共有人书面同意的；

（五）权属有争议的；

（六）未依法登记领取权属证书的；

（七）法律、行政法规规定禁止转让的其他情形。

第三十八条 以出让方式取得土地使用权的，转让房地产时，应当符合下列条件：

（一）按照出让合同约定已经支付全部土地使用权出让金，并取得土地使用权证书；

（二）按照出让合同约定进行投资开发，属于房屋建设工程的，完成开发投资总额的百分之二十五以上，属于成片开发土地的，形成工业用地或者其他建设用地条件。

转让房地产时房屋已经建成的，还应当持有房屋所有权证书。

3. 最高人民法院《关于审理涉及国有土地使用权合同纠纷案件适用法律问题的解释》（2004年11月23日）（节录）

第九条 转让方未取得出让土地使用权证书与受让方订立合同转让土地使用权，起诉前转让方已经取得出让土地使用权证书或者有批准权的人民政府同意转让的，应当认定合同有效。

第十一条 土地使用权人未经有批准权的人民政府批准，与受让方订立合同转让划拨土地使用权的，应当认定合同无效。但起诉前经有批准权的人民政府批准办理土地使用权出让手续的，应当认定合同有效。

第十四条 本解释所称的合作开发房地产合同，是指当事人订立的以提供出让土地使用权、资金等作为共同投资，共享利润、共担风险合作开发房地产为基本内容的协议。

4. 最高人民法院《关于审理房地产管理法施行前房地产开发经营案件若干问题的解答》（1995年12月27日）（节录）

第七条 转让合同的转让方，应当是依法办理了土地使用权登记或变更登记手续，取得土地使用证的土地使用者。未取得土地使用证的土地使用者为转让方与他人签订的合同，一般应当认定无效，但转让方已按出让合同约定的期限和条件投资开发利用了土地，在一审诉讼期间，经有关主管部门批准，补办了土地使用权登记或变更登记手续的，可认定合同有效。

第四章 房地产开发经营合同纠纷

一、合资、合作开发房地产合同纠纷

51. 如何认定合同当事人签订的是合作开发房地产合同还是土地使用权转让合同？

合作开发房地产合同在一方以资金为投入，另一方以取得的土地使用权为投入的合作开发房地产合同中，土地使用权投入方将土地使用权变更为合作各方共有或者变更至项目公司名下，通常是合作开发房地产合同约定的重要内容，有的还要另行签订土地使用权转让合同。其真实意思表示是以土地使用权作价出资的合作，还是单一的土地使用权转让，合作各方是否共享利润、共担风险是主要的认定依据。各方约定共同成立专门的项目公司开发房地产，无论项目公司是否成立，以及土地使用权是否已经变更登记为项目公司享有，均不影响合作开发房地产合同的效力。

典型疑难案件参考

长治市华茂副食果品有限公司与长治市杰昌房地产开发有限公司合作开发房地产合同纠纷案

基本案情

2001年8月22日，山西省长治市建设局根据长治市城区副食果品公司《关于华茂商业园区开发改造方案的报告》向山西省长治市人民政府请示，山西省长治市计委于2001年11月28日以长计投字〔2001〕216号批复同意长治市城区副食果品公司对华茂小区进行开发，项目总建筑面积43787平方米。2001年12月31日，山西省长治市建委为长治市城区副食果品公司核发建设项目选址意见书和建设用地规划许可证。2002年1月12日，山西省长治市人民政府办公厅以长政办发〔2002〕1号通知对华茂商业园区进行拆迁改造。

2002年3月28日，长治市城区副食果品公司变更登记为长治市华茂副食果品有限公司，该公司变更登记前后的法定代表人均为刘华川。2002年4月21日，杰昌公司注册成立，法定代表人为刘华川。2002年4月27日，山西省长治市计委以长计投字〔2002〕172号通知同意华茂商业园区一期工程超市购物中心建设，建筑面积为28380平方米。

2002年5月25日，华茂公司、苏福伦、香港益群企业贸易有限公司（以下简称香港益群公司）签订《协议书》约定合作开发华茂商住园，但该协议未履行。2002年7月6日，华茂公司、苏福伦、香港益群公司、陈培森签订合作开发华茂商业园区项目的《房地产合作开发协议书》约定，各方一致同意合作开发建设华茂商业园区项目，各方的权利和义务通过本协议予以规范。主要条款有：一是原华茂商业园区项目已经长治市长计投字〔2001〕216号、长建发〔2001〕136号、长政办发〔2002〕1号、长计投字〔2002〕172号等文件批准，并办理了选址字58号建设项目选址意见书和长投2001年编号用地66号建设用地规划许可证。现因项目建设需要，经三方友好协商，增加苏福伦、香港益群公司对该项目共同进行开发建设。二是项目用地范围中包括华茂公司自有出让土地，即长治国用〔2001〕字第044号土地使用面积15293.9平方米及长治国用〔2001〕字第014号土地使用面积2451.2平方米。三是开发方式为各方商定以杰昌公司作为对华茂商住步行街改造建设的项目公司；对杰昌公司的股东股权进行变更；华茂公司应配合苏福伦、香港益群公司在本协议签订后办理杰昌公司股东变更登记手续，所发生的费用，由苏福伦、香港益群公司支付。四是开发条件为根据华茂商住步行街建设规划，该项目分两期建设并由苏福伦、香港益群公司具体实施。华茂公司负责将原改造建设单位由华茂公司变更为杰昌公司改造建设经营，负责办理杰昌公司开工前政府所有批文；华茂公司长治国用〔2001〕字第044号土地面积15293.9平方米和长治国用〔2001〕字第014号土地使用面积2451.2平方米，纳入杰昌公司对华茂商住步行街整体开发建设；土地变更手续在拆迁协议签订后统一办理；华茂公司按一、二期开发进度负责该部分土地地上建筑物的拆迁补偿安置及"三通一平"，并承担由此发生的费用（拆迁保证金、搬迁、拆除、清运）；华茂公司协同办理杰昌公司的股权变更手续和办理杰昌公司房地产开发经营的资质，所需费用由苏福伦、香港益群公司承担。苏福伦、香港益群公司负责除华茂公司提供项目建设用地以外部分土地的拆迁、安置及费用，并交纳该部分所需补交的土地出让金，负责除华茂公司承担的费用之外的本项目开发建设经营所需的全部资金的投入，负责杰昌公司具体运作，并对本项目整体进行规划设计、施工、销售，负责对其费用及项目公司注册资金的投入。五是分配与销售为华茂公司分得项目总建筑面积 11070 平方米房产，其中一期为商场 3700 平方米〔作为对华茂超市长治国用〔2001〕字第 014 号宗地及其上部建筑物的拆迁补偿安置的全部费用〕、独立店面 500 平方米、住宅 2205 平方米；二期为商场 1000 平方米、独立店面 1500 平方米、住宅 2165 平方米；项目开始运作，拆迁公告发布时，即由杰昌公司与华茂公司按照以上条件签订拆迁安置协议，具体补偿房产的位置、层次，在项目总图中商定；除补偿华茂公司 11070 平方米的房产外，其余的房产全部归苏福伦、香港益群公司所有；各方所得房产相对集中、好坏搭配，并按物业管理条例由各方各自承担应交的各项费用。协议还约定了房产销售、违约责任和期限等。

根据上述协议，2002 年 7 月 7 日，杰昌公司的股东由刘华川、李钦定、李淑珍变更为刘华川、苏福伦和陈培森，法定代表人由刘华川变更为苏福伦。2002 年 11 月 20 日，杰昌公司以出让的方式取得 19983.19 平方米的土地使用权。2002 年 10 月 25 日，杰昌公司向山西省长治市城区计委申请：杰昌公司通过报名等程序取得了市政府挂牌出让华茂项目土地的开发权，与土地部门签署了国有土地使用权出让合同，交纳了土地出让金并办理了国有土地使用证；杰昌公司对项目的规划设计进行了优化调整，项目总建筑面积为 74464 平方米，分两期建设；……特申请变更立项，确立杰昌公司为项目开发主体，并申请将项目名称由"华茂商业园区"变更为"假日阳光广场"。

2002 年 11 月 1 日，杰昌公司与华茂公司签订《拆迁安置协议》。主要约定：根据《长治市房屋拆迁管理实施办法》的规定及《房地产合作开发协议书》第 5 条第 1 款的约定，在坚持公平、守信的原则下，双方就拆迁安置中的有关事项，签订如下协议：杰昌公司将严格按照原《房地产合作开发协议书》第 5 条的规定对华茂公司拆迁房屋进行安置补偿，鉴于华茂公司流动资金欠缺及目前拆迁工作中遇到的实际困难，双方协商同意，在原协议基础上，华茂公司减少分取项目一期的住宅建筑面积 800 平方米，由杰昌公司按每平方米建筑面积 1000 元的价格进行现金补偿，即华茂公司分得项目总建筑面积 10270 平方米（原为 11070 平方米）及现金补偿 80 万元。补偿房屋应相对集中，好坏搭配，具体补偿房产的位置、朝向、层次，在项目设计文件批准定稿后，在设计平面图纸中商定。本协议签订后，华茂公司即可将其长国用〔2001〕字第 044 号土地面积 15293.9 平方米的土地使用权人变更为杰昌公司，待二期拆迁开始时，将长治国用〔2001〕字第 014 号土地面积 2451.2 平方米的土地使用权人变更为杰昌公司。本协议签订后，华茂公司需按原《房地产合作开发协议书》的规定，按项目建设进度对其用地范围内的地上建筑物进行拆除和场地"三通一平"，并承担相应的费用和责任。该协议还约定了定金、土地使用证、建筑许可证、房屋所有权证等内容。

2002年12月31日，山西省长治市计委根据杰昌公司的申请以长计投字〔2002〕604号批复：项目名称由原"华茂商业园区"更名为"假日阳光广场"；建设单位由华茂公司变更为杰昌公司；建设规模及主要内容：工程总用地面积19983平方米，总建筑面积74464平方米；总投资及资金来源：该项目总投资7500万元，资金全部由杰昌公司自筹解决。2003年6月19日，杰昌公司领取建设工程规划许可证。2003年8月11日，山西省长治市计委以长计投字〔2003〕328号通知，同意将"假日阳光广场"项目名称更名为"凯旋都汇广场"。

2003年11月8日，华茂公司与杰昌公司签订《补充协议书》，双方根据《房地产合作开发协议书》和《拆迁安置协议》，就项目分配补偿等具体问题协议如下：1.双方在项目运作过程中，应遵守互惠互利、诚实信用、合法等原则，涉及双方利益的事宜应互相透明及时沟通协商。2.补偿给华茂公司的房产面积、位置及其他要根据《拆迁安置协议》的约定进行补偿，具体补偿的类型、方位、面积、层次为：大小商场及店铺补偿面积、位置编号按双方签字的"建筑平面位置分配图"（附件1）及"商业补偿面积及位置编号表"（附件2）执行，住宅补偿面积位置编号按双方签字的"住宅补偿面积及位置编号表"（附件3）执行。协议还对设计变更相关事项约定：双方同意项目整体根据深圳设计装饰工程有限公司绘制的，并经长治市建设管理部门审批的全套施工图纸施工；杰昌公司应将立项文件、一书两证、施工许可证复印件在协议签订后15日内提交华茂公司一份备存；杰昌公司补偿给华茂公司的所有房产，按回迁安置对待，并协助华茂公司办理产权证及土地使用权证手续；华茂商业园区由杰昌公司整体开发，该园区的整体投资、规划、设计、建设、销售等均由杰昌公司负责；但根据合作原则，对上述问题，杰昌公司应及时与华茂公司沟通，涉及补偿华茂公司房产的设计、建设施工等相关问题，杰昌公司必须征求华茂公司意见，并取得华茂公司认可，不得自作主张，损害华茂公司利益；本协议与2002年7月6日合作协议及以前双方签订的协议具有同等法律效力；本协议与以前协议不一致或有矛盾的，以本协议为准。

根据双方当事人的协议以及政府部门的批准文件，杰昌公司对该项目进行了开发。华茂公司在与杰昌公司就房产分配签订补充协议后，称才知道杰昌公司开发面积由43787平方米增加为71549.8平方米，作为合作开发主体请求就增加面积进行分配，为此双方发生纠纷。

▶ 一审诉辩情况

华茂公司诉称：华茂公司作为开发单位开发华茂商业园区项目，是经山西省长治市改革发展计划委员会以长计投字〔2001〕216号立项批准的，开发建设规模总面积为43787平方米。华茂公司为开发该项目，成立了杰昌公司，并办理了相关开发手续。2002年7月6日，根据山西省长治市人民政府有关文件，华茂公司作为土地投资合作者，与苏福伦、香港益群公司、陈培森签订了合作开发华茂商业园区项目的《房地产合作开发协议书》。协议签订后，华茂公司出于对合作方的信任并根据协议，为杰昌公司办理了变更注册登记和土地变更手续。双方根据《房地产合作开发协议书》，针对为华茂公司分配的房地产定位及相关问题，又签订了《拆迁安置协议》，在该协议中同时还约定华茂公司提供的26.62亩土地上的建筑物由华茂公司自己拆迁。

  杰昌公司作为合作方苏福伦、香港益群公司、陈培森的合作代表和该项目的项目公司，在经营过程中违反双方合作原则，对涉及该项目的重大事项，对华茂公司既不公开，也不透明。如办理该项目的后改文件资料、设计图纸及相关资料及变更项目名称等重大事项，均由杰昌公司擅自行事，既不征求华茂公司意见，也不向华茂公司提供，更不告知华茂公司。在2003年9月之前，华茂公司多次提出异议，并就给华茂公司分配房地产和定位问题，曾反复多次要求杰昌公司提供全套图纸及相关资料，杰昌公司拒不提供。后经华茂公司咨询才发现给华茂公司分配的商场设计高度不合理，项目名称已被杰昌公司单方变更为"凯旋都汇广场"，为此双方发生纠纷。2003年11月8日，双方签订了《补充协议书》，该协议确定了双方运作原则，并对当时发生的部分争议问题和相关问题达成了协议。但在协商签订该协议时，杰昌公司故意隐瞒了该项目建设规模已变更增加为71549.8平方米的重要事实。杰昌公司未根据《补充协议书》第5条第2项约定，于2003年11月18日才向华茂公司提供了该项目全套设计图纸和相关审批文件。由此发现杰昌公司不仅单方变更了该项目名称，同时在华茂公司开发使用土地面积不变的情况下，将原开发建设规模总面积43787平方米单方增加到71549.8平方米，其中比原来增加27762.8平方米，增加比例占61.2%。该增加的面积是在华茂公司所投资的26.62亩土地上增加和以该投资土地作为抵押向银行贷款形成的，无疑华茂公司的贡献是主要的。根据合作和公平原则及贡献大小，杰昌公司应按新增面积的50%的比例并按好坏位置、层次搭配原则和各类房产面积比例，为华茂公司再增加分配房产面积13881.4平方米。同时认为杰昌公司变更该项目名称，属单方违约，也是对华茂公司合法权益的损害。故请求：（1）判令杰昌公司在双方签订的《房地产合作开发协议书》和《补充协议书》基础上，对其单方扩大建设规模增加的开发建设面积27762.8平方米，按50%的比例和各种类型房产面积比例，为华茂公司按照好坏位置、层次搭配原则增加分配面积共计13881.4平方米，其中住宅面积 5480.38 平方米，独立店铺 2508.37 平方米，大小商场 5894.04 平方米。(2) 判令杰昌公司对合作项目决策的重大事项和全部预销售活动，由双方共同签字盖章办理手续，避免判决结果难以实现。(3) 判令杰昌公司恢复双方协议项目名称"华茂商住步行街"，停止和取消其单方变更的项目名称"凯旋都汇广场"及以该项目名称进行的预销售活动，并赔偿华茂公司经济损失 100 万元。

杰昌公司辩称：双方没有合作开发的合同法律关系，双方是一种房屋拆迁、安置、补偿的合同法律关系。(1) 华茂公司无权分得《拆迁安置协议》及《补充协议书》之外的开发房屋面积的 13881.4 平方米。双方订立的《拆迁安置协议》标志着形式上的房地产合作开发关系的终止和实质上的房屋拆迁、安置、补偿关系的确立。《房地产合作开发协议书》名称上称为合作，但在其内容中并没有各方出资和所占比例的任何约定，不存在共同投资、共同经营、共担风险、共享盈余的房地产合作关系。双方的权利义务关系确立为《拆迁安置协议》中的拆迁人与被拆迁人的法律关系。开发过程中，杰昌公司对所有的被拆迁人（包括华茂公司）全部给予了安置和补偿，有些已经履行完毕，有的正在履行。华茂公司虽然曾经作为项目开发主体，有别于其他被拆迁人，但其全部利益已经在《拆迁安置协议》和《补充协议书》中得到了完全的安置和补偿。华茂公司现在不是杰昌公司的股东，因此，其无权干涉公司的决策和经营，更无权处分协议约定以外的开发房屋面积。根据《房地产合作开发协议书》约定原改造建设单位由华茂公司变更为杰昌公司，证明了开发项目已经变更为杰昌公司。《补充协议书》是对《拆迁安置协议》中双方为拆迁与被拆迁法律关系的再次认可。杰昌公司增加面积是从多方面加大了投入，是公司经营行为的结果。如果重新规划、设计在实施过程中出现了问题，导致公司经营亏损，华茂公司是否也要按照凭空来的 50% 的比例分担经营亏损呢？(2) 华茂公司提出"7·6"协议的前提是项目总面积为 43787 平方米不符合事实。双方签订协议前，对项目面积的增加早就达成了一致。签订"7·6"协议是在对原方案进行变更的前提下进行的，相关的变更手续也是华茂公司配合办理的。因此，华茂公司以项目面积增加为由要求多分房地产毫无道理。(3) 华茂公司的起诉已超过法定的除斥期间。华茂公司起诉杰昌公司要求增加分配面积的另一个理由是原协议"明显不合理不公平"，华茂公司法定代表人刘华川早在 2002 年 10 至 12 月间就亲自到有关部门参与办理了相关事项的变更手续，从这个时间起算，华茂公司也以自己的行为放弃了此项权利。(4) 华茂公司无权要求杰昌公司在本项目进行整体规划、设计、销售等环节上对其尽告知义务或履行签字手续。根据《房地产合作开发协议书》约定杰昌公司对本项目整体进行规划、设计、销售,并负责对其费用及项目公司注册资金的投入。更何况项目公司是有限责任公司,重大决策事项只对其公司的股东负责,而华茂公司并非杰昌公司的股东。(5)华茂公司主张赔偿100万元没有任何依据,相反其应当赔偿杰昌公司巨额经济损失。杰昌公司既没有侵权行为,也没有违约行为,不存在给华茂公司赔偿的问题。综上所述,华茂公司无视大量的双方为拆迁安置、补偿合同法律关系的客观证据,以自己现在仍然属于房地产合作开发项目的合作主体为由主张增加13881.4平方米,超出了《拆迁安置协议》和《补充协议书》确立的补偿和安置面积的范围,其请求没有事实依据和法律依据。并且华茂公司的起诉超过了法定的除斥期间,依法应当驳回华茂公司的起诉,维护杰昌公司的合法权益。

▶ 一审裁判结果

一审法院判决:

一、杰昌公司从增加的面积中补偿给华茂公司5552平方米,其中住宅面积为2166平方米,独立店铺为1000平方米,大小商场为2386平方米;

二、驳回华茂公司的其他诉讼请求;案件受理费74087.15元,由华茂公司负担44452.15元,杰昌公司负担29635元。

▶ 一审裁判理由

一审法院经审理认为:华茂公司与苏福伦、香港益群公司、陈培森于2002年7月6日签订的《房地产合作开发协议书》,华茂公司、杰昌公司分别于2002年11月1日签订的《拆迁安置协议》以及2003年11月8日签订的《补充协议书》,均系各方的真实意思表示,且各方均无异议,其法律效力应予确认,各方均应严格履行。根据《房地产合作开发协议书》中确定,华茂公司作为合作开发的主体共同签订了协议,且约定了其应履行的义务,即拆迁地上建筑物,达到"三通一平",并承担由此发生的费用等内容,由此应认定华茂公司系该项目的合作开发主体。《房地产合作开发协议书》同时约定了以杰昌公司作为对"华茂商住步行街"改造建设的项目公司。原改造建设单位由华茂公司变更为杰昌公司改造建设经营;除华茂公司承担"三通一平"的费用外,由苏福伦和香港益群公司负责本项目开发建设经营所需的全部资金的投入,并负责杰昌公司具体运作和本项目整体进行规划设计、施工、销售。对于房产的分配,规定除补偿华茂公司11070平方米的房产外,其余的房产全部归苏福伦和香港益群公司所有。由此证明华茂公司应分得的房产面积已确定为11070平方米。为履行《房地产合作开发协议书》而成立的杰昌公司根据该协议与华茂公司就分配的房产面积及具体位置达成了《拆迁安置协议》和《补充协议书》，双方均应严格履行。

杰昌公司并非《房地产合作开发协议书》的一方当事人，而是作为合作各方成立的项目公司，负责对该项目进行规划设计、施工、销售。杰昌公司在对项目规划设计进行优化调整的基础上，将原建筑面积由43787平方米增加为71549.8平方米，并报经有关部门批准实施。其增加的面积是由杰昌公司在投入相同的土地上增加投资，优化设计而形成的，华茂公司仍是出让的26.62亩土地，并未增加其他投资。虽然华茂公司是合作开发的主体，但应分面积在《房地产合作开发协议书》中已确定为11070平方米；且在开发过程中华茂公司也与杰昌公司就其应分配的建筑面积又签订了《补充协议书》，进一步确定了其应得到补偿的房产面积和具体位置，故华茂公司请求对增加面积进行分配，理由不足。华茂公司称杰昌公司单方增加房产面积，致使所应分配的商场高度不合理、采光不足等问题，属履行合同过程中的违约问题，并非华茂公司增加分配房产面积的理由。但是鉴于在杰昌公司开发前，华茂公司已经做了一些前期的开发工作；在该项目的开发过程中，华茂公司作为合作一方又履行了《房地产合作开发协议书》规定的合作义务，根据公平和诚实信用原则，就杰昌公司开发中增加的面积可酌情对华茂公司进行适当补偿。

华茂公司诉请的对合作项目决策的重大事项和全部预销售活动由双方共同签字盖章、办理手续的请求，因华茂公司是与苏福伦、香港益群公司、陈培森签订的《房地产合作开发协议书》，该协议中合作方并未包括杰昌公司，杰昌公司只是合作方委托开发该项目的具有独立法人资格的项目公司，其享有独立经营活动的资格，且开发协议也赋予了杰昌公司相应的权利，华茂公司的诉请于法无据，不予支持。在开发过程中，杰昌公司将项目名称变更为"凯旋都汇广场"，是经过山西省长治市计委批准的，华茂公司请求恢复原"华茂商住步行街"的名称的理由不当，其因此请求赔偿造成的100万元经济损失，一审庭审中未提供相应的证据，也不予支持。

综上所述，华茂公司虽然是合作开发的主体，但其应分配的面积已在3份协议中确定，予以确认。杰昌公司作为开发的项目公司，对开发过程中增加的面积应归自己所有，但鉴于华茂公司作为该项目的合作一方，根据合作协议履行了自己的义务，从公平和诚实信用原则考虑，杰昌公司应酌情将增加面积27762平方米的20%给华茂公司作适当补偿，具体位置可根据好坏搭配的原则确定；对华茂公司的其他诉讼请求应予驳回。

▶ **二审诉辩情况**

华茂公司诉称：一审判决不符合事实，应予改判。请求：（1）依法撤销山西省高级人民法院〔2005〕晋民初字第1号民事判决，并改判：①杰昌公司对其单方扩大建设规模增加的开发建设面积 27762.8 平方米，按 50% 的比例和各种类型房产面积比例，为华茂公司按照好坏位置、层次搭配原则再行增加分配面积共计 13881.4 平方米，其中，住宅面积增加 5480.38 平方米，独立店铺增加 2508.37 平方米，大小商场增加 5894.04 平方米；②杰昌公司将项目名称恢复为"华茂商住步行街"并停止以其单方变更的项目名称"凯旋都汇广场"进行的预销售活动；③杰昌公司赔付华茂公司经济损失 100 万元；④合作项目的重大决策事项和全部销售活动由合作双方共同办理手续，避免合作分配和判决结果难以执行。（2）杰昌公司负担一、二审的全部诉讼费用。

主要事实和理由：

1. 杰昌公司是本案房地产合作开发项目合同义务的直接承担者和合作主体，其有义务就新增加的建筑面积给华茂公司重新分配。华茂公司作为本案合作开发的主体已经履行了合作协议规定的合作义务。杰昌公司名义上是项目公司，但其直接被苏福伦、陈培森、香港益群公司所掌握和控制，在《房地产合作开发协议书》的履行过程中，杰昌公司既代表苏福伦、陈培森和香港益群公司履行他们在《房地产合作开发协议书》项目下的各项义务，又直接代表苏福伦、陈培森、香港益群公司与华茂公司签订与合作事项有关的各项补充协议，并且所有工作都是由杰昌公司以合作主体运作的。（1）《房地产合作开发协议书》中明确规定由苏福伦、香港益群公司负责杰昌公司的具体运作；（2）苏福伦和陈培森是杰昌公司的控股股东，占杰昌公司 98% 的股份；陈培森同时又作为香港益群公司的名誉股东在杰昌公司代表香港益群公司行使权利；（3）《房地产合作开发协议书》中约定由苏福伦、香港益群公司所承担的义务包括负责除华茂公司提供项目建设用地以外部分土地的拆迁、安置及费用，缴纳该部分所需补交的土地出让金，以及负责本项目开发建设经营所需的全部资金的投入等，实际上都是由杰昌公司履行的；（4）《房地产合作开发协议书》签订后，就该合作协议的未尽事宜，各方又分别签订了《拆迁安置协议》和《补充协议书》，这两份协议都是杰昌公司代表苏福伦、陈培森、香港益群公司与华茂公司签订的，特别是在《补充协议书》中多次提到双方的合作关系；（5）在山西省长治市城区人民政府所出具的《关于华茂公司和杰昌公司反映的有关问题协调会议纪要》中，杰昌公司也明确承认双方是合作关系，并表示要信守协议，在一审中提交的证据目录中也承认双方的合作关系。综上所述，无论在事实还是书面协议方面，杰昌公司都已经代替了苏福伦、陈培森和香港益群公司成为《房地产合作开发协议书》的一方当事人，因此，其有义务直接承担本案合同责任并就新增加的建筑面积给华茂公司重新分配。

2. 26.62亩开发使用土地是华茂公司的合作投资土地，不是杰昌公司以出让方式取得的土地。该项目中总共使用土地35亩，其中26.62亩（占76.06%）开发使用土地，是华茂公司根据双方签订的《房地产合作开发协议书》自行承担拆迁安置费用，达到"三通一平"以自有出让土地及合作投资的方式过户在杰昌公司名下的，是双方合作的真实意思体现，并非杰昌公司以出让方式取得的。

3. 合作项目规模变更而增加的27762.8平方米建筑面积是双方投资形成的财产。项目规模变更后增加的27762.8平方米建筑面积是在已确定的开发土地上形成的，合作项目面积的增加，华茂公司投入的土地的价值也随之增值，没有华茂公司前期土地的投资，就不能有现在增加的建筑面积。且同样面积的土地上增加建筑面积，必然加大项目的容积率，减少绿化面积及公共设施，客观上减损了华茂公司原来应分得建筑面积的经济价值。

4. 本案房产项目增加的27762.8平方米建筑面积，双方在协议中并没有约定如何分配，理应由合作双方共同所有。

5. 对项目规模变更后增加的27762.8平方米建筑面积，应当按照公平原则及贡献大小的原则为华茂公司再行分配50%的房产。（1）在合同履行过程中，华茂公司以自有土地作为出资，履行了提供建设用地、支付土地出让金、进行拆迁安置、负责"三通一平"以及办理手续等义务，实际出资的市场价值超过6400万元。杰昌公司及其股东的实际投入却很少，只是在开发初期有少量的资金投入，建设项目开始后，款项来源主要是房产预售的销售款和银行贷款及施工单位的垫资，而这些运作如果没有华茂公司先期的土地投资是不能实现的。（2）即使把杰昌公司规划中所称的总投资7500万元全部作为其实际投入，与华茂公司实际投入的6400万元比较，双方总的投资比例也已经达到54%和46%。华茂公司仅要求在新增加的面积部分按照50%的比例分配，符合法律规定。（3）通常的房地产项目合作中，提供建设土地一方所占的分配比例至少占总面积的40%—50%，而本案中华茂公司不仅是提供建设土地的一方，还负责绝大部分用地的拆迁事宜。根据惯例及诚实信用原则，华茂公司要求对规模变更后所增加的面积再分得50%的房产是合情合理的。（4）华茂公司要求对新增加的建筑面积再分得其中的50%，符合公平原则。

6. 杰昌公司在履行合同过程中有多项违约事实。（1）杰昌公司单方面将双方约定的项目名称由"华茂商住步行街"变更为"凯旋都汇广场"，严重损害华茂公司的利益，已构成违约。"华茂"是华茂公司十余年努力精心打造的商业品牌，是华茂公司的无形资产。在本案合作项目中使用该名称，具有重大的商业广告价值，因此是华茂公司与其合作者合作的前提条件之一。杰昌公司未经华茂公司同意，擅自将项目名称变更，使华茂公司本应获得的巨大的广告效益化为乌有，给华茂公司造成重大经济损失，因此，华茂公司要求杰昌公司将项目名称恢复为"华茂商住步行街"并赔付华茂公司的经济损失不少于100万元。（2）杰昌公司无权单方变更合作项目的规模增加总建筑面积，也已经构成违约。根据《房地产合作开发协议书》和《补充协议书》中确定的合作原则，"华茂商住步行街"由杰昌公司整体开发，但对整体投资、规划、设计、建设、销售等问题，杰昌公司应及时与华茂公司沟通，杰昌公司不得自作主张，损害华茂公司利益。因此，杰昌公司自行向山西省长治市计委申请变更总建筑面积，既违约又违反了诚实信用原则。

7. 合作项目重大事项依法应当由合作双方办理手续，由于杰昌公司在整个合作过程中种种欺诈和不诚信行为，已给华茂公司造成精神和经济上的很大损失，足以表明其毫无诚信可言。为防止其继续违规运作，华茂公司有理由要求与杰昌公司就共同涉及合作项目的重大事项和全部预销售活动行使决策权并共同签字盖章加以控制，以确保华茂公司分配利益和判决结果的实现。

杰昌公司辩称：一审判决第一项错误，应根据本案事实和法律的规定作出改判。请求：（1）撤销山西省高级人民法院〔2005〕晋民初字第1号民事判决第一项，改判驳回华茂公司的全部诉讼请求。（2）维持山西省高级人民法院〔2005〕晋民初字第1号民事判决第二项。（3）华茂公司负担一、二审的全部诉讼费用。

主要事实和理由：

1. 一审判决认定华茂公司请求对增加面积分配的理由不足是正确的，但在判决中适用公平和诚实信用的原则，判决杰昌公司适当补偿华茂公司5552平方米的面积，显然是错误和矛盾的。（1）华茂公司履行的义务均是三份协议中约定的义务，没有超出协议约定的范围，以履行这些义务为前提，才可以得到协议书中约定得到的安置补偿11070平方米的面积。因此，一审判决以履行协议约定的义务为理由而适用公平和诚实信用原则，从杰昌公司增加的面积中对华茂公司补偿是错误的。（2）不存在杰昌公司自行增加面积。所谓增加面积是针对华茂公司原来的设计方案而言的。该协议约定"华茂公司负责办理杰昌公司开工前政府所有批文：长政办发〔2002〕1号文待苏福伦、香港益群公司规划方案领导批示同意后，10个工作日内办理完毕"。可见对该项目优化设计、增加面积是该协议各方的共识，否则用原来设计方案就可以，还要苏福伦、香港益群公司规划方案何用？而且在杰昌公司完成新的设计方案并上报立项变更的过程中，华茂公司是参与的。从该协议约定及证人杜自美等人的有关证言中可以得到印证。对华茂公司安置补偿11070平方米的面积是在其知情的情况下才确定的,而华茂公司在三份协议确立的权利与义务之外没有任何新的投入,因此,履行约定的义务获得约定的权利,不存在显失公平。(3)优化设计、增加建筑面积是各方签订《房地产合作开发协议书》的前提。原立项批文中项目总建筑面积43787平方米,其中地下停车场及相关配套项目幼儿园、老年娱乐中心、物业管理等无法销售的建筑面积共15300平方米,本项目拆迁面积高达26889平方米(实际拆迁面积达到30000多平方米)。按1:1安置补偿,可销售面积只有43787－15300－26889＝1598平方米。如果不增加项目面积,杰昌公司要亏损,不获得利润杰昌公司就不会与华茂公司签订协议。在新设计方案完成且新的立项批文下达后,2003年1月23日,华茂公司给杰昌公司总经理苏福伦的公函中提到"现《假日阳光广场平面位置图》已经城建规划部门认可,项目各层平面图已经定稿"充分说明,华茂公司对新的规划设计和新的项目名称没有提出任何异议。新的项目名称"假日阳光广场"是在新的立项批文中,与增加项目面积、变更项目开发主体、确定资金来源等事项一并下达的。华茂公司不可能只知道项目名称改变,却不知道项目面积增加。而且在《补充协议书》中明确"设计变更相关事项,双方同意项目整体根据深圳设计装饰工程有限公司绘制的,并经长治市建设管理部门审批的全套施工图纸施工。"因此,华茂公司完全知情且没有提出任何异议。(4)在民事权益显失公平的情况下,当事人完全可以在法定的期限内提出请求法院变更或撤销,而华茂公司并没有在法定的期限内提出请求。而且,从签订《拆迁安置协议》和其后的《补充协议书》的行为来看,华茂公司也是对自己权利的再次确认。

2. 一审判决认定华茂公司并非合作开发协议的一方当事人是正确的,但认定华茂公司属于项目合作开发主体是错误的。(1)《房地产合作开发协议书》虽然名称上为合作开发协议,但因为华茂公司既没有投入资金到项目公司共同经营,拆迁后的土地也不是作为投资进入到项目公司,又不愿意承担任何风险,所以实质上华茂公司不具备合作开发的主体资格,其只是将土地转让给了杰昌公司,其权利的获得在该协议中已经被确立为不承担任何风险的拆迁安置补偿之法律关系。一审判决认为该协议中约定了华茂公司应履行的义务,即拆迁地上建筑物、达到"三通一平"并承担由此发生的费用等内容,认定华茂公司系该项目的合作开发主体,是错误的。这些约定不属于合作开发合同要求的必须内容,而是被拆迁人为了转让土地而将生地变为熟地应当履行的约定义务,是华茂公司获得约定的11070平方米面积的前提条件之一。(2)《房地产合作开发协议书》主体之间的权利与义务已经通过两种不同的法律关系得到了分解。其一,除华茂公司以外的主体约定将出资进入到了杰昌公司,他们的权利义务根据股份出资比例在杰昌公司中体现;其二,华茂公司与变更后的项目开发主体杰昌公司签订《拆迁安置协议》，华茂公司的权利和义务在与杰昌公司的拆迁安置补偿法律关系中得到落实。（3）杰昌公司作为该建设项目的项目公司，不仅受让了华茂公司的土地，而且还受让了其他被拆迁主体的土地。被拆迁人的权利已经在《拆迁安置协议》中得到落实。杰昌公司独立承担着经营风险，依法只能按公司法的规定由公司变更后的股东承受权利与义务。华茂公司不再占有杰昌公司股份，也就不能认定为项目的合作开发主体。

3. 杰昌公司与华茂公司之间只有唯一的一种拆迁安置法律关系。双方的拆迁安置法律关系在《房地产合作开发协议书》中已经事先约定好，又在《拆迁安置协议》和《补充协议书》中得到了充分的确认。无论是签订协议的主体称谓，还是实体上的权利与义务的细化约定，都充分地证明了双方的权利与义务关系是拆迁安置的法律关系。

▶ **二审裁判结果**

二审法院判决如下：驳回上诉，维持原判。二审案件受理费74087.15元，由长治市华茂副食果品有限公司负担44452.15元，长治市杰昌房地产开发有限公司负担29635元。本判决为终审判决。

▶ **二审裁判理由**

二审法院认为：本案所涉华茂公司和杰昌公司之间是合作开发关系还是拆迁安置补偿关系、杰昌公司是否违约及应否承担违约责任、新增加的面积应该如何处理三个方面的问题，是双方当事人二审中的争议焦点。

1. 关于华茂公司和杰昌公司之间是合作开发关系还是拆迁安置补偿关系的问题

从涉案项目的开发建设过程看，在华茂公司与苏福伦、香港益群公司、陈培森签订《房地产合作开发协议书》之前，华茂公司已提交了《关于华茂商业园区开发改造方案的报告》，并经政府批复同意获得对华茂商业园区进行开发的权利，获得了开发华茂商业园区的建设项目选址意见书和建设用地规划许可证。为开发建设需要，刘华川等股东在该协议签订前即注册成立了杰昌公司。该项目前期的立项、规划等审批手续均为华茂公司运作的结果，也是该协议签订的基础。该协议明确约定了各方的分工合作内容。华茂公司及杰昌公司提交的证据显示，该项目所占19983.19平方米土地面积中的17762.59平方米，是由华茂公司取得土地使用权的自有土地变更登记至杰昌公司名下，有2220.6平方米土地面积为杰昌公司直接以挂牌出让方式取得。华茂公司依照该协议将其已拥有土地使用权证的自有土地投入到合作项目中。《房地产合作开发协议书》的约定内容和实际履行过程表明，杰昌公司是该项目合作的载体，是为运作双方的合作项目设立的。华茂公司与杰昌公司在《房地产合作开发协议书》中不是合同的相对方，但是，华茂公司与苏福伦、香港益群公司、陈培森作为合同的相对方，约定了该项目开发方式以杰昌公司作为对"华茂商住步行街"改造建设的项目公司，原改造建设单位由华茂公司变更为杰昌公司改造建设经营；约定除华茂公司承担"三通一平"的费用外，由苏福伦和香港益群公司负责本项目开发建设经营所需的全部资金的投入，并负责杰昌公司具体运作和本项目整体进行规划设计、施工、销售。且约定"本项目整体竣工并完成销售归物业公司管理后，协议终止，项目公司注销"等内容。此后的《拆迁安置协议》及《补充协议书》内容也都是以《房地产合作开发协议书》为前提，由华茂公司与杰昌公司直接签订的。因此，杰昌公司在该项目合作中具有双重的地位，一方面作为华茂公司与苏福伦、香港益群公司、陈培森合作开发该项目的项目公司；另一方面随着协议的履行，替代苏福伦、香港益群公司、陈培森成为合作主体，与华茂公司继续进行项目的合作，并先后签订了《拆迁安置协议》及《补充协议书》。

合作开发房地产合同，其真实意思表示是以土地使用权作价出资的合作，还是单一的土地使用权转让，合作各方是否共享利润、共担风险是主要的认定依据。各方约定共同成立专门的项目公司开发房地产，无论项目公司是否成立，以及土地使用权是否已经变更登记为项目公司享有，均不影响合作开发房地产合同的效力。《房地产合作开发协议书》中合作各方关于房产的分配，并没有无论项目盈亏任何一方都不承担合作风险亦获取固定利益的约定，合作各方均承担了实际的合作风险。该协议的实质是华茂公司以土地使用权出资，与相对方合作开发。因此，华茂公司与苏福伦、香港益群公司、陈培森之间通过《房地产合作开发协议书》及对该协议的实际履行行为形成合作关系。《房地产合作开发协议书》签订后，就该合作协议未尽事宜，又签订了《拆迁安置协议》和《补充协议书》，在此，杰昌公司是合作协议的主体，并承担了《房地产合作开发协议书》中苏福伦、香港益群公司、陈培森的权利和义务，负责履行该协议约定的有关内容。因此，华茂公司与杰昌公司之间存在实际合作开发关系。《拆迁安置协议》所确定的内容，是华茂公司与杰昌公司就具体拆迁安置事项形成的另一法律关系。

2. 关于杰昌公司是否违约及应否承担违约责任的问题

（1）杰昌公司单方增加面积是否违约。该项目新增加的 27762.8 平方米建筑面积在《房地产合作开发协议书》中虽然没有约定，但是杰昌公司对项目重新进行优化设计，并变更立项进行开发建设，均符合《房地产合作开发协议书》关于该项目由苏福伦、香港益群公司具体实施，苏福伦、香港益群公司负责杰昌公司具体运作，并对本项目整体进行规划设计、施工、销售等约定内容的要求，是具体实际履行《房地产合作开发协议书》的行为，不属于单方增加面积的违约行为。（2）变更所争议房地产项目名称是否违约。如上所述，杰昌公司既作为该合作项目实际的合作主体，又作为合作各方运作项目的项目公司，杰昌公司是合作方委托开发该项目的具有独立法人资格的项目公司，其享有独立经营活动的资格，且《房地产合作开发协议书》也赋予了杰昌公司相应的权利。在开发过程中，该项目已登记在杰昌公司名下，项目名称曾变更为"假日阳光广场"，华茂公司在往来函件中也实际认可"假日阳光广场"的名称，后杰昌公司报经山西省长治市计委批准又将该项目更名为"凯旋都汇广场"。杰昌公司变更所争议房地产项目名称并不违约。华茂公司请求恢复原"华茂商住步行街"名称的理据不足，其因此请求赔偿造成的100万元经济损失，庭审中也未提供相应的证据，一审法院对此不予支持，并无不当。

3. 关于新增加的面积应该如何处理的问题

《房地产合作开发协议书》、《拆迁安置协议》是以山西省长治市改革发展计划委员会以长计投字〔2001〕216号立项批准的开发建设规模总面积为43787平方米的华茂商业园区项目为基础的，该协议中约定华茂公司应分配11070平方米的房产，是依据43787平方米这个前提确定的。《补充协议书》载明"根据2002年7月6日四方签订的《房地产合作开发协议书》和双方签订的《拆迁安置协议》，并根据市、区两级政府协调会议精神，现就项目分配补偿等具体问题，经平等协商达成如下补充协议"，由此可见，合作各方仍然以原来的《房地产合作开发协议书》和《拆迁安置协议》为依据进行面积的分配补偿，并未就项目优化设计后的71549.8平方米建筑面积中增加部分的分配进行新的约定。华茂公司主张分配多增加的房屋面积，并非以股东身份对项目利润分配的主张，而是依据合作合同关系对《房地产合作开发协议书》有关约定房产分配面积发生变更而提出的请求。新增加的面积是合作项目的产物，理应归合作各方共同所有。但上述三份协议均未就新增的27762.8平方米建筑面积的分配再予约定，一审法院认为华茂公司请求的合同依据不足，并无不当。

该项目71549.8平方米的建筑面积是以杰昌公司名义报批，政府有关部门以长计〔2002〕130号文件批复为依据建设的，项目所占19983.19平方米土地面积中的17762.59平方米原来是华茂公司取得土地使用权的自有土地，2220.6平方米土地面积为杰昌公司直接以挂牌出让方式取得。一审法院根据各方合作情况，对各方未作约定的新增面积，适用公平原则按照20%的比例确定给华茂公司，与参照双方最初约定分配面积所占分配比例以及合同履行过程中分配面积所占比例的变化等合作项目实际履行情况，综合考虑的结果大致相当，也符合本案实际，可以予以维持。

综上所述，华茂公司、杰昌公司的上诉请求缺乏有关事实及法律依据，均不予支持。一审判决对部分事实的认定虽不够准确，但对本案的实际处理结果没有造成影响，并不失公平，可予维持。

52. 村委会与他人订立的合作开发合同的效力如何认定？

村民会议由村民委员会召集，对于涉及村民利益的事项和村民会议认为应当由村民会议讨论决定的涉及村民利益的其他事项，村民委员会必须提请村民会议讨论决定后方可办理。村民委员会经依法召集村民会议讨论决定后与他人订立的协议，应当认定为合法有效。

典型疑难案件参考

浙江省乐清市乐城镇石马北村村民委员会与浙江顺益房地产开发有限公司合作开发房地产合同纠纷案

基本案情

2003年1月，浙江省乐清市乐城镇石马北村村委会集体所有的土地700余亩被乐清市国土资源局征用，乐清市国土资源局返还村委会留用地指标70亩，其中包括双方讼争的C-c41地块（以下简称7号地块），作为村委会从事开发经营、兴办企业及村民住宅用地。由于土地被征用后，土地承包户强烈要求补足每亩30万元的补偿款，故村委会经村民代表会议讨论，决定开发7号地块，以解决土地承包户的补偿款问题。村委会与瑞安市汇通房地产开发有限公司（以下简称汇通公司）多次协商开发该地块。经村委会村民代表会议讨论后，村委会与汇通公司先后于2003年8月30日、9月9日、10月16日签订了三份协议书。其中8月30日的协议书载明，双方就7号地块（约12.27亩，以附图为准）挂牌出让有关问题达成如下协议：（1）确保村委会该地块土地出让净值5000万元，即无论汇通公司以任何价格取得该地，均应净付给村委会5000万元。涉及该地块的政策等规定或其他一切因素的变化而产生的任何权利与义务均与村委会无关。（2）若挂牌出让时其他公司取得该地块，村委会净得出让金少于5000万元，不足部分由汇通公司补足；村委会净得出让金多于5000万元，多余部分双方各半分成。(3) 本协议签订后，汇通公司于2003年9月10日前付给村委会保证金3000万元（包括已收的700万元），挂牌结束后多退少补。汇通公司承诺本协议签订后约6个月完成该地块出让。(4) 本协议双方各执一份为凭。9月9日的协议书载明，村委会承诺拥有7号地块合法使用权，面积约为12.27亩，经村民代表大会决议，决定与汇通公司合作开发。为此，双方就相关事宜形成如下协议：(1) 村委会提供上述土地使用权，汇通公司提供资金、技术、管理经营资源等为主进行开发事宜，双方共同开发上述土地，然后按约定比例分成。(2) 为表示合作诚意，汇通公司先行支付3000万元前期资金到村委会账户，用于处理前期合作的相关费用等。(3) 汇通公司即日起抽调组织人员，对土地进行勘察、测量、设计，完成相关经营技术数据和图纸，并进行必要的策划和广告，以提升该地块的商业价值。(4) 合作的相关详细事宜，另行协商。在详细协议达成前，双方合作事宜必须不停止执行。2003年10月16日的协议书载明，村委会拥有一块被国家征用的返回地，面积约为12.27亩，规划编号为7号地块。对该地块，村委会承诺持有合法使用权。村委会经多次召开村民代表大会决议，决定与汇通公司共同合作开发该地块。为此，汇通公司支付村委会3000万元，同时，抽调人员进行合作开发的咨询、设计、勘察、策划等工作，基本完成开发实施前的所有工作，使该地块价值得以大幅度提升。现村委会提出，该地块按乐清市土地主管机关要求，必须"挂牌"出让，由此，必须对双方合作事宜重新进行协商。村委会经村民代表大会决议后，重新与汇通公司达成如下协议：(1) 为了使双方合作事务继续下去，汇通公司参与乐清市土地主管机关就上述地块挂牌出让的竞投。如由汇通公司取得该地块权属，鉴于双方合作前汇通公司投入人、财等使地价上升等因素，双方约定：不论土地主管机关挂牌出让后返给村委会多少数额的土地出让款项，村委会净得额为5000万元，多余部分作为汇通公司此前合作过程的投入和努力的受益分成，此款连同汇通公司已付村委会的3000万元，由村委会一并返回给汇通公司。返回时间为村委会收到土地主管机关出让款项的7天内，否则，按日万分之十支付违约金。同时，汇通公司如支付土地主管机关出让款资金紧张，则可以提前要求村委会返回原所交的3000万元，村委会应予支持。(2) 如挂牌出让由其他单位取得上述地块权属，则村委会返还汇通公司已投入支付的3000万元。同时，乐清市土地主管机关返回村委会的土地出让款额超过5000万元的，超出部分属双方前期合作的收益，双方各半分享，村委会应支付汇通公司享有的一半份额，支付时间及违约的条款同第一条。(3) 汇通公司无条件保证，鉴于汇通公司曾承诺经设计策划并进行合作开发的土地总地价将达到5000万元，而此承诺作为村委会同意合作的前提，因此，如土地主管机关返回村委会款项少于5000万元，则汇通公司保证补足，兑现承诺。否则承担违约金3000万元。（4）协议达成前的双方所作口头、书面协议均作废，以本协议为准。（5）不论何种情形出现，双方就上述利益数额确定方案，对双方具有不可撤销的效力，如协议条款因故无效，则条款的有关数额转为同额赔偿款。

协议书签订后，汇通公司根据双方的约定先后支付给村委会3000万元，并为该地块的开发进行了前期设计、测量、资金筹集等工作。

2003年11月27日，汇通公司更名为顺益公司。

2003年11月5日，村委会向乐清市国土资源局呈送报告，要求对7号地块予以挂牌出让。2004年1月22日，乐清市国土资源局对7号地块使用权进行招标出让，后由顺益公司以1.565亿元的价格竞得。2004年2月27日，顺益公司与乐清市国土资源局签订了《国有土地使用权出让合同》。2004年3月8日至2004年5月12日，顺益公司分五次向乐清市国土资源局交清了1.565亿元土地出让金。村委会根据其与顺益公司的约定，将其中的8240万元转给了顺益公司。2005年7月11日，村委会向浙江省高级人民法院起诉，请求：确认双方当事人在2003年10月16日签订的协议书无效，并返还村委会5240万元；诉讼费由顺益公司承担。

一审诉辩情况

村委会诉称：2003年，乐清市国土资源局征用村委会土地700亩，按规定返还70亩作为村委会安置留用地，用于村民住宅和经营性开发。后村委会就该留用地中12.27亩的7号地块与顺益公司于2003年8月30日、10月16日签订了两份协议书。协议的大致意思为无论土地主管机关返还村委会的土地款是多少，村委会都净得5000万元，如由顺益公司竞得，则超出部分连同顺益公司已付给村委会的3000万元保证金一并返还顺益公司；如由其他单位竞得，则超出部分双方各半分成。2004年1月22日，乐清市国土资源局依法对7号地块土地使用权进行招标出让，后由顺益公司以1.565亿元的价格竞得。根据有关规定，乐清市政府又将该土地出让金中的1.224亿元返还给了村委会。2004年4月21日、5月8日，村委会分两次通过转账形式共付给了顺益公司8240万元（该款项包含了村委会返还顺益公司的1000万元保证金）。

对于村委会的上述行为，原告称当时村民并不知道。事后村民要求村委会向顺益公司索回除顺益公司已付3000万元保证金外的5240万元，但村委会未履行其职责。村民还向政府要求废除顺益公司的中标，也未被支持。村民又向法院起诉协议书无效，并要求退款，但因主体问题而未能立案。为此，村民依照《中华人民共和国村民委员会组织法》重新选举了新村委成员和村主任。新村委成立后，曾要求政府主动废标，但政府仍在不作为。在招投标中，土地的起价为7000万元，顺益公司以1.565亿元的价格竞得，而第二标的报价仅比顺益公司的竞得价低20万元。因此，双方当事人签订的协议书属恶意串通损害村民集体及其他竞标人合法利益的行为，属无效合同。双方应当返还各自取得的财产。顺益公司曾向村委会支付了3000万元保证金，村委会两次共向顺益公司支付了8240万元。因此，顺益公司应当向村委会返还除已付保证金外的5240万元。

顺益公司于2005年7月11日向一审法院提起反诉，后又申请撤回，一审法院裁定予以准许。

顺益公司辩称：依据2003年1月28日村委会与乐清市国土资源局签订的统一征地协议及乐清市政府乐政〔1999〕7号、乐政〔2000〕149号文件，证明双方合作经营的标的物（土地）的取得是合法的。村委会于2003年8月29日召开村民代表大会，依法形成有效的村民代表决议。该次村民代表大会应到人数89人，实到72人，最后以71票同意，1票弃权，通过了该决议（其中村民代表应到44人、实到39人；党员应到45人、实到33人、党员外出5人）。双方的合作是以公开、自愿为基础，村委会所称双方恶意串通不实。2003年8月30日与10月16日的两份协议书是在村民代表大会以后双方签订的，基本内容与大会决议一致，但是对该土地挂牌时超过5000万元或低于5000万元时如何操作以及双方违约时的罚则作了进一步的约定，其实质是对双方权利与义务及罚则的界定。双方协议签订后，由于7号地块的建筑容积率政府未予规定，而容积率的高低，决定土地的商业价值，为此，顺益公司做了大量工作。2004年1月12日，乐清市国土资源局下发了建设用地批准书，该批准书规定容积率小于5.8，建筑面积小于50610平方米，从而提升了7号地块的商业价值。另按照双方的协议，顺益公司还进行了前期的土地规划设计、测量等。2004年2月28日，顺益公司以1.565亿元价格竞得7号土地使用权。同时，顺益公司与乐清市国土资源局签订了《国有土地使用权出让合同》，并经公证。综上所述，双方订立的协议是双方真实意思的表示，且符合相关的法律法规，故协议有效，双方应继续履行，请求依法驳回村委会的诉讼请求。

▶ 一审裁判结果

一审法院判决：

一、驳回村委会的诉讼请求；

二、一审案件受理费 272010 元，调查费 2000 元，由村委会负担。

一审裁判理由

一审法院审理认为：综合双方当事人诉辩意见，本案争议的焦点是双方于 2003 年 10 月 16 日签订的协议书效力问题。村委会称，双方当事人签订的协议书系前任村"两委"所为，村民不知道，违反了《中华人民共和国村民委员会组织法》有关规定，协议书系双方恶意串通，损害村民集体及其他竞标人合法利益的行为，依法应确认无效。顺益公司则称，该协议书已经村民代表会议讨论通过，双方恶意串通无事实证据；双方签订协议书后，顺益公司已为开发该地块做了大量的工作，并通过挂牌出让的合法途径取得了国有土地使用权，双方所签订的协议书是真实意思的表示，符合法律的规定，属有效协议。

村民代表会议的记录，证实村委会已按照《中华人民共和国村民委员会组织法》第 19 条有关涉及村民利益处置的规定，就双方协议所指事项提交村民代表会议讨论通过，村委会称村民不知道与事实不符，不予采信。乐清市国土资源局文件乐土资〔2003〕76 号函，只证明乐清市国土资源局于 2003 年 6 月 15 日发函给乐成镇石马北村"双委"，要求终止村双委所筹划的对 7 号地块向社会公开招标的行为，无法证明双方当事人之间系恶意串通。虽然诉争地块的挂牌出让的起始价为 7100 万元，最后成交价为 1.565 亿元，都高于双方协议约定的 5000 万元，但并没有证据证实双方当事人在签订协议前存在恶意串通的事实。双方签订协议的目的是为了确保双方的利益，且协议内容经过村民代表会议讨论通过，不存在损害集体利益的问题。乐清市国土资源局已于 2004 年 2 月 27 日确认诉争国有土地使用权的挂牌出让以 1.565 亿元成交，作为受让方顺益公司亦已经付清了土地出让款 1.565 亿元，并于 2004 年 6 月 26 日取得了讼争地块的国有土地使用权证，整个挂牌出让过程已经完成。双方对此并无异议，挂牌行为是合法有效的。顺益公司参与挂牌并没有违反招标拍卖挂牌出让国有土地使用权的规定，因此也不存在侵害其他竞投人利益。本案不存在《中华人民共和国合同法》第 52 条第 2 项规定的恶意串通，损害国家、集体或者第三人利益的无效情形，也不存在第 52 条规定的其他无效情形，顺益公司主张双方协议有效，予以采纳。

二审诉辩情况

村委会诉称：不服一审判决，向本院提起上诉。请求：

1. 撤销一审判决。

2. 确认双方当事人在 2003 年 10 月 16 日签订的协议书无效，并返还村委会 5240 万元。

3. 诉讼费由顺益公司承担。

主要事实理由是：(1) 村委会与顺益公司签订协议前未召开村民大会，"村民会议记录"来源不明，不应采信；(2) 顺益公司没有提供证据证明因其做工作提高了土地容积率；(3) 讼争土地挂牌损害其他竞标人的合法权益；(4) "村民会议记录"中张从定、唐长敏、杨明忠村民代表的签字是假的，不具有法律效力；(5) 三份协议书没有经过合法的村民代表会议讨论；(6) "村民会议记录"没有对"超出5000万元的部分"如何分配作出明确约定。

顺益公司辩称：对双方争执土地，顺益公司是经合法程序取得的，其与村委会不存在非法转让关系，也不存在与他人恶意串通等；"村民会议记录"的取得不违反法律，其真实性不可否认，三村民的证言前后矛盾，不可采信；对挂牌效力异议与本案无关。

二审裁判结果

二审法院判决：

一、撤销浙江省高级人民法院〔2005〕浙民一初字第7号民事判决；

二、浙江顺益房地产开发有限公司在本判决生效后15日内给付浙江省乐清市乐成镇石马北村村民委员会1620万元。如逾期不履行本判决确定的金钱给付义务，应当依照《中华人民共和国民事诉讼法》第232条的规定，加倍支付迟延履行期间的债务利息；

三、驳回浙江省乐清市乐成镇石马北村村民委员会的其他诉讼请求。

一、二审案件受理费544020元、调查费2000元，共计546020元，由双方各半承担，即浙江省乐清市乐成镇石马北村村民委员会负担273010元，浙江顺益房地产开发有限公司负担273010元。本判决为终审判决。

二审裁判理由

二审法院认为，本案争议焦点为：双方签订的2003年10月16日协议书是否有效，土地挂牌出让所得价款1.224亿元如何处理，对挂牌效力异议应如何认定三个问题。

关于双方签订的2003年10月16日协议书是否有效的问题。双方当事人前后共签订三份协议书，村委会与顺益公司在签订8月30日协议书前，于2003年8月29日召开了村民代表大会，形成了会议决议。其内容为：确保净地款5000万元（土地竞标部门抽多少由顺益公司自负与村无涉），先付开发保证金3000万元解决困难，找补承包户，其余款在挂牌后付清（一次性），竞标后的价格多少双方各无反悔。会后第二天,双方当事人签订协议约定,顺益公司确保村委会该地块土地出让金净值5000万元,即无论顺益公司以任何价格取得该地,均应净付给村委会5000万元。涉及该地块的政策等规定或其他一切因素的变化而产生的任何权利与义务均与村委会无关。若挂牌出让时其他公司取得该地块,村委会净得出让金少于5000万元,不足部分由顺益公司补足,村委会净得出让金多于5000万元,多余部分双方各半分成。同年9月9日,双方又签订协议书,由于该协议书与双方争议问题无关不再赘述。2003年10月16日,双方签订第三份协议书,该协议书除约定村委会净得额为5000万元以外,又明确约定,多出5000万元的部分作为顺益公司此前合作过程的投入和努力的受益分成,此款连同顺益公司已付村委会的3000万元,由村委会一并返还给顺益公司。另该协议书还约定了本协议达成前的双方所作口头、书面协议均作废,以本协议书为准。

村委会召开村民代表大会后,双方当事人签订的是8月30日协议书。而双方于10月16日签订协议书之前,村委会没有再召开村民代表大会。虽然两个协议书在约定的给付村委会土地出让款额及挂牌出让后出现的情况如何处理等内容上大致相同,但8月30日协议书没有明确约定竞标多于5000万元部分由村委会全部返还给顺益公司的内容,村民代表大会决议也没有此项内容。因此,10月16日协议书作为一个新协议,没有证据证明已经村民代表大会同意。顺益公司称10月16日协议书是经过村民代表大会决议而签订的事实依据不足,故该协议应认定无效。一审判决认定10月16日协议书有效是错误的,应予纠正。顺益公司提供的村民代表大会的会议记录,仅能证明8月30日协议书是经村民代表大会决议后签订的。根据村委会会议记录证明,2003年8月29日村委会召开了村民代表大会,到会人员72人,签名同意会议决议的71人,弃权1人。从会议召开的程序看,符合《中华人民共和国村民委员会组织法》第18条的法律规定,而且8月30日协议书约定与村民代表大会决议内容基本上是一致的,即确保村委会取得净地款5000万元,对顺益公司中标后超出5000万元的部分如何处理均没有明确意见。因此,8月30日双方所签订的协议书内容是经过村民代表大会讨论决定的,符合《中华人民共和国村民委员会组织法》第19条的规定,故该协议书应认定为有效。至于在庭审中,有三名村民代表称村民代表大会决议中,不是本人签名问题,本院认为,即使会议决议中有个别人的名字是代签的,也不能由此而否认多数村民代表通过的会议决议。因此,村委会主张8月30日协议书无效证据不足,不予支持。

关于7号地块挂牌出让所得价款1.224亿元,应如何处理问题。本院认为:根据协议书的约定,1.224亿元土地价款中的5000万元应归村委会所有;

其余7240万元双方当事人如何分配未作明确约定。分配这笔款项，应当衡平双方当事人的利益，从本案的具体情况看，顺益公司在土地竞标前对土地做了一些前期工作，这笔款项关系到失地村民的生产和生活。由于双方当事人的情况没有直接的可比性，确定分配款项的数额可以依据相对公平的原则由双方各分得一半，即村委会与顺益公司各分得3620万元。1.224亿元土地价款，村委会实得8620万元；顺益公司实得3620万元。因村委会已返还顺益公司8240万元，扣除村委会尚未退还顺益公司已付的2000万元保证金，顺益公司还应再付给村委会1620万元。

关于对挂牌效力异议应如何认定问题。村委会认为在竞标中双方当事人有串标行为，侵害了第三方利益，应为无效。本院认为：乐清市国土资源局在确认讼争土地使用权的挂牌出让后，顺益公司中标，而且在中标后付清了土地出让款，并已取得了讼争地块的《国有土地使用权证》。对此，如果有第三方提出异议，认为在竞标中当事人有串标行为侵害其利益，应由第三方向有关部门提出主张，而村委会无权主张。对村委会该项诉讼请求，不予支持。

53. 合作开发房地产合同纠纷中，应如何区分合同双方是借用资质还是合作开发？

合作开发房地产合同的当事人一方具备房地产开发经营资质的，应认定合同有效。即使双方当事人存在"借用"资质之意图，但是，以资质、技术、劳务出资非法律所排除，且双方没有明确排除有资质的一方不承担风险，不能因双方存在"借用"之意而否定其合作的性质。

典型疑难案件参考

盐城港口集团有限公司诉盐城市馨安房地产开发有限公司合作开发房地产合同纠纷案

基本案情

港口公司（甲方）与馨安公司（乙方）签订《联合开发协议书》约定：(1)甲公司拥有的某商办用地用于双方联合开发。(2)协议签订后15日内乙公司向甲公司交纳合作保证金50万元整，甲公司收到保证金后30日内将该宗地使用权过户至乙公司名下，费用由甲方自理。(3)土地登记至乙公司名下后，双方共同提供建设资金准备开工。(4) 由乙公司负责建筑，建成后房屋所有权各半分割。(5) 本协议中未尽事宜可经甲乙双方协商签订补充协议或备忘录，所产生的补充协议与本协议具有同等法律效力。其后，双方签订了《补充协议》，其中约定：(1) 该宗地开发建设的一切费用（包括工程建设资金、财务费用、规费、税费以及各项相关费用）全部由甲公司承担，对外结算以乙公司名义。(2) 乙公司在该地块开发终结前将全部建筑面积返还给甲公司，仅按市场销售价收取3%的管理费用。乙公司通过努力争取到的政策性减免或调整优惠，其优惠部分奖励70%给乙公司。协议签订后，双方履约的内容仅为：涉案地块过户至乙公司名下，并交纳契税282792元。此后，由于双方对利益分配发生争议，导致合作无法正常开展。甲公司遂诉至法院，请求解除协议，返还土地，赔偿损失。

▶一审诉辩情况◀

甲方公司诉称：双方所签订的合同实质系"借用"资质，因此请求解除协议，请求法院判令乙公司返还土地，并赔偿损失。

乙方公司抗辩称：双方系合法的合作关系，不存在"借用"资质，协议有效，应继续履行。

▶一审裁判结果◀

一审法院经审理判决：

一、馨安公司返还港口公司建军东路76号地块的土地使用权［地号为320902006001016、土地证号为盐国用〔2007〕第006000342］并赔偿港口集团人民币86338元；

二、驳回港口公司主张解除双方签订的关于建军东路76号开发地块《补充协议》以及《联合开发协议》的诉讼请求；

三、驳回港口公司其他诉讼请求。

▶一审裁判理由◀

江苏省盐城市中级人民法院一审认为：本案的争议焦点是：案涉协议的效力。最高人民法院《关于审理涉及国有土地使用权合同纠纷案件适用法律问题的解释》第14条规定："本解释所称合作开发房地产合同，是指当事人订立的、以提供出让土地使用权、资金等作为共同投资，共享利润、共担风险合作开发房地产为基本内容的协议。"从这一规定可以看出，合作开发房地产合同在内容上最基本的法律特征是：共同投资、共享利润、共担风险。如果合同不具备这一基本的法律特征，即使合同当事人将合同名称定为"合作开发房地产合同",其真实性质亦必然发生变化,成为名为合作开发、实为其他性质的合同。结合本案,双方签订的无签约时间的《联合开发协议书》约定"补充协议和备忘录与本协议产生矛盾,以补充协议和备忘录为准"。《补充协议》又约定"馨安公司仅按市场售价收取3%的管理费、开发建设的一切费用均由港口公司承担、以馨安公司名义对外结算、财务人员由港口公司委派"等,从这些约定的权利与义务内容和合作开发房地产合同最基本的法律特征来看,本案的房地产联合开发协议,是名为合作开发,实则是借用房地产开发资质的行为。《中华人民共和国城市房地产管理法》(以下简称《房地产管理法》)第29条第1款规定:"房地产开发企业是以营利为目的,从事房地产开发和经营的企业。设立房地产开发企业,应当具备下列条件:(1)有自己的名称和组织机构。(2)有固定的经营场所。(3)有符合国务院规定的注册资本。(4)有足够的专业技术人员。(5)法律、行政法规规定的其他条件。"由此看出作为房地产开发企业必须具备五项条件,除符合一般企业设立的条件外,还必须具备足够的专业技术人员以及法律、行政法规规定的其他条件。从这些规定可以看出,该法对房地产开发企业的准入资格作出了限制。房地产经营资格是用来证明房地产开发企业开发经营能力和资信度的证明,是在房地产开发经营领域的市场准入制度,也是国家干预房地产市场的一种形式,以维护社会公共利益。借用资质进行房地产开发,其目的是掩盖出借资质的行为,规避国家对房地产资质制度的强制性规定。故本案当事人签订的《联合开发协议书》和《补充协议》,违反了国家强制性法律,均应当认定为无效协议。基于案涉协议为无效,根据最高人民法院《关于民事诉讼证据的若干规定》第35条第1款规定,诉讼过程中,当事人主张的法律关系的性质或者民事行为的效力与人民法院根据案件事实作出的认定不一致的,不受本规定第34条规定的限制,人民法院应当告知当事人可以变更诉讼请求。法院告知港口公司可以变更诉讼请求。港口公司拒绝变更诉讼请求,因港口公司主张解除双方签订的关于建军东路76号地块开发的《补充协议》和《联合开发协议》,故依法驳回港口公司主张解除双方签订的协议的诉讼请求。《中华人民共和国合同法》(以下简称《合同法》)第58条规定:"合同无效或者被撤销后,因该合同取得的财产,应当予以返还;不能返还或者没有必要返还的,应当折价补偿。有过错的一方应当赔偿对方因此所受到的损失,双方都有过错的,应当各自承担相应的责任。"馨安公司基于该无效的协议而取得的土地应当予以返还。港口公司履行此无效协议而交纳的契税282792元,由此造成的损失,因双方都有过错,按照双方在本案中的过错责任大小,馨安公司赔偿港口公司86338元。对于港口公司主张返还土地将要发生的过户登记全部费用,因该费用是否产生、数额多少均为不确定,故港口公司可在实际费用发生后另行主张权利。

二审诉辩情况

宣判后,馨安公司不服提起上诉,认为双方的法律关系是合作开发房地产,协议有效,应继续履行。请求二审法院撤销原判,并依法改判驳回港口公司诉讼请求。

二审裁判结果

二审法院审理后判决:

一、撤销江苏省盐城市中级人民法院〔2009〕盐民一初字第0014号判决主文第一、二、三项;

二、解除港口公司与馨安公司签订的《联合开发协议》、《补充协议》;

三、馨安公司于本判决生效之日起30日内返还港口公司建军东路76号地块的土地使用权〔地号为320902006001016、土地证号为盐国用〔2007〕第006000342〕;

四、驳回港口公司要求馨安公司承担返还土地过户的全部费用、赔偿经济损失28.7792万元的诉讼请求;

五、驳回馨安公司的其他上诉请求。

二审裁判理由

江苏省高级人民法院经审理认为,二审争议焦点为:(1)港口公司与馨安公司之间法律关系的性质及效力。(2)港口公司要求解除协议是否应予支持。

1. 关于港口公司与馨安公司之间法律关系的性质及效力问题

港口公司与馨安公司就涉案地块进行合作开发,明确了具体合作事宜,协议内容反映,双方系合作开发房地产关系。根据《最高人民法院关于审理涉及国有土地使用权合同纠纷案件适用法律问题的解释》第15条规定,虽然房地产开发也存在市场准入的要求,但合作双方只要有一方具有资质即可。法律作此规定主要系考虑房地产开发可能对广大消费者的利益和社会稳定带来的影响,故房地产开发必须有一方具备开发资质。本案中馨安公司具备房地产开发资质,其与港口公司的合作符合法律规定,至于其内部利润怎么分配、盈亏怎么承担完全取决于双方的意思表示,对国家、社会并无实质性不利影响。因此,原审法院认定双方的合同无效缺乏法律依据。

2. 关于协议应否继续履行的问题

本案双方当事人在协议尚未完全履行前即产生矛盾,现港口公司坚决要求解除协议,而馨安公司则要求继续履行。二审认为,根据《合同法》第93

条、94 条的规定，当事人可以协商解除合同，或在约定的解除条件成就，或法定解除条件出现时，当事人可以解除合同。现港口公司在诉讼中提出，馨安公司在土地过户后对项目开发自行其是，不按其要求开展工作，不通报项目情况，侵犯港口公司对项目重大事项的决定权和知情权，存在重大违约，但不能提供充分证据予以证实。因此，港口公司主张馨安公司有重大违约行为的理由缺乏依据。港口公司要求解除合同并不符合法律规定的条件。但考虑到合作开发房地产兼具资合和人合的特点，在目前情况下，双方当事人因缺乏信赖已不具备继续合作的基础，且合作尚未真正履行，故判令双方继续履行合同并无实质意义。因此，根据《合同法》第 110 条的规定，二审不支持馨安公司要求继续履行合同的请求，依法判决双方合同予以解除。合同解除后，馨安公司宜将土地返还港口公司。对港口公司要求馨安公司承担土地返还的过户费用、赔偿损失的诉请，因本案合作协议的解除并非基于馨安公司的违约行为所致，故对港口公司的诉请不予支持。如馨安公司认为港口公司解除合同的行为致其遭受损失可另行主张。

54. 合作开发房地产合同中，一方当事人构成根本违约，另一方当事人可否单方解除合同？

合同一方当事人构成根本违约时，守约的一方当事人享有法定解除权。合同的解除在解除通知送达违约方时即发生法律效力，解除通知送达时间的拖延只能导致合同解除时间相应后延，而不能改变合同解除的法律后果。当事人没有约定合同解除异议期间，在解除通知送达之日起三个月以后才向人民法院起诉的，人民法院不予支持。

典型疑难案件参考

深圳富山宝实业有限公司与深圳市福星股份合作公司、深圳市宝安区福永物业发展总公司、深圳市金安城投资发展有限公司等合作开发房地产合同纠纷案

基本案情

1992 年 5 月 14 日，广东省深圳市原宝安县国土局以国地字〔1992〕1607 号下发《划拨机场返还的安置用地的通知》，同意将深圳机场征地返还用地中

位于兴围路口的 70 亩土地的使用权划拨给广东省深圳市原宝安县福永镇福永村委会。1992 年 12 月 14 日，深圳宝安福永镇福永经济发展公司（该公司于 2004 年 10 月 21 日更名为福星公司）作为甲方与深圳大地木竹制品有限公司（后更名为富山宝公司）作为乙方就合作开发上述划拨用地中位于深圳机场出口处约 1.5 公里（即广深公路三角地带），面积为 44143.7 平方米的地块，签订《合作投资兴建三星花园合同书》。双方约定的主要内容如下：1. 合作形式：（1）甲方提供上述地块作为双方合作发展的商住用地（附土地批文及地形红线图）；（2）乙方负责提供该用地建筑的全部资金及配合建筑开发区有关费用；（3）合作期为 50 年，自 1993 年 1 月 1 日起至 2042 年 12 月 30 日止，合作期满后建筑物产权归甲方所有；（4）宾馆、商业、铺位、托儿所等，在经营使用期限内如需转让、抵押，必须取得一致同意。2. 甲乙双方责任：（1）甲方责任：①负责将该地平整好，并把施工时所需的用电、用水的来源引至该红线边（包括费用）；②负责办理规划立项、工程报建等手续，负责与镇物业公司对口挂钩工作；③负责与有关单位协商该商住区的供电、通讯等增容及申报报装；④负责结合施工现场的管理及乙方委托办理的力所能及的其他事由；⑤负责楼房产权的报批和登记手续。（2）乙方责任：①负责该用地全部投建资金费用（包括立项、工程报建及镇物业公司的市政及对口经费）及商住区的供电、供水、通信、道路、绿化等配套设施的报资费用；②负责在签订本合同协议时提供资金 1000 万元给甲方作开发费用，时间为 2 年，由 1992 年 12 月 15 日起至 1994 年 12 月 14 日止，月利息按 9.39‰ 计算；③负责该商住地划量、规划、绘图等工作及施工管理，把好测量、规划、绘图等工作及施工管理，把好测量，并在甲方完成"三通一平"的基础上于 1993 年 3 月开始施工投建。该工程必须在合同生效之日起 3 年内完成，否则逾期不建的土地，甲方有权收回；④负责计划分批投建的面积、资金等投放的可行性报告及计划（计划在 3 年内完成）。3. 组织机构：双方在签订协议后，需在与镇物业公司对口挂钩的基础上双方派员组建"物业投建管理总公司"，负责投建事项的质量及今后合作公司的物业管理及收益。4. 利润分成：（1）该商住区以高层建设为主，结合宾馆、商业铺店、停车场、幼儿园等附属设施，该建筑的密度比例及高程均按部门的有关规定为准（建筑总面积：约 15 万平方米）；（2）双方对合作兴建的物业产权均享有出租、抵押、转让、外销等权益。物业所得的利润分成则以商住楼销售扣除福永公司挂钩费分成，利润的 25% 归甲方，乙方占 75%；（3）对甲乙双方共同管理的固定资产经营或承包、转让等分成则甲方占 35%，乙方占 65%。协议还约定，本合同生效后，乙方在基建期内发生的一切债权债务与甲方无关；合同期内，甲方不得以任何借口收回该土地的使用权，否则赔偿乙方因此造成的一切损失。上述合同于签订当日由广东省宝安县福永镇法律服务所见证。

1993年7月28日，福星公司、富山宝公司与福永公司（具备房地产开发经营资质）签订《合作开发"三星别墅"合同书》，约定福星公司、富山宝公司提供开发用地及建设资金，福永公司投入管理技术，以福永公司的名义共同开发涉案项目，项目称为"三星别墅"（后经批准更名为"金银城"项目），总建筑面积为28万平方米。福永公司协助福星公司、富山宝公司办理项目开发及工程建设的各项手续，房产内、外销售及产权登记手续，编制房产销售计划、确定房产销售价格等，费用全部由福星公司、富山宝公司承担。福永公司从房产销售总额中提取6%作为经营管理费，其余盈益全部归福星公司、富山宝公司所有，项目三年内完成建设。

福星公司与富山宝公司签订上述合同后，1993年12月，福星公司与深圳市宝安区国土局签订〔1993〕147号《土地使用权出让合同》，约定国土局将涉案地块编号为福永广深路兴围路口土地约47012平方米出让给福星公司，土地用途为商住用途，土地出让金为17338026元（诉讼中双方确认合作合同约定土地出让金由富山宝公司支付）。1993年12月30日，深圳市宝安区建设局应福星公司、福永公司的申请，又作出深宝建〔1993〕第286号《关于福永经济发展总公司向福永镇物业发展总公司转让土地使用权的批复》，决定同意福星公司在补交地价后，将前述47012平方米的土地使用权转让给福永公司，土地用途为商住用地，由福星公司与福永公司共同使用兴建。同年，福星公司、福永公司取得了规划部门核发的涉案项目的《建设项目详细规划审批表》，载明经批准的项目用地性质为商住用地，建筑面积为287347.28平方米。

1994年2月22日，福星公司与富山宝公司又签订一份《补充协议》约定：福星公司以1.913625亿元的价格将其按协议应得商住楼面积的25%转让给富山宝公司。双方一致同意组建物业管理公司，以富山宝公司为主，福星公司派员参加，共同管理，物业的合作管理为50年，起止期以原协议的约定为准；共同管理之宾馆、商场铺位是双方共同之固定资产，其产权及利润分成福星公司占35%，富山宝公司占65%，已售商住楼的管理收入利润则按固定资产的分成比例分成；如本补充协议与合作条款有矛盾，按本协议条款执行。

1998年6月30日，福星公司、福永公司与深圳市规划局签订深地配协字〔1998〕4-013号《协议书》，约定福星公司、福永公司在缴纳土地出让金的同时缴纳其中建设用地面积为5739.5平方米的市政配套费10832370元。上述土地出让合同及《协议书》签订后，深圳市财政局于2000年9月30日以福永公司为交款单位出具收据，载明收到上述土地出让金17338026元及其中建设用地面积为5739.5平方米的市政配套费10832370元。对上述两笔费用，富山宝公司主张均由其交纳，但对土地出让金17338026元，富山宝公司不能提供证据证明，对市政配套费10832370元，福星公司确认是富山宝公司交纳；但对土地出让金17338026元，福星公司以上述收据为据，坚持主张是福星公司交纳。

1993年7月14日，富山宝公司与福建省惠安第七建筑工程公司（以下简称惠安建筑公司）签订深圳市基建工程项目《施工合同》，约定惠安建筑公司承包涉案项目3幢20层工程的施工。根据富山宝公司提交的证据，即富山宝公司于1994年12月26日至2000年11月14日出具的欠条显示，福星公司此期间陆续借款33094849.42元（其中一张欠条金额为12643397.02元，另一张欠条金额为8740227.70元）给富山宝公司，其中代富山宝公司向施工单位惠安建筑公司垫付的涉案项目工程款为26817106.53元。富山宝公司诉讼中确认福星公司代其垫付工程款26817106.53元，并同意福星公司诉讼中主张的上述借款中与实际垫付工程款的差额部分应算是福星公司借给富山宝公司的款项。因富山宝公司拖欠施工单位惠安建筑公司对涉案工程项目的工程款，深圳仲裁委员会于1999年5月31日作出〔1999〕深仲裁字第057号《裁决书》，裁决：富山宝公司偿还惠安建筑公司工程欠款2152372.28元及利息、停工费4689694.8元，以及仲裁费、审计费等。另外，该《裁决书》还查明涉案项目3幢未完工程评估造价为31319478.81元。该裁决作出后，福星公司为解除因该案被查封的房屋，与惠安建筑公司（后改为福建省闽南建筑工程有限公司宝安分公司，以下简称闽南建筑公司）达成《执行和解协议》，约定富山宝公司拖欠闽南建筑公司上述〔1999〕深仲裁字第057号裁决书及〔2000〕深仲裁字第22号《裁决书》项下确定的债务，包括工程欠款、停工费、仲裁费、审计费等，闽南建筑公司同意作价为人民币796万元（不含利息）由福星公司全部承担支付；闽南建筑公司在收到上述款后全面放弃上述裁决书中所确定的全部利息，并同意将其拥有对富山宝公司的全部债权转让给福星公司，由福星公司向富山宝公司负责追索；闽南建筑公司在收到上述款项后申请法院对房屋解封。2005年12月14日，福星公司向闽南建筑公司付清了上述796万元。

1993年9月22日，福永公司取得了"金银城"项目中的23043平方米建筑面积的宝建开字930329号《建设工程项目施工许可证》。1998年5月20日，福星公司、福永公司取得了上述土地中占地5739.5平方米、总建筑面积46341平方米"金银城"1号楼的深规土建许字〔1998〕068号《建设工程规划许可证》。福永公司还取得了"金银城"其中3栋楼建筑面积为46202.5平方米，共计462套住宅的《房地产预售许可证》和《商品住宅外销许可证》。

为方便项目楼盘的销售，福星公司于 1998 年 8 月 5 日还取得了占地 5739.5 平方米"金银城"1 号楼金宝阁 6-07 号代用《房地产证》。1996 年 3 月 1 日，"金银城"项目建至 3 栋 15 层后全面停工。因"金银城"项目全面停工，福星公司、福永公司解除了原与该项目房屋的购房者签订的房产买卖合同，为此，福星公司向"金银城"项目的购房者退回了所收取的房款。

1998 年 4 月 23 日，福永公司作为乙方，与福星公司、富山宝公司作为甲方就"金银城"项目之财务收支情况达成《结算书》，明确了以下内容：1. 双方对附件《"金银城"财务核算报告》确认无异，并确认此核算报告之收支账目为截至 1998 年 4 月 22 日之最终结算，双方均不得对上述核算报告所列的收支账目提出异议。2. 核算报告第 8 项税项部分，乙方提出暂付 100 万港元，其余由甲方代付，甲方予以同意，但甲方申明，日后双方发生经济往来时该代付款必须优先抵扣，乙方对此确认无误。3. 核算报告第 9 项挂靠部分，是按合作合同条款约定的按实收楼款的 6% 计算，双方同意：就本期的销售收入（指销售总额）而言，甲方按 3% 收取挂靠费，日后仍按合同约定的 6% 计提，即本项甲方收取的挂靠费实为 1333768.6 元。4. 由于楼盘严重烂尾，甲方将直接面对业主诉讼索偿、换楼处理及延期交楼利益补偿等问题。双方同意，结存在甲方的收入余额在已发售的五栋楼交楼入住前不作清退，作为甲方处理上述问题时的各项支出，而甲方所负的经济责任仅以上述结存余额为限。5. 明确核算报告第 12 项换楼的八个单位，此八个单位买卖合同已取消，甲方已与业主达成换楼安排，而业主所付楼款亦相应转作新单位的楼款。6. 由于"福永村"与"富山宝"同为合作的乙方，两方应是一个整体，对该项目而言，任何一方均不得作出单方面决定，甲方只认可两方联署的合作文件。

作为上述《结算书》附件的《"金银城"财务核算报告》（简称《核算报告》）载明：截至 1998 年 4 月 22 日止收支情况：(1) 销售总额：86379328 元（港币，下同）。(2) 楼款收入：44458964.07 元减。(3) 支付福永村：16200000 元；200000 元人民币折港币 186916 元。(4) 支付富山宝：5000000 元；(5) 律师费：822380 元。(6) 宣传费用：10070408.31 元（含广告楼书、模型、展销费用）。(7) 代理费用：2676697.89 元。(8) 税项：2164735.73 元（营业税及城建税）。(9) 挂靠费：2667537.84 元。(10) 公证费：259137.98 元。(11) 查账费：11966 元。(12) 换楼：1477810 元。(13) 退款：244450 元。(14) 律师楼结存：45950 元。按本结算条款结算余额为：5129478.65 元。该《核算报告》有福星公司、富山宝公司与福永公司签章确认。诉讼中，富山宝公司以该《核算报告》记载的第 (3) 项为据主张福星公司、福永公司对售楼收入中的 44458964.07 元截留了 1620 万元港币及 20 万元人民币，使得项目缺少后续资金从而导致项目停工，故是福星公司、福永公司的违约才导致项目的停工。而福星公司则认为，其取走的上述款项是富山宝公司偿还其之前对福星公司的借款而为各方所同意的行为，并非其私自截留，故不存在违约。福星公司对该主张提供了：（1）富山宝公司于1996年10月30日出具，并加盖其印章的《首期结欠报告》（1994年12月23日）。其中载明，福星公司在收取福永公司转来售楼款900万元港币折合人民币990万元，及富山宝公司转来其他项目款5348000元后，富山宝公司结欠村公司（福星公司）人民币为12643397.02元。福星公司称该结欠款项正好与其提供的证据13中富山宝公司所写金额为12643397.02元的欠条相吻合，由此说明了富山宝公司在向福星公司出具金额为12643397.02元的欠条时，已扣除了福星公司收取的售楼款990万元。（2）富山宝公司于同日出具的加盖其公章的《第二期欠款结算情况》（1996年9月18日止）。载明富山宝公司在扣除物业（福永公司）转来的售楼款620万元港币折人民币682万元后，本期结欠村公司人民币8740227.70元。福星公司称该笔欠款恰好对应其提交证据中富山宝公司所写金额为8740227.70元的另一欠条。由此可见，富山宝公司在出具欠条时已经扣除了福星公司已取走的1520万元港币后的实欠金额，也即证明了福星公司取走的1520万元是抵扣了富山宝公司的其他欠款。（3）富山宝公司于同日出具的并加盖其公章的《物业转来售楼款（港币）往来情况》。载明福星公司收港币1520万元，富山宝公司收港币600万元。福星公司诉讼中称在1998年的结算中确认是福星公司收取1620万元港币，富山宝公司是500万元港币。福星公司对此同意按1998年的结算报告为准，以避纷争。（4）富山宝公司于同日出具的并加盖其公章的《"金银城"资金往来综合情况》。富山宝公司对福星公司提交的上述4份证据材料均予认可，但认为应以《核算报告》核对的数字为准，即富山宝公司取走了500万元。

　　由于涉案"金银城"项目在建设开发中出现问题而成为深圳市"52个问题楼盘"之一。2004年9月，深圳市人民政府出台了深府函〔2004〕124号《关于子悦台等52个"问题楼盘"处理意见的批复》，同意"在开发商自行处理好债权债务关系的前提下，对问题楼盘进行合作建房或者直接置换土地使用权的受让方"。2005年8月8日，第三人金安城公司作为直接置换土地使用权的受让方与福星公司就"金银城"烂尾楼项目的置换及开发事宜签订《"金银城"置换合同书》，约定福星公司将涉案土地置换到金安城公司名下，由金安城公司对涉案项目独立开发，金安城公司为此向福星公司支付1.5亿元。2006年8月21日，双方签订《补充协议》，约定福星公司负责解除所有本项目预售房买卖合同，清退所有业主房款及补偿费，收回该项目已核发的113本代用房产证原件；负责解除其与富山宝公司签订的该项目合作合同，并承担原合作关系所引起的债务责任及相关费用；负责该项目置换前的建设费以及偿还施工队工程款，本项目土地使用权登记至金安城公司名下后若由于福星公司原因而出现法院查封，福星公司须尽快解封。

上述合同签订后，金安城公司于2006年4月14日领取了深圳市规划局宝安分局就涉案项目42872.11平方米土地颁发的05-2006-0100号《建设用地规划许可证》。据此，涉案地块的用地单位登记为金安城公司。金安城公司领取了涉案土地的《建设用地规划许可证》后，富山宝公司以深圳市规划局宝安分局为被告，诉请深圳市宝安区人民法院判令撤销该《建设用地规划许可证》，深圳市宝安区人民法院以富山宝公司不是深圳市规划局宝安分局核发05-2006-0100号《建设用地规划许可证》的行政相对人，与深圳市规划局宝安分局的具体行政行为没有法律上的利害关系，且富山宝公司没有充分证据证明其为共同权利人为由，以〔2007〕深宝法行初字第419号行政裁定书驳回了富山宝公司的起诉。该裁定书于2008年7月28日被深圳市中级人民法院以〔2008〕深中法行终字第35号行政裁定书所维持。

2008年1月18日，深圳市工商行政管理局作出深工商外处字〔2008〕罗1号《行政处罚决定书》，查明富山宝公司于2007年2月27日和3月14日两次办理变更登记时，向公司登记机关提交了假冒法人股东江西省婺源县宁婺联营开发总公司公章的《外商投资的公司法定代表人登记表》、《股东会决议》、《委派书》等有关变更申请材料，取得了公司变更登记（即将法定代表人及董事徐金富变更为法定代表人及董事许礼庚，变更公司经营期限、经营范围等），决定撤销富山宝公司上述两次工商变更登记，并恢复原登记事项。该《行政处罚决定书》后为广东省工商行政管理局粤工商复决字〔2008〕第12号《行政复议决定书》所维持。2008年5月19日，富山宝公司又以深圳市工商行政管理局为被告向广东省深圳市福田区人民法院诉请撤销上述《行政处罚决定书》，广东省深圳市福田区人民法院经审理于2008年7月30日以〔2008〕深福法行初字第189号行政判决书驳回了富山宝公司该诉请。该判决后被深圳市中级人民法院〔2008〕深中法行终字第325号行政判决书所维持。

在福星公司与富山宝公司以及福星公司、富山宝公司与福永公司就涉案"金银城"项目签订上述一系列合作开发合同的同时，福星公司与大地国际控股有限公司（以下简称大地公司），福星公司、大地公司与福永公司也签订了涉案项目合作合同，合同内容与前述一系列合建合同内容基本相同。在本案诉讼期间，富山宝公司提交大地公司于2006年6月20日出具并经南京市公证处公证的《关于金银城项目有关权益的确认书》（〔2006〕宁证内经字第58718

号),其中载明,鉴于大地公司和富山宝公司分别签订的两份合作开发合同,名称虽然不同,但都同指一个标的,即"金银城"项目。由于在合作开发过程中,大地公司应尽的合同义务,都是由富山宝公司代为完成的,即项目所有投资、融资以及工程建设等事宜,都由富山宝公司独立经办,富山宝公司实际上已经完全取代了大地公司开发商地位的事实。大地公司为此追认并确认"金银城"项目75%的权益属富山宝公司所有,富山宝公司有权独立处分,相应的义务亦由富山宝公司承担。福星公司、福永公司对该确认书不持异议。

2005年1月21日,大地公司与大金利公司签订《转让协议》,约定大地公司将其1993年1月3日和1996年11月20日先后两次与福星公司签订合作开发涉案"金银城"项目协议中大地公司占有股权的75%转让给大金利公司;大地公司向福星公司声明退出原有协议;大地公司转让"金银城"项目,由大金利公司向福星公司以人民币1.65亿元一次性买断该项目,大金利公司为此补偿大地公司人民币150万元。

▶一审诉辩情况

富山宝公司诉称:1992年12月14日,富山宝公司与福星公司签订一份《合作投资兴建三星花园合同书》,约定福星公司提供位于深圳机场出口处约1.5公里(即广深公路三角地带),面积为44143.7平方米的一块建设用地为双方合作发展商住用地;富山宝公司负责提供该用地建筑的全部资金及配合建筑开发区有关费用。物业所得的利润分成则以商住楼销售扣除福永公司挂钩费分成,利润的25%归福星公司,富山宝公司占75%。另外,合同第7条第2项还明确约定:"本合同生效后,富山宝公司在基建期内发生的一切债权债务与甲方无关。"即所有债权债务均由富山宝公司承担,福星公司不承担任何风险。1994年2月22日,双方又签订了一份《补充协议——合作建房转让协议书》,协议约定:福星公司以1.93亿元的价格将其按协议应得商住楼面积转让给富山宝公司。根据当时当地政府的有关规定,1993年7月28日,富山宝公司、福星公司与福永公司签订《合作开发"三星别墅"合同书》(即挂靠合同),约定:以福永公司的名义开发建设并管理,福星公司、富山宝公司提供建设资金;利益分配为福永公司从房产销售总额中提取6%作为经营管理费,其余盈益归富山宝公司和福星公司。合同签订后,双方均开始履行合同。合同中"三星花园"项目以"金银城"的名义获得批准。1993年9月22日,宝安区建设局发给福永公司《建设工程项目施工许可证》;1996年6月9日深圳市规划国土局给福永公司发放了《深圳市房地产预售许可证》及《深圳市商品住宅外销许可证》。项目前期开发工作进展顺利,由富山宝公司投资兴建的第一期三栋楼房,在香港售楼200余套,销售总额86379358元港币,实际收款44458964元港币。但由于福星公司、福永公司利用职权将绝大部分售楼款截留分掉,导致这三栋楼建至15层后(共18层)因后续资金跟不上而停工,双方因此产生分歧,对外也失去信誉,无法继续融资,整个项目停工至今,成为深圳市52个问题楼盘之一。按照双方合作合同的特别约定,福星公司只是固定分利而不承担风险,所有投资和经营风险均由富山宝公司承担;而且在补充协议中更是将其25%的利润分成明确转变成具体、明确的金额,其股权已转化为债权。福星公司在所谓合作建房中明显属于不承担经营风险,只收取固定利益的情况。因此,本案属名为合作建房实为土地使用权的有偿转让。现项目土地登记在福星公司、福永公司的名下,既不利于富山宝公司对项目的继续开发建设,也不利于双方之间的权利明析。本案正是由于项目土地挂在福星公司、福永公司名下,才导致履约过程中出现了严重问题。由于福星公司、福永公司已将自己合法拥有的土地使用权有偿转让给富山宝公司,福星公司、福永公司对合作项目只有转让款的债权请求权,而非股权,故应当允许富山宝公司办理土地使用权的转名登记手续,然后由富山宝公司继续完成项目的开发建设,尽快复工,彻底解决烂尾问题。据此,特诉请:(1)依法确认富山宝公司与福星公司签订的《合作投资兴建三星花园合同书》及《补充协议——合作建房转让协议书》是名为合作建房实为土地使用权转让的合同。(2)判令双方继续履行《补充协议——合作建房转让协议书》,确认"金银城"项目土地使用权(价值1.5亿元)归富山宝公司,依法责令办理土地使用权的变更登记手续,由富山宝公司继续完成该项目的开发建设。(3)依法解除富山宝公司、福星公司与福永公司间的挂靠经营关系。(4)本案诉讼费由福星公司、福永公司共同承担。

2009年2月9日,富山宝公司增加并变更其诉讼请求为:(1)确认富山宝公司与福星公司签订的《合作投资兴建三星花园合同书》合法有效,判令双方继续履行合同。(2)确认富山宝公司享有深圳市宝安区福永镇兴围路口西"金银城"房地产项目的土地房屋75%的权益。(3)判令解除富山宝公司与福星公司、福永公司签订的《合作开发"三星别墅"合同书》。(4)请求确认福星公司与金安城公司签订的《"金银城"置换合同书》及《〈金银城〉置换合同书〉补充协议》无效。(5)由福星公司、福永公司、金安城公司共同承担本案诉讼费用。富山宝公司提出上述增加及变更诉讼请求的事实及理由如下:富山宝公司与福星公司于1992年签订了《合作投资兴建三星花园合同书》,该合同不违反法律法规的规定,且双方已合作进行了实际开发,建设了配套设施及第一期三栋房产,合同应属合法有效。根据法律的规定,合法有效的合同具有法律约束力，各方应继续履行，并依法办理合作开发的土地使用权变更手续。同时，依据该合同的约定及其他相关文件，富山宝公司享有"金银城"项目75%的权益，福星公司享有25%的权益，上述事实清楚，证据充分，应予支持。福星公司与金安城公司签订了《"金银城"置换合同书》及《补充协议》，将"金银城"项目置换给金安城公司。这两份协议明显违反深圳市《关于子悦台等52个"问题楼盘"处理意见的批复》（深府函〔2004〕124号）中关于"在自行妥善处理好债权债务关系的前提下允许对问题楼盘项目进行合作建房或直接置换土地使用权的受让方"的规定。福星公司无视富山宝公司的合法权益，在与富山宝公司签订的合作合同尚未解除、富山宝公司权益未得到保障和补偿的情况下，虚构"项目经济关系理顺、债务得到清偿"的事实，直接将土地使用权进行置换，严重损害了富山宝公司权益。金安城公司明知上述事实，仍为获取巨额利润签订了置换合同，双方的行为违反了有关法律法规的强制性规定，置换合同处分了富山宝公司占有75%权益的房产，应属于无效合同。

福星公司辩称：

1. 不同意富山宝公司的第1项诉讼请求，理由如下：（1）本案中福星公司与富山宝公司均不具备房地产开发企业资质，双方签订的《合作投资兴建三星花园合同书》依法应当认定为无效合同，不受法律保护。因此，富山宝公司要求继续履行合同缺乏法律基础。（2）富山宝公司已丧失履约能力，其要求继续履行合同缺乏物质基础。富山宝公司实际上一开始就不具备履行合同的能力，签订合同后，便以该合同为诱饵，大肆对外举债，而所借款项并未投入到项目开发中，而是挪作他用，并把福星公司作为担保人为其举债承担连带责任。当债务到期无法偿还时，还是要由福星公司承担连带责任代为偿还。富山宝公司目前已是债台高筑。仅由福星公司代为支付或偿还的款项就有土地出让金和配套设施费28170396元；垫付的工程款33094849.42元；富山宝公司因被起诉还债由福星公司代偿的各种债务30700819.78元，再加上富山宝公司单独还欠其他公司的数千万元的债务，富山宝公司已资不抵债。（3）富山宝公司经营期限已于2007年3月5日届满，且无取得合法持续经营的法律手续，其弄虚作假办理的工商变更登记手续被工商管理部门依法撤销，富山宝公司由此提起行政诉讼也以败诉而告终，富山宝公司已丧失民事行为能力，已不具备继续经营的主体资格，合同无法继续履行。（4）富山宝公司已构成根本违约，无法实现合同目的，福星公司已于2004年12月25日送达解除合同通知书给富山宝公司，合同事实上已经解除，不存在继续履行的可能性。富山宝公司构成根本违约的主要事实如下：①合同约定由富山宝公司负责该用地全部投建资金费用，出资是富山宝公司最基本义务。而实际上富山宝公司根本没有投入资金，正如前所述，项目资金都是由福星公司垫付。②合同约定合建项目3年内完成44143.7平方米土地的项目开发，但时至今日已过去16年，仅在5739.5平方米的分宗用地上开发了三栋烂尾楼。经过多年已变成危楼，完全丧失了其使用价值。福星公司的上千名村民股东期盼了16年的土地开发，却没有得到任何回报。正是由于富山宝公司这些根本性违约，致使合同目完全没有实现，已构成法定解除合同的条件。富山宝公司负责人许礼庚于2004年12月25日签收的由福星公司委托律师发出的解除合同通知书，符合《合同法》第94条和第96条的规定。

2. 不同意富山宝公司的第2项诉讼请求，富山宝公司要求确认其享有金银城房地产项目的土地房屋75%的权益没有任何事实和法律依据。首先，合作合同并未约定富山宝公司享有"金银城"房地产项目75%的土地房产权益。富山宝公司在诉状中主张的是"金银城"项目的物权，而合作合同约定的是富山宝公司履行出资义务，建成物业所得利润后享有75%或65%的利润分成（视物业性质而定），享有的只是债权。该债权的实现必须以履行相应的出资义务为代价，完成项目开发并取得利润后才能兑现。富山宝公司从来没有取得土地使用权和房屋所有权等物权，无权要求法院确认其享有土地和房屋的75%权益。仅凭一纸合同书，是不能将福星公司和福永公司拥有的47012平方米的土地使用权中75%的份额据为己有的。

3. 同意富山宝公司的第3项诉讼请求，本来富山宝公司就是挂靠经营，不受法律保护，依法应当解除。

4. 不同意富山宝公司的第4项诉讼请求。首先，富山宝公司该诉讼请求不属于本案审理范围，应责令其撤回该增加的诉讼请求。福星公司和富山宝公司签订的《合作投资三星花园合同书》与福星公司和金安城公司签订的《"金银城"置换合同书》产生的纠纷中，诉讼主体不同、案由及产生的权利义务关系各不相同，两者是完全不同性质的纠纷案件。富山宝公司不经起诉就搭便车增加该诉讼请求，违反了《民事诉讼法》第56条的规定。其次，福星公司与金安城公司签订的《"金银城"置换合同书》是在富山宝公司已根本违约导致项目工程烂尾多年，成为深圳市"52个问题"楼盘之一，福星公司依法行使合同解除权，解除了与富山宝公司的合作合同后，才与金安城公司签订置换合同，不存在"一女二嫁"问题。再次，《"金银城"置换合同》的签订，符合深圳市政府有关处理烂尾楼的政策，得到了政府有关部门的认可，宝安区政府规划部门已向金安城公司颁发了《建设用地规划许可证》，虽然富山宝公司以利害关系人的身份就规划部门颁发的《建设用地规划许可证》提起行政诉讼，但其提起的诉讼均以败诉而告终，更进一步证明了《"金银城"置换合同》合法有效。最后，由于富山宝公司的根本违约造成的项目烂尾，已引发了社会不稳定因素。此前购买了"金银城"房产的200多名业主要求退还房款，社会反响很大。而此时富山宝公司早就不见任何踪影，是金安城公司接手这个项目后，才得以解决因烂尾楼导致的购房者退房风潮，清还了所有小业主的购房款，这样一个利国、利民、利社会的法律行为不能被确认无效。

5. 虽然海洋城公司被迫加为本案的第三人，但迄今为止，海洋城公司在事实上没有与本案形成法律上的利害关系，其所有收购富山宝公司股权的行为，都欠缺必要的法律程序。就算海洋城公司收购宁婺公司的股权合法，它也仅仅是富山宝公司的股东，富山宝公司有独立的诉讼主体资格，其作为法人的股东不能作为第三人参加诉讼。更何况海洋城公司未办妥任何一项有法律效力的变更登记手续。

综上所述，富山宝公司的5项诉讼请求除第3项外，其他诉讼请求都没有法律和事实依据，请法院驳回富山宝公司的第1、2、4、5项诉讼请求。海洋城公司与本案没有法律上的利害关系，不应当作为第三人参加诉讼。

福永公司辩称：（1）富山宝公司已构成根本违约，其没有履行合作合同的基本义务，福星公司已经将土地投入到项目中，但至今为止，富山宝公司没有证据证明其曾经为项目投入过资金。富山宝公司称其已经履行了合同，也没有任何证据。事实上，只实际完成4000多万元的销售额，没有其所称的8000多万元。（2）合作合同已按法律的程序解除，不可能继续履行。（3）富山宝公司依合同可以享有合同权利，但无权依照合同享受项目土地房产75%的权益。（4）海洋城公司作为本案的第三人没有任何事实和法律依据。海洋城公司签订的置换合同实际上是合同权利义务的转让，按《合同法》的规定，合同义务的转让必须经过债权人的同意，但我方从来没有收到过其要求同意转让的文书。（5）大金利公司与本案没有任何法律上的利害关系，不应作为第三人参加诉讼。（6）福星公司与金安城公司的置换合同合法有效。

金安城公司辩称：

1. 福星公司与富山宝公司订立的《"金银城"项目合作开发合同》和《补充协议》均无效，富山宝公司要求继续履行该合同的诉讼请求应予以驳回。（1）富山宝公司提出确认本案合同为土地使用权转让合同，不符合法律规定。福星公司与富山宝公司之间订立的合作开发合同中虽有"建筑期内发生的一切债权债务"，福星公司不承担责任的约定，但富山宝公司不能理解成"不承担任何风险"。首先，该合同是利润分成，没有固定数额，如果发生经营亏损，根据法律规定应当风险共担，福星公司不可以避免经营风险。其次，按约定建筑施工是由富山宝公司负责,在履行义务的期间内予以责任约束未尝不合理,并不表示在合作开发期间福星公司不承担任何经营风险。再次,根据福星公司提供的证据,该公司已出资垫付多笔经营期间的债务,总额达几千万元,事实上已履行风险义务。最高人民法院《关于审理涉及国有土地使用权合同纠纷案件适用法律问题的解释》第24条所指固定利润,实为土地使用权转让金。而利润分成比例无法固定,而且可能是负数,视为土地转让金不合理。(2)富山宝公司与福星公司订立的合作开发房地产合同应认定为无效。双方订立合同时都没有取得房地产开发资质,虽然与福永公司签订过"挂靠"经营合同,但不受法律保护。根据最高人民法院《关于审理涉及国有土地使用权合同纠纷案件适用法律问题的解释》第15条规定,福星公司在该合同中提供的是政府划拨用地,与富山宝公司订立合同未经政府批准,事后也未得到政府追认。根据该司法解释第16条规定,也应当认定合同无效。(3)富山宝公司与福星公司订立合同之后,以开发项目作资本,向多人多处借款建房,引发多项诉讼纠纷,说明其根本不具备开发能力。这是形成"烂尾楼"的主要原因,应当承担过错责任。

2. 富山宝公司不享有"金银城"项目土地房产75%的权益。根据福星公司与富山宝公司签订的《合作投资兴建三星花园合同书》,富山宝公司享有的是"金银城"项目75%的利润分成而不是权益分成。在房地产开发活动中,利润必须承担经营亏损之后才能体现,"金银城"项目已经停止建设,烂尾楼10年以上,负债累累,根本没有利润可言。富山宝公司所谓的75%权益,未补办任何登记手续,所以无依据予以认定。富山宝公司自签订合作开发房地产合同之后,没有自有资金投入,而是利用"金银城"项目大肆举债,一系列的判决书和裁定书证明富山宝公司不享有"金银城"项目土地房产75%的权益。

3. 《"金银城"置换合同书》及《〈"金银城"置换合同书〉补充协议》的效力与本案其他诉讼请求不是同一个法律关系,不符合合并审理的受理条件,应当驳回该项起诉。本案审理的是《合作投资兴建三星花园合同书》引起的纠纷,金安城公司与该合同纠纷的当事人没有直接的法律事实和关系,但案件处理结果是同金安城公司有法律上的利害关系的,依法作为无独立请求权的第三人参加诉讼,符合《民事诉讼法》第56条之规定。《"金银城"置换合同书》及《〈"金银城"置换合同书〉补充协议》是金安城公司与福星公司签订的合同,不是富山宝公司与福星公司之间签订的合同纠纷,合同主体不同,合同依据的法律事实也不同,该合同与富山宝公司没有直接的法律关系。

4. 《"金银城"置换合同书》及《〈"金银城"置换合同书〉补充协议》是在《合作投资兴建三星花园合同书》停止履行多年之后,合同标的物已经成为"烂尾楼"事实的背景下,由深圳市政府〔2004〕124号文件指导签订的土地使用权置换合同,根本不存在损害富山宝公司利益的法律事实。2005年12月5日,国土部门正式复函,同意将该项目土地使用权置换至金安城公司名下。2009年2月28日止,金安城公司已陆续支付置换款9500万元,说明该置换合同实际履行,双方还进一步明确处理债权债务中的法律责任。2006年4月11日,国土部门给金安城公司颁发了《建设用地规划许可证》。2006年9月7日,宝安区国土部门向市处理问题楼盘领导小组行文请示,即深国房宝〔2006〕565号《关于处理"金银城"问题楼盘有关问题的请示》,政府部门的处理意见是将土地使用权置换给金安城公司。金安城公司与福星公司订立的《"金银城"置换合同书》的订立过程,符合相关的法律规定,合同的内容经国土部门同意,且取得规划许可证书,法律应当保护金安城公司的合法权益。综上所述,富山宝公司没有房地产开发资格,没有投资能力,没有完善用地手续,挂靠在福永公司名下经营,是合作开发房地产合同无效的基本事实。富山宝公司变更前后的诉讼请求均没有法律依据,应当予以驳回。

第三人大金利公司述称:

(1)徐金富代表大地公司致函福星公司、福永公司,提出退出"金银城"项目,由大金利公司开发。为进一步明确转让,大地公司于该日与大金利公司签订《转让协议书》,约定大金利公司以1.65亿元买断该项目。故应确认"金银城"项目土地使用权属大金利公司所有,大金利公司对该项目拥有完全的和充分的权利。

(2)大地公司与富山宝公司分别与福星公司签订了合作投资兴建《"金银城"项目协议书》及《补充协议》。尽管2003年4月29日富山宝公司与大地公司签订了《关于抵债物业权属的确认函》,但这是无效的。2005年1月21日,徐金富代表大地公司作出的《关于"金银城"项目的有关权益的确认》,以及2006年6月26日所作出的《声明》因与《转让协议》矛盾,且违背诚实信用原则,对大金利公司没有约束力。

(3)富山宝公司在"金银城"项目中是受大地公司的委托,代表大地公司进行管理,直接利害关系人是大地公司,其后果应由大地公司享有和承担。富山宝公司在举证期限届满后又去增加和变更诉讼请求,应裁定驳回富山宝公司的起诉或判决驳回其诉讼请求。

(4)大地公司是本案直接利害关系人,其必须参与本案的诉讼,否则,将在程序上违法。

第三人海洋城公司述称:

(1)对富山宝公司提出的第一项诉讼请求没有异议。

（2）富山宝公司提出的第二项诉讼请求，应按合同履行。

（3）同意富山宝公司的第三项诉讼请求。

（4）金安城公司与福星公司签订的置换合同无效。

（5）金银城项目属于富山宝公司和福星公司的按份共有财产，富山宝公司在"金银城"项目置换关系中依法享有优先受让权。海洋城公司具备开发经营"金银城"项目的各项条件。由于海洋城公司实际已经成为富山宝公司的股东，双方具有直接的产权关系。尽管手续上不完善，但不等于没有实体权利的存在。当富山宝公司将其在"金银城"项目的75%权益份额置换给海洋城公司以后，相应的海洋城公司对于"金银城"项目的任何置换行为也享有优先受让权。由海洋城公司以高价位受让"金银城"项目，有利于保护合建双方的投资利益，有利于解决金银城项目的债务纠纷。

▶ 一审裁判结果

一审法院判决：

一、解除富山宝公司、福星公司与福永公司签订的《合作开发"三星别墅"合同书》；

二、驳回富山宝公司的其他诉讼请求。案件受理费人民币760010元，由富山宝公司负担684009元，福星公司、福永公司负担76001元；诉讼保全费人民币5000元，由富山宝公司负担。

▶ 一审裁判理由

一审法院经审理认为，双方当事人争议的焦点问题是：富山宝公司与福星公司签订的《合作投资兴建三星花园合同书》及《补充协议》的性质、效力问题；富山宝公司在履约过程中是否存在根本违约，福星公司是否享有单方合同解除权，涉案合建合同是否应继续履行问题。

1. 关于富山宝公司与福星公司签订的《合作投资兴建三星花园合同书》及《补充协议》的性质问题

1992年12月14日，福星公司与富山宝公司就合作开发涉案土地而签订的《合作投资兴建三星花园合同书》约定，福星公司提供土地，富山宝公司提供资金；涉案项目所得的利润分成以商住楼销售扣除福永公司挂靠费分成，利润25%归福星公司，75%归富山宝公司。双方共同管理的固定资产经营或承包、转让等分成则按福星公司占35%，富山宝公司占65%。上述约定明确了双方权利义务是各自以其提供的土地、资金等作为共同投资条件合作开发房地产，并共享利润、共担风险。因此，该合同应定性为合作开发房地产合同。

随后双方又于1994年2月12日签订《补充协议》，该协议虽约定福星公司将其按照上述合作合同书应得的商住楼以固定的价款转让给富山宝公司，但同时也明确了共同管理经营之宾馆、商场铺位是双方共同之固定资产，其产权及利润分成仍为福星公司占35%，富山宝公司占65%，且已售的商住楼的管理收入利润按固定资产的分成比例分成（35:65）；双方组建物业公司，共同管理，合作管理50年。由此可见，《补充协议》只是对《合作投资兴建三星花园合同书》约定的利益分配方式进行了部分调整，并没有完全约定福星公司只收取固定利益，而是仍包含了福星公司与富山宝公司共担风险、共享利润的利润分配约定。由于《补充协议》中约定的双方权利义务的性质仍然具备合作开发合同的特征，因此，《补充协议》亦应定性为合作开发房地产合同。富山宝公司主张双方签订的合同是土地使用权转让合同，与事实不符，依法不予采纳。

2. 关于《合作投资兴建三星花园合同书》及《补充协议》的效力问题

双方当事人在签订合建合同时，涉案土地属划拨用地，但在合同签订后福星公司与国土局签订了《土地使用权出让合同》，交纳了土地出让金，且土地的用途已经批准变更为商住用地，故涉案标的物具备合作开发的条件。福星公司与富山宝公司虽都不具备房地产开发资质，但此后双方与有房地产开发资质的福永公司签订了《合作开发"三星别墅"合同书》，约定由福永公司办理涉案项目开发及工程建设的各项手续。该三方合同签订后，土地主管部门应福星公司、福永公司的申请，同意将涉案土地转让给福永公司，由福星公司、福永公司共同使用兴建涉案地块。随后，福星公司、福永公司也与规划部门签订了关于涉案项目市政配套费《协议书》，福永公司也由此对先行开发的部分土地及在建房屋取得了建设主管部门、房产管理部门核发的《建设工程规划许可证》、《房地产预售许可证》等相关批文。行政主管部门上述一系列的批文、证照均是基于富山宝公司与福星公司签订的合作开发合同，以及富山宝公司、福星公司与福永公司签订的合作开发合同而作出的，故应视为本案双方的合作开发合同，以及三方的合作开发合同已经取得相关行政主管部门的审批和同意，双方的及三方合作开发合同应认定为有效。富山宝公司诉请双方签订的《合作投资兴建三星花园合同书》合法有效有理，依法予以支持。

3. 关于富山宝公司在履约过程中是否存在根本违约，福星公司与富山宝公司签订的合建合同是否应确认已经解除，涉案合同是否应继续履行问题

就福星公司而言，涉案合作合同签订后，福星公司与土地管理部门签订了《土地使用权出让合同书》，完善了涉案土地进行商住项目开发的用地手续。随后福星公司也完成了整个涉案项目的规划立项审批工作，于1993年7月13

日取得了规划部门颁发的《建设项目详细规划审批表》，此后又取得了富山宝公司拟先行动工兴建部分的《建设工程项目施工许可证》。可见，福星公司已完成了合作开发合同第3条约定的其应履行的主要义务。就富山宝公司而言，根据双方签订的合作开发合同，富山宝公司的主要义务是出资及开发建设该项目。经查，对于已交纳的涉案土地出让金合计人民币17338026元，合作开发合同虽约定应由富山宝公司支付，但富山宝公司不能提供证据证明是其交纳。又根据福星公司持有的财政部门开出的收据，可认定该笔费用系由福星公司交纳；而对造价为31319478.81元的涉案项目未完工程的工程款，根据福星公司提交的证据及富山宝公司诉讼中的确认，可认定福星公司垫付了其中的26817106.53元，及剩余工程款、停工补偿费等796万元，两项共计34777106.53元。富山宝公司亦未能提供证据证明其依照合作合同第3条第2款第2项的约定提供了资金1000万元给福星公司作开发费用。涉案项目仅动工修建了三幢15层近28000平方米的框架结构的事实，表明富山宝公司也未能在合同第3条约定的3年内（至1995年年底）完成合同约定的15万平方米的建设。由此可见，富山宝公司在履行合同约定的主要出资义务及开发建设义务上，已构成根本违约。鉴于富山宝公司上述履约情况，福星公司委托律师于2004年4月25日向富山宝公司发出《律师函》，通知富山宝公司解除双方签订的《合作投资兴建三星花园合同书》及《补充协议书》。该《律师函》虽无福星公司的签章，但函头已明确该函是受福星公司的委托所拟，且福星公司对该委托代理行为予以认可。富山宝公司在其负责人许礼庚于2004年12月25日签收该《律师函》后至本案诉讼前也从未提出异议。故该《律师函》应视为福星公司发出，并在福星公司与富山宝公司之间产生应有的法律后果。由于富山宝公司迟延履行双方合作合同中约定的主要出资义务及开发建设义务，致使双方合同目的不能实现，福星公司向富山宝公司发函通知解除双方合同，符合《中华人民共和国合同法》第94条第4项的规定。福星公司解除合同的通知已于2004年12月25日到达富山宝公司，根据《中华人民共和国合同法》第96条的规定，应依法确认富山宝公司与福星公司之间的合作开发合同已经在该通知到达富山宝公司时解除。富山宝公司诉请继续履行其与福星公司签订的《合作投资兴建三星花园合同书》，以及要求确认富山宝公司享有深圳市宝安区福永镇兴围路口西"金银城"房地产项目的土地房屋75%的权益，因与《中华人民共和国合同法》第97条的规定不符，依法予以驳回。另外，富山宝公司诉请解除富山宝公司、福星公司与福永公司签订的《合作开发"三星别墅"合同书》，由于福星公司、福永公司均同意富山宝公司该诉请，对此依法予以照准。

4. 对于富山宝公司主张福星公司利用职权将绝大部分售楼款截留私分，导致涉案项目无后续资金停工的问题

该问题涉及对《核算报告》第3项所载福星公司支取售楼款港币1620万元的性质认定。经查明，福星公司提交的截至1994年12月23日《首期结欠报告》及截至1996年9月18日的《第二期欠款结算情况》清楚载明，富山宝公司之前对福星公司的欠款在扣除福星公司收取的售楼款900万元港币、620万元港币及富山宝公司还来的其他款项后，富山宝公司仍先后结欠福星公司人民币12643397.02元和8740227.70元。这两笔结欠金额与富山宝公司随后出具的两张欠条载明的欠款金额完全吻合。同时，上述福星公司取走的售楼款也与富山宝公司随后出具的《物业转来售楼款（港币）往来情况》载明的福星公司收取售楼款金额完全一致。上述材料显示的福星公司取走售楼款金额1520万元，以及富山宝公司取走售楼款金额600万元，与《核算报告》第3项所载福永公司（福星公司）取走售楼款港币1620万元、富山宝公司取走售楼款港币500万元尽管并不完全一致，但富山宝公司诉讼中对此除了同意按其取走售楼款港币500万元来认定外，对上述材料的真实性及载明的内容并不持异议；而福星公司也同意富山宝公司的上述意见，以《核算报告》为准来认定各自取走的售楼款。对此，一审法院依法予以照准。基于以上事实，福星公司主张《核算报告》中福星公司收取的1620万元售楼款是富山宝公司向其偿还以前的欠款且为双方所认可，事实清楚、证据充分，依法应予采信。富山宝公司主张福星公司利用职权将绝大部分售楼款截留私分，导致涉案项目无后续资金停工，因与事实不符，依法不予采纳。

5. 对于富山宝公司诉请确认福星公司与金安城公司签订的《"金银城"置换合同书》及《〈"金银城"置换合同书〉补充协议》的效力问题

一审法院认为，《"金银城"置换合同书》及《〈"金银厅"置换合同书〉补充协议》由福星公司与金安城公司签订，设立的是福星公司与金安城公司之间的民事法律关系，且福星公司在与金安城公司签订上述合同时，福星公司与富山宝公司之间的合作合同已经解除。故富山宝公司既不是上述两合同的签订主体，也与上述合同确立的民事法律关系无直接的利害关系。富山宝公司诉请确认上述两合同无效，依法不予处理。

至于大金利公司主张涉案土地使用权属其所有的问题，因与本案讼争的福星公司、福永公司与富山宝公司之间的合作开发房地产法律关系无直接的利害关系，大金利公司应另寻途径解决，在此不作处理。

▶ 二审诉辩情况 ◀

富山宝公司诉称：不服一审判决，提起上诉，请求：（1）撤销广东省高

级人民法院〔2006〕粤高法民一初字第18号民事判决。(2) 同意一审认定上诉人与第一被上诉人签订的《合作投资兴建三星花园合同书》及《补充协议》合法有效，请求判令双方继续履行合同。(3) 请求判决上诉人享有深圳市宝安区福永镇兴围路口西"金银城"房地产项目的土地房屋75%的权益。(4) 请求判决确认第一被上诉人与第三被上诉人签订的《"金银城"置换合同书》及《〈"金银城"置换合同书〉补充协议》无效。(5) 由全部被上诉人共同承担本案诉讼费用。事实和理由如下：

1. 富山宝公司依据与福星公司、福永公司签订的合作合同享有"金银城"项目的土地、房屋75%权益，富山宝公司的权益应得到保护。认定双方约定的合作开发分成模式究竟是利润分成还是建筑面积分成，应当综合各类文件来判断合同双方的真实意思表示，而并非只看字面的表述。而至少有以下几方面的材料证明双方的真实意思表示是约定面积分成而不是利润分成：(1) 本案双方合作开发模式是一方出地一方出钱，并且约定一切债务由富山宝公司承担，对于合作开发的项目而言，由于全部债务均由富山宝公司承担，合作项目本身并没有承担任何债务，项目开发成果包括土地和建成的地上建筑物，如果建筑物实际销售的，则按销售款项计算利润，如果没有销售则按建筑物面积进行分成。从最初三星花园立项的可行性报告也可以看出，1992年12月29日《福永三星花园可行性研究报告》也明确写明合作双方各按75%及25%分得房产；另外从合同约定来看，合作开发合同第5款第2项关于"利润分成"的约定是这样表述的："双方合作兴建的物业产权均享有出租、抵押、转让、外销等权益"，出租、抵押、转让、外销等权利均属于物权的范围，即收益与处分权利，表明双方约定的是对物业产权共同所有；这里所计的分成也是对物业产权面积的分配。(2) 1994年2月22日，福星公司与富山宝公司签订了《补充协议》，约定福星公司将应得商住楼25%的面积54675平方米按每平方米3500元转让给富山宝公司，总价为一亿九千余万元，该协议尽管没有履行，但充分说明双方当时所约定的利润分配实为建筑面积分成。1992年12月23日，福星公司曾出具的《经济担保书》，明确表明"深圳大地公司（即富山宝）享有土地房屋权75%，并拥有使用、租赁、抵押、转让、销售和合作的权利，使用期70年，深圳大地公司可以抵押、合作、融资、借款"。(3) 深圳中院〔2003〕深中法民五初字第161号民事裁定书、〔2005〕深中法执字第820号协助执行通知书；石家庄中院〔2006〕石法执字第00146号协助执行通知书；河源中院〔2004〕河中法执字第39-2号民事裁定书；宝安区法院〔2006〕深宝法执字第2316-1、2318-1号民事裁定书；揭阳中院等各级法院先后作出的民事裁定书或协助执行通知书均基于同一个理由，即富山宝公司拥有"金银城"项目75%份额,而对"金银城"项目进行查封;除部分裁定因执行完毕而解封外,至今还有包括石家庄中院作出的生效法律文书所确认的事实,可以作为法院处理案件的依据。综上所述,富山宝公司在"金银城"项目中享有75%的权益,并且该权益是"金银城"项目的土地、房屋建筑面积75%的权益。一审判决未查清相关事实,错误认定富山宝公司享有的是"金银城"项目利润分成的权益,依法应予以纠正。

2. 福星公司不具有合同解除权,一审判决认定富山宝公司与福星公司、福永公司的合作合同已于2004年解除是错误的。第一,福星公司于2004年4月发出关于解除《合作投资兴建三星花园合同书》及《补充协议》的《律师函》,但是该《律师函》并没有福星公司的任何签章,无法证明《律师函》所列内容是经福星公司的委托而发出。一审判决以"函头已明确该函受福星公司委托所拟"为由认为确系福星公司委托,理由不成立。第二,福星公司本身也认为合作合同并未因《律师函》的通知而解除,如果福星公司也认为其已通过《律师函》解除了双方的合同,则其在〔2006〕粤高法民一初字第26号案件中的诉求应是请求确认解除合同通知的效力,而不是仍然请求一审法院判决解除双方的合作合同。第三,福星公司与金安城公司在2006年8月签订的《〈"金银城"置换合同书〉补充协议》第1条甲方责任第5项约定,由福星公司负责解除与富山宝公司、大地公司所签订的合作合同,可见福星公司直至将"金银城"项目进行违法置换,其自身也认可双方的合作合同并未解除。第四,《律师函》上签署的日期是2004年4月25日,而送达富山宝公司的时间却是2004年年底,前后相差8个月之久,在法律上应当认定为无效。第五,一审判决书认为富山宝公司负责人未提出异议即可视为同意错误。对于解除合同这种重大并将产生重要法律后果的行为只能是明示。一审判决将未表示异议解释为同意,是对《合同法》的歪曲。综上所述,一审判决未查明上述事实,错误认定合作合同已经解除,依法应予以纠正。

3. 福星公司、福永公司与金安城公司所签订的置换合同应属无效,一审判决完全无视置换合同违反有关强制性规定的事实,以富山宝公司不是置换合同的签订主体、无直接的利害关系为由不予处理富山宝公司的诉讼请求。(1) 福星公司、福永公司与金安城公司的置换合同违反众多强制性规定,依法应认定为无效。①置换合同违反深圳市政府"理顺债权债务"的规定,且违反了《城市管理法》关于"权属有争议的土地不得转让"的强行规定,应属无效。深圳市政府《关于子悦台等52个"问题楼盘"处理意见的批复》明确规定置换的前提是"自行妥善处理好债权债务关系",同时,深圳市国土资源和房产管理局宝安分局在《关于"金银城"置换方案复函的申请》和复函中（深国房函第BA0500850号）对福星公司与金安城公司的回复要求："同意你们在自行理顺债权债务关系，妥善处理好与该项目原投资商、施工单位、预售人等经济利益主体问题的前提下，将该项目土地使用权置换至深圳金安城投资发展有限公司。"而福星公司、福永公司及金安城公司完全无视上述要求，径行置换，违法明显。另外，根据《城市管理法》第38条第5项的规定，对权属有争议的房地产不得进行转让，本案中关于"金银城"项目土地及权属的归属问题，包括本案当事人在内的多方主体提出了权利主张，属于权属争议中的房地产，依法不能进行转让。②置换合同违反"未取得土地使用权证的房产不得转让"的强制性规定，应属无效。《城市房地产管理法》第38条第6项规定，未依法登记领取权属证书的房地产不得转让；第39条规定，以出让方式取得土地使用权的，转让房地产时，应当按照出让合同约定已经支付全部土地使用权出让金，并取得土地使用权证书；根据最高人民法院《关于审理涉及国有土地使用权合同纠纷案件适用法律问题的解释》第9条规定，取得土地使用权证书是转让房地产必要前提条件，如果在起诉前仍未取得土地使用权证书的，转让合同无效。本案即属于这种情况，诉讼至今也未取得土地使用证书，因此置换合同无效。③置换合同违反"司法机关依法裁定查封或以其他形式限制权利的房产不得转让"的规定，应属无效。本案中置换合同先后签订了两次，2005年8月8日签订的前一份置换合同由于签约主体仅为福星公司与金安城公司，而土地登记产权人为福永公司，没有福永公司作为合同当事人，形式上也不符合法律的要求，因此在2006年8月2日所签订的置换合同补充协议加入了福永公司，置换合同是否有效应以补充协议的签署日期来判断。2003年8月15日，深圳中院作出〔2003〕深中法民五初字第161号民事裁定书，明确查封富山宝公司名下享有75%的"金银城"项目的权益，该裁定在送达福星公司、福永公司后即产生法律约束力，而福星公司、福永公司仍然与金安城公司签订置换合同，违反了《城市房地产管理法》第38条第2项规定，应属无效。（2）福星公司、福永公司与金安城公司恶意串通所签订的置换合同损害了国家、集体及富山宝公司的利益，富山宝公司依法有权提起诉讼确认置换合同无效。富山宝公司享有"金银城"项目75%的权益，福星公司、福永公司及金安城公司擅自单方置换转让土地，严重损害了富山宝公司的权益，富山宝公司与置换合同所涉及的土地有直接的利害关系，富山宝公司依法有权确认该合同无效。（3）富山宝公司拥有"金银城"项目75%的权益，福星公司和福永公司未经富山宝公司同意而进行转让，属于无权处分行为，该行为未经富山宝公司同意或追认而无效，并且置换合同严重损害了福永村民的利益。

4. 一审判决漏列必须参加诉讼当事人之一的大地公司进行审判，不仅违反法定程序，在实体上也损害了大地公司及上诉人的合法权益，依法应发回重审或予以改判。（1）大地公司作为必要共同诉讼当事人，一审判决剥夺其参加诉讼的权利，属于严重的程序违法，依法应当发回重审。①在〔2006〕粤高法民一初字第26号案中，被上诉人曾将大地公司一并起诉，后又以其他理由撤回。而本案中，一审法院曾追加大地公司参与诉讼，但一审法院为简化诉讼程序，认为大地公司的权益转让给富山宝公司后，大地公司即与本案的处理无利害关系，便剥夺了大地公司参加诉讼的权利。若大地公司不参与本案的诉讼，大地公司将失去主张权利的机会，将不利于从根本上解决"金银城"项目的债务纠纷，促进工程项目尽快恢复建设，从而彻底解决历史遗留问题。②本案中，双方所争议的合同为福星公司与富山宝公司签订的《合作投资兴建三星花园合同书》（以下简称《合同一》），富山宝公司依据该合同享有"金银城"项目75%的权益。同时，大地公司与福星公司就同一标的物"金银城"项目也签订了《合作投资兴建深圳国际机场配套工程——"金银城"合同书》（以下简称《合同二》），《合同二》至今合法有效，未有任何一方主张解除，大地公司依据《合同二》在"金银城"项目中也享有土地、房屋75%权益。（2）一审判决实体上存在违法之处，损害了富山宝公司及大地公司的合法权益。本案中，富山宝公司依据与福星公司、福永公司签订的合作合同享有"金银城"项目的土地、房屋75%的权益，同时依据大地公司与福星公司、福永公司签订的合作合同也享有"金银城"项目75%的权益。而大地公司所签合同合法有效，各方至今均未主张合同无效或解除，无论富山宝与福星公司、福永公司所签订的合同效力如何、是否解除，均不影响富山宝公司依据大地公司所签合同享有"金银城"项目土地、房屋75%的权益。根据一审法院〔2006〕粤高法民一初字第26-1号民事裁定，该裁定中对大地公司《关于金银城项目有关权益的确认书》的真实性予以确认，并同时确认"福星公司、福永公司对此也不持异议"。因此，依据该份确认书和一审法院的生效裁定，富山宝公司已享有大地公司在"金银城"项目中的权益，但是，一审判决违背事实，未处理大地公司所签订的《合同二》，不仅是损害富山宝公司的合法权益，而且损害了大地公司在"金银城"项目中的合法权益。综上所述，一审判决遗漏大地公司作为必须参加诉讼的当事人，严重违反法定程序，并且实体上也已损害了富山宝公司及大地公司的合法权益。

福星公司辩称：（1）对于富山宝公司在该案中提出的"福星公司不享有解除《合作投资兴建三星花园合同书》的权利"、"大地公司是必须参加本案诉讼的当事人，一审判决程序违法"这两项上诉理由，福星公司在前文中已进行了充分、有力的驳斥，此不赘述。（2）富山宝公司上诉认为其享有《合作投资兴建三星花园合同书》项下"金银城"项目的土地、房屋75%的权益，缺乏事实根据和法律依据，其理由不能成立。①如前所述，因富山宝公司未按约提供开发资金，导致"金银城"项目烂尾搁置十余年、合同目的无法实现，福星公司已经依法行使合同解除权，解除了双方之间的《合作投资兴建三星花园合同书》。根据《合同法》的相关规定和合同约定，一审判决判令富山宝公司将"金银城"土地和其尚未建成的房屋交还给福星公司，事实清楚，依据充分。②《合作投资兴建三星花园合同书》第5条第2款明确约定，物业所得的利润分成，按利润的25%归甲方（即福星公司），乙方（即富山宝公司）占75%。第3款则约定，双方对共同经营的固定资产经营或承包出租等产业的收益，按35%（福星公司）和65%（富山宝公司）分成。由前述合同约定可见，所谓的25%和75%的分成比例，是一种当事人按合同约定对合作开发利润的分配比例，是一项合同之债，不是富山宝公司所称其享有75%物权的约定。因此上诉人主张享有"金银城"项目土地、房屋75%权益即物权，没有合同依据，更没有法律依据。③从《合作投资兴建三星花园合同书》的履行来看，如果认定富山宝公司享有"金银城"项目75%的土地和房产，也有违最基本的公平原则。一审判决已明确认定，富山宝公司没有提供项目开发建设资金构成根本违约。因此，富山宝公司在未支付受让对价的情形下，不可能依据受让方式取得"金银城"项目土地、房屋75%权益。④从众多已生效的法律文书来看，均认定上诉人对涉案项目的土地使用权及房屋所有权不享有任何直接的权益。〔2003〕深中法民五初字第161号判决书、〔2006〕深罗法执一字第2850、2851号之民事裁定书、〔2007〕深宝法执字第116号民事裁定书、〔2007〕深宝法行初字第419号行政裁定书、〔2008〕深中法行终字第35号行政裁定书亦认定富山宝公司不是涉案土地的使用权人。（3）一审判决未对福星公司与金安城公司签订的《"金银城"置换合同书》的效力作出认定是正确的，富山宝公司的此项上诉理由不能成立。①福星公司与金安城公司签订的《"金银城"置换合同书》是在富山宝公司已根本违约导致项目工程烂尾多年，成为深圳市52个"问题楼盘"之一，福星公司依法行使合同解除权，解除了与富山宝公司的合作合同后，才与金安城公司签订的置换合同，不存在"一女二嫁"问题。②《"金银城"置换合同书》的签订，符合深圳市政府有关处理烂尾楼的政策，得到了政府有关部门的认可，宝安区政府规划部门已向金安城公司颁发了《建设用地规划许可证》。③《"金银城"置换合同书》的签订，是福星公司行使自身财产处置权。"金银城"项目用地的使用权为福星公司所有，福星公司有充分的处置权，与富山宝公司无关，因此该合同的签订合法有效。④《"金银城"置换合同书》的签订,利国、利民、利社会。

金安城公司辩称:(1)福星公司已于2004年12月25日解除与富山宝公司签订的《合作投资兴建三星花园合同书》,并且清理了合作项目的债权债务,该合同不可能继续履行。(2)富山宝公司不拥有"金银城"项目土地房产75%的权益。"金银城"项目的现状是巨亏,根本无利润分配,富山宝公司的出资,抵偿福星公司的垫付款后,出资额是倒挂,等于没有出资,自然丧失实体权益,富山宝公司要求确认权益没有事实依据。富山宝公司在合作开发合同中的地位是挂靠经营,不享有物权,〔2009〕深中法行终字第35号行政裁定书认定富山宝公司不是土地使用权的共同权利人。富山宝公司将执行中有争议的措施作为认定结果使用,不符合法律规定。(3)福星公司与金安城公司签订的《"金银城"置换合同书》合法有效。在签订《"金银城"置换合同书》之前,福星公司已经书面通知富山宝公司解除合作开发合同并已发生法律效力,而且金安城公司在国土局查询"金银城"项目未有任何司法查封,以及"金银城"项目土地使用权及开发手续均登记在福星公司、福永公司名下,说明具备签订土地使用权置换合同的条件。《"金银城"置换合同书》是在政府主导下签订,内容和形式符合政府规定的政策。置换合同经国土规划部门认可,金安城公司已取得《深圳建设用地规划许可证》、宗红线地图、深圳市建设用地地界放点测量报告等相关职能部门批准文件,并征得福永街道办、宝安区政府、深圳市政府等政府部门的同意。金安城公司为善意的第三人,与福星公司签订的《"金银城"置换合同书》利国、利民、利社会,双方并无过错,其合法权益应该受到保护。并且,金安城公司是具有合法资格的房地产开发企业,福星公司与金安城公司签订的《"金银城"置换合同书》已实际履行,金安城公司已支付履约款9500万元。《"金银城"置换合同书》不违反《城市房地产管理法》第38条第5项规定和第38条第6项规定,不存在法律和行政层面上的土地转让权属争议。依据最高人民法院《关于审理涉及国有土地使用权合同纠纷案件适用法律问题的解释》第9条的规定,深国房函BA0500850号《复函》和05-2006-0100号《深圳建设用地许可证》就是当地政府同意转让的事实依据,因而合同有效。富山宝公司作为置换合同中的案外人,无权要求法院确认置换合同无效。(4)大地公司不应参加本案诉讼。富山宝公司与大地公司的法定代表人均为徐金富,徐金富于2006年6月以公证文件的形式确认大地公司在"金银城"项目中没有投入资金,其义务实际全部由富山宝公司履行。因此,大地公司与本案的处理无利害关系,不属于民事诉讼法规定必须参加诉讼的当事人,取消其诉讼资格不会影响到任何当事人的实体权益。大地公司的权益自愿归并到富山宝公司,双方的权益可以另寻法律途径解决。（5）2009年4月2日一审法院开庭笔录（二）中富山宝公司同意不将大地公司列为当事人（第22、23、43页），海洋城公司在该笔录第25页也表示"既然权益已归到富山宝公司，则不需要追加大地公司"。说明本案主要当事人的意见基本一致，同意大地公司不参加本案诉讼。综上所述，富山宝公司没有投资能力，造成工程烂尾，已构成根本违约；福星公司与富山宝公司所签的《合作投资兴建三星花园合同书》已于2004年12月25日解除，福星公司也拒不与富山宝公司继续合作；金安城公司签订的置换合同经政府批准合法有效；项目的债权债务已经得到妥善处理，置换合同应当受到法律保护；大地公司权益已归并富山宝公司，海洋城公司参加诉讼主体不适格。

原审第三人大金利公司辩称：

1. 一审法院〔2006〕粤高法民一初字第18号案诉讼程序违法，应当发回重审。大地公司应作为18号案的共同原告参与到诉讼中来。（1）从现有证据来看，无论是作为合资合作开发合同，还是在此基础上变更为在建项目合同权利义务的转让，"金银城"项目的开发都离不开大地公司，大地公司是"金银城"项目合同实际履行的当事人，与本案具有直接的权利义务关系。（2）大地公司于2006年6月20日出具并经南京市公证处公证的〔2006〕宁证内经字第58718号《关于"金银城"项目有关权益的确认书》，是一份内容并不合法的证据。2005年1月21日徐金富代表大地公司与大金利公司签订了《转让协议》，同意将"金银城"项目转让给大金利公司，并同时致函福星公司和福永公司，表明其已经从"金银城"项目中退出，徐金富代表大地公司单方写一份《确认书》决定将75%权益确认给富山宝公司，是违法和无效的。该份《确认书》的公证员也仅仅是对徐金富签名的真实性予以认可，并没有对其内容是否合法进行证明，其也无权证明。（3）依中国驻英国大使馆认证的大地公司《注册证明书》，不能否定大地公司至少从1994年4月21日起到现在它是客观存在的，其法定代表人徐金富的去世无法否定大地公司作为一个在国外注册的法人的存在，对其可以适用《民事诉讼法》关于涉外民事诉讼规定的7种送达方式予以送达。（4）富山宝公司行使的是受委托代大地公司管理的职责，其权利和义务最终由大地公司享有和承担。另外徐金富的身份较为特殊，他不仅是大地公司的投资人、董事长，也是富山宝公司的投资人、总裁、董事长，实质上是两个公司的法人代表和股东，本案中大地公司与富山宝公司不断交替出现就是因为徐金富是两公司的投资人，结合《大地公司董事局决议》、《委托协议书》、《富山宝公司的董事会决议》，可以认定实质上的利害关系人是大地公司，至少大地公司应作为本案的共同原告参与诉讼中来，从以上四点可以看出，不让大地公司参与诉讼令人难以信服，一审法院程序违法。

2. 福星公司委托律师于2004年4月25日发出的《律师函》不能产生解除《合作投资兴建三星花园合同书》及《补充协议》的效力。(1) 解除权具有不可分性，大地公司实际参与了"三星花园"的开发，是合作开发合同实际履行的当事人，解除的意思表示应向合同的全体为之。即使《律师函》没有瑕疵，福星公司委托发函仅仅是向富山宝公司，并没有向大地公司提出单方解除的意思表示，也不应产生解除的效力。(2) 富山宝公司与福星公司在1992年8月14日签订的《合作投资兴建三星花园合同书》中的约定排除了法定解除。(3) 被上诉人的诉讼行为表明其没有解除。民事行为的核心是意思表示，被上诉人在26号案最终诉讼请求是"确认原告福星公司与被告深圳富山宝实业有限公司签订的《合作投资兴建三星花园合同书》及《补充协议》无效，判令解除"，反映出被上诉人最终意思表示是上述合同无效，并不认为律师函产生了解除合同的效力。

3. 大地公司从"金银城"项目退出的权利应由大金利公司享有。(1) 2005年1月21日的转让协议是徐金富代表大地公司的处分行为，权利已经转让给了大金利公司，富山宝公司是受大地公司委托代为管理，结合〔2005〕1305号公证书，徐金富是有权同时对大地公司和富山宝公司两个法人单位的财产和权利作出处分，因此，2005年1月21日签订的转让协议有效。(2) 大地公司于2005年1月21日同时发给福星公司和福永公司从"金银城"项目退出的函，福星公司和福永公司已经收到了上述函件，并没有作出反对的意思表示。(3) 大金利公司实际已经履行了与大地公司签订的转让协议，并给付了大地公司转让款2450206.60元。尽管多方当事人提出了不是发票、章有问题以及经办人杨鹤年笔迹有异议，但无法否认上述证据的客观真实性。(4) 上述函的内容可以看出大地公司的退出与大金利的参与是不可分割、密切联系着的，大地公司退出的同时也就将权利让与了大金利公司。大地公司与大金利公司的转让协议已经实际履行，大地公司在"金银城"项目的权利现属于大金利公司所有，富山宝公司已失去本案第2项和第3项的请求权和胜诉权。

4. 《"金银城"置换合同书》及《补充协议》应确认无效，本案富山宝公司的此项请求应得到支持。(1) 富山宝公司是请求确认《"金银城"置换合同书》及其《补充协议》无效，并不是提起的侵权诉讼，是确认合同的效力问题，一审法院受理并无不当。(2) 福星公司、福永公司将权利转让给大地公司后，又转让给金安城公司，而转让给金安城公司并没有经过大地公司的同意，也没有经过大金利公司的同意，是违法的和无效的。

5. 本案跨度时间长，当事人众多，法律关系并不是单一的，不仅有合资合作开发房地产合同纠纷，还涉及在合资、合作开发房地产合同纠纷基础上在建项目合同权利义务的转让纠纷，有两个以上的法律关系。

6. 本案大金利公司曾提出作为有独立请求权的第三人参加诉讼，一审法院也予以同意，由于当时一审法院通知交纳的诉讼费用过高，大金利公司没有交纳，但这并不能否定大金利公司在"金银城"项目所享有的权利。

二审裁判结果

二审法院判决：驳回上诉，维持原判。二审案件受理费684009元，由深圳富山宝实业有限公司负担。

二审裁判理由

二审法院认为：各方当事人二审争议的焦点问题是：（1）福星公司是否与富山宝公司解除了《合作投资兴建三星花园合同书》。（2）富山宝公司是否享有"金银城"项目75%的权益。（3）福星公司、福永公司与金安城公司签订的《"金银城"置换合同书》及其《补充协议》的效力问题。（4）大地公司是否应当参加本案诉讼的问题。

1. 关于福星公司与富山宝公司之间的《合作投资兴建三星花园合同书》是否解除的问题

本院认为：

第一，福星公司与富山宝公司之间签订的《合作投资兴建三星花园合同书》合法有效。福星公司与富山宝公司就合作开发涉案土地签订了《合作投资兴建三星花园合同书》，该合同明确约定了双方各自的权利义务，约定了合作方式为福星公司提供土地，富山宝公司提供资金作为投资条件，双方共享利润、共担风险。虽然签订该合同时，双方均无房地产开发资质，且涉案土地亦为国有划拨土地，但随后双方又与具有房地产开发资质的福永公司签订了三方合作开发合同，并陆续交纳了土地出让金，还将涉案土地变性为商住用地，同时也取得了政府相关部门审批颁发的《建设工程规划许可证》、《房地产预售许可证》等行政批文，因此，福星公司与富山宝公司双方在合作开发房地产方面先期存在的资质缺陷等问题得以弥补，据此应当认定双方之间系合作开发房地产关系，二者之间签订的《合作投资兴建三星花园合同书》应为有效合同，对双方当事人具有约束力。福星公司与富山宝公司应当按照该合同的约定，全面履行各自的权利义务。

第二，福星公司已经履行了《合作投资兴建三星花园合同书》约定的主要合同义务。福星公司在该合同签订后，先后办理了涉案项目的用地审批手续，完成了规划立项审批工作，依法取得了《建设工程项目施工许可证》，从而基本完成了合同约定的由其承担的主要义务。

第三，富山宝公司构成根本违约。首先，根据二审庭审查明事实，富山宝公司仅在涉案土地上动工建设了三幢15层近28000平方米的未完建筑，这与合同约定的应在3年内完成15万平方米建设相距甚远。其次，按照合同约定，对于已交纳的涉案土地出让金应由富山宝公司支付，但根据福星公司持有的财政部门开出的收据，证明该笔费用17338026元系由福星公司交纳。再次，富山宝公司本应按照合作合同约定提供资金1000万元给福星公司作开发费用，但富山宝公司没有履行这一义务。最后，在涉案工程建设过程中，富山宝公司应当按约履行全部出资义务，但对造价为31319478.81元的涉案项目未完工程的工程款，根据福星公司提交的证据以及富山宝公司一审诉讼中确认，福星公司垫付了26817106.53元以及剩余工程款、停工补偿费等796万元，两项合计34777106.53元。由此可见，富山宝公司均未履行其应承担的出资及开发建设项目的主要合同义务，其行为构成了对合同义务的根本违反。

第四，福星公司有权解除其与富山宝公司之间的《合作投资兴建三星花园合同书》。由于项目建设中富山宝公司构成根本违约，导致未完工程被列为清理对象的深圳市52个"问题楼盘"之一，致使双方签订合同的目的无法实现。鉴于此，作为守约一方的福星公司委托律师向富山宝公司发函，提出解除双方之间的《合作投资兴建三星花园合同书》，是享有合同解除权的一方行使法定解除权，并无不当。

第五，福星公司已经解除其与富山宝公司之间的《合作投资兴建三星花园合同书》。首先，福星公司委托律师发出了解除合同的律师函，虽然该函件未加盖福星公司的公章，但函件中明确载明受福星公司的委托所拟，且福星公司作为委托人对此予以认可，因此，该行为并未违反我国《合同法》的相关规定，不能以该函件未加盖福星公司的公章而认定无效。其次，尽管解除合同的律师函上签署日期是2004年4月25日，而送达富山宝公司的时间却在2004年年底，前后相差8个月之久，但是，合同解除的确定是以享有解除权一方的相关文书送达到相对方之时作为开始发生法律效力的依据，送达时间的拖延只能产生合同解除的起始时间相应后延的后果，而不能导致相关文书送达后不发生法律效力。富山宝公司提出的因送达长达8个月从而应当认定解除合同无效的理由没有法律依据，本院不予支持。再次，虽然在一审判决中认定，福星公司提出了解除其与富山宝公司签订的《合作投资兴建三星花园合同书》及《补充协议》的诉讼请求，但福星公司提出这一诉讼请求并不能否定解除合同的律师函已送达到富山宝公司这一法律事实的存在。最后，依照最高人民法院《关于适用〈中华人民共和国合同法〉若干问题的解释（二）》第24条的规定，本案中富山宝公司于2004年12月25日收到解除函件后，并未在规定的时间内行使异议权。因此，应当认定福星公司与富山宝公司签订的《合作投资兴建三星花园合同书》已经在合同解除函到达富山宝公司时解除。至于富山宝公司在一审中申请对"金银城"项目投资情况进行审计，以及富山宝公司在本案项目是否另有其他投资款项及其返还问题，因富山宝公司未就合同解除后其投资款的返还问题在一审中提出诉请，故本案二审亦不作处理，富山宝公司可另案解决。

第六，福星公司与富山宝公司之间的《合作投资兴建三星花园合同书》及其《补充协议》没有继续履行的可能。"金银城"项目被深圳市人民政府列入清理范围的问题楼盘后，在当地政府及其有关部门的协调下，福星公司与金安城公司就"金银城"项目烂尾楼项目的后续补救开发等一系列问题达成了置换协议。这一置换协议不仅得到了当地政府及其相关部门的认可，而且已经实际履行。福星公司与富山宝公司之间不存在继续履行《合作投资兴建三星花园合同书》的现实条件和可能。综上所述，富山宝公司提出的双方之间合作开发合同并未解除，主张继续履行该合同的上诉请求，于法无据，本院不予支持。

2. 关于富山宝公司是否享有"金银城"项目75%的权益问题

本院认为，第一，从双方约定看，根据双方签订的《合作投资兴建三星花园合同书》的约定，福星公司以提供土地、富山宝公司以提供建设资金作为投资条件，涉案项目所得的利润分成以商住楼销售扣除福永公司挂靠费分成，利润25%归福星公司，75%归富山宝公司，双方共同管理的固定资产经营或承包、转让等分成则按福星公司占35%，富山宝公司占65%；随后双方签订的《补充协议》约定，福星公司将其按照上述合作合同书应得的商住楼面积的25%以固定价格转让给富山宝公司，但同时明确了双方共同管理经营之宾馆、商场铺位为双方共同的固定资产，其产权及利润分成仍为福星公司占35%，富山宝公司占65%，且已售的商住楼的管理收入利润按固定资产的分成比例即35:65分成；由双方组建物业公司，共同合作管理50年。从上述内容可以看出，双方之间系就合作项目的利润而非不动产物权所做的分配约定，《补充协议》则是对分配比例进行的部分调整。富山宝公司享有的是合同权益，就其性质而言应属于债权，而不是对"金银城"项目上的土地和地上建筑物享有75%的物权。

第二，从法律规定看，根据《物权法》第9条的规定，本案中，"金银城"项目土地使用权不仅从未登记在富山宝公司名下，反而因其违约导致福星公司与富山宝公司解除了合作开发合同。富山宝公司在合作开发合同被解除之后，不再享有"金银城"项目土地的使用权利。

第三，从合同履行看，富山宝公司能否最终取得《合作投资兴建三星花园合同书》中约定的75%的利润，既取决于合作开发房地产项目是否全部完成并通过结算后产生利润，又取决于其是否完全履行了合同义务。在整个合作项目没有完成、双方之间的合作开发合同已经解除以及富山宝公司在合作开发中构成根本违约的情况下，即主张其享有"金银城"项目75%的权益，既没有事实依据也没有法律依据。此外，尽管双方于1994年2月22日签订的《补充协议》约定，福星公司将其按照上述合作合同书应得的商住楼面积的25%以1.913625亿元的价格转让给富山宝公司，但是，富山宝公司未向福星公司支付转让款，该《补充协议》并未实际履行。综上所述，富山宝公司有关对"金银城"项目享有75%权益的主张，本院不予支持。

3. 关于福星公司、福永公司与金安城公司签订的《"金银城"置换合同书》及其《补充协议》的效力问题

本院认为，第一，福星公司是在依法解除了其与富山宝公司之间的《合作投资兴建三星花园合同书》之后，才与金安城公司签订了《"金银城"置换合同书》及其《补充协议》。由于涉案项目土地使用权主体为福星公司和福永公司，作为该宗土地的合法使用权人，福星公司和福永公司自然有权自主决定与其他市场主体签订涉案项目置换合同。而富山宝公司既非置换合同的利害关系人，亦非置换合同的相对人，其请求确认《"金银城"置换合同书》及其《补充协议》无效违反了合同相对性原则。

第二，由于富山宝公司的违约行为，致使"金银城"项目成为被广东省深圳市人民政府列入清理范围的问题楼盘。在广东省深圳市宝安区政府等相关行政部门的协调下，福星公司与金安城公司就"金银城"项目烂尾楼项目的置换及开发事宜签订了《"金银城"置换合同书》及其《补充协议》，约定由福永公司和福星公司将涉案土地置换到金安城公司名下，金安城公司对涉案项目独立开发。这一置换合同既符合深圳市政府有关处理问题楼盘的政策，又得到了政府及其相关部门的批准认可，金安城公司随后获得了宝安区政府规划部门颁发的《建设用地规划许可证》。作为善意第三人的金安城公司在与福星公司签订置换合同方面并无过错，其合法权益应获得保护。

第三，福星公司、福永公司与金安城公司签订上述置换合同并未违反有关强制性规定。首先，该置换合同的签订已经得到当地政府及相关部门的批准。尽管深圳市政府《关于子悦台等52个"问题楼盘"处理意见的批复》明确规定置换前应当"自行妥善处理好债权债务关系"，但该置换合同最终获得政府及其相关部门的批准，金安城公司还取得了涉案项目《建设用地规划许可

证》、宗红线地图、深圳市建设用地地界放点测量报告等相关职能部门批准文件,可见,当地政府及有关部门对福星公司、福永公司与金安城公司之间的置换合同是认可的。其次,该置换合同的效力一定程度上获得有关生效裁判文书的支持。富山宝公司就《建设用地规划许可证》问题曾以深圳市规划局宝安分局为被告,诉请广东省深圳市宝安区人民法院判令撤销,广东省深圳市宝安区人民法院以〔2007〕深宝法行初字第419号行政裁定书驳回了富山宝公司的起诉,该裁定书又于2008年7月28日被广东省深圳市中级人民法院以〔2008〕深中法行终字第35号行政裁定书所维持。再次,该置换合同的内容并不为相关法律所禁止。即使涉案项目存在司法查封,按照物权法原理,双方当事人之间订立的有关转让不动产物权的合同,自合同成立时亦产生债的法律效力,在解除查封或撤销查封后,当事人仍然可以办理不动产变更手续。因此,该置换合同并不违背《房地产管理法》第38条有关不得转让房地产的强制性规定。最后,该置换合同的履行符合社会利益和公平原则。金安城公司为履行上述置换合同,已经投入资金,用于解决因烂尾楼导致的购房者退房风潮,偿还了业主的购房款项,代为清偿了富山宝公司以项目名义对外的部分借款,项目的有关债权债务已经得到妥善处理。金安城公司履行置换合同的行为,不仅得到了合同相对方福星公司的承认,而且符合公平正义与社会利益的需求。综上,福星公司、福永公司与金安城公司签订的《"金银城"置换合同书》及其《补充协议》不违反法律、行政法规的强制性规定,亦未侵害国家、集体和他人合法权益,因此应当认定有效。富山宝公司提出的有关确认福星公司、福永公司与金安城公司签订的上述置换合同无效的上诉请求,既与客观实际不符,又于法无据,本院不予支持。

4. 关于大地公司是否应当必须参加本案诉讼的问题

本院认为:

第一,根据查明的事实,福星公司在与富山宝公司签订合作开发合同的同时,又与大地公司就同一标的签订了内容相同的合作开发合同,但在实际履行合同过程中,是由富山宝公司与惠安建筑公司签订施工合同,并与福星公司、福永公司就涉案项目的财务收支情况达成结算书,签署财务结算报告。上述行为表明富山宝公司是涉案项目的实际履行主体,大地公司虽然签订了书面合作开发合同,但并未履行该合同。

第二,一审期间,富山宝公司提交了大地公司出具的并经南京市公证处公证的(〔2006〕宁证内经字第58718号)《关于金银城项目有关权益的确认书》,载明:鉴于大地公司和富山宝公司分别签订的两份合作开发合同,名称虽然不同,但都同指一个标的,即"金银城"项目,由于在合作开发过程中,大地公司应尽的合同义务，是由富山宝公司代为履行的，即项目中应由大地公司负责投资、融资以及工程建设等事宜，都由富山宝公司独立经办，大地公司并未参与，富山宝公司实际上已经完全取代了大地公司开发商的地位，大地公司为此追认并确认"金银城"项目75%的权益属富山宝公司所有，富山宝公司有权独立处分，相应的义务亦由富山宝公司承担。由此可见，大地公司已将自己的所有权利、义务全部转让给富山宝公司。

第三，尽管在2005年1月21日大地公司与大金利公司签订了《转让协议》，约定大地公司将其1993年1月3日和1996年11月20日先后两次与福星公司签订合作开发涉案"金银城"项目协议中大地公司占有股权的75%转让给大金利公司，大地公司向福星公司声明退出原有协议，由大金利公司向福星公司一次性买断该项目，大金利公司为此补偿大地公司人民币150万元，但是，大金利公司并未实际参与到涉案"金银城"项目的开发，其与大地公司之间的转让协议纠纷，与本案并非同一法律关系，应另案处理。

第四，大地公司与本案的处理结果并无利害关系，本案的实体处理亦未损害其合法权益，大地公司未参与本案诉讼，同样也没有影响到其他各方当事人的程序权利和实体权利，大地公司并不属于《中华人民共和国民事诉讼法》规定的必须参加诉讼的当事人，一审法院在一审中没有追加大地公司为第三人并无不当。综上，富山宝公司和大金利公司提出的一审判决严重违反法定程序，遗漏了大地公司作为必须参加诉讼的当事人的理由不成立，本院不予支持。

综上所述，富山宝公司各项上诉请求均不成立，本院依法予以驳回；一审法院认定事实清楚，适用法律正确，审判程序合法，处理结果妥当，本院依法予以维持。

合资、合作开发房地产合同纠纷办案依据集成

1.《中华人民共和国城市房地产管理法》（2009年8月27修正）（节录）

第二十八条 依法取得的土地使用权，可以依照本法和有关法律、行政法规的规定，作价入股，合资、合作开发经营房地产。

第二十九条 国家采取税收等方面的优惠措施鼓励和扶持房地产开发企业开发建设居民住宅。

第三十条 房地产开发企业是以营利为目的，从事房地产开发和经营的企业。设立房地产开发企业，应当具备下列条件：

（一）有自己的名称和组织机构；

（二）有固定的经营场所；

（三）有符合国务院规定的注册资本；

（四）有足够的专业技术人员；

（五）法律、行政法规规定的其他条件。

设立房地产开发企业，应当向工商行政管理部门申请设立登记。工商行政管理部门对符合本法规定条件的，应当予以登记，发给营业执照；对不符合本法规定条件的，不予登记。

设立有限责任公司、股份有限公司，从事房地产开发经营的，还应当执行公司法的有关规定。

房地产开发企业在领取营业执照后的一个月内，应当到登记机关所在地的县级以上地方人民政府规定的部门备案。

第三十一条 房地产开发企业的注册资本与投资总额的比例应当符合国家有关规定。

房地产开发企业分期开发房地产的，分期投资额应当与项目规模相适应，并按照土地使用权出让合同的约定，按期投入资金，用于项目建设。

2. 最高人民法院《关于审理涉及国有土地使用权合同纠纷案件适用法律问题的解释》（2005年6月18日 法释〔2005〕5号）（节录）

三、合作开发房地产合同纠纷

第十四条 本解释所称的合作开发房地产合同，是指当事人订立的以提供出让土地使用权、资金等作为共同投资，共享利润、共担风险合作开发房地产为基本内容的协议。

第十五条 合作开发房地产合同的当事人一方具备房地产开发经营资质的，应当认定合同有效。

当事人双方均不具备房地产开发经营资质的，应当认定合同无效。但起诉前当事人一方已经取得房地产开发经营资质或者已依法合作成立具有房地产开发经营资质的房地产开发企业的，应当认定合同有效。

第十六条　土地使用权人未经有批准权的人民政府批准，以划拨土地使用权作为投资与他人订立合同合作开发房地产的，应当认定合同无效。但起诉前已经办理批准手续的，应当认定合同有效。

第十七条　投资数额超出合作开发房地产合同的约定，对增加的投资数额的承担比例，当事人协商不成的，按照当事人的过错确定；因不可归责于当事人的事由或者当事人的过错无法确定的，按照约定的投资比例确定；没有约定投资比例的，按照约定的利润分配比例确定。

第十八条　房屋实际建筑面积少于合作开发房地产合同的约定，对房屋实际建筑面积的分配比例，当事人协商不成的，按照当事人的过错确定；因不可归责于当事人的事由或者当事人过错无法确定的，按照约定的利润分配比例确定。

第十九条　在下列情形下，合作开发房地产合同的当事人请求分配房地产项目利益的，不予受理；已经受理的，驳回起诉：

（一）依法需经批准的房地产建设项目未经有批准权的人民政府主管部门批准；

（二）房地产建设项目未取得建设工程规划许可证；

（三）擅自变更建设工程规划。

因当事人隐瞒建设工程规划变更的事实所造成的损失，由当事人按照过错承担。

第二十条　房屋实际建筑面积超出规划建筑面积，经有批准权的人民政府主管部门批准后，当事人对超出部分的房屋分配比例协商不成的，按照约定的利润分配比例确定。对增加的投资数额的承担比例，当事人协商不成的，按照约定的投资比例确定；没有约定投资比例的，按照约定的利润分配比例确定。

第二十一条　当事人违反规划开发建设的房屋，被有批准权的人民政府主管部门认定为违法建筑责令拆除，当事人对损失承担协商不成的，按照当事人过错确定责任；过错无法确定的，按照约定的投资比例确定责任；没有约定投资比例的，按照约定的利润分配比例确定责任。

第二十二条　合作开发房地产合同约定仅以投资数额确定利润分配比例，当事人未足额交纳出资的，按照当事人的实际投资比例分配利润。

第二十三条　合作开发房地产合同的当事人要求将房屋预售款充抵投资参与利润分配的，不予支持。

第二十四条　合作开发房地产合同约定提供土地使用权的当事人不承担经营风险，只收取固定利益的，应当认定为土地使用权转让合同。

第二十五条　合作开发房地产合同约定提供资金的当事人不承担经营风险，只分配固定数量房屋的，应当认定为房屋买卖合同。

第二十六条　合作开发房地产合同约定提供资金的当事人不承担经营风险，只收取固定数额货币的，应当认定为借款合同。

第二十七条　合作开发房地产合同约定提供资金的当事人不承担经营风险，只以租赁或者其他形式使用房屋的，应当认定为房屋租赁合同。

二、项目转让合同纠纷

> **55. 代理人擅自将被代理人的参建权益转让给他人，如何认定转让行为是否有效？**
>
> 在代理人做出代理行为时没有授权的情况下，要判断代理行为是否有效，需根据当事人的主张及证据进一步判断被代理人在事后是否有明示或默示的追认行为。

典型疑难案件参考

洞头县机械电器成套工程公司诉上海浦东新区房地产实业总公司合资、合作开发房地产纠纷案

基本案情

洞头供应公司于1996年2月29日并入原告洞头县机械电器成套工程公司（以下简称洞头公司），金厦公司于1993年12月更名为上海浦东新区房地产实业总公司（下称浦东公司），张桥指挥部为金厦公司的下设机构，上海信高置业有限公司（下称信高公司）系由上海浦东明珠房地产开发公司（下称明珠公司）更名。

1992年12月15日，洞头供应公司（甲方）与张桥指挥部（乙方）签订《组建协议》，约定甲方参建乙方征地开发的张桥小区108号楼15650平方米建筑面积（按实结算），产权归甲方所得；甲方支付前后期费用1400万元，乙方在1993年1月31日前完成基地三通一平，并提供许可证，交甲方使用。甲方如逾期付款，则承担总造价万分之二的违约金，乙方如逾期提供施工许可证，则承担总造价万分之二的违约金。同年12月25日，洞头供应公司与上海东顺电工器材有限公司（下称东顺公司）签订《（委托）协议书》，委托东顺公司帮助贷款及协助处理经甲方同意并委托处理与地方及指挥部之间的业务联系。同年12月31日洞头供应公司向张桥指挥部支付参建款500万元。

1993年2月13日和15日，东顺公司未经洞头供应公司授权委托，分别与明珠公司张桥分公司、张桥指挥部签订《组建（转让）协议》和《委托协议书》，将原告参建权益转让给明珠公司张桥分公司，即信高公司。据此，信高公司于1993年3月27日委托其关联企业上海浦东华商商业发展公司（下称华商公司）向东顺公司付款200万元，向浦东公司付款400万元。东顺公司收取200万元，

由被告直接开具红收据给东顺公司，作为返还原告参建款200万元入账；同时又开具收据给华商公司，作为信高公司投入200万元进账。为此被告与信高公司于2000年4月7日签订补充协议，将原告及信高公司的投资以协议形式确认，即信高公司投入建设资金900万元，其中原告付款300万元，信高公司付款600万元（包括信高公司委托华商公司付给东顺公司的200万元）。

1999年7月15日，信高公司与浦东公司签订《代建协议书》，委托浦东公司代建房屋，土地出让金、前后期配套费、建筑安装费等均由信高公司承担，项目竣工结算后，浦东公司收取总造价3%作为管理费。嗣后，由于信高公司缺乏资金，无力支付代建款项，浦东公司于2000年3月向上海市第一中级人民法院提起诉讼，要求信高公司支付已垫付的代建费及利息。双方达成调解协议，信高公司以108号楼的房地产权益抵偿拖欠被告的全部前后期开发费用；被告返还信高公司建设资金900万元，信高公司赔偿被告经济损失750万元，两项相抵后，被告尚应返还信高公司150万元。该案审理及履行过程中，双方均未告知原告。上海市第一中级人民法院根据上述调解协议制作了〔2001〕沪一中民初字第172号调解书，调解书生效后双方自行履行完毕。后上海市第一中级人民法院以〔2003〕沪一中民监字第72号裁定对此案提起再审，该案现在再审中。

▶ 一审诉辩情况

原告洞头县机械电器成套工程公司诉称：1992年12月15日，原洞头县机电设备供应公司（下称洞头供应公司）与原上海金厦房地产实业总公司（下称金厦公司）张桥指控部签订参建合同。根据合同约定，洞头供应公司参建上海浦东新区杨高路、东陆路口、张桥居住小区7号地块108号楼面积为15650平方米的住宅房。洞头供应公司于1992年12月31日向金厦公司支付参建款500万元，后因故无法完成参建项目。因原洞头供应公司于1996年并入原告，故洞头供应公司的上述债权由原告承继。又查，金厦公司于1993年12月变更为被告，张桥指挥部为被告的分支机构。据此，原告请求：（1）确认原洞头供应公司与金厦公司张桥指挥部于1992年12月15日签订的参建合同无效；（2）判令被告返还参建款500万元；（3）判令被告赔偿原告投入的参建款自1993年1月1日至2002年10月31日的中国人民银行一年期贷款利息损失4508916.66元。

被告上海浦东新区房地产实业总公司辩称：原告要求被告返还参建款无事实和法律依据，不同意原告的诉讼请求。理由是：第一，原、被告签订参建协议后，原告于1993年2月13日将参建权益转让给上海浦东明珠房地产开发公司，现名为上海信高置业有限公司，原、被告参建的事实已不存在。第二，被告和上海信高置业有限公司已就本案所涉参建纠纷通过诉讼，并在法院主持下调解解决了债权债务。第三，原告诉称事实与客观事实不符。首先，原告回避了其转让参建权益的事实，诉状中称"因故无法完成参建项目"，这个"故"实际上就是系争项目被转让的事实；其次，原告隐瞒了已收到受让方归还其参建款200万元的事实。

▶一审裁判结果◀

一审法院根据《中华人民共和国民法通则》第58条第1款第5项、第61条第1款、第66条第1款，判决如下：

一、被告上海浦东新区房地产实业总公司自本判决生效日起10日内返还原告洞头县机械电器成套工程公司参建款500万元；

二、被告上海浦东新区房地产实业总公司自本判决生效日起10日内赔偿原告洞头县机械电器成套工程公司参建款500万元自1993年1月1日至2002年10月31日的中国人民银行一年期固定资产贷款利率的50%利息损失。案件受理费5.7555万元，由原告洞头县机械电器成套工程公司负担1.3641万元，被告上海浦东新区房地产实业总公司负担4.3914万元。

▶一审裁判理由◀

上海市第一中级人民法院审理后认为：原、被告虽然在我国城市房地产管理法实施前签订参建协议，但该协议是土地使用权有偿转让的一种特殊形式，按规定双方除应办理合建审批手续外，还应依法办理土地使用权变更登记手续，而原、被告在长达10年之久的合建期间，没有按规定办理或者补办房地产开发必备的法律手续，而且项目至今未建成，双方的合作行为不符合房地产开发的法律规定，协议应当无效。根据《民法通则》关于合同无效的处理规定，被告按合同取得的原告参建款500万元，应当返还原告。诉讼中，被告以原告曾与东顺公司签订委托协议，被告据此返还东顺公司200万元为由认为被告收到原告参建款只有300万元。此外，东顺公司代理原告将原告参建权益转让给信高公司后，原告的300万元参建款由信高公司继承，被告已与信高公司就系争参建纠纷处理完毕，原告无权再向被告主张返还参建款。根据原告与东顺公司签订的《（委托）协议书》，原告的委托是有条件的，也就是东顺公司是"协助处理"而不是全权处理，其次东顺公司的"协助处理"需得到原告的同意。东顺公司在未得到原告同意委托的情况下，与明珠公司、金厦公司分别签订协议，转让原告与被告合作开发房地产的参建权益，并且收取返还参建款,系无权代理行为,即代理人自己的行为,且未经原告追认,故东顺公司与明珠公司、金厦公司分别签订的协议,以及收取返还参建款的行为对原告不具有法律约束力。被告还认为,其与信高公司已了结系争参建纠纷,信高公司获得了原告的参建权益即300万元参建权,原告无权要求被告再返还参建款。但被告与信高公司双方在处理代建纠纷时,将原告参建款300万元的权益,作为信高公司的投入作了处理,但原告并不知情,双方亦未征得原告同意,故被告与信高公司对原告参建款的擅自处分对原告不具有效力。被告收受原告的参建款后,未征询原告意见,却与案外人对原告的参建款擅自处分,显有过错,应当承担返还责任。至于被告与东顺公司、信高公司的债权债务与本案不属同一法律关系,被告应另行处理。

原告依照法律关于无效协议的处理规定,要求被告赔偿参建款自支付次日起至2002年10月31日的中国人民银行一年期固定资产贷款利率之利息损失。鉴于本案协议无效,双方均有过错,原告之利息损失,可由双方各承担50%,原告自愿以中国人民银行一年期固定资产贷款利率作为计息标准,可予准许。

二审诉辩情况

被告不服一审判决,向上海市高级人民法院提起上诉称:洞头公司早在1993年2月已委托东顺公司将其参建权益转让给信高公司,其支付的参建款200万元已由信高公司退还给洞头公司的代理人东顺公司,而参建款300万元,上海市第一中级人民法院〔2001〕沪一中民初字第172号生效法律文书已经处理完毕,故其无权向上诉人主张500万元的参建款。同时,上诉人与被上诉人于1992年12月15日签订的《组建协议》中,东顺公司作为被上诉人的委托人签字盖章,证明东顺公司是被上诉人参建项目的全权代理人,洞头公司也知道参建权益已转让给信高公司。综上,请求二审法院撤销原判,依法改判驳回被上诉人在一审时诉请。

洞头公司辩称:其对东顺公司有明确的授权范围,并未委托东顺公司签订所谓的转让合同,东顺公司以自己的名义与信高公司等签订合同的行为并非代理行为,未得到洞头公司的认可和追认;而上诉人认为300万元在信高公司、200万元已归还的观点不成立,洞头公司不知道、也未参加上诉人与信高公司的诉讼案,故双方均无权对洞头公司的权益进行处分,而东顺公司收取200万元并不能证明浦东公司归还洞头公司参建款的事实。综上,上诉人收取被上诉人的500万元理应归还,请求二审法院维持原判。

二审裁判结果

二审法院依照《中华人民共和国民事诉讼法》第153条第1款第1项之规

定,判决如下:

一、驳回上诉,维持原判;

二、二审案件受理费人民币5.7555万元,由上诉人上海浦东新区房地产实业总公司承担。

二审裁判理由

二审法院认为:本案的争议焦点在于洞头公司在系争地块的权益是否转让给信高公司。洞头公司与浦东公司为系争地开发而签订的《组建协议》等协议实为土地使用权的转让,但双方一直未按规定办理相关手续,故不符合房地产开发的相关规定,上述协议应为无效,浦东公司理应返还其按上述协议收取的参建款500万元,现浦东公司所称洞头公司已委托东顺公司将其参建权益转让给信高公司的上诉理由,本院认为上诉人与被上诉人于1992年12月15日签订的《组建协议》由东顺公司和双方当事人一起签字盖章,并不能证明东顺公司是被上诉人参建项目的全权代理人,洞头公司对东顺公司的委托是具有条件的,并非全权处理。本案中,东顺公司在未得到洞头公司相应的委托和同意的情况下,分别与浦东公司、信高公司签订了相关协议,且这些协议未经洞头公司追认,故上述协议对洞头公司不发生效力。因此浦东公司认为洞头公司已将参建权益转让给信高公司的理由不能成立。信高公司基于其与东顺公司的协议支付给东顺公司200万元不能认定为洞头公司将参建权益转让给信高公司,也不能表示浦东公司返还了该200万元。同时上海市第一中级人民法院已裁定对浦东公司与信高公司达成的诉讼调解进行再审,故浦东公司所称其余的参建款300万元已经上海市第一中级人民法院生效判决处理完毕的上诉理由不成立。

再审诉辩情况

上海浦东新区房地产实业公司不服上海市高级人民法院终审判决,向最高人民法院申请再审称:(1)一审法院和二审法院均遗漏了本案中重要的诉讼当事人。本案的审理结果与东顺公司和信高公司在法律上有着直接的利害关系,因此应将二公司列为本案第三人。(2)一审、二审判决认定事实的主要证据不足,二审法院没有采纳新的证据,作出了与事实严重不符的错误判决。①一、二审法院无视事实,认定东顺公司为无权代理,二审法院更是将由东顺公司提供的对本案有着重要证明作用的两份证据(直接证明了东顺公司有权代理被申请人转让涉讼参建权益,且被申请人已实际收回200万元参建款的事实)认定为不属二审的新证据,不予采信。从而致使被申请人已委托东顺公司将其参建权益转让给信高公司的事实没有得到认定,直接导致申请人无端增加返还500万元并支付230多万元利息的责任。②被申请人已通过其委托代理人东顺公司将涉讼参建权益转让给了信高公司,被申请人与申请人已无法律上的直接关系,而一、二审法院却错误判决申请人返还被申请人款项。为此,请求依法撤销原判决,裁定对本案进行再审;请求裁定中止上海市高级人民法院终审民事判决书的执行。

再审裁判结果

在最高人民法院主持下,申请人与被申请人双方自愿达成和解协议:

一、上海浦东新区房地产实业总公司一次性付给洞头县机械电器成套工程公司人民币本息230万元(不含已执行150万元),作为上海市高级人民法院〔2003〕沪高民一(民)终字第61号民事判决事项的执行,该款当场支付转账支票,待该款入账后,本和解协议生效,原终审判决执行终结;

二、今后双方为此案不再争议;

三、上海浦东新区房地产实业总公司撤回向最高人民法院的再审申请。

再审裁判理由

最高人民法院审查认为:一审和二审法院判决被告返还原告500万元及50%利息的主要理由是原告与东顺公司签订的《(委托)协议书》赋予东顺公司的委托权是有条件的,"协助处理"非全权处理,东顺公司与明珠公司、金厦公司签订的转让参建协议未征得原告同意,也未得原告追认,是无权代理,该协议对原告没有约束力。

洞头公司与东顺公司之间的委托代理转让参建工程的关系是否存在是影响到定案的关键事实。一审期间,浦东公司曾一再请求法院对证明上述事实的关键证人东顺公司签发调查令或法院依法查证,未获法院准许。在关键事实未查清的情况下,一审法院于2003年3月31日匆匆作出判决,存在不当之处。

被告浦东公司在一审中已提供的证据和事实(原告与东顺公司签订的委托协议书,东顺与明珠公司签订的组建协议书,被告向东顺公司还款200万元的凭证等),和二审补充的新证据(2003年4月8日东顺公司出具的《证明》、东顺公司财务凭证7张)足以相互印证洞头公司在诉讼前已委托东顺公司将其参建权益转让给信高公司,东顺公司是有权代理,信高公司通过华商公司退还的200万元预付参建款已于1993年3月27日进入到东顺公司账上,以冲平洞头公司向东顺公司的借款。二审法院以浦东公司提交的证据不属于最高人民法院《关于民事诉讼证据的若干规定》中规定的二审新证据为由,未予采信。

根据上述规定第41条第2款规定，浦东公司在二审期间提交的2003年4月8日东顺公司出具的《证明》、东顺公司财务凭证7张等证据进一步印证了待证事实，具有比较强的证明力。二审法院未详细阐述该证据不属于新证据的理由，便予以排除，确有不当。

上海市第一中级法院于2003年作出对〔2001〕沪一中民初字第172号调解书的再审裁定，该案现在审理中。原调解书对浦东公司和信高公司就张桥基地108号住宅工程的债权债务争议作出裁定，双方自愿达成还款协议。张桥基地108号工程系信高公司与东顺公司签订的《组建协议》转让的参建工程，依照债权的概括继承原理，债权债务的转让人退出合同关系，继受人成为新的相对人，受合同的约束，合同也只对新的权利义务人产生约束力。洞头公司在转让了108号工程的参建权益后，即脱离了与该工程的法律关系。在该案中，调解协议是对信高公司和浦东公司之间围绕108号工程权利义务的确认，涉及的只是信高公司和浦东公司之间的法律关系，与本案洞头公司与浦东公司的争议不属于同一法律关系，信高公司与浦东公司调解案的再审与洞头公司与浦东公司案的审理不具有实质的牵连关系，也不能影响查明洞头公司与浦东公司案的事实、理顺其中的法律关系。

综上所述，洞头公司委托东顺公司于1993年2月13日与信高公司签订《组建协议》，将参建权益转让给了信高公司，这个事实，既有各项协议能够证明，亦有东顺公司出具的《证明》和信高公司法定代表人的证明佐证，且洞头公司在长达十年的时间内未再与申请人进行过涉讼建设项目的联系，这些证据已形成完整的证据链，充分证明了洞头公司已转让参建权益的事实，其支付给浦东公司的500万元参建款已受偿200万元。

本案一审法院和二审法院在审理中，存在事实认定不清、证据采信不足的不当之处，判决由浦东公司向洞头公司返还参建款500万元及50%利息有误，将会给浦东公司造成巨大的经济损失，造成国有资产的流失。

项目转让合同纠纷办案依据集成

1.《中华人民共和国城市房地产管理法》（2009年8月27修正）（节录）

第二十五条 房地产开发必须严格执行城市规划，按照经济效益、社会效益、环境效益相统一的原则，实行全面规划、合理布局、综合开发、配套建设。

第二十六条 以出让方式取得土地使用权进行房地产开发的，必须按照土地使用权出让合同约定的土地用途、动工开发期限开发土地。超过出让合同约定的动工开发日期满一年未动工开发的，可以征收相当于土地使用权出让金百分之二十以下的土地闲置费；满二年未动工开发的，可以无偿收回土地使用权；但是，因不可抗力或者政府、政府有关部门的行为或者动工开发必需的前期工作造成动工开发迟延的除外。

第二十七条 房地产开发项目的设计、施工，必须符合国家的有关标准和规范。

房地产开发项目竣工，经验收合格后，方可交付使用。

第二十八条 依法取得的土地使用权，可以依照本法和有关法律、行政法规的规定，作价入股，合资、合作开发经营房地产。

第二十九条 国家采取税收等方面的优惠措施鼓励和扶持房地产开发企业开发建设居民住宅。

第三十条 房地产开发企业是以营利为目的，从事房地产开发和经营的企业。设立房地产开发企业，应当具备下列条件：

（一）有自己的名称和组织机构；

（二）有固定的经营场所；

（三）有符合国务院规定的注册资本；

（四）有足够的专业技术人员；

（五）法律、行政法规规定的其他条件。

设立房地产开发企业，应当向工商行政管理部门申请设立登记。工商行政管理部门对符合本法规定条件的，应当予以登记，发给营业执照；对不符合本法规定条件的，不予登记。

设立有限责任公司、股份有限公司，从事房地产开发经营的，还应当执行公司法的有关规定。

房地产开发企业在领取营业执照后的一个月内，应当到登记机关所在地的县级以上地方人民政府规定的部门备案。

第三十一条 房地产开发企业的注册资本与投资总额的比例应当符合国家有关规定。

房地产开发企业分期开发房地产的，分期投资额应当与项目规模相适应，并按照土地使用权出让合同的约定，按期投入资金，用于项目建设。

2.《城市房地产开发经营管理条例》（1998年7月20日国务院令第248号公布）（节录）

第十条 确定房地产开发项目，应当符合土地利用总体规划、年度建设用地计划和城市规划、房地产开发年度计划的要求；按照国家有关规定需要经计划主管部门批准的，还应当报计划主管部门批准，并纳入年度固定资产投资计划。

第十一条 确定房地产开发项目，应当坚持旧区改建和新区建设相结合的原则，注重开发基础设施薄弱、交通拥挤、环境污染严重以及危旧房屋集中的区域，保护和改善城市生态环境，保护历史文化遗产。

第十二条 房地产开发用地应当以出让方式取得；但是，法律和国务院规定可以采用划拨方式的除外。

土地使用权出让或者划拨前，县级以上地方人民政府城市规划行政主管部门和房地产开发主管部门应当对下列事项提出书面意见，作为土地使用权出让或者划拨的依据之一：

（一）房地产开发项目的性质、规模和开发期限；
（二）城市规划设计条件；
（三）基础设施和公共设施的建设要求；
（四）基础设施建成后的产权界定；
（五）项目拆迁补偿、安置要求。

第十三条 房地产开发项目应当建立资本金制度，资本金占项目总投资的比例不得低于20%。

第十四条 房地产开发项目的开发建设应当统筹安排配套基础设施，并根据先地下、后地上的原则实施。

第十五条 房地产开发企业应当按照土地使用权出让合同约定的土地用途、动工开发期限进行项目开发建设。出让合同约定的动工开发期限满1年未动工开发的，可以征收相当于土地使用权出让金20%以下的土地闲置费；满2年未动工开发的，可以无偿收回土地使用权。但是，因不可抗力或者政府、政府有关部门的行为或者动工开发必需的前期工作造成动工迟延的除外。

第十六条 房地产开发企业开发建设的房地产项目，应当符合有关法律、法规的规定和建筑工程质量、安全标准、建筑工程勘察、设计、施工的技术规范以及合同的约定。

房地产开发企业应当对其开发建设的房地产开发项目的质量承担责任。

勘察、设计、施工、监理等单位应当依照有关法律、法规的规定或者合同的约定，承担相应的责任。

第十七条 房地产开发项目竣工，经验收合格后，方可交付使用；未经验收或者验收不合格的，不得交付使用。

房地产开发项目竣工后，房地产开发企业应当向项目所在地的县级以上地方人民政府房地产开发主管部门提出竣工验收申请。房地产开发主管部门应当自收到竣工验收申请之日起30日内，对涉及公共安全的内容，组织工程质量监督、规划、消防、人防等有关部门或者单位进行验收。

第十八条 住宅小区等群体房地产开发项目竣工,应当依照本条例第十七条的规定和下列要求进行综合验收:

(一) 城市规划设计条件的落实情况;

(二) 城市规划要求配套的基础设施和公共设施的建设情况;

(三) 单项工程的工程质量验收情况;

(四) 拆迁安置方案的落实情况;

(五) 物业管理的落实情况。

住宅小区等群体房地产开发项目实行分期开发的,可以分期验收。

第十九条 房地产开发企业应当将房地产开发项目建设过程中的主要事项记录在房地产开发项目手册中,并定期送房地产开发主管部门备案。

第二十条 转让房地产开发项目,应当符合《中华人民共和国城市房地产管理法》第三十八条、第三十九条规定的条件。

第二十一条 转让房地产开发项目,转让人和受让人应当自土地使用权变更登记手续办理完毕之日起30日内,持房地产开发项目转让合同到房地产开发主管部门备案。

第二十二条 房地产开发企业转让房地产开发项目时,尚未完成拆迁补偿安置的,原拆迁补偿安置合同中有关的权利、义务随之转移给受让人。项目转让人应当书面通知被拆迁人。

第五章 房屋买卖合同纠纷

一、商品房预约合同纠纷

> **56.** 签订商品房订购协议后，由于开发商提供的商品房预售格式合同中有样板房仅供参考等不利于购房者的条款，以致双方未能订立商品房预售合同，此时，开发商已收取的定金应如何处理？
>
> 购房者对开发商的样板房表示满意，与开发商签订订购协议并向其交付了定金，约定双方于某日订立商品房预售合同。后由于开发商提供的商品房预售格式合同中有样板房仅供参考等不利于购房者的条款，购房者对该格式条款提出异议要求删除，开发商不能立即给予答复，以致商品房预售合同没有在订购协议约定的日期订立的，开发商应当将收取的定金返还给购房者。

典型疑难案件参考

戴雪飞诉华新公司商品房订购协议定金纠纷案（《最高人民法院公报》2006年第8期）

▶ **基本案情**

2004年4月18日，原告戴雪飞以戴雪飞及其丈夫丘荣的名义作为乙方，与作为甲方的被告华新公司签订《都市花园·天域住宅订购协议（红表）》（以下简称《订购协议》）一份，约定：乙方向甲方交付定金5万元，订购甲方的苏州工业园区星汉街189号都市花园·天域2幢203室住宅一套，面积约为248.26平方米，销售单价7720元/平方米；乙方若在甲方通知的签约日前选择放弃已取得的物业购买权，或者到期不签约，5万元定金不退还；甲方若在签约日前将该房屋转售他人，应当向乙方双倍返还定金。当日华新公司开具收据，言明收到戴雪飞、丘荣定金 5 万元,并通知戴雪飞于 4 月 25 日至华新公司处签订正式商品房预售合同。2004 年 4 月 25 日,上诉人戴雪飞曾前往被上诉人华新公司的售楼处,如约与华新公司洽谈。对此次洽谈的内容,双方当事人的陈述不一致。戴雪飞主张,其要求待丈夫从香港回来后再签订合同,但在该延期请求是否得到华新公司同意一事上,前后陈述不一致;华新公司主张,戴雪飞此日前来是要求降低房价,因遭到拒绝故未订约。对各自的主张,双方当事人均不能以证据证实。5 月 7 日,戴雪飞向华新公司提交一份书面意见,内容是:"本人于 2004 年 5 月 7 日与华新公司签约时,要求所购房屋的装修标准与样板房一致,删除合同附件二中'样板房仅供参考,华新公司保留最终解释权'字样,华新公司不能给予明确答复,需另择日签约。"华新公司销售部副经理廖庆在该书面意见上注明:"该客户意见已收到。"5 月 9 日,华新公司通知戴雪飞,因其未按约于 4 月 25 日到华新公司签订商品房预售合同,已违反《订购协议》之约定,特将原协议项下的定金没收。双方为此发生纠纷后协商未果,戴雪飞提起诉讼。

一审诉辩情况

原告戴雪飞诉称:2004 年 4 月 18 日,原告与被告华新公司签订一份协议,约定由原告支付定金 5 万元,订购被告开发的房屋一套;如果原告在被告通知的时间不与被告签订正式的商品房预售合同,5 万元定金不返还;如果被告在此之前卖出房屋,应当双倍返还定金。收到被告的签订合同通知后,原告于 4 月 25 日至被告处,与被告商定,待原告的丈夫 5 月 7 日从香港回来后再签合同。5 月 7 日原告至被告处签合同时,由于被告出具的格式合同中有样板房仅供参考的条款,原告对此持有异议,与被告协商未果,特以书面表达了由于被告"不能给予明确答复,需要另择日签约"的意见,希望与被告继续协商,被告的工作人员表示同意。不料被告竟于 5 月 9 日通知原告,要没收原告的定金,并要将房屋售与他人。请求判令被告双倍返还定金,并负担本案诉讼费。

被告华新公司辩称:4 月 18 日签订的协议,是双方当事人的真实意思表示。签订该协议的目的,是要约束双方当事人签订正式商品房预售合同的行为。双方当事人应当在 4 月 25 日签订正式商品房预售合同。但到了该日,原告戴雪飞并未就签约事宜与被告进行磋商。由于原告违约在先,被告已决定拒绝与其签约,故对原告 5 月 7 日所写的"客户意见",被告工作人员仅作"已收到"处理。原所称 5 月 7 日双方就合同上的样板房装修条款未能达成一致意见,不是签约不成的理由,其诉讼请求应当驳回。

一审裁判结果

苏州工业园区人民法院于 2004 年 9 月 10 日判决:

驳回原告戴雪飞的诉讼请求。

案件受理费 3510 元，由原告戴雪飞负担。

一审裁判理由

苏州工业园区人民法院认为：根据《中华人民共和国担保法》第 89 条规定，《订购协议》是双方当事人的真实意思表示，合法有效，对双方当事人产生拘束力。按照《订购协议》约定，双方当事人承诺在将来签订商品房预售合同，5 万元定金是履行这一承诺的担保。原告戴雪飞应当在被告华新公司通知的 2004 年 4 月 25 日到华新公司处协商签订商品房预售合同。在华新公司否认戴雪飞当日有订约行为，指称戴雪飞违约的情况下，戴雪飞不能证明其已于当日实践了签订合同的承诺。戴雪飞以证人胡永明的证言主张其已与华新公司商定将订约日期推迟至 5 月 7 日。胡永明是戴雪飞的姻亲，其证言缺乏强有力的证明力。戴雪飞不能以其他证据印证胡永明证言的真实性，该证言不能采信，故戴雪飞关于订约日期推迟的主张不能成立。根据《订购协议》的约定，戴雪飞既然在 4 月 25 日未能与华新公司协商订约，应当承担违约的民事责任，即无权要求返还其交付的定金，当然更不得要求双倍返还定金。

二审诉辩情况

一审宣判后，戴雪飞不服，向江苏省苏州市中级人民法院提出上诉。理由是：2004 年 4 月 25 日，上诉人戴雪飞到过被上诉人华新公司处。对这一事实，被上诉人并不否认，只是认为上诉人当日没有与其磋商签约。购置商品房是家庭中的一件大事，上诉人表示要等丈夫丘荣 5 月 7 日从香港回来后再签合同，被上诉人的工作人员表示理解上诉人的这一要求，因此 4 月 25 日被上诉人的工作人员并未给上诉人看商品房预售合同文本。这个合同文本是 5 月 7 日上诉人再到被上诉人处时才看到的，故双方当事人磋商签订商品房预售合同的时间应该是 5 月 7 日。一审忽略了本案中的这一重要事实，以上诉人不能证明自己在 4 月 25 日实践了签订合同的承诺，错误地认定上诉人违约，与事实不符。5 月 7 日，在双方洽谈签订商品房预售合同时，由于被上诉人在其提供的商品房预售格式合同中，以附件二的形式添加了"样板房供参考，华新公司保留最终解释权"的格式条款，上诉人对此有不同意见，认为这个格式条款违背了平等协商的原则，要求删除，在被上诉人的工作人员表示不能立即给予明确答复的情况下，上诉人将自己的意见写成书面材料，并强调希望与被上诉人继续协商。而被上诉人置上诉人的合理合法要求于不顾，5 月 9 日就通知没收上诉人交付的定金，还要将房屋另售他人，简直是霸道行径。请求撤销一审判决,改判被上诉人给上诉人双倍返还定金,并由被上诉人负担本案的一、二审诉讼费用。

被上诉人华新公司辩称:2004年4月25日,上诉人戴雪飞虽然到达被上诉人处,但只是试图压低约定的房价,遭到被上诉人的拒绝。根据《订购协议》约定,此日是双方当事人签订正式商品房预售合同的日期。上诉人此日前来无论是谈价格还是要求延期,其行为均是对《订购协议》约定内容进行变更,显然违反了《订购协议》的约定。在此情况下被上诉人没收上诉人的定金,合理合法。一审认定上诉人违反《订购协议》,理应适用定金罚则承担违约责任,事实清楚,适用法律正确。二审应当驳回上诉,维持原判。

二审裁判结果

苏州市中级人民法院依照《中华人民共和国民事诉讼法》第153条第1款第2项规定,于2005年5月18日判决:

一、撤销一审民事判决;

二、被上诉人华新公司于本判决生效后3日内,给上诉人戴雪飞返还定金5万元。

一、二审案件受理费各3510元,由双方当事人各半负担。

本判决为终审判决。

二审裁判理由

苏州市中级人民法院认为:根据《中华人民共和国合同法》(以下简称《合同法》)第3条、第5条、第6条以及最高人民法院《关于审理商品房买卖合同纠纷案件适用法律若干问题的解释》第4条的规定,预约合同的意义是为在公平、诚信原则下继续进行磋商,最终订立正式的、条款完备的本约创造条件,因此在继续进行的磋商中,如果一方违背公平、诚信原则,或者否认预约合同中的已决条款,或者提出令对方无法接受的不合理条件,或者拒绝继续进行磋商以订立本约,都构成对预约合同的违约,应当承担预约合同中约定的违约责任。反之,如果双方在公平、诚信原则下继续进行了磋商,只是基于各自利益考虑,无法就其他条款达成一致的意思表示,致使本约不能订立,则属于不可归责于双方的原因,不在预约合同所指的违约情形内。这种情况下,预约合同应当解除,已付定金应当返还。

本案是因被上诉人华新公司没收了上诉人戴雪飞交付的定金而引发纠纷。根据《订购协议》,华新公司不退还定金的情形有两种,第一种即是戴雪飞在签约日前放弃房屋购买权。本案事实证明,直至5月7日,戴雪飞仍在书面意见中表达着"需另择日签约"的愿望，自始没有放弃房屋购买权的意思表示，因此不存在此种情形。戴雪飞到期不签订商品房预售合同是华新公司可以不退还定金的第二种情形。4月25日是商品房预售合同的签订到期日。此日戴雪飞曾到达华新公司处，双方进行过洽谈，对这些事实双方当事人认识一致。确定是否存在不退还定金的第二种情形，涉及双方当事人此日的洽谈内容，而对此双方当事人有不同的陈述，进而也在是否发生违约事实上存在认识分歧。戴雪飞说，由于其要待丈夫回来后再签订合同，故请求延期签约，华新公司亦表示同意，未向其出示商品房预售合同文本，当日的签约活动被取消，因此不存在违约。华新公司主张，戴雪飞此日前来是要求降低房价，因遭到拒绝故未订约，进而认为订购协议约定的内容是"乙方到期不签约，5万元定金不退还"，此日戴雪飞前来无论是谈价格还是要求延期，都是对订购协议约定内容进行变更，均属于到期不签约，显然违反订购协议的约定。能否将订购协议中"到期不签约"一语理解为无论存在何种理由，只要不签约就是违约，双方当事人显然有不同解释。

根据《合同法》第41条、第125条第1款的规定，无论是订购协议还是双方当事人拟订立的商品房预售合同，都是被上诉人华新公司提供的格式合同。当对格式条款有两种以上解释时，应当作出不利于华新公司的解释。预约合同的作用，只是为在公平、诚信原则下订立本约创造条件。从这一认识出发来理解订购协议中的"到期不签约"一语，显然不包括由于不可归责于双方的原因而到期不签约的情形。在买受方只见过出售方提供的样板房，尚未见过商品房预售合同文本的情形下，若将此语理解为无论出于何种原因，只要买受方到期不签本约均是违约，势必将买受方置于要么损失定金，要么被迫无条件全部接受出售方提供的商品房预售格式合同的不利境地，出售方则可以借此获利。双方在订立本约时的地位极不平等，显然违背公平、诚信原则。

第一，对4月25日的洽谈内容双方当事人有不同陈述，但上诉人戴雪飞到被上诉人华新公司处，与华新公司进行过商谈，是可以认定的事实，并非到期不去签约。第二，从5月7日戴雪飞仍在与华新公司进行磋商的情节看，其没有拒签商品房预售合同的明确表现。第三，对4月25日的洽谈内容双方虽有不同陈述，但都不能举证证明自己的陈述属实，应合理推定为磋商未成。第四，按照戴雪飞的陈述，其是要待丈夫丘荣回来而未在4月25日签约。购买商品房乃一个家庭中的重大事件，理当由家庭成员共同协商确定。鉴于仅见过样板房、还不知商品房预售合同内容，戴雪飞提出等丈夫回来后签约，这个要求合情合理，不违反订立预约合同是为本约创造公平磋商条件的本意。华新公司既然收受了以戴雪飞、丘荣二人名义交付的定金，就应当对戴雪飞关于等丘荣回来订约的要求表示理解。第五，按照华新公司的陈述，戴雪飞4月25日来是要求减让房价。房价属订购协议中的已决条款，戴雪飞如果在本约磋商中提出减价，华新公司当然有权拒绝减价，但在戴雪飞愿意继续磋商本约的情形下，华新公司不能以此为由拒绝与戴雪飞继续磋商本约，更不得以此为由将4月25日没有订立本约的责任强加给戴雪飞承担。第六，5月7日戴雪飞看过商品房预售合同后写下一纸书面意见，华新公司工作人员在这纸书面意见上签署了"该客户意见已收到"。华新公司的这一签署，当然不能证明华新公司同意并接受了戴雪飞的意见，但可以证明戴雪飞在此日与华新公司进行了订立本约的磋商，见到了商品房预售格式合同的原文，并有与华新公司继续进行磋商的愿望。华新公司在以样板房获取购房者满意并与之订立预约合同后，却在商品房预售合同中以附件形式列入样板房仅供参考和合同解释权归华新公司的格式条款，这对购房者来说显失公平。戴雪飞对这样显失公平的格式条款提出异议，是合理的。戴雪飞提出异议的行为，间接证明直至5月7日，双方当事人仍在对本约进行协商，但未协商一致，华新公司关于此前已决定拒绝与戴雪飞签约的主张不能成立，同时也反证出4月25日戴雪飞即使不要求等丈夫回来后签合同，也不可能同意并签署这个含有显失公平的格式条款的商品房预售合同。因此，在双方当事人均不能以证据证明自己陈述真实的情形下，应当认定4月25日未能订立商品房预售合同的原因是双方当事人磋商不成，并非哪一方当事人对订购协议无故反悔。

综上，由于磋商未成是导致双方当事人未能在4月25日订立商品房预售合同的真正原因，上诉人戴雪飞按订购协议交付给被上诉人华新公司的5万元定金，依法应当由华新公司返还，故戴雪飞关于华新公司返还5万元定金的上诉请求予以支持，但对华新公司恶意违约应当双倍返还定金的上诉请求不予支持。华新公司关于戴雪飞压价使本约不能订立已构成违约的抗辩主张，因无证据，不予支持。一审对本案的定性处理失当，应予以纠正。

57. 欲购房人与开发商签订的《购房意向书》是否属于预约合同的性质？

只要《购房意向书》的主要内容是对将来进行房屋买卖的预先约定，主要预约事项内容完整，即可认定该意向书具有预约合同的性质，至于楼号、房型、价格等内容可由双方最终签订正式商品房预售合同进行确认。

典型疑难案件参考

仲崇清诉上海金轩大邸房地产项目开发有限公司商品房买卖预约合同纠纷案

基本案情

2002年7月12日,原告仲崇清与被告金轩大邸公司签订《金轩大邸商铺认购意向书》一份,约定原告向被告支付购房意向金2000元,原告随后取得小区商铺优先认购权,被告负责在小区正式认购时优先通知原告前来选择认购中意商铺,预购面积为150平方米,并明确小区商铺的均价为每平方米7000元(可能有1500元的浮动)。如原告未在约定期限内认购,则视同放弃优先认购权,已支付的购房意向金将无息退还。如原告按约前来认购,则购房意向金自行转为认购金的一部分。意向书对楼号、房型未作具体明确约定。上述意向书签订之后,原告向被告支付了2000元意向金。2002年11月4日被告取得房屋拆迁许可证,2003年5月29日取得建设工程规划许可证,2003年6月30日被告取得预售许可证。但被告在销售涉案商铺时未通知原告前来认购。2006年年初原告至售楼处与被告交涉,要求被告按意向书签订正式买卖合同。被告称商铺价格飞涨,对原约定价格不予认可,并称意向书涉及的商铺已全部销售一空,无法履行合同,原告所交2000元意向金可如数退还。双方因此发生争议,原告遂诉至法院。

一审诉辩情况

原告仲崇清诉称:2002年7月12日,原告与被告金轩大邸公司签订了《金轩大邸商铺认购意向书》,约定原告向被告支付2000元意向金后即取得被告所开发的小区金轩大邸商铺的优先认购权,被告负责在正式对外认购时通知原告前来认购。该意向书同时确定该商铺的销售均价为每平方米7000元,可能有1500元左右的浮动。此后,原告按照约定支付了意向金,但被告对外发售商铺时未通知原告前来认购。原告得知被告已经对外发售商铺立即同被告交涉,被告以楼价上涨为由拒绝与原告签订正式买卖合同。被告的行为违反了双方的约定,请求人民法院判令被告按105万元的销售价格向原告出售涉案商铺,如果被告不能履行,请求判令被告赔偿原告经济损失100万元。

被告金轩大邸公司辩称:被告与原告仲崇清签订《金轩大邸商铺认购意向书》的时间为2002年7月12日,被告在2002年11月4日取得房屋拆迁许可证,2003年5月29日取得建设工程规划许可证,双方签订意向书的时间在取得上述许可之前。根据有关法律规定,未取得上述许可前,被告不能对外预售房屋，故双方签订的意向书属无效合同。另外，双方签订的意向书只明确了原告有优先认购商铺的权利，而对商铺的总面积、位置、户型、朝向等具体事项未加以明确，故该意向书属于预约合同，被告收取的 2000 元意向金相当于定金。即使预约合同有效，因一方原因未能最终正式订立商品房买卖合同的，应按定金规定处理。由于地价、工程费等费用上涨，导致成本增加，涉案商铺正式预售时的价格较原、被告在意向书中约定的价格上涨很多，因此，被告不愿与原告正式签订买卖合同，愿意按定金罚则处理。原告要求被告赔偿其合同预期利益损失的诉讼请求没有法律依据，其诉讼请求应被驳回。

一审裁判结果

上海市虹口区人民法院于 2007 年 3 月 22 日判决：
一、解除原告仲崇清与被告金轩大邸公司签订的《金轩大邸商铺认购意向书》；
二、被告返还原告意向金 2000 元；
三、被告赔偿原告经济损失 10000 元；
四、驳回原告的其他诉讼请求。
一审案件受理费 15260 元，由被告金轩大邸公司负担。

一审裁判理由

上海市虹口区人民法院认为：关于涉案意向书的法律性质问题。原告仲崇清与被告金轩大邸公司签订《金轩大邸商铺认购意向书》，约定原告向被告交付购房意向金，双方初步确认交易金轩大邸商铺的有关事宜，从而对双方在金轩大邸商铺正式认购时签订商品房预售合同达成了合意。对于意向书的签订及其内容双方均无异议，应予以认定。涉案意向书中虽对意欲交易的商铺的楼号、房型、价格没有作明确约定，但其主要内容是对将来进行房屋买卖的预先约定，主要预约事项内容是完整的，而商铺的楼号、房型、价格等内容均可由双方最终签订正式商品房预售合同时予以确认。因此，涉案意向书不是通常意义上的"意向书"，而具有预约合同的性质。

关于涉案意向书是否有效的问题。被告金轩大邸公司辩称在其未取得相关许可之前，依法不能对外预售房屋，因此其同原告仲崇清签订的意向书应属无效。根据本案事实，涉案意向书是在原、被告双方均对被告能够合法取得相关许可证书有合理的预期的情形下，对原、被告将来签订房屋预售合同的预先约定，涉案意向书并非预售合同，法律对商品房预售合同的强制性规定并不适用于预约合同。即使金轩大邸公司出于种种原因最终没有取得相关许可，也不因此导致对预约合同本身效力的否定。此外，本案的事实是被告最终取得了相关开发及销售房产的许可，也进行了对涉案商铺的实际销售，因此，被告的该项抗辩理由没有事实根据和法律依据，不能成立，应认定原告与被告签订的涉案意向书合法有效。

关于原告仲崇清向被告金轩大邸公司交付的2000元意向金是否属于定金的问题。《中华人民共和国合同法》（以下简称《合同法》）第115条规定："当事人可以依照《中华人民共和国担保法》约定一方向对方给付定金作为债权的担保。债务人履行债务后，定金应当抵作价款或者收回。给付定金的一方不履行约定的债务的，无权要求返还定金；收受定金的一方不履行约定的债务的，应当双倍返还定金。"本案中金轩大邸公司虽然实际收取了仲崇清的2000元意向金，但双方在涉案意向书中约定的是："仲崇清未在约定期限内认购的，则视同放弃优先认购权，已支付的购房意向金将无息退还。如仲崇清前来认购单元的，则购房意向金自行转为认购金的一部分。"从原、被告双方的上述约定看，涉案意向金显然不符合定金的表现形式，因此，被告关于涉案意向金相当于定金的抗辩理由不能成立。

被告金轩大邸公司没有按照涉案意向书的约定，在正式出售房屋时通知原告仲崇清前来认购，造成双方无法进一步磋商签订正式商品房预售合同，构成违约。由于目前被告已经将商铺全部售出，原、被告双方签订的涉案意向书已无法继续履行，应予解除，被告应承担违反预约合同的违约责任。综上，根据涉案意向书的预约合同性质，结合被告的过错程度、原告履约的支出及其信赖利益的损失等因素，酌定被告赔偿原告损失10000元并返还意向金2000元。

二审诉辩情况

仲崇清不服一审判决，向上海市第二中级人民法院提起上诉，主要理由是：涉案意向书合法有效，且完全可以实际履行。虽然涉案商铺的价格有所波动，但是意向书已经明确作出了相应的约定，价格波动不能成为金轩大邸公司毁约的理由。金轩大邸公司为了能高价出售涉案商铺，在实际出售商铺时，违反双方约定，故意不通知仲崇清，存在过错，并实际导致仲崇清基于该意向书预期可得到的收益完全丧失。另外，金轩大邸公司称商铺已经全部售出没有事实根据。综上，请求二审法院撤销原判，依法改判支持仲崇清一审提出的诉讼请求。

金轩大邸公司亦不服一审判决，向上海市第二中级人民法院提起上诉，称：按照房屋买卖交易习惯，届时不能签订认购书的，意向书自然失效，一审法院认定涉案意向书具有预约合同性质，没有事实根据和法律依据。一审判决解除双方合同，由金轩大邸公司向仲崇清返还意向金等，违反了"不告不理"的原则。金轩大邸公司因为房地产开发实际成本大幅增加，有权依据情势变更原则不与仲崇清正式签订房屋买卖合同，对此，金轩大邸公司主观上不存在过错，客观上也未给仲崇清造成任何损失，一审法院以信赖利益损失为由，判决金轩大邸公司赔偿10000元法律依据不足。综上，请求二审法院撤销原判，依法改判。

二审裁判结果

上海市第二中级人民法院依照《中华人民共和国民事诉讼法》第153条之规定，于2007年10月19日判决：

一、维持上海市虹口区人民法院〔2007〕虹民三（民）初字第14号民事判决第1项、第2项、第4项；

二、撤销上海市虹口区人民法院〔2007〕虹民三（民）初字第14号民事判决第3项；

三、金轩大邸公司赔偿仲崇清人民币150000元。

一审案件受理费人民币15260元，二审案件受理费人民币14350元，均由金轩大邸公司负担。

本判决为终审判决。

二审裁判理由

上海市第二中级人民法院二审认为：

预约合同，一般指当事人双方为将来订立确定性本合同而达成的合意。根据本案查明的事实，金轩大邸公司与仲崇清签订的《金轩大邸商铺认购意向书》是双方当事人的真实意思表示，不违背法律、行政法规的强制性规定，其效力应予认定。在双方签订意向书之前，金轩大邸公司已经申请取得了有关政府部门的立项核准和建设用地规划许可证，该意向书签订的时间在金轩大邸公司办理有关项目的立项、规划等主要手续之后、取得"金轩大邸"房产预售许可证之前。双方在涉案意向书中所指向的商铺并非虚构，所约定的房屋买卖意向存在现实履行的基础。同时，该意向书明确了双方当事人的基本情况，对拟购商铺的面积、价款计算、认购时间等均作了较为清晰且适于操作的约定。这表明双方当事人经过磋商，就条件成就时实际进行商铺买卖的主要内容达成了合意，对将来正式签署房屋买卖合同进行了预先安排，并以书面形式明确将来商铺正式预售时金轩大邸公司优先同仲崇清订立正式的商品房预售合同。综上，涉案意向书是具有法律约束力的预约合同。一审法院关于涉案意向书是有效的预约合同的认定正确。

涉案意向书约定：金轩大邸公司应在其开发的房地产项目对外认购时，优先通知仲崇清在约定的期限内前来认购。金轩大邸公司辩称由于房地产开发中动拆迁及工程造价等成本增加，基于情势变更的原因，没有通知仲崇清认购商铺，但未就成本增加的问题提供足够的证据予以证明，故对其上述抗辩理由不予采信。涉案意向书是合法有效的预约合同，双方当事人均应依法履行意向书的约定。《合同法》第6条规定："当事人行使权利、履行义务应当遵循诚实信用原则。"合同当事人不仅应依照诚实信用的原则行使合同权利，而且在履行合同义务中也应以善意的方式，依照诚实信用的原则履行，不得规避合同约定的义务。金轩大邸公司未按约履行其通知义务，并将商铺销售一空，导致涉案意向书中双方约定将来正式签订商铺买卖合同的根本目的无法实现，甚至在争议发生时主张双方签订的意向书无效，其行为违背了民事活动中应遵循的诚实信用原则，应认定为违约。《合同法》第107条规定："当事人一方不履行合同义务或者履行合同义务不符合约定的，应当承担继续履行、采取补救措施或者赔偿损失等违约责任。"第113条规定："当事人一方不履行合同义务或者履行合同义务不符合约定，给对方造成损失的，损失赔偿额应当相当于因违约所造成的损失，包括合同履行后可以获得的利益，但不得超过违反合同一方订立合同时预见到或者应当预见到的因违反合同可能造成的损失。"金轩大邸公司的违约行为导致守约方仲崇清丧失了优先认购涉案商铺的机会，使合同的根本目的不能实现，金轩大邸公司也承认双方现已无法按照涉案意向书的约定继续履行。因此，金轩大邸公司应当承担相应的违约责任。一审法院认为金轩大邸公司违反预约合同约定的义务，应当赔偿上诉人仲崇清相应的损失，并无不妥，但一审判决确定的10000元赔偿金额，难以补偿守约方的实际损失。为促使民事主体以善意方式履行其民事义务，维护交易的安全和秩序，充分保护守约方的民事权益，在综合考虑上海市近年来房地产市场发展的趋势以及双方当事人实际情况的基础上，酌定金轩大邸公司赔偿仲崇清150000元。仲崇清要求金轩大邸公司按照商铺每平方米建筑面积15000—20500元的价格赔偿其经济损失，但由于其提交的证据不能完全证明涉案意向书所指商铺的确切情况，且根据金轩大邸公司将有关商铺出售给案外人的多个预售合同，商铺的价格存在因时而异、因人而异的情形。另外，虽然仲崇清按约支付了意向金，但是双方签订的预约合同毕竟同正式的买卖合同存在法律性质上的差异。故仲崇清主张的赔偿金额，不能完全支持。

58. 预约合同中的定金罚则如何运用？

预约合同中的当事人双方约定的定金在性质上属于立约定金。此立约定金是为双方当事人正式签订房地产买卖协议而设立。定金罚则的目的在于制裁违约行为，若原告拒绝签订房地产买卖协议，则无权要求返还定金；若被告拒绝签订房地产买卖协议，则应当双倍返还定金。

典型疑难案件参考

祁建华诉王洪玄未依约签订房屋买卖协议被判双倍返还定金案

基本案情

王洪玄2004年3月委托成林公司销售其在厦门市嘉禾路261号26C室房产。祁建华与成林公司销售经理康跃文洽谈购买该房产事宜，并签订《定金收据》："兹收到祁建华先生购买厦门市嘉禾路261号26C室房产……定金1万元，成交总价为35万元实收……卖方中介费为5250元由卖方支付，买方中介费3500元由买方支付，双方于2004年3月20日前签订房地产买卖协议，若买方违约，卖方不退定金，若卖方违约，应退还双倍定金给买方，任何一方违约，须支付中介方佣金计定金的50%……卖方：王洪玄；代理人：康跃文；买方：祁建华……2004年3月13日"；成林公司作为中介方在《定金收据》上盖章。当日，康跃文以成林公司名义代王洪玄收取祁建华交付的定金1万元人民币。2004年3月15日，王洪玄与祁建华签订《厦门市房地产买卖合同》，约定将讼争房产嘉禾路261号26C室单元房转让给祁建华。2004年3月19日，祁建华发函给王洪玄的代理人，敦促王洪玄履约，遭王洪玄拒绝。2004年3月20日，王洪玄、祁建华双方未签订房地产买卖协议。此后，祁建华起诉要求成林公司双倍返还定金，诉讼过程中，王洪玄确认其委托成林公司向祁建华收取定金1万元。祁建华遂撤回对成林公司的起诉，转而将王洪玄作为被告诉至法院。

一审诉辩情况

原告祁建华诉称：2004年3月，王洪玄委托成林公司销售厦门市嘉禾路261号26C室房产，并委托成林公司与祁建华签订《定金收据》，约定成交价为35万元，买卖双方应于2004年3月20日前签订房地产买卖协议，中介费由祁建华负担3500元、王洪玄负担5250元；王洪玄还委托成林公司向祁建华收取1万元定金，并约定若祁建华违约，王洪玄不退定金，若王洪玄违约，应双倍返还定金。2004年3月19日，祁建华发函给王洪玄的代理人，敦促王洪玄履约，但王洪玄却拒绝履约。现要求王洪玄双倍返还定金2万元。

被告王洪玄答辩称，其收到祁建华发来的公证书后，于2004年3月20日前往签订房地产买卖协议，但祁建华未赴约，应由祁建华承担违约责任，祁建华的诉讼请求应予驳回。

一审裁判结果

一审法院依照《中华人民共和国民事诉讼法》第64条第1款、参照最高人民法院《关于审理商品房买卖合同纠纷案件适用法律若干问题的解释》第4条的规定，该院于2004年12月7日判决：

一、被告王洪玄应于本判决生效之日起3日内返还原告祁建华定金1万元；

二、驳回原告祁建华的其他诉讼请求。

一审裁判理由

厦门市思明区人民法院认为：成林公司康跃文以被告王洪玄代理人的身份与原告祁建华签订《定金收据》、收受定金1万元的行为之法律后果应由被告王洪玄承受，故原告与被告之间的定金合同成立并具有法律效力。原告祁建华交付的定金1万元性质为立约定金，本案原告主张被告违约、被告主张原告违约均证据不足，故本案不适用定金罚则。参照最高人民法院《关于审理商品房买卖合同纠纷案件适用法律若干问题的解释》第4条"因不可归责于当事人双方的事由，导致商品房买卖合同未能订立的，出卖人应当将定金返还买受人"的规定，被告应将原告所支付的定金1万元返还给原告，对原告的诉讼请求予以部分支持。

二审诉辩情况

一审判决后，祁建华不服，向厦门市中级人民法院提起上诉称：

1. 原审认定的部分事实错误。（1）原审认定"康跃文以成林公司名义代被告收取原告交付的定金1万元"是错误的。当时康跃文实际上是以被告代理人的身份，代被告收取原告交付的定金1万元。而且该认定与"成林公司康跃文以被告王洪玄代理人的身份与原告签订《定金收据》、收受定金1万元的行为之法律后果应由被告王洪玄承受"的判决理由不符。（2）原审认定"被告提供成林公司康跃文的书面证词"是错误的，原审时，被上诉人根本没有提供任何证据,何来的书面证词?(3)原审认定"证人康跃文的证言系单一证据"是错误的,原审时上诉人提供了包括公证书在内的四份证据。

2. 原审程序违法。(1)原审在第一次庭审时,证人陈述了"双方约定2004年3月20日到场签约,但王先生未到场"。证人及被告代理人在庭审笔录中签名,共同确认了所述属实的情况,又再次开庭,要求证人再次确认该陈述是否属实。从而使证人在第二次开庭时,作出了与第一次出庭作证时截然不同的陈述。原审的这一行为,实际已经背离了开庭的宗旨,纯属为了追求预定的判决结果而审案。(2)原审未根据最高人民法院《关于民事诉讼证据的若干规定》第64条规定进行审核、认定证据。第一,原审未依照法定程序,全面、客观地审核证据。证人康跃文是被上诉人提供的证人,其还是被上诉人出售讼争房屋的代理人。在此情况下,只有证人的证词不利于对方且属于单一证据时,才不能单独作为认定案件事实的依据。第二,原审未运用逻辑推理和日常生活经验审核证据。第三,原审颠倒了举证责任。在上诉人提供了公证书等证据的情况下,被上诉人应当提供其未悔约或与上诉人之间存在其他纠纷的证据。

3. 原审适用法律错误。本案房屋买卖的主体均是自然人,而原审参照适用的最高人民法院《关于审理商品房买卖合同纠纷案件适用法律若干问题的解释》中的商品房买卖合同,出售方应当是"房地产开发企业"。原审在相关法律和司法解释有明文规定的情况下,参照适用其他的规定,与法理不符,何况参照适用的规定与相关法律和司法解释又不一致。庭审中,上诉人补充以下上诉理由:经上诉人到房地产交易中心查询,被上诉人在2004年3月15日已将房屋卖与他人,属于一房两卖。遂上诉请求撤销原审判决,改判王洪玄双倍返还定金2万元。

被上诉人王洪玄答辩称:

1. 原审认定事实正确。(1)康跃文作为成林公司的员工,其行为代表成林公司,其以公司的名义代收定金的行为是正确的。(2)被上诉人在原审举证期限内提交了要求证人作证的申请书及证人证言,被上诉人在程序上合法。(3)康跃文的证词是单一证据,原审对此认定是正确的。

2. 原审程序不违法。第一次庭审中,证人作出与被上诉人提交的书面证人证言内容不相符的证词,可能存在书记员记录错误或证人紧张,所以应该以证人第二次出庭作证的证词为准。上诉人提交的公证书不足以证明被上诉人违约。

3. 本案应适用《担保法》第89条。

4. 上诉人主张被上诉人与他人存在买卖关系,但上诉人在原审举证期限内并未举证证明，所以这个理由不能成立。遂请求驳回上诉，维持原判。

二审裁判结果

二审法院依据《中华人民共和国民事诉讼法》第153条第1款第2项、第3项，最高人民法院《关于适用〈中华人民共和国担保法〉若干问题的解释》第115条之规定，于2005年4月25日判决：

一、撤销〔2004〕思民初字第3579号民事判决第2项，即"驳回原告祁建华的其他诉讼请求"；

二、变更〔2004〕思民初字第3579号民事判决第1项为：被上诉人王洪玄应于本判决生效之日起3日内返还上诉人祁建华定金20000元。

二审裁判理由

厦门市中级人民法院认为：上诉人祁建华与被上诉人王洪玄的代理人签订《定金收据》，被上诉人收取上诉人支付的定金1万元作为订立房屋买卖合同的担保。因此，如因一方当事人的原因导致双方未能签订房屋买卖合同，应当按照定金罚则处理。本案争议焦点在于，究竟是哪一方当事人的原因导致买卖合同未能订立。综合分析一、二审在案的证据材料，应当认定由于被上诉人王洪玄的原因导致双方买卖合同未能订立。理由如下：（1）被上诉人一审提供的证人康跃文在第一次庭审中陈述："双方约定2004年3月20日到场签约，但王先生未到场。"上述庭审笔录已经双方当事人及证人签字认可，其证明效力应予确认。在此情况下，原审法院却又再次开庭，要求证人对第一次庭审陈述是否属实作出确认，导致证人第二次庭审时陈述的内容与第一次完全相反，此种做法违反了程序法的相关规定。在证人陈述的内容不利于证人提供方，且没有充分证据和理由否认证人第一次庭审陈述内容的情况下，对证人第一次庭审陈述内容的真实性应予确认，即2004年3月20日，被上诉人王洪玄未到场签约。（2）上诉人一审提供的公证书表明，上诉人在双方约定签约的前一天，发函给被上诉人的代理人，要求敦促被上诉人按约定时间签约，否则要求被上诉人双倍返还定金。此证明，至签约前一天上诉人购房的意思表示没有改变，没有悔约的意思。（3）被上诉人于2004年3月15日，即本案双方当事人约定签订讼争房买卖合同前5天，已与祁建华签订讼争房买卖合同，将讼争房出售给祁建华。被上诉人在与上诉人立有定金合约，并收取上诉人1万元定金的情况下，又与他人签订房屋买卖合同，足见其没有与上诉人签约的诚意，而且也不可能再将房屋出卖给上诉人，否则将造成一房两卖。由此可见，导致双方未能签订房屋买卖合同的原因是被上诉人违约。原审法院认定上诉人主张被上诉人违约证据不足、本案不适用定金罚则是错误的，应予更正。本案应判决由违约方，即被上诉人王洪玄双倍返还定金给上诉人祁建华。另，本案讼争房出卖人并非房地产开发企业，原审法院适用最高人民法院《关于审理商品房买卖合同纠纷案件适用法律若干问题的解释》第4条不当，应予纠正。

> **59. 开发商在取得预售许可证之前与购房者签订的认购协议书是否有效？**
>
> 认购者在开发商取得预售许可证之前签订的认购协议书可视为一种预约合同。认购者与开发商双方在平等自愿的基础上，经过协商所签订的认购书是双方真实的意思表示，未违反法律规定，应认定为有效。

典型疑难案件参考

陈勇敏诉正达公司取得预售许可证后不按事先签订的商品房认购书签订购销合同要求返还已付房款和赔偿损失案

基本案情

1999年4月30日，陈勇敏与正达公司签订了一份认购书，约定陈勇敏购买正达公司开发的"富城花园冶南楼一层G店面，单价每平方米16900元，面积86.15平方米"。认购书签订后，陈勇敏交纳了定金2万元，并于同年8月份前分5次交纳了50%的房款合计725935元。1999年11月17日，正达公司取得了"富城花园冶部分住宅、商场的商品房预售许可证"。2000年3月10日，正达公司取得了"富城花园冶全部住宅、商场的商品房预售许可证"。2000年4月，陈勇敏携带认购书及所交房款的收款收据到正达公司，要求签订该店面的商品房购销合同。正达公司办公室主任收回认购书及收款收据后，却以陈勇敏无法按其总经理要求交回正达公司发给陈勇敏的一封信为由，未与陈勇敏签订该店面的商品房合同。陈勇敏知悉2000年1月14日正达公司以每平方米23081元的价格将讼争店面卖给案外人朱德清后，要求正达公司返还其所交纳的购房款并赔偿经济损失。2000年7月20日和25日，正达公司分别退还陈勇敏购房款4万元、10万元，尚欠585935元未返还给陈勇敏。2001年1月3日，陈勇敏以正达公司诈骗其预付款为由向开元区公安分局刑警大队报案。开元区公安分局刑警大队调查后，认为该案属经济纠纷，建议移交法院受理。

一审诉辩情况

原告陈勇敏向厦门市开元区人民法院起诉称：其于1999年4月30日与被告签订了《认购协议书》，约定购买被告"富城花园冶南楼一层G店面，面积为86.15平方米，单价为每平方米人民币16900元"，并按被告要求于1999年4月至8月间分5次向被告支付了全部购房款50%的首期款。2000年4月，其到被告处要求签订正式合同，被告工作人员以假意签合同为名骗取了原告所持的《认购协议书》及全部收款收据。但被告于2000年1月已将该房以每平方米23081元人民币的价格出售给他人。之后被告退还给原告人民币14万元的购房款，余款未退还。故诉请被告退还购房款585935元，赔偿可得利润损失532493.15元，支付侵占上述款项的利息（自2000年1月14日按日2.1‰计至被告支付上述款项之日）。

被告正达公司答辩称：原告确有购买店面的意向，但没有明确要购买哪个店面。后经双方协商达成了退还店面改买两套公寓楼的协议，被告也退还了部分房款及给予原告部分让利。故要求驳回原告诉讼请求及要求原告履行购买两套公寓楼的合同。

一审裁判结果

一审法院依照《中华人民共和国民法通则》第106条第1款，《中华人民共和国合同法》第52条第5项，《中华人民共和国城市房地产管理法》第44条第1款第4项之规定，于2001年6月18日判决：

一、被告应支付原告尚欠的购房款人民币585935元及利息（自1999年4月至被告还清款项之日，以中国人民银行同期贷款利率计算）；

二、驳回原告的其他诉讼请求。

一审裁判理由

厦门市开元区人民法院经审理认为：原、被告于1999年4月份签订一份《认购协议书》，双方曾约定原告向被告购买"富城花园冶南楼一层G号店面"。鉴于《订购协议书》签订时被告尚未取得讼争房的预售许可证，被告无权出售该房给原告，故原、被告签订的《认购协议书》无效。合同无效的主要责任在于被告，故原告要求被告赔偿其该部分的利息损失可予准许。但原告要求被告赔偿可得利润损失及利息没有依据，不予支持。

二审诉辩情况

宣判后，陈勇敏不服，向厦门市中级人民法院提起上诉，诉称：一审判决混淆了商品房认购与商品房预售的性质。《认购协议书》是双方在自愿、协商一致的情况下订立的，依法成立，具有法律约束力。而一审判决认定该协议无效，却适用以合同有效为前提的《中华人民共和国民法通则》第106条第1款，是相互矛盾的。一审判决系袒护正达公司的过错行为，减轻甚至免除了正达公司应承担的民事责任，是显失公平的。请求二审改判，支持其诉求。

二审裁判结果

厦门市中级人民法院依照《中华人民共和国民事诉讼法》第153条第1款第3项，《中华人民共和国合同法》第4、5、6条、第107条、第113条的规定，于2001年8月28日作出以下判决：

一、撤销一审法院判决；

二、解除陈勇敏与正达公司签订的《认购协议书》；

三、正达公司应返还尚欠陈勇敏购房款人民币585935元及利息（自2000年1月14日起至判决确定的还款日止，按中国人民银行同期贷款利率计算）；赔偿陈勇敏经济损失人民币493221.78元（上述款项逾期未付的按日2.1‰计算）；

四、陈勇敏在收到正达公司支付的赔偿款人民币493221.78元后应当依法向税务部门交纳相应的所得税。

二审裁判理由

厦门市中级人民法院经审理认为：陈勇敏与正达公司在平等自愿的基础上经过协商所签订的认购书，是双方真实的意思表示，未违反法律规定，应认定为有效。认购书签订后，陈勇敏依照约定如期交纳了定金和相关款项。正达公司在陈勇敏完全履约的情况下，擅自将该店面于2000年1月销售给第三人，谋取高额利润，显然是违约行为。2000年4月，在陈勇敏要求正达公司签订该店面的《商品房购销合同》时，正达公司不仅未能如实告知陈勇敏事实真相，还在收回陈勇敏持有的认购书和收款收据后，以其未能交回一封信为借口不与陈勇敏签订《商品房购销合同》，显然违背诚实信用的法律原则。正达公司应将其转售陈勇敏认购的店面所获得的532493.15元，扣除其应交纳的5.875%的营业税及城建税、教育附加费等附加税31283.97元和1.5%的企业所得税7987.4元后，赔偿陈勇敏因此而遭受的损失493221.78元。正达公司辩称转售讼争店面时已取得陈勇敏的同意无任何事实依据，其以两份陈勇敏均未签字的《商品房购销合同》主张陈勇敏已将店面换购成住宅，没有任何法律依据，亦与本案事实不符。遂对正达公司的主张不予采信。一审判决部分事实不清，证据不足，适用法律错误，应予改判。

再审诉辩情况

二审判决后,正达公司申请再审。理由是:二审判决认定正达公司在取得商品房预售许可前与陈勇敏签订的《认购协议书》有效与法律相悖。二审在陈勇敏仅预交50%购房款的情况下,判决正达公司应赔偿陈勇敏因转售该房屋获得的利润493221.78元,并支付其预交购房款的利息有失公正。

再审裁判结果

厦门市中级人民法院依照《中华人民共和国合同法》第42条,《中华人民共和国民法通则》第4条,以及《中华人民共和国民事诉讼法》第153条第1款第2项的规定,于2002年6月18日判决如下:

一、撤销原一、二审判决;

二、解除正达公司与陈勇敏签订的《认购书》;

三、正达公司应于本判决生效后10日内返还陈勇敏认购款人民币585935元,并弥补陈勇敏信赖利益损失人民币245922.3元。

再审裁判理由

厦门市中级人民法院经再审认为:正达公司与陈勇敏签订的《认购书协议书》是双方当事人的真实意思表示,不违反法律的规定,原二审判决认定有效是正确的。正达公司违背诚实信用原则,将陈勇敏认购的房屋转售给第三人,造成陈勇敏无法正常实现签订《商品房购销合同》,正达公司此举已构成缔约过失,对陈勇敏所遭受的因信其合同成立受到的信赖利益损失,应承担弥补性的赔偿责任。根据公平合理、等价有偿的原则,陈勇敏的信赖利益损失应以其实际交付725935元占总房款的比例乘以493221.78元计算。

60. 双方在签订的商品房预约合同中约定由购房者先行交付一定数额的定金,在购房者未全额给付定金的情形下,开发商将商品房售与他人,是否构成违约?

双方在签订的商品房预约合同中有关由购房者先行交付一定数额定金的约定使得购房者负有先履行合同的义务。购房者未全额支付定金的行为构成违约,由于购房者违约在先,即使开发商再将商品房售与他人,其也无权向开发商主张向其支付违约金。

典型疑难案件参考

俞财新与福建华辰房地产有限公司、魏传瑞商品房买卖（预约）合同纠纷案

> **基本案情**

2007年12月10日，甲方华辰公司与乙方俞财新、丙方魏传瑞签订的《商铺认购书》约定，俞财新向华辰公司认购"君临盛世茶亭"1号地块的一、二、三层店面，面积约2378平方米，每平方米价格72798元，总价款17275.0198万元。俞财新在签订本认购书后10日内支付给华辰公司订金6360万元。华辰公司应当在收到俞财新订金后30日内领取《商品房预售许可证》，并与俞财新签订《商品房买卖合同》，同时保证在签订《商品房买卖合同》后的10日内在房地产交易管理部门备案登记。如华辰公司不能在上述约定的期限内领取《商品房预售许可证》，俞财新即放弃认购，华辰公司必须于收到定金后的第31日起两个月内将俞财新支付的订金全部返还；逾期返还，其利息按月利率10%计（不足1个月的，按实际天数计算）。华辰公司收到定金后的第31日起两个月内未全部返还定金的，视为逾期返还；逾期3个月未全部返还定金及其利息的，俞财新可采取"以房抵欠款"的方式实现债权，即将华辰公司尚欠的定金和利息转为购买华辰公司上述项目的房产（具体店面房号由俞财新选定），其店面售价按第1条约定的出售价的30%计价。如在"以房抵欠款"后，华辰公司仍欠俞财新余款，则华辰公司应提供其他地块的店面抵扣其余欠款（仍按售价的30%计价），双方签订《商品房买卖合同》。俞财新不同意"以房抵欠款"的方式实现债权的，华辰公司应以现金返还和支付。俞财新支付定金6360万元部分为现金，部分为汇款等。魏传瑞对华辰公司的债务承担连带保证责任，保证期间为两年。

上述《商铺认购书》签订后，俞财新或其指令有关单位通过银行账户向华辰公司支付8笔共计4900万元，具体为：2007年12月10日支付一笔2000万元，2007年12月11日支付两笔900万元及400万元，2007年12月20日支付两笔800万元及200万元，2007年12月21日支付两笔400万元及100万元，2008年1月7日支付一笔100万元。在上述8笔银行"付款凭证"的"附加信息及用途或用途"栏中，2007年12月20日的800万元凭证的栏目上注明周转金，2007年12月21日的400万元凭证上此栏目为空白，其余6笔凭证的相应栏内均注明借款。相应地，华辰公司出具6张共计4900万元的《收款收据》，具体为：2007年12月10日的一张2000万元，2007年12月11日的

1 张 1300 万元，2007 年 12 月 21 日的 3 张分别为 1000 万元、400 万元及 100 万元计 1500 万元，2008 年 1 月 7 日的一张 100 万元。另华辰公司还分别于 2007 年 12 月 10 日、2007 年 12 月 11 日、2007 年 12 月 21 日向俞财新出具 400 万元、260 万元、300 万元计 960 万元 3 张"收款收据"，即华辰公司先后共向俞财新出具 9 张计 5860 万元的"收款收据"，其在该 9 张"收款收据"的款项内容栏内均写明"认购君临盛世茶亭 1 号地块 1—3 层店面订金（详见 2007 年 12 月 10 日协议书）"等内容。华辰公司在上述 400 万元、260 万元、300 万元计 960 万元 3 张"收款收据"的存根联中，除记载"认购君临盛世茶亭 1 号地块 1—3 层店面定金（详见 2007 年 12 月 10 日协议书）"内容外，还分别注明"回报率部分按 2% 另计"、"回报率部分按 20% 另计"、"100 + 1000 + 400 = 1500 万元回报率 20%"的内容。

后双方发生争议，俞财新诉至法院，要求解除双方签订的《商铺认购书》，并要求被告承担相应的责任。

另查明，华辰公司于 2008 年 6 月 26 日取得讼争商铺的《商品房预售许可证》。

一审诉辩情况

俞财新起诉称：2007 年 12 月 10 日，其作为乙方与甲方华辰公司、丙方魏传瑞签订《商铺认购书》，约定购买华辰公司开发的房地产项目"君临盛世茶亭"1 号地块的一、二、三层店面，面积 2378 平方米，每平方米价格 72798 元，总价款 17275.0198 万元。乙方在签订本认购书后 10 日内支付给甲方定金 6360 万元，甲方应当在收到乙方定金后 30 日内领取《商品房预售许可证》并与乙方签订《商品房买卖合同》，同时在签订《商品房买卖合同》后的 10 日内在房地产交易管理部门备案登记。如甲方不能在上述约定的期限内领取《商品房预售许可证》，乙方即放弃认购，甲方必须于收到定金后的第 31 日起两个月内将定金全部返还给乙方，逾期返还，甲方应按月利率 10% 支付乙方本息。甲方收到定金后的第 31 日起两个月未全部返还定金的，视为逾期返还，逾期 3 个月未全部返还定金及其利息的，乙方可采取"以房抵欠款"的方式实现债权，店面售价按本认购书约定出售价的 30% 计。乙方不同意"以房抵欠款"的方式实现债权的，甲方应以现金返还和支付。丙方对甲方的债务承担连带责任，保证期间为两年，认购书还对乙方的付款方式等作了约定。合同签订后，俞财新分期向华辰公司支付购房款 5860 万元，华辰公司对此没有异议。在付款期间，俞财新了解到华辰公司无法按期办理《商品房预售许可证》，暂缓支付定金余款 500 万元，符合《中华人民共和国合同法》（以下简称《合同法》）第 68 条的规定，经多次催告，华辰公司以各种理由拒不与俞财新签订《商品房买卖合同》，后将《商铺认购书》项下的商铺转卖他人，其已无履约的可能。综上，华辰公司的行为违反了《合同法》第60条、最高人民法院《关于审理商品房买卖合同纠纷案件适用法律若干问题的解释》第8条的规定，应当承担违约责任。魏传瑞的行为违反了最高人民法院《关于适用〈中华人民共和国担保法〉若干问题的解释》的有关规定，其变更后的诉讼请求为：（1）解除双方签订的《商铺认购书》；（2）华辰公司返还购房订金5860万元；（3）华辰公司以俞财新已付购房订金每月10%的金额支付违约金，自2008年3月22日起计至还清款项之日止，暂计至2009年3月22日止为7032万元（5860万元×12个月×10%＝7032万元）；（4）魏传瑞对华辰公司的上述2、3项债务承担连带保证责任；（5）华辰公司、魏传瑞承担本案诉讼费用。

华辰公司答辩称：华辰公司与俞财新之间"商铺认购"一事并不存在，华辰公司向他人出售商铺与俞财新无关。双方实际为借贷关系，俞财新借出款项金额只是其通过银行转账的4900万元，其主张另行支付960万元现金并未实际支付，该960万元是借款4900万元的20%回报即利息，俞财新称向华辰公司支付5860万元不真实。双方签订的《商铺认购书》是以合法形式掩盖非法的高利贷目的，为无效合同。即便《商铺认购书》有效，俞财新未依据认购书约定在10日内支付6360万元，构成先行违约。华辰公司有权拒绝履行办理《商品房预售许可证》等相关义务，俞财新诉请华辰公司承担违约责任的理由不能成立。请求认定双方为借贷关系，且借款本金为4900万元。

魏传瑞答辩称：本案为借贷纠纷，当事人之间并未建立过商铺认购关系。2007年12月10日的《商铺认购书》是以合法形式掩盖高利贷的非法目的，应认定为无效。担保合同是从合同，主合同无效，担保合同当然无效，魏传瑞依法不承担本案担保还款责任。请求驳回俞财新要求魏传瑞承担担保责任的诉讼请求。

一审裁判结果

一审法院依照《中华人民共和国民事诉讼法》第64条、《合同法》第94条、《中华人民共和国担保法》第18条的规定，判决：

一、解除三方当事人签订的《商铺认购书》；

二、华辰公司应于本判决生效之日起10日内向俞财新支付5860万元及其利息（其中2400万元自2007年12月10日、1560万元自2007年12月11日、1800万元自2007年12月21日、100万元自2008年1月7日起至本判决确定的还款之日止按中国人民银行同期贷款利率计算）；

三、魏传瑞应对华辰公司的上述第 2 项债务承担连带偿还责任；

四、驳回俞财新的其他诉讼请求。案件受理费 686400 元，由俞财新负担 356400 元，华辰公司、魏传瑞负担 330000 元；诉讼保全费 5000 元，由俞财新负担 3000 元，华辰公司、魏传瑞负担 2000 元。

一审裁判理由

一审法院认为：双方当事人对华辰公司出具的"收款收据"中所记载的 5860 万元款项，其性质及华辰公司实际收款数额存在争议。俞财新认为，该 5860 万元款项系其为履行双方签订的《商铺认购书》所支付的定金，其中 4900 万元是通过银行账户支付，另 960 万元是分 3 次以现金支付的，即其分别于 2007 年 12 月 10 日、2007 年 12 月 11 日、2007 年 12 月 21 日向华辰公司支付 400 万元、260 万元、300 万元，该 960 万元是俞财新向亲戚及南平市融鑫物资回收有限公司筹集的，有相关银行转账、960 万元现金来源凭证以及华辰公司出具的《收款收据》加以证实。华辰公司及魏传瑞则认为：（1）华辰公司实际只收到俞财新通过银行账户支付的 4900 万元，俞财新主张另有 960 万元分 3 次以现金方式支付是不真实的。事实上，华辰公司向俞财新开具的"收款收据"不仅是 960 万元这 3 张，还有一张 20 万元的，俞财新不予提供，4 张"收款收据"计 980 万元是借期 3 个月 4900 万元借款的 20% 回报即利息。（2）华辰公司与俞财新间借贷关系还可以通过以下事实加以印证：《商铺认购书》第 3 条约定华辰公司在"收到定金后的第 31 日起两个月内"未返还全部定金应按 10% 支付利息，第 4 条约定逾期 3 个月未全部返还定金及利息，以 30% 价格以房抵债；俞财新在部分银行转账凭证上记载款项用途为借款；华辰公司在 960 万元的"收款收据"存根、登账联上注明"回报率"或"借款回报率"；俞财新在变更诉讼请求前的起诉状中，请求华辰公司按同期银行贷款基准利率的 4 倍支付违约利息等事实，均可证明双方当事人讼争的法律关系为借贷，且借款本金为 4900 万元，并非 5860 万元。一审法院认为，华辰公司向俞财新出具 9 张"收款收据"，确认依据《商铺认购书》收取俞财新 5860 万元，款项性质应认为为履行《商铺认购书》的定金。根据《商铺认购书》第 5 条约定，俞财新支付定金部分为现金，部分为银行转账，故俞财新主张上述 5860 万元中的 4900 万元为银行转账、960 万元为现金支付，符合常理，应予采信。俞财新的部分银行转账凭证上记载款项用途为借款，华辰公司在 960 万元"收款收据"存根、登账联上注明"回报率"或"借款回报率"，俞财新在起诉状中以利息计算违约金等事实，不足以证明俞财新实际支付款项为 4900 万元，以及相关款项为借贷的性质。由上，应当认定俞财新向华辰公司支付

《商铺认购书》项下的订金为5860万元。

根据《商品房销售管理办法》第16条的规定，商品房在进行销售时，房地产开发企业和买受人应当订立书面商品房买卖合同，明确交易的主要内容。本案中，双方当事人签订的《商铺认购书》对所出售商品房的位置、面积、单价、总价款等商品房买卖核心条款作出约定，符合商品房买卖合同的基本特征。但因该《商铺认购书》同时又明确约定在华辰公司取得《商品房预售许可证》后，应另行签订商品房买卖合同，且约定内容与《商品房销售管理办法》第16条规定相比有不少欠缺，故应当认定《商铺认购书》系双方当事人为将来签订商铺买卖合同而事先达成的合意，本案为商品房买卖预约合同纠纷。华辰公司主张本案为借贷纠纷，证据不足，不予采信。

涉案《商铺认购书》系双方当事人的真实意思表示，内容不违反国家法律、行政法规的禁止性规定，应认定为有效。从该认购书第2条及第3条约定的内容看，俞财新应在签订本认购书后10日内支付给华辰公司订金6360万元；华辰公司则应当在收到俞财新定金后30日内领取《商品房预售许可证》，否则必须于收到定金后的第31日起两个月内将定金全部返还给俞财新，逾期返还的，应按月利率10%支付俞财新本息。据此，华辰公司领取《商品房预售许可证》的履行期限为俞财新付清6360万元后的30日内，因俞财新只支付5860万元定金，即便在其支付定金过程中，存在因华辰公司不能如期办理《商品房预售许可证》而依法行使不安抗辩权导致未全额支付定金的情形，华辰公司也不构成违约。因为俞财新在知道华辰公司于2008年6月26日取得《商品房预售许可证》后，无证据证明此后其向华辰公司要求继续支付定金余额，实际上也未支付。因此，应当认定俞财新至今没有依约付清6360万元定金，华辰公司取得《商品房预售许可证》时并未超过《商铺认购书》约定的履行期限。俞财新以华辰公司逾期领取《商品房预售许可证》及未在收取定金后的第31日起两个月内返还全部定金为由，请求华辰公司每月按俞财新已付定金5860万元的10%承担违约金缺乏事实依据，一审法院不予支持。

俞财新以讼争商铺已由华辰公司售与他人为由，提出请求解除《商铺认购书》，华辰公司及魏传瑞对商铺售与他人的事实亦不持异议，《商铺认购书》继续履行已不可能，依法应予解除。华辰公司依《商铺认购书》收取俞财新定金5860万元及其法定孳息应予返还。俞财新请求解除《商铺认购书》及华辰公司返还收取的5860万元定金，应予支持。华辰公司应向俞财新返还认购商铺定金5860万元及支付自收取相关款项之日起的利息。魏传瑞作为签订《商铺认购书》的当事人之一，愿为华辰公司履行该认购书的相关债务提供两年的连带保证责任担保，依据《中华人民共和国担保法》第18条关于连带责任保证的规定,魏传瑞应对华辰公司返还俞财新5860万元及其利息的款项承担连带责任。

二审诉辩情况

俞财新上诉称:一审判决认定事实不清,适用法律不当,判决结果明显失衡,故请求:(1)撤销〔2009〕闽民初字第8号民事判决第2项、第4项;(2)判令华辰公司返还俞财新购房定金5860万元人民币,并以俞财新已付购房定金每月10%的金额支付违约金,自2008年3月22日起计至还清款项时止(暂计至2009年3月22日止,计7032万元人民币)。主要事实和理由是:

1. 一审判决认定事实不清。(1)一审判决认定合同约定的华辰公司取得《商品房预售许可证》的时间不符合客观事实。根据涉案《商铺认购书》约定,俞财新在10日内付给华辰公司定金6360万元;华辰公司应当在收到俞财新支付定金后的30日内领取《商品房预售许可证》并与俞财新签订规范的《商品房买卖合同》,同时保证在签订《商品房买卖合同》后的10日内在房地产交易管理部门备案登记。《商铺认购书》签订于2007年12月10日,华辰公司取得《商品房预售许可证》的期限应当是2008年1月21日以前,该事实在一审庭审中双方当事人均无异议,并非一审判决认定的履行期限,即"俞财新付清6360万元后的30日内"。(2)一审判决认定"俞财新明知华辰公司于2008年6月26日取得《商品房预售许可证》"与客观事实不符。俞财新在支付5860万元购房定金、履行了主要义务后,因华辰公司未能按合同于2008年1月21日前取得《商品房预售许可证》,加之由魏传瑞实际控制的福州华辰房地产有限公司(以下简称福州华辰公司)与俞财新在签订购买"君临天华B组团5JHJ、7JHJ连幢2层23号店面"时存在欺诈行为,因此俞财新未继续支付余款500万元。而华辰公司在未按合同约定取得《商品房预售许可证》后,从未告知俞财新何时能取得《商品房预售许可证》,取得《商品房预售许可证》后也从未告知俞财新,在一审庭审中也未提供证据证明该事实。俞财新是在华辰公司已将《商铺认购书》中约定的商铺卖给他人后,在起诉前才在律师指导下于2009年1月7日从福州房地产信息网上查到华辰公司取得A区地块一商业综合楼预售许可的,批准日期为2008年6月26日。对于上述事实,俞财新在一审提供的证据11能够证明。因此,一审判决认定"俞财新明知华辰公司于2008年6月26日取得《商品房预售许可证》"与客观事实不符,据此认定俞财新没有依约付清6360万元及华辰公司没有违约,违背客观事实。

2. 一审判决适用法律不当。(1)俞财新有权行使不安抗辩权。因华辰公司未按合同约定的时间取得《商品房预售许可证》，俞财新据此暂缓支付尾款500万元，符合《合同法》第68条的规定。俞财新有证据证明华辰公司丧失了商业信誉，具有可能丧失履行债务能力的其他情形。俞财新与魏传瑞实际控制的福州华辰公司曾于2007年8月3日签订合同，约定购买其名下"君临天华B组团5JHJ、7JHJ连幢2层23号商铺"，在俞财新依照合同约定以现金方式一次性付款后，福州华辰公司却违反合同第24条的约定，未在合同生效之日起30日内，向福州市房地产交易登记中心申请登记备案。后俞财新通过福州房地产信息网及向福州市房地产交易登记中心了解，上述合同约定的商品房用于抵押贷款。据此，俞财新未将剩余购房款500万元支付给华辰公司的行为，符合相关法律规定。（2）本案《商铺认购书》被解除的原因是华辰公司存在根本违约行为。俞财新已支付了购房款的92.14%，履行了合同约定的主要义务，华辰公司存在根本违约行为，一审判决显失公平。

华辰公司上诉称，一审判决认定事实不清，适用法律错误，故请求本院：（1）撤销本案一审判决第2项，改判华辰公司仅需返还俞财新购房定金4900万元；（2）判令俞财新承担本案的全部诉讼费用。主要事实和理由是：

1. 俞财新实际仅向华辰公司支付4900万元购房定金。根据涉案《商铺认购书》的约定，俞财新应在认购书签订后的10日内即2007年12月21日前向华辰公司支付购房定金6360万元。一审中俞财新提供了"收款收据"，以证明其向华辰公司支付5860万元购房定金。但根据双方提供的银行转账回单，俞财新通过银行转账的方式向华辰公司共支付购房定金人民币4900万元。一审中俞财新称另以现金形式支付了960万元，但当华辰公司当庭多次要求俞财新讲清这960万元现金交付的时间、地点、接收人员时，俞财新及其代理人均无法正面回答。近千万元的巨额现金不通过转账，而又无法说明交付情节，显然不合常理，其实质是4900万元所生的利息。由此可见，俞财新自称以现金方式支付的960万元根本不存在。因其仅向华辰公司支付4900万元的购房定金，一审判决认定俞财新向华辰公司支付购房定金5860万元，并判令华辰公司返还购房订金5860万元是错误的，应当予以纠正。

2. 因俞财新的过错导致《商铺认购书》无法履行而自动解除，华辰公司仅须退还4900万元款项，无须支付利息。

二审裁判结果

二审法院依照《中华人民共和国民事诉讼法》第153条第1款第1项的规定，判决如下：驳回上诉，维持原判。二审案件受理费人民币686400元，由俞财新负担565000元，福建华辰房地产有限公司、魏传瑞负担121400元。本判决为终审判决。

二审裁判理由

二审法院认为：一审法院将本案案由定为商品房买卖（预售）合同纠纷，并根据俞财新的诉讼请求，判决解除合同，三方当事人未就此提起上诉，本院予以确认。华辰公司、魏传瑞对华辰公司收到俞财新通过转账支付的4900万元定金不持异议，本院予以确认。二审中本案当事人争议的焦点问题是：（1）俞财新是否已以现金方式向华辰公司支付960万元购房定金；（2）俞财新少支付500万元定金是否属于行使不安抗辩权；（3）华辰公司是否应当承担违约责任。现分述如下：

1. 关于俞财新是否已以现金方式向华辰公司支付960万元购房定金的问题

本院认为，根据查明的事实，应认定俞财新已以现金方式向华辰公司支付现金960万元购房定金。理由是：（1）《商铺认购书》约定俞财新支付定金6360万元部分为现金，部分为汇款，故俞财新支付华辰公司现金960万元购房定金，符合合同约定；（2）华辰公司在收到俞财新交付的960万元现金后，向俞财新出具了"收款收据"，其对收据本身的真实性不持异议，收据上载明的付款用途是购买涉案合同项下的房屋。俞财新向一、二审法院提交的"收款收据"上并无"回报率"的记载，而华辰公司出具的"收款收据"存根联上却载有"回报率"，说明这是华辰公司在收据存根联上后加的，应以俞财新提供的"收款收据"作为事实认定的依据；（3）"收款收据"上添加的各"回报率"相互矛盾，有的是2%，有的是20%，按上述两种比例计算，均不能得出借款4900万元产生960万元利息的结论；（4）华辰公司虽否认俞财新向其支付960万元现金，但无充分证据推翻其向俞财新出具的"收款收据"，俞财新所述的付款地点虽然不常见，但不能排除这种可能性。综上，华辰公司关于俞财新未向其支付现金960万元人民币的主张，证据不足，本院不予支持。

2. 关于俞财新少支付500万元定金的行为是否属于行使不安抗辩权的问题

本院认为，俞财新主张不安抗辩权的理由是华辰公司丧失商业信誉，依据是其与福州华辰公司签订另一购房合同后，福州华辰公司将合同约定的房屋设定抵押。然而，福州华辰公司与华辰公司是两个不同的法人，以案外人违约为由在本案合同履行中行使不安抗辩权，不符合合同相对性原则。根据《合同法》第68条的规定，俞财新关于其行使不安抗辩权的主张，依据不足。《合同法》第 69 条规定了行使不安抗辩权的要件，即使俞财新有权行使不安抗辩权，也应当及时通知对方。但无证据证明俞财新履行过通知义务。因此，俞财新关于其行使不安抗辩权的主张，缺乏事实和法律依据，本院不予支持。

3. 关于华辰公司应否承担违约责任的问题

本院认为，俞财新虽主张其已向华辰公司支付了大部分定金，履行了支付定金的主要义务，并享有不安抗辩权，但按照《商铺认购书》的约定，华辰公司应在收到俞财新定金后 30 日内领取《商品房预售许可证》并与俞财新签订购房合同。据此，应认定俞财新负有先履行义务，其应在 2007 年 10 月 20 日之前付清 6360 万元定金，但俞财新至今仅支付了 5860 万元定金，其主张行使不安抗辩权的理由不能成立。因此，应认定俞财新违约，故其无权向华辰公司主张违约金。由于俞财新违约在先，即使后来华辰公司没有及时领取《商品房预售许可证》并与俞财新签订购房合同，也不应向俞财新支付违约金。本案《商铺认购书》解除后，双方当事人的权利义务终止。因房屋交易尚未完成，应当返还一方占有另一方的财产。华辰公司占有俞财新的 5860 万元购房定金及所生利息，理应一并返还，故对华辰公司关于只应向俞财新返还 4900 万元定金的主张，本院不予支持。

综上，一审判决认定事实清楚，适用法律正确。涉案《商铺认购书》解除后，华辰公司、魏传瑞应当向俞财新返还定金及利息。因俞财新违约在先，对其关于华辰公司应向其支付违约金的请求，本院不予支持。华辰公司关于其只应向俞财新返还 4900 万元定金的请求，于法无据，本院不予支持。

商品房预约合同纠纷办案依据集成

1. 《中华人民共和国城市房地产管理法》（1995 年 1 月 1 日）（节录）

第四十四条第一款　商品房预售，应当符合下列条件：

（一）已交付全部土地使用权出让金，取得土地使用权证书；

（二）持有建设工程规划许可证；

（三）按提供预售的商品房计算，投入开发建设的资金达到工程建设总投资的百分之二十五以上，并已经确定施工进度和竣工交付日期；

（四）向县级以上人民政府房产管理部门办理预售登记，取得商品房预售许可证明。

2. 最高人民法院《关于审理商品房买卖合同纠纷案件适用法律若干问题的解释》（2003 年 6 月 1 日）（节录）

第四条　出卖人通过认购、订购、预订等方式向买受人收受定金作为订立商品房买卖合同担保的，如果因当事人一方原因未能订立商品房买卖合同，应当按照法律关于定金的规定处理；因不可归责于当事人双方的事由，导致商品房买卖合同未能订立的，出卖人应当将定金返还买受人。

3. 《商品房销售管理办法》（2001 年 6 月 1 日）（节录）

第十六条　商品房销售时，房地产开发企业和买受人应当订立书面商品房买卖合同。

商品房买卖合同应当明确以下主要内容：

（一）当事人名称或者姓名和住所；

（二）商品房基本状况；

（三）商品房的销售方式；

（四）商品房价款的确定方式及总价款、付款方式、付款时间；

（五）交付使用条件及日期；

（六）装饰、设备标准承诺；

（七）供水、供电、供热、燃气、通信、道路、绿化等配套基础设施和公共设施的交付承诺和有关权益、责任；

（八）公共配套建筑的产权归属；

（九）面积差异的处理方式；

（十）办理产权登记有关事宜；

（十一）解决争议的方法；

（十二）违约责任；

（十三）双方约定的其他事项。

二、商品房预售合同纠纷

> **61. 交房时购房者发现所购房屋窗外加有展示沙盘及房屋模型上所未出现的装饰钢梁，购房者能否要求开发商承担违约责任？**
>
> 在商品房预售时，开发商通常使用展示沙盘或房屋模型的方式向购房者展示房屋。双方签订的商品房预售合同中的合意也大都建立在购房者对展示沙盘和房屋模型的认同之上。开发商未经购房者同意，擅自在房屋外加上展示沙盘及房屋模型上未出现的装饰钢梁，属于履行合同义务不符合约定，依法应承担违约责任。

典型疑难案件参考

黄颖诉美晟房产公司商品房预售合同纠纷（《最高人民法院公报》2006年第2期）

基本案情

2003年8月17日，原告黄颖与被告美晟房产公司签订一份《商品房买卖合同》，约定：黄颖（买受人）购买美晟房产公司（出卖人）预售的美然·北美态度（又名"美利新世界"）E-7幢2单元502号商品房一套，建筑面积143.4平方米，总金额567864元。2004年8月16日，美晟房产公司给黄颖发出《入住通知书》，现在黄颖已办理入住手续，并已交纳所购房屋价款。在办理入住手续时原告发现，该房屋客厅窗外有一根用于装饰的钢梁。黄颖遂给美晟房产公司发函反映窗外钢梁一事。据查，2003年6月30日，北京市建筑设计研究院审查批准的被告美晟房产公司施工图中，诉争房屋外设计有装饰钢梁。在美晟房产公司为预售房屋而展示的沙盘图上，诉争房屋外无装饰钢梁。双方当事人签订的《商品房买卖合同》中，对客厅外存在钢梁一事未作约定。现诉争房屋经验收合格，竣工图也经政府有关部门审核批准。由此原告起诉至法院，请求判令被告拆除原告窗外的装饰钢梁。

经实地观察，诉争房屋窗外的钢梁，纯属该幢楼房外立面的装饰造型，对楼房主体结构没有影响。装饰造型底部的横梁位于5楼与6楼之间，对5楼部分房屋的窗户造成一定程度且永久性的遮挡，从而影响窗内人的视觉感受。

一审诉辩情况

原告诉称：原告通过签订合同，购买了被告预售的一套房屋。在办理入住手续时原告发现，该房屋客厅窗外有一根用于装饰的钢梁。这根钢梁不仅遮挡了窗户，给原告造成视觉和心理障碍，还威胁原告的人身、财产安全和隐私权。在原告与被告签订合同过程中，被告没有以售楼处的沙盘图、展示的样板间或者其他任何宣传资料，向原告明示窗外有这根钢梁，更没有在购房合同中约定窗外有钢梁。原告多次以书面形式要求被告解决这个问题，但被告均以各种借口拒绝。请求判令被告拆除原告窗外的装饰钢梁，并负担本案诉讼费用。

被告辩称：原告所诉窗外有钢梁情况属实。这根钢梁是从整个小区的美观与协调考虑，按照经政府相关部门批准的小区建设设计图纸安装的，且符合建筑规范。现在整个小区已经竣工，并经验收合格。原告应该考虑整个小区的利益，况且现在原告已入住，表明其对房屋的现状也认可。遂不同意原告的诉讼请求。

一审裁判结果

北京市大兴区人民法院于 2005 年 3 月 20 日判决：驳回原告黄颖的诉讼请求。诉讼费 50 元，由原告黄颖负担。

一审裁判理由

北京市大兴区人民法院认为：原告黄颖与被告美晟房产公司签订的《商品房买卖合同》，是双方当事人的真实意思表示，内容不违反法律法规，应当确认合法有效。美晟房产公司为预售房屋展示的沙盘图，只能反映整个小区外部的总体概况，不能反映建筑设施的各个细节。因此，预售房屋外墙及室内装修的标准，应以经政府有关部门审核批准的施工图、竣工图以及《商品房买卖合同》中的约定为准。经政府有关部门审核批准的竣工图表明，诉争房屋的设计不违反法律法规的强制性规定，且建造符合相应建筑规范。在交接房屋时，黄颖未提出异议，并实际办理了入住手续，现以窗外钢梁侵犯其人身、财产安全和隐私权，造成视觉和心理障碍为由，诉请美晟房产公司拆除该钢梁，因无合同依据及损害后果，不予支持。

二审诉辩情况

黄颖不服一审判决，向北京市第一中级人民法院提起上诉称：（1）本案是合同纠纷，双方都应当按合同约定行事，法院也应当按合同约定解决纠纷。一审既然承认双方在合同中对有无横梁并未作约定，就不能对这个合同未约定的问题添附"政府有关部门审核批准"等条款。（2）上诉人购买的是期房而非现房，故只能依照宣传册、沙盘的展示来签订购买房屋合同，这是合同中未提及钢梁一事的根本原因。而在签订合同前，被上诉人对有无钢梁是清楚的，却故意隐瞒了这一细节，已经违约在先。以无合同依据驳回上诉人的诉讼请求，是颠倒黑白。(3)在入住前，被上诉人并未将该房屋外有横梁一事告知上诉人。入住时，上诉人是在没有任何选择余地的情况下，才在《业主入住验收单》上签字，但同时在此单上对窗外有装饰钢梁一事提出明确的书面异议。一审认定上诉人在房屋交接时未提出异议，不是事实。请求：(1)撤销一审判决；(2)判令被上诉人将装饰横梁上移55厘米。

美晟房产公司同意一审判决。

二审裁判结果

北京市第一中级人民法院依照《中华人民共和国民事诉讼法》第153条第1款第3项的规定，于2005年7月8日判决：

一、撤销一审民事判决；

二、本判决生效后10日内，被上诉人美晟房产公司将上诉人黄颖所购房屋窗外的装饰钢梁横梁上移55厘米并重新焊接。一、二审案件受理费各50元，由被上诉人美晟房产公司负担。本判决为终审判决。

二审裁判理由

北京市第一中级人民法院认为，房屋是价值昂贵的不动产，日常生活经验法则说明，对所购房屋显而易见的瑕疵，业主收房时一般不会轻易忽视。上诉人黄颖在一审中一再陈述，收房时对窗外有装饰钢梁一事，其已在《业主入住验收单》上明确提出书面异议。《业主入住验收单》是被上诉人美晟房产公司单方保存的证据，经法院要求，美晟房产公司拒不提交。最高人民法院《关于民事诉讼证据的若干规定》第75条规定："有证据证明一方当事人持有证据无正当理由拒不提供，如果对方当事人主张该证据的内容不利于证据持有人，可以推定该主张成立。"据此，可以推定黄颖关于收房时已对窗外有钢梁一事提出书面异议的主张成立。一审认定黄颖在交接房屋时未提出异议，不符合事实，应当纠正。

本案是商品房预售合同纠纷，双方当事人签订的《商品房买卖合同》合法有效。《中华人民共和国合同法》第107条规定："当事人一方不履行合同义务或者履行合同义务不符合约定的，应当承担继续履行、采取补救措施或者赔偿损失等违约责任。"因装饰钢梁影响窗内人的视觉感受，上诉人黄颖诉请判令被上诉人美晟房产公司承担将装饰钢梁上移55厘米的责任；美晟房产公司坚称，是从整个小区的美观与协调考虑，且在经过政府有关部门批准与符合建筑规范的情况下才安装这个钢梁，黄颖应顾及整个小区的利益。在美晟房产公司与黄颖签订的合同中，没有约定预售的房屋外有装饰钢梁；在美晟房产公司给黄颖展示的沙盘上，房屋模型外也没有装饰钢梁；而美晟房产公司交付给黄颖的房屋，窗外却有装饰钢梁遮挡。美晟房产公司履行合同义务不符合约定，依法应承担违约责任。至于安装钢梁是否经过行政审批与是否符合建筑规范，属另一法律关系，不能成为美晟房产公司不构成违约或者免除违约责任的理由。业主花费巨额资金购买房屋，注重的不是房屋外墙立面美观，而是房屋内各项设施是否有利于居住使用。只有在这一前提下，黄颖才可能与美晟房产公司签订《商品房买卖合同》。衡法酌理，不能为保全钢梁的装饰功能，而牺牲业主签订《商品房买卖合同》要达到的合同目的。黄颖主张将装饰钢梁上移55厘米，既有北京首都工程建筑设计有限公司证明在技术上可行，又可以用较低的成本补救装饰钢梁带来的不利影响，此意见应予采纳。综上所述，一审判决认定事实不清，导致判决结果失当，应当纠正。

62. 交房后，购房者发现房屋实际层高较双方签订的预售合同中约定的层高为低，购房者能否因此要求开发商进行相应赔偿？

当事人双方有关层高的约定对房屋买卖合同的订立和房屋的价格确定有重大影响，当事人若违反双方对房屋层高的约定，属于不当履行合同义务，应承担违约责任，并对购房者的损失进行赔偿。

典型疑难案件参考

王志钢诉成都武侯房地产开发公司预售商品房层高违约应按体积计算损失赔偿案

基本案情

2000年2月2日，原告王志钢与被告武房公司签订了一份《成都市商品房购销合同》。合同约定：（1）乙方（原告）向甲方（被告）购买甲方开发的位于成都市武侯区桐梓林村的牡丹名邸4幢14号底层104.88平方米的营业房一间。（2）该商品房交付时如有面积争议，以房屋产权监理机关实际测量面积为准。(3) 甲方须于2001年2月28日前,将经竣工验收合格的该房屋交付乙方使用。(4) 该商品房交付时,甲乙双方按规定在365天内向房屋产权监理机关办理权属登记手续……双方还对其他事项进行了约定。双方所签购房合同对房屋层高没有约定。合同签订后,原告按合同约定的面积支付了购房款,被告于2001年9月10日将该房屋交付给原告。2001年9月20日,成都市房屋产权监理处出具的测字〔2001〕435号《面积测量报告》载明:该房屋的套内面积为97.485平方米,公摊面积为16.1434平方米,共计113.6284平方米,比原合同约定的建筑面积增加了8.7484平方米。审理中,原告向成都市武侯区人民法院申请对该房屋的实际使用面积进行测量。2004年3月,成都市房屋产权监理处出具的该房屋面积与原测量面积一致。另外,按合同约定,双方应于2002年9月10日前向房屋产权监理机关办理权属登记手续。双方因房屋层高和补超面积款发生纠纷,致使逾期398天后原告仍未领到房屋所有权证。原告由此诉至法院,请求判令被告因违反层高约定支付违约金。被告反诉,要求王志刚补交超面积款。

成都市武侯区人民法院受理该案后,根据原告的申请,于2004年1月20日委托四川省建设工程质量检测中心对该房作层高鉴定,该中心于2004年9月25日作出鉴定结论为:"(4-26)-(4-30)轴区间共测3点,分别为3.450米、3.452米、3.456米。"原告请求按约定层高为3.9米计房屋的体积除以总房款与实际层高按3.5米计的体积除以总房款之差,要求被告承担层高违约的经济损失。

同时查明,原告未将办理产权登记所需的资料提供给被告,被告未能提供其多次通知原告补交房款的有效证据。

诉辩情况

原告于2003年12月10日向成都市武侯区人民法院起诉,请求判令被告向原告支付违反层高约定的违约金127739.08元和逾期办理产权证书的违约金118962.2元,并协助原告办理房屋所有权证。被告反诉原告补交超面积款83109.8元。原告为证明其购买的房屋的层高是3.9米,向法庭提交了1张加盖有被告的印章并写有"牡丹名邸4号楼底层营业房19JHJ(层高3.9米)"字样的图纸。

被告武侯房地产开发公司辩称:被告与原告所签订的购房合同未对房屋层高作约定,原告提供的建筑施工图上注明的层高字样与购房合同原件上的字样不是同一人书写,原告提供的施工图与合同没有关联性。原告提供的施工图不是合同的附件,不是合同的组成部分。经有关部门验收被告提供给原告的房屋是合格的，其层高是符合国家规定的。原告请求按体积计算层高违约损失，缺乏相应的法律依据，请求驳回原告的诉讼请求。逾期未给原告办理产权证书，是因为原告没有将办理产权登记所需的资料提供给被告，被告不应承担违约责任。被告多次通知原告补交房款，原告拒不履行。原告购买的房屋的实测面积大于合同约定面积，原告应补交房款83109.8元。经被告多次催收，原告以各种理由拒绝。被告请求判令原告按合同约定补交房款83109.8元及其逾期利息。

原告王志钢针对被告的反诉辩称，原告按合同面积支付购房款后，不知道房屋面积增大。2001年9月20日，成都市房屋产权监理处就对原告的房屋实际面积作出了面积测量报告（测字〔2001〕435号）。在原告提起诉讼前，被告既未向原告发出书面的催交款通知，也未向法院提起诉讼，被告请求原告补交房款的反诉请求已过诉讼时效。请求驳回被告的诉讼请求。

裁判结果

成都市武侯区人民法院依照《中华人民共和国民法通则》第135条、《中华人民共和国合同法》第60条和最高人民法院《关于审理商品房买卖合同纠纷案件适用法律若干问题的解释》第3条、第18条的规定，判决如下：

一、被告成都武侯房地产开发有限责任公司于本判决生效之日起30日内支付给原告王志钢因房屋层高违约的赔偿费10000元；

二、被告成都武侯房地产开发有限责任公司于本判决生效之日起30日内协助原告王志钢办理位于成都市武侯区桐梓林村的牡丹名邸4幢14号营业房的所有权过户登记；

三、驳回原告王志钢的其他诉讼请求；

四、驳回被告成都武侯房地产开发有限责任公司的反诉请求。

本诉案件受理费6210元，其他诉讼费3015元，合计9315元，由原告负担8700元，被告负担615元；反诉案件受理费3000元，其他诉讼费1500元，由被告（反诉原告）负担。

裁判理由

成都市武侯区人民法院认为：原、被告双方所签订的商品房买卖合同，合法有效，应受法律保护。原告提供的加盖有被告印章的牡丹名邸4号楼的设计施工图纸上所标明的层高和4号楼19层高为3.9米的表述，应视为被告对4号楼层高的要约，对房屋买卖合同的订立和房屋的价格的确定有重大影响，其虽然未载入商品房买卖合同，根据最高人民法院《关于审理商品房买卖合同纠纷案件适用法律若干问题的解释》第3条的规定,应视为合同内容,当事人违反的,应当承担违约责任。本案被告出售给原告的房屋层高,经有关单位实地测量,不符合合同的约定,对房屋的使用价值有一定的影响,被告对此应承担相应的违约赔偿责任。被告辩称不应承担违约责任的抗辩理由不能成立。由于双方对层高违约没有约定,法律对此又无相关规定,遂对原告的该项请求应适当支持。根据最高人民法院《关于审理商品房买卖合同纠纷案件适用法律若干问题的解释》和双方的约定,由于出卖人(即被告)的原因,买受人(即原告)未在合同约定的期限内取得房屋产权证书的,出卖人才承担违约责任。本案双方存在与办理产权登记没有关联的其他纠纷,加之原告至今未将办理产权登记所需的材料提供给被告,故原告请求被告支付逾期办理产权证书违约金的诉讼请求,不符合有关法律的规定和双方合同的约定应予驳回。原告请求被告协助办理房屋所有权证的诉讼请求,符合有关法律规定和合同约定,应予支持,被告应积极协助原告办理。关于被告的反诉请求,2001年9月20日,成都市房屋产权监理处对原告的房屋实际面积做出了面积测量报告,被告从2001年9月20日就知道原告的房屋面积增加,原告应补交房款。被告行使该权利的诉讼时效期间为2年,从2001年9月20日起至2003年9月20日止。被告于2003年12月向法院起诉,已超过了2年的诉讼时效期间。被告未向法庭提供在此期间曾向原告主张过该权利的有效证据,即诉讼时效中止、中断的情形。故本案被告的反诉请求,已超过了2年的诉讼时效,丧失了胜诉权,其反诉请求依法应予驳回。

63. 开发商建成后的房屋不完全符合商品房预售广告的宣传内容,是否构成违约?

商品房预售广告除非包括了合同的主要内容从而成为要约,一般只属于要约邀请或要约引诱,即邀请或引诱对方与自己订立合同,而作为要约邀请的售楼广告是没有约束力的。即使开发商建成后的房屋未完全达到该标准,一般也不构成违约。但如果广告中明确注明为要约或广告中含有未来合同的主要条款或者写明相对人只要做出规定的行为就可以使合同成立的内容时,则应该认为该广告属于要约而不是要约邀请。此时,如果开发商的行为违反了要约内容,则在预售合同签订后须承担违约责任。

典型疑难案件参考

谢阳新与龙岩市松柏房地产开发有限公司商品房纠纷案

基本案情

龙岩市松柏房地产开发有限公司经有关部门批准后,在位于龙岩市新罗区中城中山路东入口南侧的2000-GC001地块兴建"花园大厦",该地块土地面积为2812.5平方米,规划用途为商住。2000年10月25日,该公司向社会发布宣传广告,其主要内容为:"龙岩花园广场大厦,占地面积2812平方米,其中建筑占地1944平方米,道路绿地868平方米。地下设停车场,1—2层为商场,3层为写字楼,4—19层为高级住宅"……该商品房供电采用10kV电网引入两路独立电源,另配备250kW发电机一台,确保无停电烦恼。2001年,该公司取得"花园大厦"的商品房预售许可证。2002年2月20日,该公司与购房者谢阳新订立了一份《商品房买卖合同》,其主要内容为:(1)谢阳新向松柏房地产开发有限公司购买花园大厦1幢8层1-0810号房屋,该房屋建筑面积共170.42平方米,公共部位与公用房屋分摊建筑面积计31.72平方米;(2)该套房子的公共部位与公用房屋分摊建筑面积构成说明如下:1号、2号商住楼住宅,功能区外分摊为:物业管理房(1号、2号摊)46.7075平方米,高低压配电房(1号、2号摊)131.6平方米……(4)商品房交付后,产权登记面积与合同约定面积发生差异,双方同意以产权登记面积为准。"花园大厦"竣工后,原告办理了所购商品房的交房手续。被告与原告签订的《商品房买卖合同》中,有将物业管理房的面积列入原告所购商品房应分摊的公共面积范围内。而国家制定的《房产测量规范标准》规定,多幢服务的警卫室、管理用房不计入共有建筑面积。龙岩市房地产管理部门在为原告办理所购商品房的房产证时,没有将物业管理房列入原告应分摊的公共面积范围内。现"花园大厦"的物业公司从成立至今一直使用"花园大厦"的部分地下室作为物业管理用房,且被告从物业公司使用至今未向原告收取该物业管理用房的使用费。

"花园大厦"竣工后,原告以被告原先向业主的承诺及与业主的约定并没有兑现,且擅自更改设计施工方案,不按施工图进行施工,给业主带来安全隐患为由向法院提起诉讼。

一审诉辩情况

原告谢阳新诉称:由被告龙岩市松柏房地产开发有限公司(以下简称松柏公司)开发的龙岩市"花园广场大厦"(以下简称"花园大厦")于2001年取得商品房预售许可资格后,即向社会发布广告,宣传"龙岩花园广场大厦",占地面积2812平方米,其中建筑占地1944平方米、道路绿地868平方米。地下设停车场,1—2层为商场,3层为写字楼,4—19层为高级住宅。并称该商品房供电采用10kV电网引入两路独立电源,另配备250kW发电机一台,确保无停电烦恼。看完被告的上述宣传广告后,原告与被告签订了《商品房买卖合同》(以下简称《合同》),并约定被告为"花园大厦"全体业主提供46.7075平方米的物业管理用房。"花园大厦"竣工后,原告发现被告原先向业主的承诺及与业主的约定并没有兑现,且擅自更改设计施工方案,不按施工图进行施工,给业主带来安全隐患。主要表现在:(1)道路绿地面积不足868平方米,且将原规划为绿地的场地改成收费停车场;(2)没有配备一台250kW的发电机,并将原设计的发电机房改作地下停车场;(3)没有向全体业主提供46.7075平方米的物业管理用房;(4)将2号楼原设计为5.1米宽的消防通道改作店面,现出租给太空网吧。发现以上情况后,原告曾多次与被告交涉,但被告时至今日仍拒不履行。为此,原告诉至法院请求:(1)判令被告在"花园大厦"1号楼《地下一层平面图(建施41-4)》施工图设计的柴油发电机房的位置配备并安装一台250kW的发电机;(2)判令被告按"花园大厦"2号楼《一层平面图(建施-06/48)》施工图设计原样恢复消防通道;(3)判令被告向原告明确配套的868平方米的道路绿地的具体位置和面积,并将现有停车场恢复为绿地;(4)判令被告依合同约定在"花园大厦"一楼向包括原告在内的"花园大厦"全体业主交付46.7075平方米的物业管理用房。

被告松柏公司辩称:

1. 关于在"花园大厦"再安装1台250kW发电机的诉请应予驳回。"花园大厦"现在的双回路独立电源的配电系统是经龙岩市电业局设计和施工的,符合双方的约定。250kW发电机是因为当时无法达到现有水平才进行设计的,后来中山路电网改造,不需要配备发电机组,根据龙岩市电业局的设计,确定花园广场用电负荷为630kVA一台和800kVA配变一台,供电方式为分别从中山路A配电室和沿河线40号各接一回电缆至"花园大厦"配电室供电,该配电方式即双回路独立电源,已能满足花园大厦的用电要求,不需要再安装1台250kW发电机,如再安装此台发电机实属浪费,对原告也是不利的。取消250kW发电机不是被告擅自行为,是经原工程设计部门批准变更的。本工程设计单位电力工业部西北勘测设计研究院根据中山路电网改造后的情形,也认为双回路独立电源已能满足各层生活及消防用电需求。因此,作出了取消原250kW柴油发电机的设计更改决定,该更改没有违反双方订立的《商品房买卖合同》中关于设计变更的约定。关于供电方式的2次广告不一致,应以后一次内容为准。第一次广告是在中山路电网尚未改造前发布的,2001年3月

24日发行的《中邮专递广告》的内容取消了前一次广告中的"另配备250kW发电机1台"的内容,这是对前面一次广告中不合理部分进行更正,应以后一次广告的内容为准。且该广告更正的时间是在原告方签订《商品房买卖合同》之前。因此,取消250kW发电机对商品房买卖合同的订立及房屋价格的确定没有重大影响。而且,原告在签订《商品房买卖合同》时也未对广告的更正提出异议,也没有要求被告增加250kW发电机,应视为对取消250kW发电机的默认。故第一次广告中的"另配备250kW发电机一台"的内容不应视为合同内容,被告不存在所谓的违约行为。

2. 经龙岩市规划局和龙岩市消防支队认可后,被告对"花园大厦"原有消防通道的位置进行变更;符合法定程序,原告要求恢复消防通道的理由不充分。2000年5月10日,龙岩市规划局组织专家和有关单位进行评审后对原消防通道设计方案进行补充修改,决定将14层副楼(即2号楼)南面底层原消防通道改至主楼南面的商业街,将原4米宽通道修改为6米宽通道。这一变更得到了龙岩市消防支队的验收认可,变更程序合法。因此,原告要求恢复消防通道的诉请理由不充分。

3. 原告主张"花园大厦"现有停车场恢复为绿地的诉请,不属于被告的权利义务范畴。停车场的土地是国有的,被告未取得该停车场的土地使用权,现被告只是受龙岩市建设局的授权进行投资建设和管理使用,被告无权将停车场恢复为绿地。至于广告中所谓"道路绿地868平方米",不能视为合同内容。被告没有违约,也没有必要明确868平方米道路绿地的具体位置和面积。

4. "花园大厦"业主中应分摊的公摊面积没有包括物业管理用房面积46.7075平方米,且原告也没有出钱购买这部分面积;再者,现该物业管理用房已由被告提供给物业管理公司使用。因此,原告无权代表全体业主起诉要求被告在"花园大厦"一楼交付46.7075平方米物业管理用房超越权限。

综上,原告起诉缺乏事实和法律依据,请求法院驳回原告的诉讼请求。

▶ 一审裁判结果

一审法院依照《中华人民共和国合同法》第15条第1款、《城市商品房销售管理办法》第24条、《中华人民共和国合同法》第110条第1款之规定,判决如下:驳回原告谢阳新的诉讼请求。

▶ 一审裁判理由

福建省龙岩市新罗区人民法院认为:根据《中华人民共和国合同法》(以下简称《合同法》)的规定,商业广告包括商品房预售广告,除非包括了合同的主要内容从而成为要约，一般只属于要约邀请或要约引诱，即邀请或引诱对方与自己订立合同，而作为要约邀请的售楼广告是没有约束力的。但如果广告中明确注明为要约或广告中含有未来合同的主要条款或者写明相对人只要作出规定的行为就可以使合同成立的内容时，则应该认为该广告属于要约而不是要约邀请。本案中，被告发布的"花园大厦"的宣传广告中，就商品房规划范围之外的环境和公益设施向大众宣传介绍其准备出售的房屋时，有"配备250kW的发电机一台，道路绿地为868平方米"等广告内容，但被告并没有表明将该两项广告内容作为要约，也没有将上述两项广告内容作为未来合同的主要条款，亦没有在广告中写明原告只要作出规定的行为就可以使合同成立的内容。因此，这种广告纯粹是以宣传的方式邀请原告与其签订商品房买卖合同为目的，该广告应视为要约邀请。之后，被告与原告订立《商品房买卖合同》时，并没有以"配备250kW的发电机一台，道路绿地为868平方米"等广告内容作为合同内容。因此，上述销售广告中的虚假宣传，只是违背诚实信用原则应负的义务，不构成广告许诺，依法不应承担民事责任。故原告要求被告按照广告要求在"花园大厦"配备并安装一台250kW的发电机和明确868平方米绿地的具体位置和面积的诉请，本院不予以支持。另经庭审查实，"花园大厦"14层副楼南面底层原消防通道的设计变更和250kW柴油发电机的变更，分别经龙岩市规划部门和原工程设计部门批准变更，这是为法律所允许的，且此种变更并未导致合同当事人约定的商品房的结构、户型、空间尺寸、朝向变化，以及出现其他影响商品房质量或者使用功能的情形。因此，上述消防通道的变更和250kW柴油发电机的变更，不违反双方订立的合同中关于规划、设计变更的约定。故原告要求在"花园大厦"2号楼14层副楼南面底层恢复原消防通道，于法无据，法院不予以支持。至于原告要求将停车场恢复为绿地的诉请，因该停车场系国有土地，被告方系受龙岩市建设局的委托管理该停车场，其无权将现有的停车场恢复为绿地。因此，原告要求将停车场恢复为绿地的诉请，法院不予支持。至于原告要求被告向包括原告在内的花园大厦全体业主交付46.7075平方米的物业管理用房的问题，法院认为，原告与被告订立的《商品房买卖合同》的附件2关于公共部位与公用房屋分摊建筑面积构成说明中，虽有约定将物业管理用房列入原告的公共分摊面积范围内，但龙岩市房地产管理局在为原告办理所购商品房的房产证时，已依据有关规定，将本案讼争的物业管理用房的面积未列入原告应分摊的公共面积范围内。这说明龙岩市房地产管理局已依有关规定变更了原、被告将物业管理用房列入公摊面积的约定，符合有关规定，应以最后的约定为准。再者，原、被告亦无约定在"花园大厦"一楼安置物业管理用房，况且该物业管理用房现已由被告提供给物业管理公司使用。

因此，现原告以合同约定的义务为由要求被告在"花园大厦"一楼交付46.7075平方米的物业管理用房，缺乏事实和法律依据，法院不予以支持。

二审裁判结果

龙岩市中级人民法院依照《中华人民共和国民事诉讼法》第153条第1款第1项之规定，判决如下：驳回上诉人谢阳新的上诉，维持原判。

二审裁判理由

龙岩市中级人民法院认为：根据最高人民法院《关于审理商品房买卖合同纠纷适用法律若干问题的解释》第3条之规定，本案中被上诉人2000年10月25日售楼广告中"关于配备250kW发电机一台"的允诺是具体、明确的，虽然在合同中没有约定配备发电机的内容，依法应认定为要约。2001年3月24日被上诉人发布中邮广告，广告中对2000年10月第一次发布的广告内容进行了修正，取消了关于配备发电机的承诺，由于广告是针对不特定人所发出的，被上诉人与上诉人签订合同之前撤销了原2000年10月发布的广告不违反法律法规的规定，是有效的。且被上诉人未配置发电机并不是基于其主观上违约未予配备，而是与龙岩市电业局达成协议，投入资金进行电网改造，为花园广场大厦设置了更先进的供电方式即双回路独立电源进行供电，设计部门电力工业部西北勘测设计研究所也出具设计更改通知单，说明该设计更能满足高层生活及消防用电需求，故取消原柴油发电机配置，同时也为上诉人等购房户减少了物业管理费用的开支。现在上诉人仍坚持要求被上诉人配备发电机没有必要，且对双方当事人均不利。关于广告中的868平方米的道路绿地问题，因该内容不具体明确，未将道路与绿地面积具体区分，被上诉人在广告中的说明不能被认定为要约。因此上诉人该两项主张不予支持。关于消防通道设计变更的问题，花园广场大厦工程在消防方面经过龙岩市公安消防支队岩公消验字〔2003〕3号《关于花园广场大厦消防复查验收合格的意见》确认工程在消防方面符合国家现行有关消防法规和技术要求，具备使用条件。另根据该验收意见书，被上诉人工程如需改变使用功能或两次装修等变更，均应按国家现行有关消防技术规范规定进行设计并依法报消防部门审核同意后方可施工。因此，上诉人要求被上诉人按花园大厦2号楼《一层平面图（建施-06/48）》施工图设计原样恢复消防通道的主张，因没有取得消防部门的审核，法院对该主张不予支持。因双方没有约定物业管理用房设置具体位置，且上诉人等购房户也未分摊物业管理用房费用，因此被上诉人无偿提供物业管理用房并将其设在地下不违反双方合同约定。上诉人提出被告应依合同约定，在"花园大厦"一楼向全体业主交付 46.7075 平方米的物业管理用房的主张没有合同依据，法院对该项请求不予支持。关于上诉人要求将停车场恢复为绿地，由于该块地段已经有关部门批准用于停车场建设，未经有权部门审批之前，被上诉人无权擅自改变其用途。因此上诉人要求被上诉人将停车场恢复为绿地的请求没有依据，因此上诉人该项请求亦不予支持。综上，原审判决正确，应予维持。

> **64. 以预售商品房为标的进行的拍卖，拍卖成交后，拍卖人在约定的时间内无法完整交付拍卖物或办理产权过户是否构成违约？**
>
> 预售商品房一般系未完工的在建工程，如拍卖成交后，双方对如何交付和受领标的物无明确约定，则可能造成合同的无法履行。此时，对于合同的无法履行双方均有过错，在此情形下不宜认定拍卖方单方违约，即使双方在合同中约定定金，也不宜适用定金罚则。

典型疑难案件参考

张雪亮诉厦门国际商品拍卖中心在拍卖成交后未依约交付在建房屋解除合同双倍返还定金案

基本案情

张雪亮与厦门国拍于 1999 年 3 月 29 日签订一份"协议书"，约定张雪亮参加厦门国拍次日举行的拍卖会。次日，张雪亮在拍卖会上竞得某法院为执行委托拍卖的拍卖标的物预售商品房韵园公寓 F 幢 6 楼 A 室房产一套，双方签订的《拍卖成交确认书》约定："成交金额人民币 307000 元，佣金人民币 15350 元，张雪亮应交付成交价 30% 的定金，余额在 7 日内付清。并在付清成交款后 7 日内领受拍卖标的物，逾期应支付保管费用；7 日内若未能取得拍卖物有权要求拍卖人承担违约责任。"确认书签订后，张雪亮当即支付定金 9 万元，并在 7 日内付清余额 232350 元。因厦门国拍未能在约定的期限内将拍卖物交付张雪亮，亦未能将房屋的购房人变更为张雪亮指定的人，张雪亮以厦门国拍违约为由向厦门市开元区人民法院起诉，要求厦门国拍双倍返还定金，退还购房款余额并支付利息。

原审诉辩情况

原告张雪亮诉称：厦门国拍未能在约定的期限内将拍卖物交付，亦未能将房屋的购房人变更为原告指定之人，已构成违约，应双倍返还定金，退还原告已支付的购房款余额并支付利息。

被告厦门国拍答辩称：拍卖会上已声明本案拍卖标的物为在建项目，原告对此知悉。拍卖行为合法有效。请求驳回原告的诉讼请求。

原审裁判结果

一审法院依照《中华人民共和国拍卖法》第9条、第40条的规定，该院于1999年6月23日判决：

一、厦门国拍应于本判决发生法律效力后10日内退还张雪亮拍卖成交金额322350元及利息（自1999年4月7日起至还款之日止，按银行同期同类存款利率计算）；

二、驳回张雪亮的其他诉讼请求。

原审裁判理由

开元区人民法院经审理认为：厦门国拍在拍卖会上所进行的拍卖，规则、程序符合法律规定，张雪亮与厦门国拍就拍卖韵园公寓F幢6楼A室的拍卖行为合法有效。但拍卖标的物系不动产，涉及所有权的转移、产权过户等问题。按照房地产权籍登记中心的规定，转移、变更登记的期限为两个月，而厦门国拍在确认书上所确定的拍卖标的物的交付时间明显不符合实际，实属不能履行的情形，并非厦门国拍不履行合同，因此不适用定金罚则，故张雪亮要求厦门国拍双倍返还定金的请求，本院不予支持。鉴于厦门国拍不能在张雪亮付清全款7日内交付拍卖标的物的事实，造成张雪亮不同意继续履行而提出解除合同，本院予以支持。厦门国拍应返还张雪亮支付的成交总额322350元，并支付利息。

再审诉辩情况

宣判后，双方当事人均未上诉。该判决发生法律效力后，厦门市人民检察院抗诉称：本案拍卖标的物系预售商品房，未经质量监督部门竣工验收合格，尚未办理土地房屋权属登记，不涉及房屋所有权的转移、过户等问题。因而，房地产权籍登记中心的规定不适用于本案。本案不存在不能履行的情形。《厦门市城镇房屋管理条例》第32条规定："商品房在竣工验收之前，预购人确需更名的，应在权利变更之日起60日内到土地房产管理部门办理更名登记手续。"对于本案预售商品房而言，体现拍卖方履行交付义务的重要标志即为买受人办理房屋更名登记手续。然而在买受人依约付清全部房款后，拍卖方没有按合同的约定在7日内为买受人办理房屋更名手续，卖方已构成违约。

▶再审裁判结果◀

开元区人民法院再审后，根据《中华人民共和国合同法》第115条，《中华人民共和国担保法》第89条、第91条，《中华人民共和国拍卖法》第24条、第40条第1款、第50条之规定，于2000年10月25日判决：

一、撤销本院原审民事判决；
二、厦门国拍应于本判决生效后10日内支付张雪亮人民币64470元；
三、厦门国拍支付上述款项时可扣除已支付的利息；
四、驳回张雪亮的其他诉讼请求。

▶再审裁判理由◀

开元区人民法院根据抗诉再审认为：张雪亮与厦门国拍于1999年3月30日进行的拍卖行为程序合法，体现了公开、公正、公平的原则，双方签订的拍卖成交确认书应当确认有效。厦门国拍未能依约交付拍卖标的物已构成违约，应当承担违约责任，对张雪亮要求双倍返还定金的诉求应予支持。鉴于成交确认书上约定的定金幅度为成交额的30%，违反《中华人民共和国担保法》第91条关于定金幅度最高为合同标的额20%的规定，故对定金超出法定部分不予保护。抗诉机关的抗诉理由成立。

▶再审二审诉辩情况◀

厦门国拍对再审判决不服，向厦门市中级人民法院提起上诉。诉称：本案拍卖标的物是在建工程，张雪亮竞买取得的只是财产权利。办理产权过户、登记等手续应由买受人自行完成，拍卖人只有协助的义务。拍卖人并没有违约，不应承担双倍返还的责任。抗诉机关引用《厦门市城镇房屋管理条例》第32条规定，认为应当由拍卖人为买受人办理房屋更名登记手续，方可视为交付标的物的主张，与《中华人民共和国拍卖法》第55条"拍卖标的物需要依法办理证照变更产权过户手续的，委托人、买受人应当按拍卖人出具的成交证明和有关材料向有关行政管理机关办理手续"的规定相悖。再审判决采纳抗诉机关的意见不当，导致实体判决有误，应予改判。

张雪亮答辩称：体现上诉人履行交付标的物的标志即为被上诉人办理更名登记手续。由于上诉人未能在被上诉人付清全部房款的7日内为其办理房屋更名登记手续，已构成违约，再审判决上诉人双倍返还定金是正确的。请求驳回上诉，维持一审再审判决。

▶ 再审二审裁判结果

厦门市中级人民法院根据最高人民法院《关于审理经济合同纠纷案件中具体适用法律的若干问题的解答》及《中华人民共和国民事诉讼法》第153条第1款第1项、第3项的规定，于2001年4月20日判决：

一、撤销一审法院再审民事判决；

二、维持一审法院原一审民事判决。

▶ 再审二审裁判理由

厦门市中级人民法院认为：厦门国拍与张雪亮双方明知拍卖标的物为预售商品房，系在建工程，尚不具备法定的交付条件，但双方对如何交付和受领拍卖标的物未作明确约定，造成在履行中无法实现合同的目的，对此双方均有过错。一审再审判决在解除该合同的同时认定厦门国拍违约，并支持张雪亮要求双倍返还定金的请求与法相悖，应予改判。鉴于双方当事人对原一审判决解除合同没有异议，并已执行完毕，且该判决认定事实清楚，适用法律正确，判决结果得当，应予维持。

65. 预售房屋非为商品房，且出卖人未取得商品房预售许可证，此预售合同效力如何？

商品房预售合同的标的物为未建设或未竣工的商品房，且根据相关法律规定，商品房预售合同的成立须以预售人取得商品房预售许可证为前提。在预售房屋非为商品房，且出卖人未取得商品房预售许可证的情形下签订的预售合同因违反法律规定，应认定为无效。

▶ 典型疑难案件参考

洪春南诉厦门信达股份有限公司房屋买卖合同纠纷案

▶ 基本案情

坐落于厦门市湖里区兴隆路27号信息大厦系由被告厦门信达股份有限公司（以下简称信达公司）开发建设的，于1988年建成。1997年4月10日，原、被告双方签订了NO.0028258的《商品房预售合同》，约定被告将信息大厦 15 层 F 单元（实际为 13 层 F 单元）房屋出卖给原告；购房款为 435999 元，除已付定金 43600 元外，余款 392399 元于 1997 年 5 月 10 日前交清；交房时间为 1997 年 4 月 10 日。当日，被告将该房屋交付给原告使用。1997 年 5 月 10 日，原告依约支付被告购房款 435999 元。1997 年 5 月 14 日，原、被告双方将该合同报送厦门市房地产市场管理处登记备案。现由原告使用讼争房屋。2002 年，经被告申请，讼争房屋的权属人登记为被告，讼争房屋的登记情况为：土地所有权性质为国有，土地权属来源为划拨，房屋用途为办公。由于被告未取得预售许可证，导致原告至今不能办理产权证，原告由此诉至法院，要求确认原、被告双方签订的商品房预售合同无效。

▶一审诉辩情况◀

原告洪春南向厦门市湖里区人民法院起诉称：原、被告于 1997 年 4 月 7 日签订了一份商品房预售合同，约定被告将位于湖里区兴隆路信息大厦 15F（实为 13F）单元房屋（即讼争房屋）出卖给原告。签订商品房预售合同时，被告隐瞒其并未取得预售许可证的事实。合同签订后，原告依约支付被告购房款，但因被告的原因，即被告在与原告签订商品房预售合同时，被告未取得预售许可证，导致原告至今不能办理产权证。现讼争房屋的产权登记人为被告，请求法院判令：确认原、被告签订的商品房预售合同无效。

被告信达公司辩称：双方签订的商品房预售合同有效，原告可以依合同取得讼争房屋的产权证。原告的诉讼请求已超过诉讼时效，请求法院驳回原告的诉求。

▶一审裁判结果◀

厦门市湖里区人民法院依照《中华人民共和国民事诉讼法》第 64 条第 1 款、《中华人民共和国民法通则》第 85 条、最高人民法院《关于贯彻执行〈中华人民共和国民法通则〉若干问题的意见（试行）》第 85 条的规定，判决如下：驳回原告洪春南的诉讼请求。

▶一审裁判理由◀

厦门市湖里区人民法院认为：原、被告就已建成的讼争房屋签订《商品房预售合同》是双方当事人的真实意思表示，合同虽没有采用现成房屋买卖合同文本，但其内容符合房屋买卖的一般规定，且合同签订后，原告已按约定支付了购房款，被告也依约将讼争房屋交付原告使用至今，并且没有违反法律的规定，原告在起诉前被告亦已取得了讼争房屋的权属证书，因此应认定为该合同有效。现原告要求确认原、被告签订的《商品房预售合同》无效的诉讼请求，因缺乏事实与法律依据，不予支持。

二审诉辩情况

洪春南上诉称：请求撤销原审判决，改判支持上诉人的诉讼请求。理由是：（1）原审违反法定程序，未告知上诉人可以变更诉讼请求，侵犯了上诉人的合法权益。即使双方的合同被确认为有效合同，但由于根本无法依据该合同办理产权证书，被上诉人的违约行为致使上诉人不能实现合同目的，根据《合同法》的规定，上诉人可以解除合同。（2）原审判决认定事实错误导致判决错误。原审判决认定该商品房可以出售的事实错误，被上诉人出售的讼争房屋是禁止作为商品房出售的。被上诉人在出售讼争房产时既未取得权属证书，也未取得预售许可证，更未按照国务院规定报有批准权的人民政府审批，因此被上诉人将该房屋以商品房出售给上诉人违反了我国法律的禁止性规定，应为无效合同。

被上诉人信达公司答辩称：（1）本案无须适用《民事诉讼证据若干规定》的第35条。上诉人在购买讼争房时，该房屋已建成多年，是现成的办公房屋，上诉人购买该房屋后即用于开办公司，当时双方签订买卖合同，用的是房地产交易部门的合同文书，虽然合同文本使用不正确，但不能因合同文本使用不正确而导致合同无效。合同既然有效，一方无权解除，本案双方当事人也没有约定要办理一手房证还是二手房证。（2）原审认定事实清楚，判决正确。被上诉人在原审中虽没有提供房屋权证的原件，但被上诉人有提供其他一系列证据与产权证相互印证。讼争房屋包括整个信息大厦已经由被上诉人取得大产权证，为了便于办理过户手续，将讼争房分成了小产权证，被上诉人很早就已经取得了该房屋的产权证。本案讼争房交易已经过厦门市房地产交易管理部门登记备案，即获得了批准，符合《厦门市城镇房屋管理条例》的规定，上诉人认为本案讼争房禁止作为商品房出售是错误的。

二审裁判结果

厦门市中级人民法院依照《中华人民共和国民事诉讼法》第153条，《中华人民共和国合同法》第52条，《中华人民共和国城市房地产管理法》第39条、第44条之规定，判决如下：

一、撤销厦门市湖里区人民法院湖民初字〔2004〕3254号民事判决；

二、上诉人洪春南与被上诉人信达公司于1997年4月10日所签订的NO.0028258《商品房预售合同》为无效合同。

二审裁判理由

厦门市中级人民法院认为：上诉人与被上诉人1997年4月10日所签订的《商品房预售合同》应认定为无效。首先，双方合同约定，合同标的为坐落于本市信息大厦 15 层 F 单元的商品房，而 2002 年 5 月 3 日厦门市土地房产管理局所颁发的《厦门市土地房屋权证》上登记该讼争房的土地所有权性质为国有，土地权属来源为划拨。上述事实证实，1997 年双方签订《商品房预售合同》时，该房屋并非商品房。依据《中华人民共和国城市房地产管理法》第 44 条规定，商品房预售人还必须具备取得商品房预售许可证等条件。本案中，被上诉人既非房地产开发经营企业，又未取得商品房预售许可证等，遂讼争房不具备商品房预售条件。其次，依照《中华人民共和国城市房地产管理法》第 39 条之规定，以划拨方式取得土地使用权的，在转让房地产时，应当按照国务院规定，报有批准权的人民政府审批。双方预售合同虽报送房地产管理处登记备案，但并不等于已报有批准权的人民政府审批。综上，根据我国《合同法》的相关规定，双方的转让行为应认定为无效。被上诉人关于合同有效的辩述理由均不能成立，上诉人请求确认合同无效的上诉请求，法院予以支持。原审判决对双方合同的效力认定及判决驳回上诉人原审诉讼请求错误，应予改判。

66. 商品房预售合同对有关定金数额是否有限制？

根据《担保法》第 91 条规定，定金的最高数额不得超过主合同标的额的 20%。之所以如此规定，主要是因为，定金的放弃或双倍返还既是对违约者的惩罚，又是对非违约者遭受损失的一种救济。因此，如果定金的数额定得过高，一旦合同不能履行，定金罚则的适用则可能造成一方在损失已经得到救济的情况下大为获利，这不仅与我国定金担保设立的目的相悖，更可能导致定金罚则被一些不法分子利用，变成一种赌博。

67. 在迟延履行的情形下能否适应定金罚则？

法律明确规定，因当事人一方迟延履行或者其他违约行为，致使合同目的落空，可以适用定金罚则。也就是说，适用定金罚则的前提是根本违约。这样规定有利于防止出现定金罚则仅达到惩罚违约者的目的，却丧失了救济的意义，避免使一方当事人不但实现了合同的目的毫无损失，反因定金罚则的适用获得额外利益。在迟延履行的情形下，只有因当事人的迟延履行致使合同目的落空方能适用定金罚则。

典型疑难案件参考

重庆市万州区兴旺房地产开发有限公司诉朱世武商品房预售合同纠纷再审检察建议案

基本案情

2001年9月19日，朱世武与重庆市万州区兴旺房地产开发有限公司一分公司（以下简称一分公司）同时签订《商品房预售合同》和《还款协议》。《商品房预售合同》约定：朱世武购买一分公司开发的位于万州区双河口办事处龙宝中路工业品市场商贸综合楼4号楼第一层门面500平方米、第二层门面1056平方米，共计1556平方米，购房款共计1244800元。约定2001年9月19日第一次交购房款15万元，购房款结算日期为2002年3月18日，交房时间为2002年3月26日；朱世武违反约定迟延交付房款或一分公司迟延移交房屋应向对方支付违约金，违约金按每日房款价款的1‰累加计算。朱世武向一分公司交纳定金50万元，一分公司到期不能交房，则由一分公司双倍返还定金给朱世武。《还款协议》约定一分公司于2001年9月19日向朱世武借款65万元，还款日期为2002年3月18日。如果到期全额偿还了借款，则双方于2001年9月19日签订的《商品房预售合同》失效；如果到期不能全额偿还借款，则该《商品房预售合同》生效。由于一分公司到期没有偿还借款，双方于2002年5月29日对《商品房预售合同》签订了《补充合同》，约定：一、按"商品房预售合同"第9条规定，乙方向甲方交纳的定金50万元，因甲方违约返还给乙方100万元，转为购房款……二、按第7条第2款，甲方因违约，乙方向甲方收取9.48万元转为购房款……六、交房时间延期到2002年10月30日……到期后一分公司仍然不能交房，2003年12月，朱世武以商品房预售合同纠纷诉至万州区人民法院，要求兴旺房地产开发有限公司（以下简称兴旺公司）和一分公司履行交房义务并承担违约金522816元。

原审裁判结果

万州区人民法院判决一分公司和兴旺公司立即向朱世武交付位于万州区双河口办事处龙宝中路4单元第一、二层面积为1556平方米的房屋；一分公司在判决生效后立即支付迟延交房违约金（自2002年10月30日起每日按1244800元的4‰计算至交房为止），被告兴旺公司承担连带责任。

原审裁判理由

万州区人民法院认为，合同签订后，由于被告违约，被告双倍返还给原告的定金100万元转为购房款，另外约定迟延交房的违约金9.48万元也转为购房款，再加上原告已交付的15万元，合计124.48万元价款已由原告付清。同时认为：双方签订的商品房预售合同及补充协议，是双方的真实意思表示，应认定为有效。被告一分公司提出补充协议系其负责人刘静平在被原告强迫情形下签订，未提供证据证实，本院不予支持。另双方约定的迟延履行违约金过高，可酌情予以减少。由于被告一分公司不具有法人资格，不享有对外承担民事责任的能力，其民事责任应由其总公司承担。

再审诉辩情况

兴旺公司不服一审生效判决，向检察机关申诉。万州区人民检察院经审查，于2005年7月11日以下列理由向万州区人民法院发出检察建议：

1. 原审判决适用法律不当。其一，一分公司与朱世武签订的《商品房预售合同》标的额为124.48万元，其20%应为24.896万元，合同约定的定金为50万元，依据《中华人民共和国担保法》第91条、最高人民法院《关于适用〈中华人民共和国担保法〉若干问题的解释》第121条的规定，合同约定的定金超过合同标的额的20%应属无效约定，而人民法院却对该部分未作无效认定。其二，依照《中华人民共和国担保法》第89条、最高人民法院《关于适用〈中华人民共和国担保法〉若干问题的解释》第120条的规定，只有当一方当事人不履行合同义务（即根本性违约）而致合同解除时，才应发生失去定金或者双倍返还定金的法律效果。本案中，一分公司并非不能履行合同中所约定的交房义务，而只是迟延履行，合同的目的仍可以通过继续履行来实现，且朱世武自始亦未提出解除合同，而是要求一分公司继续按原合同的约定履行交房义务。故本案不符合定金罚则的适用条件。当事人双方签订的《补充合同》中"乙方向甲方交纳的定金50万元，因甲方违约返还给乙方100万元转为购房款"的相关约定，违反了法律规定，应属无效。原审判决认定补充协议有效不当。

2. 认定事实错误。朱世武自签订购房合同以来，仅支付购房款65万元（购房款15万元、定金50万元），加上双方于《补充合同》中约定的一分公司自愿承担的迟延履行违约金9.48万元（本属无效约定），尚欠50万元未予支付，而该判决却作出"124.48万元价款已由原告付清"的事实认定，缺乏主要证据。另外，双方所签合同明确约定"2002年3月18日为应付款结算日"、"甲方在2002年3月26日将竣工并经验收合格的房屋移交给乙方"，即朱世武履行付款义务在先，一分公司履行交房义务在后，而朱世武至今尚欠50万元购房款未予支付，据此，一分公司在朱世武的付款义务尚未履行完毕前，可以行使先履行抗辩权，拒绝履行交房义务，并非违约；因一分公司未能在约定的期限内履行交房义务是朱世武的先行违约所致，依法不应承担违约责任，而该判决却只认定"一分公司违约"的事实不当。

再审裁判结果

重庆市万州区人民法院采纳了检察建议，决定对本案进行再审。再审过程中，经该院主持调解，双方当事人达成如下协议：双方同意对原签订的《商品房预售合同》进行如下变更：朱世武已经支付的购房款65万元购得房屋第一层临街门面13个、第二层门面13个，合计购得房屋总面积950.25平方米，合同关于其余预售房屋的约定终止履行，终止履行的部分所涉及的房屋由兴旺公司和一分公司自行处理；本调解书生效后4个月内，兴旺公司和一分公司将朱世武所购房屋在通过质量验收后交付给朱世武（交钥匙），如到期不交付房屋，朱世武有权申请法院强制执行本调解书并由兴旺公司、一分公司承担其在执行阶段的律师代理费1.5万元；朱世武在收到房屋后，法院解除朱世武所购房屋外的其他房屋的查封。

68. 商品房预售合同中，开发商未按约履行交房义务，购房者因此而主张的违约金的诉讼时效期间如何计算？

对于诉讼时效期间的计算，不能一概而论，须结合合同约定的内容加以认定。在商品房预售合同中，合同双方通常对开发商的交房时间进行约定。开发商未按约履行交房义务，已构成违约，但购房者主张违约金的诉讼时效期间并不一定由此而起算。如本案中，双方约定，"泛华公司如违反约定的期限延迟移交房屋，应向人寿（集团）公司交纳违约金，违约金每日按房价款的0.2‰累加计算"。从该约定内容分析，延迟交房的违约金是根据违约行为持续发生的状况"累加计算"的。也就是说，开发商未按期交房的违约行为导致的仅是违约金的起算，并非诉讼时效期间的起算。而只有当债务人明确表示不履行交房义务时，才能认定债权人"知道或者应当知道权利受到侵害"，诉讼时效期间才可依法起算。

典型疑难案件参考

泛华工程有限公司西南公司与中国人寿保险（集团）公司商品房预售合同纠纷案

基本案情

人寿（集团）公司原名为中保人寿保险有限公司，1996年9月经批准设立了中保人寿保险有限公司重庆分公司（以下简称中保人寿重庆分公司）。1998年5月18日，泛华公司与中保人寿重庆分公司签订了《商品房预售（预购）合同》约定：泛华公司将其开发建设的重庆市渝中区新华路筷子街泛华大厦三区9楼至28楼房屋14400平方米和四区负一层车库600平方米，共计15000平方米以6624万元的价格预售给中保人寿重庆分公司。第一次交付购房款在合同签字后付定金20万元；第二次在登记时付房款总额的20%（含定金）1325万元；第三次在工程进行到第九层时付总价的10%，共计662万元；第四次在工程每上升5层时付总价的10%，共计662万元。泛华公司在1999年8月31日将竣工并经验收合格的上述房屋移交给中保人寿重庆分公司。该合同关于违约责任的约定为：合同签订后，双方均不得擅自变更或者撤销，中保人寿重庆分公司如违反约定的期限延迟交付房款，应向泛华公司交纳违约金，违约金每日按房价的0.2‰累加计算；泛华公司如违反约定的期限延迟交移房屋，应向中保人寿重庆分公司交纳违约金，违约金每日按房价款的0.2‰累加计算。合同签订后，泛华公司和中保人寿重庆分公司在重庆市房地产交易所办理了预售合同登记，登记号为〔98〕预售（购）第0953号。1998年7月6日至1999年1月11日，中保人寿重庆分公司分8次向泛华公司共计支付了5875万元的房款。

2003年2月12日，泛华公司向中国人寿保险公司重庆分公司（以下简称中国人寿重庆分公司）发出《商品房入住通知》称，现已按照中国人寿重庆分公司的变更要求及施工图完全竣工，设备安装已全部就位，并已调试完毕。请中国人寿重庆分公司即日起入住该楼，进一步完善精装修，尽快支付剩余房款，以便泛华公司尽早为中国人寿重庆分公司完善房屋产权证及国土使用证。但是，泛华公司至今未向人寿（集团）公司提交泛华大厦通过竣工验收和消防验收并达到合格可以入住的证据。

2003年10月28日，中国人寿重庆分公司称以邮件挂号的方式，向泛华公司送达了《关于催交我司购买的办公用房的公函》，但未向一审法院提交邮政送达的回执单据。

目前，讼争房屋已完成主体结构建设，尚未竣工验收，不具备交付使用条件。

1999年3月，中保人寿保险有限公司更名为中国人寿保险公司，同年4月，中保人寿重庆分公司更名为中国人寿重庆分公司。2003年6月，中国人寿保险公司独家发起设立了中国人寿保险股份有限公司，同年8月，中国人寿保险公司又更名为中国人寿保险（集团）公司。2003年9月18日，中国人寿保险股份有限公司设立了中国人寿保险股份有限公司重庆分公司。2004年7月，人寿（集团）公司发文同意注销中国人寿重庆分公司及其所属分支机构营业执照，原中国人寿重庆分公司及其直属机构的相关债权债务由人寿（集团）公司承担。2005年2月23日，人寿（集团）公司以泛华公司违约为由，向人民法院提起诉讼。

2005年2月，人寿（集团）公司在向一审法院提起诉讼的同时，申请对泛华大厦的房屋予以诉讼保全。一审法院于2005年3月11日作出〔2005〕渝高法民初字第13号民事裁定书，查封了泛华大厦价值6624万元的房产。

一审诉辩情况

人寿（集团）公司诉称：1998年5月18日，该公司下属非法人营业组织中保人寿重庆分公司与泛华公司协商签订了购买泛华公司开发的重庆市渝中区民族路15号泛华大厦部分房屋的《商品房预售（预购）合同》。合同约定：中保人寿重庆分公司向泛华公司购买泛华大厦三区9楼至28楼房屋14400平方米和四区600平方米车库，共计15000平方米。工程竣工交付时间为1999年8月31日。中保人寿重庆分公司应分数次向泛华公司支付购房款6624万元。鉴于泛华大厦三区共计29层，故竣工验收前中保人寿重庆分公司支付房款为总房款的70%，计4636.80万元。合同签订后，双方办理了预售合同登记，中保人寿重庆分公司超额支付购房款共计5875万元。但至今泛华公司仍未交付竣工验收合格的房屋，构成违约。购房合同签订后，中保人寿保险有限公司经批准变更为中国人寿保险公司，2003年6月中国人寿保险公司又更名为人寿（集团）公司，现人寿（集团）公司享有1998年5月18日购房合同的全部权利。为此请求判令：（1）泛华公司立即履行交房义务；（2）泛华公司从逾期之日起至交房之日止向人寿（集团）公司支付违约金（截至2005年1月31日违约金为2543.62万元）；（3）由泛华公司承担诉讼费用。

泛华公司答辩称：（1）人寿（集团）公司主体不适格。从人寿（集团）公司提交的现有证据来看，无法证明中国人寿重庆分公司已更名为人寿（集团）公司，人寿（集团）公司不是购房合同的相对方，不享有购房合同的权利。(2) 即使人寿（集团）公司主体适格，泛华公司申请中止案件审理的要求合理合法，本案应中止审理。(3) 关于实体问题，对于交房泛华公司无异议，但对于违约金，人寿（集团）公司的请求已超过诉讼时效期限，泛华公司不予认可。

一审裁判结果

一审法院依照《中华人民共和国合同法》第60条第1款、第107条、第114条之规定，判决：

一、泛华公司在判决生效后30日内按双方签订的《重庆市商品房预售（预购）合同》将验收合格的泛华大厦三区9楼至28楼房屋14400平方米和四区600平方米车库交付人寿（集团）公司，并办理有关产权过户手续；

二、泛华公司在判决生效后立即向人寿（集团）公司支付截至2005年1月31日的逾期交房违约金2543.62万元，并按每日6624万元的0.2‰向人寿（集团）公司支付从2005年2月1日起至履行本判决第一项交房义务时止的逾期交房违约金。案件受理费430960元、保全费331720元，共计762680元，由泛华公司负担。

一审裁判理由

一审法院经审理认为：关于人寿（集团）公司是否属于适格原告问题。1998年5月18日，与泛华公司签订《商品房预售（预购）合同》的中保人寿重庆分公司，系由原中保人寿保险有限公司设立，原中保人寿保险有限公司变更名称为中国人寿保险公司后，原中保人寿重庆分公司也变更名称为中国人寿重庆分公司，其隶属关系没有变化。《中华人民共和国公司法》第13条规定，分公司不具有企业法人资格，其民事责任由公司承担。目前，中国人寿保险公司又更名为人寿（集团）公司，且已下文注销中国人寿重庆分公司，其相关债权债务由人寿（集团）公司承担。因此，人寿（集团）公司以原告身份向泛华公司主张权利是正当的。

关于人寿（集团）公司主张的违约金请求是否超过了诉讼时效期限的问题。首先，本案违约金系基于泛华公司未按约履行交房义务的违约行为而产生的。按照双方当事人在《商品房预售（预购）合同》中的约定，泛华公司如违反约定的期限延迟移交房屋，应向人寿（集团）公司缴纳违约金，违约金每日按房价款的0.2‰累加计算。从该约定内容分析，延迟交房的违约金是根据违约行为持续发生的状况而"累加计算"的，即相对于购房方来讲，主张自合同约定的逾期交房之日至实际交房之日的违约金，是双方当事人在合同中所确定的一个整体的合同权利,而不是按照违约的天数具体分割为若干分别计算诉讼时效的独立的权利,购房方可以在该项整体权利没能实现时提出主张。如果将本案违约金请求权分割为若干独立的请求权,并以分别起算的诉讼时效予以限制,这必将改变本案双方当事人在合同中约定的"累加计算"的本意,违背当事人意思自治的基本原则。其次,本案中双方当事人在合同中仅约定了违约金的计算方法,并没有约定违约金的支付期限。对于没有支付期限的债务,债权人任何时候都可以主张,只有当债务人明确表示不履行时,才能认定债权人"知道或者应当知道权利受到侵害",诉讼时效才可依法起算。再次,就本案的实际情况而言,要求购房方在房屋交付之前单独就违约金债权提起诉讼或申请仲裁,均不符合社会公众在日常生活中所遵循的公序良俗。总之,泛华公司关于违约金债权应当按照违约时间分别计算诉讼时效的抗辩理由,因无现行法律、司法解释明文规定的支持,不予采纳。

综上,人寿(集团)公司与泛华公司签订的《商品房预售(预购)合同》符合法律规定,系双方的真实意思表示,应当受到法律保护。泛华公司应当按照合同忠实履行义务,避免因违约造成其损失的扩大。人寿(集团)公司的诉讼请求及其理由成立。

二审诉辩情况

泛华公司不服一审判决,提起上诉,请求撤销一审判决,改判驳回人寿(集团)公司的诉讼请求并由人寿(集团)公司承担本案诉讼费用。主要理由是:(1)一审判决关于人寿(集团)公司享有本案诉讼主体资格的认定错误,人寿(集团)公司提供的证据不足以证明其享有《商品房预售(预购)合同》的权利,其无权提起本案的诉讼。2005年5月18日重庆市工商行政管理局出具的工商查询记录表明,截至今日,中国人寿重庆分公司仍为合法存续的经过工商登记的法人分支机构,并未办理注销、撤销及主体资格变更等手续。人寿(集团)公司提供的证据,不能表明人寿(集团)公司合法承继了中保人寿重庆分公司的债权债务,及人寿(集团)公司合法享有中保人寿重庆分公司在《商品房预售(预购)合同》中的权利。人寿(集团)公司提供的证据自相矛盾,无法体现中保人寿重庆分公司的债权债务究竟由谁承担。(2)一审判决认定泛华公司违约并判令泛华公司承担违约责任错误。其一,根据人寿(集团)公司提供的泛华公司及中国人寿重庆分公司的往来函件,双方已对交房时间达成了新的约定,泛华公司并不存在违约行为。本案讼争房屋于1998年年底已主体封顶,1999年8月竣工并经结构验收合格,泛华公司已经具备依约交付房屋的条件,但因泛华公司前任法定代表人被撤销职务后,拒不交出全部工程资料，泛华公司无法调取相应的证据。泛华公司在一审期间已向法院提出《调查取证申请书》，但一审法院未予理睬。人寿（集团）公司提出变更设计的要求是导致泛华公司未能按照《重庆市商品房预售（预购）合同》约定时间交付房屋的根本原因。中国人寿重庆分公司出具的《关于催交我司购买的办公用房的公函》表明，双方已就房屋交付的时间形成了新的合意，人寿（集团）公司不能再按照《商品房预售（预购）合同》的约定主张泛华公司违约。其二，假设泛华公司违约，人寿（集团）公司主张的违约金也已超过诉讼时效，已丧失胜诉权。《商品房预售（预购）合同》约定了明确的履行期限，即自1999年9月1日起泛华公司应当给付违约金，本案违约金是有给付期限的。自约定交付房屋之日起至今近6年时间，人寿（集团）公司从未催促泛华公司交付房屋，更未主张过违约金，故人寿（集团）公司主张的违约金已经超过诉讼时效，法律不予保护。

人寿（集团）公司当庭答辩称：一审判决认定事实清楚，适用法律正确，应予维持。主要理由是：（1）人寿（集团）公司主体适格。（2）《商品房预售（预购）合同》约定泛华公司于1999年8月31日交付的房屋应为竣工验收合格的房屋，而不是主体封顶即可。人寿（集团）公司所发的两份函件本意为催交房屋，与变更交房时间非同一概念，双方从未就交房条件进行过变更。（3）《商品房预售（预购）合同》未约定违约金的支付时间，故应从发生争议之日即2003年10月28日和2004年4月13日，人寿（集团）公司分别发函至泛华公司催收房屋遭到拒绝之日开始起算诉讼时效。

二审裁判结果

二审法院根据《中华人民共和国民事诉讼法》第153条第1款第1项之规定，判决如下：驳回上诉，维持原判。如逾期不履行本判决确定之金钱给付义务，应当按照《中华人民共和国民事诉讼法》第232条之规定，加倍支付迟延履行期间的债务利息。二审案件受理费430960元，由泛华工程有限公司西南公司负担。本判决为终审判决。

二审裁判理由

二审法院认为：本案双方当事人争议的焦点有二：其一，人寿（集团）公司的诉讼主体资格问题；其二，违约责任的认定及人寿（集团）公司主张违约金是否超过诉讼时效问题。

1. 人寿（集团）公司的诉讼主体资格问题

经审查，本案所涉《商品房预售（预购）合同》的一方签约主体为中保人寿重庆分公司。该公司系属中保人寿保险有限公司设立的分公司。1999年3月22日，经中国保险监督管理委员会批准，中保人寿保险有限公司更名为中国人寿保险公司，随之，作为中保人寿保险有限公司分公司的中保人寿重庆分公司亦于同年4月20日变更公司名称为中国人寿重庆分公司。2003年7月8日，中国人寿保险公司再次更名为人寿（集团）公司。上述事实表明，人寿（集团）公司与本案签约主体中保人寿重庆分公司的总公司中保人寿保险有限公司仅有变更前后公司名称上的差异，实系同一法人。人寿（集团）公司变更设立后，中国人寿重庆分公司虽未因之变更相应名称，但2004年7月14日，人寿（集团）公司向重庆市工商行政管理局出具《关于注销原中国人寿重庆市分公司及其所属分支机构的函》，申请注销中国人寿重庆分公司，同时表明原中国人寿重庆分公司及其所属分支机构的相关债权债务由该公司承担。人寿（集团）公司申请注销中国人寿重庆分公司的行为，属公司基于经营发展需要对其分支机构的变更调整。根据《中华人民共和国公司法》第13条的规定，公司可以设立分公司，分公司不具有企业法人资格，其民事责任由公司承担。因此，公司分支机构于法人变更过程中是否已实际经工商注销完毕，不影响公司基于独立法人性质行使对其分支机构所享有的民事权利和民事义务。人寿（集团）公司于本案中以原告身份向泛华公司主张《商品房预售（预购）合同》项下的合同权利符合法律规定。泛华公司上诉提出的截至2005年5月18日，中国人寿重庆分公司未办理注销手续，仍为合法存续的法人分支机构，人寿（集团）公司不具备合法诉讼主体资格，无权提起本案诉讼的主张，与事实不符，亦无法律根据。一审判决认为人寿（集团）公司属于本案适格原告，认定事实及适用法律正确，予以维持。

2. 违约责任的认定及人寿（集团）公司主张违约金是否超过诉讼时效问题

本案双方当事人签订的《商品房预售（预购）合同》约定，泛华公司应在1999年8月31日将竣工并经验收合格的房屋移交给中保人寿重庆分公司。泛华公司上诉提出，根据泛华公司与中国人寿重庆分公司的往来函件，双方已对交房时间达成了新的约定，泛华公司不存在违约行为。经审查，中国人寿重庆分公司分别于2003年10月28日及2004年4月13日，向泛华公司发出两份函件，名称为《关于催交我司购买的办公用房的公函》。其中2004年4月13日函件的邮政送达回执单据上载明泛华公司拒收。该函件内容为中国人寿重庆分公司基于函发之日，泛华公司仍未完成工程竣工验收、消防验收和环境配套设施的整治工作的现状，为避免损失继续扩大而要求泛华公司尽快依约交付竣工验收合格房屋的催告。未见双方于此函件中对房屋交付期限存有明确具体的合意变更,且于此之外泛华公司亦没有再提供其他形式的证据证明其主张的本案双方当事人就讼争房屋交付时间存在协商一致的变更,因此,泛华公司的上述主张与事实不符,不予支持。泛华公司上诉亦提出,本案讼争房屋于1999年8月竣工并经结构验收合格,已具备依约交付的条件及人寿(集团)公司提出变更设计的要求是导致泛华公司未能按照约定时间交付房屋的根本原因两项主张,作为其不应承担违约责任的抗辩理由。经查,自本案诉讼伊始,泛华公司一直未能就讼争房屋已通过竣工验收合格及人寿(集团)公司于合同履行过程中存在不符合合同约定的设计变更提供有效证据。对此,泛华公司主张系由其前任法定代表人隐匿工程资料导致其举证不能所致。泛华公司法定代表人的变更属于其公司内部人员的调整变化,在公司依法存续期间,法定代表人的更迭不构成影响公司民事责任承担的法定抗辩理由,故泛华公司该项上诉主张亦不能成立。

按照双方当事人在《商品房预售(预购)合同》中的约定,泛华公司如违反约定的期限延迟移交房屋,应向人寿(集团)公司交纳违约金,违约金每日按房价款的0.2‰累加计算。泛华公司上诉提出人寿(集团)公司从未催促泛华公司交付房屋,其关于违约金的主张已经超过诉讼时效,不应支持。结合本案查明事实分析,人寿(集团)公司购买泛华大厦的目的系为解决办公用房之需,因泛华公司一直未能交付讼争房屋,人寿(集团)公司至今仍于他处租赁房屋办公。于此情形下,依泛华公司的上诉主张人寿(集团)公司于房屋交付期限届至后长期不主张权利,既不符合本案《商品房预售(预购)合同》订立的目的,亦有悖常理。且泛华公司于上诉请求中一方面主张,根据相互往来函件,双方已对交房期限达成了新的变更;另一方面又认为双方对交房事宜从来没有协商过,人寿(集团)公司从未催促过泛华公司交付房屋。该两项上诉主张,前后表述矛盾,本院不予采信。2004年4月14日,中国人寿重庆分公司向泛华公司发出《关于催交我司购买的办公用房的公函》的函件,要求泛华公司于2004年6月底前交付竣工验收合格的房屋,泛华公司拒收,此时应视为权利人主张权利而义务人拒绝履行义务,权利人始知其权利遭到侵害,诉讼时效应从此发生争议之日起计算。故泛华公司关于本案违约金债权已经超过诉讼时效的上诉主张与事实不符亦无法律依据,不予支持。

综上,一审判决认定事实清楚,适用法律正确。泛华公司的上诉理由不能成立,本院不予支持。

69. 交房后，买受人发现出卖人交付使用的房屋建筑面积小于商品房预售合同约定的面积的，应如何处理？

最高人民法院《关于审理商品房买卖合同纠纷案件适用法律若干问题的解释》规定，"房屋实际面积小于合同约定面积的，面积误差比在3%以内（含3%）部分的房价款及利息由出卖人返还买受人，面积误差比超过3%部分的房价款由出卖人双倍返还买受人"。在合同双方在预售合同中就相关问题作出约定时，应按双方的约定处理，如双方未进行约定，则应按照上述《解释》进行处理。

典型疑难案件参考

长城公司诉远洋大厦公司商品房买卖合同纠纷案（《最高人民法院公报》2004年第10期）

基本案情

原告长城公司和被告远洋大厦公司于1999年3月1日签订《外销商品房预售契约》，该契约约定：长城公司自愿购买由远洋大厦公司预售的北京远洋大厦G层01（暂定号）房屋，房屋用途为写字楼，远洋大厦公司已收到原告定金人民币36800元；还约定：G层01（暂定号）的建筑面积为105.62平方米，国有土地使用面积为16.84平方米，上述各项面积为暂测面积，该商品房交付时，房屋的实际面积与暂测面积的差别不超过暂测面积的±5%（不含）时，按照本契约约定的所售房屋售价进行结算；实测面积与暂测面积之差超过暂测面积的±5%（含）时，自远洋大厦公司向长城公司出示北京市房屋土地管理局实测面积文件之日起15日内，长城公司有权解除契约。契约解除自长城公司书面通知送达远洋大厦公司之日起生效。远洋大厦公司除在契约解除后30日内向长城公司双倍返还定金外，并须将长城公司已付的房价款及利息全部退还，利息按照中国人民银行固定资产贷款利率或按照中国人民银行外汇贷款利率计算。同时约定：双方同意上述预售房屋售价为每建筑平方米2800美元，价款合计为295736美元。长城公司同意在双方签订预售契约后即付清全部购房价款。长城公司已支付的定金在原告最后一次付款时转为购房价款。还约定：被告须于1999年9月30日前，将房屋交付给原告。双方同意房屋交付后30日内共同到北京市房屋土地管理局房地产市场管理处办理房屋买卖过户审批手续。办理上述手续时发生的税费,由双方依照有关规定交纳。

《外销商品房预售契约》签订同日,双方又签订一份《北京"远洋大厦"预售契约补充协议》,作为对《外销商品房预售契约》的补充。在上述两份文件签订前,长城公司于1999年2月13日已向远洋大厦公司交纳了全部购房款,共计人民币2454608.80元。1999年11月30日,远洋大厦公司延期两个月向长城公司交房,随后双方就延期交房问题达成谅解。后长城公司多次催促远洋大厦公司办理房屋产权过户手续,远洋大厦公司于2002年9月12日方才取得其销售房屋的房屋产权证。长城公司于2002年11月12日向远洋大厦公司委托的北京市众天中瑞律师事务所交纳了办理相关法律手续的律师费。2003年4月22日,远洋大厦公司向长城公司发函,称:根据北京市房地产勘察测绘队对远洋大厦的勘测报告,长城公司购房的实测面积为77.5平方米(其中套内面积为56.09平方米,公共分摊面积为21.41平方米),比契约规定的面积减少了28.12平方米。远洋大厦公司承认,实测面积与预售面积的误差已经超过合同约定的5%的范围,并告诉长城公司:如选择解除原合同,须在接到通知的15日内书面回复,如选择继续履行合同,远洋大厦公司将在办理完房产证后退还减少面积部分的房价款78736美元,还要求长城公司在收到此函后7日内与其联系办理有关手续。此函的附件包括北京市房地产勘察测绘所出具的北京市房屋登记表、分户产权账务结算表、长城公司应准备的文件清单及授权委托书样本。长城公司收到函件及附件后,未书面答复远洋大厦公司,亦未按要求提交有关授权及相关文件以办理房产证事宜。长城公司称已口头答复远洋大厦公司,但远洋大厦公司对此予以否认。现长城公司当庭表示不同意解除契约,要求远洋大厦公司继续履行。

一审诉辩情况

原告诉称:1999年3月1日,我公司与远洋大厦公司在《外销商品房预售契约》中约定:我公司购买远洋大厦的G01单位,该单位建筑面积为105.62平方米,每平方米2800美元,合计295736美元;远洋大厦公司应在1999年9月30日前交付房屋,并在房屋交付后30日内办理房屋买卖过户手续。合同签订后,我公司交付了全部购房款,远洋大厦公司延期至1999年11月30日交付了房屋,但至今未办理房屋买卖过户手续。2003年4月22日,我公司得知所购房屋实测面积比合同减少了28.12平方米,面积误差比为购房合同的26.6%,实际多付房款共计人民币653508.8元。根据最高人民法院《关于审理商品房买卖合同纠纷案件适用法律若干问题的解释》(以下简称《解释》)中的"面积误差比超过3%部分的房价款由出卖人双倍返还"规定,被告应返还我公司房价款共计人民币 1233314.26 元。此外，远洋大厦公司至今未替我公司办理房产证，严重损害了我公司利益，应承担赔偿责任。

被告辩称：2003 年 4 月 22 日，我公司向长城公司发函通知其办理房屋产权过户手续，但对方未予答复，故房屋产权未过户是其自己造成的。关于售房面积缩水的情况，我公司已通过函件书面通知长城公司，对原购房契约进行了变更，长城公司没有在合理的期限内提出异议。因此，双方实际已在原告要求继续履行合同的情况下，就超过合理误差范围外面积的房款按契约的单价进行结算并达成了补充协议，故不应将《解释》适用于本案。

▶一审裁判结果

一审法院依据《合同法》第 60 条、第 107 条，《解释》第 14 条、第 18 条第 1 款第 1 项、第 28 条第 1 款第 1 项之规定，判决：

一、被告北京远洋大厦公司返还原告长城公司购房款 1183121 元；

二、被告北京远洋大厦公司给付原告长城公司自 1999 年 12 月 30 日至 2003 年 4 月 29 日的违约金（违约金按照中国人民银行规定的金融机构计收逾期贷款利息的标准计算，总额以购房款人民币 2454608.80 元计算）；

三、驳回原告长城公司的其他诉讼请求。

▶一审裁判理由

北京市西城区人民法院认为：

《中华人民共和国合同法》（以下简称《合同法》）第 60 条规定："当事人应当按照约定全面履行自己的义务。"第 107 条规定："当事人一方不履行合同义务或者履行合同义务不符合约定的，应当承担继续履行、采取补救措施或者赔偿损失等违约责任。"原告长城公司与被告远洋大厦公司签订的外销商品房预售契约及其附属的相关文件，均是双方当事人的真实意思表示，属有效合同，双方应按合同约定的内容履行相应义务。远洋大厦公司虽未按合同的约定日期交房，但远洋大厦公司延期交房的行为已得到长城公司的谅解，双方同意将合同约定的交房日期变更为远洋大厦公司的实际交房日，即 1999 年 11 月 30 日。

本案中，远洋大厦公司承认实际欠付长城公司的房屋面积违反了合同中暂测面积的 26.6%，故应承担违约责任。由于双方在合同中未约定实际欠付面积超过暂测面积 5% 后如何具体追究违约责任，现长城公司要求适用《解释》的有关规定并无不当。根据最高人民法院《关于审理商品房买卖合同纠纷案件适用法律若干问题的解释》的规定，实测面积小于合同约定面积的，面积误差比在3%以内（含3%）部分的房价款及利息由出卖人返还买受人。但长城公司在与远洋大厦公司签订的购房合同中，已经约定实际面积与暂测面积的差别不超过±5%（不含）时，应按照合同房屋售价进行结算，双方当事人应遵守该约定。故本案应以双方在合同中约定的5%作为追究远洋大厦公司违约责任的起点，即实际面积与暂测面积的差别在5%（不含）之内部分的房款，按照双方当事人在合同中约定的售价予以返还，而实际面积与暂测面积的差别在5%之外的房款，应按照最高人民法院《关于审理商品房买卖合同纠纷案件适用法律若干问题的解释》的规定，由远洋大厦公司双倍返还。长城公司主张所购房屋实际面积误差比超过3%的部分房价款均由远洋大厦公司双倍返还，明显不妥，故不予支持。

远洋大厦公司将不能按照合同约定的期限（交房后30日内）办理房产证，归责为政府相关部门没有及时办理有关手续是没有说服力的。因为远洋大厦公司签订合同时，即明知自己尚未取得该房产项目的房产证，亦明知在取得房产证后，对建成的楼房分户测量仍需要一定的时间，但仍向长城公司承诺交房后30日内办理房产证，故理应承担没有按承诺为长城公司办理房产证的违约责任。但长城公司在远洋大厦公司2003年4月22日提出为其办理房产证后，不能证明已按远洋大厦公司的要求提供相关材料，并将此后没有办理房产证归责于远洋大厦公司缺乏依据，故不予支持。

二审诉辩情况

远洋大厦公司上诉称：（1）一审法院判令我公司双倍支付减少部分面积的房款没有合同及法律依据。根据预售契约第2条规定，在实际面积与暂测面积的误差比超过±5%的范围内时，买方有权在卖方出示北京市房屋土地管理局实测面积文件之日起15天内作出退房决定，但没有规定在买方要求继续履行合同的情况下，超过合理误差范围部分的房款如何进行结算。我公司取得北京市房地产勘察测绘队出具的测绘表后，已向长城公司发函明确说明了实测面积与暂测面积的误差比例和数额，告知长城公司在规定的期限内行使解除合同的权利，并说明如果要求继续履行合同，我公司会退还减少部分面积的房款。我公司通过上述函件已经明确对预售契约第2条进行了补充规定，即在实测面积与暂测面积的误差比超过预售契约规定的合理误差的范围内时，在买方要求继续履行合同的情况下，就超过合理误差范围的房款如何进行结算提出了明确的补充规定。长城公司在收到函件后，没有在规定的期限内行使解除合同的权利，也没有在合理的期限内提出任何异议，应视为认可继续履行合同，同意对超过合理误差范围面积的房款按预售契约的单价进行结算。退一步讲，如果一审法院认定当事人双方没有就继续履行合同达成合意，那么就应该按照双方唯一有效的合同履行，即在超出双方约定的合理误差时，双方应该解除合同；如果长城公司既不解除合同，又要求我公司双倍退还超出面积部分的房款，实际上是不当得利。(2) 一审法院判令我公司自1999年12月30日至2003年4月29日承担长城公司所购的G01单位的房产证没有按期取得的违约金是不符合当时实际情况的，因为我公司在与长城公司签署合同时，远洋大厦正在建设中，当时是不可能取得大产权证的；办理房产证首先须经有关测量部门对已经交付的房屋的面积进行测量，而在房屋交付使用后30天就完成上述测量并开始进行产权过户手续，在实际上是根本不可能的，故北京市房屋土地管理局对此专门进行了修改；在2002年4月底，我公司将需要办理大产权证的全部材料提交给北京市房屋土地管理局后，直到2002年9月12日才取得大产权证。在取得大产权证后，上诉人立即正式开始申请北京房地产勘察测绘队对包括被上诉人所购买的房屋进行分户产权的测量工作，北京房地产勘察测绘队于2002年11月29日出具测绘后的房屋登记表。这两段时间是由于政府部门内部工作的程序而导致的时间延误，不应该由我公司承担过错责任。我公司在2002年11月29日取得房屋登记表后，由于长城公司于2002年11月初向上诉人提出配合办理按揭付款事宜，且当时按揭方案正在进行当中，故亦不可能办理房产证，只是由于长城公司在办理按揭上一直没有进展，故我公司于2003年4月22日只好按照正常的工作程序发函给被上诉人以避免责任，故判令我公司自2000年1月1日开始承担延期办理房产证的违约金不符合实际情况。另外，我公司自2002年4月底起即开始办理大产权证，是由于行政部门的原因导致的办理延误，故不应由我公司承担责任。虽然长城公司至今还没有取得房产证，但在我公司的配合下，长城公司仍以G01单位进行抵押贷款从而达到其融资的目的，故并没有因为未及时得到房产证而产生实际的经济损失。

长城公司同意一审法院的判决。

▶ 二审裁判结果 ◀

二审法院依照《中华人民共和国民事诉讼法》第153条第1款第1项、第158条之规定，北京市第一中级人民法院于2004年6月28日判决：驳回上诉，维持原判。

▶ 二审裁判理由 ◀

北京市第一中级人民法院认为：原审法院认定长城公司与远洋大厦公司签订的外销商品房预售契约及其附属的相关文件有效，并认定双方实际变更交房日为1999年11月30日并无不当。长城公司与远洋大厦公司理应严格按照契约及相关文件的约定履行各自义务。远洋大厦公司提出以2003年3月19日的长城公司的传真件及远洋大厦、长城公司、北京中关村科技担保有限公司三方均未签字盖章的协议，证明远洋大厦公司与长城公司已经在履行原契约过程中因长城公司要求办理按揭购房而发生变化，从而远洋大厦公司在其上诉状中提出原审法院没有认定上述证据不符合事实的上诉理由，由于远洋大厦公司提交的有关协议没有三方的签字和盖章而并未成立，不足以证明其主张，故不予支持。

对于远洋大厦提出的"一审法院判令上诉人双倍支付被上诉人减少部分面积的房款没有合同及法律依据"及"一审法院判令上诉人自1999年12月30日起至2003年4月29日止承担被上诉人所购的G01单位的房产证没有按期取得的违约金是不符合当时实际情况"的主张，远洋大厦公司是2003年4月22日向长城公司发函的，但并未得到长城公司的确认，故其不能以此认定长城公司已表示同意远洋大厦公司变更双方签订契约内容的提议，即双方并没有就房屋减少面积超过5%部分的房款退还问题达成新的约定，故对远洋大厦公司的上述主张不予支持。《解释》于2003年6月1日起施行，根据上述司法解释第28条的规定，原审法院适用该司法解释审理本案正确。

商品房预售合同纠纷办案依据集成

1.《中华人民共和国民法通则》（1987年1月1日）（节录）

第八十五条 合同是当事人之间设立、变更、终止民事关系的协议。依法成立的合同，受法律保护。

第一百三十五条 向人民法院请求保护民事权利的诉讼时效期间为二年，法律另有规定的除外。

2.《中华人民共和国城市房地产管理法》（1995年1月1日）（节录）

第三十九条 以划拨方式取得土地使用权的，转让房地产时，应当按照国务院规定，报有批准权的人民政府审批。有批准权的人民政府准予转让的，应当由受让方办理土地使用权出让手续，并依照国家有关规定缴纳土地使用权出让金。

以划拨方式取得土地使用权的，转让房地产报批时，有批准权的人民政府按照国务院规定决定可以不办理土地使用权出让手续的，转让方应当按照国务院规定将转让房地产所获收益中的土地收益上缴国家或者作其他处理。

第四十四条 商品房预售，应当符合下列条件：

（一）已交付全部土地使用权出让金，取得土地使用权证书；

（二）持有建设工程规划许可证；

（三）按提供预售的商品房计算，投入开发建设的资金达到工程建设总投资的百分之二十五以上，并已经确定施工进度和竣工交付日期；

（四）向县级以上人民政府房产管理部门办理预售登记，取得商品房预售许可证明。

商品房预售人应当按照国家有关规定将预售合同报县级以上人民政府房产管理部门和土地管理部门登记备案。

商品房预售所得款项，必须用于有关的工程建设。

3. 最高人民法院《关于审理商品房买卖合同纠纷案件适用法律若干问题的解释》（2003年6月1日）（节录）

第三条 商品房的销售广告和宣传资料为要约邀请，但是出卖人就商品房开发规划范围内的房屋及相关设施所作的说明和允诺具体确定，并对商品房买卖合同的订立以及房屋价格的确定有重大影响的，应当视为要约。该说明和允诺即使未载入商品房买卖合同，亦应当视为合同内容，当事人违反的，应当承担违约责任。

第十四条 出卖人交付使用的房屋套内建筑面积或者建筑面积与商品房买卖合同约定面积不符，合同有约定的，按照约定处理；合同没有约定或者约定不明确的，按照以下原则处理：

（一）面积误差比绝对值在3%以内（含3%），按照合同约定的价格据实结算，买受人请求解除合同的，不予支持；

(二）面积误差比绝对值超出3%，买受人请求解除合同、返还已付购房款及利息的，应予支持。买受人同意继续履行合同，房屋实际面积大于合同约定面积的，面积误差比在3%以内（含3%）部分的房价款由买受人按照约定的价格补足，面积误差比超出3%部分的房价款由出卖人承担，所有权归买受人；房屋实际面积小于合同约定面积的，面积误差比在3%以内（含3%）部分的房价款及利息由出卖人返还买受人，面积误差比超过3%部分的房价款由出卖人双倍返还买受人。

第十八条 由于出卖人的原因，买受人在下列期限届满未能取得房屋权属证书的，除当事人有特殊约定外，出卖人应当承担违约责任：

（一）商品房买卖合同约定的办理房屋所有权登记的期限；

（二）商品房买卖合同的标的物为尚未建成房屋的，自房屋交付使用之日起90日；

（三）商品房买卖合同的标的物为已竣工房屋的，自合同订立之日起90日。

合同没有约定违约金或者损失数额难以确定的，可以按照已付购房款总额，参照中国人民银行规定的金融机构计收逾期贷款利息的标准计算。

第二十八条 本解释自2003年6月1日起施行。

《中华人民共和国城市房地产管理法》施行后订立的商品房买卖合同发生的纠纷案件，本解释公布施行后尚在一审、二审阶段的，适用本解释。

《中华人民共和国城市房地产管理法》施行后订立的商品房买卖合同发生的纠纷案件，在本解释公布施行前已经终审，当事人申请再审或者按照审判监督程序决定再审的，不适用本解释。

《中华人民共和国城市房地产管理法》施行前发生的商品房买卖行为，适用当时的法律、法规和《最高人民法院〈关于审理房地产管理法施行前房地产开发经营案件若干问题的解答〉》。

4.《商品房销售管理办法》（2001年6月1日）（节录）

第二十四条 房地产开发企业应当按照批准的规划、设计建设商品房。商品房销售后，房地产开发企业不得擅自变更规划、设计。

经规划部门批准的规划变更、设计单位同意的设计变更导致商品房的结构型式、户型、空间尺寸、朝向变化，以及出现合同当事人约定的其他影响商品房质量或者使用功能情形的，房地产开发企业应当在变更确立之日起10日内，书面通知买受人。

买受人有权在通知到达之日起15日内做出是否退房的书面答复。买受人在通知到达之日起15日内未作书面答复的，视同接受规划、设计变更以及由此引起的房价款的变更。房地产开发企业未在规定时限内通知买受人的，买受人有权退房；买受人退房的，由房地产开发企业承担违约责任。

三、商品房销售合同纠纷

70. 在房屋买卖合同不成立的情形下，是否存在定金问题？

定金是我国《担保法》明确规定的一种担保形式，它是指当事人一方向另一方给付一定数额的金钱，以此作为某种行为的担保。当给付定金的一方不履行约定行为时，无权要求对方返还定金；而收受定金的一方不履行约定行为的，应当双倍返还定金，这就是通常所讲的定金罚则。根据定金性质的不同，可以将其划分为违约定金、立约定金、解约定金、成约定金、证约定金等多种类型，其中最为常见的是违约定金和立约定金。违约定金是指当事人约定一方向另一方给付定金作为主合同债务履行的担保，当一方不履行主合同约定的债务时，应当接受相应的定金处罚。立约定金也称为订约定金，是指当事人约定以交付定金作为双方订立主合同的担保，当该担保的定约行为没有发生时，由违反承诺的一方接受定金处罚。可见，立约定金的设立是在主合同签订之前，其目的是为了担保主合同的订立，而违约定金的设立是在主合同签订的同时或之后，其目的是为了保证主合同的履行。因此，即使买卖合同不成立，也可能存在立约定金。

典型疑难案件参考

颜呈灵诉蔡婀娜房屋买卖合同纠纷案

基本案情

2005年9月4日，原告欲向被告购买被告丈夫蔡章英同意由被告全权处理出售事项的夫妻共有的位于安海镇三公境29号三层楼房1幢（房屋所有权证为晋房安字第10009号），双方协商一致房价为41万元。当日，原告支付被告定金5万元，被告出具了载明"兹收到颜呈灵先生的购房款人民币定金伍万元。我丈夫（蔡章英）拥有安海镇三公境门牌29号三层楼房1幢以人民币肆拾壹万整转让给颜呈灵先生、待定立字据后，即日把余额房款人民币叁拾陆万应即日付清。我当把房屋产权证二本付出。此据"的收据给原告收执。事后，被告曾两次向原告之妻蔡选治要求原告购买其房屋，原告之妻蔡选治表示不再购买该房屋。2005 年 10 月 26 日，原告将单方草拟的房屋买卖合同 1 份邮递给被告，该合同包括房屋的处所、建筑面积、价款、房屋的交付及产权变更登记、价款的支付及产权变更登记费用的承担、违约责任等条款。2005 年 10 月 28 日，被告采用函件形式告知原告，其不接受原告单方草拟的房屋买卖合同所列的条款。被告在此函件中载明："关于房屋买卖合同书应在双方当事人当面协商签订方生法律效力。你单方草拟的房屋合同书所列的条款我不能接受。至于你要求 10 月 29 日双方签订该房屋买卖合同书我同意，按 2005 年 9 月 4 日我们双方的约定，我蔡婀娜收到你定金伍万元整，关于你购买安海镇三公境 29 号的房屋收据已详细说明清楚该房屋交割过程，限你到 10 月 31 日为止，逾期不来视你单方违约，没收定金伍万元整。"原告于 2005 年 10 月 31 日提起诉讼，请求判令被告返还其购房款 5 万元。

▶一审诉辩情况◀

原告颜呈灵诉称：因双方未达成一致，主合同未成立，请求被告返还其购房款 5 万元。

被告蔡婀娜辩称：原告只是向被告交纳定金，并没有向被告支付过购房款。双方于 2005 年 9 月 4 日订立的房屋买卖合同合法有效，双方应按合同约定全面履行自己的义务，原告无权单方解除合同。原告的诉讼请求缺乏事实及法律依据，依法应予驳回。

▶一审裁判结果◀

一审法院依照《中华人民共和国合同法》第 10 条第 2 款、《中华人民共和国民法通则》第 92 条的规定，于 2006 年 1 月 12 日判决如下：被告蔡婀娜应于判决生效之日起 10 日内返还原告颜呈灵购房款 50000 元。

▶一审裁判理由◀

福建省晋江市人民法院经审理认为：依据《中华人民共和国城市房地产管理法》第 40 条的规定，房地产转让合同应当是一种要式合同，必须是书面订立且具备完备的形式才能成立。本案被告于 2005 年 9 月 4 日单方出具的收据不具房屋买卖合同的要素和形式，而且该收据也确认待立字据后才进行房屋及价款的交付。"字据"，按被告的解释是房屋的买卖契约，而房屋的买卖契约就是房屋买卖合同，因此该收据不能认定为房屋买卖合同，只是被告收取原告定金的凭证及双方买卖房屋的意向。被告 2005 年 10 月 28 日发送给原告的函件载明不同意接受原告于 2005 年 10 月 26 日单方草拟的房屋买卖合同所列的条款，且认为房屋买卖合同书应是双方当事人当面协商签订方发生法律效力，说明原、被告双方的房屋买卖合同尚处于磋商阶段，且最终因分歧较大没有达成房屋买卖合同。依据《中华人民共和国担保法》第2条及第5条的规定，定金是担保合同的一种，只能是依附主合同而存在的从合同，本案作为主合同的房屋买卖合同尚未成立，也就不存在定金问题，所以原告交付被告的50000元只能认定为原告欲购房屋的预付款。被告在房屋买卖合同尚未成立之时，以原告单方违约为由扣留原告购房预付款，没有事实和法律依据，应予返还，原告的诉讼请求应予支持。

二审诉辩情况

被告蔡婀娜不服此判决，向福建省泉州市中级人民法院提起上诉称，原审判决将主合同"未成立"当成主合同"无效"，进而错误地适用法律作出了错误的认定和判决。被上诉人支付的50000元属于"立约定金"性质，原审判决认为主合同未成立就不存在定金问题的观点违反法律规定。本案主合同未能订立完全是被上诉人的过错造成的，被上诉人拒绝订立主合同，无权要求返还定金。本案中不存在预付款的问题，被上诉人主张返还预付款没有事实与法律依据。请求撤销原判，改判驳回原审原告的诉讼请求。

颜呈灵答辩称：因双方未达成一致意见，主合同未成立，不存在定金问题，该50000元仅是意向金，请求驳回蔡婀娜的上诉。

二审裁判结果

二审法院依照《中华人民共和国民事诉讼法》第153条第1款第2项、最高人民法院《关于适用〈中华人民共和国担保法〉若干问题的解释》第115条的规定，于2006年5月29日判决如下：

一、撤销晋江市人民法院〔2005〕晋民初字第4418号民事判决；
二、驳回原审原告颜呈灵的诉讼请求。

二审裁判理由

泉州市中级人民法院认为：定金的种类除了违约定金外，还可以包括立约定金、解约定金等其他类型，其中为担保主合同的订立而交付的定金为立约定金，最高人民法院《关于适用〈中华人民共和国担保法〉若干问题的解释》第115条对此作了明确规定。本案双方当事人在2005年9月4日达成房屋买卖意向，但尚未签订正式的房屋买卖合同，上诉人蔡婀娜先行收取被上诉人颜呈灵的定金50000元即属于立约定金性质。此后，被上诉人之妻蔡选治两次在与上诉人蔡婀娜的谈话录音中表示不再购买该房屋。虽然2005年10月26日被上诉人颜呈灵又将1份《房屋买卖合同书》邮递给上诉人蔡婀娜，表明其仍愿意购买该房屋，但该《房屋买卖合同书》系被上诉人单方草拟，其中的部分条款内容明显违反了 2005 年 9 月 4 日交付定金时双方所作的约定，这说明被上诉人并没有真正想按照双方原先约定内容与上诉人签订正式房屋买卖合同的意愿。上诉人蔡婀娜为此在 2005 年 10 月 28 日复函表示不能接受被上诉人单方草拟的合同条款，合情合理，且在复函中上诉人仍表示同意按照双方原先约定与被上诉人签订房屋买卖合同，并限期被上诉人在 2005 年 10 月 31 日前来签订合同，否则没收定金，但被上诉人仍没有与上诉人签订合同，而是直接向原审法院起诉要求上诉人返还购房款 50000 元。以上事实经过可以说明，造成双方最终未能签订正式房屋买卖合同的原因在于被上诉人。根据最高人民法院《关于适用〈中华人民共和国担保法〉若干问题的解释》第 115 条的规定，被上诉人颜呈灵作为给付定金一方拒绝签订主合同的，无权要求收受定金一方的上诉人蔡婀娜返还定金，故对其原审诉讼请求应依法不予支持。原审判决将该诉争款项 50000 元认定为预付款并判令上诉人予以返还欠妥，应予纠正。

> **71. 开发商与购房人签订的商品房买卖合同中约定的土地使用年限超出国家法定出让年限 10 年，应如何处理？**
>
> 根据国家法律规定，商业用房的土地使用年限为 40 年。房地产开发商与购房人签订的商品房买卖合同约定商业用房的土地使用年限为 50 年，该约定超出国家法定出让年限 10 年，因该约定违反法律的强制性规定，故超出 10 年的部分应属无效约定。房地产开发商对该无效约定存在过错，应赔偿购房人签订合同时因信赖合同约定所付出的对价。

典型疑难案件参考

陈美玲、蔡晨蓉以合同约定土地使用年限少于产权证记载年限 10 年为由诉厦门厦信发房地产有限公司退还无效约定年限的地价款案

基本案情

2001 年 3 月 26 日，陈美玲、蔡晨蓉与厦信发公司签订一份《商品房买卖合同》，约定：厦信发公司将位于信海花园 3 号楼一层 7 号商场（以下称"商场"，现门牌号为海沧沧林二路 403 号，建筑面积为 98.36 平方米）售给陈美

玲和蔡晨蓉，售价为人民币（币种下同）562719元（由于面积误差，实际房款为565764元），商场所在土地使用年限自1998年8月26日至2048年8月25日；陈美玲和蔡晨蓉首付282619元，余款办理银行按揭。合同签订后，陈美玲和蔡晨蓉依约履行合同义务。2003年1月6日，厦门市国土资源与房产管理局颁发给陈美玲和蔡晨蓉的厦地房证第00224518号及共有权证第00019081号证书确认该商场土地（35.27平方米）使用期限自1998年8月26日起至2038年8月25日止。2002年7月15日，厦信发公司与厦门海沧台商投资建设局（下称建设局）进一步明确1998年8月15日签订的〔98〕厦沧地元字〔024〕号《合同书》里商业使用年限为40年。因此，该商场实际使用年限比《商品房买卖合同》约定的少了10年。厦信发公司与建设局签订的土地出让金为每平方米1000元。2004年7月23日，陈美玲和蔡晨蓉提起诉讼。

▶ 一审诉辩情况

原告陈美玲、蔡晨蓉诉称：其与厦信发公司签订的《商品房买卖合同》约定土地使用年限为50年，而产权证上记载的土地使用年限为40年，根据国家法律规定，商业用地使用年限应为40年，厦信发公司却承诺50年，请求确认双方合同中对土地使用年限的约定超出法律规定的10年为无效，判决厦信发公司立即退还无效10年的地价款7054元。

被告厦信发公司答辩称：对陈美玲和蔡晨蓉要求确认合同约定部分无效的诉讼请求没有异议，但因陈美玲、蔡晨蓉无法举证证明其因无效而遭受损失，故其关于返还地价款的诉讼请求没有法律依据。

▶ 一审裁判结果

一审法院依照《中华人民共和国合同法》第52条、第56条、第58条的规定，判决如下：厦信发公司应于判决生效后10日内返还陈美玲和蔡晨蓉7054元；诉讼费292元由厦信发公司承担。

▶ 一审裁判理由

厦门市海沧区人民法院经审理认为：合同的订立采取要约、承诺两种方式。陈美玲和蔡晨蓉对厦信发公司的商场使用年限50年的要约表示承诺。但这一约定违反商业用地最高使用年限为40年的法律规定。该款超出10年的部分无效。无效的过错在于厦信发公司，因为土地出让取得年限作为项目建设依据系由开发商单方提供的，厦信发公司应对超出法定使用年限的无效约定承担责任。陈美玲和蔡晨蓉的诉讼请求也是有事实依据的，其所支付的房价即包含地价，而地价则涵盖土地的使用年限。《商品房买卖合同》虽然以建筑面积每平方米5720元计价，没有体现土地使用年限在计价中成分比例关系，但是，试想，一幢没有土地使用年限的房屋谁敢买？房地产是由土地与建筑物两个因素所构成的统一体。在这个统一体中，土地占据主要核心地位，而房屋（建筑物）处于次要的依附地位。因此，厦信发公司应根据责任退还多收的地价款，具体计算为：35.27平方米（讼争房的用地面积）×1000元/平方米（土地使用出让金）×20%（超出法律规定的无效约定10年所占合同约定年限的比例）＝7054元。为此，对陈美玲和蔡晨蓉的诉讼请求应予支持。

▶ 二审诉辩情况

厦信发公司不服，向厦门市中级人民法院提起上诉，请求撤销原判，改判驳回陈美玲和蔡晨蓉的诉讼请求。理由为：（1）无效约定并非厦信发公司的过错，而是属于重大误解。（2）无效约定并不意味着一定要承担责任，承担责任的前提应是无效造成损失或因无效取得财产的返还，厦信发公司既未取得财产，陈美玲和蔡晨蓉也未举证损失，故判决厦信发公司承担责任没有法律依据。（3）土地使用年限是法律法规的强制性规定，不会因为地价的高低而改变，地价也不会因土地使用年限的长短而有所改变，因此，土地使用年限和土地出让金没有必然因果联系，原审判决缺乏依据，且存在逻辑错误，合同约定的最后10年既然无效，又依此判决返还10年地价款，等于认定合同约定50年有效，显然自相矛盾。（4）陈美玲、蔡晨蓉未就其诉讼请求的计算依据的合法性提供充分有力的事实依据和相关证据证明，原审主观推断，违背公平原则，侵犯厦信发公司的合法权益。

被上诉人陈美玲和蔡晨蓉答辩称：厦信发公司作为专业房地产开发商，签订合同时已明确土地使用年限是50年，在此前提下确定陈美玲和蔡晨蓉所购房屋价格，现房产证载明只有40年，房屋价格也应随之变动。就是按建设局提供的土地出让合同，也没有商业50年的约定，作为购房者现仅要求退还10年的地价款，合理合法，对原审判决应予维持。

▶ 二审裁判结果

二审法院依照《中华人民共和国民事诉讼法》第153条第1款第1项的规定，判决如下：驳回厦信发公司的上诉，维持原判。

▶ 二审裁判理由

厦门市中级人民法院认为：厦信发公司与陈美玲、蔡晨蓉签订的《商品房买卖合同》系双方的真实意思表示，但由于合同中有关土地使用年限50年的约定超出国家法定出让年限 10 年，故超出 10 年的部分应属无效约定，原审认定正确。因出让土地的使用年限作为项目建设依据系由开发商单方提供的，国家法律明文规定商业用地出让最高年限为 40 年，在厦信发公司与建设局于 1998 年 8 月 15 日签订的《国有土地使用权有偿出让合同》中也仅约定"综合 50 年、住宅 70 年"，并没有商业用地出让年限的约定，厦信发公司作为专业房地产开发企业，在与陈美玲、蔡晨蓉签订《商品房买卖合同》时却自行约定 50 年的商业用地出让年限，导致合同约定因违反国家相关法律规定而无效，该无效责任应归责于厦信发公司。根据陈美玲和蔡晨蓉的诉请，厦信发公司因无效约定取得的财产包括合同利益成为厦信发公司所应承担的无效法律责任。虽然厦信发公司举证证明土地出让金并未因土地使用年限的变动而有所变化，进而主张土地使用年限的变动对房屋售价未造成实质性影响，其并未因无效约定获得收益，但有关土地出让金是否因土地使用年限的变动而应有所变化，系属土地出让方即建设局与土地受让方厦信发公司之间基于《国有土地使用权有偿出让合同》的约定调整双方之间的权利义务关系，而本案讼争的是厦信发公司与购房者之间因无效约定所应承担的合同责任，根据合同相对性原理，土地使用年限的变动对房屋售价有无实质性影响并不以厦信发公司实际缴纳的土地出让金金额的多少为判断标准，而应以购房者签订合同时信赖合同约定所付出的对价作为衡量标准，因此，房屋所附着的土地使用年限是 50 年还是 40 年，决定了房屋价值的不同，购房者为此所支付的房屋价格也理当有所不同，厦信发公司由此而获得的利益即应返还。根据《商品住宅价格管理暂行办法》的规定，商品住宅价格由成本、利润、税金和地段差价 4 个项目构成，其中成本包含地价及建筑成本在内。由于建筑成本系一次性投入，与建筑物的存续时间长短无关，故厦信发公司并未因土地使用年限的变动而获得相应的利益；而地价与土地的使用年限相对应，虽然房屋售价未体现土地使用年限在计价中的成分比例，但签约当时购房者系按 50 年土地使用年限支付对价，因此，原审参照该项目所在宗地的土地使用权出让金标准，按房屋所占用地面积的土地使用权出让 10 年的标准折算厦信发公司的合同利益，判决厦信发公司返还款项 7054 元，既体现合同责任，也符合公平原则，原审判决应予维持。综上，厦信发公司的上诉理由不能成立，上诉请求应予驳回。

72. 卖房多年后，夫妻一方能否以不知情为由主张夫妻关系中的另一方与他人的房屋买卖合同无效？

依法成立的合同受法律保护，当事人行使权利、履行义务应当遵循诚实信用原则。夫妻一方以不知情为由主张另一方与他人之间的房屋买卖合同无效，此主张能否成立，须综合案件的实际情况来考量。

典型疑难案件参考

李娟利、赵峰会诉张波集资房买卖合同纠纷案

基本案情

李娟利系西安市长安区子午信用社黄良分社职工，1998年长安县信用联社职工集资建房，该社职工李娟利亦参与集资建房，分得长安信合小区5号楼1单元6楼东户单元房一套，在赵峰会知情的情况下，李娟利于2000年1月10日向单位交纳购房款3万元整。2001年5月，李娟利经与张波协商，双方签订了购房协议约定：李娟利在单位集资购房款，全部由张波自行交给李娟利，张波所购李娟利单位集资房所有权归张波所有，但房产证暂以李娟利之名登记。协议签订后，张波在将3万元首付款交与李娟利后，又将其余房款直接交与李娟利所在单位，共计交纳房款9.45万元。房子建成后张波即入住，直至2007年李娟利所在单位开始为上述房屋办理房产证，李娟利在交纳相关费用后向张波提出腾房要求，双方因此发生纠纷。

一审诉辩情况

原告赵峰会、李娟利诉称：1998年西安市长安县信用合作社联合社（现为西安市长安区信用合作社联合社）建房时，李娟利用家庭共同财产3万元交纳了房款，在未征得其丈夫赵峰会同意的情况下与张波签订《购房协议》，将未建成的房屋转让与张波，该协议违反了国家法律的有关规定，又未征得家属财产共有人同意。现诉至法院要求确认购房协议无效，要求张波立即腾房。

被告张波答辩称：李娟利与其所签订《购房协议》系双方的真实意思表示，合同内容没有违反法律有关规定，且其已在涉案房屋居住多年，赵峰会称其不知情不符合事实。故李娟利与其所签订《购房协议》应为有效协议。

一审裁判结果

一审法院依照《中华人民共和国物权法》第15条的规定作出如下判决：驳回赵峰会、李娟利的诉讼请求。诉讼费2260元，由赵峰会、李娟利承担。

一审裁判理由

一审法院经审理认为：民事活动应当遵循诚实信用原则，李娟利与张波是在双方协商基础上本着双方自愿的原则签订的购房协议，该购房协议系双方的真实意思表示；该房屋虽未办理权属登记，但并不影响购房协议的效力，故李娟利与张波签订的购房协议合法有效。关于"李娟利称签订购房协议未经赵峰会同意"一节，在赵峰会知道交纳3万元首付款一事，而房产乃夫妻共同财产的重要组成部分，事实上张波亦已实际占有使用该房多年，作为夫妻的李娟利、赵峰会对于家庭的重大事项多年毫不涉及，与常理相悖，故对李娟利、赵峰会所称赵峰会不知李娟利与张波签订协议的理由不予支持。

二审诉辩情况

赵峰会、李娟利上诉称：李娟利与张波所签订的《购房协议》违反我国《合同法》及《城市房地产管理法》第37条之规定，应属无效协议，原审以赵峰会对李娟利、张波之间房屋买卖知情为由驳回其诉讼请求，显系认定事实不清，适用法律错误。请求二审撤销原判决，支持其起诉请求，并由张波承担本案一、二审诉讼费。

张波辩称：原审法院认定事实清楚，适用法律正确，其与李娟利所签订的《购房协议》系双方的真实意思表示，内容合法有效，请求驳回上诉，维持原判。

二审裁判结果

二审法院根据《中华人民共和国民事诉讼法》第153条第1款第1项的规定判决：驳回上诉，维持原判。二审案件受理费2260元（赵峰会、李娟利已预交），由其承担2260元。

二审裁判理由

二审法院认为：民事法律行为以意思表示为要素。1998年西安市长安县信用合作社联合社（现为西安市长安区信用合作社联合社）职工集资建房，李娟利分得长安信合小区5号楼1单元6楼东户单元房一套。李娟利作为集资人于2000年1月10日向单位交纳部分购房款3万元整后，于2001年5月与张波（非该单位人员）协商达成《购房协议》，对房屋转让价款、房屋产权证登记等作出明确约定。张波依约分别向李娟利和西安市长安区信用合作社联合社交纳房款，实际接收房屋。依据上述事实，李娟利与张波之间转让房屋的意思表示真实，且李娟利单位当时对该转让行为亦认可。我国实行不动产登记制度，不动产登记只是物权变动的成立要求，而非买卖合同成立要件。《中华人民共和国城市房地产管理法》第37条规定未依法登记领取权属证书的房地产不得转让，根据立法本意，其设置的目的是对在房屋所有权尚不明确的情况下，对房地产权属转让行为的一种限制。本案中，李娟利所购单位集资房系我国体制改革过渡期间的一种特殊产物，且该房屋产权证书正在办理，已具备合法交易要件，并非权属不明确之房屋。李娟利与张波之间《购房协议》签订后，张波对该房屋长期占有、使用。该买卖行为并未损害国家、集体、他人利益和违反社会公共利益，故李娟利与张波之间所签订的购房协议应为合法有效协议。李娟利、赵峰会诉称《购房协议》违反我国《合同法》及《城市房地产管理法》应属无效之主张，依据不足，不予支持。依法成立的合同受法律保护，当事人行使权利、履行义务应当遵循诚实信用原则。李娟利与张波签订买卖协议后实际收取张波3万元集资款，张波自2002年6月入住至今，已实际占有、使用该房屋6年多。李娟利、赵峰会系夫妻关系，对李娟利未实际购买该集资房，赵峰会称不知情，有悖常理。李娟利、赵峰会以赵峰会不知情，所签订之《购房协议》未征得共同所有人同意应属无效之主张，理由不能成立，亦不予支持。综上，原审判决认定事实清楚，适用法律正确。

73. 商品房买卖合同签订后，买受人能否以房屋存在质量问题为由行使抗辩权，而拒付剩余房款？

在双务合同中，一方当事人享有的权利也就是对方所负担的义务，且双方所负的债务之间具有相应性。在商品房买卖合同中，开发商的基本义务是将符合法定和约定条件的房屋移转于购房人，购房人的基本义务是及时收房并支付房款以及对房屋质量的检查通知。如果一方不履行的义务与另一方拒绝履行的义务之间不具有相应性，则不得行使抗辩权。开发商交付的房屋存在质量问题，属于瑕疵履行。从法理上讲，购房人在开发商完全无瑕疵地履行主合同义务前，可拒付相应房款。但是，权利的行使应有合理界限，超出此界限，将被视为权利滥用。此合理界限的确定一般须依照诚实信用原则为标准。

典型疑难案件参考

广州市番禺碧桂园物业发展有限公司诉苏琼、罗庆房屋买卖合同纠纷案

基本案情

1999年11月9日,原告和被告签订房屋买卖契约,双方约定,两被告向原告购买讼争房屋,总价511171元;两被告于签约时付51390元,于1999年12月13日前付总楼价的70%,再分别于2000年11月13日前、2001年11月13日前各给付51390元。原告于1999年11月30日前将房屋建成并交付两被告使用。另约定,若两被告逾期向原告交纳购房款,两被告须向原告支付违约金,每逾期一天的违约金为两被告应交款的4‰,两被告若逾期3个月仍未能付清应付款项的,原告有权解除协议,并且两被告应向原告支付总楼款20%的违约金。

签约后,原告于1999年12月29日将房屋交付两被告使用。两被告依约向原告交付了前几期购房款,但约定应于2001年11月13日前交付的最后一期楼款一直拖欠未付。原告曾于2003年6月与12月、2004年4月分3次向两被告发函追讨拖欠楼款。由于被告至今仍未交付余款,原告遂诉至法院。

另查明,2004年4月6日,被告向原告发函反映房屋存在质量问题。原告具有房地产开发资质和预售上述纠纷标的物的资格,讼争房屋质量已经竣工验收合格。

一审期间,依两被告申请,一审法院委托广州建设工程质量安全检测中心对涉讼房屋进行质量鉴定,该中心出具的报告认为:房屋虽不存在安全隐患等严重质量问题,但存在钢筋安装间距不符合要求以及顶板、梁上和墙体出现裂缝等质量问题,须采取处理措施。原告至今未采取修缮措施。

一审诉辩情况

原告诉称:原告于1999年12月29日将房屋交付两被告使用。两被告依约向原告交付了前几期购房款,但约定应于2001年11月13日前交付的最后一期楼款一直拖欠未付。原告曾于2003年6月与12月、2004年4月分3次向两被告发函追讨拖欠楼款。但被告至今仍未交付余款。

被告辩称:原告交付的房屋存在质量问题,因此其至今未交付余款。被告已于2004年4月6日向原告发函反映房屋存在质量问题。

一审裁判结果

一审法院作出判决：苏琼、罗庆于判决发生法律效力之日起3天内向广州市番禺碧桂园物业发展有限公司支付购房款51391元和违约金（违约金以本金51391元按每日4‰从2001年11月14日起计至清偿之日止）。本案诉讼费3537元，鉴定费18900元，由苏琼、罗庆负担。

一审裁判理由

广州市番禺区人民法院认为，原、被告签订的房屋买卖协议合法有效，对双方具有约束力。原告已按约向被告交付经竣工验收质量合格的房屋，履行了合同义务。两被告不按合同约定如期支付购房款，其行为已构成违约，应承担违约责任。两被告提出房屋存在质量问题，并以此作为拒绝清付房款的抗辩理由，但房屋质量损害赔偿与本案房屋买卖合同属不同法律关系，故两被告的抗辩理由不成立，不予支持。两被告可就房屋质量问题另行起诉。原告要求两被告支付拖欠房款，符合约定，予以支持。因原告分别于2003年6月19日、2003年12月22日、2004年4月17日向两被告发出过追讨楼款的催收函，故原告于起诉之日（2005年1月21日）要求两被告支付从2001年11月14日起按每日万分之四支付违约金至清偿日止，未超两年诉讼时效，予以支持。至于两被告认为挂号信不真实的主张，其未提出充分的反驳证据证实，理据不足，不予采纳。

二审诉辩情况

一审宣判后，苏琼、罗庆不服，提起上诉，其上诉理由为：讼争房屋在2000年即出现严重质量问题，我方多次与被上诉人交涉，但其怠于履行维修义务，故上诉人可行使同时履行抗辩权，在被上诉人履行维修义务之前，无须支付最后一期购房款及违约金。另，被上诉人追讨购房款已超诉讼时效，丧失胜诉权。故请求：（1）撤销原判，驳回被上诉人的诉讼请求；（2）房屋鉴定费由被上诉人负担；（3）一、二审诉讼费用由被上诉人承担。

被上诉人碧桂园公司答辩同意原审判决，要求维持原判。

二审裁判结果

广州市中级人民法院于2006年4月14日作出〔2006〕穗中法民五终字第430号民事判决：上诉人于本判决送达之日起10日内向被上诉人支付购房款51391元及利息（利息按中国人民银行规定的同期同类一年定期存款利率为标准，以51391元为本金，从2001年11月14日起计至清偿之日止）。本案一、二审诉讼费各 3537 元，由上诉人、被上诉人各负担一半。鉴定费 18000 元由被上诉人负担。

> **二审裁判理由**

广州市中级人民法院认为：双方签订的房屋买卖契约为合法有效合同，双方应依约履行。被上诉人已依约将竣工验收合格的房屋交付两上诉人使用，上诉人本应按约定期限向被上诉人付清购房款。但房屋经鉴定存在一定质量问题，且多与被上诉人有关，须采取措施修缮，经与两上诉人交涉，被上诉人至今未履行维修义务，上诉人因此拒付最后一期购房款虽不完全符合《合同法》中抗辩权的行使条件，但鉴于其主观无违约故意，客观上又存在被上诉人履约不当情况，依公平合理原则，本院认为以上诉人清偿所欠购房款时向被上诉人支付迟延期间的法定孳息为宜，一审判决上诉人支付违约金有失公允，予以纠正。至于讼争房屋存在的质量问题，因两上诉人在本案中未提起反诉，本案不予处理，其可另觅途径解决。因上诉人为主张房屋存在质量问题而申请鉴定，鉴定结果显示确实存在质量问题，故房屋存在质量问题是产生鉴定费用的直接原因，鉴定费应由被上诉人负担。上诉人主张被上诉人诉请已超诉讼时效无事实依据，不予采纳。

74. 商品房买受人诉请房地产公司、房产测量机构告知公摊面积的计算依据、公摊部位、计算方法和过程结果等，应否支持？

商品房买受人作为消费者享有所购房屋公摊面积的知情权，作为经营者的房地产公司有告知义务。而商品房买受人与房产测量机构不是经营者与消费者的关系，也不存在委托关系其要求房产测量机构就公摊面积履行告知义务，不予支持。

典型疑难案件参考

雷雪琴诉西安市房产测量事务所、西安鑫宇房地产开发有限责任公司商品房买卖合同纠纷案

> **基本案情**

2001 年 12 月，雷雪琴与鑫宇房地产公司签订商品房买卖合同，鑫宇房地

产公司将其开发的桃园鑫宇小区7-1-4号商品房出售给雷雪琴,合同约定,该商品房建筑面积114.11平方米,其中套内建筑面积111.34平方米,公共部位与公用房屋分摊建筑面积2.77平方米,合同约定面积与产权登记面积有异议的,以产权登记面积为准。2003年1月6日,鑫宇房地产公司委托房产测量所对开发的桃园鑫宇小区商品房面积进行实测。2005年3月3日,鑫宇房地产公司给雷雪琴办理了房屋所有权证书,该证书载明房屋建筑面积119.19平方米,用途为商住,该证书附记栏注明建筑面积含公用分摊面积,分摊共有面积7.42平方米,并加盖了房产测量事务所的资料专用章。该商品房雷雪琴使用至今。

雷雪琴曾于2004年将鑫宇房地产公司诉至西安市莲湖区法院,西安市莲湖区法院依法作出〔2004〕莲经初字第748号民事判决,判决鑫宇房地产公司对双方合同中2.77平方米公摊面积按合同约定进行绘图说明,判决生效后在西安市莲湖区法院执行过程中,鑫宇房地产公司向雷雪琴提供了合同约定房屋公摊面积2.77平方米构成图纸并对具体公摊面积作出了说明。雷雪琴又于2005年将鑫宇房地产公司再次诉至法院,诉请该公司对合同约定的公摊面积2.77平方米的构成内容(山墙及外墙、楼梯间、电梯间、消防水箱四部分)提供具体的计算依据、计算方法、计算过程、计算结果,并标明四部分公摊面积的具体位置,以维护其知情权。西安市莲湖区法院依法作出〔2005〕莲经初字第1092号民事判决,驳回了雷雪琴的诉讼请求。

一审诉辩情况

原告雷雪琴诉称:2001年12月,与被告鑫宇房地产公司签订商品房买卖合同,购买由鑫宇房地产公司开发的桃园鑫宇小区7-1-4号商业用房114.11平方米。2005年3月3日,鑫宇房地产公司办理了房屋所有权证,该证中被告房产测量所出具的测量报告载明分摊共有面积7.42平方米。原告多次要求二被告以书面形式告知公摊面积计算的依据、公摊部位的名称、具体测量数据、计算方法及过程结果,均遭拒绝。房产测量所的测量成果系被告鑫宇房地产公司的依据,其作为购房人与该测量成果有直接利害关系,亦形成事实上的消费关系。《中华人民共和国消费者权益保护法》规定经营者有提供真实信息的义务,消费者依法享有知情权,故诉至法院,要求二被告按照2000年8月1日实施的中华人民共和国国家标准GB/T17986.1-2000《房产测量规范》附录B《成套房屋的建筑面积和共有共用面积分摊》规定,以书面形式告知房产证内公摊面积7.42平方米的依据,并告知公摊的部位名称、具体测量数据、计算方法、过程及结果,以维护其知情权。

被告房产测量所辩称：其具备房屋测量的资质，从未接受原告雷雪琴的委托进行房屋面积测量，与原告雷雪琴亦不存在委托合同关系。请求驳回原告雷雪琴的诉讼请求。

被告鑫宇房地产公司辩称：其与雷雪琴签订的商品房买卖合同明确约定"合同约定面积与产权登记面积有异议的，以产权登记面积为准"。其遂委托具备房屋测量资质的房产测量所对雷雪琴购买的商品房面积进行了测量，且在给雷雪琴办理的房屋所有权证书上注明分摊共有面积7.42平方米，并画有房屋平面示意图。该分摊面积系房产测量所依据国家相应规范计算所得，雷雪琴无权要求其对共有分摊面积计算的依据、如何计算、共有分摊面积分摊部位予以告知，请求驳回雷雪琴的诉讼请求。另称，雷雪琴就同一事实同一理由，多次诉至法院，本案不应再重复立案，应予以驳回。

一审裁判结果

经审理，一审法院作出判决：驳回原告雷雪琴的诉讼请求。案件受理费500元，由雷雪琴自行负担。

一审裁判理由

一审法院认为：雷雪琴与鑫宇房地产公司签订的商品房买卖合同内容真实，未违反法律、行政法规的强制性规定，为有效合同。双方均按合同履行了各自义务。对于合同约定面积与产权登记面积有差异的，合同明确约定以产权登记面积为准。双方应以此约定确定双方实际买卖商品房的建筑面积，且双方已按实际建筑面积进行了结算。雷雪琴与房产测量所无委托进行房屋面积实测的委托关系，房产测量所具备房屋面积测量的资质。西安市国土资源和房屋管理局对房产测量所作出的商品房面积测量报告予以认可，并颁发了《中华人民共和国房屋所有权证》，雷雪琴若对房屋主管机关颁发的房屋所有权证确定的房屋建筑面积（含公用分摊面积）有异议，可另案提起行政诉讼。雷雪琴与鑫宇房地产公司关于合同约定的公用分摊面积的构成事宜所提起的诉讼，法院均已作出判决。故此，雷雪琴的诉讼请求理由不能成立，法院不予支持。

二审诉辩情况

雷雪琴不服，提起上诉称：（1）本案中上诉人仅要求知道房产证内"公摊面积7.42平方米"的来历，并未提出计算是否合法、合理，判决书中"原告雷雪琴若对房屋主管机关颁发的房屋所有权证确定的房屋建筑面积（含公摊面积）有异议，可另案提起行政诉讼"脱离其诉讼请求；（2）西安鑫宇房地产开发有限公司、西安市房产测量事务所对于"公摊面积7.42平方米"有告知义务，该测量结果与其有直接利益关系；（3）此案是知情权而非面积之争，故法院依照最高人民法院《关于审理商品房买卖合同纠纷案件适用法律若干问题的解释》第14条的规定来判决是错误的，故上诉请求撤销原判，依法支持上诉人一审的诉讼请求。

二审裁判结果

二审法院经审理，判决：

一、撤销西安市莲湖区人民法院〔2006〕莲经初字第729号民事判决；

二、本判决生效后西安市鑫宇房地产开发有限责任公司立即对雷雪琴所购之桃园鑫宇小区7－1－4号商品房以书面绘图形式告知分摊共有面积7.42平方米的具体部位、具体的测量数据、计算依据及方法；

三、驳回雷雪琴要求西安市房产测量事务所履行告知义务的诉讼请求。一审案件受理费500元、上诉案件受理费500元均由西安鑫宇房地产开发有限责任公司负担。

二审裁判理由

二审法院经审理认为：2001年12月，雷雪琴与鑫宇房地产公司签订商品房买卖合同，购买鑫宇房地产公司的商品房。2005年3月，鑫宇房地产公司为雷雪琴办理了房屋所有权证，该证载明房屋建筑面积119.19平方米，分摊共有面积7.42平方米。现雷雪琴要求房产测量所与鑫宇房地产公司共同告知其7.42平方米具体公摊的部位名称、测量依据、过程及结果，以维护其知情权。根据《中华人民共和国消费者权益保护法》有关规定，经营者应当向消费者提供有关商品或者服务的真实信息，经营者对消费者就其提供的商品或服务的质量和使用方法等问题提出的询问应当作出真实明确的答复，消费者享有知悉其购买、使用的商品或者接受服务的真实情况的权利。本案雷雪琴作为消费者享有所购房屋公摊面积知情权，作为经营者的鑫宇房地产公司有告知义务。雷雪琴与房产测量所不是经营者与消费者的关系，亦无委托关系，故雷雪琴要求房产测量所履行告知义务，依法不予支持。据此，原审判决适用法律不当，应予改判。

75. 开发商因政府部门变更规划而未履行在先签订的商品房买卖合同中的义务应否承担民事违约责任？

> 开发商因政府部门变更规划，在合同的实际履行过程中没有按照原先与业主签订的商品房买卖合同履行义务，其行为虽具有行政上的原因，但并不能因此而否认其民事行为的违约性，开发商对此行为仍应承担民事违约责任。

典型疑难案件参考

周济家诉恒辉公司商品房买卖合同纠纷案

基本案情

恒辉公司于2003年向城市规划行政部门提出申请建设恒辉翡翠花园，2003年2月主管部门根据城市规划在恒辉公司工程的规划设计要点中提出恒辉翡翠花园小区退让浦珠北路道路红线不小于20米，并于2003年8月核发了恒辉公司建设恒辉翡翠花园一期工程的建设工程规划许可证，2003年9月核发了小区一期桩基建筑工程施工许可证。2004年5月14日，周济家与恒辉公司签订了商品房买卖契约，由周济家购买恒辉公司位于本市浦珠北路110号恒辉翡翠花园一期02栋501室房屋，房屋建筑面积为124.03平方米，单价2688元/平方米，房款合计333393元，该房屋主体建筑总层数为6层。双方还约定因恒辉公司或周济家违反有关约定导致解除合同时，恒辉公司或周济家应按总房款的1%向对方支付违约赔偿金。从双方签订的商品房买卖契约附件一即恒辉翡翠花园规划总平面图上可以看出，邻接浦珠北路的一期01栋房屋与周济家购买的一期02栋房屋之间楼间距为24.38米。但后来，2004年11月1日，南京市浦口区建设局以恒辉公司退让浦珠北路道路红线距离不够为由，要求恒辉公司对恒辉翡翠花园小区的规划方案进行更改，退让浦珠北路道路红线距离不得少于30米，此时恒辉翡翠花园小区的一期桩基工程已经结束。恒辉公司对小区规划方案进行调整后，南京市浦口区建设局审定同意了小区项目规划设计调整方案。小区规划调整后，周济家房屋所在的02栋与01栋房屋之间的楼间距变为16.8米，与双方原来的约定不符，比合同约定缩短了7.58米。原告周济家以被告恒辉公司违约为由起诉至法院，要求被告支付相应的损害赔偿金。

一审诉辩情况

原告周济家诉称：被告恒辉公司违反合同约定，在距离02栋不到24.68

米处建造了01栋，该行为属于违约行为，且这一行为已严重影响了原告的采光及生活空间，故要求被告支付损害赔偿金74400元。

被告恒辉公司辩称：恒辉翡翠花园规划变更是因政府部门的规划变更所致，恒辉公司作为一个企业法人，必须严格遵守并执行国家的法律法规，对政府规划的更改也必须执行。因此，恒辉公司变更合同约定内容是合法的，不属于违约。政府的规划变更属于不可抗力，因此恒辉公司不应当承担民事责任。另外，01栋的施工工程是经过相关部门许可的，且符合设计规范，未对原告造成损害，因此不应当承担责任。

一审裁判结果

江苏省南京市浦口区人民法院经审理，判决被告向原告支付违约赔偿金3333.93元。

一审裁判理由

江苏省南京市浦口区人民法院经审理认为：原、被告间签订的商品房买卖契约合法有效，双方应按约定履行。恒辉翡翠花园原规划图作为双方商品房买卖合同的附件之一，系合同的有效组成部分，按原约定01、02栋之间的间距应为24.38米，而本案中被告按变更后的规划图施工，导致01、02栋之间的间距变为了16.8米。尽管被告辩称其变更规划并按照变更后的规划内容施工的行为是由于政府的规划变更所致，具有行政方面的原因，且已经公示方式告知业主，但仍不能免除开发商这一民事行为的违约性，对此未按照原合同约定履行义务的行为开发商仍应承担相应的民事违约责任。然而，被告依据变更后的规划所建的01栋楼房符合建筑施工规范，对原告主张的采光并未造成损害，故原告要求被告按600元/m^2予以赔偿，无事实及法律依据，故法院对此不予支持。因双方签约时对被告关于本案的违约责任未作规定，本院依据双方签约时就一方违约导致解除合同按总房款的1%向另一方支付赔偿金的约定，酌定被告支付原告违约赔偿金3333.93元。

二审诉辩情况

周济家上诉称：（1）一审法院在擅自认可相关行政机关的具体行政行为合法性的同时又牵强地认为恒辉公司的行为符合相关行政机关的具体行政行为，进而认定周济家没有遭到损害，明显混淆了两个不同的法律关系，将恒辉公司是否遵守具体行政行为与周济家是否遭受损害等同起来；（2）周济家因恒辉公司变更规划的行为遭受了极大的损害，如业主共有绿地面积减少、车库面积减少等。

恒辉公司上诉称：（1）恒辉公司的违约属于不可抗力；（2）变更后的规划方案符合规范要求；（3）规划更改未给周济家造成损失。

二审裁判结果

南京市中级人民法院审理后判决如下：驳回上诉，维持原判。

二审裁判理由

南京市中级人民法院在审理后认为：恒辉公司根据政府规划要求调整小区布局不符合法律规定的不可抗力的构成要件，政府根据法律、法规的规定对恒辉公司做出的具体行政行为不能成为不可抗力事由。并且，恒辉公司缩小楼间距的行为已经构成民法上的违约，恒辉公司的行为虽具有行政方面的原因，但并不能据此免除其行为因违约而应当承担的违约责任。由于双方在合同中没有针对恒辉公司缩小楼间距的违约责任进行明确约定，浦口区人民法院根据恒辉公司违约的原因、楼间距缩小对周济家房屋的影响程度、恒辉公司有无因违约获得利益等情况进行综合考虑，参照双方签约时就一方违约导致解除合同按总房款的1%向另一方支付赔偿金的约定，酌定被告支付原告违约赔偿金3333.93元的判决，认定事实清楚，适用法律正确，依法驳回上诉，维持原判。

76. 无法计入产权登记的露台能否出售？

从房屋建筑结构来看，露台大致有两种类型：一种是顶层的屋面即整栋楼的屋盖，一种是某一楼屋的露天屋面。前者作为楼房的屋盖，从设计规范要求来看，应为消防通道；从权利归属来看，则为整栋楼全体业主共同享有、共同使用，任何个人均不得独占，因此，出售此种类型露台的行为应被认定为无效。后一种类型的露台，或为跃层式建筑的底层房屋屋面，或为露台所覆盖下层房屋的屋面，均可作为独立使用空间，此种露台作为房屋附属的可独立使用的空间而存在，增加了房屋的使用功能，提高了房屋的使用价值，相应地在房屋售价上亦应有所体现，开发商就露台单独计价只是一种较为直观的价值体现方式，或者说是一种商业促销手段，如将露台的售价计入总房价中，则每平方米建筑面积的售价必然高于不带露台的售价，这也完全符合经济价值规律，因此，露台允许出售。

典型疑难案件参考

马玲诉厦门明发集团有限公司商品房购销合同中对不能计入产权的露台出售纠纷案

基本案情

2000年4月29日，双方当事人签订一份《商品房购销合同》，约定马玲向明发集团购买明发国际新城7号楼401室，建筑面积为124.18平方米（含公摊面积19.53平方米），该房附属用房露台118.8平方米，另约定该商品房不属于政府定价，售价总金额为564234元（其中含附属用房露台），合同还约定了价款支付方式及房屋交付期限等。合同签订后，马玲即按约支付首期款174234元，余款390000元于2000年6月16日通过办理银行按揭已如数支付给明发集团，明发集团于同日出具一份商品房专用发票给马玲。此后，马玲认为明发集团对不能计入产权登记的露台进行出售，违反了建设部《商品房销售面积及公摊建筑面积分摊规则（试行）》及《民法通则》的有关规定，该销售行为无效，并为此诉至法院。

一审诉辩情况

原告马玲诉称：2000年4月29日，原、被告签订一份《商品房购销合同》，约定被告将明发国际新城7号楼401室及其附属用房露台以总价款人民币（币种不同）564234元出售给原告，其中该房建筑面积为124.18平方米，被告以每平方米3300元出售，价款409794元。露台118.8平方米，被告以每平方米1300元出售，价款154440元。合同签订后，原告即按约支付首期款174234元，余款390000元于2000年6月16日通过办理银行按揭已如数支付给被告。综上，原告向被告购买的是房屋所有权，被告对不能计入产权登记的露台进行出售，违反了建设部《商品房销售面积及公用建筑面积分摊规则（试行）》及《民法通则》的有关规定，其销售行为无效。为此，原告起诉要求被告立即返还原告支付的露台款154440元及银行按揭贷款利息13644.77元（自2000年6月16日暂计至2002年1月8日，按露台款154440元银行按揭贷款月利率0.465%计）。

被告厦门明发集团有限公司（以下简称明发集团）答辩称：讼争合同是经公证生效的合同，对双方均有约束力，而根据该合同被告并未出售露台，露台只作为附属用房配送。合同约定该商品房不属于政府定价的商品房，按建筑面积计算，该商品房售价总金额为564234元（其中附属用房露台），据此，被告并没有出售露台，因而原告的诉求无事实和法律依据，应予驳回。

一审裁判结果

一审法院依照《中华人民共和国合同法》第 60 条的规定，该院于 2002 年 6 月 28 日判决：驳回马玲的诉讼请求。

一审裁判理由

厦门市开元区人民法院认为：双方当事人所签订的商品房销售合同，是双方当事人的真实意思表示，内容不违反法律、法规规定，属合法有效，双方当事人均应全面履行。从合同约定的内容看，讼争房屋价款是按套计收的（包含附属用房露台），并非按每平方米单价计收，符合商品房销售管理的有关规定。马玲以明发集团将露台单独出售给马玲的行为违法，要求明发集团退还多交的露台款及利息，因缺乏证据，不予支持。

二审诉辩情况

一审判决后，马玲不服，向厦门市中级人民法院提起上诉称：（1）原审认定该商品房买卖是按套出售，完全与事实不符，认定错误。双方所适用的建设部制定的《商品房购销合同》示范文本中没有按套计价的设定，双方合同中也没有按套出售的约定。如是按套计价，则是以套为单位确定总价款，不与建筑面积挂钩。而双方所签订的合同中面积与房价却是有挂钩的，在"明发国际新城冶商品房价目表中也载明了讼争房的面积单价，充分证明该商品房是以房屋建筑面积和露台面积单独计价销售，而非按套出售。（2）原审认为，讼争房屋是按套计收的（包括附属用房露台），并非按每平方米单价计收，符合商品房销售的有关规定。该认为明显错误。商品房按套（单元）计价销售是《商品房销售管理办法》规定的 3 种计价方式之一。所销售的商品房建筑面积是由套内建筑面积和分摊的共有建筑面积两部分组成，而不包括全体业主所共有的露台。因此，明发集团将讼争房屋（包括露台）按套计价出售，明显违反了《商品房销售管理办法》等有关规定。（3）原审认为马玲以明发集团将露台单独出售的行为违法，要求明发集团返还支付的露台款及利息，缺乏证据支持，不予支持。该认为是原审承办人员对马玲提供的大量证据不作客观、公正认证，不进行综合分析审查判断所导致的错误认为。马玲提供的证据有《商品房购销合同》、《楼宇按揭借款合同》、商品房销售专用发票一份、明发国际新城冶商品房价目表一份和李华、易中天证词一份。这些证据源于商品房购销合同的实际履行中，均能直接证明明发集团将露台单独销售的事实。原审法院否定其证明效力，缺乏起码的客观性和公正性。为此，上诉请求撤销原审判决，判令明发集团返还马玲支付的露台款及其银行按揭贷款利息。

被上诉人明发集团答辩称：首先，确定双方法律关系的基础商品房购销合同中并未约定将露台单独出售。其次，按套计价出售中房屋建筑面积，与露台是否单独计价出售是无关的。在双方签订的商品房购销合同中并没有将露台单独计价出售的约定。因此，原审判决是正确的，应予维持。

▶ 二审裁判结果 ◀

二审法院依照《中华人民共和国民事诉讼法》第 153 条第 1 款第 1 项的规定，该院于 2002 年 10 月 22 日判决：驳回马玲的上诉，维持原判。

▶ 二审裁判理由 ◀

厦门市中级人民法院经审理查明，双方当事人对一审判决查明认定的事实均无异议，对一审查明事实予以确认。另查明，明发国际新城 1—2 层为明发集团自有综合商场，本案讼争露台即为商场的露天屋盖，仅由马玲单家独户使用，他人均无法进入。

厦门市中级人民法院认为：本案从露台的建筑结构看，明发新城 3 楼的露台不属住宅楼建筑物所覆盖的范围，不存在与购买住宅的全体业主共有的关系，且现行房地产法律、法规对商品房外墙（包括屋盖）的所有权没有明文规定。在国家关于建筑物面积计算规则中该部分不计建筑面积，自然也就没有登记权属的意义。因此，明发集团在与购房人签订的商品房购销合同中约定有偿转让露台的使用权，不违反现行法律、法规的强制性规定，也不损害露台以下房屋业主的财产所有权，双方约定有偿转让露台之行为不属无效民事行为，至于房地产部门不予登记该露台的权属并不影响转让合同的效力；马玲原诉及上诉以明发集团将露台单独出售给马玲的行为违法并主张该行为无效，请求明发集团退还多交的露台款及利息，没有法律依据，不予支持；原审判决正确，应予维持。

77. 双方在商品房买卖合同中约定，房屋实际面积大于约定面积的，买受人于开发商出示测绘部门出具的产权登记面积文件之日起 30 日内补交面积差价款，此处"测绘部门出具的产权登记面积文件"应如何理解？

商品房买卖合同约定，买受人应于开发商向其出示测绘部门出具的产权登记面积文件之日起 30 日内补交面积差价款。对于

> 该合同条款所约定的"测绘部门出具的产权登记面积文件"应当首先按照文义解释，不能认为开发商自行制作的简单的注明产权登记面积的告知性文件也属于此类文件。

典型疑难案件参考

北京炎黄置业有限公司诉胡文一商品房买卖合同纠纷案

基本案情

2001年4月28日，北京炎黄置业有限公司（原名称为北京炎黄大厦有限公司，以下均简称为炎黄公司）与胡文一签订了《商品房买卖合同》，由胡文一购买位于远大中心B座17层03、05单元房屋，合同约定建筑面积共332.47平方米，房屋单价按建筑面积计算每平方米14880元，房屋总价款为4947153元。合同第5条约定，产权登记面积大于合同约定面积时，面积误差比在3%以内（含3%）部分的房价款由买受人补足；超出3%部分的房价款由出卖人承担，产权归买受人。同日，双方又签订了《买卖合同补充协议》，补充协议第1条规定，如产权登记面积大于合同约定面积，则胡文一应于炎黄公司向其出示测绘部门出具的产权登记面积文件之日起30日内补交面积差价款。如支付方逾期支付款项，则视为支付方违约。2001年6月11日，双方签订《买卖合同补充协议（二）》，胡文一要求增购靠电梯厅处一个暂测建筑面积7.2平方米的房间，总价款为90000元整。由此，双方买卖房屋预售面积共计为339.67平方米，其中原332.47平方米单价按14880元/平方米计算，增加的7.2平方米单价按12500元/平方米计算，总房款为5037153元。双方还约定，经北京市房地局测绘部门出具的实测面积后，双方结算情况按照《商品房买卖合同》第5条的约定执行，结算单价按补充协议约定执行。2002年1月15日，经北京市房地产勘察测绘所测绘，远大中心B座1703、1705单元实测建筑面积为377.74平方米。2002年2月6日，炎黄公司向胡文一单位行政主管任某送达《远大中心进行结算及产权过户的通知》一份，并附有《远大中心结算单》，其中注明北京市房地产勘察测浍所出具的诉争房屋实测建筑面积。同年3月20日，由胡文一公司工作人员藏某签收《结算款催款函》一份，注明依《商品房买卖合同》第7条规定违约时间自2002年3月15日计，若胡文一对结算单内容有任何异议，在2日内给予合理的书面答复，否则将视为对文件内容的默认。2003年2月28日任某签收炎黄公司催款通知一份。

2003年3月6日炎黄公司向胡文一出示了北京市房地产勘察测绘所《房屋土地测绘技术报告书》相应部分的复印件。2003年3月15日,炎黄公司诉至法院。

一审诉辩情况

原告诉称:原、被告于2001年4月28日签订《商品房买卖合同》,被告购买原告销售的远大中心B座1703、1705单元房屋,根据合同约定被告应向原告补齐房款151103.6元,被告按日万分之五支付自2003年3月15日至6月10日违约金,诉讼费由被告负担。

被告辩称:双方应依合同履行,原告出示测绘部门出具的实测面积文件之日起30日内补交面积差价款,至今原告未出具实测文件。故我并未违约,不同意支付违约金。

一审裁判结果

一审法院经审理,判决如下:

一、胡文一于判决生效后7日内给付炎黄公司房款人民币151103.6元;

二、胡文一于判决生效后7日内给付炎黄公司违约金(按151103.6元日万分之五计算,自2002年4月7日起至2003年6月10日止);

三、驳回炎黄公司其他诉讼请求。

一审裁判理由

北京市朝阳区人民法院经审理认为:炎黄公司要求的面积差价款符合双方约定,应予以准许。炎黄公司向胡文一送达的结算单中已注明实测面积,故胡文一以未收到实测报告为由抗辩无事实依据,不予支持。炎黄公司要求的违约金符合合同约定部分,予以准许。

二审诉辩情况

一审判决后,胡文一不服,提起上诉,认为原审法院仅依据炎黄公司分别于2002年2月6日、2002年3月20日、2003年2月28日向胡文一公司送达的三份由胡文一公司员工签收的结算通知及催款通知,就认定胡文一在已知炎黄公司取得测绘部门文件情况下不如期支付款项,构成对炎黄公司的违约,原审判决认定事实不清,所依据的主要证据不足,故要求撤销原审判决第2项,予以改判。

炎黄公司同意原审判决。

二审裁判结果

二审法院判决维持一审判决第一项、第三项,撤销一审判决第二项。

二审裁判理由

二审法院经审理认为:根据审理查明的事实,炎黄公司于2003年3月6日才向胡文一出示了测绘部门出具的产权登记面积相关文件,故胡文一应当在2003年4月5日前向炎黄公司支付房屋面积差价款。鉴于炎黄公司于2003年3月25日即向原审法院提起诉讼,胡文一此前未能支付房屋面积差价款未超过合同约定的期限,故其行为不构成违约,无须承担违约责任。原审法院以炎黄公司向胡文一送达的结算单中已注明实测面积为由,认定胡文一已收到实测报告,应依据合同支付违约金,不符合合同约定,显属不当,应予以改正。

78. 商品房买受人违约后能否要求出卖人返还其已支付的价款及其利息?

由于商品房买受人违约导致的合同解除后,在违约方已支付违约金的情况下,根据公平原则,非违约方应当返还违约方的支付的价款及其利息。这是因为,合同解除的后果虽然是由买方的违约行为引起的,但双方对此约定了违约金,违约方承担的不利后果就应当体现为违约金的支付,而不应再令其承担利息损失的不利后果。

典型疑难案件参考

北京强佑房地产开发公司诉邱淦青不按期支付购房款请求解除房屋买卖合同并支付违约金案

基本案情

2002年12月30日,北京强佑房地产开发公司(以下简称强佑公司)与邱淦青签订了两份《商品房买卖合同》。合同约定:邱淦青购买强佑公司开发建设的和平新城2号楼A座一层、二层商品房各1套,总价款为8587569元;买受人逾期付款超过30日,则出卖人有权解除合同,买受人应按累计付款的

2%向出卖人支付违约金；出卖人应在2003年5月31日前，将符合本合同约定的商品房交付买受人使用，出卖人逾期交房不超过90日的，出卖人按日向买受人支付已交付房款万分之二的违约金，合同继续履行，逾期超过90日的，则买受人有权解除合同；该合同自生效之日起30日内由出卖人申请预售登记备案。双方在两份合同附件中约定买受人应于2002年12月30日交付首期房款3447569元，余款514万元，在出卖人登记完毕本《商品房买卖合同》后7日内，买受人须提供并办理完毕按揭所需要的相关手续。如买受人以按揭付款或公积金方式交付房款，而出卖人在规定期限内未收到买受人全部相关手续及款项时，则依照本买卖合同买受人逾期付款的违约责任办理。双方同时约定，买受人所购房屋需全款付到出卖人账户后方可办理入住手续。自2002年10月25日至2003年1月7日，邱淦青分3次支付给强佑公司购房款3435027.50元。此后邱淦青未再向强佑公司支付购房款，亦未办理贷款的相关手续。2003年1月14日，强佑公司按照双方约定对两套房屋进行了预售登记备案。强佑公司未向邱淦青交付上述房屋。2003年12月，强佑公司以邱淦青逾期支付购房款为由起诉至一审法院，请求解除双方签订的《商品房买卖合同》，并要求邱淦青支付违约金。

另查，强佑公司在一审诉讼中，已将双方诉争的标的物另卖他人。

▶一审裁判结果

一审法院经审理，判决如下：

一、解除北京强佑公司与邱淦青签订的两份《商品房买卖合同》；

二、北京强佑公司返还邱淦青已付购房款；

三、邱淦青向北京强佑公司支付违约金。

▶一审裁判理由

一审法院经审理认为：强佑公司与邱淦青签订的《商品房买卖合同》系双方真实意思表示，不违反法律、行政法规的强制性规定，应属有效，双方均应遵照履行。此案中，强佑公司已依约进行了商品房预售登记工作，履行了应尽的义务，邱淦青逾期支付购房款的行为已构成违约。诉讼中双方均同意解除合同，法院对此不持异议。合同解除后，强佑公司应返还邱淦青已付购房款；邱淦青因未依约履行付款义务，其应自行承担购房款的利息损失，同时承担合同约定的违约责任。

▶二审诉辩情况

邱淦青不服一审判决提起上诉，请求二审法院依法驳回强佑公司的违约金请求，同时要求强佑公司继续履行合同，如合同不能继续履行，要求强佑公司返还购房款并支付利息。

二审裁判结果

二审法院经审理，判决如下：
一、维持一审判决第一项、第三项；
二、变更一审判决第二项为：强佑公司返还邱淦青已付购房款并支付利息；
三、驳回邱淦青其他上诉请求。

二审裁判理由

二审法院经审理认为：强佑公司与邱淦青签订的《商品房买卖合同》系双方真实意思表示，不违反法律规定，应属有效，双方当事人均应依约履行。在强佑公司依约履行合同义务的情形下，邱淦青未能及时支付剩余购房款，其应对此承担违约责任。因此，对邱淦青拒绝支付强佑公司违约金的上诉请求，法院不予支持。邱淦青违约后，强佑公司依约享有合同解除权，邱淦青在一审过程中也表示愿意解除合同，因此一审法院作出的解除合同的判决并无不当。鉴于此，并考虑双方的诉争标的已卖与他人的客观情况，对邱淦青提出的要求继续履行合同的请求，法院亦不予支持。鉴于一审判决已判令邱淦青支付违约金，且双方所签两份合同均无若解除合同已付购房款利息不予返还的约定，根据公平原则，强佑公司对邱淦青已付购房款的利息应当一并予以返还。邱淦青的该项上诉请求合理，应当予以支持。

79. 出卖人"一屋二卖"应如何处理？

商品房买卖合同中的出卖人因重复出售合同标的物并构成严重违约，致使买受人不能实现合同目的形成纠纷的，可以依照最高人民法院《关于审理商品房买卖合同纠纷案件适用法律若干问题的解释》的规定，判决严重违约的出卖方除承担返还买受方已付购房款义务外，还应承担赔偿不超过已付房款一倍的义务，即所谓的"1+1"赔偿。

典型疑难案件参考

史志军诉荥阳市房地产开发（集团）有限公司房屋买卖合同纠纷案

基本案情

2000年3月，经荥阳市建设管理局批准，被告在荥阳市索河中段南侧该公司院内开始建职工住宅楼一幢，并部分向社会出售。2000年9月25日，原、被告协商达成口头协议，被告将该住宅楼东门栋4楼南户141平方米的房屋，以每平方米800元，共计112800元的价格卖给原告。原告于当日即付给被告2万元，被告给原告出具收据一份，该收据写明系付住宅楼房款（东门栋4楼南户），并盖有被告公司财务专用章。后原告又分别于2001年3月7日、4月3日、4月28日付款2万元、3万元、2万元，被告均给原告出具了收据。2005年4月，原告到被告处要求被告交付房屋时，得知被告已将该房屋另外卖给了刘福敏，并于2005年年初将该房的钥匙交给了刘福敏。原告由此诉至法院，要求解除合同，并判令被告返还已付购房款9万元，并赔偿购房款一倍9万元。

诉辩情况

原告诉称：原告于2000年9月购买了被告正在施工的位于该公司院内的住宅楼东门栋4楼南户，原告陆续付款9万元。该房交工后，原告到被告处要房钥匙时，被告知房屋已被卖给刘福敏，并于2005年春节后，将该房钥匙交给了刘福敏。原告多次找被告交涉，但一直无果。现诉至法院，要求解除合同，判令被告返还已付购房款9万元，并赔偿购房款的一倍9万元。

被告未提供书面答辩状，亦未提供证据。

裁判结果

一审法院依据《中华人民共和国合同法》第10条、第44条、第60条、第94条第4项的规定，该院于2005年6月3日作出判决如下：

一、解除原告史志军与被告河南省荥阳市房地产开发（集团）有限公司所订立的口头房屋买卖合同；

二、被告河南省荥阳市房地产开发（集团）有限公司于本判决生效后10日内返还原告史志军已付购房款9万元，并赔偿原告史志军9万元。

裁判理由

河南省荥阳市人民法院认为：按照《中华人民共和国合同法》第10条第

1款的规定,当事人订立合同,有书面形式、口头形式和其他形式。原、被告所订立的房屋买卖的口头协议,系双方当事人真实意思表示,且不违背国家相关法律、法规,为有效协议,应受法律保护。《中华人民共和国合同法》第60条规定,当事人应当按照约定全面履行自己的义务,《中华人民共和国合同法》第107条规定,当事人一方不履行合同义务或者履行合同义务不符合约定的,应当承担继续履行、采取补救措施或者赔偿损失等违约责任。原告在合同成立后,先后向被告支付购房款9万元,履行了自己的主要义务。被告在收取原告购房款9万元后,另将该房屋出售并交付给他人,构成根本性违约,导致原、被告之间订立的房屋买卖合同中原告的目的不能实现,对此纠纷,被告应负全部责任。《中华人民共和国合同法》第94条第4项规定,当事人一方迟延履行合同或者有其他违约行为致使不能实现合同目的的,当事人可以解除合同,原告要求解除合同的诉讼请求,符合法律的规定,法院予以支持。最高人民法院《关于审理商品房买卖合同纠纷案件适用法律若干问题的解释》第8条第2项规定,商品房买卖合同成立后,出卖人又将房屋出卖给第三人,导致商品房买卖合同目的不能实现的,无法取得房屋的买受人可以请求解除合同、返还已付购房款及利息、赔偿损失,并可以请求出卖人承担不超过已付购房款一倍的赔偿责任。被告所建虽为职工住宅楼,但被告具有房地产开发、经营、房地产销售的资格,并将建成的房屋向不属于自己职工以外的其他人员公开销售,其房屋销售的性质就是商品房销售,故可参照适用上述规定。原告要求被告返还已付购房款9万元,并赔偿已付购房款的一倍9万元的诉讼请求,理由正当,不违反有关法律的规定,应予支持。

80. 房地产开发商协助办证义务具体包括哪些内容?

从房管部门登记办证的流程看,转移房屋所有权需要买卖双方相互协助和配合,其中开发商所负有的是"协助办证"或"协助办理登记"义务,具体包括:办备测绘、权属登记等必要法律文件;披露上述信息及应要求提供上述文件;依约定协助购房人递交办证资料、代交费用等。开发商的办证义务是转移房屋所有权的主合同义务,并非附随义务。未能及时履行上述义务,导致办证迟延,即属于最高人民法院有关司法解释"由于开发商的原因"导致的逾期办证,应由开发商承担违约责任。

典型疑难案件参考

黄葳诉广州番禺奥林匹克花园房地产开发有限公司逾期办证违约责任纠纷案

▸ 基本案情

奥园房产公司是具有合法房地产开发资质和预售广州奥林匹克花园房地产资格的企业法人。2001年10月8日，黄葳与奥园房产公司签订《商品房买卖合同》及补充协议，约定：黄葳购买奥园房产公司开发的位于番禺区大石镇奥林匹克花园洛杉矶奥运村2区19座（B型）202室房屋一套，建筑面积为83.463平方米，总楼款289199元；奥园房产公司须于2002年3月28日前将经验收合格的上述房屋交付给黄葳使用，并约定了黄葳的付款方式和逾期付款的违约责任；关于产权登记，双方约定奥园房产公司应当在商品房交付使用后180日内，将办理权属登记须由奥园房产公司提供的资料报产权登记机关备案，如因奥园房产公司的责任，黄葳不能在房屋交付使用后360日内取得房地产权属证书的，黄葳不退房，自逾期日起奥园房产公司以已付房价款按银行同期贷款利率计付违约金给黄葳；双方在补充协议中亦再次重申该房实际交付使用后180天内，奥园房产公司应协同黄葳办理该房的登记手续。合同签订后，黄葳依约办理了按揭贷款手续，并在合同期限内付清了上述全部购房款给奥园房产公司，奥园房产公司于2002年4月6日将讼争房屋交付黄葳使用。2003年4月16日，奥园房产公司取得讼争房屋所在楼宇的《商品房地产权证明书》。

在一审庭审过程中，奥园房产公司出具时间为2003年11月15日的封发邮件清单，其中编号为0985的挂号信收件人为本案黄葳，证明其向黄葳发出了《办证通知书》。2004年11月15日，奥园房产公司向广州市番禺区房地产交易中心申报讼争房屋按揭办证转抵押，广州市番禺区国土资源和房屋管理局于2004年12月20日填发了黄葳为权属人的上述纠纷房屋的《房地产权证》（编号为粤房地证字C2659715号）。黄葳认为奥园房产公司没有按期为其办证已构成违约，遂于2004年11月24日提起本案诉讼。

▸ 一审裁判结果

一审法院依照《中华人民共和国民事诉讼法》第64条第1款的规定，于2005年3月31日作出判决：驳回黄葳的诉讼请求。

▸ 一审裁判理由

广州市番禺区人民法院认为：双方签订的《商品房买卖合同》及其补充

协议，内容合法，意思表示真实，为合法有效的合同，对双方当事人均具有法律约束力。按照合同约定，奥园房产公司应于房屋交付使用后360天内协助黄葳办理房地产权证。奥园房产公司于2003年11月15日通知黄葳提交办理房地产权证所需资料，但黄葳于2004年11月15日才向奥园房产公司提出办证申请，而根据番禺地区通常办理预购商品房权属登记手续须提交办证部门的资料，买房人的申请是其中一必要条件，故黄葳申请日之前不能办证的责任应由黄葳自己承担。奥园房产公司在收到黄葳办证申请后已及时向广州市番禺区国土资源和房屋管理局申报了商品房按揭办证转抵押的手续，并在本案审理过程中取得了《房地产权证》，对此奥园房产公司并无过错，因此，黄葳要求奥园房产公司支付逾期办理房产证的违约金证据不足，不予支持。

▶二审裁判结果◀

二审法院依照《中华人民共和国民事诉讼法》第153条第1款第3项、《中华人民共和国合同法》第107条的规定，判决如下：

一、撤销广州市番禺区人民法院〔2004〕番法民初字第8543号民事判决；

二、广州番禺奥林匹克花园房地产开发有限公司于本判决送达之日起15日内，以黄葳已付购房款289199元为本金，按同期银行贷款利率为标准计付从2003年4月1日起至2003年11月15日止的逾期办证违约金给上诉人黄葳；

三、驳回黄葳的其他诉讼请求。

▶二审裁判理由◀

广州市中级人民法院认为：黄葳与奥园房产公司签订的《商品房买卖合同》及补充协议是双方真实意思表示，内容没有违反法律、行政法规的强制性规定，合法有效，双方当事人均应自觉履行。黄葳已于合同期限内支付了全部购房款，奥园房产公司也于2002年4月6日将房屋交给黄葳使用。根据合同约定，奥园房产公司负有协助黄葳办证的义务，并且在因奥园房产公司的责任致使黄葳不能在房屋交付使用后360日内取得房地产权属证书的，承担违约责任。由于取得讼争房屋所在楼宇的《商品房地产权证明书》是购房人办理权属登记之前必须由开发商完善的手续，本案中奥园房产公司直至2003年4月16日才取得讼争房屋所在楼宇的《商品房地产权证明书》，始具备为黄葳办理权属登记的前提条件，之后又迟至2003年11月15日才通知黄葳交纳相关办证资料，由此导致黄葳不能在收楼后360日内取得讼争房屋的房地产权属证书，应属于奥园房产公司的责任导致的迟延，奥园房产公司应就此期间（2003年4月1日起至2003年11月15日止）承担逾期办证的违约责任。在奥园房产公司发出办证通知后，黄葳应积极向奥园房产公司提交相关办证资料并填写办证申请。一审期间，黄葳确认其于2004年11月15日向奥园房产公司提出办证申请，二审中黄葳又辩称其已于2003年11月29日向奥园房产公司递交办证资料，但其提供的《收件回执》盖章单位非奥园房产公司，奥园房产公司亦不予确认其司在2003年11月29日收到过黄葳的资料，因此，黄葳二审陈述所依据的证据不足以推翻其一审作出的对其不利的陈述，根据最高人民法院《关于民事诉讼证据的若干规定》第74条的规定，本院确认黄葳的一审陈述，即黄葳于2004年11月15日才向奥园房产公司提出办证申请，当日奥园房产公司已向房管部门递交资料协助黄葳办证，履行了其协助办证义务。因此，自2003年11月16日起至2004年12月20日房管部门核发讼争房屋房产证期间，均不是因奥园房产公司的责任导致的办证迟延，依照双方合同约定，奥园房产公司无须承担此期间的逾期办证违约责任。综上，黄葳上诉请求奥园房产公司承担自2003年4月1日起至2003年11月15日止的逾期办证违约责任，合法有据，予以支持，违约金可以依照双方约定的以黄葳已付房价款289199元为本金，按银行同期贷款利率标准计算；黄葳请求奥园房产公司支付2003年11月16日之后的逾期办证违约责任，缺乏合同依据，不予支持。原审判令驳回黄葳全部诉讼请求不当，予以纠正。

81. 如何认定房屋买卖活动中"阴阳合同"的效力？

二手房交易的买卖双方在签订第一份房屋买卖合同后，出于少交税款的目的，又签订了一份约定房价较低的合同。这就是俗称的"阴阳合同"或"鸳鸯合同"。由于第二份房屋买卖合同并非双方当事人的真实意思表示，且该行为损害了国家利益，故该合同应为无效。

典型疑难案件参考

龚福明诉上海天蓬房地产投资咨询有限公司第八分公司等买卖合同案

▶ 基本案情

第三人张婕委托第三人倪金宝出卖张婕所有的位于崇明县长征农场南坝新村2幢206室产权房屋，第三人倪金宝遂委托包括被告八分公司在内的房屋中介公司挂牌出卖，之后被告八分公司通知倪金宝，原告有购买该房的意向，倪金宝即于2006年10月20日带原告兄弟等人去看该出卖房屋,并言明该房屋价格为人民币(以下币种均为人民币)72000元。原告看完房屋后表示愿意购买,并出具购买承诺书,当时商定该房屋价格为72000元。2006年10月28日原告与被告八分公司签订该房屋的转让协议书,该协议书上的甲方(房屋转让方)署名为第三人倪金宝和八分公司职员石建国,在协议书尾部落款处甲方位置盖有被告上海天蓬房地产投资咨询有限公司八分公司的印章。协议约定被告将该房屋转让给原告,房款为72000元。原告于2006年10月27日、10月30日向被告支付了全部房款72000元。2006年10月30日,原告与第三人张婕在崇明县房屋交易中心为办理该房屋过户登记手续时,按交易中心的要求,又填写了一份该房屋的买卖合同,原告和被告八分公司双方为少交税款而将购房款写为55000元。该房屋已办妥过户到原告名下的登记手续。原告对比两份合同,认为其中存在有差价17000元被被告八分公司暗中赚取,向八分公司索要,遭被告八分公司拒绝,故涉讼。

诉辩情况

原告龚福明诉称:原告与被告八分公司的石建国于2006年10月28日签订一份房屋《转让协议书》,根据该协议,被告八分公司将崇明县长征农场南坝新村2幢206室房屋转让给原告,并商定该房屋转让款为人民币72000元。2006年10月30日,原告和崇明县长征农场南坝新村2幢206室房屋产权人即第三人张婕签订《上海市房地产买卖合同》一份,根据该合同约定,该房屋转让价为55000元,并同日,原告和第三人张婕办理了房屋过户手续。该《上海市房地产买卖合同》中居间介绍、代理等中介均为空白。原告认为被告八分公司不是该买卖房屋的产权人,故无权对该房屋进行转让;且当初说是场区的房屋,但实际该房屋并非在场区,而是在南坝,按照当时市场地区差异,根本不足72000元,被告八分公司存在欺诈;故该转让协议书无效。且两份合同的售房价款差额为17000元,而第三人张婕也只认可55000元,故该差价17000元被被告八分公司暗吞。因被告天蓬公司是八分公司母公司,有管理之责,故原告起诉来院请求判令:(1)原告与被告八分公司签订的2006年10月28日房屋《转让协议书》无效;(2)被告八分公司返回原告多收取的房款17000元;(3)被告天蓬公司对原告第一、二项诉请承担连带清偿责任。开庭审理时原告增加诉讼请求,要求确认与第三人张婕签订的《上海市房地产买卖合同》有效。

被告八分公司辩称:该转让协议并非被告八分公司的中介行为,而是公司职员石建国的个人行为,关于该房屋的谈价、交易都是买卖双方进行的,被告没有参与中介，仅是为原告将72000元房款转交给卖方才订立的，因该协议内容已实际履行了，故应为有效。被告实际收到原告房款72000元，已经交给了第三人倪金宝。故对原告的第一、二项诉讼请求不予认可。对于原告新增加的要求确认原告与第三人张婕间签订的《上海市房地产买卖合同》有效的诉讼请求，虽然是原告当庭提出，不符合法定程序，但认为该买卖合同是有效的。

被告天蓬公司辩称：总公司不知道该情况，该纠纷中被告八分公司及其总公司不承担责任，对原告的诉请不予认可。被告天蓬公司对原告提供的证据意见的质证意见同被告八分公司，对八分公司提供的证据无异议。

第三人张婕述称：与原告买卖该系争房屋是委托第三人倪金宝办理的，当初她提出只要收到50000元房款就可以了，其他一切不管。后来在房屋交易所与原告办理房屋过户手续而签订《上海市房地产买卖合同》时得知写明的房款为55000元，以为该5000元是倪金宝的酬劳。对于原告和被告八分公司的合同和房款72000元她都不知情。

第三人倪金宝述称：该房屋是第三人张婕委托其出卖的，当时约定房款为50000元，卖多的归倪金宝。后通过中介公司（包括被告八分公司）挂牌出售，之后被告八分公司通知其原告有购买该房的意向，遂于2006年10月20日带原告兄弟等去看该出售的房屋，当时都告诉原告房价为72000元，原告表示同意购买，看房回来后原告就和被告八分公司签订了转让协议。之后原告通过被告八分公司支付了房款72000元，其中2000元由倪金宝给被告八分公司办理该房屋的未结水电等事宜。

裁判结果

上海市崇明县人民法院依照《中华人民共和国民事诉讼法》第130条、《中华人民共和国合同法》第44条第1款、52条的规定，判决：原告龚福明与被告上海天蓬房地产投资咨询有限公司八分公司签订的2006年10月28日房屋《转让协议书》有效；原告龚福明与第三人张婕签订的《上海市房地产买卖合同》无效；原告龚福明要求被告上海天蓬房地产投资咨询有限公司八分公司返还原告龚福明多收的房款人民币17000元的诉请，不予支持；原告龚福明要求被告上海天蓬房地产投资咨询有限公司承担连带责任的诉请，不予支持。

裁判理由

上海市崇明县人民法院认为：原告与八分公司签订的房屋转让协议书，虽然协议书甲方（出让方）是倪金宝、石建国，但在协议书下方甲方处盖了被告八分公司的公章，虽然双方都认可是事后补盖，但无论从该协议书的形式和双方对该协议的履行情况看，均是被告八分公司的行为，被告对其非公司中介行为的辩称无法成立，该协议应是八分公司的中介行为，非石建国个人行为。对于原告主张的被告八分公司无权转让该房屋，被告八分公司在交易过程中对于房屋位置、坐落等存在欺诈，故该转让协议书无效的诉请，本院认为，虽然被告八分公司非该房屋产权人，但其系得到该房屋的实际产权人的事前委托和事后认可，属于有权转让；又因原告亲自去现场看过该房屋，并同意购买和承诺购房款为72000元，称被告欺诈的理由不成立。原告与被告八分公司间订立的"转让协议书"是双方当事人的真实意思表示，且双方均实际履行了该协议，该房屋亦已过户至原告名下，故该协议应为合法有效。至于原告与第三人张婕订立的《上海市房地产买卖合同》，是为了履行原告与被告八分公司之间的转让协议，办理过户手续时订立的，双方为少交税而将房价约定为55000元，在实际履行过程中也并非按该买卖合同的价格成交，这并非是双方当事人的真实意思表示，且该行为损害了国家利益，故该合同应为无效；作为出卖方的委托人即本案第三人倪金宝明确表示已收到被告八分公司给付的房款72000元，原告认为被告八分公司暗收差价并不存在。至于第三人张婕认为自己只知道房款为55000元，对72000元不知情，这是两个第三人之间的事情，与本案无关。

82. 职工与企业因福利房产生的纠纷是否属于法院受理范围？

关于单位与职工之间的房地产纠纷可归纳为五类：第一类为单位内部建房、分房而引起的占房、腾房纠纷；第二类为单位实行住房制度改革和机构改革而卖房引起的纠纷；第三类为职工调离单位后引起的占房、腾房纠纷；第四类为职工在配偶单位另购住房后引起的占房、腾房纠纷；第五类为单位与职工因租房而引起的纠纷。这五类中，只有第一类属于法院不应该受理的范围，其余的均是平等的民事主体之间的纠纷，法院应该受理。

83. 职工在合同履行期限未到的情况下离开企业，购买的福利房应如何处理？

很多福利房事实上与职工的劳动关系情况比如工龄、级别等密切相关的，更多的时候是对职工对单位劳动贡献的奖励。职工在劳动合同期限届满前未经单位的同意擅自离开，其所购买的福利房应视其与单位的劳动关系情况并依据企业制定的不违反法律、法规的规定进行处理。

典型疑难案件参考

王亦强与厦门新为天食品工业有限公司房屋买卖案

基本案情

被告系厦门食品厂与厦门大中华食品厂于 1993 年 12 月合并后设立厦门为天实业总公司，于 1999 年 1 月更名为厦门新为天食品工业有限公司。原告于 1994 年从厦门集美财政专科学校毕业后分配到厦门为天实业总公司工作，并签订一份《厦门市大中专毕业生就业合同书》，合同期限为自 1994 年 8 月起至 1999 年 8 月止。1997 年 7 月 1 日，双方签订一份《劳动合同》，约定合同期限从 1997 年 7 月 1 日起至 1999 年 7 月 1 日止，岗位是财务副经理；该合同第 15 条第 1 项约定，本公司职代会通过的《全员劳动合同制实施细则》及《关于职工向社会流动的若干规定》是本合同的组成部分。1993 年 4 月 21 日，厦门食品厂第六届职工代表大会第二次会议通过《关于职工流动的若干规定》。

该规定的第 9 条规定，凡本人要求离厂（包括终止合同、调动、辞职、辞退、自动离职等）的职工，租用本厂公房的一律要退还；如属通过本厂购买商品房的，本厂以该员工当时所付房款扣除每年折旧费 5% 后，所剩房款退还本人，收回住房，方可办理有关手续。1998 年 1 月，被告将自建的讼争房屋分配给原告居住，并由原告向被告承租使用。1998 年 6 月 24 日，原告向被告申请购买其承租的公有住房，并签订一份《厦门市公有住宅买卖合同书》，约定该房屋建筑面积 44.85 平方米，成本总价 39591 元，折扣实际工龄及优惠后应付房款 31328 元；同时约定双方应共同遵守《厦门市住房制度改革实施方案》及有关规定。原告于合同签订当日将购房款 31328 元交付给被告。同月 25 日，被告向厦门市土地房管局申请将讼争房屋产权登记在被告名下。另外，原告于 2008 年 6 月向被告提出辞职申请，于同年 8 月 10 日未经被告同意自行离开被告处。

一审诉辩情况

原告王亦强诉称：原告原系被告职工，在职期间被告进行住房制度改革，将其自建的思明区电台山路7号、8号、9号职工住宅出售给职工。原告申请购买了其中8号楼204室房屋。原、被告于1998年6月24日签订一份《厦门市公有住宅买卖合同书》，约定被告将位于厦门市思明区电台山8号204室房屋以成本价出售给原告，除原告实际工龄折扣成房款外，原告实际应向被告支付房款31328元。合同签订后，原告依约向被告支付了购房款31328元，并实际使用该房屋。但被告在申请办理该房产产权时将其登记在自己名下。原告以成本价从被告处购买房改房，该房产的产权应归原告所有。故请求法院判令确认厦门市思明区电台山路8号204室房屋产权归原告所有，被告协助原告办理产权变更登记手续。

被告厦门新为天食品工业有限公司辩称：造成该房屋买卖不能办理过户的原因，在于原告违反了双方签订的劳动合同的约定。该劳动合同第15条第1项约定，被告职代会通过的《全员劳动合同制实施细则》及《关于职工向社会流动的若干规定》是本合同的组成部分。该规定第9条规定，凡本人要求离厂（包括终止合同、调动、辞职、辞退、自动离职等）的职工，租用本厂公房的一律要退还；如属通过本厂购买商品房的，本厂以该员工当时所付房款扣除每年折旧费5%后，所剩房款退还本人，收回住房，方可办理有关手续。由于原告违反了劳动合同及关于职工向社会流动的若干规定，应承担相应的民事责任。被告有权解除双方签订的《厦门市公有住宅买卖合同》，收回房屋。故请求驳回原告的诉求。

反诉原告厦门新为天食品工业有限公司诉称：反诉被告于1994年从学校毕业后分配到反诉原告处工作，此后分配到反诉原告自建的厦门市思明区电台山路8号楼204室房屋租住。1997年7月1日，双方签订了《劳动合同》，约定合同期限从1997年7月1日起至1999年7月1日止，反诉原告职代会通过的《全员劳动合同制实施细则》及《关于职工向社会流动的若干规定》是本合同的组成部分。反诉被告在劳动合同期间内向反诉原告购买其承租的房屋，并签订《厦门市公有住宅买卖合同书》。合同签订当日，反诉被告向反诉原告支付全额的购房款。随后，反诉被告未经反诉原告的同意擅自离职，其行为已违反《劳动合同》及《关于职工向社会流动的若干规定》，应承担相应的民事责任。反诉原告有权解除双方签订的《厦门市公有住宅买卖合同》，收回房屋。故请求法院判令：解除其与反诉被告签订的《厦门市公有住宅买卖合同书》：反诉被告搬出厦门市思明区电台山路8号204室房屋。

反诉被告王亦强辩称：该房屋是反诉被告与反诉原告协商后以成本价购买，双方签订了《厦门市公有住宅买卖合同书》，以其工龄折扣成房款后依房屋买卖合同的约定支付购房款31328元。双方的买卖合同已经发生效力，反诉被告对讼争房屋拥有完全的产权，不应当解除。故请求驳回反诉原告的反诉请求。

一审裁判结果

一审法院依照《中华人民共和国民事诉讼法》第64条第1款、《中华人民共和国合同法》第60条第1款、第93条第1款、第97条的规定，判决如下：

一、解除反诉原告厦门新为天食品工业有限公司与反诉被告王亦强于1998年6月24日签订的《厦门市公有住宅买卖合同书》；

二、反诉被告王亦强应于本判决生效之日起3个月内搬出厦门市思明区电台山路8号204室，将房屋腾空，归还给反诉原告厦门新为天食品工业有限公司管理；

三、驳回原告王亦强的诉讼请求。

一审裁判理由

厦门市思明区人民法院经审理认为：原、被告签订的《劳动合同》系双方当事人的真实意思表示，且不违反法律、行政法规的强制性规定，为有效合同，双方均应按该合同的约定全面履行自己的义务。原告在劳动合同期限届满前未经被告的同意擅自离开被告处，已违反双方签订的《劳动合同》及被告职代会通过《关于职工流动的若干规定》，应承担相应的民事责任。根据厦门市人民政府发布的《〈厦门市公有住房出售办法〉的补充规定》第17条第3款的规定，职工以优惠价购买单位自管的住房后，不属组织调动而离开的，要向原单位补足离开年份时的住房综合造价款，或由调出单位自行决定。被告就原告购买单位自管住房后，在劳动合同期限内未经同意离开被告处，又不属于组织调动离开情形，有权解除双方的房屋买卖关系。综上，反诉原告现要求解除其与反诉被告签订的《厦门市公有住宅买卖合同书》并要求反诉被告搬出讼争房屋的反诉请求，是合法的，应予以支持。原告要求确认厦门市思明区电台山路8号204室房屋产权归其所有并协助办理产权变更登记手续，不予支持。

▶ 二审情况

原告王亦强不服一审判决，向厦门市中级人民法院提起上诉。双方当事人在厦门市中级人民法院的主持下达成如下调解协议：厦门新为天食品工业有限公司与王亦强继续履行1998年6月24日签订的《厦门市公有住买卖合同书》，将厦门市思明区电台山路8号204室出售给王亦强，王亦强另交购房款10万元，厦门新为天食品工业有限公司应协助办理过户手续，费用王亦强执行承担。

84. 合同双方对商品房买卖中格式合同的理解不同时，应如何处理？

商品房买卖过程中开发商和购房者之间签订的合同属于格式合同，双方对购房合同的条款发生争议时应适用格式合同的解释规则，先按照通常理解进行解释，有两种以上理解的应作出对开发商不利的解释。

▶ 典型疑难案件参考

何文龙诉厦门旺森置业有限公司商品房买卖合同纠纷案

▶ 基本案情

2004年12月19日，原告何文龙与被告厦门旺森置业有限公司签订了《商品房买卖合同》和《补充协议》，约定由原告购买被告开发的位于厦门市集美区南浦路65号银铃大厦314室的商品房一套，其中合同第14条对煤气管道等基础设施、公共配套建筑进行了约定，对煤气管道的约定为：煤气只预留管道。原告何文龙现已依照约定向被告支付全部房款，2005年12月30日至2006年8月间，被告交付了上述房屋，原告也已入住该房屋，但尚未安装煤气管道。讼争的银铃大厦一共9层，有住户188户，楼高约为27米，其中有37户与被告签订的购房合同约定煤气只预留管道。自2003年开始，银铃大厦所在地的杏林片区就成立厦门嘉安燃气有限公司，负责该片区的管道煤气安装、供气等工作。后双方因煤气管道问题发生争议，诉至法院。

▶ 一审诉辩情况

原告何文龙诉称：其于2004年12月19日与厦门旺森置业有限公司签订

一份商品房买卖合同，购买位于厦门市集美区南浦路65号314室的商品房一套。合同第14条约定：厦门旺森置业有限公司承诺在交房时一并提供煤气管道。2005年12月30日交房至今已经将近两年，原告多次与厦门旺森置业有限公司沟通均没有结果，因此请求法院判令被告厦门旺森置业有限公司于2008年1月30日前给原告位于厦门市集美区南浦路65号314室的商品房安装煤气管道。

被告厦门旺森置业有限公司辩称：（1）讼争商品房已经经过有关部门验收，且已经实际交付，符合各项设计、使用标准，被告不存在违约事实。（2）原告诉讼请求没有合同依据，市政煤气管道安装、小区煤气管道安装均非被告义务。（3）在原告房屋内安装煤气管道并非被告合同义务，也非被告法定义务，且客观上也无法安装。（4）被告已将房屋所有权转移给原告，除房屋质量问题外，被告对房屋不负有义务。

一审裁判结果

一审法院依照《中华人民共和国民事诉讼法》第64条、《中华人民共和国合同法》第41条、第60条第1款、第107条的规定，判决如下：

被告厦门旺森置业有限公司应于本判决生效之日起6个月内为原告何文龙所购买的厦门市集美区南浦路65号即银铃大厦314室的商品房安装煤气管道。

一审裁判理由

福建省厦门市集美区人民法院认为：本案争议的焦点在于对原、被告双方签订《商品房买卖合同》第14条中煤气只预留管道条款的理解。原告认为"煤气只预留管道"应理解为，煤气管道的安装，被告所负的义务是要让煤气管道安装到能正常运行，即被告有义务负责将煤气管道接到购房户的厨房内气表。煤气管道现已铺设到讼争的银铃大厦楼下，已经具备安装煤气管道的条件，被告就应当给原告安装煤气管道。被告认为煤气只预留管道应理解为预留从原告的厨房到厨房墙外的煤气管道。厦门市市政园林局燃气处公务员黄文辉认为煤气只预留管道应理解为，煤气管道建设完备，如果有市政管网应与市政管网相通，如果没有则应组建瓶组气。本院认为，本案商品房买卖合同为被告提供的格式合同，产生对格式合同条款不同理解，应适用《中华人民共和国合同法》第41条中的规定，即"对格式条款理解发生争议的，应当按照通常理解予以解释，对格式条款有两种以上解释的，应当作出不利于提供格式条款一方的解释"。本案中，厦门市市政园林局燃气处黄文辉的理解足以认定为通常理解，涉案格式合同条款发生理解争议应作出不利于提供合同格式的被告厦门旺森置业有限公司方的解释。被告认为合同中约定"煤气只预留管道"应理解为预留从原告的厨房到厨房墙外的煤气管道的理解，不符合通常情况，因为预留煤气管道的目的在于让包括原告在内的购房户能使用管道煤气，如果没有将市政煤气管道接通到原告所居住的银铃大厦，就无法实现预留煤气管道的目的，因此，对被告的辩解本院难以采信，原告认为被告负有从市政煤气管道接通到争议的银铃大厦即购房户的厨房内气表的理解，于法有据，本院予以支持。综上所述，原告何文龙与被告厦门旺森置业有限公司签订的商品房买卖合同和《补充协议》不违反国家强制性法律规定，也未侵犯第三人合法利益，是合法有效的合同，原告依约支付了购房款，被告尚未按照合同约定安装煤气管道，原告要求被告依约安装煤气管道的主张于法有据，应予以支持。

二审诉辩情况

上诉人厦门旺森置业有限公司诉称：（1）原审判决违反诉讼程序性规定，程序不合法。理由为厦门市市政园林局燃气处黄文辉不具备证人资格；黄文辉作为证人违反了程序正义；判决超过何文龙在其房屋内安装管道煤气的诉求范围。（2）原审判决事实不清，证据不足。理由为原审判决仅依据黄文辉的证言即对事实作出认定依据不足；合同附件三第10条从另一方面确认"户内管道用户自理"；煤气预留管道的时间尚未到期；签订讼争合同时客观上无法实现预留任何煤气管道；原审判决不具备可执行性。（3）原审判决适用《合同法》第41条作为判决依据，属于适用法律错误。上诉人请求撤销原审判决，依法改判驳回何文龙诉讼请求或裁定发回重审。

被上诉人何文龙辩称：（1）原审判决认定事实客观、清楚。（2）原审判决依据的证据确实充分。（3）原审法院适用法律正确、审判程序合法。（4）作为厦门市市政园林局燃气处工作人员的黄文辉更了解情况，更清楚，其出庭作证符合法律规定。被上诉人请求二审法院驳回上诉，维持原判。

二审裁判结果

厦门市中级人民法院依照《中华人民共和国民事诉讼法》第153条第1款第1项的规定，判决如下：驳回上诉，维持原判。

二审裁判理由

厦门市中级人民法院经审理，对原审认定的事实均予以确认。厦门市中级人民法院认为，何文龙与旺森公司签订的《商品房买卖合同》及其补充协议，是双方当事人的真实意思表示，内容不违反国家法律规范，应当认定有效。合同签订后，何文龙已经依约向旺森公司支付了全部购房款，旺森公司却未按合同约定履行安装煤气管道的义务。作为何文龙与旺森公司在合同中约定煤气管道的目的是为了能正常使用管道煤气，因此，旺森公司负有接通煤气管道的义务，原审判决对双方对该条款约定的理解发生争议时，作出对本案讼争的煤气只预留管道条款的理解按照通常理解予以解释是合理的，应予维持。故旺森公司的上诉理由不能成立，其上诉请求应予驳回。

商品房销售合同纠纷办案依据集成

1.《中华人民共和国城市房地产管理法》（2009年8月27修正）（节录）

第三十七条 房地产转让，是指房地产权利人通过买卖、赠与或者其他合法方式将其房地产转移给他人的行为。

第三十八条 下列房地产，不得转让：

（一）以出让方式取得土地使用权的，不符合本法第三十九条规定的条件的；

（二）司法机关和行政机关依法裁定、决定查封或者以其他形式限制房地产权利的；

（三）依法收回土地使用权的；

（四）共有房地产，未经其他共有人书面同意的；

（五）权属有争议的；

（六）未依法登记领取权属证书的；

（七）法律、行政法规规定禁止转让的其他情形。

第三十九条 以出让方式取得土地使用权的，转让房地产时，应当符合下列条件：

（一）按照出让合同约定已经支付全部土地使用权出让金，并取得土地使用权证书；

（二）按照出让合同约定进行投资开发，属于房屋建设工程的，完成开发投资总额的百分之二十五以上，属于成片开发土地的，形成工业用地或者其他建设用地条件。

转让房地产时房屋已经建成的，还应当持有房屋所有权证书。

第四十条 以划拨方式取得土地使用权的，转让房地产时，应当按照国务院规定，报有批准权的人民政府审批。有批准权的人民政府准予转让的，应当由受让方办理土地使用权出让手续，并依照国家有关规定缴纳土地使用权出让金。

以划拨方式取得土地使用权的，转让房地产报批时，有批准权的人民政府按照国务院规定决定可以不办理土地使用权出让手续的，转让方应当按照国务院规定将转让房地产所获收益中的土地收益上缴国家或者作其他处理。

第四十一条 房地产转让，应当签订书面转让合同，合同中应当载明土地使用权取得的方式。

第四十二条 房地产转让时，土地使用权出让合同载明的权利、义务随之转移。

第四十三条 以出让方式取得土地使用权的，转让房地产后，其土地使用权的使用年限为原土地使用权出让合同约定的使用年限减去原土地使用者已经使用年限后的剩余年限。

第四十四条 以出让方式取得土地使用权的，转让房地产后，受让人改变原土地使用权出让合同约定的土地用途的，必须取得原出让方和市、县人民政府城市规划行政主管部门的同意，签订土地使用权出让合同变更协议或者重新签订土地使用权出让合同，相应调整土地使用权出让金。

2.《城市房地产开发经营管理条例》(1998年7月20日国务院令第248号公布)(节录)

第二十三条 房地产开发企业预售商品房,应当符合下列条件:

(一)已交付全部土地使用权出让金,取得土地使用权证书;

(二)持有建设工程规划许可证和施工许可证;

(三)按提供的预售商品房计算,投入开发建设的资金达到工程建设总投资的25%以上,并已确定施工进度和竣工交付日期;

(四)已办理预售登记,取得商品房预售许可证明。

第二十四条 房地产开发企业申请办理商品房预售登记,应当提交下列文件:

(一)本条例第二十三条第(一)项至第(三)项规定的证明材料;

(二)营业执照和资质等级证书;

(三)工程施工合同;

(四)预售商品房分层平面图;

(五)商品房预售方案。

第二十五条 房地产开发主管部门应当自收到商品房预售申请之日起10日内,作出同意预售或者不同意预售的答复。同意预售的,应当核发商品房预售许可证明;不同意预售的,应当说明理由。

第二十六条 房地产开发企业不得进行虚假广告宣传,商品房预售广告中应当载明商品房预售许可证明的文号。

第二十七条 房地产开发企业预售商品房时,应当向预购人出示商品房预售许可证明。

房地产开发企业应当自商品房预售合同签订之日起30日内,到商品房所在地的县级以上人民政府房地产开发主管部门和负责土地管理工作的部门备案。

第二十八条 商品房销售,当事人双方应当签订书面合同。合同应当载明商品房的建筑面积和使用面积、价格、交付日期、质量要求、物业管理方式以及双方的违约责任。

第二十九条 房地产开发企业委托中介机构代理销售商品房的,应当向中介机构出具委托书。中介机构销售商品房时,应当向商品房购买人出示商品房的有关证明文件和商品房销售委托书。

第三十条 房地产开发项目转让和商品房销售价格,由当事人协商议定;但是,享受国家优惠政策的居民住宅价格,应当实行政府指导价或者政府定价。

第三十一条 房地产开发企业应当在商品房交付使用时,向购买人提供住宅质量保证书和住宅使用说明书。

住宅质量保证书应当列明工程质量监督单位核验的质量等级、保修范围、保修期和保修单位等内容。房地产开发企业应当按照住宅质量保证书的约定,承担商品房保修责任。

保修期内,因房地产开发企业对商品房进行维修,致使房屋原使用功能受到影响,给购买人造成损失的,应当依法承担赔偿责任。

第三十二条 商品房交付使用后,购买人认为主体结构质量不合格的,可以向工程质量监督单位申请重新核验。经核验,确属主体结构质量不合格的,购买人有权退房;给购买人造成损失的,房地产开发企业应当依法承担赔偿责任。

第三十三条 预售商品房的购买人应当自商品房交付使用之日起90日内,办理土地使用权变更和房屋所有权登记手续;现售商品房的购买人应当自销售合同签订之日起90日内,办理土地使用权变更和房屋所有权登记手续。房地产开发企业应当协助商品房购买人办理土地使用权变更和房屋所有权登记手续,并提供必要的证明文件。

3.《城市房产交易价格管理暂行办法》(1994年11月11日国家计划委员会发布)

第一章 总 则

第一条 为适应城市房产交易市场的发展,规范价格行为,维护交易价格的正常秩序,保护交易双方的合法权益,依据国家有关法律、法规制定本暂行办法。

第二条 本暂行办法适用于城市规划区范围内公民、法人和其他组织拥有产权的房屋的买卖、租赁、抵押、典当和其他有偿转让房屋产权等经营活动中的价格及房产交易市场各类经营性服务收费的管理。

第三条 国务院价格主管部门负责全国房产交易价格管理工作;县级以上地方各级人民政府的价格主管部门负责本行政区域内房产交易价格管理工作。

各级政府价格主管部门应会同有关部门加强对房产交易价格的监督。

第二章 管理原则

第四条 国家对房产交易价格实行直接管理与间接管理相结合的原则,建立主要由市场形成价格的机制。保护正当的价格竞争,禁止垄断、哄抬价格。

第五条 房产交易价格及经营性服务收费,根据不同情况分别实行政府定价和市场调节价。

向居民出售的新建普通商品住宅价格、拆迁补偿房屋价格及房产交易市场的重要的经营性服务收费实行政府定价。

房产管理部门统一经营管理的工商用房租金,由当地人民政府根据本地实际情况确定价格管理形式。

其他各类房屋的买卖、租赁价格,房屋的抵押、典当价格及房产交易市场的其他经营性服务收费实行市场调节。

第六条 实行政府定价的房产交易价格和经营性服务收费,由政府价格主管部门会同有关部门按照价格管理权限制定和调整。

房产交易价格和经营性服务收费的管理权限,除国务院价格主管部门另有规定外,由省、自治区、直辖市政府价格主管部门确定。

第七条 实行政府定价的房产交易价格和经营性服务收费,政府价格主管部门应根据房屋价值、服务费用、市场供求变化及国家政策要求合理制定和调整。

第八条 对实行市场调节的房产交易价格,城市人民政府可依据新建商品房基准价格、各类房屋重置价格或其所公布的市场参考价格进行间接调控和引导。必要时,也可实行最高或最低限价。

第三章 价格评估

第九条 实行市场调节价的房产交易，交易双方或其中一方可委托有关评估机构进行房产价格评估，双方可依据评估的价格协商议定成交价格。

第十条 房产价格评估业务，由经依法设立的具有房地产估价资格的机构办理。

房产价格评估，应遵循公正、公平、公开的原则，遵守国家有关的法律、法规，执行规定的估价办法、标准和程序。

第十一条 房产价格评估，应以政府制定、公布的各类房屋的重置价格为基础，结合成新折扣，考虑房屋所处环境、楼层、朝向等因素，参照当地市场价格进行评估。

第十二条 房屋评估重置折扣价格计算公式：

评估价格＝房屋重置价格×成新折扣×（1±环境差价率±楼层差价率±朝向差价率）

计价单位为建筑面积平方米。

第十三条 房屋重置价格以当地政府届时公布的价格为准。

房屋成新折扣以不同建筑结构房屋的耐用年限为基础，考虑因维修和保养不同而实际新旧程度不同的情况评定。

第十四条 环境差价根据整幢房屋的日照、通风以及周围的绿化、污染等因素综合评定。

整幢房屋交易的楼层、朝向差价免计；整幢房屋各部位的楼层、朝向差价按整幢房屋各部位楼层、朝向差价的代数和分别趋近于零的原则视具体情况评定。

第十五条 按房屋重置折扣价方法所评估出的价格，可参照当地可比市场价格补充修正。

由于评估条件的限制或其他原因不宜采用重置折扣价方法评估的，也可选择其他评估方法评估房产价格。

第十六条 房产价格评估中涉及地价评估的，执行地价评估的技术标准和程序。

第十七条 房产价格评估中出现的价格纠纷，由政府价格主管部门负责仲裁。

第十八条 房产价格评估的具体办法由省、自治区、直辖市政府价格主管部门制定。

第四章 监督与监测

第十九条 各级政府价格主管部门负责房产交易价格及经营性服务收费的监督检查工作。

第二十条 房产交易价格和经营性服务收费实行明码标价制度。

进入房产交易市场交易的房屋，应在交易场所挂牌出示其座落位置、建筑结构、规格、面积、计价单位和销售（出租）价格。

经营性服务收费，应在服务经营场所的醒目位置公布项目名称、规格、服务内容、计费单位、收费标准。

第二十一条 国家实行房产交易成交价格申报制度。房产权利人应当向县级以上人民政府如实申报成交价格，不得瞒报或者作不实申报。

第二十二条 各级政府价格主管部门应认真做好房产交易价格变化的监测工作，及时对房产交易价格情况进行分析、汇总，定期制定公布市场参考价格，并向上一级政府价格主管部门报送情况。

第五章 罚 则

第二十三条 凡违反本暂行办法，有下列行为之一的，由政府价格主管部门依照国家有关规定给予处罚。

（一）越权定价和擅自设立收费项目、提高收费标准的；

（二）虚置成本，短给面积，进行价格欺诈的；

（三）垄断、哄抬房价严重干扰市场秩序的；

（四）不按规定的估价办法、标准和程序估价和故意抬高、压低被估房价的。

（五）不执行规定的明码标价制度的；

（六）不按规定申报成交价格的；

（七）其他违反本暂行办法的行为。

第二十四条 被处罚单位和个人对处罚决定不服的，依据《中华人民共和国价格管理条例》规定申请复议；对复议决定不服的，可向人民法院起诉。

第六章 附 则

第二十五条 房产管理部门直管公房和机关、团体、企事业单位自管公房向职工出售、出租住宅的价格不适用本办法。

房产管理部门直管的公房和机关、团体、企事业单位自管的公房向职工出售、出租住宅的价格评估可参照本暂行办法执行。

第二十六条 房产交易及管理中涉及行政事业性收费的，由政府价格主管部门、财政部门按规定权限制定。

第二十七条 各省、自治区、直辖市政府价格主管部门可根据本暂行办法制定实施细则，并报国家计委备案。

第二十八条 本暂行办法发布前有关规定凡与本办法抵触的，以本办法为准。

第二十九条 本暂行办法由国家计委解释。

第三十条 本暂行办法自1994年12月1日起施行。

4.《商品房销售管理办法》（2001年4月4日建设部令第88号发布）

第一章 总 则

第一条 为了规范商品房销售行为，保障商品房交易双方当事人的合法权益，根据《中华人民共和国城市房地产管理法》、《城市房地产开发经营管理条例》，制定本办法。

第二条 商品房销售及商品房销售管理应当遵守本办法。

第三条 商品房销售包括商品房现售和商品房预售。

本办法所称商品房现售，是指房地产开发企业将竣工验收合格的商品房出售给买受人，并由买受人支付房价款的行为。

本办法所称商品房预售，是指房地产开发企业将正在建设中的商品房预先出售给买受人，并由买受人支付定金或者房价款的行为。

第四条 房地产开发企业可以自行销售商品房，也可以委托房地产中介服务机构销售商品房。

第五条　国务院建设行政主管部门负责全国商品房的销售管理工作。

省、自治区人民政府建设行政主管部门负责本行政区域内商品房的销售管理工作。

直辖市、市、县人民政府建设行政主管部门、房地产行政主管部门（以下统称房地产开发主管部门）按照职责分工，负责本行政区域内商品房的销售管理工作。

第二章　销售条件

第六条　商品房预售实行预售许可制度。

商品房预售条件及商品房预售许可证明的办理程序，按照《城市房地产开发经营管理条例》和《城市商品房预售管理办法》的有关规定执行。

第七条　商品房现售，应当符合以下条件：

（一）现售商品房的房地产开发企业应当具有企业法人营业执照和房地产开发企业资质证书；

（二）取得土地使用权证书或者使用土地的批准文件；

（三）持有建设工程规划许可证和施工许可证；

（四）已通过竣工验收；

（五）拆迁安置已经落实；

（六）供水、供电、供热、燃气、通讯等配套基础设施具备交付使用条件，其他配套基础设施和公共设施具备交付使用条件或者已确定施工进度和交付日期；

（七）物业管理方案已经落实。

第八条　房地产开发企业应当在商品房现售前将房地产开发项目手册及符合商品房现售条件的有关证明文件报送房地产开发主管部门备案。

第九条　房地产开发企业销售设有抵押权的商品房，其抵押权的处理按照《中华人民共和国担保法》、《城市房地产抵押管理办法》的有关规定执行。

第十条　房地产开发企业不得在未解除商品房买卖合同前，将作为合同标的物的商品房再行销售给他人。

第十一条　房地产开发企业不得采取返本销售或者变相返本销售的方式销售商品房。

房地产开发企业不得采取售后包租或者变相售后包租的方式销售未竣工商品房。

第十二条　商品住宅按套销售，不得分割拆零销售。

第十三条　商品房销售时，房地产开发企业选聘了物业管理企业的，买受人应当在订立商品房买卖合同时与房地产开发企业选聘的物业管理企业订立有关物业管理的协议。

5. 城市房地产转让管理规定（2001年8月15日建设部令第96号修正）

第一条　为了加强对城市房地产转让的管理，维护房地产市场秩序，保障房地产转让当事人的合法权益，根据《中华人民共和国城市房地产管理法》，制定本规定。

第二条　凡在城市规划区国有土地范围内从事房地产转让，实施房地产转让管理，均应遵守本规定。

第三条　本规定所称房地产转让，是指房地产权利人通过买卖、赠与或者其他合法方式将其房地产转移给他人的行为。

前款所称其他合法方式，主要包括下列行为：

（一）以房地产作价入股、与他人成立企业法人，房地产权属发生变更的；

（二）一方提供土地使用权，另一方或者多方提供资金，合资、合作开发经营房地产，而使房地产权属发生变更的；

（三）因企业被收购、兼并或合并，房地产权属随之转移的；

（四）以房地产抵债的；

（五）法律、法规规定的其他情形。

第四条 国务院建设行政主管部门归口管理全国城市房地产转让工作。

省、自治区人民政府建设行政主管部门归口管理本行政区域内的城市房地产转让工作。

直辖市、市、县人民政府房地产行政主管部门（以下简称房地产管理部门）负责本行政区域内的城市房地产转让管理工作。

第五条 房地产转让时，房屋所有权和该房屋占用范围内的土地使用权同时转让。

第六条 下列房地产不得转让：

（一）以出让方式取得土地使用权但不符合本规定第十条规定的条件的；

（二）司法机关和行政机关依法裁定、决定查封或者以其他形式限制房地产权利的；

（三）依法收回土地使用权的；

（四）共有房地产，未经其他共有人书面同意的；

（五）权属有争议的；

（六）未依法登记领取权属证书的；

（七）法律、行政法规规定禁止转让的其他情形。

第七条 房地产转让，应当按照下列程序办理：

（一）房地产转让当事人签订书面转让合同；

（二）房地产转让当事人在房地产转让合同签订后90日内持房地产权属证书、当事人的合法证明、转让合同等有关文件向房地产所在地的房地产管理部门提出申请，并申报成交价格；

（三）房地产管理部门对提供的有关文件进行审查，并在7日内作出是否受理申请的书面答复，7日内未作书面答复的，视为同意受理；

（四）房地产管理部门核实申报的成交价格，并根据需要对转让的房地产进行现场查勘和评估；

（五）房地产转让当事人按照规定缴纳有关税费；

（六）房地产管理部门办理房屋权属登记手续，核发房地产权属证书。

第八条 房地产转让合同应当载明下列主要内容：

（一）双方当事人的姓名或者名称、住所；

（二）房地产权属证书名称和编号；

（三）房地产座落位置、面积、四至界限；

（四）土地宗地号、土地使用权取得的方式及年限；

（五）房地产的用途或使用性质；

（六）成交价格及支付方式；

（七）房地产交付使用的时间；

（八）违约责任；

（九）双方约定的其他事项。

第九条 以出让方式取得土地使用权的，房地产转让时，土地使用权出让合同载明的权利、义务随之转移。

第十条 以出让方式取得土地使用权的，转让房地产时，应当符合下列条件：

（一）按照出让合同约定已经支付全部土地使用权出让金，并取得土地使用权证书；

（二）按照出让合同约定进行投资开发，属于房屋建设工程的，应完成开发投资总额的百分之二十五以上；属于成片开发土地的，依照规划对土地进行开发建设，完成供排水、供电、供热、道路交通、通信等市政基础设施、公用设施的建设，达到场地平整，形成工业用地或者其他建设用地条件。

转让房地产时房屋已经建成的，还应当持有房屋所有权证书。

第十一条 以划拨方式取得土地使用权的，转让房地产时，按照国务院的规定，报有批准权的人民政府审批。有批准权的人民政府准予转让的，除符合本规定第十二条所列的可以不办理土地使用权出让手续的情形外，应当由受让方办理土地使用权出让手续，并依照国家有关规定缴纳土地使用权出让金。

第十二条 以划拨方式取得土地使用权的，转让房地产时，属于下列情形之一的，经有批准权的人民政府批准，可以不办理土地使用权出让手续，但应将转让房地产所获收益中的土地收益上缴国家或者作其他处理。土地收益的缴纳和处理的办法按照国务院规定办理。

（一）经城市规划行政主管部门批准，转让的土地用于建设《中华人民共和国城市房地产管理法》第二十三条规定的项目的；

（二）私有住宅转让后仍用于居住的；

（三）按照国务院住房制度改革有关规定出售公有住宅的；

（四）同一宗土地上部分房屋转让而土地使用权不可分割转让的；

（五）转让的房地产暂时难以确定土地使用权出让用途、年限和其他条件的；

（六）根据城市规划土地使用权不宜出让的；

（七）县级以上人民政府规定暂时无法或不需要采取土地使用权出让方式的其他情形。

依照前款规定缴纳土地收益或作其他处理的，应当在房地产转让合同中注明。

第十三条 依照本规定第十二条规定转让的房地产再转让，需要办理出让手续、补交土地使用权出让金的，应当扣除已经缴纳的土地收益。

第十四条 国家实行房地产成交价格申报制度。

房地产权利人转让房地产，应当如实申报成交价格，不得瞒报或者作不实的申报。

房地产转让应当以申报的房地产成交价格作为缴纳税费的依据。成交价格明显低于正常市场价格的，以评估价格作为缴纳税费的依据。

第十五条 商品房预售按照建设部《城市商品房预售管理办法》执行。

第十六条 房地产管理部门在办理房地产转让时，其收费的项目和标准，必须经有批准权的物价部门和建设行政主管部门批准，不得擅自增加收费项目和提高收费标准。

第十七条 违反本规定第十条第一款和第十一条，未办理土地使用权出让手续，交纳土地使用权出让金的，按照《中华人民共和国城市房地产管理法》的规定进行处罚。

第十八条 房地产管理部门工作人员玩忽职守、滥用职权、徇私舞弊、索贿受贿的，依法给予行政处分；构成犯罪的，依法追究刑事责任。

第十九条 在城市规划区外的国有土地范围内进行房地产转让的，参照本规定执行。

第二十条 省、自治区人民政府建设行政主管部门、直辖市房地产行政主管部门可以根据本规定制定实施细则。

第二十一条 本规定由国务院建设行政主管部门负责解释。

第二十二条 本规定自1995年9月1日起施行。

6. 最高人民法院《关于审理商品房买卖合同纠纷案件适用法律若干问题的解释》（2003年6月1日）（节录）

第八条 具有下列情形之一，导致商品房买卖合同目的不能实现的，无法取得房屋的买受人可以请求解除合同、返还已付购房款及利息、赔偿损失，并可以请求出卖人承担不超过已付购房款一倍的赔偿责任：

（一）商品房买卖合同订立后，出卖人未告知买受人又将该房屋抵押给第三人；

（二）商品房买卖合同订立后，出卖人又将该房屋出卖给第三人。

四、商品房委托代理销售合同纠纷

> **85. 双方当事人对合同约定存在不同理解时，应如何处理？**
>
> 当事人签订的合同中，对某一具体事项使用了不同的词语进行表述，在发生纠纷后双方当事人对这些词语的理解产生分歧的，人民法院在审判案件时应当结合合同全文、双方当事人经济往来的全过程，对当事人订立合同时的真实意思表示作出判断，在此基础上根据诚实信用的原则，对这些词语加以解释。不能简单、片面地强调词语文义上存在的差别。

典型疑难案件参考

厦门东方设计装修工程有限公司与福建省实华房地产开发有限公司商品房包销合同纠纷案

基本案情

2003年8月，东方公司与实华公司签订了一份《房产包销合同》，双方约定：（1）实华公司将其开发建设的"实华公寓"楼盘全部交由东方公司包销，该楼盘建筑面积93602.7平方米，其中店面5174.4平方米，住宅85727.1平方米，车位224个。（2）包销权限：东方公司作为该物业的包销商，全权负责该楼盘的销售及销售过程中的广告实施及整个楼盘园林景观、绿化的设计施工。（3）包销期限：自《商品房预售许可证》签发之日起30个月内，车位包销期限为42个月。（4）包销保证金：东方公司应向实华公司支付200万元人民币的包销保证金。在本合同签订之日起5个工作日内，支付第一期保证金100万元，余下100万元待《商品房预售许可证》颁发之日起1个月内付清。逾期3个工作日未交足第二笔保证金，实华公司有权没收第一笔保证金并终止合同。上述保证金在房屋销售和交房后退还。（5）包销底价及包销利润：住宅2600元/平方米，店面6000元/平方米，车位7万元/个，合同销售价超出上述底价的溢价部分，作为东方公司的包销利润全部归其所有。（6）双方的权利义务：实华公司在东方公司售楼人员填定合同后，最终对售楼合同签章确认（合同样本经实华公司认可后生效）；东方公司在《商品房预售许可证》下达之日起45天内，景观绿化投入量达20%，半年内达40%，一年内达80%，一年半内投入量达 100%。（7）包销业绩确认：购房人与实华公司签订《商品房预售合同》，并付首期款（分期或按揭），分期付款的首期款不低于总房款的 30%，按揭付款在银行正式收件前，即确认成交，计入东方公司业绩，但东方公司不得就该部分溢价款主张权利。银行正式收件后，则按本合同约定执行。（8）包销进度及期限：第一阶段，东方公司在取得预售许可证后 60 天内完成已取得预售许可证楼体销售面积的 20% 的销售业绩。第二阶段，东方公司保证在预售许可证颁发后 180 天内完成已取得预售许可证楼体销售面积的 50% 的销售业绩。第三阶段，东方公司保证在预售许可证颁发后 240 天内完成已取得预售许可证楼体销售面积的 60% 的销售业绩。第四阶段，东方公司保证在预售许可证颁发后 15 个月内完成已取得预售许可证楼体销售面积的 70% 的销售业绩。第五阶段，东方公司保证在预售许可证颁发后 18 个月内完成已取得预售许可证楼体销售面积的 85% 的销售业绩。第六阶段，东方公司保证在预售许可证颁发后 24 个月内完成已取得预售许可证楼体销售面积的 95% 的销售业绩。第七阶段，东方公司保证在预售许可证颁发后 30 个月内完成已取得预售许可证楼体销售面积的 100% 的销售业绩。第八阶段，车位自《商品房预售许可证》签发之日起 3 年 6 个月完成 80% 的销售业绩。（9）违约事项：实华公司应在 2003 年 11 月 30 日前办妥该楼盘的《商品房预售许可证》，否则逾期 3 个月，实华公司应双倍返还东方公司已付保证金，东方公司有权终止合同，或继续履约。

合同签订后，东方公司于 2003 年 7 月 23 日向实华公司支付了第一笔包销保证金 100 万元，并委托他人进行景观设计、绿化施工和广告发布，投入费用达 603100 元。实华公司分别于 2004 年 2 月 12 日、3 月 18 日、5 月 11 日分三批取得该楼盘 19 幢楼体的《商品房预售许可证》，东方公司对实华公司迟延办理《商品房预售许可证》未提出异议，但对销售业绩计算起始日及其确定的开盘日期提出异议。2004 年 2 月 23 日，实华公司与东方公司召开"实华·蓝湾雅境"楼盘包销等相关事宜协调会，并形成福建省实华房地产开发有限公司"关于'实华·蓝湾雅境'楼盘包销等相关事宜协调会会议纪要"。该纪要第 1 条载明：实华公司分批向东方公司提供《商品房预售许可证》。实华公司根据"实华·蓝湾雅境"项目建设进展情况，分批申办《商品房预售许可证》，并将分批所取得的《商品房预售许可证》提供给东方公司；实华公司以实际所取得预售楼盘幢数考核东方公司销售业绩。在此期间，东方公司与部分购房者签订了《商品房预售合同》，并收取了部分购房者的定金。此外，实华公司与东方公司还对部分房产的售价、购房款的银行按揭贷款及销售业绩的确认等问题产生争议，双方以函件形式进行过协商。

2004 年 3 月 30 日，福州市房地产管理局分别致函实华公司与东方公司，函称：根据购房者的投诉，实华公司与东方公司签订了商品房包销合同。经查，东方公司未在该局进行房地产中介企业资质登记备案，根据建设部《城市房地产中介服务管理规定》和《福建省房地产经纪人管理办法》的有关规定，凡没有取得房地产中介企业资格的企业不得从事房地产中介业务，请两公司终止双方签订的商品房包销合同。同日，实华公司函告东方公司，除依照福州市房地产管理局通知必须终止《房产包销合同》外，东方公司未按合同约定支付第二笔保证金，实华公司可以终止合同。东方公司收到实华公司解除合同的通知后直至起诉前未提出异议。2004年7月29日，福州市房地产管理局致函东方公司和实华公司，撤销了其2004年3月30日向上述两公司的致函。

东方公司于2004年10月27日以实华公司严重违约、应承担全部违约责任为由，将实华公司诉至福建省高级人民法院，请求判令实华公司承担违约责任并赔偿东方公司经济损失5000万元人民币；请求判令实华公司退还东方公司包销保证金100万元，并由实华公司承担本案所发生的一切诉讼费用。

实华公司在一审中提起反诉，请求判决实华公司与东方公司签订的《房产包销合同》已经依约终止；判决实华公司对东方公司已交的第一笔包销保证金100万元不予返还；判决东方公司承担本案的全部诉讼费用。

二审法院另查明：

（一）东方公司于2004年2月19日接到实华公司关于第一批《商品房预售许可证》已经办妥的通知后，当日即向实华公司提出书面异议，明确指出："该《商品房预售许可证》仅为实华·蓝湾雅境楼盘的部分许可证，而非全部。"

（二）2004年2月23日，实华公司与东方公司在"关于'实华·蓝湾雅境'楼盘包销等相关事宜协调会会议纪要"中，经双方协商，对实华公司分批向东方公司提供《商品房预售许可证》达成了共识，但对实华公司"分批提供"的时间和东方公司支付第二笔保证金的时间未明确约定。

（三）截至2005年8月5日，实华公司承认由东方公司实际销售的住宅189套、店面42户，按照《房产包销合同》中双方约定计算房屋销售溢价的标准和方法，东方公司共计实现销售溢价为3896074元。此外，双方还一致确认：由东方公司收取定金但实华公司没有出具合同签收单而合同实际履行的有住宅65套、店面2户；由东方公司收取定金但实华公司没有出具合同签收单并由实华公司转售他人的有住宅58套、店面7户。

一审诉辩情况

针对东方公司的起诉，实华公司辩称：东方公司的违约是导致《房产包销合同》终止和无法继续履行的主要原因，实华公司对此并无过错；东方公司要求实华公司赔偿经济损失5000万元没有事实依据，既然双方签订的《房产包销合同》已于2004年3月30日终止，东方公司则不得依据已经终止的合同主张未实际包销房产的可得利益；东方公司要求返还包销保证金100万元违背了《房产包销合同》的约定。据此，实华公司请求驳回东方公司的诉讼请求。

针对实华公司的反诉，东方公司辩称：双方约定的全额支付包销保证金的条件没有成立，根据《房产包销合同》第10条约定，实华公司应于2003年11月30日办妥全部的《商品房预售许可证》，直至2004年2月和3月实华公司才办好部分房屋的预售许可证，合同约定的交房时间是2005年6月，而实际交房是2005年8月，由于实华公司没有履行办理预售许可证的义务，导致东方公司无法履行保证金的交付义务；由于实华公司的违约行为，导致东方公司的绿化设计和绿化施工无法进行；福州市房地产管理局的通知从形式到内容均违法，对当事人不具有强制力，该局已自行撤销了该行政行为，故应驳回实华公司的反诉请求。

一审裁判结果

一审法院根据《中华人民共和国合同法》第91条第1款第7项、第93条、第96条第1款、第97条的规定，判决如下：

一、东方公司与实华公司签订的《房产包销合同》从2004年3月30日起就已解除的事实予以确认；

二、东方公司已经支付给实华公司的第一笔包销保证金100万元不予返还；

三、实华公司应支付给东方公司在《房产包销合同》解除前，已签订《商品房预售合同》、交纳定金，并在《房产包销合同》解除后实际支付首期款的部分房产的溢价3776604.8元；

四、驳回东方公司的其他诉讼请求。本诉案件受理费265010元，由东方公司负担240010元，实华公司负担25000元；反诉案件受理费15010元，由东方公司负担。

一审裁判理由

一审法院审理认为：从东方公司与实华公司签订的《房产包销合同》中对包销期限、包销保证金以及违约事项的约定来看，东方公司应当自第一份预售许可证颁发后即支付第二笔包销保证金。如果将包销保证金的支付时间理解为全部预售许可证颁发之后，显然与约定保证金的目的和保证金的属性相悖。实华公司未在《房产包销合同》的约定时间内办妥实华公寓楼盘的《商品房预售许可证》，东方公司未选择解除合同，也未请求实华公司双倍支付包销保证金，而是选择了继续履行合同，即应履行合同约定的支付第二笔包销保证金的义务。东方公司在接到实华公司通知后，未在第一次《商品房预售许可证》颁发之日起约定的时间内支付第二笔包销保证金，实华公司依合同约定可以行使解除合同的权利。依据《房产包销合同》第4条的约定，东方公司未如期支付包销保证金，实华公司可以终止合同并没收东方公司已交的第一笔包销保证金100万元。《房产包销合同》终止前，东方公司已经与他人签订商品房预售合同并收取定金的部分房产，可依照合同的约定，予以计算包销溢价。合同终止后，原合同约定的内容均不发生法律效力，即不依原合同约定计算包销溢价。东方公司主张实华公司违约应承担违约责任，应退还包销保证金，并赔偿合同解除时未包销部分房产溢价损失的请求，缺乏事实和法律依据，不予支持。实华公司反诉东方公司未按约支付第二笔包销保证金，致双方签订的合同终止，其已支付的第一笔包销保证金不予返还的请求有理，应予支持。

二审诉辩情况

东方公司上诉称：第一，一审法院以东方公司未支付第二笔包销保证金为由，认定实华公司有权解除合同，认定事实和适用法律均有错误。根据合同约定，东方公司支付第二笔100万元包销保证金的期限是包销楼盘的预售许可证颁发之日起1个月，一审判决已经认定实华公司直至违约终止合同履行时，尚未取得全部楼盘的预售许可证，故东方公司支付第二笔包销保证金的条件一直未成就。保证金是履行全部楼盘包销义务的保证，而取得全部楼盘的预售许可证是包销合同能够全部履行的前提。根据合同约定，实华公司未能在2003年11月30日前办妥预售许可证，东方公司有权解除合同，而东方公司不行使解除权并不等于支付保证金的条件也同时改变。因此，一审判决东方公司应当履行合同约定的支付第二笔包销保证金的义务，违反法律规定。第二，一审判决认定该合同符合约定的解除条件，违背事实和法律。实华公司通知解约的理由是房管部门要求解约和东方公司未支付第二笔包销保证金，东方公司收到该通知后即申请行政复议，福州市房管局已正式发文撤销了该通知。实华公司作为违约一方，根本不享有通知对方解约的权利，且东方公司已在时效内提起诉讼，故一审判决认定东方公司未提出异议，与事实不符。此外，合同解除必须具备法定条件，将一方当事人未提出异议作为符合约定解除条件的理由没有依据。第三，一审判决关于东方公司实际销售事实的认定错误。一审期间，东方公司提交了厦门宏隆升房地产代理有限公司出具的有关房屋实际销售情况的相关证据，并提交了315套住宅和51户店面的定金收据，还申请法院对商品房预售登记的情况进行了调查。实华公司对此未提交任何反证，并对定金收据等证据当庭确认。故一审判决认定实际销售 184 套住宅和 41 户店面的情况不符合事实。据此请求：（1）撤销福建省高级人民法院〔2004〕闽民初字第 59 号民事判决；（2）依法改判实华公司承担违约责任，赔偿东方公司损失 5000 万元，退还东方公司所付包销保证金 100 万元，驳回实华公司的反诉请求；（3）一、二审诉讼费用均由被上诉人承担。

实华公司上诉称：一审判决东方公司可以对合同终止前已经与他人签订商品房预售合同并收取定金的部分房产计算包销溢价，与《房产包销合同》第 8 条的约定是自相矛盾的。根据《房产包销合同》的约定，东方公司主张已售房产的溢价款必须同时具备两个条件：一是与他人签订正式的《商品房预售合同》；二是收取不低于 30% 的首付款。此外，根据《房产包销合同》的其他条款规定，东方公司主张已售房产的溢价款还必须完成整个楼盘的全部广告和景观绿化并承担其所需的一切费用，以及支付第二笔保证金 100 万元等。但根据一审查明的事实，东方公司在《房产包销合同》终止前，仅签订了部分《商品房预售合同》，并未依约收取已签《商品房预售合同》部分 30% 的首付款，也没有依约履行整个楼盘的销售广告及景观绿化等合同义务，根本不具备主张已售房产的溢价款的条件。据此请求：（1）撤销一审判决第三项并改判驳回东方公司的诉讼请求；（2）判令东方公司承担本案一、二审全部诉讼费用。

二审裁判结果

二审法院根据《中华人民共和国民事诉讼法》第 153 条第 1 款第 2 项、第 3 项，《中华人民共和国合同法》第 120 条的规定，判决如下：

一、撤销福建省高级人民法院〔2004〕闽民初字第 59 号民事判决；

二、终止福建省实华房地产开发有限公司与厦门东方设计装修工程有限公司在本案中的房产包销合同关系；

三、福建省实华房地产开发有限公司于本判决生效后 30 日内向厦门东方设计装修工程有限公司返还包销保证金 100 万元，并向厦门东方设计装修工程有限公司支付包销溢价款和其他损失费共计 6510061 元；

四、驳回厦门东方设计装修工程有限公司、福建省实华房地产开发有限公司的其他诉讼请求。

一审本诉案件受理费、二审案件受理费共计 530020 元，由福建省实华房地产开发有限公司负担 30 万元，厦门东方设计装修工程有限公司负担 230020 元。一审反诉案件受理费 15010 元，由福建省实华房地产开发有限公司负担。

本判决为终审判决。

二审裁判理由

二审法院认为：东方公司与实华公司在本案二审中的争议焦点主要有以下三点。

第一，实华公司终止合同的条件是否已经成就。东方公司认为，由于实华公司直至"违约终止合同履行时"尚未能取得全部楼盘的预售许可证，故东方公司支付第二笔包销保证金的条件一直未成就。实华公司认为，根据《房产包销合同》第4条的约定："……余下100万元人民币待《商品房预售许可证》颁发之日起一个月内付清。逾期三个工作日内未交足第二笔保证金，甲方（实华公司）有权没收第一笔保证金，并终止本合同。"而第一期《商品房预售许可证》于2004年2月12日颁发，东方公司也于2004年2月19日知道了颁发的事实，故东方公司应当在2004年3月19日之前支付第二笔保证金。

东方公司与实华公司关于合同终止条件是否已经成就的争议，缘起于双方对"《商品房预售许可证》颁发之日"的不同理解。根据《房产包销合同》第4条的约定，东方公司应当在《商品房预售许可证》颁发之日起的1个月内支付第二笔包销保证金，逾期3个工作日内未交足第二笔保证金，实华公司有权没收第一笔保证金，并终止该合同。这里强调"颁发之日"的《商品房预售许可证》是指整个楼盘的《商品房预售许可证》，还是指单个楼体的《商品房预售许可证》，仅凭该条款中的文字表述尚难以准确判定。在《房产包销合同》中，当事人双方曾多次使用"签发"、"颁发"、"下达"和"办妥"来表述《商品房预售许可证》的办理情况，双方除对"办妥"是指"整个楼盘"的《商品房预售许可证》不存异议外，对其他"签发"、"颁发"和"下达"因约定不明而存在分歧。从《房产包销合同》第9条、第10条关于"包销进度"和"违约事项"的约定来看，合同约定本身存在一定的矛盾。因此，如何理解"颁发之日"的真实意思表示，即成为判断实华公司终止合同的条件是否已经成就的重要标准。

本院认为：对《房产包销合同》第4条关于"《商品房预售许可证》颁发之日"的约定应当结合该合同的全文、尊重当事人在订立合同时的意思表示以及诚实信用的原则予以解释。首先，从《房产包销合同》第3条关于包销期限的约定来看，双方一致确认包销期限自《商品房预售许可证》签发之日起30个月内，其中车位包销期限延长一年即车位包销期限为42个月。因此，《商品房预售许可证》签发之日也就是开始计算东方公司包销期限之日，办妥整个楼盘的《商品房预售许可证》是东方公司在包销期限内履行全部包销义务的必要条件。其次，从《房产包销合同》中关于违约事项的约定来看，双方一致确认"甲方（实华公司）应在2003年11月30日前办妥该楼盘的《商品房预售许可证》"，这一条明确约定了实华公司办妥整个楼盘的《商品房预售许可证》的具体期限，而这一期限应当成为解释合同中关于《商品房预售许可证》"签发"、"颁发"、"下达"等不同用语的逻辑基础，也是当事人双方计算包销期限、确定包销保证金支付条件以及判断一方是否违约的时间界限。由于实华公司在2003年11月30日之前不仅未能办妥整个楼盘的《商品房预售许可证》，而且在此之前也未能办妥该楼盘中任何一份单个楼体的《商品房预售许可证》，故实华公司率先违约已成为本案中不争的事实，在此基础上探究"颁发之日"的真实意思表示已失去意义。最后，从东方公司于2004年2月19日给实华公司的回函中可以看出，东方公司对双方在《房产包销合同》第4条中所约定的"颁发之日"，一直主张是指整个楼盘《商品房预售许可证》的办妥之日。东方公司于2004年2月19日接到实华公司"关于'实华·蓝湾雅境'《商品房预售许可证》已批准发出的通知"后当日即提出了异议，明确表示了该《商品房预售许可证》仅为部分而非全部，由于该异议的提出是在双方诉讼发生之前，所以应当成为判断当事人真实意思表示的重要证据。一审认定东方公司对实华公司未按合同约定在2003年11月30日前办妥"实华公寓"楼盘的《商品房预售许可证》的事实未曾提出异议，属于认定事实错误。故此，一审判决仅凭《房产包销合同》中个别用语的不同，将"签发"、"颁发"解释为"单份"《商品房预售许可证》的签发或颁发，而将"办妥"解释为整个楼盘《商品房预售许可证》的办妥，无充分的证据支持。

实华公司与东方公司关于《商品房预售许可证》"颁发之日"的争议源于《房产包销合同》的约定不明。2004年2月23日，实华公司与东方公司就"实华·蓝湾雅境"楼盘包销所出现的问题及"商品房买卖合同"补充条款进行协商后达成了共识，并形成了"关于'实华·蓝湾雅境'楼盘包销等相关事宜协调会会议纪要"。在该纪要中，双方对实华公司分批向东方公司提供《商品房预售许可证》的事项达成了共识，但对实华公司"分批提供"的具体时间、最后期限以及东方公司支付第二笔包销保证金的条件未明确约定。如前所述，实华公司向东方公司提供《商品房预售许可证》是东方公司完成包销义务和支付第二笔包销保证金的必要条件，而"一次性提供"和"分批提供"又直接决定东方公司支付第二笔包销保证金的条件是否已经成就。由于双方对东方公司支付第二笔包销保证金的条件约定不明，故根据《房产包销合同》第4条的约定，尚不能认定东方公司支付第二笔包销保证金的条件已经成就。据上所述，实华公司在双方对支付第二笔包销保证金的条件存在分歧且争议未解决的前提下，即以东方公司未支付第二笔包销保证金为由单方宣布终止合同，显属不当。因此，实华公司应当对其因未能在合同约定的最后期限内办妥该楼盘的《商品房预售许可证》的违约行为以及单方宣布终止合同给东方公司造成的损失承担赔偿责任。

第二，东方公司已交付给实华公司的100万元包销保证金应否返还。根据《房产包销合同》第4条的约定，东方公司应当在该合同签订之日起5个工作日内向实华公司支付第一笔包销保证金100万元，该保证金是东方公司对自己履行合同的保证。2004年3月30日，实华公司以福州市房地产管理局通知要求终止合同以及东方公司未按合同约定支付第二笔包销保证金为由，单方以书面形式宣布终止了与东方公司的《房产包销合同》后，东方公司即申请行政复议，福州市房地产管理局于2004年7月29日以书面通知的形式撤销了由其于2004年3月30日做出的关于要求实华公司与东方公司终止《房产包销合同》的函件。东方公司又于2004年10月27日以实华公司违约为由将实华公司诉至福建省高级人民法院，请求判令实华公司承担违约责任并赔偿东方公司经济损失共计5000万元，请求实华公司退还东方公司所付包销保证金100万元，并以此作为对实华公司单方终止合同的一种异议。

本院认为：东方公司要求实华公司返还第一笔包销保证金的请求及理由能否成立，取决于东方公司支付第二笔包销保证金的条件是否成就。根据《房产包销合同》第4条的约定，东方公司应当在《商品房预售许可证》颁发之日起1个月内付清第二笔包销保证金，逾期3个工作日内未交足第二笔保证金，实华公司有权没收第一笔保证金，并终止该合同。因此，东方公司未按约定交付第二笔保证金，是实华公司没收第一笔保证金的必要条件。如第一个问题所述，由于双方在《房产包销合同》中对单个楼体还是整个楼盘的《商品房预售许可证》"颁发之日"约定不明，故东方公司对支付第二笔保证金的条件是否成就持有异议。在异议未解决之前，双方之间的包销合同因实华公司的单方终止行为而无法继续履行，包销保证金作为对东方公司的一种履约保证已失去意义，实华公司理应返还东方公司已经支付的第一笔包销保证金100万元。一审判决以东方公司未如期支付第二笔包销保证金为由，认定实华公司可以终止合同并没收东方公司已交付的第一笔包销保证金100万元，认定事实错误，适用法律不当。

第三，东方公司主张溢价款和赔偿损失的权利应否得到保护。实华公司以福州市房地产管理局的通知为由，在合同约定的终止条件成就之前，单方终止《房产包销合同》，应当承担违约责任并赔偿东方公司因合同不能实际履行所造成的损失。在本案中，福州市房地产管理局作为房地产业的行政主管部门于2004年3月30日以书面通知的形式要求实华公司终止与东方公司的包销合同，其具体行政行为导致合同不能实际履行的后果也不能完全由实华公司承担。此外，东方公司也认可了合同在客观上已无法实际履行的事实，故在本案诉讼中未提出实际履行合同的诉讼请求。同时，在实华公司单方宣布终止合同之前，东方公司在广告投入、景观绿化等方面也未能完全按照《房产包销合同》的约定履行自己的义务。综合以上因素，对东方公司主张溢价款和赔偿损失的范围应当限定在《房产包销合同》已经履行和已经部分履行的范围之内，并参酌当事人双方的过错程度以及东方公司实际损失的程度来确定实华公司的赔偿范围。

根据本院二审查明的事实，在实华公司单方宣布终止合同之前，由东方公司实际收取购房定金的有住宅312套和店面51户，扣除购房人退房并由实华公司转售他人的住宅58套和店面7户之外，应当认定由东方公司完成销售和已完成前期销售工作的有住宅254套和店面44户。参照《房产包销合同》中双方计算包销溢价的标准，东方公司可以实现的包销溢价款为7310061元。虑及东方公司在广告投入、景观绿化等方面履约不足以及实华公司在后期销售过程中需要支出的费用和付出的劳动等综合因素，应当在东方公司可以实现的包销溢价款7310061元中酌减80万元。

86."履约保证金"性质属违约金还是定金？

当事人在合同中约定一方向另一方交纳一定金额的货币履约保证金虽与定金相似，但因其不符合定金的法律属性而不属《中华人民共和国担保法》（以下简称《担保法》）意义上的法定担保方式。至于其是否具有违约金的法律属性，应视当事人在合同中对履约保证金的约定，如在约定履约保证金的同时还约定了违约责任条款的，则一般应视为预付款性质，不能与违约金同时并用。

典型疑难案件参考

梅州市嘉福实业发展有限公司诉梅州名磊投资有限公司商品房代理销售合同纠纷案

基本案情

2005年9月26日，梅州市嘉福实业发展有限公司（以下简称嘉福公司）

（乙方）与梅州名磊投资有限公司（以下简称名磊公司）（甲方）签订《房地产销售合作合同》，合同约定的主要内容是：双方共同合作启动梅州市江北沿江路长廊二楼（即原南方国际房地产开发公司开发的万豪街二楼）商铺物业的经营。甲方将该长廊二楼商铺约160间交付给乙方，由乙方策划、设计、装修、包装、宣传、销售，费用由乙方负责。乙方所有销售收入以每平方米1315.35元与甲方结算，溢价部分归乙方所有。乙方在合同签订之日起5天内支付履约保证金人民币20万元给甲方，在乙方交付保证金后3天内，甲方将物业交付给乙方，乙方即启动相关工作。合同第3条第1项、第2项约定的合作期限为：合同生效起14个月内，若乙方商铺销售率达总建筑面积50%，在甲方同意时，另行办理合同顺延手续；若乙方商铺销售率未能达总建筑面积50%，则合同终止，乙方将未卖出商铺退还给甲方，乙方无权就所投入的策划、设计、装修、包装、宣传和销售等一切费用要求甲方退还。合同第9条为双方的权利、义务，其中第1款第7项、第8项、第10项规定，甲方"向当地政府申请有关工商税收、水、电等方面的优惠政策，以促进销售工作"；"靠近望江楼进入该商业长廊入口处的台阶改动事宜，甲方负责协调各方关系"；"甲方负责相关的市政建设及配套工程项目尽量争取政府优惠政策（政府会议纪要中体现）。（注：市政建设配套工程项目主要为：道路、灯光、停车场等，及政府会议纪要中相关内容）市政建设工程及配套工程在合同生效后6个月内完工"。合同签订后，嘉福公司分5次支付了履约保证金20万元给名磊公司。但名磊公司未能按合同第9条第1款第8项履行"靠近望江楼进入该商业长廊入口处的台阶改动事宜，甲方负责协调各方关系"的约定，促成城建规划部门批准该商业长廊入口处的台阶改动事宜，也没有按合同第9条第1款第10项规定，在合同生效后6个月内，促成市政建设配套工程项目即该商业长廊的道路、灯光、停车场等的建设。以后双方均未采取措施，标的物沿江路长廊二楼一直维持原状。2007年1月7日，名磊公司向嘉福公司发出《关于解除〈房地产销售合作合同〉的函》。嘉福公司于2007年3月15日向名磊公司发出《关于要求"退还保证金"的函》，同意解除合同，但名磊公司应立即退回保证金20万元及赔偿损失3万元。2009年3月13日，名磊公司将标的物沿江路长廊二楼产权转让给梅州市基础设施建设投资有限公司。嘉福公司向法院提起诉讼，请求判令解除双方签订的《房地产销售合作合同》；判令名磊公司返还履约保证金人民币20万元。

▶ **一审裁判结果**

一审法院依照《中华人民共和国民事诉讼法》第64条、《中华人民共和国民

法通则》第84条、《中华人民共和国合同法》第94条的规定,作出判决如下:

一、解除原告梅州市嘉福实业发展有限公司与被告梅州名磊投资有限公司于2005年9月26日签订的《房地产销售合作合同》;

二、被告梅州名磊投资有限公司应返还履约保证金人民币20万元给原告梅州市嘉福实业发展有限公司,限于本判决生效后10日内付清;

三、被告梅州名磊投资有限公司如未按本判决指定的期间履行给付金钱义务,应当依照《中华人民共和国民事诉讼法》第229条的规定,加倍支付迟延履行期间的债务利息给原告梅州市嘉福实业发展有限公司。

一审裁判理由

广东省梅县人民法院认为:嘉福公司、名磊公司签订的《房地产销售合作合同》是双方自愿、平等基础上签订的,合同真实、合法有效,双方均应按合同约定履行。2009年3月13日名磊公司将合同约定的标的物业沿江路长廊二楼转让给梅州市基础设施建设投资有限公司,合同的标的物已不再是名磊公司,合同已无法履行,名磊公司亦同意解除合同,所以嘉福公司请求解除《房地产销售合作合同》的诉讼请求依法应予以支持。关于嘉福公司要求名磊公司返还履约保证金20万元问题,合同中没有约定履约保证金合同履行与否该如何处理,且20万元也是嘉福公司交给名磊公司的,是嘉福公司的钱,所以合同解除时名磊公司收取的20万元应当返还给嘉福公司。对于名磊公司提出终止合同及返还履约保证金已超过诉讼时效的抗辩,因为合同签订后双方一直未协商解除合同,合同尚于履行中,不存在诉讼时效问题。所以名磊公司关于诉讼时效的抗辩依法不予采纳。

二审诉辩情况

名磊公司不服提起上诉称:(1)双方签订的《房地产销售合作合同》依法已于2007年1月7日解除,而一审判决认为合同尚于履行中,显然与事实不符。(2)合同解除后被上诉人没有在法定时效期限内向我方和法院提出异议并主张返还保证金的权利。(3)被上诉人违约无权要求返还履约保证金。(4)2009年3月13日,其将合同标的物沿江路商业长廊二楼产权转让给梅州市基础设施投资有限公司的行为,是在双方签订的《房地产销售合作合同》依法解除之后的合法行为,并不是违约行为。请求依法撤销原判,驳回被上诉人的诉讼请求。

二审裁判结果

广东省梅州市中级人民法院经审理,判决驳回上诉,维持原判。

商品房委托代理销售合同纠纷办案依据集成

1.《商品房销售管理办法》(2001年4月4日建设部令第88号发布)(节录)

第二十五条 房地产开发企业委托中介服务机构销售商品房的，受托机构应当是依法设立并取得工商营业执照的房地产中介服务机构。

房地产开发企业应当与受托房地产中介服务机构订立书面委托合同，委托合同应当载明委托期限、委托权限以及委托人和被委托人的权利、义务。

第二十六条 受托房地产中介服务机构销售商品房时，应当向买受人出示商品房的有关证明文件和商品房销售委托书。

第二十七条 受托房地产中介服务机构销售商品房时，应当如实向买受人介绍所代理销售商品房的有关情况。

受托房地产中介服务机构不得代理销售不符合销售条件的商品房。

第二十八条 受托房地产中介服务机构在代理销售商品房时不得收取佣金以外的其他费用。

第二十九条 商品房销售人员应当经过专业培训，方可从事商品房销售业务。

第五章 交 付

第三十条 房地产开发企业应当按照合同约定，将符合交付使用条件的商品房按期交付给买受人。未能按期交付的，房地产开发企业应当承担违约责任。

因不可抗力或者当事人在合同中约定的其他原因，需延期交付的，房地产开发企业应当及时告知买受人。

第三十一条 房地产开发企业销售商品房时设置样板房的，应当说明实际交付的商品房质量、设备及装修与样板房是否一致，未作说明的，实际交付的商品房应当与样板房一致。

第三十二条 销售商品住宅时，房地产开发企业应当根据《商品住宅实行质量保证书和住宅使用说明书制度的规定》(以下简称《规定》)，向买受人提供《住宅质量保证书》、《住宅使用说明书》。

第三十三条 房地产开发企业应当对所售商品房承担质量保修责任。当事人应当在合同中就保修范围、保修期限、保修责任等内容做出约定。保修期从交付之日起计算。

商品住宅的保修期限不得低于建设工程承包单位向建设单位出具的质量保修书约定保修期的存续期；存续期少于《规定》中确定的最低保修期限的，保修期不得低于《规定》中确定的最低保修期限。

非住宅商品房的保修期限不得低于建设工程承包单位向建设单位出具的质量保修书约定保修期的存续期。

在保修期限内发生的属于保修范围的质量问题，房地产开发企业应当履行保修义务，并对造成的损失承担赔偿责任。因不可抗力或者使用不当造成的损坏，房地产开发企业不承担责任。

第三十四条　房地产开发企业应当在商品房交付使用前按项目委托具有房产测绘资格的单位实施测绘，测绘成果报房地产行政主管部门审核后用于房屋权属登记。

房地产开发企业应当在商品房交付使用之日起60日内，将需要由其提供的办理房屋权属登记的资料报送房屋所在地房地产行政主管部门。

房地产开发企业应当协助商品房买受人办理土地使用权变更和房屋所有权登记手续。

第三十五条　商品房交付使用后，买受人认为主体结构质量不合格的，可以依照有关规定委托工程质量检测机构重新核验。经核验，确属主体结构质量不合格的，买受人有权退房；给买受人造成损失的，房地产开发企业应当依法承担赔偿责任。

第六章　法律责任

第三十六条　未取得营业执照，擅自销售商品房的，由县级以上人民政府工商行政管理部门依照《城市房地产开发经营管理条例》的规定处罚。

第三十七条　未取得房地产开发企业资质证书，擅自销售商品房的，责令停止销售活动，处5万元以上10万元以下的罚款。

第三十八条　违反法律、法规规定，擅自预售商品房的，责令停止违法行为，没收违法所得；收取预付款的，可以并处已收取的预付款1%以下的罚款。

第三十九条　在未解除商品房买卖合同前，将作为合同标的物的商品房再行销售给他人的，处以警告，责令限期改正，并处2万元以上3万元以下罚款；构成犯罪的，依法追究刑事责任。

第四十条　房地产开发企业将未组织竣工验收、验收不合格或对不合格按合格验收的商品房擅自交付使用的，按照《建设工程质量管理条例》的规定处罚。

第四十一条　房地产开发企业未按规定将测绘成果或者需要由其提供的办理房权属登记的资料报送房地产行政主管部门的，处以警告，责令限期改正，并可处以2万元以上3万元以下罚款。

第四十二条　房地产开发企业在销售商品房中有下列行为之一的，处以警告，责令限期改正，并可处以1万元以上3万元以下罚款。

（一）未按照规定的现售条件现售商品房的；

（二）未按照规定在商品房现售前将房地产开发项目手册及符合商品房现售条件的有关证明文件报送房地产开发主管部门备案的；

（三）返本销售或者变相返本销售商品房的；

（四）采取售后包租或者变相售后包租方式销售未竣工商品房的；

（五）分割拆零销售商品住宅的；

（六）不符合商品房销售条件，向买受人收取预订款性质费用的；

（七）未按照规定向买受人明示《商品房销售管理办法》、《商品房买卖合同示范文本》、《城市商品房预售管理办法》的；

（八）委托没有资格的机构代理销售商品房的。

第四十三条　房地产中介服务机构代理销售不符合销售条件的商品房的，处以警告，责令停止销售，并可处以2万元以上3万元以下罚款。

第四十四条 国家机关工作人员在商品房销售管理工作中玩忽职守、滥用职权、徇私舞弊，依法给予行政处分；构成犯罪的，依法追究刑事责任。

第七章 附 则

第四十五条 本办法所称返本销售，是指房地产开发企业以定期向买受人返还购房款的方式销售商品房的行为。

本办法所称售后包租，是指房地产开发企业以在一定期限内承租或者代为出租买受人所购该企业商品房的方式销售商品房的行为。

本办法所称分割拆零销售，是指房地产开发企业以将成套的商品住宅分割为数部分分别出售给买受人的方式销售商品住宅的行为。

本办法所称产权登记面积，是指房地产行政主管部门确认登记的房屋面积。

第四十六条 省、自治区、直辖市人民政府建设行政主管部门可以根据本办法制定实施细则。

第四十七条 本办法由国务院建设行政主管部门负责解释。

第四十八条 本办法自2001年6月1日起施行。

2. 最高人民法院《关于审理商品房买卖合同纠纷案件适用法律若干问题的解释》（2003年4月28日　法释〔2003〕7号）

为正确、及时审理商品房买卖合同纠纷案件，根据《中华人民共和国民法通则》、《中华人民共和国合同法》、《中华人民共和国城市房地产管理法》、《中华人民共和国担保法》等相关法律，结合民事审判实践，制定本解释。

第一条 本解释所称的商品房买卖合同，是指房地产开发企业（以下统称为出卖人）将尚未建成或者已竣工的房屋向社会销售并转移房屋所有权于买受人，买受人支付价款的合同。

第二条 出卖人未取得商品房预售许可证明，与买受人订立的商品房预售合同，应当认定无效，但是在起诉前取得商品房预售许可证明的，可以认定有效。

第三条 商品房的销售广告和宣传资料为要约邀请，但是出卖人就商品房开发规划范围内的房屋及相关设施所作的说明和允诺具体确定，并对商品房买卖合同的订立以及房屋价格的确定有重大影响的，应当视为要约。该说明和允诺即使未载入商品房买卖合同，亦应当视为合同内容，当事人违反的，应当承担违约责任。

第四条 出卖人通过认购、订购、预订等方式向买受人收受定金作为订立商品房买卖合同担保的，如果因当事人一方原因未能订立商品房买卖合同，应当按照法律关于定金的规定处理；因不可归责于当事人双方的事由，导致商品房买卖合同未能订立的，出卖人应当将定金返还买受人。

第五条 商品房的认购、订购、预订等协议具备《商品房销售管理办法》第十六条规定的商品房买卖合同的主要内容，并且出卖人已经按照约定收受购房款的，该协议应当认定为商品房买卖合同。

第六条 当事人以商品房预售合同未按照法律、行政法规规定办理登记备案手续为由，请求确认合同无效的，不予支持。

当事人约定以办理登记备案手续为商品房预售合同生效条件的，从其约定，但当事人一方已经履行主要义务，对方接受的除外。

第七条 拆迁人与被拆迁人按照所有权调换形式订立拆迁补偿安置协议，明确约定拆迁人以位置、用途特定的房屋对被拆迁人予以补偿安置，如果拆迁人将该补偿安置房屋另行出卖给第三人，被拆迁人请求优先取得补偿安置房屋的，应予支持。

被拆迁人请求解除拆迁补偿安置协议的，按照本解释第八条的规定处理。

第八条 具有下列情形之一，导致商品房买卖合同目的不能实现的，无法取得房屋的买受人可以请求解除合同、返还已付购房款及利息、赔偿损失，并可以请求出卖人承担不超过已付购房款一倍的赔偿责任：

（一）商品房买卖合同订立后，出卖人未告知买受人又将该房屋抵押给第三人；

（二）商品房买卖合同订立后，出卖人又将该房屋出卖给第三人。

第九条 出卖人订立商品房买卖合同时，具有下列情形之一，导致合同无效或者被撤销、解除的，买受人可以请求返还已付购房款及利息、赔偿损失，并可以请求出卖人承担不超过已付购房款一倍的赔偿责任：

（一）故意隐瞒没有取得商品房预售许可证明的事实或者提供虚假商品房预售许可证明；

（二）故意隐瞒所售房屋已经抵押的事实；

（三）故意隐瞒所售房屋已经出卖给第三人或者为拆迁补偿安置房屋的事实。

第十条 买受人以出卖人与第三人恶意串通，另行订立商品房买卖合同并将房屋交付使用，导致其无法取得房屋为由，请求确认出卖人与第三人订立的商品房买卖合同无效的，应予支持。

第十一条 对房屋的转移占有，视为房屋的交付使用，但当事人另有约定的除外。

房屋毁损、灭失的风险，在交付使用前由出卖人承担，交付使用后由买受人承担；买受人接到出卖人的书面交房通知，无正当理由拒绝接收的，房屋毁损、灭失的风险自书面交房通知确定的交付使用之日起由买受人承担，但法律另有规定或者当事人另有约定的除外。

第十二条 因房屋主体结构质量不合格不能交付使用，或者房屋交付使用后，房屋主体结构质量经核验确属不合格，买受人请求解除合同和赔偿损失的，应予支持。

第十三条 因房屋质量问题严重影响正常居住使用，买受人请求解除合同和赔偿损失的，应予支持。

交付使用的房屋存在质量问题，在保修期内，出卖人应当承担修复责任；出卖人拒绝修复或者在合理期限内拖延修复的，买受人可以自行或者委托他人修复。修复费用及修复期间造成的其他损失由出卖人承担。

第十四条 出卖人交付使用的房屋套内建筑面积或者建筑面积与商品房买卖合同约定面积不符，合同有约定的，按照约定处理；合同没有约定或者约定不明确的，按照以下原则处理：

（一）面积误差比绝对值在3%以内（含3%），按照合同约定的价格据实结算，买受人请求解除合同的，不予支持；

（二）面积误差比绝对值超出3%，买受人请求解除合同、返还已付购房款及利息的，应予支持。买受人同意继续履行合同，房屋实际面积大于合同约定面积的，面积误差比在3%以内（含3%）部分的房价款由买受人按照约定的价格补足，面积误差比超出3%部分的房价款由出卖人承担，所有权归买受人；房屋实际面积小于合同约定面积的，面积误差比在3%以内（含3%）部分的房价款及利息由出卖人返还买受人，面积误差比超过3%部分的房价款由出卖人双倍返还买受人。

第十五条 根据《合同法》第九十四条的规定，出卖人迟延交付房屋或者买受人迟延支付购房款，经催告后在三个月的合理期限内仍未履行，当事人一方请求解除合同的，应予支持，但当事人另有约定的除外。

法律没有规定或者当事人没有约定，经对方当事人催告后，解除权行使的合理期限为三个月。对方当事人没有催告的，解除权应当在解除权发生之日起一年内行使；逾期不行使的，解除权消灭。

第十六条 当事人以约定的违约金过高为由请求减少的，应当以违约金超过造成的损失30%为标准适当减少；当事人以约定的违约金低于造成的损失为由请求增加的，应当以违约造成的损失确定违约金数额。

第十七条 商品房买卖合同没有约定违约金数额或者损失赔偿额计算方法，违约金数额或者损失赔偿额可以参照以下标准确定：

逾期付款的，按照未付购房款总额，参照中国人民银行规定的金融机构计收逾期贷款利息的标准计算。

逾期交付使用房屋的，按照逾期交付使用房屋期间有关主管部门公布或者有资格的房地产评估机构评定的同地段同类房屋租金标准确定。

第十八条 由于出卖人的原因，买受人在下列期限届满未能取得房屋权属证书的，除当事人有特殊约定外，出卖人应当承担违约责任：

（一）商品房买卖合同约定的办理房屋所有权登记的期限；

（二）商品房买卖合同的标的物为尚未建成房屋的，自房屋交付使用之日起90日；

（三）商品房买卖合同的标的物为已竣工房屋的，自合同订立之日起90日。

合同没有约定违约金或者损失数额难以确定的，可以按照已付购房款总额，参照中国人民银行规定的金融机构计收逾期贷款利息的标准计算。

第十九条 商品房买卖合同约定或者《城市房地产开发经营管理条例》第三十三条规定的办理房屋所有权登记的期限届满后超过一年，由于出卖人的原因，导致买受人无法办理房屋所有权登记，买受人请求解除合同和赔偿损失的，应予支持。

第二十条 出卖人与包销人订立商品房包销合同，约定出卖人将其开发建设的房屋交由包销人以出卖人的名义销售的，包销期满未销售的房屋，由包销人按照合同约定的包销价格购买，但当事人另有约定的除外。

第二十一条 出卖人自行销售已经约定由包销人包销的房屋，包销人请求出卖人赔偿损失的，应予支持，但当事人另有约定的除外。

第二十二条 对于买受人因商品房买卖合同与出卖人发生的纠纷，人民法院应当通知包销人参加诉讼；出卖人、包销人和买受人对各自的权利义务有明确约定的，按照约定的内容确定各方的诉讼地位。

第二十三条 商品房买卖合同约定，买受人以担保贷款方式付款、因当事人一方原因未能订立商品房担保贷款合同并导致商品房买卖合同不能继续履行的，对方当事人可以请求解除合同和赔偿损失。因不可归责于当事人双方的事由未能订立商品房担保贷款合同并导致商品房买卖合同不能继续履行的，当事人可以请求解除合同，出卖人应将收受的购房款本金及其利息或者定金返还买受人。

第二十四条 因商品房买卖合同被确认无效或者被撤销、解除，致使商品房担保贷款合同的目的无法实现，当事人请求解除商品房担保贷款合同的，应予支持。

第二十五条 以担保贷款为付款方式的商品房买卖合同的当事人一方请求确认商品房买卖合同无效或者撤销、解除合同的，如果担保权人作为有独立请求权第三人提出诉讼请求，应当与商品房担保贷款合同纠纷合并审理；未提出诉讼请求的，仅处理商品房买卖合同纠纷。担保权人就商品房担保贷款合同纠纷另行起诉的，可以与商品房买卖合同纠纷合并审理。

商品房买卖合同被确认无效或者被撤销、解除后，商品房担保贷款合同也被解除的，出卖人应当将收受的购房贷款和购房款的本金及利息分别返还担保权人和买受人。

第二十六条 买受人未按照商品房担保贷款合同的约定偿还贷款，亦未与担保权人办理商品房抵押登记手续，担保权人起诉买受人，请求处分商品房买卖合同项下买受人合同权利的，应当通知出卖人参加诉讼；担保权人同时起诉出卖人时，如果出卖人为商品房担保贷款合同提供保证的，应当列为共同被告。

第二十七条 买受人未按照商品房担保贷款合同的约定偿还贷款，但是已经取得房屋权属证书并与担保权人办理了商品房抵押登记手续，抵押权人请求买受人偿还贷款或者就抵押的房屋优先受偿的，不应当追加出卖人为当事人，但出卖人提供保证的除外。

第二十八条 本解释自 2003 年 6 月 1 日起施行。

《中华人民共和国城市房地产管理法》施行后订立的商品房买卖合同发生的纠纷案件，本解释公布施行后尚在一审、二审阶段的，适用本解释。

《中华人民共和国城市房地产管理法》施行后订立的商品房买卖合同发生的纠纷案件，在本解释公布施行前已经终审，当事人申请再审或者按照审判监督程序决定再审的，不适用本解释。

《中华人民共和国城市房地产管理法》施行前发生的商品房买卖行为，适用当时的法律、法规和《最高人民法院〈关于审理房地产管理法施行前房地产开发经营案件若干问题的解答〉》。

五、农村房屋买卖合同纠纷

87. 农村居民因土地征用而成为非农户口,仍生活在农村的,其在农村购房行为是否有效?

农村居民因土地征用而成为非农业人口,仍生活在农村的,其在农村的购房行为不应视为城镇居民购买农村住宅,在购买宅基地问题上可以享有农民待遇,买卖合同有效。"农村居民一户只能拥有一处宅基地"是对农村居民申请宅基地的限制性规定,但并不限制农村居民通过买受、承租方式取得宅基地,但不得违反法律、法规规定的最高限度。

典型疑难案件参考

李明国诉李德元房屋买卖合同纠纷案

基本案情

原告李明国系宁波市鄞州区瞻岐镇合一村村民,被告李德元系宁波市鄞州区钟公庙街道铜盆闸村人,因土地征用原因,被告于2003年1月14日由农业户口转为居民户口。2003年10月13日,原、被告签订卖屋契约,由原告将其坐落于宁波市鄞州区瞻岐镇合一村的二层楼房一间(使用权面积62.4平方米),以22280元的价格出卖给被告。原、被告签订卖屋契约后,被告已付清该款,原告亦将土地证交给被告,但未办理过户手续。另查明被告在铜盆闸村有宅基地一间(用地面积53.1平方米,其中建筑面积38.5平方米)。后原告以双方的买卖协议违法法律、行政法规的强制性规定为由,要求法院确认原、被告双方签订的《卖屋协议》无效。

一审诉辩情况

原告诉称:原、被告于2003年10月13日签订《卖屋协议》一份,约定原告将其所有的坐落于宁波市鄞州区瞻岐镇合一村的二层楼房一间以22280元的价格出卖给被告。协议签订后被告已全额付款,原告亦将《集体土地使用证》交于被告,但未办理过户手续。根据国务院办公厅1999年发布的《关于加强土地转让管理严禁炒卖土地的通知》第2条规定:"农村的住宅不得向城市居民出售。"而被告系居民户口,故该房屋买卖违反法律、行政法规的强制性规定，现要求被告立即返还坐落于宁波市鄞州区瞻岐镇合一村的二层楼房一间，原告愿将卖房价款全额返还并赔偿被告合理损失。审理中，原告变更诉讼请求为要求确认原、被告双方签订的《卖屋协议》无效；被告立即返还坐落于宁波市鄞州区瞻岐镇合一村的二层楼房一间，原告愿返还价款 22280 元，并赔偿被告双倍利息损失 11229.12 元。

被告辩称：对原告陈述的原告将其所有的坐落于宁波市鄞州区瞻岐镇合一村的二层楼房一间以 22280 元的价格出卖给被告，被告已全额付款的事实无异议，但认为被告系因土地征用原因由农业户口改为居民户口，在购买宅基地问题上可以享受农民待遇。故原、被告之间的房屋买卖协议合法有效，并未违反法律、行政法规的强制性规定，且原告所在村委会当时也同意双方的买卖行为，按政策可以办理过户手续，未过户系原告怠于履行协助过户义务所致，故请求驳回原告的诉讼请求。

▶ 一审裁判结果

一审法院经审理后，判决如下：驳回原告李明国的诉讼请求。

▶ 一审裁判理由

宁波市鄞州区人民法院认为：原告属农业户口，但因土地征用而由农业户口转为居民户口，全村农民集体转为非农业户口，若需购房，应按农业户口处理，故被告李德元可按农业户口享受购房条件。李德元虽原有宅基地，但购入讼争房屋后，其面积并未超过《宁波市宅基地管理办法》确定的高限标准，故原、被告签订的《卖屋协议》有效，被告亦已履行付款义务，原告主张无效系属理解偏颇，亦有违诚信。故原告的诉讼请求本院不予支持。

▶ 二审诉辩情况

一审宣判后，原告李明国不服提出上诉。上诉请求：撤销原判，改判支持上诉人诉讼请求。事实和理由：原判适用法律错误。根据我国《土地管理法》的规定，宅基地属于农民集体所有，是禁止买卖的。国务院办公厅 1999 年颁布《关于加强土地转让管理严禁炒卖土地的通知》的规定，农民的住宅不得向城市居民出售。退一步讲，被上诉人就算按农业户口的情况来看待，被上诉人的买屋行为也是违反了我国《土地管理法》"一户一宅"的规定。本案所涉《卖屋协议》违反了法律、法规的强制性规定，应当认定无效。

▶ 二审裁判结果

二审法院依照《中华人民共和国民事诉讼法》第 153 条第 1 款第 1 项的规

定,判决如下:驳回上诉,维持原判。

二审裁判理由

宁波市中级人民法院认为:对原审法院认定的事实予以确认。当事人行使权利,履行义务应当遵循诚实信用原则,依法订立的合同,对当事人具有法律约束力。当事人应当按照约定履行自己的义务,不得擅自变更或者解除合同。本案双方当事人签订的《卖屋协议》系双方当事人真实意思表示。李德元系农村居民,后虽因土地征用而成为非农业人口,但其仍生活在农村,故对其在农村的购房行为不能视为城镇居民购买农村住宅。而《中华人民共和国土地管理法》第62条规定的"农村居民一户只能拥有一处宅基地"是对农村居民申请宅基地的限制性规定,但并不限制农村居民通过买受、承租方式取得住房。因此,讼争《卖屋协议》并不违反法律、行政法规的强制性规定,属于有效合同。李明国主张《卖屋协议》违法,缺乏法律依据,理由不能成立。双方当事人在契约签订后,房屋已实际交付,现李明国起诉主张合同无效,要求返还房屋,显然有违诚实信用原则,本院不予支持。综上,上诉人的上诉请求及理由,缺乏事实和法律依据,不予支持。原审判决认定事实清楚,适用法律正确,程序合法,予以维持。

农村房屋买卖合同纠纷办案依据集成

《中华人民共和国土地管理法》(2004年8月28日修订)(节录)

第六十二条 农村村民一户只能拥有一处宅基地,其宅基地的面积不得超过省、自治区、直辖市规定的标准。

农村村民建住宅,应当符合乡(镇)土地利用总体规划,并尽量使用原有的宅基地和村内空闲地。

农村村民住宅用地,经乡(镇)人民政府审核,由县级人民政府批准;其中,涉及占用农用地的,依照本法第四十四条的规定办理审批手续。

农村村民出卖、出租住房后,再申请宅基地的,不予批准。

第六章 租赁合同纠纷

一、土地租赁合同纠纷

88. 双方当事人签订的土地租赁合同期限超过20年的,该租赁合同的效力该如何认定?

《合同法》明确规定,租赁期限不得超过20年,超过20年的,超过部分无效。

89. 租赁合同解除后,应如何处理?

根据《合同法》有关规定,合同解除后,尚未履行的,终止履行;已经履行的根据履行情况和合同性质,当事人可以要求恢复原状、采取补救措施,并有权要求赔偿。

典型疑难案件参考

昆明金马豪利原商贸有限公司与昆明市官渡区房地产经营总公司金马分公司等国有土地租赁合同纠纷案

基本案情

1997年5月28日,金马分公司与豪利原公司签订《协议书》,协议约定:双方在昆明市新迎北区蒋家营村"金马镇乡镇企业用地"上合作拟建"金马综合贸易公司",该地面积投入12亩。金马分公司以该12亩土地25年的使用时间为该合作项目的资金投入,豪利原公司投入该合作项目的资金约1500万元,分两次投入。金马分公司采用保底分配的原则:第一个五年每年按实际投入土地面积每亩2.6万元,第二个五年每年按每亩2.8万元,第三个五年每年按每亩3.2万元,第四个五年每年按每亩3.7万元,第五个五年每年按每亩

4万元计算。另由金马分公司在12亩内划交1亩作为豪利原公司建盖业务办公用房，此部分永久使用权归豪利原公司所有。合作期限为25年，自1998年1月1日起至2023年1月1日止，合作期满后，除划交1亩给豪利原公司建盖业务办公用房外，其余土地使用权及建筑物无偿归金马分公司所有，动产部分归豪利原公司所有。企业产值管理费实行包交，第一个五年每年交1万元，第二个五年每年交2万元，第三个五年每年交3万元，第四个五年每年交4万元，第五个五年每年交5万元。由豪利原公司负责办理有关用地手续、建筑许可证、供水、供电、排污等手续，费用由豪利原公司负责。合作期内原有土地上的建筑物由豪利原公司一次性赔偿270万元了结，在现有的土地上的建筑物归豪利原公司负责管理和使用，从1998年的所得收入归豪利原公司所有。豪利原公司在合同生效后，第一年的土地分配金及管理费在一月内付给金马分公司，今后在当年的12月底以前连同管理费一次付清。如不交付，金马分公司有权收回。

协议签订后，双方进行了实际履行，金马分公司将土地及地上建筑物交付给了豪利原公司，豪利原公司支付了第一年即1998年度租金（双方协议中称为"土地分配金"）及管理费。此后，双方就租金支付发生争执，金马分公司向官渡区人民法院提起诉讼，请求：解除双方签订的协议书，并收回土地；由豪利原公司支付拖欠的土地费用480187元及管理费2万元。官渡区人民法院在审理中主持双方当事人进行调解，双方当事人达成调解协议，该院于2001年3月28日制作〔2001〕官民初字第241号《民事调解书》，调解由豪利原公司偿付金马分公司2000年12月31日以前的土地租金及管理费共计356798.1元，于2001年4月10日前支付28万元，余款76798.1元于2001年9月30日前付清。若逾期不给付，则终止双方于1997年5月28日签订的《协议书》。该调解书生效后，豪利原公司于2001年4月10日支付28万元、2001年11月13日支付76798.1元。

按照《协议书》第5条第2款的约定："原有土地上的建筑物由豪利原公司一次性赔偿270万元了结"，豪利原公司于1997年9月17日向金马分公司分五笔支付，分别为11万元、414000元、60万元、189000元、50万元，共1813000元。后又于1997年9月22日支付30万元，共计支付2113000元。

1998年2月18日，金马分公司经金马办事处同意向官渡区计经委呈交《立项报告》，请求对"金马公司新北商场"项目予以立项批准。1998年3月27日，昆明市土地监察大队依据《土地法》第48条的规定，对蒋家营村罚款3000元，该罚款实际由豪利原公司支付。1998年10月6日，豪利原公司向官渡区计经委呈交《变更立项单位名称申请》，申请将"新北写字楼"原批准项目单位由金马分公司变更为豪利原公司。官渡区计经委于同日作出官计经基补字〔1998〕第617号《关于同意变更立项单位名称的通知》，同意将"新北写字楼"项目由金马分公司变更为豪利原公司实施。1998年10月20日，云南省土地管理局作出云土〔1998〕建字316号《关于官渡区金马镇新北写字楼项目补办用地手续的批复》，该批复记载：蒋家营村于1994年占用官渡区土地局越权批准的土地进行非农建设，形成违法用地的事实，鉴于昆明市土地局对该违法用地已作清查处理，经审查，同意补办手续，征用金马镇新迎办事处蒋家营村水田10.854亩为国有土地，并将其使用权出让给豪利原公司作为兴建新北写字楼工程建设用地。出让手续按规定另行办理。1998年11月2日，昆明市土地管理局作出地准字〔1998〕第303号《昆明市建设用地批准通知书》，同意豪利原公司建综合楼工程，用地面积10.854亩，按《土地管理法》及有关规定，办理各项手续。

1998年11月2日、同年12月15日，豪利原公司向昆明市土地管理局交纳土地管理费8683元、耕地开发费10854元，向征地处交纳不可预见费4342元；1998年12月15日向官渡区土地管理局交纳土地管理费、耕地开发费、不可预见费合计30933.90元；1998年12月15日向昆明市官渡区地方税务局农税科交纳耕地占用税86832元，上述费用共计141644.90元。

1999年9月14日金马分公司、豪利原公司、金马镇政府三方签订《会谈纪要》，通过对账核算，并与其他应付款项一并处理后，三方明确对于原有建筑物的赔偿由豪利原公司支付384930元。1999年9月15日，豪利原公司向金马分公司支付了该384930万元。庭审中双方认可270万元赔偿款已经结清。另，在《会谈纪要》中双方还约定：办理国有土地使用证的费用由镇政府支付，其他费用由豪利原公司支付；国有土地证必须办成金马镇人民政府和金马项目公司。

2000年8月23日，昆明市土地局向金马镇人民政府核发了地准字〔2000〕第345号《昆明市建设用地批准通知书》，同意建设综合楼工程，用地面积10.854亩。2005年5月8日，昆明市人民政府向金马镇人民政府核发昆国有〔2004〕第00819号《国有土地使用权证》，本案宗地用途为综合办公楼用地，面积7197.8平方米，土地使用权人为金马镇人民政府（现金马办事处），金马办事处实际领取该土地使用证的时间为2007年。

豪利原公司在本案诉争土地上投资建设综合楼等建（构）筑物及装修投入的价值经评估鉴定为7466776.38元。

一审裁判结果

一审法院依据《中华人民共和国合同法》第 44 条第 1 款、第 91 条第 2 项、第 94 条第 3 项、第 87 条、第 214 条第 1 款,《中华人民共和国民法通则》第 134 条第 1 款第 4 项、第 7 项,《中华人民共和国民事诉讼法》第 64 条第 1 款的规定,判决如下:

一、原告昆明金马豪利原商贸有限公司与被告昆明市官渡区房地产经营总公司金马分公司于 1997 年 5 月 28 日签订的《协议书》,除《协议书》第 4 条第 1 款对于租赁期限约定为 25 年,超过法律规定的 20 年的 5 年部分无效外,该《协议书》合法有效;

二、解除原告昆明金马豪利原商贸有限公司与被告昆明市官渡区房地产经营总公司金马分公司于 1997 年 5 月 28 日签订的《协议书》,被告昆明市官渡区房地产经营总公司金马分公司、昆明市官渡区人民政府金马街道办事处于判决生效后 30 日内向原告昆明金马豪利原商贸有限公司赔偿综合楼等建(构)筑物价值 7466776.38 元;

三、被告昆明市官渡区房地产经营总公司金马分公司于判决生效后 30 日内向原告昆明金马豪利原商贸有限公司返还 270 万元租赁土地上原有建筑物赔偿款;

四、被告昆明市官渡区房地产经营总公司金马分公司于判决生效后 10 日内向原告昆明金马豪利原商贸有限公司赔偿多收取的 1998 年度租金 29796 元;

五、驳回原告昆明金马豪利原商贸有限公司的其他诉讼请求。案件受理费 63570 元,由金马分公司、金马办事处承担。二次评估鉴定费 44259 元,由豪利原公司承担 22129.5 元,由金马分公司、金马办事处承担 22129.5 元。

一审裁判理由

一审法院认为,(1)关于金马分公司与豪利原公司于 1997 年 5 月 28 日签订的《协议书》的性质和效力的问题。《中华人民共和国城镇国有土地使用权出让和转让暂行条例》第 4 条规定:"依照本条例的规定取得土地使用权的土地使用者,其使用权在使用年限内可以转让、出租、抵押或者用于其他经济活动,合法权益受国家法律保护。"第 28 条第 1 款规定:"土地使用权出租是指土地使用者作为出租人将土地使用权随同地上建筑物、其他附着物租赁给承租人使用,由承租人向出租人支付租金的行为。"本案中,金马分公司与豪利原公司于 1997 年 5 月 28 日签订《协议书》,该协议书虽名为"合作",但从协议书的内容来看,双方当事人约定由金马分公司将位于昆明市新迎北区蒋家营村的"金马镇乡镇企业用地"出租给豪利原公司使用,由豪利原公司投入资金建设项目,自主经营使用25年,豪利原公司按照双方约定的租金标准在各年度12月底以前付清当年租金,因此,该协议实为土地使用权的租赁合同。尽管双方在签订《协议书》时,该租赁土地的有关用地手续尚未办理完毕,但在租赁合同履行期间,经过补办手续,土地管理部门核发了该租赁土地的批准用地通知书,金马办事处依法取得了该租赁土地的国有土地使用证。因此,该租赁协议系双方协商一致的真实意思表示,符合法律法规的相关规定,也不损害国家、集体或第三人利益,该《协议书》真实、合法、有效。只是协议约定的租赁期限25年,依据《中华人民共和国合同法》第214条第1款规定:"租赁期限不得超过二十年,超过二十年的,超过部分无效。"因此,该租赁协议对于租赁期限的约定超过20年的5年部分无效。(2)关于该《协议书》是否应当解除的问题。《中华人民共和国合同法》第227条规定:"承租人无正当理由未能支付或者迟延支付租金的,出租人可以要求承租人在合理期限内支付。承租人逾期不支付的,出租人可以解除合同。"本案中,双方当事人在签订《协议书》后,对该土地使用权租赁合同进行了实际履行,豪利原公司占有使用该土地至今,但豪利原公司拖欠租金不向金马分公司支付,在拖欠2000年度的租金后金马分公司向人民法院起诉后,双方当事人在诉讼中达成调解,豪利原公司履行调解书向金马分公司进行了支付,但是对于2001年及之后年度的租金继续拖欠未付。关于豪利原公司抗辩认为,是由于金马分公司违约没有履行办理有关用地手续、建筑许可证等手续,导致豪利原公司无法正常使用土地的主张。一审法院认为,该用地项目经过计经委的立项审批,同意进行项目的开发建设,建设主体后经批准已由金马分公司变更为豪利原公司,土地管理部门核发了《批准用地通知书》,将该原属于蒋家营村的农村集体土地通过补办手续征用为国有建设用地,依法可以在该土地上进行相应项目的建设,豪利原公司实际也在租赁土地上将该综合楼建设完成,投入经营使用至今,豪利原公司关于该租赁土地不能正常开发使用的主张不能成立,不予支持。豪利原公司违反合同约定,没有在各年度12月底以前向金马分公司支付当年租金,没有履行承租人的主要义务,依据合同约定及法律规定,金马分公司有权解除合同,收回租赁土地。(3)关于金马分公司是否应当向豪利原公司返还270万元原有土地上建筑物赔偿款,以及建(构)筑物投资现值的问题。《中华人民共和国合同法》第97条规定:"合同解除后,尚未履行的,终止履行;已经履行的根据履行情况和合同性质,当事人可以要求恢复原状、采取补救措施,并有权要求赔偿损失。"对于该土地上原有的建筑物,双方当事人在协议中约定由豪利原公司向金马分公司赔偿270万元了结,也即豪利原公司在支付该270万元对价后,取得对该土地上原有建筑物的相应权利,现因土地使用权租赁合同被解除,租赁土地及地上附着物均应一并返还给金马分公司,故金马分公司应当返还该270万元款项给豪利原公司。另,豪利原公司在租赁土地上投资建设综合楼等建(构)筑物的价值经评估鉴定为7466776.38元,协议解除后,应由金马办事处、金马分公司依据评估价值向豪利原公司支付该不动产的对价。对于豪利原公司主张赔偿的在办理国有土地使用证中发生的费用158813.90元、2000年12月31日前按12亩土地计算多收的租金89388元、供电干线分摊费35000元、金马分公司按12亩土地计收租金而多收取的管理费2865元,在官渡区人民法院〔2001〕官民初字第241号《民事调解书》中,已经明确记载:金马分公司表示豪利原公司在办理国有土地使用证发生的费用158813.90元可以从租金中扣除,供电主干线分摊费由金马分公司承担的35000元可以从租金中扣除,豪利原公司1998年按12亩面积多交租金可以从以后租金中扣除。因此,对于158813.90元办证费、35000元分摊费已经在该案中予以了解决,只是对于1998年按12亩土地面积计算多收的租金是从"以后租金"中扣除,但因豪利原公司未交以后租金,故应由金马分公司直接赔偿该部分多交的租金(12-10.854)亩×26000元/亩=29796元。对于豪利原公司认为多收取的管理费2865元,因双方当事人在协议书中对于管理费的数额并未约定与土地面积有关,豪利原公司认为按面积计算而多收管理费的观点不能成立,故不予支持。

二审诉辩情况

一审宣判后,双方当事人均不服,提起上诉。

豪利原公司上诉请求:撤销原判决第三项、第四项,判令金马分公司、金马办事处承担270万元租赁土地上原有建筑物赔偿款的返还义务和赔偿多收取的1998年度租金29796元及承担本案全部诉讼费用。上诉理由:被上诉人直到2007年才取得《土地使用证》,即该地块在2007年才具有合法的用地手续和具有合法的出租作为建设用地使用的前提条件,且被上诉人不按照《协议书》的约定履行相应的义务,不按规定办理必备的手续,使上诉人对租赁土地的权利得不到任何保障,上诉人拒绝支付租金是行使不安抗辩权,并非是上诉人违约,被上诉人的违约使《协议书》的目的无法实现,给上诉人造成了巨额的经济损失。涉案土地的使用权人是金马办事处,金马分公司是基于金马办事处的委托而与豪利原公司签定《协议书》,一审仅判令金马分公司承担270万元租赁土地上原有建筑物赔偿款的返还义务和赔偿多收取的1998年度租金29796元,遗漏了真正的返还义务人金马办事处。据此,请求二审法院支持其上诉主张。

金马分公司、金马办事处上诉请求：撤销原判第二项、第三项，予以改判，由豪利原公司承担二审诉讼费用并重新划分一审诉讼费用承担比例。上诉理由：导致合同解除的原因是豪利原公司违约，豪利原公司因违约行为产生的损失无权要求金马分公司、金马办事处承担。双方合同约定合同期满后，土地使用权及地上建筑物无偿归上诉人所有，因此豪利原公司就地上建筑物的使用权以租赁合同履行期为最大值，随着使用年限的增加而递减，因此在合同解除时，豪利原公司已经使用了建筑物11年，而双方受法律保护的租赁期限是20年，豪利原公司仅剩余9年的使用期，占建筑物价值45%的份额，就算进行补偿，豪利原公司仅应获得其权利比例对应的价值3360049元，另，270万元是1997年双方就上诉人原地上建筑物的补充，豪利原公司已经使用了11年，其价值不能按原值计算，一审法院未考虑租赁合同的特性及双方就租赁期结束后地上建筑物处分的约定及合同解除的原因，直接依鉴定结论判令上诉人全额支付建筑物赔偿款及返还270万元不当。据此，请求二审法院支持其上诉主张。

豪利原公司针对金马分公司、金马办事处的上诉，答辩称：由于金马分公司、金马办事处违约，合同目的不能实现，金马分公司、金马办事处应支付建筑物的相应对价，共同承担270万元的返还义务，请求驳回对方的上诉请求。

金马分公司、金马办事处针对豪利原公司的上诉，答辩称：依据合同相对性原则，《协议书》的签订主体是金马分公司，应由金马分公司独立承担合同责任，金马办事处不能承担连带责任。在合同履行过程中是豪利原公司违约，请求驳回对方的上诉请求。

▶ 二审裁判结果

二审法院判决：驳回上诉，维持原判。

▶ 二审裁判理由

二审法院综合双方诉辩主张，认为本案争议的焦点为：金马分公司、金马办事处应否共同承担270万元租赁土地上原有建筑物赔偿款的返还义务和赔偿多收取的1998年度租金29796元？《协议书》解除后，金马分公司、金马办事处如何对豪利原公司进行补偿？

二审法院认为：一审法院对双方的法律关系性质及《协议书》的效力进行了确认，判令解除《协议书》，双方当事人对此并无异议。《中华人民共和国合同法》第97条规定："合同解除后，尚未履行的，终止履行；已经履行的根据履行情况和合同性质,当事人可以要求恢复原状、采取补救措施,并有权要求赔偿损失。"金马办事处虽是涉案地块的土地使用权人,但是金马分公司作为合同主体与豪利原公司签订了《协议书》,对于该土地上原有的建筑物,双方当事人在协议中约定由豪利原公司向金马分公司赔偿270万元了结,也即豪利原公司在支付该270万元对价后,取得对该土地上原有建筑物的相应权利,现因土地使用权租赁合同被解除,租赁土地上原有建筑物返还给金马分公司,故金马分公司应当返还该270万元款项给豪利原公司。租金也系金马分公司收取,其亦返还多收取的1998年度租金29796元。另,豪利原公司在租赁土地上投资建设综合楼等建(构)筑物的价值在一审诉讼中经评估鉴定为7466776.38元,评估基准日是2007年3月30日,根据双方当事人在一审的意思表示,协议解除后,应由金马办事处、金马分公司依据评估价值向豪利原公司支付该不动产的对价。综上,双方当事人的上诉理由不能成立,上诉请求均不予支持。一审认定事实清楚,适用法律正确,处理适当,应予维持。

90. 双方当事人签订的改变农田使用性质的租赁合同,效力如何?

我国法律规定,农村集体所有的农田不得用于非农建设,双方当事人改变农田用途的合同违反了我国的法律规定,应视为无效。

典型疑难案件参考

上海洁宝钢模有限公司与上海普宗贸易有限公司土地租赁合同纠纷案

基本案情

2006年7月1日,上海洁宝钢模有限公司与上海普宗贸易有限公司双方签订《租赁合同》一份。约定由上海普宗贸易有限公司(以下简称普宗公司)将位于上海市松江区九亭镇金吴村南小圩队和沧石队姚北路南侧近九新公路(系露天堆场)面积为70亩场地(以实测为准)出租给洁宝公司作堆放钢材、木材、建材使用。租赁期限自2006年8月1日至2010年7月31日止。租金为每年每亩人民币(下同)13000元。合同第4条约定,洁宝公司在租赁期间不准在场地上搭建永久性建筑,只允许搭少量简易房作为值班室和职工宿舍。如洁宝公司违反此约定在场地内乱搭建导致本合同不能履行时,所造成的损失由洁宝公司承担。合同另对违约责任、水电费承担、合同到期后续租事宜、发生纠纷的解决方式、补充协议的效力等内容均作了约定。2006年9月25日双方另行签订补充协议一份，约定在洁宝公司进场使用1月后开始起算租金。合同签订后，普宗公司将租赁土地及该土地上已存在的9间简易工棚交付洁宝公司，洁宝公司接受后拆除了9间简易工棚并原地翻建了9间砖结构的房屋，并将租赁土地作为各类建材的堆放场地使用至今。2006年12月5日，洁宝公司向普宗公司出具书面承诺书，承诺在已建的9间房屋上不造二层楼，并保证在其他地方不再建造房屋；合同期满后，对现有建筑物不要求普宗公司作任何补偿；如果国家或上级政府要求强迁，不为难普宗公司，也不要求普宗公司作任何补偿。2007年4月26日，普宗公司以洁宝公司逾期支付租金为由向洁宝公司发出"关于依约解除双方租赁合同的通知"。2008年3月7日，普宗公司又向洁宝公司发出"要求停止违章作业和拆除违章建筑的通知"，要求洁宝公司在一个月内拆除违章建筑并搬出租赁土地内所有人员、设备、设施。但该通知遭邮局退回，故实际并未送达洁宝公司。此后，普宗公司遂以其诉称的事由，向原审法院提起诉讼，请求判令：（一）解除双方间签订的《租赁合同》及《补充协议》；（二）洁宝公司拆除系争土地上违法建造的建筑物并恢复原状后将场地交还普宗公司。诉讼过程中，经原审法院释明后，普宗公司于2008年8月26日向原审法院提交变更诉讼请求申请书，将上述第一项诉请变更为：判决确认双方间签订的《租赁合同》及《补充协议》无效。

另查明：2008年2月28日，双方签订《补充协议》一份，双方确定2007年12月底以前土地租金已结清。2008年3月2日，案外人邬阿四以普宗公司名义收取洁宝公司交付的租赁费15000元。

又查明：本案系争土地属上海市松江区九亭镇金吴村农民集体土地，土地性质为一般农用田。2002年7月，上海市松江区九亭镇金吴村下属上海沧盛实业公司与上海闵行市政工程有限公司签订《土地使用权租赁协议书》，将本案系争土地在内的158亩农用地出租给上海闵行市政工程有限公司使用，该协议书对土地使用性质约定为："租赁使用，以苗木花卉及其他为主。"2005年12月6日，上海闵行市政工程有限公司与普宗公司签订《仓储合同》，将本案系争租赁土地转租给普宗公司使用，该合同对土地租赁用途约定为"露天储存（堆放）建材、木材等货物"。

2007年3月9日，上海市房屋土地资源管理局在土地执法检查中，查明并认定本案租赁土地作堆场之行为属土地违法行为，遂于该日向案外人上海闵行市政工程有限公司发出《责令停止土地违法行为通知书》，要求上海闵行市政工程有限公司立即停止土地违法行为，听候处理。据此，上海市松江区九亭镇依法用地检查办公室于 2007 年 4 月 30 日向上海闵行市政工程有限公司发出《违法建筑限期拆除通知书》，认定本案系争土地上 700 平方米的房屋为违章建筑，责令其在 2007 年 5 月 3 日 24 时前自行拆除，逾期将依法强制拆除。但至今土地管理部门未对租赁土地上建筑物采取具体处罚措施。

诉讼过程中，原审法院于 2008 年 8 月 19 日就本案租赁合同效力问题，向双方进行释明。嗣后，普宗公司即提出前述变更诉请的申请。洁宝公司坚持认为本案合同有效，即使法院判定合同无效，洁宝公司对其损失也另案起诉，不要求在本案中处理。

▶ 一审裁判结果

一审法院审理后依照《中华人民共和国民事诉讼法》第 13 条、《中华人民共和国合同法》第 52 条第 5 项、第 58 条，《中华人民共和国土地管理法》第 63 条的规定，于 2008 年 10 月 17 日作出判决如下：

一、上海普宗贸易有限公司与上海洁宝钢模有限公司于 2006 年 7 月 1 日签订的《租赁合同》及 2006 年 9 月 25 日签订的《补充协议》无效；

二、上海洁宝钢模有限公司于判决生效之日起 10 日内拆除位于上海市松江区九亭镇金吴村南小圩队和沧石队姚北路南侧近九新公路之租赁土地上的添附物并将该租赁土地返还上海普宗贸易有限公司。案件受理费 160 元，由上海普宗贸易有限公司负担 80 元（已付），上海洁宝钢模有限公司负担 80 元（于判决生效之日起 7 日内交付原审法院）。

▶ 一审裁判理由

一审法院认为：违反法律、行政法规强制性规定的合同应属无效。合同无效或被撤销的，因该合同取得的财产，应当予以返还。本案双方间的租赁合同所涉土地属农民集体所有土地，该土地性质为一般农田，根据我国《土地管理法》农民集体所有的土地的使用权不得出让、转让或者出租用于非农业建设的规定，该租赁合同的双方当事人擅自改变土地用途，约定将租赁的土地用于堆放各类建筑材料，显然违反了土地管理法的禁止性规定，应属无效。洁宝公司应拆除租赁土地上的建筑设施并将租赁的土地返还普宗公司。普宗公司的诉讼请求，于法有据，原审法院予以支持。诉讼中，普宗公司对洁宝公司尚未交付的土地使用费及洁宝公司对合同无效后的损失均不要求在本案中处理，系当事人自行处分民事权利的行为，于法不悖，原审法院予以准许。本案合同无效的根本原因是洁宝公司改变了土地用途的性质，违反了《土地管理法》的强制性规定，与该租赁土地的多次转租及土地管理部门是否对租赁土地上建筑物合法性进行查处、认定并不影响合同无效的客观事实，故洁宝公司认为本案合同效力应依据上海闵行市政工程有限公司与普宗公司间转租合同效力认定后再判定的抗辩意见，原审法院不予采纳。

二审诉辩情况

一审判决后，洁宝公司不服，提起上诉，诉称：原审法院适用法律错误。双方签订的《租赁合同》合法有效，洁宝公司一直按约履行合同。请求二审法院撤销原判，改判驳回普宗公司在原审时的诉讼请求。

被上诉人普宗公司辩称：不同意洁宝公司的上诉请求。原审法院就合同性质的认定是正确的。请求二审法院驳回上诉，维持原判。

二审裁判结果

二审法院判决如下：驳回上诉，维持原判。

二审裁判理由

二审法院认为：《中华人民共和国合同法》规定，违反法律、行政法规的强制性规定，合同无效。本案中，双方间的租赁合同所涉及的土地系农民集体所有土地，该土地的性质为一般农田。双方在租赁合同中约定，租赁的土地用于堆放各类建筑材料。该约定显然违反了国家土地管理法中有关农民集体所有的土地使用权不得出让、转让或者用于非农建设的禁止性规定，应为无效。原审法院认定双方间签订的《租赁合同》无效是正确的，应予维持。洁宝公司上诉称双方间就系争土地签订的《租赁合同》应属有效，缺乏依据，本院不予采信。洁宝公司的上诉请求，本院不予支持。

土地租赁合同纠纷办案依据集成

1.《中华人民共和国合同法》（1999年3月15日主席令第15号公布）（节录）

第二百一十二条 租赁合同是出租人将租赁物交付承租人使用、收益，承租人支付租金的合同。

第二百一十三条 租赁合同的内容包括租赁物的名称、数量、用途、租赁期限、租金及其支付期限和方式、租赁物维修等条款。

第二百一十四条 租赁期限不得超过二十年。超过二十年的，超过部分无效。

租赁期间届满，当事人可以续订租赁合同，但约定的租赁期限自续订之日起不得超过二十年。

第二百一十五条 租赁期限六个月以上的，应当采用书面形式。当事人未采用书面形式的，视为不定期租赁。

第二百一十六条 出租人应当按照约定将租赁物交付承租人，并在租赁期间保持租赁物符合约定的用途。

第二百一十七条 承租人应当按照约定的方法使用租赁物。对租赁物的使用方法没有约定或者约定不明确，依照本法第六十一条的规定仍不能确定的，应当按照租赁物的性质使用。

第二百一十八条 承租人按照约定的方法或者租赁物的性质使用租赁物，致使租赁物受到损耗的，不承担损害赔偿责任。

第二百一十九条 承租人未按照约定的方法或者租赁物的性质使用租赁物，致使租赁物受到损失的，出租人可以解除合同并要求赔偿损失。

第二百二十条 出租人应当履行租赁物的维修义务，但当事人另有约定的除外。

第二百二十一条 承租人在租赁物需要维修时可以要求出租人在合理期限内维修。

出租人未履行维修义务的，承租人可以自行维修，维修费用由出租人负担。因维修租赁物影响承租人使用的，应当相应减少租金或者延长租期。

第二百二十二条 承租人应当妥善保管租赁物，因保管不善造成租赁物毁损、灭失的，应当承担损害赔偿责任。

第二百二十三条 承租人经出租人同意，可以对租赁物进行改善或者增设他物。

承租人未经出租人同意，对租赁物进行改善或者增设他物的，出租人可以要求承租人恢复原状或者赔偿损失。

第二百二十四条 承租人经出租人同意，可以将租赁物转租给第三人。承租人转租的，承租人与出租人之间的租赁合同继续有效，第三人对租赁物造成损失的，承租人应当赔偿损失。

承租人未经出租人同意转租的，出租人可以解除合同。

第二百二十五条 在租赁期间因占有、使用租赁物获得的收益，归承租人所有，但当事人另有约定的除外。

第二百二十六条 承租人应当按照约定的期限支付租金。对支付期限没有约定或者约定不明确，依照本法第六十一条的规定仍不能确定，租赁期间不满一年的，应当在租赁期间届满时支付；租赁期间一年以上的，应当在每届满一年时支付，剩余期间不满一年的，应当在租赁期间届满时支付。

第二百二十七条 承租人无正当理由未支付或者迟延支付租金的，出租人可以要求承租人在合理期限内支付。承租人逾期不支付的，出租人可以解除合同。

第二百二十八条 因第三人主张权利，致使承租人不能对租赁物使用、收益的，承租人可以要求减少租金或者不支付租金。

第三人主张权利的，承租人应当及时通知出租人。

第二百二十九条 租赁物在租赁期间发生所有权变动的，不影响租赁合同的效力。

第二百三十条 出租人出卖租赁房屋的，应当在出卖之前的合理期限内通知承租人，承租人享有以同等条件优先购买的权利。

第二百三十一条 因不可归责于承租人的事由，致使租赁物部分或者全部毁损、灭失的，承租人可以要求减少租金或者不支付租金；因租赁物部分或者全部毁损、灭失，致使不能实现合同目的的，承租人可以解除合同。

第二百三十二条 当事人对租赁期限没有约定或者约定不明确，依照本法第六十一条的规定仍不能确定的，视为不定期租赁。当事人可以随时解除合同，但出租人解除合同应当在合理期限之前通知承租人。

第二百三十三条 租赁物危及承租人的安全或者健康的，即使承租人订立合同时明知该租赁物质量不合格，承租人仍然可以随时解除合同。

第二百三十四条 承租人在房屋租赁期间死亡的，与其生前共同居住的人可以按照原租赁合同租赁该房屋。

第二百三十五条 租赁期间届满，承租人应当返还租赁物。返还的租赁物应当符合按照约定或者租赁物的性质使用后的状态。

第二百三十六条 租赁期间届满，承租人继续使用租赁物，出租人没有提出异议的，原租赁合同继续有效，但租赁期限为不定期。

2.《中华人民共和国城市房地产管理法》（2009年8月27修正）（节录）

第五十三条 房屋租赁，是指房屋所有权人作为出租人将其房屋出租给承租人使用，由承租人向出租人支付租金的行为。

第五十四条 房屋租赁，出租人和承租人应当签订书面租赁合同，约定租赁期限、租赁用途、租赁价格、修缮责任等条款，以及双方的其他权利和义务，并向房产管理部门登记备案。

第五十五条 住宅用房的租赁，应当执行国家和房屋所在城市人民政府规定的租赁政策。租用房屋从事生产、经营活动的，由租赁双方协商议定租金和其他租赁条款。

第五十六条 以营利为目的，房屋所有权人将以划拨方式取得使用权的国有土地上建成的房屋出租的，应当将租金中所含土地收益上缴国家。具体办法由国务院规定。

3.《商品房屋租赁管理办法》（2010年12月1日中华人民共和国住房和城乡建设部令第6号发布）

第一条 为加强商品房屋租赁管理，规范商品房屋租赁行为，维护商品房屋租赁双方当事人的合法权益，根据《中华人民共和国城市房地产管理法》等有关法律、法规，制定本办法。

第二条 城市规划区内国有土地上的商品房屋租赁（以下简称房屋租赁）及其监督管理，适用本办法。

第三条 房屋租赁应当遵循平等、自愿、合法和诚实信用原则。

第四条 国务院住房和城乡建设主管部门负责全国房屋租赁的指导和监督工作。

县级以上地方人民政府建设（房地产）主管部门负责本行政区域内房屋租赁的监督管理。

第五条 直辖市、市、县人民政府建设（房地产）主管部门应当加强房屋租赁管理规定和房屋使用安全知识的宣传，定期分区域公布不同类型房屋的市场租金水平等信息。

第六条 有下列情形之一的房屋不得出租：

（一）属于违法建筑的；

（二）不符合安全、防灾等工程建设强制性标准的；

（三）违反规定改变房屋使用性质的；

（四）法律、法规规定禁止出租的其他情形。

第七条 房屋租赁当事人应当依法订立租赁合同。房屋租赁合同的内容由当事人双方约定，一般应当包括以下内容：

（一）房屋租赁当事人的姓名（名称）和住所；

（二）房屋的坐落、面积、结构、附属设施，家具和家电等室内设施状况；

（三）租金和押金数额、支付方式；

（四）租赁用途和房屋使用要求；

（五）房屋和室内设施的安全性能；

（六）租赁期限；

（七）房屋维修责任；

（八）物业服务、水、电、燃气等相关费用的缴纳；

（九）争议解决办法和违约责任；

（十）其他约定。

房屋租赁当事人应当在房屋租赁合同中约定房屋被征收或者拆迁时的处理办法。

建设（房地产）管理部门可以会同工商行政管理部门制定房屋租赁合同示范文本，供当事人选用。

第八条 出租住房的，应当以原设计的房间为最小出租单位，人均租住建筑面积不得低于当地人民政府规定的最低标准。

厨房、卫生间、阳台和地下储藏室不得出租供人员居住。

第九条 出租人应当按照合同约定履行房屋的维修义务并确保房屋和室内设施安全。

未及时修复损坏的房屋,影响承租人正常使用的,应当按照约定承担赔偿责任或者减少租金。

房屋租赁合同期内,出租人不得单方面随意提高租金水平。

第十条 承租人应当按照合同约定的租赁用途和使用要求合理使用房屋,不得擅自改动房屋承重结构和拆改室内设施,不得损害其他业主和使用人的合法权益。

承租人因使用不当等原因造成承租房屋和设施损坏的,承租人应当负责修复或者承担赔偿责任。

第十一条 承租人转租房屋的,应当经出租人书面同意。

承租人未经出租人书面同意转租的,出租人可以解除租赁合同,收回房屋并要求承租人赔偿损失。

第十二条 房屋租赁期间内,因赠与、析产、继承或者买卖转让房屋的,原房屋租赁合同继续有效。

承租人在房屋租赁期间死亡的,与其生前共同居住的人可以按照原租赁合同租赁该房屋。

第十三条 房屋租赁期间出租人出售租赁房屋的,应当在出售前合理期限内通知承租人,承租人在同等条件下有优先购买权。

第十四条 房屋租赁合同订立后三十日内,房屋租赁当事人应当到租赁房屋所在地直辖市、市、县人民政府建设(房地产)主管部门办理房屋租赁登记备案。

房屋租赁当事人可以书面委托他人办理租赁登记备案。

第十五条 办理房屋租赁登记备案,房屋租赁当事人应当提交下列材料:

(一)房屋租赁合同;

(二)房屋租赁当事人身份证明;

(三)房屋所有权证书或者其他合法权属证明;

(四)直辖市、市、县人民政府建设(房地产)主管部门规定的其他材料。

房屋租赁当事人提交的材料应当真实、合法、有效,不得隐瞒真实情况或者提供虚假材料。

第十六条 对符合下列要求的,直辖市、市、县人民政府建设(房地产)主管部门应当在三个工作日内办理房屋租赁登记备案,向租赁当事人开具房屋租赁登记备案证明:

(一)申请人提交的申请材料齐全并且符合法定形式;

(二)出租人与房屋所有权证书或者其他合法权属证明记载的主体一致;

(三)不属于本办法第六条规定不得出租的房屋。

申请人提交的申请材料不齐全或者不符合法定形式的,直辖市、市、县人民政府建设(房地产)主管部门应当告知房屋租赁当事人需要补正的内容。

第十七条 房屋租赁登记备案证明应当载明出租人的姓名或者名称、承租人的姓名或者名称、有效身份证件种类和号码、出租房屋的坐落、租赁用途、租金数额、租赁期限等。

第十八条 房屋租赁登记备案证明遗失的,应当向原登记备案的部门补领。

第十九条 房屋租赁登记备案内容发生变化、续租或者租赁终止的,当事人应当在三十日内，到原租赁登记备案的部门办理房屋租赁登记备案的变更、延续或者注销手续。

第二十条 直辖市、市、县建设（房地产）主管部门应当建立房屋租赁登记备案信息系统，逐步实行房屋租赁合同网上登记备案，并纳入房地产市场信息系统。

房屋租赁登记备案记载的信息应当包含以下内容：

（一）出租人的姓名（名称）、住所；

（二）承租人的姓名（名称）、身份证件种类和号码；

（三）出租房屋的坐落、租赁用途、租金数额、租赁期限；

（四）其他需要记载的内容。

第二十一条 违反本办法第六条规定的，由直辖市、市、县人民政府建设（房地产）主管部门责令限期改正，对没有违法所得的，可处以五千元以下罚款；对有违法所得的，可以处以违法所得一倍以上三倍以下，但不超过三万元的罚款。

第二十二条 违反本办法第八条规定的，由直辖市、市、县人民政府建设（房地产）主管部门责令限期改正，逾期不改正的，可处五千元以上三万元以下罚款。

第二十三条 违反本办法第十四条第一款、第十九条规定的，由直辖市、市、县人民政府建设（房地产）主管部门责令限期改正；个人逾期不改正的，处以一千元以下罚款；单位逾期不改正的，处以一千元以上一万元以下罚款。

第二十四条 直辖市、市、县人民政府建设（房地产）主管部门对符合本办法规定的房屋租赁登记备案申请不予办理，对不符合本办法规定的房屋租赁登记备案申请予以办理，或者对房屋租赁登记备案信息管理不当，给租赁当事人造成损失的，对直接负责的主管人员和其他直接责任人员依法给予处分；构成犯罪的，依法追究刑事责任。

第二十五条 保障性住房租赁按照国家有关规定执行。

第二十六条 城市规划区外国有土地上的房屋租赁和监督管理，参照本办法执行。

第二十七条 省、自治区、直辖市人民政府住房和城乡建设主管部门可以依据本办法制定实施细则。

第二十八条 本办法自2011年2月1日起施行，建设部1995年5月9日发布的《城市房屋租赁管理办法》（建设部令第42号）同时废止。

4. 最高人民法院《关于审理城镇房屋租赁合同纠纷案件具体应用法律若干问题的解释》（2009年7月30日　法释〔2009〕11号）

为正确审理城镇房屋租赁合同纠纷案件，依法保护当事人的合法权益，根据《中华人民共和国民法通则》、《中华人民共和国物权法》、《中华人民共和国合同法》等法律规定，结合民事审判实践，制定本解释。

第一条 本解释所称城镇房屋，是指城市、镇规划区内的房屋。

乡、村庄规划区内的房屋租赁合同纠纷案件，可以参照本解释处理。但法律另有规定的，适用其规定。

当事人依照国家福利政策租赁公有住房、廉租住房、经济适用住房产生的纠纷案件，不适用本解释。

第二条 出租人就未取得建设工程规划许可证或者未按照建设工程规划许可证的规定

建设的房屋,与承租人订立的租赁合同无效。但在一审法庭辩论终结前取得建设工程规划许可证或者经主管部门批准建设的,人民法院应当认定有效。

第三条 出租人就未经批准或者未按照批准内容建设的临时建筑,与承租人订立的租赁合同无效。但在一审法庭辩论终结前经主管部门批准建设的,人民法院应当认定有效。

租赁期限超过临时建筑的使用期限,超过部分无效。但在一审法庭辩论终结前经主管部门批准延长使用期限的,人民法院应当认定延长使用期限内的租赁期间有效。

第四条 当事人以房屋租赁合同未按照法律、行政法规规定办理登记备案手续为由,请求确认合同无效的,人民法院不予支持。

当事人约定以办理登记备案手续为房屋租赁合同生效条件的,从其约定。但当事人一方已经履行主要义务,对方接受的除外。

第五条 房屋租赁合同无效,当事人请求参照合同约定的租金标准支付房屋占有使用费的,人民法院一般应予支持。

当事人请求赔偿因合同无效受到的损失,人民法院依照合同法的有关规定和本司法解释第九条、第十三条、第十四条的规定处理。

第六条 出租人就同一房屋订立数份租赁合同,在合同均有效的情况下,承租人均主张履行合同的,人民法院按照下列顺序确定履行合同的承租人:

(一)已经合法占有租赁房屋的;

(二)已经办理登记备案手续的;

(三)合同成立在先的。

不能取得租赁房屋的承租人请求解除合同、赔偿损失的,依照合同法的有关规定处理。

第七条 承租人擅自变动房屋建筑主体和承重结构或者扩建,在出租人要求的合理期限内仍不予恢复原状,出租人请求解除合同并要求赔偿损失的,人民法院依照合同法第二百一十九条的规定处理。

第八条 因下列情形之一,导致租赁房屋无法使用,承租人请求解除合同的,人民法院应予支持:

(一)租赁房屋被司法机关或者行政机关依法查封的;

(二)租赁房屋权属有争议的;

(三)租赁房屋具有违反法律、行政法规关于房屋使用条件强制性规定情况的。

第九条 承租人经出租人同意装饰装修,租赁合同无效时,未形成附合的装饰装修物,出租人同意利用的,可折价归出租人所有;不同意利用的,可由承租人拆除。因拆除造成房屋毁损的,承租人应当恢复原状。

已形成附合的装饰装修物,出租人同意利用的,可折价归出租人所有;不同意利用的,由双方各自按照导致合同无效的过错分担现值损失。

第十条 承租人经出租人同意装饰装修,租赁期间届满或者合同解除时,除当事人另有约定外,未形成附合的装饰装修物,可由承租人拆除。因拆除造成房屋毁损的,承租人应当恢复原状。

第十一条 承租人经出租人同意装饰装修,合同解除时,双方对已形成附合的装饰装修物的处理没有约定的，人民法院按照下列情形分别处理：

（一）因出租人违约导致合同解除，承租人请求出租人赔偿剩余租赁期内装饰装修残值损失的，应予支持；

（二）因承租人违约导致合同解除，承租人请求出租人赔偿剩余租赁期内装饰装修残值损失的，不予支持。但出租人同意利用的，应在利用价值范围内予以适当补偿；

（三）因双方违约导致合同解除，剩余租赁期内的装饰装修残值损失，由双方根据各自的过错承担相应的责任；

（四）因不可归责于双方的事由导致合同解除的，剩余租赁期内的装饰装修残值损失，由双方按照公平原则分担。法律另有规定的，适用其规定。

第十二条　承租人经出租人同意装饰装修，租赁期间届满时，承租人请求出租人补偿附合装饰装修费用的，不予支持。但当事人另有约定的除外。

第十三条　承租人未经出租人同意装饰装修或者扩建发生的费用，由承租人负担。出租人请求承租人恢复原状或者赔偿损失的，人民法院应予支持。

第十四条　承租人经出租人同意扩建，但双方对扩建费用的处理没有约定的，人民法院按照下列情形分别处理：

（一）办理合法建设手续的，扩建造价费用由出租人负担；

（二）未办理合法建设手续的，扩建造价费用由双方按照过错分担。

第十五条　承租人经出租人同意将租赁房屋转租给第三人时，转租期限超过承租人剩余租赁期限的，人民法院应当认定超过部分的约定无效。但出租人与承租人另有约定的除外。

第十六条　出租人知道或者应当知道承租人转租，但在六个月内未提出异议，其以承租人未经同意为由请求解除合同或者认定转租合同无效的，人民法院不予支持。

因租赁合同产生的纠纷案件，人民法院可以通知次承租人作为第三人参加诉讼。

第十七条　因承租人拖欠租金，出租人请求解除合同时，次承租人请求代承租人支付欠付的租金和违约金以抗辩出租人合同解除权的，人民法院应予支持。但转租合同无效的除外。

次承租人代为支付的租金和违约金超出其应付的租金数额，可以折抵租金或者向承租人追偿。

第十八条　房屋租赁合同无效、履行期限届满或者解除，出租人请求负有腾房义务的次承租人支付逾期腾房占有使用费的，人民法院应予支持。

第十九条　承租人租赁房屋用于以个体工商户或者个人合伙方式从事经营活动，承租人在租赁期间死亡、宣告失踪或者宣告死亡，其共同经营人或者其他合伙人请求按照原租赁合同租赁该房屋的，人民法院应予支持。

第二十条　租赁房屋在租赁期间发生所有权变动，承租人请求房屋受让人继续履行原租赁合同的，人民法院应予支持。但租赁房屋具有下列情形或者当事人另有约定的除外：

（一）房屋在出租前已设立抵押权，因抵押权人实现抵押权发生所有权变动的；

（二）房屋在出租前已被人民法院依法查封的。

第二十一条 出租人出卖租赁房屋未在合理期限内通知承租人或者存在其他侵害承租人优先购买权情形，承租人请求出租人承担赔偿责任的，人民法院应予支持。但请求确认出租人与第三人签订的房屋买卖合同无效的，人民法院不予支持。

第二十二条 出租人与抵押权人协议折价、变卖租赁房屋偿还债务，应当在合理期限内通知承租人。承租人请求以同等条件优先购买房屋的，人民法院应予支持。

第二十三条 出租人委托拍卖人拍卖租赁房屋，应当在拍卖5日前通知承租人。承租人未参加拍卖的，人民法院应当认定承租人放弃优先购买权。

第二十四条 具有下列情形之一，承租人主张优先购买房屋的，人民法院不予支持：

（一）房屋共有人行使优先购买权的；

（二）出租人将房屋出卖给近亲属，包括配偶、父母、子女、兄弟姐妹、祖父母、外祖父母、孙子女、外孙子女的；

（三）出租人履行通知义务后，承租人在十五日内未明确表示购买的；

（四）第三人善意购买租赁房屋并已经办理登记手续的。

第二十五条 本解释施行前已经终审，本解释施行后当事人申请再审或者按照审判监督程序决定再审的案件，不适用本解释。

二、房屋租赁合同纠纷

91. 房屋所有人以营利为目的,将以划拨方式取得使用权的国有土地上的房屋出租的,是否有效?

根据我国相关法律规定,该种情况下,出租人应当将租金中所含土地收益上缴国库。由于房屋租赁合同成立、生效后,出租人才可能收取租金并将其中土地收益部分上缴国库;交纳土地收益并不是合同成立并生效的前提条件。因此,双方租赁合同有效。

92. 当事人对租赁合同变更约定不明的,该如何处理?

根据《合同法》第78条规定,此种情况下,应当推定合同未变更。

93. 租赁双方约定的租赁期限未届期,但双方对之后的租金未明确约定亦达不成一致,一方提出解除合同,人民法院是否应当准许?

虽然租赁期限尚未届期,但双方对之后的租金标准达不成一致,双方已经无法继续履行合同,因此,人民法院应当准许解除租赁合同。

94. 因第三方无偿使用部分租赁房屋,出租人和承租人各执一词,难以查清哪一方同意其使用,因此造成的损失该如何承担?

在双方责任难以查清的情况下,根据公平原则,法院可判令双方各承担一半的责任。

典型疑难案件参考

新疆维吾尔自治区建筑木材加工总厂与中国民主同盟新疆实业发展总公司房屋租赁纠纷案（最高人民法院公报法公布〔2002〕第41号）

基本案情

1992年10月6日，新疆维吾尔自治区建筑木材加工总厂（以下简称木材总厂）与中国民主同盟新疆乌鲁木齐现代文化交流站（以下简称交流站）签订《营业大楼租赁合同书》，约定：交流站租用木材总厂办公楼左侧式营业大楼共4层（包括地下室），建筑面积3.054平方米，作为办公室、宾馆、餐厅、舞厅等，租期为20年。营业大楼续建的工程费用，交流站投资100万元，应在合同生效后半个月内支付给木材总厂20万元，1993年3月底前再支付40万元，其余投资款；在工程竣工前全部交清。交流站支付的续建费用100万元，抵扣租金，扣完后依合同约定继续向木材总厂支付租金。按建筑面积计算，每平方米每月租金20元；每年度分4次支付，一次按年租金的25%付清，每次付款时间为该季度的第1个月。租金价格在合同生效后3年内不变，逾期后在市场平均水平上另行调整。水、暖、电费用按规定分季度向木材总厂交纳。如实业公司拖欠租金，按日5‰交纳滞纳金。营业大楼正式交付实业公司使用之日为起租日。木材总厂负责办理营业大楼租赁手续。除交流站投资的100万元，续建大楼所需的其他费用由木材总厂承担。在不影响整体结构前提下，可按交流站需要设计。木材总厂保证承租房内的水、暖、电的正常供应。木材总厂在使用期限内，不干预交流站对承租房的使用权、经营权。双方必须严格遵守合同约定的各项条款，任何一方违约，必须向对方赔偿合同额25%违约金及一切相关的经济损失。

1993年7月26日，交流站向乌鲁木齐市沙依巴克区工商局申请将交流站更名为实业公司，以后工商局给实业公司核发了营业执照，注册资金80万元。

签订合同后，实业公司于1992年11月2日向木材总厂付款20万元，1993年5月18日付款10万元，5月29日付款40万元，6月25日付款15万元，9月30日付款30万元，以上共计115万元。此后从1994年5月至1995年12月实业公司又付给木材总厂款项274847元。关于付款问题，一审判决还认定：讼争的营业大楼原由长城建筑公司所属史锡宝工程队施工，后变更为乌鲁木齐市天镁建筑公司（以下简称天镁公司）施工。经实业公司、木材总厂与史锡宝协商，由实业公司支付给史锡宝前期工程费用4万元，史锡宝收款后向实业公司出具了收条并向一审法院出具了证明。1994年5月1日营业大楼

1—3层由天镁公司施工完毕后交付给实业公司,地下室于1995年1月1日交付给实业公司。施工中木材总厂共支付给天镁公司工程款984081.17元,其余款项由实业公司支付。1998年7月,实业公司与木材总厂在《建筑与安装工程审核情况说明书》中最后审定的营业大楼工程造价2235789.81元,实业公司实际直接支付给天镁公司工程款为1251708.64元。实业公司付给木材总厂、史锡宝、天镁公司款项共计2716555.64元。实业公司为建设营业大楼实际超付资金1716555.64元。对一审判决认定的这一事实,双方在二审期间中均未提出异议。一审期间,双方于1999年11月16日签署了两份付款清单,对账结论为实业公司支付给木材总厂的款项为1424847元,双方无争议。另付给史锡宝40000元和搬迁费10000元双方有争议,由法庭确认。木材总厂支付984081.17元双方无争议,另有四笔费用计95230元,双方有争议,由法庭确认。同日,双方还签订了《中国民主同盟新疆实业发展有限公司欠新疆建筑木材加工总厂款项清单》,确认实业公司欠木材总厂64005元。

此外,交流站与木材总厂在1993年3月签订了《协议书》约定:木材总厂同意为交流站向银行贷款150万元提供担保。交流站同意在银行贷款落实到位时,提前将租赁营业大楼合同书中约定应支付的续建工程款80万元一次付清,并同时付足50万元,作为信誉保证金。1997年4月,乌鲁木齐市沙依巴克区税务局(以下简称沙区税务局)无偿使用承租房二楼约325.32平方米房屋作该局办公室,两位上诉人均未与沙区税务局签订允许该局无偿使用部分讼争房向书面协议。一审判决认定,1996年1月1日至1999年5月18日,木材总厂反租实业公司两间房,每间每年按1.8万元计算,木材总厂应付实业公司租金121500元;1997年3月18日至1998年2月16日,木材总厂又租实业公司房屋一间,每间每年1.8万元,应付租金1.65万元;1998年7月17日至1999年5月18日,木材总厂又租实业公司房屋一间,每间每年仍为1.8万元,应付租金1.5万元。木材总厂反租实业公司四间房屋,共应支付实业公司租金15.3万元。对上述认定,双方当事人在二审期间均未提出异议。

1997年6月10日,木材总厂与实业公司签订《关于收交金三角租金的协议》,约定:根据双方签订营业大楼租赁合同,经双方充分协商,既考虑到原合同生效之日起3年内租金不变,逾期后在市场平均价水平上另行调整的条款,又考虑到实业公司存在困难的实际情况,同意对实业公司按优惠方案计算租金,即1996年应收租金3054平方米×50元/(月·平方米)×9个月=137.43万元,1997年应收租金3054平方米×50元/(月·平方米)×12个月=182.24万元,1996年的租金于1997年7月底前交清,1997年的租金于12月底前分三期付清。不再按期付清,按原合同第7条办理,即违约拖欠租金以日按5‰计滞纳金。对于这份协议的效力，一审判决认定木材总厂清算小组写给该厂的清算报告中并未出现和涉及该协议，说明在1998年8月以前双方未就租金价格调整达成一致意见。清算小组负责人俞新元证实报告真实。木材总厂反租实业公司的四间房自1996年至1999年租金价格未作调整，也说明双方未就调整租金价格达成一致。实业公司认为，木材总厂是为了应付上级检查才要求与其签订该协议，该协议是虚假的，不是双方当事人真实意思表示，应属无效。木材总厂清算小组负责人俞新元向一审法院提供的书面《补充说明》称：清算报告反映的是个人观点，未经集体讨论，未形成领导班子集体意见，报告文本上未加盖单位公章。该报告不具备法律效力，一审法院以该报告作证据不尊重客观事实。木材总厂参与合同签订的工作人员向一审法院提供书面证言证明该合同真实、合法。

另外查明，双方在1998年6月28日签订了实业公司欠木材总厂水、电费清单。实业公司已支付水、电费163710.5元，共欠441631.54元，尚欠441631.54元-163710.5元=277921.04元。1998年11月，木材总厂在讼争房一侧临窗采光处不足5公分间距处另建一栋楼，影响营业大楼部分场地采光、通风，影响承租房屋的正常经营使用。1982年9月15日木材总厂取得厂区占地的《国有土地使用证》，土地性质为行政划拨，用途为生产和生活用地。承建讼争房屋先后取得立项批文、建设工程规划许可证、建设工程施工许可证。新疆自治区人民政府办公厅发文同意木材总厂建立属社会服务性大型综合市场商贸城。乌鲁木齐市市场建设领导小组办公室发文同意实业公司开办"金三角大市场"，并到工商、消防、税务等部门办理开办登记证。

又查明，1997年1月6日实业公司给乌鲁木齐市鑫源商贸有限公司（以下简称鑫源公司，以后更名为乌鲁木齐市海阔商贸有限公司）出具了委托书，记明：鑫源公司代理实业公司在承租楼内收取租金、水费、电费、暖费、物业管理费以及还贷。受托方与木材总厂签订租赁合同如与实业公司、木材总厂签订的合同相抵触，以后一个为准。代理期限为1997年1月6日至2000年1月5日。以后代理期限延期至2005年1月4日。1997年1月6日，木材总厂与鑫源公司签订《营业大楼租赁合同书》约定：自签字盖章生效后，租金按建筑面积每月每平方米20元计，3年内不变，逾期后在市场平均水平上另行调整。同日，双方签订的《补充合同》约定、上述协议如与1992年10月6日木材总厂与交流站签订的《营业大楼租赁合同书》相抵触，则以后一协议为准。实业公司以木材总厂、鑫源公司签订的二份协议作为证据否认实业公司、木材总厂签订的《关于收关金三角租金的协议》中有关提租的内容。

实业公司以木材总厂违约、影响其正常使用和经营房屋为由向一审法院起诉，要求木材总厂承担违约金，赔偿损失和利息。木材总厂提起反诉称：依租赁合同约定，实业公司投入的100万元折抵完租金后应按约定继续交纳租金，但事实上自1994年该楼竣工交付使用后，未交纳分文租金，截至1998年8月31日已累计欠租6641972元，拖欠水费、电费、卫生费计331683.34元。实业公司承租期间将承租房一层窗户全部改造成门面，造成该楼严重安全隐患。承租期间，实业公司在承租房内从事色情表演，被社会传媒披露因此严重损害了木材总厂的名誉。据此请求：解除双方签订的《营业大楼租赁合同书》。实业公司支付拖欠房屋租金6441972元，水费、电费、暖费、卫生费331683.34元，利息57851.32元。实业公司承担违约金3579159.64元。实业公司将擅造的楼层恢复原状，在报纸上公开道歉，消除因从事色情表演给木材总厂带来的不良影响。实业公司承担全部诉讼费用。

一审裁判结果

一审法院判决如下：

一、木材总厂与实业公司签订的《营业大楼租赁合同书》有效；

二、实业公司投入款2716555.64元（预付租金），及实业公司多投入款1716555.64元的利息731428元，共计3447984元；截至1999年8月31日实业公司应付木材总厂租金3445274.4元，两项折抵，实业公司尚余款2709.6元可继续折抵租金；

三、木材总厂偿付实业公司违约金3664800元；

四、实业公司给付木材总厂水费、电费、暖费277921.04元，偿付利息56511.28元；

五、实业公司给付木材总厂欠款64005元；

六、驳回实业公司的其他诉讼请求；

七、驳回木材总厂的其他反诉请求。案件受理费本诉费60210.4元，实业公司负担30%，即18063.12元，木材总厂负担70%，即42147.28元；反诉费58076.33元，实业公司负担40%，即23230.53元，木材总厂负担60%，即34845.80元。

一审判决主文第二项731428元利息的计算方法是：1994年5月1日木材总厂交付出租房1—3层时，实业公司超付资金1716555.64元已全部投入到出租房建设中。从1994年5月1日至1995年11月30日租金100万元折抵完毕，这期间超付资金1716555.64元不分段计息，利率按当时平均利率13.95%（年利率）计息，共计431027元。从1995年11月30日以后每季度扣除租金179430元。本金递减后计租，利息共计300401元时，本金折抵完毕。两项利息合计731428元，一审法院对一审判决主文第三项违约金3664800元，是按下列方法计算出来的，即：20 元（每月每平方米租金标准）×3054 平方米（实业公司承租房屋总面积）×12 个月×0.25（违约金标准）×20 年（合同约定的程期）=3664800 元。

一审裁判理由

一审法院认为：双方当事人签订的《营业大楼租赁合同签订合同书》为有效合同。签订合同后，实业公司已依约投入 100 万元的情况下，追加投入全部营业大楼建设款将房建成。木材总厂未依约履行 100 万元以上的补充投资义务，已构成违约。木材总厂为实业公司贷款担保与木材总厂和实业公司间的房屋在租行为，是两个不同的法律关系，木材总厂提出改变投资方式不构成违约的理由不成立。1998 年 12 月木材总厂在实业公司承租的营业大楼旁另建大楼，致使营业大楼 600 平方米的房产不能采光，严重影响了实业公司对营业大楼的正常使用，给实业公司造成较大的经济损失，也违反了合同约定，构成违约。木材总厂违约行为给实业公司造成的经济损失，用支付违约金的方式即可补偿，实业公司要求木材总厂赔偿经济损失的请求不予支持。沙区税务局无偿占用营业大楼 325.12 平方米房产而造成的损失，实业公司建设营业大楼中多支付的 1716555.64 元，应从 1994 年 5 月 1 日木材总厂交付房屋时起算利息，并按照折抵租金递减本金的方法计算。实业公司应支付给木材总厂的租金 3445274.4 元，同实业公司已付款项 2716555.64 元及多付款 1716555.64 元的利息相折抵，基本抵平。实业公司未逾期支付租金，因木材总厂反诉请求实业公司支付延期付款违约金并解除合同的请求，一审法院不予支持。实业公司拖欠木材总厂的水费、电费、暖费 277921.04 元应予以给付，同时应承担延期付款利息 56511.28 元。实业公司拖欠木材总厂的借款 64005 元应一并给付。实业公司使用营业大楼中因经营需要对一楼窗户所做的改动，符合合同要求；木材总厂以此主张实业公司违约，要求其恢复原状，一审法院不予支持。

二审诉辩情况

木材总厂与实业公司均不服一审判决，向本院提起上诉。木材总厂上诉请求：撤销一审判决，判令实业公司承担违约责任并赔偿因违约给其造成的经济损失。事实和理由如下：一审判决认定木材总厂违约缺乏事实和法律依据。实业公司未按合同约定的时间支付租金已构成违约。实业公司向银行贷款支付房租，木材总厂为贷款提供担保，双方改变了合同约定的付款方式，不能认定木材总厂支付续建资金不足构成违约。按合同约定，3 年内房租为每月每平方米 20 元，3 年后双方按市场价格商定；一审判决以此价格作为 3 年后租金标准违反了合同约定，侵犯了木材总厂权益。应认定《关于收交金三角租金的协议》有效。一审判决将实业公司多交的续建承租房的投资款抵作租金，又计算利息，违反了财务原则，而且也不知道利息数额是如何计算出来的。一审判决木材总厂承担 3664800 元违约金，既不符合合同约定，也没有法律依据，且不知是如何计算出来的。一审判决认定实业公司改建承租房不违约与合同约定不符，违背了意思自治原则。一审判决驳回木材总厂反诉请求缺乏事实和法律依据，请求二审法院支持反诉请求。实业公司亦不服一审判决，向本院提起上诉请求：改判木材总厂承担因其违约给实业公司造成的经济损失 3877894.08 元；改判木材总厂承担因其违约占用实业公司利息 2497386.74 元。事实和理由为：木材总厂多次违约给实业公司造成巨大经济损失，依据《经济合同法》第 31 条规定：当事人一方违反经济合同时，应向对方支付违约金。如果由于违约已给对方造成的损失超过违约金的，还应当赔偿，补偿违约金不足的部分。按法律规定，利息的计算应以银行同期利率作为标准，银行同期利率分别为月利率 16.5‰、15‰、13.725‰、12.24‰，平均利率为 13.9‰，以此为标准计算木材总厂应向实业公司支付利息的数额为 2222076.3 元，而非一审判决认定的利息 731428 元。

二审裁判结果

二审法院判决如下：

一、维持新疆维吾尔自治区高级人民法院〔1999〕新民初字第 13 号民事判决第一、五、六项；

二、撤销新疆维吾尔自治区高级人民法院〔1999〕新民初字第 13 号民事判决第二、三、七项；

三、解除木材总厂与实业公司签订的《营业大楼租赁合同书》，自本判决生效后 90 日内实业公司将承租房屋交还木材总厂；

四、自判决生效之日起 30 日内，实业公司向木材总厂支付 1997 年 4 月 9 日至 1997 年 12 月 30 日租金（其中 2728.68 平方米按建筑面积每月每平方米 50 元计租，325.32 平方米按建筑面积每月每平方米 25 元计租）；

五、自本判决生效之日起 30 日内，实业公司向木材总厂支付自 1998 年 1 月 1 日至本判决生效之日租金（其中 2728.68 平方米按建筑面积每月每平方米 30 元计租，325.32 平方米按建筑面积每月每平方米 15 元计租）；

六、自本判决生效之日起 30 日内，木材总厂向实业公司支付 1716555.64 元利息（自 1995 年 9 月 13 日至 1997 年 4 月 8 日，按中国人民银行公布的同期固定资产贷款利率计息）；

七、自本判决生效之日起 30 日内，实业公司向木材总厂支付延期支付租金的违约金 123500 元；

八、变更新疆维吾尔自治区高级人民法院〔1999〕新民初字第 13 号民事判决第四项为：自本判决生效之日起 30 日内，实业公司向木材总厂支付水费、电费、暖费 277921.04 元；

九、驳回上诉人的其他上诉请求。

一审案件受理费按一审判决执行。二审案件受理费 118286.73 元，由实业公司负担 82800.71 元，木材总厂负担 35486.02 元。

二审裁判理由

二审法院认为：木材总厂与交流站签订的《营业大楼租赁合同书》是双方当事人真实自愿的意思表示。出租房屋所占用的土地性质为国有划拨用地，《城市房地产管理法》第 56 条规定，房屋所有人以营利为目的，将以划拨方式取得使用权的国有土地上建成的房屋出租的，应当将租金中所含土地收益上缴国家。由于房屋租赁合同成立、生效后，出租人才可能收取租金并将其中土地收益部分上缴国库；交纳土地收益并不是合同成立并生效的前提条件。木材总厂应根据法律规定将收取的房租中所含的土地收益部分上缴国家并办理出租登记备案、领取租赁许可证。实业公司承租讼争房屋开办金三角大市场获得乌鲁木齐市人民政府有关部门批准，并已办妥营业、税收、消防审批手续，据此，一审判决认定《营业大楼租赁合同书》有效、是正确的，应予以维持。关于《关于收交金三角租金的协议》的效力问题。《营业大楼租赁合同书》约定：按建筑面积计算每月每平方米 20 元的租金价格在合同生效后 3 年内不变，这期后在市场平均水平上另行调整。《关于收交金三角租金的协议》的内容与主合同关于 3 年后调整租金标准的内容是连贯的、相互衔接的，是租赁合同的补充协议。木材总厂的内部清算报告未署名、未签章、未经厂领导讨论，是木材总厂的内部材料，对外不产生证据效力，实业公司以此作为主张该协议不成立或不生效的证据，理由不成立。木材总厂反租实业公司四间房屋与实业公司承租木材总厂营业大楼是两个法律关系，二者没有必然的因果关系，实业公司上诉主张以反租房屋未提租来否认《关于收交金三角租金的协议》的效力，亦缺乏事实和法律依据。1997 年 1 月 6 日木材总厂与鑫源公司签订了《营业大楼租赁合同书》和《补充合同》，就《补充合同》内容看，约定如 1997 年 1 月 6 日签订的租赁合同与 1992 年 10 月 6 日签订的租赁合同相抵触，应以 1992 年 10 月 6 日租赁合同为准；后一租赁合同约定按建筑面积每月每平方米 20 元，自合同生效之日起 3 年内不变，合同经双方签字盖章后即生效；前一租赁合同约定营业大楼正式交付使用之日为起租日；两份合同约定的起租日相矛盾，应以前一约定为准。实业公司以前后两个合同约定的租金标准相同来证明《关于收交金三角租金的协议》不成立或无效，也是没有道理的，因后一合同约定的起租日无效而不具备证明力。《关于收取金三角租金的协议》上盖有交流站的印鉴，还有实业公司董事长吴仁海的签字，实业公司未能举出签订该协议时存在意思表示不自愿、不自由的法定情形，应认定《关于收取金三角租金的协议》有效。根据《营业大楼租赁合同书》和《关于收取金三角租金的协议》约定的租金标准，实业公司投入的100万元资金折抵租金至1995年9月12日，1716555.64元折抵租金至1997年4月8日。木材总厂未对实业公司履行《关于收取金三角租金的协议》是否存在违约事实以及如何承担违约责任提出明确、具体的诉讼请求，对履行该协议涉及的违约问题，本院不予审理。1993年3月，木材总厂与交流站签订的《协议书》将木材总厂为实业公司贷款提供担保与实业公司向木材总厂提前支付80万元联系起来，但未约定提前付款时间，参照《中华人民共和国合同法》第78条规定，当事人对合同变更的内容约定不明确的，推定为未变更，据此应推定原合同的履行方式未因签订该协议而变更。木材总厂为实业公司向银行贷款提供担保而签订的其他合同，与本案的房屋租赁纠纷是各自独立的两个法律关系，且与本案合同主体亦不同，木材总厂上诉主张因签订贷款担保合同而改变了《营业大楼租赁合同书》的履行方式，从而应免除木材总厂不支付续建投资款的违约责任，其理由不成立，本院不予支持。

依《营业大楼租赁合同书》的约定，实业公司应于1993年10月21日前支付承租房屋续建投资款20万元，实际于1993年11月2日付清；应于1993年3月底前支付40万元，实际在5月18日支付10万元，5月29日支付30万元，其延期付款行为已构成违约。合同中有关拖欠租金以日5‰交付滞纳金的约定，其法律性质为专项违约金，仅对拖欠租金产生法律效力，实业公司应以此为标准承担违约责任。木材总厂未依合同约定支付营业大楼续建投资款已构成违约，应承担违约责任并赔偿实业公司因此造成的损失。实业公司多投入的资金产生的利息应视为木材总厂违约给其造成的损失，由木材总厂予以赔偿。一审判决在计算利息上存在两个方面缺陷，应予以纠正：其一，一审判决按年利率13.95%作为计息利率明显高于国家规定的同期最高类别的利率（即固定资产贷款利率），从而违反了《中华人民共和国中国人民银行法》规定的利率法定原则，应以同期固定资产贷款利率计息。其二，一审判决以实业公司多投入资金折抵租金期间作为计息期间，未考虑《关于收交金三角租金的协议》生效后提租的事实。实业公司拖欠木材总厂水费、电费、暖费已构成违约，应承担违约责任；一审判决其承担延期付款利息而不承担违约责任，缺乏法律依据，应予以纠正。《营业大楼租赁合同书》约定：任何一方违反合同约定的条款，必须向对方赔偿合同额的25%违约金，即任何一方违约，按比例向对方支付违约金；由于本案双方当事人均违约，违约金比例相同，相互抵销。木材总厂上诉主张实业公司承租期间擅自改变房屋结构、从事色情表演，因证据不足，本院不予认定。沙区税务局无偿使用营业大楼中325.32平方米的房屋是由出租人同意还是承租人同意的，双方各执一词、说法不一，因双方或其中一方均未与沙区税务局签订书面协议而难以查清，根据公平原则，由双方合同约定、法院判令的租金标准，按50%的比例分摊租金。木材总厂在实业公司承租的营业大楼旁近距离建楼房，影响实业公司承租房屋的采光、通风，给其正常经营造成损失，这一行为既是违约行为又是侵犯相邻权的侵权行为，参照《中华人民共和国合同法》第122条规定：因当事人一方的违约行为，侵害对方人身、财产权益的，受损害的有权选择依照本法要求其承担违约责任或者依照其他法律要求其承担侵权责任。实业公司已选择追究木材总厂的违约责任，对该违约行为经实业公司造成的损失是否超过违约金，是否应对超出违约金的损失予以赔偿，缺乏定量化的证据，本院难以对是否应赔偿损失或应当赔偿多少作出判断；由于这一事实有相对独立性，权利人可就此另行提起诉讼。

《关于收交金三角租金的协议》仅对1996年4月1日至1997年年底的租金标准等作出约定，对1998年1月1日以后的租金标准没有约定，在合同履行过程中，以致在诉讼中双方当事人就租金标准不能协商达成一致意见，导致租赁合同难以继续履行，木材总厂请求解除《营业大楼租赁合同书》，本院准许。本院根据《营业大楼租赁合同书》、《关于收交金三角租金的协议》的约定、当地房屋租赁的市场行情、双方房屋租赁关系提前解除以及实业公司出资承运讼争房屋的情况、当事人提出的上诉请求，将1998年1月1日至租赁合同解除之日的租金标准确定为每月每平方米30元。

95. 在合同履行过程中，因发生雪灾导致租赁房屋坍塌是否构成不可抗力而不能实现合同目的？

尽管气象部门在先进的天气预报技术的支持下，对天气情况作出了一定的预见并及时向社会发布了相关信息，但是如果雪灾地域广、程度深、灾情严重，超出了社会一般大众的预见，并且不能避免并不能克服，则构成不可抗力。

96. 出租人和承租人在租赁合同中如有承租人维修保养租赁物义务的约定，应如何界定承租人的维修保养义务的限度？

尽管双方约定承租人有维修保养租赁物的义务，但是，该义务需要是在正常合理限度之内。如果因租赁物发生部分或者全部毁损、灭失，导致无法实现合同目的时，承租人可以解除合同。

典型疑难案件参考

安徽省宁国通宁耐磨材料有限公司诉宁国市恒泰耐磨材料有限公司租赁合同纠纷案

基本案情

一审法院查明：2005年6月23日，原、被告签订"合作协议"一份，约定将原告位于宁国市宁阳西路299号院内部分厂房及附属设施租赁给被告使用，维修保养由被告方负责，年租金12万元，期限自2005年7月1日起至2008年7月1日止，合同签订后，原告将厂房等交付给被告使用，被告交付了租金。2008年1月至2月间，因雪灾致被告租赁使用的厂房及设施被压坍塌，无法生产经营。被告要求原告于2月底前重建厂房，但原告以合同约定由被告维修而拒绝重建；被告于2008年2月16日以雪灾造成厂房坍塌，无法实现合同目的，书面通知原告解除《合作协议》。原告接到通知后，向本院起诉，要求确认被告发出的解除合同通知不具有法律效力。

一审诉辩情况

原告安徽省宁国通宁耐磨材料有限公司（以下简称通宁公司）诉称：2005年6月23日，原、被告双方订立《合作协议》，将原告位于宁阳西路299号院内部分厂房及附属设施交由被告使用，协议中约定"合作期间房屋及设备一切维修保养由乙方（即被告）负责，期满后根据清单完好地交给甲方（即原告）"，2008年2月16日，原告收到被告《关于解除2005年6月23日签订的合作协议的通知》一份，被告以遭雪灾厂房被压坍、原告又不同意在2008年2月底前重建厂房、被告因此失去合同目的为由，通知解除合作协议，原告现以厂房维修义务依约应由被告承担，要求判决确认被告以前述理由解除合同的通知不具备法律效力。

被告宁国市恒泰耐磨材料有限公司（以下简称恒泰公司）辩称：原、被告间的"合作协议"实为租赁合同，2008年1月至2月间因遭不可抗力之雪灾，致原告租赁给被告使用的厂房、设备倒塌、损坏，而使得合同目的不能实现，故原告发出的"解除通知"已生效。

▶ 一审裁判结果 ◀

一审法院依照《中华人民共和国合同法》第94条第1项、第96条第1款的规定，判决如下：驳回原告安徽省宁国通宁耐磨材料有限公司的诉讼请求。案件受理费100元，邮寄送达费20元，合计人民币120元，由原告安徽省宁国通宁耐磨材料有限公司负担。

▶ 二审诉辩情况 ◀

一审宣判后，安徽省宁国通宁耐磨材料有限公司不服，提出上诉称：（1）本次雪灾不属于不可抗力，因为每天有天气预报可以预见，及时清除屋顶上的积雪可避免房屋倒塌，应属可以克服。（2）协议明确约定恒泰公司负责房屋和设备的维修保养，及时清除屋顶上的积雪避免房屋倒塌系恒泰公司应尽的义务，恒泰公司未履行义务，造成了通宁公司本可避免的经济损失。（3）本案既不存在不可抗力情形，也无证据证明房屋无法修复，不能实现合同目的。而被压塌的房屋是可以修复的，恒泰公司不履行维修保养义务，恒泰公司通知解除合同不符合《合同法》第94条第1项规定的法定解除条件，系滥用合同法定解除权以达到逃避履行合同义务的目的。故原判认定事实错误，导致适用法律错误，请求撤销原判，依法改判支持上诉人的诉讼请求。

被上诉人恒泰公司辩称：本次雪灾是属于不可抗力范围的自然灾害，虽有天气预报，但下雪时间之长、灾情的严重造成房屋倒塌的后果都是无法预见和不能克服的，应属不可抗力。合同约定的维修保养义务应属正常的保养及被上诉人不当使用租赁物造成的损坏的维修。而本案雪灾造成房屋全部坍塌，显然不属于维修范围。原判认定事实清楚，适用法律正确，请求驳回上诉，维持原判。

▶ 二审裁判结果 ◀

二审法院判决：驳回上诉，维持原判。

▶ 二审裁判理由 ◀

二审法院经审理认为：上诉人通宁公司与被上诉人恒泰公司签订的合作协议实为财产租赁协议，合法有效。本案的争议焦点是合同履行过程中因发生雪灾致房屋坍塌是否构成不可抗力并致不能实现合同目的。《中华人民共和国民法通则》第153条规定："本法所称的'不可抗力'是指不能预见、不能避免并不能克服的客观情况。"可见，不可抗力是人力所不可抗拒的力量，它是独立于人的行为之外，不受当事人的意志所支配的现象。而自然灾害即属于不可抗力的范围，就本案而言，尽管随着天气预报技术的进步，有关部门就当时的天气情况作出了一定的预见并及时向社会发布了相关信息。但本次雪灾地域之广、程度之深，灾情之重均为社会大众和本案当事人所周知，也是社会一般大众不能预见、不能避免并不能克服的，客观上也不能要求恒泰公司对此加以预见、避免并予以克服，故应认定为不可抗力。合同约定恒泰公司负有房屋和设备的维修保养义务系基于合同履行期间使用租赁物所产生的正常合理义务，对因雪灾这一不可抗力因素造成的租赁物的损坏，承租人恒泰公司不应负担过分的维修保养义务，且恒泰公司提供的现场图片表明租赁物坍塌损坏严重，已无修复的可能，恒泰公司租赁合同的目的已不能实现。依照《合同法》第231条的规定，恒泰公司有权解除合同，其通知通宁公司解除合同符合法律规定，应为有效。通宁公司上诉理由不能成立，其上诉请求无事实和法律依据，本院不予支持。

97. 在不定期房屋租赁合同中，添附使用时间较为长久的固定设备，双方未对添附物的处置进行约定，租赁合同终止后，对于拆除该固定设备而引起的损失应如何承担？

承租人添附固定设备的行为如果得到出租人的认可的话，根据公平原则，出租人也应当承担一定的责任，人民法院可以根据公平原则，判令双方分担责任。

典型疑难案件参考

赣榆县工商行政管理局诉伏开贵房屋租赁合同纠纷案

基本案情

2001年，被告伏开贵租赁原告赣榆县工商局所有的位于赣榆县农贸市场西北角处营业房。双方未签订书面租赁协议，被告按月交纳租金。被告在租赁期间，在该营业房内建造简易冷库并对外经营使用。2003年9月至2004年10月被告累计欠原告租金2240元未付。2004年11月，根据赣榆县城整体规划的需要和赣建拆布字〔2004〕02号房屋拆迁公告的要求，赣榆县人民政府决定于 2004 年 11 月 20 日关闭赣榆县农贸市场，并要求工商部门积极配合好拆迁工作。原告遂于 2004 年 11 月 17 日、11 月 20 日、11 月 29 日、12 月 21 日多次书面通知被告限期搬出所租用的营业房内的物品并办理退房手续。被告以租赁期间所建冷库耗资巨大、搬迁给其造成损失太大、原告应予补偿为由，拒绝搬迁。原告经与被告协商未果，遂向法院提起诉讼。

一审诉辩情况

原告诉称：自 2001 年被告不定期租用原告所有赣榆县农贸市场内西北角营业用房至今，逐月交纳租金至 2003 年 8 月，自 2003 年 9 月至今没有支付租金。现因原告拆迁，国有土地被征用，须迁出营业房，但被告以营业房有自建冷库为由，拒不退还营业房。被告承租不定期房屋，原告有权随时收回，被告以营业房有自建冷库为由，拒不交还其租用营业房，侵犯了原告的权利。要求依法解除合同并判令被告退还其租用原告所有的位于赣榆农贸市场西北角的房屋，并搬出营业房内物品，同时支付所欠租金 2240 元，并承担本案的诉讼费用。

被告辩称：原告所诉与事实不符。答辩人租用原告房屋，并建有冷库，若拆迁，将会给我带来 140 000 元的损失，原告应赔偿被告因拆迁所造成的损失。

一审裁判结果

一审法院判决如下：依据《中华人民共和国民法通则》第 4 条，最高人民法院《关于贯彻执行民法通则若干问题的意见（试行）》第 86 条、第 157 条，《中华人民共和国合同法》第 60 条第 1 款、第 212 条、第 215 条、第 223 条第 1 款、第 227 条、第 232 条的规定，于 2005 年 3 月 25 日作出赣民一初字〔2005〕第 313 号民事判决如下：

一、解除原告连云港市赣榆工商行政管理局与被告伏开贵间的房屋租赁合同；

二、被告伏开贵于本判决生效之日起 10 日内给付原告租金 2240 元；

三、原告连云港市赣榆县工商行政管理局于本判决生效之日起 10 日内补偿被告各项损失（拆装、搬运费用 1340 元、材料损失 21000 元）的 50% 即人民币 11170 元。案件受理费 50 元，其他诉讼费 450 元，合计 500 元，均由被告承担。评估费用 1200 元，由原告承担 600 元，被告承担 600 元。

一审裁判理由

一审法院经审理后认为：原、被告就房屋租赁所达成的口头约定为有效合同。因双方未采用书面形式，故应视为不定期租赁，对不定期租赁，当事人可以随时解除合同。本案原告作为出租人已在合理期限之前通知被告（本案承租人）解除合同，故对原告要求解除与被告的租赁合同，由被告返还其所租用房屋的诉讼请求，法院予以支持。被告未按约定给付原告租金，被告称不给付租金系经原告方领导同意，对此被告不能举证证实，且原告予以否认，故对原告要求被告给付租金的诉讼请求，法院予以支持。被告不应在不定期租赁的房屋内安装使用时间较为长久的固定设备，安装使用时间较为长久的固定设备应当与原告协商一致签订书面协议；原告对被告在承租的营业房内修建简易冷库，当时未表示反对，且被告已经使用经营多年，原告亦未有提出异议，故应视为原告对被告在该营业房内修建简易冷库的认可。现在原告要求解除租赁合同系城镇建设、旧城改造的需要，并非其主观因素要求解除不定期租赁合同。因双方未对解除租赁合同后该增设物如何处理进行约定，故按公平原则处理为宜。对连云港市价格认证中心的鉴定结论，原、被告虽有异议，但均不要求进行重新评估鉴定，故对该鉴定结论，法院予以确认。

二审诉辩情况

伏开贵不服一审判决，向连云港市中级人民法院上诉称：（1）一审法院判决上诉人给付被上诉人租金2240元与事实不符，且证据不足。2001年6月21日，被上诉人强行拆除上诉人的4间冷库，造成上诉人损失12000元，上诉人于2001年11月22日向赣榆县外来投资者投诉中心反映这个问题，该部门经过调查和调解，于2001年12月27日给上诉人的答复中称被上诉人免除了上诉人部分租金，上诉人除了免除的租金外，其他的租金都交给了被上诉人青口分局的工作人员。另外，一审原告并没有提供足够的证据证明上诉人拖欠其租金。（2）一审判决显失公正。上诉人在租用的营业用房内修建冷库是经过被上诉人同意的，在上诉人经营时间很短的情况下，被上诉人擅自终止双方的租赁关系，拆除房子，给上诉人造成了十几万的经济损失。上诉人冷库设备拆装搬运费和材料损失经评估为22340元，对于这部分损失，被上诉人于情于理于法应全额赔偿，而一审判决被上诉人给付上诉人仅承担50%，有失公正。

二审裁判结果

二审法院依照中华人民共和国民事诉讼法第153条第1款第1项的规定，于2005年6月20日作出〔2005〕连民一终字第498号民事判决：驳回上诉，维持原判。

二审裁判理由

二审法院认为：上诉人租赁被上诉人的房屋用于经营，就应按双方约定向被上诉人支付租金。上诉人上诉称其不欠被上诉人2003年9月至2004年10

月期间的租金,并称被上诉人免除了其部分租金,免除之外的租金已被其交付给了被上诉人青口分局的工作人员,但上诉人对此未能提供证据证明,法院不予采信。关于上诉人要求被上诉人应对其冷库设备拆装搬运费及材料损失承担全部赔偿责任的主张,由于双方对解除租赁合同后冷库设备拆装搬运费及材料损失的分担未有约定,且双方对此损失的造成均具有过错,一审依据公平原则判决双方平均分担损失并无不妥,故法院对上诉人的该项主张不予支持。综上,伏开贵的上诉请求不能成立,法院不予支持。

房屋租赁合同纠纷办案依据集成

1.《中华人民共和国合同法》（1999年3月15日主席令第15号公布）（节录）

第二百一十二条 租赁合同是出租人将租赁物交付承租人使用、收益，承租人支付租金的合同。

第二百一十三条 租赁合同的内容包括租赁物的名称、数量、用途、租赁期限、租金及其支付期限和方式、租赁物维修等条款。

第二百一十四条 租赁期限不得超过二十年。超过二十年的，超过部分无效。

租赁期间届满，当事人可以续订租赁合同，但约定的租赁期限自续订之日起不得超过二十年。

第二百一十五条 租赁期限六个月以上的，应当采用书面形式。当事人未采用书面形式的，视为不定期租赁。

第二百一十六条 出租人应当按照约定将租赁物交付承租人，并在租赁期间保持租赁物符合约定的用途。

第二百一十七条 承租人应当按照约定的方法使用租赁物。对租赁物的使用方法没有约定或者约定不明确，依照本法第六十一条的规定仍不能确定的，应当按照租赁物的性质使用。

第二百一十八条 承租人按照约定的方法或者租赁物的性质使用租赁物，致使租赁物受到损耗的，不承担损害赔偿责任。

第二百一十九条 承租人未按照约定的方法或者租赁物的性质使用租赁物，致使租赁物受到损失的，出租人可以解除合同并要求赔偿损失。

第二百二十条 出租人应当履行租赁物的维修义务，但当事人另有约定的除外。

第二百二十一条 承租人在租赁物需要维修时可以要求出租人在合理期限内维修。

出租人未履行维修义务的，承租人可以自行维修，维修费用由出租人负担。因维修租赁物影响承租人使用的，应当相应减少租金或者延长租期。

第二百二十二条 承租人应当妥善保管租赁物，因保管不善造成租赁物毁损、灭失的，应当承担损害赔偿责任。

第二百二十三条 承租人经出租人同意，可以对租赁物进行改善或者增设他物。

承租人未经出租人同意，对租赁物进行改善或者增设他物的，出租人可以要求承租人恢复原状或者赔偿损失。

第二百二十四条 承租人经出租人同意，可以将租赁物转租给第三人。承租人转租的，承租人与出租人之间的租赁合同继续有效，第三人对租赁物造成损失的，承租人应当赔偿损失。

承租人未经出租人同意转租的，出租人可以解除合同。

第二百二十五条 在租赁期间因占有、使用租赁物获得的收益，归承租人所有，但当事人另有约定的除外。

第二百二十六条 承租人应当按照约定的期限支付租金。对支付期限没有约定或者约定不明确，依照本法第六十一条的规定仍不能确定，租赁期间不满一年的，应当在租赁期间届满时支付；租赁期间一年以上的，应当在每届满一年时支付，剩余期间不满一年的，应当在租赁期间届满时支付。

第二百二十七条 承租人无正当理由未支付或者迟延支付租金的，出租人可以要求承租人在合理期限内支付。承租人逾期不支付的，出租人可以解除合同。

第二百二十八条 因第三人主张权利，致使承租人不能对租赁物使用、收益的，承租人可以要求减少租金或者不支付租金。

第三人主张权利的，承租人应当及时通知出租人。

第二百二十九条 租赁物在租赁期间发生所有权变动的，不影响租赁合同的效力。

第二百三十条 出租人出卖租赁房屋的，应当在出卖之前的合理期限内通知承租人，承租人享有以同等条件优先购买的权利。

第二百三十一条 因不可归责于承租人的事由，致使租赁物部分或者全部毁损、灭失的，承租人可以要求减少租金或者不支付租金；因租赁物部分或者全部毁损、灭失，致使不能实现合同目的的，承租人可以解除合同。

第二百三十二条 当事人对租赁期限没有约定或者约定不明确，依照本法第六十一条的规定仍不能确定的，视为不定期租赁。当事人可以随时解除合同，但出租人解除合同应当在合理期限之前通知承租人。

第二百三十三条 租赁物危及承租人的安全或者健康的，即使承租人订立合同时明知该租赁物质量不合格，承租人仍然可以随时解除合同。

第二百三十四条 承租人在房屋租赁期间死亡的，与其生前共同居住的人可以按照原租赁合同租赁该房屋。

第二百三十五条 租赁期间届满，承租人应当返还租赁物。返还的租赁物应当符合按照约定或者租赁物的性质使用后的状态。

第二百三十六条 租赁期间届满，承租人继续使用租赁物，出租人没有提出异议的，原租赁合同继续有效，但租赁期限为不定期。

2.《中华人民共和国城市房地产管理法》（2009年8月27修正）（节录）

第五十三条 房屋租赁，是指房屋所有权人作为出租人将其房屋出租给承租人使用，由承租人向出租人支付租金的行为。

第五十四条 房屋租赁，出租人和承租人应当签订书面租赁合同，约定租赁期限、租赁用途、租赁价格、修缮责任等条款，以及双方的其他权利和义务，并向房产管理部门登记备案。

第五十五条 住宅用房的租赁，应当执行国家和房屋所在城市人民政府规定的租赁政策。租用房屋从事生产、经营活动的，由租赁双方协商议定租金和其他租赁条款。

第五十六条 以营利为目的，房屋所有权人将以划拨方式取得使用权的国有土地上建成的房屋出租的，应当将租金中所含土地收益上缴国家。具体办法由国务院规定。

3.《商品房屋租赁管理办法》（2010 年 12 月 1 日中华人民共和国住房和城乡建设部令第 6 号发布）

第一条 为加强商品房屋租赁管理，规范商品房屋租赁行为，维护商品房屋租赁双方当事人的合法权益，根据《中华人民共和国城市房地产管理法》等有关法律、法规，制定本办法。

第二条 城市规划区内国有土地上的商品房屋租赁（以下简称房屋租赁）及其监督管理，适用本办法。

第三条 房屋租赁应当遵循平等、自愿、合法和诚实信用原则。

第四条 国务院住房和城乡建设主管部门负责全国房屋租赁的指导和监督工作。

县级以上地方人民政府建设（房地产）主管部门负责本行政区域内房屋租赁的监督管理。

第五条 直辖市、市、县人民政府建设（房地产）主管部门应当加强房屋租赁管理规定和房屋使用安全知识的宣传，定期分区域公布不同类型房屋的市场租金水平等信息。

第六条 有下列情形之一的房屋不得出租：

（一）属于违法建筑的；

（二）不符合安全、防灾等工程建设强制性标准的；

（三）违反规定改变房屋使用性质的；

（四）法律、法规规定禁止出租的其他情形。

第七条 房屋租赁当事人应当依法订立租赁合同。房屋租赁合同的内容由当事人双方约定，一般应当包括以下内容：

（一）房屋租赁当事人的姓名（名称）和住所；

（二）房屋的坐落、面积、结构、附属设施，家具和家电等室内设施状况；

（三）租金和押金数额、支付方式；

（四）租赁用途和房屋使用要求；

（五）房屋和室内设施的安全性能；

（六）租赁期限；

（七）房屋维修责任；

（八）物业服务、水、电、燃气等相关费用的缴纳；

（九）争议解决办法和违约责任；

（十）其他约定。

房屋租赁当事人应当在房屋租赁合同中约定房屋被征收或者拆迁时的处理办法。

建设（房地产）管理部门可以会同工商行政管理部门制定房屋租赁合同示范文本，供当事人选用。

第八条 出租住房的，应当以原设计的房间为最小出租单位，人均租住建筑面积不得低于当地人民政府规定的最低标准。

厨房、卫生间、阳台和地下储藏室不得出租供人员居住。

第九条 出租人应当按照合同约定履行房屋的维修义务并确保房屋和室内设施安全。

未及时修复损坏的房屋，影响承租人正常使用的，应当按照约定承担赔偿责任或者减少租金。

房屋租赁合同期内，出租人不得单方面随意提高租金水平。

第十条 承租人应当按照合同约定的租赁用途和使用要求合理使用房屋，不得擅自改动房屋承重结构和拆改室内设施，不得损害其他业主和使用人的合法权益。

承租人因使用不当等原因造成承租房屋和设施损坏的，承租人应当负责修复或者承担赔偿责任。

第十一条 承租人转租房屋的，应当经出租人书面同意。

承租人未经出租人书面同意转租的，出租人可以解除租赁合同，收回房屋并要求承租人赔偿损失。

第十二条 房屋租赁期间内，因赠与、析产、继承或者买卖转让房屋的，原房屋租赁合同继续有效。

承租人在房屋租赁期间死亡的，与其生前共同居住的人可以按照原租赁合同租赁该房屋。

第十三条 房屋租赁期间出租人出售租赁房屋的，应当在出售前合理期限内通知承租人，承租人在同等条件下有优先购买权。

第十四条 房屋租赁合同订立后三十日内，房屋租赁当事人应当到租赁房屋所在地直辖市、市、县人民政府建设（房地产）主管部门办理房屋租赁登记备案。

房屋租赁当事人可以书面委托他人办理租赁登记备案。

第十五条 办理房屋租赁登记备案，房屋租赁当事人应当提交下列材料：

（一）房屋租赁合同；

（二）房屋租赁当事人身份证明；

（三）房屋所有权证书或者其他合法权属证明；

（四）直辖市、市、县人民政府建设（房地产）主管部门规定的其他材料。

房屋租赁当事人提交的材料应当真实、合法、有效，不得隐瞒真实情况或者提供虚假材料。

第十六条 对符合下列要求的，直辖市、市、县人民政府建设（房地产）主管部门应当在三个工作日内办理房屋租赁登记备案，向租赁当事人开具房屋租赁登记备案证明：

（一）申请人提交的申请材料齐全并且符合法定形式；

（二）出租人与房屋所有权证书或者其他合法权属证明记载的主体一致；

（三）不属于本办法第六条规定不得出租的房屋。

申请人提交的申请材料不齐全或者不符合法定形式的，直辖市、市、县人民政府建设（房地产）主管部门应当告知房屋租赁当事人需要补正的内容。

第十七条 房屋租赁登记备案证明应当载明出租人的姓名或者名称，承租人的姓名或者名称、有效身份证件种类和号码，出租房屋的坐落、租赁用途、租金数额、租赁期限等。

第十八条 房屋租赁登记备案证明遗失的，应当向原登记备案的部门补领。

第十九条 房屋租赁登记备案内容发生变化、续租或者租赁终止的，当事人应当在三十日内，到原租赁登记备案的部门办理房屋租赁登记备案的变更、延续或者注销手续。

第二十条 直辖市、市、县建设（房地产）主管部门应当建立房屋租赁登记备案信息系统，逐步实行房屋租赁合同网上登记备案，并纳入房地产市场信息系统。

房屋租赁登记备案记载的信息应当包含以下内容：

（一）出租人的姓名（名称）、住所；

（二）承租人的姓名（名称）、身份证件种类和号码；

（三）出租房屋的坐落、租赁用途、租金数额、租赁期限；

（四）其他需要记载的内容。

第二十一条 违反本办法第六条规定的，由直辖市、市、县人民政府建设（房地产）主管部门责令限期改正，对没有违法所得的，可处以五千元以下罚款；对有违法所得的，可以处以违法所得一倍以上三倍以下，但不超过三万元的罚款。

第二十二条 违反本办法第八条规定的，由直辖市、市、县人民政府建设（房地产）主管部门责令限期改正，逾期不改正的，可处以五千元以上三万元以下罚款。

第二十三条 违反本办法第十四条第一款、第十九条规定的，由直辖市、市、县人民政府建设（房地产）主管部门责令限期改正；个人逾期不改正的，处以一千元以下罚款；单位逾期不改正的，处以一千元以上一万元以下罚款。

第二十四条 直辖市、市、县人民政府建设（房地产）主管部门对符合本办法规定的房屋租赁登记备案申请不予办理，对不符合本办法规定的房屋租赁登记备案申请予以办理，或者对房屋租赁登记备案信息管理不当，给租赁当事人造成损失的，对直接负责的主管人员和其他直接责任人员依法给予处分；构成犯罪的，依法追究刑事责任。

第二十五条 保障性住房租赁按照国家有关规定执行。

第二十六条 城市规划区外国有土地上的房屋租赁和监督管理，参照本办法执行。

第二十七条 省、自治区、直辖市人民政府住房和城乡建设主管部门可以依据本办法制定实施细则。

第二十八条 本办法自2011年2月1日起施行，建设部1995年5月9日发布的《城市房屋租赁管理办法》（建设部令第42号）同时废止。

4. 最高人民法院《关于审理城镇房屋租赁合同纠纷案件具体应用法律若干问题的解释》（2009年7月30日 法释〔2009〕11号）

为正确审理城镇房屋租赁合同纠纷案件，依法保护当事人的合法权益，根据《中华人民共和国民法通则》、《中华人民共和国物权法》、《中华人民共和国合同法》等法律规定，结合民事审判实践，制定本解释。

第一条 本解释所称城镇房屋，是指城市、镇规划区内的房屋。

乡、村庄规划区内的房屋租赁合同纠纷案件，可以参照本解释处理。但法律另有规定的，适用其规定。

当事人依照国家福利政策租赁公有住房、廉租住房、经济适用住房产生的纠纷案件，不适用本解释。

第二条 出租人就未取得建设工程规划许可证或者未按照建设工程规划许可证的规定

建设的房屋，与承租人订立的租赁合同无效。但在一审法庭辩论终结前取得建设工程规划许可证或者经主管部门批准建设的，人民法院应当认定有效。

第三条 出租人就未经批准或者未按照批准内容建设的临时建筑，与承租人订立的租赁合同无效。但在一审法庭辩论终结前经主管部门批准建设的，人民法院应当认定有效。

租赁期限超过临时建筑的使用期限，超过部分无效。但在一审法庭辩论终结前经主管部门批准延长使用期限的，人民法院应当认定延长使用期限内的租赁期间有效。

第四条 当事人以房屋租赁合同未按照法律、行政法规规定办理登记备案手续为由，请求确认合同无效的，人民法院不予支持。

当事人约定以办理登记备案手续为房屋租赁合同生效条件的，从其约定。但当事人一方已经履行主要义务，对方接受的除外。

第五条 房屋租赁合同无效，当事人请求参照合同约定的租金标准支付房屋占有使用费的，人民法院一般应予支持。

当事人请求赔偿因合同无效受到的损失，人民法院依照合同法的有关规定和本司法解释第九条、第十三条、第十四条的规定处理。

第六条 出租人就同一房屋订立数份租赁合同，在合同均有效的情况下，承租人均主张履行合同的，人民法院按照下列顺序确定履行合同的承租人：

（一）已经合法占有租赁房屋的；

（二）已经办理登记备案手续的；

（三）合同成立在先的。

不能取得租赁房屋的承租人请求解除合同、赔偿损失的，依照合同法的有关规定处理。

第七条 承租人擅自变动房屋建筑主体和承重结构或者扩建，在出租人要求的合理期限内仍不予恢复原状，出租人请求解除合同并要求赔偿损失的，人民法院依照合同法第二百一十九条的规定处理。

第八条 因下列情形之一，导致租赁房屋无法使用，承租人请求解除合同的，人民法院应予支持：

（一）租赁房屋被司法机关或者行政机关依法查封的；

（二）租赁房屋权属有争议的；

（三）租赁房屋具有违反法律、行政法规关于房屋使用条件强制性规定情况的。

第九条 承租人经出租人同意装饰装修，租赁合同无效时，未形成附合的装饰装修物，出租人同意利用的，可折价归出租人所有；不同意利用的，可由承租人拆除。因拆除造成房屋毁损的，承租人应当恢复原状。

已形成附合的装饰装修物，出租人同意利用的，可折价归出租人所有；不同意利用的，由双方各自按照导致合同无效的过错分担现值损失。

第十条 承租人经出租人同意装饰装修，租赁期间届满或者合同解除时，除当事人另有约定外，未形成附合的装饰装修物，可由承租人拆除。因拆除造成房屋毁损的，承租人应当恢复原状。

第十一条 承租人经出租人同意装饰装修，合同解除时，双方对已形成附合的装饰装修物的处理没有约定的，人民法院按照下列情形分别处理：

（一）因出租人违约导致合同解除，承租人请求出租人赔偿剩余租赁期内装饰装修残值损失的，应予支持；

（二）因承租人违约导致合同解除，承租人请求出租人赔偿剩余租赁期内装饰装修残值损失的，不予支持。但出租人同意利用的，应在利用价值范围内予以适当补偿；

（三）因双方违约导致合同解除，剩余租赁期内的装饰装修残值损失，由双方根据各自的过错承担相应的责任；

（四）因不可归责于双方的事由导致合同解除的，剩余租赁期内的装饰装修残值损失，由双方按照公平原则分担。法律另有规定的，适用其规定。

第十二条 承租人经出租人同意装饰装修，租赁期间届满时，承租人请求出租人补偿附合装饰装修费用的，不予支持。但当事人另有约定的除外。

第十三条 承租人未经出租人同意装饰装修或者扩建发生的费用，由承租人负担。出租人请求承租人恢复原状或者赔偿损失的，人民法院应予支持。

第十四条 承租人经出租人同意扩建，但双方对扩建费用的处理没有约定的，人民法院按照下列情形分别处理：

（一）办理合法建设手续的，扩建造价费用由出租人负担；

（二）未办理合法建设手续的，扩建造价费用由双方按照过错分担。

第十五条 承租人经出租人同意将租赁房屋转租给第三人时，转租期限超过承租人剩余租赁期限的，人民法院应当认定超过部分的约定无效。但出租人与承租人另有约定的除外。

第十六条 出租人知道或者应当知道承租人转租，但在六个月内未提出异议，其以承租人未经同意为由请求解除合同或者认定转租合同无效的，人民法院不予支持。

因租赁合同产生的纠纷案件，人民法院可以通知次承租人作为第三人参加诉讼。

第十七条 因承租人拖欠租金，出租人请求解除合同时，次承租人请求代承租人支付欠付的租金和违约金以抗辩出租人合同解除权的，人民法院应予支持。但转租合同无效的除外。

次承租人代为支付的租金和违约金超出其应付的租金数额，可以折抵租金或者向承租人追偿。

第十八条 房屋租赁合同无效、履行期限届满或者解除，出租人请求负有腾房义务的次承租人支付逾期腾房占有使用费的，人民法院应予支持。

第十九条 承租人租赁房屋用于以个体工商户或者个人合伙方式从事经营活动，承租人在租赁期间死亡、宣告失踪或者宣告死亡，其共同经营人或者其他合伙人请求按照原租赁合同租赁该房屋的，人民法院应予支持。

第二十条 租赁房屋在租赁期间发生所有权变动，承租人请求房屋受让人继续履行原租赁合同的，人民法院应予支持。但租赁房屋具有下列情形或者当事人另有约定的除外：

（一）房屋在出租前已设立抵押权，因抵押权人实现抵押权发生所有权变动的；

（二）房屋在出租前已被人民法院依法查封的。

第二十一条 出租人出卖租赁房屋未在合理期限内通知承租人或者存在其他侵害承租人优先购买权情形，承租人请求出租人承担赔偿责任的，人民法院应予支持。但请求确认出租人与第三人签订的房屋买卖合同无效的，人民法院不予支持。

第二十二条 出租人与抵押权人协议折价、变卖租赁房屋偿还债务，应当在合理期限内通知承租人。承租人请求以同等条件优先购买房屋的，人民法院应予支持。

第二十三条 出租人委托拍卖人拍卖租赁房屋，应当在拍卖5日前通知承租人。承租人未参加拍卖的，人民法院应当认定承租人放弃优先购买权。

第二十四条 具有下列情形之一，承租人主张优先购买房屋的，人民法院不予支持：

（一）房屋共有人行使优先购买权的；

（二）出租人将房屋出卖给近亲属，包括配偶、父母、子女、兄弟姐妹、祖父母、外祖父母、孙子女、外孙子女的；

（三）出租人履行通知义务后，承租人在十五日内未明确表示购买的；

（四）第三人善意购买租赁房屋并已经办理登记手续的。

第二十五条 本解释施行前已经终审，本解释施行后当事人申请再审或者按照审判监督程序决定再审的案件，不适用本解释。

第七章 房屋拆迁安置补偿合同纠纷

98. 违约一方当事人承担赔偿责任如何与另一方当事人的损失程度相对应?

一般而言,按照完全赔偿原则,违约方对于守约方因违约所遭受的全部损失承担的赔偿责任,损失范围应包括现有财产损失和可得利益损失。

典型疑难案件参考

赖一德诉南宁市城市内河管理处拆迁合同纠纷案

基本案情

1995年10月4日,赖一德作为乙方与甲方南宁市整治朝阳溪管理处(于1998年11月26日更名为内河管理处)签订一份《房屋拆迁安置合同》,约定:甲方依法拆除乙方坐落于南宁市西关路12号房屋及其附属物;乙方房屋产权证的建筑面积为23.77平方米,非住宅铺面为23.77平方米,使用面积为21.18平方米;甲方在永和小区范围内易地过渡安置乙方房屋(房屋为中尧南路永和小区6栋2单元502号房)一套,搬迁过渡安置住宅建筑面积为81.60平方米;甲方在朝阳溪整治工程全部竣工、建成铺面后(工程工期自1997年9月开工起至2003年9月止),在朝阳溪沿岸甲方开发的首期商铺(位于市区一类地区)中优先安置偿还一层商铺给乙方所有,作为拆除乙方房屋的补偿,偿还铺面建筑面积为23.77平方米,如有超出或不足部分,以当时商品房价格甲、乙双方互相结算;待上款内容全部履行后,乙方将过渡安置房(6栋2单元502号房)交还给甲方;房屋搬迁费、营业铺面临时安置补助费等费用,甲、乙双方同意不予互相结算。合同签订后,赖一德已经按约定搬离拆迁范围。但内河管理处一直未补偿给赖一德合同约定的铺面。赖一德遂于2005年8月19日诉至南宁市兴宁区人民法院,要求判令内河管理处在南宁市一类地区偿还一层商铺（面积为 23.77 平方米）给自己。内河管理处在庭审中明确表示无法补偿铺面。经一审法院释明，赖一德将其诉讼请求变更为：请求判令内河管理处向赖一德偿付拆迁补偿款 50 万元（以铺面价格评估结果为准）。

一审法院委托南宁市价格认证中心对赖一德原位于西关路 12 号房产于 2003 年 9 月 30 日的价格进行评估，评估价值为 420729 元。内河管理处辩称，因规划改变无用于补偿的铺面，仅愿意补偿赖一德被签订合同时被拆迁房屋价值即 26147 元。

一审裁判结果

一审法院依照《中华人民共和国民法通则》第 111 条之规定，判决：内河管理处内河管理处应补偿赖一德 420729 元。案件受理费 10760 元，其他诉讼费 1500 元，评估费 4000 元，合计 16260 元，由内河管理处负担。

一审裁判理由

一审法院认为：赖一德与南宁市整治朝阳溪管理处签订的《房屋拆迁安置合同》是双方真实意思表示，且未违反法律禁止性规定，故此合同合法成立并生效。南宁市整治朝阳溪管理处已更名为内河管理处，故内河管理处应承受该合同的权利和义务。赖一德已经依约履行搬迁义务，内河管理处也应按合同约定补偿给赖一德相应的铺面。但内河管理处至今未按合同约定履行补偿铺面的义务，其行为已经构成违约，应当承担相应的违约责任。由于合同约定用于补偿的铺面并未修建，客观上内河管理处已经无法实际履行合同原定的交付铺面的义务，内河管理处在庭审中亦表示无法补偿铺面给赖一德。赖一德在审理过程中变更诉讼请求，要求内河管理处进行货币补偿，符合法律规定。内河管理处对赖一德进行补偿的货币金额应相当于合同实际履行时可以获得的利益。故内河管理处应当按合同约定的交付铺面时间即 2003 年 9 月 30 日时赖一德被拆迁铺面的市场价值对赖一德进行补偿，根据评估价值应为 420729 元。

二审诉辩情况

一审宣判后，内河管理处不服，向南宁市中级人民法院提出上诉。

二审裁判结果

南宁市中级人民法院认为：一审法院认定事实清楚，适用法律正确，判决并无不当。依照《中华人民共和国民事诉讼法》第 153 条第 1 款第 2 项之规定，判决如下：驳回上诉，维持原判。

99. 拆迁人违反合同约定，将本应回迁安置该被拆迁人的房屋出卖给第三人，被拆迁人请求解除合同的主张能否得到支持？

在标的物已经出卖给第三人的情况下，合同已经无法履行，被拆迁人请求解除合同的主张应当准许。

100. 合同解除后，违约人该如何承担责任？

合同解除后，拆迁人应当以回迁安置房的价值赔偿被拆迁人的实际损失，同时拆迁人还应当承担一定的违约责任。

101. 拆迁人签订的关于责任承担内部协议，是否对被拆迁人有效？

合同具有相对性，拆迁人之间签订的关于责任承担的内部协议，未经被拆迁人同意，故对被拆迁人不具有法律效力。

典型疑难案件参考

广州市华侨房屋开发公司与陈荣富等房屋拆迁合同纠纷案

基本案情

一审法院审理，认定事实如下：原广州市惠福西路418号地下、三层房屋是原告陈荣富所有的产业，该屋首层原由第三人广州市越秀不锈钢制品厂向原告承租作营业使用。第一被告广州市华侨房屋开发公司经批准拆迁该房屋地段兴建商住楼宇。1997年10月28日，原告（乙方，被拆迁人）与第一被告（甲方、拆迁人）签订《广州市城市房屋拆迁补偿协议书》，其中约定：根据市规划局（91）城地批字第502号文，市房地产管理局以（97延）房拆许字（35）《城市房屋拆迁许可证》批准甲方拆除产权属于乙方所有的房屋；乙方同意甲方拆除坐落越秀区惠福西路418号地下、三层的房屋，建筑面积192.71平方米；甲方将自有的坐落越秀区惠福西路侨力大厦首层地铺、六层、22层楼、位置北向阳台靠东，建筑面积为207.7118平方米，作为拆除原址房屋的产权调换（补偿）；甲方应于 2002 年 10 月 30 日将该自有房屋交付给乙方；甲乙双方须严格履行协议。同日，原告（乙方、被拆迁人）与第一被告（甲方、拆迁人）签订《房屋拆迁安置协议书》，其中约定：乙方回迁新建大楼建筑面积 207.71 平方米，分为首层地铺 76.8634 平方米、四楼 15 平方米、余下 115.8466 平方米安置 22 层；乙方回迁新建大楼首层地铺 76.8634 平方米、四楼 15 平方米，继续出租给原承租户（越秀区不锈钢厂）；首层地铺惠福路入口第一档。之后，原告将原址房屋交第一被告拆除。

1998 年，第一被告与广州市机床工具工业公司、香港力迅国际有限公司经批准共同成立具有独立法人资格的合作公司即第二被告广州侨力房地产开发有限公司。上述房屋所在地段的用地建设单位亦随之变更为第二被告。2001 年 9 月 5 日，广州市城市规划局向第二被告核发了《建设工程规划验收合格证》。2002 年 9 月 28 日第二被告（出卖人）与广州市建纬实业有限公司（买受人）签订了《商品房买卖合同》，其中约定：买受人向出卖人购买侨力大厦自然层一层，该商品房的用途为商场，建筑面积共 1354.1617 平方米，总金额人民币 14624946 元。该合同经广州市房地产交易所预售合同登记。2002 年 10 月 15 日广州市建纬实业有限公司办理了侨力大厦首层商铺的收楼手续。

2004 年原告委托广州市越房房地产价格评估有限公司对侨力大厦首层惠福路入口第一间地铺进行评估。广州市越房房地产价格评估有限公司于 2004 年 10 月 28 日估价结果为：广州市越秀区惠福路入口第一档地铺，合计总建筑面积为 76.8634 平方米，使用性质为商业，在估价时点 2004 年 10 月 28 日的市场总价值为人民币 2275000 元。原告为此支付评估费 8000 元。因被告对原告自行委托越房公司估价的结果持有异议，但两被告没有要求重新评估。

庭审中，原告和第三人均表示由原告安置第三人，从法院判决生效之日（即解除合同之日）起不需要两被告安置第三人回迁。第三人要求原告从取得被告的补偿款中支付 10 万元给第三人作一次性补偿，由原告直接付给第三人，在判决查明部分记录原告取得赔偿款后，支付 10 万元给第三人作为一次性的补偿，但在判决主文中不需要写由被告或原告支付 10 万元给第三人。原告同意第三人的意见。

一审裁判结果

一审法院依照《中华人民共和国合同法》第 97 条、最高人民法院《关于审理商品房买卖合同纠纷案件适用法律若干问题的解释》第 7、8 条的规定，判决如下：

一、于本判决发生法律效力之日解除原告陈荣富与被告广州市华侨房屋开发公司于1997年10月28日签订的《广州市城市房屋拆迁补偿协议书》和《房屋拆迁安置协议书》关于首层商铺部分的内容；

二、被告广州市华侨房屋开发公司与被告广州侨力房地产开发有限公司应于本判决发生法律效力之日起10日内赔偿实际损失人民币2275000元给原告陈荣富；

三、被告广州市华侨房屋开发公司与被告广州侨力房地产开发有限公司应于本判决发生法律效力之日起10日内支付惩罚性赔偿款人民币682500元给原告陈荣富；

四、被告广州市华侨房屋开发公司与被告广州侨力房地产开发有限公司应于本判决发生法律效力之日起10日内偿付原告陈荣富因诉讼需要支出的评估费人民币8000元（广州市越房房地产价格评估有限公司）；

五、驳回原告陈荣富的其他诉讼请求。案件受理费25975元，由原告负担1818元，两被告负担24157元。

➡ **一审裁判理由**

一审法院认为：原告与第一被告自愿签订的《房屋拆迁补偿协议书》，是双方真实意思表示，合法有效，双方均应依约严格履行。第二被告经批准是原告原住房屋地段的拆迁用地和开发建设经营单位，对被拆迁人依法负有补偿和安置的义务，因此应与第一被告共同承担本案的民事责任。原告依约将原址房屋交付拆迁后，被告在该址建成楼宇后，未经原告同意把该楼宇首层出售给他人且交付使用完毕，导致未能依约在该楼宇首层地铺惠福路入口第一档安置建筑面积76.8634平方米作为拆除原告原址房屋的产权调换补偿。被告的行为，违背了民事活动应遵循的诚实信用原则，已构成严重违约，理应承担相应的违约责任。因被告已将补偿安置房屋另行出卖给他人，故原告要求解除原告与第一被告签订的《广州市城市房屋拆迁补偿协议书》和《房屋拆迁安置协议》关于商铺部分的内容符合最高人民法院《关于审理商品房买卖合同纠纷案件适用法律若干问题的解释》第7、8条的规定，予以支持。由于被告已将侨力大厦首层地铺起义路正门入口第一间已出售给他人，已不能交付原告，原告请求被告赔偿实际损失是合法合理的。至于赔偿标准，原告依据广州市越房房地产价格评估有限公司对侨力大厦首层起义路正门入口第一间商铺的评估金额，二被告对该评估有异议，根据最高人民法院《关于民事诉讼证据的若干规定》第25条第二款规定，由于两被告没有申请重新评估，因此被告承担举证不能的法律后果，对原告要求被告赔偿实际损失2275000元本院予以支持。此外原告请求被告承担惩罚性赔偿责任符合最高人民法院《关于审理商品房买卖合同纠纷案件适用法律若干问题的解释》第7、8条的规定，至于赔偿标准，可参考回迁房价值及根据被告违约的程度；"按照被告应赔偿原告实际损失2275000元的30%标准计算。由于赔偿实际损失需由法院确定，不存在逾期支付的事实，故原告请求作价赔偿款和惩罚性赔偿款的利息没有依据，本院不予支持。造成纠纷，责任在被告，故本案评估费应由两被告承担。

二审诉辩情况

广州市华侨房屋开发公司不服原审判决，上诉称：（1）根据最高人民法院《关于商品房买卖合同纠纷案件适用若干问题的解释》规定，补偿安置房屋被另行出卖给第三人，应保护被拆迁人优先取得补偿安置房屋之请求，故被上诉人陈荣富应要求按合同约定回迁，无权要求解除合同；（2）1998年10月14日，上诉人与案外人组建了被上诉人侨力公司，自此侨力大厦一切权利、义务依法整体转移给侨力大厦，因此所有侨力大厦的拆迁补偿、安置等义务均应由侨力公司独自承担，与我公司无涉；（3）侨力公司在1998年11月18日出具的《具结书》及2002年12月5日的《广州市侨力房地产开发有限公司及合作双方股东工作备忘录（三）》中，已承诺其将承担涉及侨力大厦项目拆迁安置、补偿的全部责任；（4）《安置协议》与《补偿协议》完全能够履行，被上诉人陈荣富无权解除该两协议，陈荣富应按协议约定要求回迁侨力大厦首层商铺，无权主张商铺作价补偿款的惩罚性赔偿。即使被上诉人陈荣富可要求惩罚性赔偿，也只能以被拆迁房产的价值为计算标准；（5）被上诉人侨力公司成立后，两被上诉人在1999年11月签订了补充协议，对原来签订的协议进行了变更，可见被上诉人陈荣富已确认被上诉人侨力公司是侨力大厦的法定拆迁人。综上所述，上诉请求撤销原审判决；判令被上诉人侨力公司赔偿被上诉人陈荣富因逾期回迁所造成的一切损失和评估费用等支出；判令被上诉人陈荣富继续履行《广州市城市房屋拆迁补偿协议书》、《广州市房屋拆迁安置协议》中关于原址回迁侨力大厦首层商铺的约定。

被上诉人陈荣富同意原审判决。

被上诉人广州侨力房地产开发有限公司答辩称我司已经依据上诉人的有关资料对拆迁户进行了安置，已履行了拆迁义务，故不同意原审判决。

原审第三人广州市越秀不锈钢制品厂同意原审判决。

二审审理期间，各方当事人均表示对原审查明的事实没有异议，本院对原审判决认定的事实予以确认。

另查明，1998年11月18日，被上诉人广州侨力房地产开发有限公司向上诉人出具《具结书》，向上诉人承诺讼争商铺所在地段由广州侨力房地产开发有限公司负责商品房开发、经营,并承担房屋拆迁安置补偿完毕后纠纷的一切责任等。2002年12月5日,上诉人(称甲方)与被上诉人广州侨力房地产开发有限公司(称确认方)及香港力迅国际有限公司(称丙方)签订了《广州市侨力房地产开发有限公司及合作双方股东工作备忘录(三)》,订明甲方退出讼争商铺所在地段的项目合作,该地段原居民的动迁、回迁安置;项目全过程所发生的债权债务;原甲方对地段签订的回迁安置协议产生法律纠纷及经济责任均由丙方负责承担,侨力公司对丙方的上述责任承担连带责任。以上《具结书》和《备忘录(三)》,上诉人和被上诉人广州侨力房地产开发有限公司均当庭表示没有经被上诉人陈荣富同意。

1999年11月21日,两被上诉人签订了《关于侨力大厦调整回迁楼楼层补充协议》,订明:双方原签订的补偿协议和安置协议回迁地段侨力大厦22层内容调整至12层东向,原协议其他内容不变等。

二审裁判结果

二审法院判决如下:驳回上诉,维持原判。

二审裁判理由

本院认为:上诉人与被上诉人陈荣富签订的《房屋拆迁补偿协议书》意思表示真实,合法有效,双方均应依约严格履行。被上诉人侨力公司未经被上诉人陈荣富同意将产权补偿商铺出卖给他人,且已交付使用完毕,不可能补偿给被上诉人陈荣富,原审据此判决解除陈荣富与上诉人签订的《房屋拆迁补偿协议书》和《房屋拆迁安置协议书》关于首层商铺部分的内容,并按照评估价格上浮30%承担违约责任适当,本院予以维持,上诉人认为被上诉人陈荣富无权解除合同和主张惩罚性赔偿的上诉意见不成立,本院不予采纳。

本案中,两被上诉人虽然签订了补充协议,但该协议仅约定了回迁住宅部分楼层变更和被上诉人侨力公司愿意履行上诉人与被上诉人陈荣富签订的拆迁合同义务,并没有约定将上诉人在原拆迁合同中的权利义务转移给被上诉人侨力公司,故上诉人仍是讼争拆迁合同的相对人,应承担本案民事责任。被上诉人侨力公司是经批准的讼争商铺地段的用地和开发建设经营单位,对被上诉人陈荣富依法负有补偿和安置的义务,因此也应承担本案的民事责任。至于上诉人与被上诉人侨力公司签订的《具结书》和《备忘录(三)》,没有征得被上诉人陈荣富的同意,仅是其内部约定,对陈荣富不具有约束力。综上,原审判决上诉人与被上诉人侨力公司共同承担本案民事责任正确,应予维持,上诉人认为本案纠纷与其司无涉的上诉意见不成立,本院不予采纳。

房屋拆迁安置补偿合同纠纷办案依据集成

《国有土地上房屋征收与补偿条例》（2011年1月21日国务院令第590号公布）

第一章 总则

第一条 为了规范国有土地上房屋征收与补偿活动，维护公共利益，保障被征收房屋所有权人的合法权益，制定本条例。

第二条 为了公共利益的需要，征收国有土地上单位、个人的房屋，应当对被征收房屋所有权人（以下称被征收人）给予公平补偿。

第三条 房屋征收与补偿应当遵循决策民主、程序正当、结果公开的原则。

第四条 市、县级人民政府负责本行政区域的房屋征收与补偿工作。

市、县级人民政府确定的房屋征收部门（以下称房屋征收部门）组织实施本行政区域的房屋征收与补偿工作。

市、县级人民政府有关部门应当依照本条例的规定和本级人民政府规定的职责分工，互相配合，保障房屋征收与补偿工作的顺利进行。

第五条 房屋征收部门可以委托房屋征收实施单位，承担房屋征收与补偿的具体工作。房屋征收实施单位不得以营利为目的。

房屋征收部门对房屋征收实施单位在委托范围内实施的房屋征收与补偿行为负责监督，并对其行为后果承担法律责任。

第六条 上级人民政府应当加强对下级人民政府房屋征收与补偿工作的监督。

国务院住房城乡建设主管部门和省、自治区、直辖市人民政府住房城乡建设主管部门应当会同同级财政、国土资源、发展改革等有关部门，加强对房屋征收与补偿实施工作的指导。

第七条 任何组织和个人对违反本条例规定的行为，都有权向有关人民政府、房屋征收部门和其他有关部门举报。接到举报的有关人民政府、房屋征收部门和其他有关部门对举报应当及时核实、处理。

监察机关应当加强对参与房屋征收与补偿工作的政府和有关部门或者单位及其工作人员的监察。

第二章 征收决定

第八条 为了保障国家安全、促进国民经济和社会发展等公共利益的需要，有下列情形之一，确需征收房屋的，由市、县级人民政府作出房屋征收决定：

（一）国防和外交的需要；

（二）由政府组织实施的能源、交通、水利等基础设施建设的需要；

（三）由政府组织实施的科技、教育、文化、卫生、体育、环境和资源保护、防灾减灾、文物保护、社会福利、市政公用等公共事业的需要；

（四）由政府组织实施的保障性安居工程建设的需要；

（五）由政府依照城乡规划法有关规定组织实施的对危房集中、基础设施落后等地段进行旧城区改建的需要；

（六）法律、行政法规规定的其他公共利益的需要。

第九条　依照本条例第八条规定，确需征收房屋的各项建设活动，应当符合国民经济和社会发展规划、土地利用总体规划、城乡规划和专项规划。保障性安居工程建设、旧城区改建，应当纳入市、县级国民经济和社会发展年度计划。

制定国民经济和社会发展规划、土地利用总体规划、城乡规划和专项规划，应当广泛征求社会公众意见，经过科学论证。

第十条　房屋征收部门拟定征收补偿方案，报市、县级人民政府。

市、县级人民政府应当组织有关部门对征收补偿方案进行论证并予以公布，征求公众意见。征求意见期限不得少于30日。

第十一条　市、县级人民政府应当将征求意见情况和根据公众意见修改的情况及时公布。

因旧城区改建需要征收房屋，多数被征收人认为征收补偿方案不符合本条例规定的，市、县级人民政府应当组织由被征收人和公众代表参加的听证会，并根据听证会情况修改方案。

第十二条　市、县级人民政府作出房屋征收决定前，应当按照有关规定进行社会稳定风险评估；房屋征收决定涉及被征收人数量较多的，应当经政府常务会议讨论决定。

作出房屋征收决定前，征收补偿费用应当足额到位、专户存储、专款专用。

第十三条　市、县级人民政府作出房屋征收决定后应当及时公告。公告应当载明征收补偿方案和行政复议、行政诉讼权利等事项。

市、县级人民政府及房屋征收部门应当做好房屋征收与补偿的宣传、解释工作。

房屋被依法征收的，国有土地使用权同时收回。

第十四条　被征收人对市、县级人民政府作出的房屋征收决定不服的，可以依法申请行政复议，也可以依法提起行政诉讼。

第十五条　房屋征收部门应当对房屋征收范围内房屋的权属、区位、用途、建筑面积等情况组织调查登记，被征收人应当予以配合。调查结果应当在房屋征收范围内向被征收人公布。

第十六条　房屋征收范围确定后，不得在房屋征收范围内实施新建、扩建、改建房屋和改变房屋用途等不当增加补偿费用的行为；违反规定实施的，不予补偿。

房屋征收部门应当将前款所列事项书面通知有关部门暂停办理相关手续。暂停办理相关手续的书面通知应当载明暂停期限。暂停期限最长不得超过1年。

第三章　补　偿

第十七条　作出房屋征收决定的市、县级人民政府对被征收人给予的补偿包括：

（一）被征收房屋价值的补偿；

（二）因征收房屋造成的搬迁、临时安置的补偿；

（三）因征收房屋造成的停产停业损失的补偿。

市、县级人民政府应当制定补助和奖励办法，对被征收人给予补助和奖励。

第十八条 征收个人住宅，被征收人符合住房保障条件的，作出房屋征收决定的市、县级人民政府应当优先给予住房保障。具体办法由省、自治区、直辖市制定。

第十九条 对被征收房屋价值的补偿，不得低于房屋征收决定公告之日被征收房屋类似房地产的市场价格。被征收房屋的价值，由具有相应资质的房地产价格评估机构按照房屋征收评估办法评估确定。

对评估确定的被征收房屋价值有异议的，可以向房地产价格评估机构申请复核评估。对复核结果有异议的，可以向房地产价格评估专家委员会申请鉴定。

房屋征收评估办法由国务院住房城乡建设主管部门制定，制定过程中，应当向社会公开征求意见。

第二十条 房地产价格评估机构由被征收人协商选定；协商不成的，通过多数决定、随机选定等方式确定，具体办法由省、自治区、直辖市制定。

房地产价格评估机构应当独立、客观、公正地开展房屋征收评估工作，任何单位和个人不得干预。

第二十一条 被征收人可以选择货币补偿，也可以选择房屋产权调换。

被征收人选择房屋产权调换的，市、县级人民政府应当提供用于产权调换的房屋，并与被征收人计算、结清被征收房屋价值与用于产权调换房屋价值的差价。

因旧城区改建征收个人住宅，被征收人选择在改建地段进行房屋产权调换的，作出房屋征收决定的市、县级人民政府应当提供改建地段或者就近地段的房屋。

第二十二条 因征收房屋造成搬迁的，房屋征收部门应当向被征收人支付搬迁费；选择房屋产权调换的，产权调换房屋交付前，房屋征收部门应当向被征收人支付临时安置费或者提供周转用房。

第二十三条 对因征收房屋造成停产停业损失的补偿，根据房屋被征收前的效益、停产停业期限等因素确定。具体办法由省、自治区、直辖市制定。

第二十四条 市、县级人民政府及其有关部门应当依法加强对建设活动的监督管理，对违反城乡规划进行建设的，依法予以处理。

市、县级人民政府作出房屋征收决定前，应当组织有关部门依法对征收范围内未经登记的建筑进行调查、认定和处理。对认定为合法建筑和未超过批准期限的临时建筑的，应当给予补偿；对认定为违法建筑和超过批准期限的临时建筑的，不予补偿。

第二十五条 房屋征收部门与被征收人依照本条例的规定，就补偿方式、补偿金额和支付期限、用于产权调换房屋的地点和面积、搬迁费、临时安置费或者周转用房、停产停业损失、搬迁期限、过渡方式和过渡期限等事项，订立补偿协议。

补偿协议订立后，一方当事人不履行补偿协议约定的义务的，另一方当事人可以依法提起诉讼。

第二十六条 房屋征收部门与被征收人在征收补偿方案确定的签约期限内达不成补偿协议，或者被征收房屋所有权人不明确的，由房屋征收部门报请作出房屋征收决定的市、县级人民政府依照本条例的规定，按照征收补偿方案作出补偿决定，并在房屋征收范围内予以公告。

补偿决定应当公平，包括本条例第二十五条第一款规定的有关补偿协议的事项。

被征收人对补偿决定不服的，可以依法申请行政复议，也可以依法提起行政诉讼。

第二十七条 实施房屋征收应当先补偿、后搬迁。

作出房屋征收决定的市、县级人民政府对被征收人给予补偿后，被征收人应当在补偿协议约定或者补偿决定确定的搬迁期限内完成搬迁。

任何单位和个人不得采取暴力、威胁或者违反规定中断供水、供热、供气、供电和道路通行等非法方式迫使被征收人搬迁。禁止建设单位参与搬迁活动。

第二十八条 被征收人在法定期限内不申请行政复议或者不提起行政诉讼，在补偿决定规定的期限内又不搬迁的，由作出房屋征收决定的市、县级人民政府依法申请人民法院强制执行。

强制执行申请书应当附具补偿金额和专户存储账号、产权调换房屋和周转用房的地点和面积等材料。

第二十九条 房屋征收部门应当依法建立房屋征收补偿档案，并将分户补偿情况在房屋征收范围内向被征收人公布。

审计机关应当加强对征收补偿费用管理和使用情况的监督，并公布审计结果。

第四章 法律责任

第三十条 市、县级人民政府及房屋征收部门的工作人员在房屋征收与补偿工作中不履行本条例规定的职责，或者滥用职权、玩忽职守、徇私舞弊的，由上级人民政府或者本级人民政府责令改正，通报批评；造成损失的，依法承担赔偿责任；对直接负责的主管人员和其他直接责任人员，依法给予处分；构成犯罪的，依法追究刑事责任。

第三十一条 采取暴力、威胁或者违反规定中断供水、供热、供气、供电和道路通行等非法方式迫使被征收人搬迁，造成损失的，依法承担赔偿责任；对直接负责的主管人员和其他直接责任人员，构成犯罪的，依法追究刑事责任；尚不构成犯罪的，依法给予处分；构成违反治安管理行为的，依法给予治安管理处罚。

第三十二条 采取暴力、威胁等方法阻碍依法进行的房屋征收与补偿工作，构成犯罪的，依法追究刑事责任；构成违反治安管理行为的，依法给予治安管理处罚。

第三十三条 贪污、挪用、私分、截留、拖欠征收补偿费用的，责令改正，追回有关款项，限期退还违法所得，对有关责任单位通报批评、给予警告；造成损失的，依法承担赔偿责任；对直接负责的主管人员和其他直接责任人员，构成犯罪的，依法追究刑事责任；尚不构成犯罪的，依法给予处分。

第三十四条 房地产价格评估机构或者房地产估价师出具虚假或者有重大差错的评估报告的，由发证机关责令限期改正，给予警告，对房地产价格评估机构并处5万元以上20万元以下罚款，对房地产估价师并处1万元以上3万元以下罚款，并记入信用档案；情节严重的，吊销资质证书、注册证书；造成损失的，依法承担赔偿责任；构成犯罪的，依法追究刑事责任。

第五章 附 则

第三十五条 本条例自公布之日起施行。2001年6月13日国务院公布的《城市房屋拆迁管理条例》同时废止。本条例施行前已依法取得房屋拆迁许可证的项目,继续沿用原有的规定办理,但政府不得责成有关部门强制拆迁。

第八章 农村土地承包经营权合同纠纷

一、农村土地承包经营权转包合同纠纷

> **102. 在订立转包合同时，双方当事人在合同中没有约定明确的四至界限，也没有到现场勘测定桩划界，导致转包土地面积无法确定，承包人关于第三人侵权的主张能否得到支持？**
>
> 由于转包过程中，双方签订的合同存在重大瑕疵，承包人无证据证明自己转包而来的土地的实际面积及四至界限，其关于第三人侵权的诉讼主张不应得到支持。

典型疑难案件参考

王仕芳与王延爱农村土地承包经营权转包纠纷案

基本案情

1985年2月1日，由原长坡乡人民政府（现为长坡村委会）与王介学等7户签订《合同书》，约定将禾屈岭（又称德福岭）东至到溪、西至苦莫冲、南至禾屈后、北至学校树为止的土地承包给王介学等7户联合体种植小叶桉树，（具体土地面积没有约定），承包年限自1985年2月1日至2035年2月1日，互利分成按甲方（乡人民政府）20%，乙方（王介学等7户）80%，土地权归属甲方集体所有，承包者在承包期间内只有土地使用权。合同签订后，王介学等7户联合体已在该岭上开垦种植小叶桉树进行使用。2002年10月20日，王介学等7户联合体将原承包的禾屈岭部分土地约100余亩，以总金额15500元转包给第三人李呈芳，承包年限从2002年至2032年为止，双方并就转包事宜签订了《土地转包经营合同书》。该合同还约定："……岭上种橡胶树，这一部分土地是私人的插花地"等内容。2005年8月5日，第三人李呈芳又将

原转包取得的德福岭小叶桉树和土地以总金额10550元转包给原告王仕芳，承包年限从2005年至2032年止，双方就转包事宜签订了《土地转包经营合同书》，其承包的方位和面积，承包地的四至及其他约定，均与王介学等7户联合体转包给李呈芳的合同约定相一致。2007年6月18日，原告王仕芳以承包经营的土地，是通过与第二承包人李呈芳签订书面合同而取得的，被告不经原告准许，强行在承包的土地上种橡胶，侵犯其合法权益，请求判令被告停止侵占原告的约40亩土地承包经营权，并责令被告清除侵占在该地上种植的橡胶等地上附属物，将土地交还原告使用。庭审中，被告对原告诉请的事实不予承认，抗辩称其为所种植的橡胶早于原告承包的时间，而且原告2005年8月5日与第三人李呈芳签订的《土地转包经营合同书》时，未经土地所有权人同意，明显违反法律规定，是无效合同。

▶ 一审裁判结果

一审法院判决如下：驳回原告王仕芳的诉讼请求。

▶ 一审裁判理由

一审法院认为：位于长坡村委会范围内的禾屈岭（又称德福岭）的土地，是澄迈县长坡乡人民政府（现为长坡村委会）1985年2月1日承包给王介学等7户联合体的集体土地。2002年10月20日，第三人王介学等7户联合体，将原与乡人民政府承包的禾屈岭部分土地约100余亩转包给李呈芳，2005年8月5日，第三人李呈芳又将与王介学等7户联合体转包取得的禾屈岭约100余亩土地再转包给原告，在上列二次转包协议中，均约定"……岭上种橡胶树，这一部分土地是私人的插花地"，但未具体明确"私人"是指谁与谁，也未明确"私人"的插花地面积有多少，被告是侵占原告承包范围之内的土地，还是侵占其他人在该承包土地的插花地，原告不能举出有效证据予以证明，因此，原告主张被告王延爱侵占约40亩土地种植橡胶，缺乏事实根据，本院不予支持。即使被告所种的橡胶，依原告与第三人的合同约定，也没有证据证明被告所种植的橡胶属于合同约定之外的土地，不属于转包的土地范围之内，根据《中华人民共和国民事诉讼法》第64条，以及最高人民法院《关于民事诉讼证据的若干规定》第2条规定，原告未能就其主张提供证据证明被告侵权的事实，其主张因缺乏事实依据，故不应支持。对于被告在诉讼中以该岭是该村的集体土地，1985年长坡乡政府将该岭土地承包给第三人王介学等7人，以及其后第三人又将土地转包给原告的行为无效作为抗辩理由主张取得该地的合法使用权，缺乏事实根据和法律依据，本院不予支持。

二审诉辩情况

上诉人王仕芳不服一审判决，向本院提起上诉，请求：（1）依法撤销原审判决，判令被上诉人停止侵占上诉人依法承包经营的土地，并责令被上诉人限期清除在该地上种植的橡胶等地上附属物，将土地交还上诉人使用。（2）诉讼费用由被上诉人承担。事实与理由：（1）一审法院认定事实错误。①根据第三人王介学等7户联合体与第三人李呈芳2002年10月20日签订的《土地转包经营合同书》以及第三人李呈芳与上诉人王仕芳于2005年8月5日签订的《土地转包经营合同书》，上诉人王仕芳承包土地的四至是很明确的，合同第1条约定的"私人插花地"很明显指的是第3条约定的王祉武在承包地中间种植的胶园。可一审法院竟然不顾合同当事人双方的解释，主观臆断地认为"私人插花地"中的"私人"未具体明确是指谁与谁，也未明确"私人"插花地面积有多少。从而站在被上诉人的角度提出"被告是侵占原告承包范围之内的土地，还是侵占其他人在该承包土地的插花地"的质疑。这是极其错误的。根据第三人王介学等7户联合体出具的《王仕芳承包经营土地平面示行图》可以看出，被上诉人王延爱所侵占的是上诉人王仕芳的承包土地，而不是侵占王祉武的这块插花地。②一审法院对查不清上述事实负有责任。本来，根据本案所涉合同以及合同当事人双方对合同的解释，并结合实地调查，对被上诉人王延爱是否侵占上诉人王仕芳的承包地这一事实是很容易查清楚的。可一审法院召集各方当事人二次到实地调查时，却因被上诉人一方持械对上诉人行凶而放弃调查。③一审法院认定："即使被告所种的橡胶，依原告与第三人的合同约定，也没有证据证明被告所种植的橡胶属于合同约定之转包的土地范围之内。"这是极其错误的，只要到实地一看，就能证明被上诉人种植的橡胶确实是在上诉人承包土地的四至范围内。（2）一审法院违反法定程序，超期结案。一审法院于2007年6月立案，适用普通程序审理，根据《中华人民共和国民事诉讼法》第135条的规定，法院应在立案之日起6个月内审结。可一审法院至2008年4月才结案，远远超过了法定审限。综上所述，上诉人认为，一审法院认定事实错误，导致判决错误，请二审法院依法撤销原判决，在查清事实后，依法改判。

被上诉人王延爱答辩称：（1）王仕芳所说的严重失实。王仕芳与第三人李呈芳于2005年8月5日签订"土地转包经营合同书"，而答辩人所种植的橡胶是2002年2月种植，最迟的也在2005年7月种植。所以王仕芳当时尚未与李呈芳签订转让合同，怎能说在其经营管理期间答辩人强行种上橡胶呢？（2）王仕芳不具备本案的诉讼主体资格，王仕芳与第三人李呈芳签订的土地转包合同是无效的。①1985年2月1日长坡乡人民政府（现为长坡村委会）与王介学等7户签订的"合同书"是无效的合同。我国《土地管理法》第2条规定"中华人民共和国实行土地的社会主义公有制"，即全民所有制和劳动群众集体所有制，而村委会既不是政府，也不是劳动群众经济实体，不能作为土地所有的主体资格。况且本案所纠纷的土地并非属于长坡村委会所有，该地从古至今就属于坡六村耕作所有。第三人长坡村委会在没有任何证据证明该土地属其所有的情况下，擅自将他人所有的土地发包是明显无效的。②从1985年2月1日长坡乡人民政府与王介学等7户签订的合同书形式来看，该合同没有双方签名，所以该合同尚未成立。③退一步来说，假设该土地属于长坡村委会所有，那么2002年10月20日王介学等7户联合体与第三人李呈芳签订的"土地转包经营合同书"及第三人李呈芳2005年8月5日与王仕芳签订的"土地转包经营合同书"也是违反法律规定而无效。④《农村土地承包法》第47条以及最高人民法院《关于审理涉及农村土地承包纠纷案件适用法律问题的解释》第19条规定，本集体经济组织成员在同等条件下，享有优先承包权。王仕芳是2005年8月5日签订转让合同，答辩人于2002年早就种植橡胶，而且答辩人是本经济社的社员，在同等条件下，享有优先承包权。（3）从三份土地承包合同的内容看，2002年10月20日王介学等7户联合体与李呈芳签订的土地转包经营合同书是无效的。1985年2月1日长坡乡人民政府与王介学所签订的合同书规定的"互利分成，甲方20%，交80%给乙方"，而2002年10月20日王介学等7户联合体在没有取得长坡村委会的同意下将该土地转包给李呈芳，该合同约定承包总价格为15500元整，擅自改变了原承包的承包金缴交方法，而且这些承包金也归王介学等人私人所有，将集体土地当作私人土地进行转包，侵犯了集体利益。再是该合同约定的土地四至也不明确，同时也确定了答辩人早已就有橡胶在该土地内。综上所述，王仕芳持无效的合同作为依据主张权利没有法律依据，请法院驳回上诉，维持原判。

原审第三人王介学等7人未向本院递交书面答辩状，但在庭审中述称，1985年2月1日与长坡乡政府签订的合同和2002年10月20日与第三人李呈芳签订的《土地转包经营合同书》是有效的。私人插花地是指王祉武的胶园。

原审第三人李呈芳未向本院递交书面答辩状，但在庭审中述称，1985年2月1日长坡乡人民政府与王介学等7人签订的《合同书》以及2002年10月20日王介学等7人与我签订的《土地转包经营合同书》是有效的，2005年8月5日，我方与王仕芳签订的《土地转包经营合同书》也是有效的。私人插花地是指王祉武的胶园。

原审第三人长坡村委会经传票传唤，无正当理由不到庭参加诉讼，也未向本院递交书面答辩状。其曾在一审庭审中述称，自从原长坡乡人民政府与王介学等签订的合同至今，村委会都没有收到承包者的一分钱。2002年10月20日，王介学等人将部分土地转包给李呈芳，2005年8月5日，又由李呈芳转包给原告王仕芳，以上转包行为，均没有经过村委会同意，我们村委会也不知道，也没有收到二份备案书。

2005年10月10日长坡村委会在《关于禾屈岭土地权属纠纷情况说明》中指出，禾屈岭土地约230亩，属于坡六村一、二、三、四生产队集体所有。当事人对此也予以肯定。再查明，王介学等7户联合体和李呈芳、王仕芳称王介学等7户联合体将禾屈岭部分土地转包给李呈芳和李呈芳又将禾屈岭小叶桉树和土地转包给王仕芳时，已报长坡村委会备案，但长坡村委会予以否认。1995年王介学等7户联合体出售第一代小叶桉树，长坡村委会收到提成款1150元，此后至今，长坡村委会、坡六村民小组均未收到提成款。2007年8月13日，王延爱向澄迈法院申请对其在德福岭所种植橡胶树的年代进行鉴定。2007年9月3日，海南省诉讼技术委托中心作出〔2007〕琼诉委字第633号《退案函》，称无法准确的对橡胶的种植年代进行鉴定。

二审裁判结果

二审法院判决如下：驳回上诉，维持原判。

二审裁判理由

二审法院认为：争议的禾屈岭土地属于坡六村民小组集体所有，长坡村委会（原为长坡乡人民政府）在没有取得禾屈岭土地所有权的情况下，于1985年2月1日和王介学等7户联合体签订合同，将该地发包给王介学等7户联合体经营，承包合同中仅是标明范围坐落四至，没有约定承包土地的具体面积和亩数。双方也没有到现场勘测定桩划界。坐落四至界限不完整准确，承包坐落四至范围内的土地面积多少无法认定，而且又擅自约定"土地权归属甲方集体所有"。由此可见，双方签订的《合同书》存在重大瑕疵。2002年10月20日，第三人王介学等7户联合体将禾屈岭部分土地约100余亩转包给李呈芳，2005年8月5日，李呈芳又将禾屈岭小叶桉树和土地以总金额10550元转包给王仕芳，承包年限从2005年至2032年止（三方均未向长坡村委会、坡六村民小组缴纳提成款），并在双方签订的《土地转包经营合同书》中约定"……岭上种橡胶树，这一部分土地是私人的插花地"，但未具体明确私人插花地的经营者和插花地面积。而在2005年8月5日之前，王延爱已在禾屈岭上种植橡胶树，但当时种植橡胶树的具体面积和年代现已无法查清。因此王延爱在禾屈岭上种植橡胶树的土地是私人的插花地还是王仕芳承包地无法查清，王仕芳也未能提供充分证据证明王延爱在禾屈岭上种植橡胶树的土地就是王仕芳承包地。因此，侵权行为的构成要件不能准确、具体、完整地确认。故王仕芳主张王延爱侵占其约40亩承包地缺乏事实根据和法律依据，本院不予支持。综上所述，上诉人王仕芳的上诉没有事实依据和法律依据，其上诉无理，本院不予支持。原审判决认定事实清楚，适用法律正确，应予以维持。

103. 如何认定土地承包经营权转包口头协议的法律效力？

农村村民的土地承包经营权转包，仅有口头协议，没有书面合同的，并不必然导致合同不成立。当事人未采用书面形式但一方已经履行主要义务，对方接受的，该合同成立。

104. 如果在诉讼过程中，当事人主张的法律关系的性质或者民事行为的效力与人民法院根据案件事实作出的认定不一致的，该如何处理？

此种情况下，人民法院应当告知当事人可以变更诉讼请求。

典型疑难案件参考

符宝銮、周秀雪诉王坤土地承包经营权转包合同纠纷案

基本案情

1986年10月23日，经原琼海县人民政府批准，琼海县石壁区森林保护公司负责人符宝銮与原琼海县林业局签订《国有林区承包造林合同书》。合同约定，石壁金公岭的国有林区由原琼海市人民政府委托原琼海县林业局承包给琼海县石壁区森林保护公司经营，其四至：东至晒日水利沟，西至210.0米高程，南至岭应老路，北至晒日沟坝。合同承包期限30年，从1986年10月起至2016年止。因琼海县石壁区森林保护公司被注销，2007年8月28日，原告符宝銮、周秀雪与琼海市林业局在原《国有林区承包造林合同书》的基础上签订一份《石壁金公岭林地补充承包合同》，合同约定原告承包金公岭林地面

积304亩；承包期限在原承包造林合同书所约定的期限延长至2037年10月止；合同承包金，在2016年之前为每年每亩45元，2016年后的承包金每年每亩50元，2016年10月前付清。承包地共有三处地块，其中第三处地块为：东至陈家庆地；南至大路；西至赵植燕槟榔；北至符宝銮、陈开明橡胶。2007年春节，被告与琼海五丰现代农业开发有限公司负责人陈家庆商定，由琼海五丰现代农业开发有限公司将其承包经营的嘉积镇加参农场在喻园岭（金公岭地段）的土地约30亩转包给被告承包经营。同年，被告在该土地上开发投产种植橡胶约500株。2007年秋季，原告发现被告种植上述500株橡胶的林地在其承包地的范围内。原告逐向琼海市林业局反映，为此，琼海五丰现代农业开发有限公司与琼海市林业局就石壁金公岭地段的林地发生纠纷，2007年10月8日，经双方协商划定了四至界限。被告开发种植橡胶约500株的林地划归在原告向琼海市林业局承包的第三处地块内。

2008年3月13日，原、被告经琼海市林业局石壁林业站主持调解，并到实地丈量，确定被告种植地面积约10亩，双方口头达成协议：原告同意将被告已种植橡胶约500株的林地转包给被告种植，转包期限30年，即2007年10月至2037年10月止，承包金每年每亩70元，共21000元，若被告两个月内付清则为20000元。嗣后，被告并没有向原告给付承包金。2009年5月26日，原告提起诉讼，以被告侵占林地承包经营权为由要求被告腾出承包地，清除种植物。案经审理，被告不同意腾退，主张该林地已向其转包，只欠承包金而已。经本院进行法律释明后，原告同意变更主张土地承包金。

诉辩情况

原告诉称：东至陈家庆地；南至大路；西至赵植燕槟榔；北至符宝銮、陈开明橡胶的林地属原告向琼海市林业局合法承包，现被告擅自占用该地种植橡胶约500株。被告侵占原告林地承包经营权，应腾出承包地，清除种植物。

被告辩称：东至陈家庆地；南至大路；西至赵植燕槟榔；北至符宝銮、陈开明橡胶的林地属原告向琼海市林业局合法承包无异议。但在2008年3月13日，原、被告经琼海市林业局石壁林业站主持调解，并到实地丈量，确定被告种植地面积约10亩，双方口头达成协议：原告同意将被告已种植橡胶约500株的林地转包给被告种植，转包期限30年，即2007年10月至2037年10月止，承包金每年每亩70元，共21000元，若被告两个月内付清则为20000元。原告要求被告腾退，则应补偿被告种植的橡胶。

裁判结果

琼海市人民法院经审理后认为：该案案由不能定性为土地承包经营权侵权

纠纷，应为土地承包经营权转包合同纠纷。双方当事人达成的口头协议成立并生效。原告可变更诉讼请求，向被告主张土地承包金。琼海市人民法院对原告进行法律释明后，原告同意变更诉讼请求。经琼海市人民法院主持调解，双方当事人自愿达成如下协议：

一、原告符宝銮、周秀雪同意将其向琼海市林业局承包的位于琼海市石壁镇金公岭（面积约10亩），其四至范围：东至坑沟；南至离公路约10米；西至赵植燕槟榔；北至符宝銮、周秀雪空地（以双方树立的地标为准）的林地转包给被告王坤经营种植经济作物；

二、被告王坤对该林地享有的承包经营期限为30年，即从2007年10月至2037年10月止；

三、被告王坤当庭一次性向原告符宝銮、周秀雪给付该林地从2007年10月至2037年10月止，共30年的土地承包金两万元；

四、案件受理费50元，原告符宝銮、周秀雪自愿承担。

农村土地承包经营权转包合同纠纷办案依据集成

1.《中华人民共和国物权法》（2007年3月16日主席令第62号公布）（节录）

第一百二十八条 土地承包经营权人依照农村土地承包法的规定，有权将土地承包经营权采取转包、互换、转让等方式流转。流转的期限不得超过承包期的剩余期限。未经依法批准，不得将承包地用于非农建设。

第一百三十三条 通过招标、拍卖、公开协商等方式承包荒地等农村土地，依照农村土地承包法等法律和国务院的有关规定，其土地承包经营权可以转让、入股、抵押或者以其他方式流转。

2.《中华人民共和国农村土地承包法》（2003年3月1日）（节录）

第三十二条 通过家庭承包取得的土地承包经营权可以依法采取转包、出租、互换、转让或者其他方式流转。

第三十三条 土地承包经营权流转应当遵循以下原则：

（一）平等协商、自愿、有偿，任何组织和个人不得强迫或者阻碍承包方进行土地承包经营权流转；

（二）不得改变土地所有权的性质和土地的农业用途；

（三）流转的期限不得超过承包期的剩余期限；

（四）受让方须有农业经营能力；

（五）在同等条件下，本集体经济组织成员享有优先权。

第三十四条 土地承包经营权流转的主体是承包方。承包方有权依法自主决定土地承包经营权是否流转和流转的方式。

第三十六条 土地承包经营权流转的转包费、租金、转让费等，应当由当事人双方协商确定。流转的收益归承包方所有，任何组织和个人不得擅自截留、扣缴。

第三十七条 土地承包经营权采取转包、出租、互换、转让或者其他方式流转，当事人双方应当签订书面合同。采取转让方式流转的，应当经发包方同意；采取转包、出租、互换或者其他方式流转的，应当报发包方备案。

3. 最高人民法院《关于审理涉及农村土地承包纠纷案件适用法律问题的解释》（2005年7月29日 法释〔2005〕6号）

第一条 下列涉及农村土地承包民事纠纷，人民法院应当依法受理：

（一）承包合同纠纷；

（二）承包经营权侵权纠纷；

（三）承包经营权流转纠纷；

（四）承包地征收补偿费用分配纠纷；

（五）承包经营权继承纠纷。

集体经济组织成员因未实际取得土地承包经营权提起民事诉讼的，人民法院应当告知其向有关行政主管部门申请解决。

集体经济组织成员就用于分配的土地补偿费数额提起民事诉讼的，人民法院不予受理。

第二条 当事人自愿达成书面仲裁协议的，受诉人民法院应当参照最高人民法院《关于适用〈中华人民共和国民事诉讼法〉若干问题的意见》第145条至第148条的规定处理。

当事人未达成书面仲裁协议，一方当事人向农村土地承包仲裁机构申请仲裁，另一方当事人提起诉讼的，人民法院应予受理，并书面通知仲裁机构。但另一方当事人接受仲裁管辖后又起诉的，人民法院不予受理。

当事人对仲裁裁决不服并在收到裁决书之日起三十日内提起诉讼的，人民法院应予受理。

第三条 承包合同纠纷，以发包方和承包方为当事人。

前款所称承包方是指以家庭承包方式承包本集体经济组织农村土地的农户，以及以其他方式承包农村土地的单位或者个人。

二、农村土地承包经营权转让合同纠纷

105. 在当事人约定不明时，如何根据具体情况认定当事人所签合同为转让合同还是转包合同？

转让和转包虽同为土地承包经营权的流转方式，但其法律后果是不一样的。在当事人约定不明时，应当综合考虑当事人的缔约目的、是否影响原权利人实际生活、该流转事实是否得到当地集体经济组织确认、受让人户口是否应经迁入当地农村集体经济组织等情况。在转让人已经迁往城市生活、受让人户口已迁往当地集体经济组织且当事人合同获得当地集体经济组织确认的情况下，应当认定双方的合同为转让合同。

典型疑难案件参考

王某等诉周某及第三人彭水县万足乡万足村一组农村土地承包经营权转让合同纠纷

基本案情

一审查明：1993年5月24日，被告周某欲迁居彭水县县城随其夫及子女共同生活，遂将坐落在彭水县万足乡万足村原二组的房屋及家具转让给原告方，同时将原承包的土地及山林亦转让给原告方使用。经村民委员会和村民小组同意并约定：(1)周某将原组里划归其承包的土地和山林全部转让给黄某使用；(2)黄某承包周某转让的土地和山林后，其集体征收的一切使用税费由黄某向村组申报并按规定缴纳，转让方不承担今后一切的土地和山林使用、管理的税费；(3)转让方依照民族风俗习惯，今后打身基（即修墓地）需用地时，可在转让的承包地和山林中选用，承包方不得以任何借口和条件作交换。1993年5月24日原、被告在签订《房屋买卖契约》和《土地转让承包协议书》后，原告当即交付了双方约定的款项。之后，原告的户口由原彭水县万足乡卫星村七组迁入了万足乡万足村原二组，但被告的户口未迁出。1998年7月1日第二轮土地承包时，原告方以王某为户主与第三人签订了农用土地承包合同。2003年，因彭水乌江电站的建设，被告转让给原告的承包地被征用。双方因移民补偿发生纠纷，经乡政府调解未果，被告于2005年3月9日向彭水县农业承包合同管理仲裁委员会申请撤销原告方与第三人签订的《农

村土地承包经营合同》，该仲裁委员会于同年10月11日支持了被告的请求。原告不服，遂诉至法院，要求确认其承包合同有效。

上述事实有下列证据证明：

1. 1998年原告王某的农用土地承包经营合同证1份，证明原告已经取得了土地承包经营权的法律凭证；

2. 1993年5月24日原、被告签订的土地转让承包协议书1份，证明原、被告之间所签订的承包地转让合同系双方的真实意思表示；

3. 彭水苗族土家族自治县万足乡万足村村民委员会、万足村一组的情况说明1份，证明1993年被告系自愿转让；

4. 1993年10月至2004年10月原告家庭向万足乡缴纳农业税、提留款的发票14张，证明原告方取得经营权后履行了承包方的相关义务；

5. 2005年10月30日万足乡小河村村民委证明1份，证明原告原在卫星村七组的土地已被组里收回并发包给他人；

6. 1993年5月24日房屋买卖契约1份，证明双方所签订的房屋买卖合同系双方的真实意思表示；

7. 被告周某的户口簿1份，证明被告的户口仍在万足村一组，其应享有承包经营权。

一审诉辩情况

原告王某、黄某诉称：被告周某于第一轮承包时，在万足乡万足村原二组（现为一组，下同）承包了集体土地。1993年被告欲随夫搬进县城与其子女生活安度晚年，于是被告将坐落在万足村原二组的房屋全部转让给原告夫妇，同时将其承包的土地和山林的经营权一并转让。原村民小组经民主讨论，同意将被告周某原承包的土地收回并重新发包给原告王某家耕种经营至今。第二轮土地承包时，原告一家与第三人万足村一组签订了土地承包合同，并履行了承包方的义务。近年来，因乌江彭水电站建设，前述承包地被征用。由此，双方因移民补偿发生纠纷。2005年3月9日，被告申请仲裁，彭水县农业承包合同管理仲裁委员会裁决撤销了原告与第三人于1998年第二轮土地承包时签订的《农村土地承包经营合同》。原告对此不服，遂起诉，请求人民法院确认原告与第三人签订的农用土地承包经营合同有效，并由被告承担本案诉讼费用。

被告周某辩称：其一，双方所签的合同是转包合同，其并未放弃土地经营权；其二，原告方于第二轮土地承包签订合同时未经社员大会讨论通过，故原告持有的《农村土地承包经营合同》应为无效。

第三人述称：被告于1993年进城生活，向原告方转让了房屋和土地的承包经营权，双方自愿合法，第三人依法将土地转包给原告一家，并无过错。

▶一审裁判结果◀

重庆市彭水县人民法院依照《中华人民共和国农村土地承包法》第9条、第10条、第32条、第37条第1款、第41条和《中华人民共和国合同法》第44条的规定，判决如下：

原告方与第三人于1998年7月1日签订的农用土地承包经营合同有效。

▶一审裁判理由◀

重庆市彭水县人民法院根据上述事实和证据认为：农民的土地承包经营权受法律保护，国家保护集体土地所有者的合法权益，保护承包方依法、自愿、有偿地进行土地承包经营权流转。本案争议的焦点是原、被告之间签订的合同是土地承包经营权的转让还是转包的认定问题。转让和转包虽同为土地承包经营权的流转方式，但转让程序、法律后果是不一样的。转让后原承包方与发包方的承包关系以及相应的权利义务即告终止，由受让方就该承包地与发包方确立新的承包关系，且原承包方在原承包期内不得再向发包方要求另行承包土地。就本案而言，双方于1993年5月24日签订的土地转让承包协议，被告不仅将其去世后的墓地都约定在其中，而且将居住的房屋和家具也全部卖给原告方，表明被告是将其在万足村原二组的土地承包经营权转让给原告方，而非转包关系。根据《中华人民共和国农村土地承包法》的规定，原、被告之间转让土地承包经营权的合同，既是书面的，也经过发包方同意，应为有效的转让协议。再有，虽被告周某的户口未转迁，但其进县城随其夫及子女共同生活，不存在放弃土地承包经营权就将对其生活、生存产生影响的问题，况且该协议也符合被告行使权利时的真意。所以，转让合同生效后，被告与第三人的承包关系已终止，原告方作为受让方与第三人之间的承包关系已经重新确立。另外，原告方在第二轮农村土地承包前将户口迁入万足村二组并在该组居住生活，实际已取得该集体经济组织的成员资格。所以，第三人在第二轮土地承包时将土地发包给本集体经济组织成员并无不当，原告王某与第三人万足村一组于1998年7月1日签订的农用土地承包经营（家庭承包）合同有效。综上所述，原告方的请求依法应予支持，被告的辩解理由难以成立，本院不予采纳。

▶二审诉辩情况◀

上诉人周某（原审被告）及其委托代理人诉称：（1）原判把土地承包经营权转让视为"终止、放弃承包关系"没有法律根据。转让与转包同属法定流转方式，二者没有根本区别，转让后在第二轮土地承包时应由自己续包。

(2) 周某没有稳定的非农职业，也无稳定的收入来源，不具备《农村土地承包法》第 41 条规定的终止承包关系的法定前提条件。(3) 王某与万足村一组签订《农村土地承包经营合同》时没有经过组民会议 2/3 以上成员同意，万足村一组将周某依法取得的承包地另行发包的行为，违反了法定程序和民主议事规则，该合同应当无效。

被上诉人王某、黄某及第三人答辩称：一审认定事实及适用法律正确，请求维持原判。

二审裁判结果

重庆市第四中级人民法院依照《中华人民共和国民事诉讼法》第 153 条第 1 款第 1 项的规定，判决如下：

驳回上诉，维持原判。

二审裁判理由

重庆市第四中级人民法院经审理认为，本案焦点有二：其一，对周某与黄某于 1993 年 5 月 24 日所签订的协议究竟是转让还是转包的认定问题。就该协议的字面表述而言内容不是很明确，但结合其内容和实际履行的情况来看，原审认定为转让是正确的，且上诉人对认定该协议的性质为转让并无异议，仅只认为转让后自己在第二轮土地承包时仍有续包经营权。转让和转包虽同为土地承包经营权的流转方式，但其法律后果是不一样的。转让后原承包方与发包方的承包关系以及相应的权利义务即告终止，由受让方就该承包地与发包方确立新的承包关系，且原承包方在原承包期内不得再向发包方要求另行承包土地。本案中被上诉人在以转让的方式取得诉争之地的承包经营权后，又在第二轮土地承包前将户口迁入万足村一组并在该组居住生活，实际已取得该集体经济组织成员资格，故万足村一组在第二轮土地承包时基于被上诉人是本集体经济组织成员而将其承包的土地继续发包给被上诉人并无不当。其二，对上诉人认为王某与万足一组签订《农村土地承包经营合同》时没有经过组民会议 2/3 以上成员同意，违反法定程序和民主议事规则，故该合同应当无效。重庆市第四中级人民法院认为，依照最高人民法院《关于审理农业承包合同纠纷案件若干问题的规定》第 2 条的规定，有权以此为由主张该合同无效的主体应是发包方所属的半数以上村民，故对上诉人的该理由不予采纳。综上所述，上诉人的上诉理由均不成立，其上诉请求不予采纳。

农村土地承包经营权转让合同纠纷办案依据集成

1.《中华人民共和国物权法》（2007年3月16日主席令第62号公布）（节录）

第一百二十八条 土地承包经营权人依照农村土地承包法的规定，有权将土地承包经营权采取转包、互换、转让等方式流转。流转的期限不得超过承包期的剩余期限。未经依法批准，不得将承包地用于非农建设。

第一百三十三条 通过招标、拍卖、公开协商等方式承包荒地等农村土地，依照农村土地承包法等法律和国务院的有关规定，其土地承包经营权可以转让、入股、抵押或者以其他方式流转。

2.《中华人民共和国农村土地承包法》（2003年3月1日）（节录）

第九条 国家保护集体土地所有者的合法权益，保护承包方的土地承包经营权，任何组织和个人不得侵犯。

第十条 国家保护承包方依法、自愿、有偿地进行土地承包经营权流转。

第三十二条 通过家庭承包取得的土地承包经营权可以依法采取转包、出租、互换、转让或者其他方式流转。

第四十一条 承包方有稳定的非农职业或者有稳定的收入来源的，经发包方同意，可以将全部或者部分土地承包经营权转让给其他从事农业生产经营的农户，由该农户同发包方确立新的承包关系，原承包方与发包方在该土地上的承包关系即行终止。

3. 最高人民法院《关于审理涉及农村土地承包纠纷案件适用法律问题的解释》（2005年7月29日 法释〔2005〕6号）

第一条 下列涉及农村土地承包民事纠纷，人民法院应当依法受理：

（一）承包合同纠纷；

（二）承包经营权侵权纠纷；

（三）承包经营权流转纠纷；

（四）承包地征收补偿费用分配纠纷；

（五）承包经营权继承纠纷。

集体经济组织成员因未实际取得土地承包经营权提起民事诉讼的，人民法院应当告知其向有关行政主管部门申请解决。

集体经济组织成员就用于分配的土地补偿费数额提起民事诉讼的，人民法院不予受理。

第二条 当事人自愿达成书面仲裁协议的，受诉人民法院应当参照最高人民法院《关于适用〈中华人民共和国民事诉讼法〉若干问题的意见》第145条至第148条的规定处理。

当事人未达成书面仲裁协议，一方当事人向农村土地承包仲裁机构申请仲裁，另一方当事人提起诉讼的，人民法院应予受理，并书面通知仲裁机构。但另一方当事人接受仲裁管辖后又起诉的，人民法院不予受理。

当事人对仲裁裁决不服并在收到裁决书之日起三十日内提起诉讼的，人民法院应予受理。

第三条 承包合同纠纷，以发包方和承包方为当事人。

前款所称承包方是指以家庭承包方式承包本集体经济组织农村土地的农户，以及以其他方式承包农村土地的单位或者个人。

三、农村土地承包经营权互换合同纠纷

106. 不在同一集体经济组织内互换土地经营，是否有效？

根据我国法律规定，承包方之间为方便耕种或者各自需要，可以对属于同一集体经济组织的土地的土地承包经营权进行互换。因此，不在同一集体经济组织内的互换行为应属无效。

107. 同一集体经济组织的双方当事人互换土地经营的行为，未在集体经济组织备案，那么，双方的互换行为如何认定？

判断互换行为的效力，主要看双方的意思表示是否真实、是否违反法律规定，仅仅因为未备案则不影响互换行为的效力。

典型疑难案件参考

杨通祥等与周小兵等农村土地承包经营权流转纠纷案

基本案情

一审法院认定，1981年土地联产承包下户时，杨通祥、杨通和的父亲杨正言（当时是酉阳县渤海乡团山村八组村民）与周小兵父亲周昌礼（当时是酉阳县渤海乡团山村九组村民）为了方便耕种，双方口头达成协议，以杨正言承包的"岩路田"与周昌礼承包的"毛二田"（后因修公路将该田划为"洞洞田"和"毛二田湾丘"）进行互换。双方互换未经过村组同意，也未到相关部门办理变更手续。双方互换后，就各自耕种互换的土地。1998年第二轮承包土地时，杨通祥、杨通和所在团山村八组将"洞洞田"和"毛二田湾丘"分别发包给杨通祥、杨通和经营。周小兵所在的团山村九组将"毛二田"发包给周小兵经营。第二轮承包后，双方仍然互换耕种。2003年团山村八组和团山村九组合并为酉阳县龙潭镇渤海村六组。后周小兵找到村委会，要求收回被调换的土地，村委会组织双方调解，未达成协议。2005年3月，周小兵向酉阳县龙潭镇农业土地承包合同管理委员会提出仲裁申请，要求收回互换的

土地。2005年5月16日，该委员会作出裁决，认定双方土地调换协议无效。杨通祥、杨通和不服，于2005年6月12日向法院起诉，请求依法确认承包地口头互换协议有效，同时确认"洞洞田"和"毛二田湾丘"的土地使用权归其所有。

一审裁判结果

根据《中华人民共和国农村土地承包法》第35条、第37条和《中华人民共和国民事诉讼法》第64条的规定，判决驳回杨通祥、杨通和的诉讼请求。

一审裁判理由

原判认为，土地承包经营权可以依法进行流转，但流转的期限不能超过承包期间，承包期一到，流转就应当终止。杨通祥、杨通和之父与周小兵之父达成的口头互换协议在第二轮土地承包时就终止了，不再具有效力，故对杨通祥、杨通和要求确认承包地互换口头协议有效的诉讼请求不予支持。公民依法取得的土地承包权受法律保护，周小兵与杨通祥、杨通和所争议的土地"毛二田"（"洞洞田"和"毛二田湾丘"）的所有权当时属渤海乡团山村八组，在第二轮承包时，只有原渤海乡团山村八组才有权将"毛二田"发包，故原团山村八组将"毛二田"发包给周小兵应是合法有效的，而原团山村九组则无权将"毛二田"发包给杨通祥、杨通和。周小兵享有"毛二田"的承包经营权，故杨通祥、杨通和请求确认"洞洞田"和"毛二田湾丘"的土地使用权归其所有的诉讼请求也不予支持。

二审诉辩情况

上诉人杨通祥、杨通和上诉称，杨通祥、杨通和依法享有"洞洞田"和"毛二田湾丘"的土地承包经营权。第二轮土地承包时，周小兵未履行变更登记，但不能对抗上诉人善意已履行了的变更登记，且现上诉人与被上诉人已经是同一集体经济组织，其互换土地承包经营权行为应受法律保护。一审适用法律错误，请求二审撤销原判，依法确认双方承包地口头互换协议有效，上诉人享有"洞洞田"和"毛二田湾丘"的土地承包经营权。

被上诉人周小兵答辩称，一审认定事实清楚，适用法律正确，程序合法，请求维持原判。

被上诉人渤海村六组答辩称，争议之地是杨通祥、杨通和占有，从未看到周小兵耕种过。

杨通祥、杨通和与周小兵间未有书面或者口头的承包地互换协议，团山村八组、九组合并后的渤海村六组对杨通祥、杨通和与周小兵间承包地互换是认可的。

二审裁判结果

二审法院依照《中华人民共和国民事诉讼法》第 153 条第 1 款第 2 项、《中华人民共和国合同法》第 10 条第 1 款、第 52 条、《中华人民共和国农村土地承包法》第 37 条第 1 款、第 40 条之规定，判决如下：

一、撤销酉阳土家族苗族自治县人民法院〔2005〕酉法民初字第 459 号民事判决；

二、上诉人杨通祥、杨通和与被上诉人周小兵间承包地互换协议有效。"洞洞田"和"毛二田湾丘"之承包经营权分别归上诉人杨通祥、杨通和享有。

一、二审案件受理费各 500 元，均由被上诉人周小兵承担。

二审裁判理由

二审法院认为：本案争议的焦点是杨通祥、杨通和与周小兵间承包地互换协议是否有效。结合本院认定之事实，作如下分析、评判：

1. 承包地互换协议是否成立

1981 年土地联产承包下户后，杨通祥、杨通和与周小兵双方的父辈为了土地耕种方便，口头协议将各自承包的"岩路田"与"毛二田"（"洞洞田"和"毛二田湾丘"）互换耕种。1998 年第二轮土地承包时，杨通祥、杨通和与周小兵成为新的承包方户主，第二轮土地承包以后以及 2003 年团山村八组和团山村九组合并为渤海村六组时，杨通祥、杨通和与周小兵间虽未订立书面的承包地互换协议，也无口头上的互换协议，但仍然保持着"洞洞田"、"毛二田湾丘"与"岩路田"互换的状态且各自实际耕种，故可认定，双方均有互换承包地的意思表示，该意思表示一致且真实，因此，可推定双方的承包地互换协议成立。杨通祥、杨通和在其请求中表述为口头互换协议不妥，但其实质仍指双方事实上的互换。

2. 承包地互换协议是否有效

承包地互换耕种，即为法律上的土地承包经营权互换，为家庭承包方式取得的农村土地承包经营权的流转方式之一，但土地承包经营权互换只能在同一集体经济组织内互换。2003 年团山村八组和团山村九组合并为渤海村六组前，杨通祥、杨通和与周小兵不属同一集体经济组织，该互换行为无效，但 2003 年合并为渤海村六组后，双方即属于同一集体经济组织，仍然互换耕种，此时，互换协议就不违反法律的规定。按照农村土地承包法律的相关规定，互换应当报发包方备案，而备案的性质仅为公示，杨通祥、杨通和与周小兵间的承包地互换事实，渤海村六组是知晓且认可的，故可视为双方的互换已为公示，且备案与否，不能成为土地承包经营权流转合同是否有效的必要条件。因此，可认定杨通祥、杨通和与周小兵间承包地互换协议有效。故"洞洞田"和"毛二田湾丘"的承包经营权应分别归杨通祥、杨通和享有。杨通祥、杨通和请求确认"洞洞田"和"毛二田湾丘"的土地使用权归其所有，其表述为土地使用权欠妥，但其意应指承包经营权，在二审中其又改称为承包经营权。

综上，上诉人杨通祥、杨通和的上诉理由成立，其请求本院予以支持。原判适用法律错误，应予改判。

108. 双方当事人互换土地承包经营权事实存在的情况下，一方能否随时解除合同？

互换事实存在，并且无正当理由，一方不得擅自解除合同。

典型疑难案件参考

刘存友与陈能书农村土地承包经营权互换纠纷

基本案情

璧山县大路镇郭家村七社（原保家镇瓦厂村九社）以家庭联产承包责任制方式向本社农户刘孝文发包了4亩土地，璧山县人民政府于1994年9月30日给刘孝文颁发了土地承包经营权证（该证载明：承包户主为刘孝文，全户人口为4人，即刘孝文夫妇和其子刘存友、刘存雨），该承包土地中包括0.3亩"下鱼田边边土"。1999年下半年，陈能书为了便于修建房屋堆放开挖屋基的废土和方便生产生活，与刘孝文口头协议互换土地。陈能书用自己承包的0.1613亩"洞子土"与刘孝文承包的"下鱼田边边土"中0.1613亩进行了互换。双方互换土地后未办理农村土地承包经营权变更登记。刘孝文对换得的"洞子土"进行了耕种。刘孝文夫妇分别于2001年和2002年去世。后由刘孝文的长子刘存明在耕种换得的"洞子土"。2004年陈能书换得的"下鱼田边边土"因修遂渝高速公路被征用，双方为补偿款的归属发生争议，刘存友于2004年12月起诉至法院，请求判令被告归还原告承包的"下鱼田边边土"0.3亩，并确认原告享有该土地的承包经营权。

一审裁判结果

一审法院判决如下：驳回原告刘存友的诉讼请求。

一审裁判理由

一审法院认为：被告用自己承包的"洞子土"0.1613亩与原告之父刘孝文承包的0.3亩"下鱼田边边土"中的0.1613互换事实成立，且双方已实际耕种。虽然双方是口头协商，也未向县级以上地方人民政府申请登记和报发包方备案，但是被告与原告之父刘孝文互换土地的行为，发包方是知道且认可的，双方互换土地的行为未违反我国法律的禁止性规定。采取互换方式流转农村土地承包经营权的当事人可以要求办理农村土地承包经营权证变更登记，也可以不办理变更登记。且双方争议的土地已被征用。故原告请求被告归还0.3亩"下鱼田边边土"并确认原告享有该土地承包经营权的主张，本院不予支持。遂判决：驳回原告刘存友的诉讼请求。案件受理费50元，其他诉讼费450元，合计500元，由原告负担。

二审诉辩情况

刘存友不服，以土地互换不是事实等为由，上诉来院，请求改判确认上诉人对"下鱼田边边土"0.1613亩享有承包经营权。陈能书辩称土地互换是事实，要求维持原判。

二审裁判结果

二审法院判决如下：驳回上诉，维持原判。

二审裁判理由

二审法院认为：双方争议土地是否互换的问题上，陈能书举示了证人证言证明与刘存友之父进行土地互换的事实，且陈能书实际占用"下鱼田边边土"0.1613亩多年无争议，刘存友对是否存在土地互换未举示充分的证据，陈能书所举示的证据能够形成证据锁链，故陈能书与刘孝文土地互换的事实能够确认。二人互换土地后未办理土地承包经营权变更登记，不违反法律禁止性规定，其互换土地的行为有效。刘存友上诉理由不能成立，本院对其上诉请求不予支持。原审判决正确。

农村土地承包经营权互换合同纠纷办案依据集成

1.《中华人民共和国物权法》（2007年3月16日主席令第62号公布）（节录）

第一百二十八条　土地承包经营权人依照农村土地承包法的规定，有权将土地承包经营权采取转包、互换、转让等方式流转。流转的期限不得超过承包期的剩余期限。未经依法批准，不得将承包地用于非农建设。

第一百三十三条　通过招标、拍卖、公开协商等方式承包荒地等农村土地，依照农村土地承包法等法律和国务院的有关规定，其土地承包经营权可以转让、入股、抵押或者以其他方式流转。

2.《中华人民共和国农村土地承包法》（2009年8月27日修正）（节录）

第三十七条　土地承包经营权采取转包、出租、互换、转让或者其他方式流转，当事人双方应当签订书面合同。采取转让方式流转的，应当经发包方同意；采取转包、出租、互换或者其他方式流转的，应当报发包方备案。

土地承包经营权流转合同一般包括以下条款：

（一）双方当事人的姓名、住所；

（二）流转土地的名称、坐落、面积、质量等级；

（三）流转的期限和起止日期；

（四）流转土地的用途；

（五）双方当事人的权利和义务；

（六）流转价款及支付方式；

（七）违约责任。

第三十八条　土地承包经营权采取互换、转让方式流转，当事人要求登记的，应当向县级以上地方人民政府申请登记。未经登记，不得对抗善意第三人。

第四十五条　以其他方式承包农村土地的，应当签订承包合同。当事人的权利和义务、承包期限等，由双方协商确定。以招标、拍卖方式承包的，承包费通过公开竞标、竞价确定；以公开协商等方式承包的，承包费由双方议定。

第四十九条　通过招标、拍卖、公开协商等方式承包农村土地，经依法登记取得土地承包经营权证或者林权证等证书的，其土地承包经营权可以依法采取转让、出租、入股、抵押或者其他方式流转。

3.最高人民法院《关于审理涉及农村土地承包纠纷案件适用法律问题的解释》（2005年7月29日　法释〔2005〕6号）

第一条　下列涉及农村土地承包民事纠纷，人民法院应当依法受理：

（一）承包合同纠纷；

（二）承包经营权侵权纠纷；

（三）承包经营权流转纠纷；

（四）承包地征收补偿费用分配纠纷；

（五）承包经营权继承纠纷。

集体经济组织成员因未实际取得土地承包经营权提起民事诉讼的，人民法院应当告知其向有关行政主管部门申请解决。

集体经济组织成员就用于分配的土地补偿费数额提起民事诉讼的，人民法院不予受理。

第二条 当事人自愿达成书面仲裁协议的，受诉人民法院应当参照最高人民法院《关于适用〈中华人民共和国民事诉讼法〉若干问题的意见》第145条至第148条的规定处理。

当事人未达成书面仲裁协议，一方当事人向农村土地承包仲裁机构申请仲裁，另一方当事人提起诉讼的，人民法院应予受理，并书面通知仲裁机构。但另一方当事人接受仲裁管辖后又起诉的，人民法院不予受理。

当事人对仲裁裁决不服并在收到裁决书之日起三十日内提起诉讼的，人民法院应予受理。

第三条 承包合同纠纷，以发包方和承包方为当事人。

前款所称承包方是指以家庭承包方式承包本集体经济组织农村土地的农户，以及以其他方式承包农村土地的单位或者个人。

四、农村土地承包经营权入股合同纠纷

> **109. 以土地承包经营权入股而成立的公司，能否将土地再次流转？**
>
> 以土地承包经营权入股而成立的公司，将土地出租，属于土地的再次流转，并不违反我国相关法律规定，应为有效。

典型疑难案件参考

欧阳可炎等与佛山市南海区万顷洋农业开发有限公司等承包经营权流转纠纷案

基本案情

万顷洋农田是里水镇和顺金利、汤村、小布和鲁岗四个村相邻成片上万亩农田的统称。该片耕地原来地势低洼，排水不易，耕作困难。20世纪80年代初实行联产承包时，大部分农田因此没有分包到户，而是连片发包给外地人种蔗。1999年和顺镇政府投资对该片农田进行综合整治，引导农民以土地入股集约经营，并由金利、汤村、小布三个村的集体经济组织将所属土地的使用权不作价入股，成立万顷洋公司以对土地进行统一规划、经营和管理，开发农业规模经营示范区。该项目经南海市人民政府及主管部门批准，并经横岗欧等村民小组村民代表会议决议通过。村民让出土地后，万顷洋公司与横岗欧等村民小组签订《土地租赁合同书》，明确双方的权利义务。2002年9月，万顷洋公司将纳入示范区的土地出租给广东东升农场有限公司和何建港、叶镜全等单位和个人种植蔬菜等作物。邓珍、欧阳可炎母子是横岗欧村民小组村民，一户6人分得万顷洋承包土地有4.2亩。欧阳可炎认为万顷洋公司集中村民土地并出租经营违反法律，损害村民利益，多方投诉要求返还土地未果，遂向法院提起诉讼。

一审裁判结果

一审法院依照《中华人民共和国农村土地承包法》第32条、第42条之规定，判决如下：

驳回原告邓珍、欧阳可炎的诉讼请求。本案受理费170元，由原告负担。

一审裁判理由

一审法院认为：原告欧阳可炎在没有见到村民户主会议记录原件之前，称村民是在白纸上签的名，在见到会议记录的内容与签名是同一张纸的两边之后，转称签名伪造不实。其言行前后不一，不足为信。至于村民签名中有些是家庭成员代表户主签名，户主不管是否补签均无反对意见，该签名亦能代表该户。因此，原告称万顷洋公司取得土地没有经过村民会议讨论通过与证据证明的事实不符，不予采信。

万顷洋土地所在的村级集体经济组织为发展当地农业经济，引导所属村民小组和村民自愿联合将土地承包经营权入股，从而成立万顷洋公司进行土地集约经营，这是正常的土地承包经营权的流转，受法律保护。万顷洋公司取得土地承包经营权后不是自耕自营，而是出租给其他单位和个人耕作经营，属于土地承包经营权的再次流转，该流转不是原告所称的非法炒买炒卖土地经营权，仍受法律保护。原告等村民将家庭承包土地统一由村民小组名义出租给万顷洋公司后，在租赁期间，即因权利让与而丧失了对承包土地的占有和使用权。现原告主张承包土地出租无效从而要求归还承包土地，没有事实和法律根据，不予采纳。村民小组代表村民与万顷洋公司签订的土地租赁合同对全体村民具有法律约束力，任何村民非因正当理由非经法定程序无权解除合同取回土地。

二审诉辩情况

上诉人邓珍、欧阳可炎上诉称：（1）镇政府立假项，向上级政府申请设立佛山市南海区万倾洋农业示范区，强占耕地，有借口向上级政府骗取农业补贴。20世纪开始国家为减轻农民负担，完全免收一切农业税收，早已对万顷洋垂涎三尺的和顺镇政府大搞政绩工程。立假项，向上级政府骗取农业补贴，申请设立佛山市南海区万顷洋农业示范区，以歪曲历史、颠倒是非，运用恶意的词语、录像、宣传。采取移花接木的方式大肆贬低我万顷洋的原貌和土地价值，欺骗上级政府同意立项，以期达到长期占有和控制万顷洋土地的经营权。（2）村委会涉嫌设局欺骗村民，村民跌入陷阱，为牟取非法暴利，私立公司，以合法形式掩盖违法目的。2002年开始，我国社会进入经济型发展，我村村民绝大多数以务农为生。人多地少，人均可耕地面积不过1.2亩，其中万顷洋占0.7亩人均，村集体经济发展为零，各村民大多以经营土地为主，渴求早日收回万顷洋耕地的使用权和经营权。土地是农民的命根子，在前代耕人合同期即将届满时，村委会抓住村民心态对土地的渴求，派员会同时任村民小组正副村长挨家逐户要求各农户在大白纸上签名到法院跟前代耕人打官司，提早收回万顷洋耕地，返还各村民经营，当时原告很有意识见到是一张大白纸，中间对折过去并无内容，毫无顾忌地签上了名字表示同意到法院打官司。谁会料到这一签变成今天的《横欧村村民户主会议记录》里所说的内容和表示同意。随后万顷洋所属地金利、小布、汤村三个村委会私下组成南海市万顷洋农业开发公司于2002年5月10日私下找我村时任的正副村长签订了《土地租赁合同》，此合同并无公证，属无效合同，强迫各村民以土地不作价入股其公司。该公司并无发给各村民股权证书，也没有将公司财务收支公告于众。严重违反了法律相关规定。事情发生后数百村民自愿组织多次围堵该公司总部，要求返还耕地。经村民推选多位村民代表、村民小组长曾自愿到政府多个部门上访，未获解决，各上访部门都要求村民到法院打官司。该公司占用了耕地之后，不是自耕自营。而是以每年每亩680元至1100元，租期20年，每5年为一上浮期5%转租给第三者，最后公司以每年每亩600元。租期20年期间无上浮返还给村民。公司以其公司名称转租属村民集体所有土地给第三者，并擅自截留土地出租款项。我国《土地承包法》明确规定土地承包经营权流转的转包费、租金、转让费，任何组织和个人不得擅自截留扣缴，该公司截留扣缴各承包户的土地租金，严重侵犯了农民的合法权益。综上所述，被上诉人已触犯了《土地承包法》、《合同法》、《公司法》相关规定，请求佛山市中级人民法院推翻原判重审。

被上诉人万顷洋公司、横欧社答辩称：一审法院认定事实清楚，适用法律，应予以维持，驳回上诉人的上诉请求。

二审另查明案情

二审期间，上诉人提交证据：横欧村村民户主会议记录1份（原件），证明村民会议根本没有召开过。

被上诉人质证意见为：（1）该证据与之前的证据相反，应该以第一份证据为准。我方也听说过上诉人找人签名，有些村民是受到利益的驱使才签名。（2）该签名人数只有1/3的村民，远远达不到法律规定的数额。

一审法院认证为：对上诉人提交的该份证据，系上诉人自行找该村村民所签，且签名的人数也未超出本村村民的半数。故本院对该份证据不予采信。

二审裁判结果

二审法院判决如下：

驳回上诉，维持原判。

二审裁判理由

本院认为：本案的上诉争议焦点系上诉人主张被上诉人应当返还其在万顷洋的耕地及相应的占用补偿款的理由是否成立。

万顷洋土地所在的村级集体经济组织为发展当地农业经济，引导所属村民小组和村民自愿联合将土地承包经营权入股，从而成立万顷洋公司进行土地集约经营，开发农业规模经营示范区。该项目经佛山市南海区人民政府及主管部门的批准，而且也经按照法律规定的民主程序召开了村民代表会议及村民会议，并根据"少数服从多数的原则"作出村民自愿联合将土地承包经营权入股，由万顷洋公司进行土地集约经营的决议。该决议符合《中华人民共和国村民委员会组织法》第12条等条款的规定，应依法认定合法有效，对上诉人及全体村民具有法律约束力，上诉人在未经法定程序的情况下，不得要求取回土地及获得相应占用土地的补偿费用。综上，原审判决认定事实清楚，适用法律正确，依法应予维持。

农村土地承包经营权入股合同纠纷办案依据集成

1.《中华人民共和国物权法》（2007年3月16日主席令第62号公布）（节录）

第一百二十八条 土地承包经营权人依照农村土地承包法的规定，有权将土地承包经营权采取转包、互换、转让等方式流转。流转的期限不得超过承包期的剩余期限。未经依法批准，不得将承包地用于非农建设。

第一百三十三条 通过招标、拍卖、公开协商等方式承包荒地等农村土地，依照农村土地承包法等法律和国务院的有关规定，其土地承包经营权可以转让、入股、抵押或者以其他方式流转。

2.《中华人民共和国农村土地承包法》（2003年3月1日）（节录）

第三十二条 通过家庭承包取得的土地承包经营权可以依法采取转包、出租、互换、转让或者其他方式流转。

第四十二条 承包方之间为发展农业经济，可以自愿联合将土地承包经营权入股，从事农业合作生产。

3. 最高人民法院《关于审理涉及农村土地承包纠纷案件适用法律问题的解释》（2005年7月29日 法释〔2005〕6号）

第一条 下列涉及农村土地承包民事纠纷，人民法院应当依法受理：

（一）承包合同纠纷；

（二）承包经营权侵权纠纷；

（三）承包经营权流转纠纷；

（四）承包地征收补偿费用分配纠纷；

（五）承包经营权继承纠纷。

集体经济组织成员因未实际取得土地承包经营权提起民事诉讼的，人民法院应当告知其向有关行政主管部门申请解决。

集体经济组织成员就用于分配的土地补偿费数额提起民事诉讼的，人民法院不予受理。

第二条 当事人自愿达成书面仲裁协议的，受诉人民法院应当参照最高人民法院《关于适用〈中华人民共和国民事诉讼法〉若干问题的意见》第145条至第148条的规定处理。

当事人未达成书面仲裁协议，一方当事人向农村土地承包仲裁机构申请仲裁，另一方当事人提起诉讼的，人民法院应予受理，并书面通知仲裁机构。但另一方当事人接受仲裁管辖后又起诉的，人民法院不予受理。

当事人对仲裁裁决不服并在收到裁决书之日起三十日内提起诉讼的，人民法院应予受理。

第三条 承包合同纠纷，以发包方和承包方为当事人。

前款所称承包方是指以家庭承包方式承包本集体经济组织农村土地的农户，以及以其他方式承包农村土地的单位或者个人。

五、农村土地承包经营权抵押合同纠纷

110. 承包方以其家庭承包方式获得的土地经营权是否可以进行抵押？

依照最高人民法院《关于审理涉及农村土地承包纠纷案件适用法律问题的解释》第 15 条的规定，承包方以其土地承包经营权进行抵押或抵偿债务的，应当认定无效。

典型疑难案件参考

钟电通与李清兰等土地承包经营权纠纷案

基本案情

1999 年 9 月，原告李清兰之夫杨发强作为乙方与作为甲方的汝州市纸坊乡新庄村民委员会第十二组签订土地承包合同，取得了原、被告诉争之地的承包经营权。2001 年 9 月被告钟电通即以杨发强欠其钱，以耕种该地收益抵作利息为由耕种该争议的 4.4 亩土地至今。2005 年农历正月初二杨发强病亡后，原告向被告主张收回该土地的耕种权，经村委会、纸坊司法所等单位调解均未解决，被告拒绝归还，仍然耕种该土地，原告才起诉来院。要求判令被告立即退还侵占原告的责任田 4.4 亩，赔偿原告损失 1 万元。

一审裁判结果

一审法院依照《中华人民共和国土地承包法》第 3 条、第 9 条；最高人民法院《关于审理涉及农村土地承包纠纷案件适用法律问题的解释》第 15 条；最高人民法院《关于民事诉讼证据的若干规定》第 2 条的规定，判决如下：

一、限被告钟电通于本判决生效后 30 日内将其耕种原告的 4.4 亩土地归还原告；

二、驳回原告的其他诉讼请求。案件受理费 100 元，由被告钟电通承担。

一审裁判理由

一审法院认为：以家庭为基础的联产承包责任制，是我国农村土地承包经营的主要形式，杨发强作为户主与村民组签订的土地承包合同是代表整个家庭

成员的，与村民组形成的土地承包合同关系合法有效。家庭对其承包的土地享有自主经营的权利，国家依法保护承包方的土地承包经营权，任何组织和个人不得侵犯。土地作为农民最基本的生产资料，是农民赖以生存的物质基础。在农民的土地经营权与债权发生冲突时，法律首先保护农民的生存权，保护土地经营权，承包方以其土地承包经营权进行抵押或抵偿债务的，应认定无效。故此，被告钟电通与原告李清兰丈夫杨发强约定由被告耕种原告土地抵偿债务的行为违反相关法律规定，其"还钱给地"抗辩理由不能成立。原告诉求的判令被告赔偿损失1万元，因其没有提供相应证据，本院无法判定，无法在本案中支持。

二审诉辩情况

一审宣判后，原审被告钟电通不服，向本院提起上诉称，2001年杨发强借我9000元，期限1年，月息2.1分。之后至2004年12月5日杨发强分陆笔借我6000元，月息1分。当时，他无力清偿借款本息，自愿将其承包的4.4亩土地交给我耕种，耕种收益折抵利息。我们之间的约定属双方的真实意思表示，不违反法律法规的强制性规定，且已履行7年有余，应为有效协议，且四原告也并未请求确认合同无效。四原告的起诉已超过诉讼时效。请求撤销原判，驳回四原告的诉讼请求。

被上诉人李清兰、杨欢欢、杨宝珠、杨亚欢辩称，因杨发强已经死亡，故杨发强是否向钟电通借钱无法确定。土地承包经营权抵押协议违法，应为无效协议。原判正确，应予以维持。

二审裁判结果

二审法院判决如下：驳回上诉，维持原判。

二审裁判理由

二审法院认为：土地作为农民最基本的生产资料，是农民赖以生存的物质基础。依照最高人民法院《关于审理涉及农村土地承包纠纷案件适用法律问题的解释》第15条的规定："承包方以其土地承包经营权进行抵押或抵偿债务的，应当认定无效。……"钟电通与李清兰丈夫杨发强关于以土地抵偿债务的约定违反了上述规定，应当认定无效。故上诉人钟电通的上诉请求不能成立，本院不予支持。钟电通与杨发强的债权债务关系与本案不属同一法律关系，双方如有争议，可另行处理。原审判决事实清楚，适用法律正确，应予以维持。

农村土地承包经营权抵押合同纠纷办案依据集成

1.《中华人民共和国农村土地承包法》(2003年3月1日)(节录)

第三条　国家实行农村土地承包经营制度。

农村土地承包采取农村集体经济组织内部的家庭承包方式，不宜采取家庭承包方式的荒山、荒沟、荒丘、荒滩等农村土地，可以采取招标、拍卖、公开协商等方式承包。

第九条　国家保护集体土地所有者的合法权益，保护承包方的土地承包经营权，任何组织和个人不得侵犯。

2. 最高人民法院《关于审理涉及农村土地承包纠纷案件适用法律问题的解释》(2005年9月1日)(节录)

第十五条　承包方以其土地承包经营权进行抵押或者抵偿债务的，应当认定无效。对因此造成的损失，当事人有过错的，应当承担相应的民事责任。

六、农村土地承包经营权出租合同纠纷

111. 本集体经济组织之外的农户能否以其他方式承包土地？

根据我国法律规定，本集体经济组织之外的农户不得以家庭承包方式承包土地。但是，其可以以其他方式承包土地。

112. 土地承包人由于治病而远赴台湾，将土地承包管理事项交由其儿子负责。在此期间，其儿子将该土地出租给善意无过失第三人，承包人关于该出租合同无效的主张能否支持？

承包人关于出租合同无效的主张不应得到支持。土地承包人远赴外地治病，其将土地管理事项交给其儿子，第三人有理由相信其儿子有代理权，其儿子的行为构成表见代理，该行为对土地承包人产生法律效力。

典型疑难案件参考

张国宏与叶亚二等农村土地承包经营权流转纠纷上诉案

基本案情

一审法院查明：2002年5月，张国宏与三亚市田独镇安罗村民委员会（以下简称安罗村委会）签订《土地承包合同》，约定张国宏承包安罗村的盐碱地和荒地约150亩作为鱼苗养殖场，承包期限30年，从2002年5月至2032年5月止。还约定张国宏在承包期限内，对土地的使用权有自主经营权，在取得安罗村委会同意的情况下，将该基地出租，转包，安罗村委会应得的承包金仍由张国宏向安罗村委会交纳。该合同于同年5月8日报经三亚市田独镇人民政府同意。随后，张国宏及其家人对其中约2/3的承包地进行开发经营鱼苗养殖场，剩余土地未开发建设。2005年3月24日，张国宏回台湾后，鱼苗养殖场由其儿子张元骏管理。11月3日，张元骏将上述未开发的45亩承包地租赁给叶亚二，并签订《承租合同》，约定承租期限20年，从当日至2025年11月

3日止。张元骏还与时任安罗村委会书记董恩想、罗二队队长黄永明、罗三队队长胡进财对该租赁的承包地进行现场丈量后,将该地交付叶亚二使用。签订合同后,叶亚二按约定向张元骏缴纳土地租金,租金已交至2008年11月。2006年11月28日,张国宏从台湾返回三亚。2007年9月5日,叶亚二出资16500元作为与张国宏养殖场共同购买变压器的费用,该款由张元骏收取,该变压器的设立及输电是以张国宏的名义申请的,由叶亚二与张国宏的养殖场共同使用。

一审裁判结果

一审法院依照《中华人民共和国农村土地承包法》第39条第1款,《中华人民共和国合同法》第49条、第60条之规定,判决驳回张国宏的诉讼请求。案件受理费8060元,由张国宏负担。

一审裁判理由

一审法院认为:张国宏与安罗村委会签订的《土地承包合同》符合法律规定,为有效合同,张国宏依据该合同取得涉讼土地的承包经营权,在承包期内可以依法对土地承包经营权以出租等方式进行流转。张国宏以自己的名义承包土地经营养殖业,实际是家庭成员共同参与经营管理。张国宏回台湾后,将养殖场的事务交由张元骏管理,应视为委托管理行为。在张元骏管理期间,叶亚二与其签订《承租合同》,该合同虽然只有张元骏的签名,但基于其与张国宏是父子关系,叶亚二有理由相信张元骏有权代理张国宏对外签订出租土地承包经营权的协议。张元骏与董恩想等人对该租赁土地进行现场丈量后,将该地交付叶亚二使用,说明安罗村委会同意张元骏将涉讼的土地承包经营权出租给叶亚二。同时,叶亚二以对价租赁承包地,是善意相对人。另外,张元骏称张国宏返台治病1年8个月,双方一直无法联系,以致无法将其与叶亚二签订承租土地一事告知张国宏,该事实不符合日常生活常理,不予采信,应推定张国宏对涉讼承包地出租给叶亚二的事实是知道的。张国宏返回三亚后,叶亚二向张元骏缴纳土地租金,并出资共同购买变压器用于双方养殖场的供电等事实,张国宏对此均无异议,应认定张国宏认可叶亚二租赁承包地的事实。另外,张国宏自2002年5月承包土地后,对涉讼承包地未进行有效开发,致使该地抛荒3年6个月,叶亚二对抛荒的承包地进行租赁经营,并不损害国家、集体的利益。同时,叶亚二叶对租赁的承包地做了大量的投入,对其合法权益应予保护。综上,应认定张元骏与叶亚二签订的《承租合同》合法有效,继续履行。

二审诉辩情况

张国宏不服原审判决上诉称：(1) 我对涉讼土地承包经营是以台资（独资）公司承包经营，非家庭成员承包经营，更不符合家庭承包要件。因为依照《中华人民共和国农村土地承包法》第15条规定，家庭承包的承包方限于本农村集体经济组织的农户。(2) 本案张元骏与叶亚二签订《承租合同》不符合《中华人民共和国合同法》第49条的构成要件。一是张元骏没有以被代理人的名义签订合同，没有代理行为。二是叶亚二主观上存在过失，因为叶亚二明知土地是我承包的，张元骏无权代理，张元骏只是该公司聘请的养殖生产经理而已。综上，原判认定事实错误，适用法律错误，应撤销原判，改判：(1) 叶亚二与张元骏签订的《承租合同》无效；(2) 将土地恢复原状归还给我。

叶亚二辩称：张国宏事实上承认并履行了张元骏与叶亚二签订的《承租合同》。《土地承包合同》签名虽然是张国宏个人，但从合同执行情况看，并不是张国宏个人租赁经营，而是包括张国宏妻子、儿子张元骏等成员共同组建养殖场的家庭经营。张国宏2005年3月24日因事和健康问题回台湾，养殖场事务交给其儿子张元骏管理。2005年11月3日张元骏与叶亚二签订《承租合同》。张国宏2006年11月28日由台湾返回海南三亚安罗村养殖基地至2008年3月10日前对叶亚二与张元骏签订的《承租合同》没有提出任何意见，下面的原审查明的事实可以证明：(1) 张国宏对张元骏2005年11月1日以其名义同安罗村委会及罗二队、罗三队签订7.4亩《补充合同》没有提出任何异议；(2) 张国宏对2005年11月3日张元骏与叶亚二签订的《承租合同》及面积（45亩、含7.4亩）没有提出任何异议；(3) 张国宏看到叶亚二开发经营的7口大鱼塘及工人宿舍没有提出任何异议；(4) 张国宏天天看到叶亚二排水、抽水正常生产经营也没有对使用引水塘的海水及排水提出任何异议；(5) 张国宏对叶亚二与其共同使用100kVA变压器没有提出任何异议；(6) 特别是2007年9月5日张国宏又同意双方共同出资购买安装80kVA变压器更换原160kVA变压器没有提出任何异议；(7) 更能说明问题的是2007年11月1日又正常收取叶亚二2007年11月至2008年11月的租金26300元，张国宏都没有任何异议；(8) 从张国宏2006年11月28日回到养殖基地后经常到叶亚二的鱼塘处与其交流养鱼经验，至2008年3月10日前都没有提出任何异议；证明张国宏事实上同意并履行了张元骏代表家庭与叶亚二签订的《承租合同》。以上事实充分证明张国宏承认并履行张元骏与叶亚二签订的《承租合同》。原判认定事实清楚，适用法律正确，应驳回上诉，维持原判。

张元骏未作答辩。

二审裁判结果

二审法院判决如下：驳回上诉，维持原判。

二审裁判理由

二审法院认为：张国宏上诉认为张元骏与叶亚二签订的《承租合同》无效，该主张不能成立。理由如下：其一，虽然《土地承包合同》是张国宏个人与安罗村委会签订的，但从张国宏自承包该土地后到2006年11月份这段期间长期不在涉案土地所在的三亚市田独镇，特别是在2005年3月到2006年11月长达1年8个月的时间里，张国宏都远居台湾，没有参与该承包土地的经营管理等事实来看，一审认定涉案土地实际是张国宏家庭成员共同参与经营管理并无不当。张国宏家庭成员承包涉案土地不是依据《中华人民共和国农村土地承包法》第2章规定的家庭承包方式承包，而是依据该法第3章规定的其他方式进行承包，故张国宏认为一审对此所作的认定不符合该法第2章第15条的规定，理由不能成立。张国宏主张其承包土地是以公司作为承包主体，但其未能提供足够的证据加以证明，该主张不予采纳。其二，张元骏与叶亚二签订《承租合同》是在张国宏离开三亚市田独镇期间，在这期间张元骏负责对承包土地进行经营管理，且张元骏是张国宏的儿子，叶亚二有理由相信张元骏对涉案承包土地享有处分权，包括有权代理其父亲张国宏对外签订土地转包协议。叶亚二以合理的对价承包土地，是善意相对人，其合法权益应予保护。其三，张元骏签订《承租合同》后，张国宏在返回三亚前，对此是知情的。张国宏和张元骏称在张国宏返台治病后1年8个月的时间里，双方一直无法联系，以至于张元骏无法将其与叶亚二签订《承租合同》一事告知张国宏，该主张不符合常理，不予采信。且张国宏返回三亚后，叶亚二向张元骏缴纳土地租金，并出资共同购买变压器用于双方养殖场的供电，张国宏对此均无异议，应认定张国宏认可张元骏转包土地的事实。其四，张国宏以自己的名义承包土地，实际是家庭成员共同参与经营管理。张元骏作为张国宏的儿子，在负责经营期间，代表家庭将承包土地的一部分转包给叶亚二，发包方安罗村委会以实际的丈量行为同意了张元骏的转包行为，张国宏事后对此也予以认可，因此，应认定张元骏的转包行为有效，其与叶亚二签订的《承租合同》合法有效。张国宏主张该合同无效，要求叶亚二返还土地，没有事实和法律依据，其诉讼请求应予以驳回。一审法院对此处理正确，应予维持。

农村土地承包经营权出租合同纠纷办案依据集成

1.《中华人民共和国物权法》（2007年3月16日主席令第62号公布）（节录）

第一百二十八条　土地承包经营权人依照农村土地承包法的规定，有权将土地承包经营权采取转包、互换、转让等方式流转。流转的期限不得超过承包期的剩余期限。未经依法批准，不得将承包地用于非农建设。

第一百三十三条　通过招标、拍卖、公开协商等方式承包荒地等农村土地，依照农村土地承包法等法律和国务院的有关规定，其土地承包经营权可以转让、入股、抵押或者以其他方式流转。

2.《中华人民共和国农村土地承包法》（2003年3月1日）（节录）

第十五条　家庭承包的承包方是本集体经济组织的农户。

第三十九条　承包方可以在一定期限内将部分或者全部土地承包经营权转包或者出租给第三方，承包方与发包方的承包关系不变。

3. 最高人民法院《关于审理涉及农村土地承包纠纷案件适用法律问题的解释》（2005年7月29日　法释〔2005〕6号）

第一条　下列涉及农村土地承包民事纠纷，人民法院应当依法受理：

（一）承包合同纠纷；

（二）承包经营权侵权纠纷；

（三）承包经营权流转纠纷；

（四）承包地征收补偿费用分配纠纷；

（五）承包经营权继承纠纷。

集体经济组织成员因未实际取得土地承包经营权提起民事诉讼的，人民法院应当告知其向有关行政主管部门申请解决。

集体经济组织成员就用于分配的土地补偿费数额提起民事诉讼的，人民法院不予受理。

第二条　当事人自愿达成书面仲裁协议的，受诉人民法院应当参照最高人民法院《关于适用〈中华人民共和国民事诉讼法〉若干问题的意见》第145条至第148条的规定处理。

当事人未达成书面仲裁协议，一方当事人向农村土地承包仲裁机构申请仲裁，另一方当事人提起诉讼的，人民法院应予受理，并书面通知仲裁机构。但另一方当事人接受仲裁管辖后又起诉的，人民法院不予受理。

当事人对仲裁裁决不服并在收到裁决书之日起三十日内提起诉讼的，人民法院应予受理。

第三条　承包合同纠纷，以发包方和承包方为当事人。

前款所称承包方是指以家庭承包方式承包本集体经济组织农村土地的农户，以及以其他方式承包农村土地的单位或者个人。

第九章 房地产服务合同纠纷

一、房地产咨询合同纠纷

> **113.** 在委托方投资开发的楼盘实际进度迟延的情况下，受托方履行策划推广工作也存在一定迟延，委托方能否要求受托方承担违约责任？
>
> 策划推广工作作为整个项目工程的一部分，在委托方楼盘开发进度迟延的情况下，策划推广工作势必受到一定影响。因此，委托方要求受托方承担违约责任的诉讼主张不应得到支持。

典型疑难案件参考

张家港保税区翔禾房地产开发有限公司与杭州万策房地产咨询有限公司房地产咨询纠纷案

基本案情

一审法院查明，2007年4月8日，杭州万策房地产咨询有限公司（乙方，以下简称万策公司）与张家港保税区翔禾房地产开发有限公司（甲方，以下简称翔禾公司）签订全程策划推广合同，约定甲方委托乙方负责位于张家港市乘航街道办事处东苑路南侧的项目的全程策划推广工作。合同期为2007年4月8日至2008年4月8日。合同对甲方委托服务的具体内容、双方责任、权利和义务作了约定。甲方指定袁颖剑为项目负责人，与乙方进行工作联系。合同约定项目服务产生交通费用甲、乙双方各承担一半。乙方报销须提供票据，报销日为甲方付款日。服务费总金额为30万元人民币，合同签订后3日内甲方预付6万元；前6个月每两个月支付服务费6万元，后6个月每两个月支付服务费4万元，甲方须于每两个月中后一月25号前支付乙方次两个月服务费。甲方付款时间以甲方钱款转账到达乙方提交银行账号时间为准，如节假日应提交付款。甲方如未按约定时间支付乙方相关费用，每拖延一周需支付3000元违约金，乙方有权同时中止相关服务，直到甲方支付完相关费用和违约金后再恢复相关工作，责任由甲方承担。合同期内甲方不得再聘请其他策划公司或者广告公司同时参与项目的策划和宣传推广工作，否则乙方视甲方违约。乙方应按双方认可的进度计划开展工作，如乙方超过10日没有开展工作或没有提交计划内资料，则甲方视乙方违约；合同期内，甲、乙双方均不得单方面解除本合同，任何一方提前解除合同，均须提前一个月书面通知对方，在结清项目合作期内相关费用后，须支付对方5万元违约金。甲方超过10日没有支付乙方相关费用，乙方可视甲方单方面违约解除合同。乙方有权向甲方追究延期付款的违约责任和按合同标的金额追究甲方造成的经济损失。本合同在履行过程中发生争议……依法向乙方所在地人民法院起诉，守约方包托律师费等一切诉讼相关费用由违约方承担。2007年6月16日，翔禾公司将营销策划对接人更换为何炎烽。2007年4月17日，翔禾公司致函万策公司，要求该司参与项目策划。2007年4月28日至12月5日，万策公司先后14次向翔禾公司交付设计稿。2007年4月16日、6月5日、7月30日和9月30日，翔禾公司先后4次支付给万策公司服务费人民币6万元、6万元、6万元和4万元。2007年4月12日、6月1日、7月24日和9月14日，翔禾公司先后签收了万策公司于2007年4月9日、5月29日、7月23日和9月10日开具的服务费发票和差旅费发票，金额共计221499元。2007年4月13日，万策公司向翔禾公司出具全程策划推广（2007年4月—2008年4月）工作进度计划，该计划安排了项目开盘前后的策划推广工作。2007年7月9日翔禾公司致函万策公司，要求该公司参加景观细部讨论会议。2007年9月4日，翔禾公司致函万策公司，表示"翔和庭院"已到效果图设计阶段，为后续广告平面设计需要，要求万策公司到苏州设计院展开效果图渲染选点。2007年12月，翔禾公司要求解除与万策公司签订的全程策划推广合同。合同解除后，翔禾公司又收到万策公司于2007年11月23日开具的服务费发票5张，合计金额4万元。2008年1月21日，本案所涉项目的"翔和庭院"楼盘开盘。翔禾公司投资建设的"翔和庭院"工程的施工许可证发证时间为2007年10月29日。2007年12月21日，翔禾公司（甲方）与苏州市银瑞商务信息咨询服务部（乙方）签订"翔和庭院"项目营销策划顾问合同，约定乙方承担项目营销策划顾问，报酬费用共计298000元，于项目开盘前一个星期内由甲方支付给乙方。

▶ 一审裁判结果

一审法院依照《中华人民共和国合同法》第8条、第97条、第98条的规定，判决如下：

一、翔禾公司支付给万策公司违约金 5 万元；

二、翔禾公司支付给万策公司差旅费 749.5 元；

三、翔禾公司退还给万策公司于 2007 年 11 月 23 日开具的总计金额为 4 万元的"浙江省杭州市服务业统一发票"5 张；

四、驳回万策公司其他诉讼请求；

五、驳回翔禾公司的反诉请求。上述一、二两项合计 50749.5 元，翔禾公司应于判决生效后 10 日内付清。如果未按判决指定的期间履行给付金钱义务，应当依照《中华人民共和国民事诉讼法》第 229 条的规定，加倍支付迟延履行期间的债务利息。本诉案件受理费 2114 元，反诉案件受理费 4490 元，合计 6604 元，由万策公司负担 955 元、由翔禾公司负担 5649 元。

一审裁判理由

一审法院认为：翔禾公司与万策公司签订的全程策划推广合同合法有效，双方均应按约履行。翔禾公司提出解除合同时，合同尚未履行完毕，因此万策公司称其已按约全面履行了合同不能成立。双方约定的付款方式有矛盾之处，存在歧义；在合同履行过程中，万策公司实际交付设计样稿的时间也晚于其提交的工作进度计划表上按排的时间，翔禾公司在合同履行期间已经支付了大部分服务费，因此翔禾公司未按照万策公司理解的付款期限支付服务费，以及在合同解除合同后翔禾公司未再支付服务费的行为不应被认定为是根本性违约。翔禾公司提前与万策公司解除合同，应按合同约定支付给万策公司违约金 5 万元，万策公司要求翔禾公司支付违约金的诉讼请求，法院予以支持。万策公司未提出证据证明其因合同解除所造成的经济损失，因此对万策公司要求翔禾公司支付经济损失 3 万元的诉讼请求，法院不予支持。翔禾公司 2007 年 9 月 14 日签收的 18 张发票中，有 1499 元系万策公司的差旅费发票，根据合同约定应由翔禾公司承担一半即 749.5 元。万策公司要求翔禾公司支付交通费用 2549 元，但未就此向法院提交相应的证据，同时也未按约向翔禾公司提供相应的票据，因此该诉请中的差额部分法院不予支持。翔禾公司收取的服务费发票金额应与其支付的服务费金额对等，多余的 4 万元服务费发票，翔禾公司应予以返还。万策公司诉称其需支付的律师费尚未实际发生，因此对万策公司要求翔禾公司承担律师费 1 万元的诉讼请求，法院不予支持。策划推广工作是整个项目工程的一部分，通常配合工程的进度开展，因此万策公司出具的全程策划推广（2007 年 4 月—2008 年 4 月）工作进度计划，需根据翔禾公司投资开发楼盘的进度来完成，翔禾公司投资建设的"翔和庭院"取得施工许可证和楼盘开盘的时间、万策公司开始履行合同和交付策划推广工作成果的时间，均反映了翔禾公司开发项目的实际进度较双方签订合同时预计的有一定程度的迟延，在合同的履行过程中，翔禾公司亦未就万策公司的工作是否迟延提出异议。案涉楼盘开盘前，翔禾公司已与万策公司解除了合同，因此万策公司完成开盘后的工作已成了不可能和不必要。因此，翔禾公司以万策公司未按确定的全程推广进度计划完成工作，构成根本违约的事由不能成立。翔禾公司在合同解除后与他人签订的项目营销策划顾问合同及应支付的相关费用，亦应由其自行承担。翔禾公司的反诉请求，法院不予支持。

二审诉辩情况

翔禾公司不服一审法院判决，向本院提起上诉称：一审认定万策公司没有违约是没有事实依据的，实际上大多数时候策划推广工作要先于项目工程的进度进行，以便于项目的推广宣传；双方当事人在合同中明确约定了策划推广工作的时间进度，就应该按照合同约定办理，万策公司迟于约定的时间交付工作成果就应当认定为违约。一审判令并支付违约金是没有法律依据的。翔禾公司是在万策公司延迟履行，并经催告后合理期间内仍未履行，并且万策公司的违约行为已导致翔禾公司不能实现合同目的的情况下才提出解除合同的，符合《合同法》关于法定单方解除合同的规定，不应承担合同约定支付违约金责任。根据合同及工作计划进度表，万策公司只做了合同约定工作量的1/2（含逾期交付的工作成果），但翔禾公司向其支付了22万元，占合同约定总价款的73.3%。这完全违背经济活动应遵循的公平原则。请求撤销一审判决，驳回万策公司要求翔禾公司支付违约金5万元及交通费用2549元的诉讼请求，诉讼费用由万策公司承担。

被上诉人万策公司答辩称，一审判决认定事实清楚，适用法律正确。双方合同对工作时间是没有约定的，工作进度计划表只是双方的意向，在实际履行中，翔禾公司开发楼盘进度的迟延导致万策公司的工作无法开展。双方配合上有失误，导致翔禾公司要求解除合同，翔禾公司构成了根本违约，应支付违约金。

二审裁判结果

二审法院判决如下：
驳回上诉，维持原判。

二审裁判理由

本院认为：翔禾公司投资开发的楼盘实际进度迟延的事实，双方当事人均无异议，而策划推广工作作为整个项目工程的一部分，势必会因此受到一定影响，且翔禾公司在本案诉讼之前亦未就万策公司工作是否迟延提出异议，故一审认定万策公司没有违约并无不当。双方当事人签订的合同中明确约定了单方解除合同需支付违约金的内容，在不具有约定或法定解除合同事由的情况下，翔禾公司提前解除合同，则应按合同约定支付相应的违约金。翔禾公司认为万策公司仅完成合同约定工作量1/2的上诉理由，亦缺乏有效依据佐证，本院不予采纳。一审判决认定事实清楚，适用法律正确，实体处理并无不当。翔禾公司的上诉理由和请求，本院不予支持。

114. 提供咨询一方迟延出具审价报告，双方均无证据证明哪一方应当对此承担责任，该如何分配双方的责任？

咨询合同履行过程中，需要双方的合作才能完成，提供咨询一方需要委托人提供必要的资料和便利条件才可以完成咨询工作。在双方均无证据的情况下，出于公平角度考虑，人民法院可以裁定双方各承担一半责任。

115. 在咨询方提供服务存在瑕疵的情况下，其要求对方支付利息的主张能否得到支持？

咨询提供方提供的服务存在瑕疵，双方因此而发生纠纷，咨询方的债权处于一种不确定状态，故其利息主张不应得到支持。

典型疑难案件参考

上海中世建设咨询有限公司与上海中鹰置业有限公司房地产咨询纠纷案

基本案情

一审法院经审理查明：上海市普陀区"万里城四号地块"由上海中鹰房地产开发有限公司开发建造。上海中鹰房地产开发有限公司与上海中鹰置业有限公司（以下简称中鹰公司）系关联公司。2006年1月16日，中鹰公司与上海中世建设咨询有限公司（以下简称中世公司）就万里城4JHJ地块工程审价签订《建设工程造价咨询合同》，约定：业务自2006年1月1日起实施，至

2006年5月30日终结。合同签订后，中世公司于2006年11月8日出具《上海中鹰房地产开发有限公司万里凯旋华庭绿化工程结算审价报告》，审定结算绿化总造价为人民币1158930元（以下币种均为人民币），审价费23796元。土建、安装工程的《审价初稿意见征询单》于2008年8月22日提出，征询单主要内容为：项目初审总造价为43256729元；要求将征询单于2008年9月5日返回中世公司处，未按时返回视为认可。中鹰公司于8月28日在征询单上回复：如施工方无争议则请施工方盖章确认，如有争议，由中世公司与施工方就争议内容列明清单，由中世公司与施工方盖章；完成上述内容后，将审价初审稿全部资料提供一份给中鹰公司；中鹰公司在收到上述资料后，于45天内就中世公司出具的初审稿与施工单位送审结算结合中鹰公司内审提供中世公司一份对中世公司出具的审价初稿的回复意见。中世公司于2008年10月17日向中鹰公司发出《关于"万里城四号地块工程"审价会议的通知》（邮政收件章为2008年10月20日），主要内容为：审价报告调整稿（第二稿）已于2008年8月22日送达，如有异议，请与施工方一起，于2008年10月30日上午9点到曹杨路528弄某号六楼会议室三方会商解决，如无异议可不到会场。在中世公司发出上述通知之前，即2008年10月17日，上海中鹰房地产开发有限公司在施工方的再三催促下，与施工方就工程款总额达成一致意见，签订了《万里凯旋华庭决算确认单》，确认总价为4625万元，双方的代表在《工程审价审定单》上签字。2008年11月4日，中世公司出具《万里城四号地块土建安装工程结算审核报告》，审核工程款总价为4317.11万元，其中土建工程40934997元、安装工程2236103元，开办费、总包管理费、竣工图编制费、质量奖为0元。中世公司向中鹰公司送达上述报告时，中鹰公司以该报告对其而言已无意义为由拒绝接收。2008年12月3日，中世公司以快递形式向中鹰公司送达报告。

嗣后，中世公司向原审法院提起诉讼，称其已按约完成了审核、出具报告的义务，但中鹰公司违约，损害了中世公司的利益，故请求判令中鹰公司向中世公司支付工程款417015元及利息。一审审理中，中鹰公司辩称，对于中世公司要求的绿化景观工程的费用23796元无异议。除绿化部分外，中世公司出具的报告在时间上迟延至中鹰公司无法接受的程度，在施工方的催促下不得已与施工方自行结算，致使中鹰公司多支出了300多万元，故拒绝支付绿化以外的审价款。中世公司则认为，中鹰公司将其应当与施工方协调的义务推给中世公司，至今也未向中世公司提供开工时间的资料，导致中世公司对奖励费等内容无法审核，报告迟延出具的责任在于中鹰公司。

一审裁判结果

一审法院判决：

一、上海中鹰置业有限公司应于判决生效之日起10日内向上海中世建设咨询有限公司支付绿化部分的审价费23796元；

二、上海中鹰置业有限公司应于判决生效之日起10日内向上海中世建设咨询有限公司支付上海市新村路万里城4号地块土建、安装工程审价费196609.50元；

三、对上海中世建设咨询有限公司的其余诉讼请求不予支持。

一审裁判理由

一审法院认为：双方主要争议焦点是：谁应当对中世公司迟延出具审价报告承担责任。中世公司的观点是：由于中鹰公司未提供开工日期等资料，致中世公司无法对开办费、总包管理费、竣工图编制费、质量奖进行审价；中鹰公司将其应当与施工方协调的义务推给中世公司，怠于履行合同义务。中鹰公司则认为，审价涉及工程增、减等问题，中世公司应当直接与施工方接触，中鹰公司已在现场提供了场所，便于中世公司与施工方接洽及现场核对工程量，不存在无法在现场核对工作量的情况，可见审价报告的迟延是中世公司怠于履行合同义务所致。对于上述争议焦点，中世公司未提供向中鹰公司催告材料的证据，中鹰公司也未提供向中世公司催告审价报告的证据。在双方均不能提供相关证据证实自己的观点的情况下，应认定双方对此均有责任。考虑到中世公司于2008年8月22日向中鹰公司出具的《审价初稿意见征询单》对中鹰公司在10月17日与施工方结算时有一定的参考作用，中鹰公司应当支付合理的对价。由于双方对绿化部分的审价费无异议，该款由中鹰公司全额支付。中世公司诉请的417015元减除绿化部分的审价费23796元后，剩余的393219元，酌定由中鹰公司承担其中的50%。关于利息，由于中世公司提供的服务存在瑕疵，其应得的报酬与中鹰公司存在争议，中世公司要求中鹰公司支付利息，缺乏相应依据，不予支持。

二审诉辩情况

中世公司不服，向本院提起上诉称：一审法院认定事实不清，部分事实认定错误。中世公司已于2006年11月20日向中鹰公司出具审价报告（4号地块1号、2号、4号楼）初稿，而并非至2008年8月22日才出具初稿。中世公司与中鹰公司就万里城4号地块工程签订的《建设工程造价咨询合同》明确约定中鹰公司应当承担提供资料、与施工方沟通协调的义务，中世公司也以编制说明、会议通知等形式履行了催告程序，现中鹰公司未能履行其义务导致中世公司迟延出具审价报告，该责任应当由中鹰公司承担。根据中鹰公司于2008年8月28日在意见征询单中的回复可以看出，中鹰公司仍然要求中世公司继续进行审价工作且中鹰公司与施工方就该工程总价款达成一致后并未告知中世公司，中世公司在此种情况下出具最终审价报告完全合情、合理、合法。原审法院在未就关键性事实予以查明认定的情况下，即认定中世公司承担50%的责任，显失公正。据此，请求撤销原审判决，依法改判支持中世公司原审时全部的诉讼请求。

被上诉人中鹰公司答辩称：中鹰公司已经按照双方签署的《建设工程咨询合同》履行了协调义务，也提供了相应的业务资料。中世公司未按期完成咨询工作的责任是由于中世公司自身原因造成的，责任应当由中世公司自行承担。中世公司提交的初稿已超出合同期限，中鹰公司于2008年8月28日在意见征询单中的回复并非是对延长合同期限予以认可，而是希望了解中世公司在未征得中鹰公司同意的情况下所进行的工作是否能够作为结算依据。中世公司所谓的会议通知和审价报告均是在中鹰公司与施工方达成一致意见后发出的，对中鹰公司已无意义。据此，请求驳回中世公司的上诉请求。

二审裁判结果

二审法院判决如下：
驳回上诉，维持原判。

二审裁判理由

二审法院认为：依法成立的合同，对当事人具有法律约束力，当事人应当按照约定履行自己的义务。中世公司直至2008年11月4日才正式出具《万里城四号地块土建安装工程结算审核报告》，已超出《建设工程造价咨询合同》约定的期限两年有余，虽然中世公司认为迟延出具审价报告的责任在于中鹰公司未完全履行配合义务，但比对中世公司所提供的2006年11月20日出具的初稿及2008年11月4日出具的正式报告，两者差异的工作量显然并不需要花费两年之久，且中鹰公司于2008年8月28日在征询单上的回复，并不足以证明中鹰公司要求中世公司继续完成审价工作，因此中世公司对迟延出具审价报告负有不可推卸的责任。一审法院依据查明的事实，判令中鹰公司支付的对价尚属合理，本院对此予以维持。中世公司的上诉请求，缺乏相应的事实及法律依据，对其上诉请求，本院不予支持。关于中世公司要求中鹰公司支付利息的诉讼请求，本院认同原审法院就此所作的阐述，不再赘述。

房地产咨询合同纠纷办案依据集成

《中华人民共和国合同法》(1999年10月1日)(节录)

第八条 依法成立的合同,对当事人具有法律约束力。当事人应当按照约定履行自己的义务,不得擅自变更或者解除合同。

依法成立的合同,受法律保护。

第九十七条 合同解除后,尚未履行的,终止履行;已经履行的,根据履行情况和合同性质,当事人可以要求恢复原状、采取其他补救措施,并有权要求赔偿损失。

第九十八条 合同的权利义务终止,不影响合同中结算和清理条款的效力。

二、房地产价格评估纠纷

116. 在地方制定的房屋估价收费标准低于国家计委、建设部计价格〔1995〕第971号文规定的最高收费标准的情况下,应当以哪个标准确定收费数额?

国家计委、建设部计价格〔1995〕第971号文既规定了以房产为主的房地产价格评估收费标准,同时还特别规定了该房地产价格评估收费标准为最高限标准,各省、自治区物价、房地产行政主管部门可依据本通知制定当地具体执行的收费标准,根据特殊规定优于一般规定的原则,应当以地方规定作为依据计算收费数额。

典型疑难案件参考

广西信达友邦房地产评估有限责任公司与南宁邕江堤岸公司、南宁交通水利投资有限责任公司房地产价格评估纠纷案

基本案情

原告广西信达友邦房地产评估有限责任公司(以下简称信达友邦公司)(乙方)与被告南宁邕江堤岸公司(以下简称邕江堤岸公司)、南宁交通水利投资有限责任公司(以下简称水利投资公司)(甲方)于2004年11月5日签订一份《估价委托合同》,约定:根据南宁市建设委员会文件《南宁市城市房屋拆迁估价机构确定办法》(南建〔2004〕29号)规定,通过公开、透明的拆迁人与被拆迁人抽签方式,经拆迁人甲方同意,选定乙方为南宁市江南堤路园工程项目的城市房屋拆迁估价机构,甲、乙双方经充分协商,兹就房屋拆迁估价事宜订立本合同。估价范围:江南堤路园工程西园下游(不含西园)至邕江一桥段国有土地上(以拆迁红线图为准)的房屋。估价目的:为甲方确定被拆迁房屋货币补偿金额而评估其房地产市场价格。估价时点:为房屋拆迁许可证颁发之日即2004年10月8日。估价内容:对南宁市堤路园工程西园下游(不含西园)至邕江一桥段国有土地上(以拆迁红线图为准)的房屋进行拆迁评估。房屋分户评估是对被拆迁人的房屋以分类评估单价为依据,结合房屋结构、用途、面积、楼层、朝向、成新率等因素评估确定。本合同房屋估价收费标准按计价格〔1995〕971号文件规定执行,分户评估收费标准以被拆迁

人分户房屋评估价值为计算依据（如房屋分户评估费低于 500 元人民币的，按 500 元人民币收取），房屋分户评估费由甲方承担。本合同签订 7 个工作日内，甲方即预付乙方估价服务费 5 万元，乙方提供估价报告给甲方后，甲方 7 个工作日内一次性付清估价服务费给乙方。违约责任：如乙方无故终止履行本合同，所收估价服务费应退还给甲方；如甲方无故终止本合同，乙方有权终止评估并且不退还预收估价服务费。合同签订后，被告按合同约定预付了估价服务费 5 万元。原告按合同约定对合同所载事项向被告出具评估报告。被告又向原告支付估价服务费 10 万元。2006 年 6 月 1 日，原告向被告提交《工程款结算书》，并在结算书中分别载明江南堤路园工程西园下游至邕江一桥段城市房屋拆迁估价工程结算明细表及汇总表，提出原告共出具分户报告 537 份，总评估金额 102906193 元，按合同计算应收取评估费约 459128 元，扣除已支付的进度款 15 万元，剩余 309128 元尚未支付。被告将原告的《工程款结算书》提交南宁市财政投资评审中心进行审定，该中心核定上述项目的评估费总额为 231674 元。因原告与被告协商评估费支付事宜未果，原告遂向本院提起诉讼，并提出前述诉讼请求。庭审中，被告对《工程款结算书》所列明的评估内容及评估金额均无异议，但对原告计算评估费的依据及数额提出异议。另查明，国家计委、建设部于 1997 年 7 月 17 日下发计价格〔1995〕971 号文件《关于房地产中介服务收费的通知》规定：房地产价格评估收费，由具备房地产估价资格并经房地产行政主管部门、物价主管部门确认的机构按规定的收费标准计收。以房产为主的房地产价格评估费，区别不同情况，按照房地产的价格总额采取差额定率分档累进计收，具体收费标准为：房地产价格总额 100 万元以下（含 100 万元），累进计费率为 5‰，101 万以上至 1000 万元的，累进计费率为 2.5‰。该文件第 7 条同时规定："上述规定的房地产价格评估、房地产经纪收费为最高限标准。各省、自治区、直辖市物价、房地产行政主管部门可依据本通知制定当地具体执行的收费标准，报国家计委、建设部备案。广西壮族自治区物价局于 1999 年 3 月 15 日下发桂价房字〔1999〕086 号《关于加强房地产中介服务收费管理问题的通知》（以下简称桂价房字〔1999〕086 号文），文件规定，以房产为主的房地产价格评估收费，按以下标准执行：房地产价格总额在 100 万元以下的，累进计费率为 4‰，房地产价格总额在 101 至 1000 万元的，累进计费率为 2‰。该规定从 1999 年 4 月 1 日起执行。

一审诉辩情况

2007 年 2 月 26 日，原审原告信达友邦公司诉称：2004 年 11 月 15 日，原告与被告签订《江南堤路园工程西园下游（不含西园）至邕江一桥段城市房屋拆迁估价委托合同》(以下简称《估价委托合同》),约定:由原告为被告对南宁市江南堤路园工程西园下游(不含西园)至邕江一桥段国有土地上(以拆迁红线图为准)的房屋进行拆迁评估。房屋估价收费标准按国家计委、建设部计价格〔1995〕第971号《关于房地产中介服务费收费的通知》(以下简称计价格〔1995〕971号文件)规定执行;分户评估收费标准以被拆迁分户房屋评估价值为计算依据(如房屋分户评估费低于500元的,按500元收取)。合同签订后7个工作日内,被告即预付原告估价服务费5万元。原告提供估价报告给被告后,被告7个工作日内一次性付清估价服务费给原告。合同签订后,原告于2004年11月7日至2005年9月30日派评估人员到实地进行了逐户查勘,经过原告认真评估,陆续向被告出具分户评估报告共计537份,总评估金额102906193元,并到现场对评估报告进行释疑,完成了全部评估工作,被告随后顺利完成拆迁工作。根据双方合同约定,评估费为459128元。期间被告分别于2005年3月24日和2005年9月28日预付5万元和10万元给原告。至此,被告尚欠原告309128元一直未付。原告于2006年6月1日提交给被告一份《工程款结算书》,催促被告付清余款,但被告仍不支付。请求法院判令:(1)被告立即支付尚欠的拆迁房屋估价服务费309128元,逾期付款违约金14930.88元,合计324058.88元(违约金从2006年6月8日起暂计至2007年1月28日,实际应计至估价服务费付清之日止,按每日万分之二点一计算);(2)本案诉讼费用由被告承担。被告邕江堤岸公司辩称:(1)由于涉案工程是市政工程,工程款由南宁市财政局支付,故应当将南宁市财政局追加为本案第三人。(2)原告、被告签订的合同约定评估费的收费按照计价格〔1995〕971号文件执行,该规定中所列的是最高价格限额。且该文第7条明确规定,如果有地方物价主管部门规定具体执行标准的,应当执行地方具体的标准。双方签订合同时,广西壮族自治区物价局已经制定了桂价房字〔1999〕086号文《关于加强房地产中介服务收费管理问题的通知》(以下简称桂价房字〔1999〕086号文),收费比例比国家规定的收费标准要低,所以应当适用广西的标准。(3)由于原告提交的工程结算书是按计价格〔1995〕971号文的最高收费标准计算的评估费,被告将该工程结算书送交南宁市财政局进行审核。南宁市财政投资评审中心最后定下的价格是231674元。在本案中,不是被告不履行合同,而是政府要按照财政局的标准进行结算,被告没有对评估费的结算进行确认的权利,评估费最终是由南宁市财政局进行确认和支付的,请求法院追加南宁市财政局作为第三人对评估费进行确认。(4)因原、被告在合同中并未约定违约金,原告请求被告支付违约金没有法律依据,应驳回原告的诉讼请求。

一审裁判结果

一审法院认为：依照《中华人民共和国合同法》第 44 条、第 52 条第 5 项、第 56 条、第 60 条、第 107 条、第 114 条之规定，判决如下：

一、被告邕江堤岸公司支付原告信达友邦公司评估费 205323 元；

二、被告邕江堤岸公司支付原告信达友邦公司逾期付款违约（违约金计算：以 205323 元为基数，从 2006 年 6 月 8 日起计至本案生效判决规定的履行期限最后一日止，按中国人民银行逾期贷款利率日万分之二点一计算）。案件受理费 7371 元，其他诉讼费 2211 元，共计 9582 元，由原告信达友邦公司负担 6513 元，被告邕江堤岸公司负担 3069 元。

一审裁判理由

原告与被告自愿签订《估价委托合同》，该合同是双方真实意思表示。因原告和被告均系有独立民事主体资格的法人，本案所涉合同系原、被告自主签订，南宁市财政局不是本案合同当事人，被告主张本案应追加南宁市财政局作为本案第三人没有法律依据，本院不予准许。依照《中华人民共和国价格法》第 7 条、第 20 条的规定，原、被告双方虽在合同中约定房屋估价收费标准按计价格〔1995〕第 971 号文执行，但因广西壮族自治区物价局已于 1999 年 3 月 15 日制定了桂价房字〔1999〕086 号文，该文件规定的收费标准低于计价格〔1995〕第 971 号文的收费标准。原告作为广西壮族自治区内的房地产评估机构，应遵守广西壮族自治区桂价房字〔1999〕086 号文规定的收费标准进行评估收费，其评估费收取的标准不能超过桂价房字〔1999〕086 号文规定的标准计算评估费，故原、被告双方约定的高出桂价房字〔1999〕086 号文规定标准的收费部分违反法律的强制性规定，应属无效，该部分无效不影响合同其他部分的效力。根据桂价房字〔1999〕086 号文规定的标准，按分户计算被告应支付给原告的评估费总额应为 355323 元，扣除被告已经支付的 15 万元，被告尚应支付原告评估费 205323 元。因双方在合同中并未约定评估费以文件规定的标准下浮，被告主张应在桂价房字〔1999〕086 号文收费标准再下浮 30% 计算评估费没有法律依据，本院不予支持。双方均认可原告 2006 年 6 月 1 日以前已将评估报告提交给被告，但被告未按合同约定在原告提交评估报告 7 日内支付完评估费已构成违约，故原告请求被告支付逾期付款违约金符合法律规定。又因原、被告双方未在合同中约定逾期支付评估费的违约金数额，被告应参照中国人民银行逾期贷款利率支付违约金，原告请求被告从 2006 年 6 月 8 日起按银行逾期贷款利率日万分之二点一的标准计算违约金符合法律规定,本院予以支持。

> **检察机关抗诉理由**

信达友邦公司不服,向南宁市人民检察院申诉,南宁市人民检察院抗诉认为:本案双方当事人自愿签订的《估价委托合同》为有效合同。合同约定按计价格〔1995〕第971号文的规定收取房屋估价费,分户评估收费标准以被拆迁人分户房屋评估价值为计算依据。最高人民法院《关于适用合同法若干问题的解释(一)》第4条规定:"合同法实施以后,人民法院确认合同无效,应当以全国人大及其常委会制定的法律和国务院制定的行政法规为依据,不得以地方性法规、行政规章为依据。"一审判决依据桂价房字〔1999〕086号文确定收费标准,违反了该法律的规定,不能够以此地方性规定作为认定合同无效或部分无效的依据。广西区物价局桂价房字〔1999〕086号文未经过法庭质证,即作为认定本案评估费用的依据,违反了《民事诉讼法》第66条及最高人民法院《关于民事诉讼证据的若干规定》第47条的规定。依照《中华人民共和国民事诉讼法》第187条第2款、第179条第1款第6项之规定,特向法院提出抗诉,请依法再审。信达友邦公司同意抗诉机关的抗诉意见。请求再审依法改判支持原审原告一审的诉讼请求。

> **再审一审诉辩情况**

邕江堤岸公司答辩认为:(1)抗诉机关对法律依据以偏概全。其按照计价格〔1995〕第971号文第2条规定,并用合同法解释的第4条规定来认定原审法院适用法律错误是不成立的。如果双方意思表示要适用计价格〔1995〕第971号文的话,应该适用所有的条款(共9条),而不只是适用第2条。(2)抗诉机关认为判决依据地方性法规确定收费标准违反规定是错误的,按照计价格〔1995〕第971号文的规定由物价部门来核准价格的规定并不违反价格法。(3)抗诉机关认为桂价房字〔1999〕086号文没有经过法庭质证不能作为认定案件事实的依据,但桂价房字〔1999〕086号文并不是被告方的证据,只是被告援引法律的依据。另外,原审原告在启动本案的程序上有问题,原审法院的判决已经发生法律效力,原审原告也认可了法院的判决并要求我方按判决的内容履行义务,我方也全部履行完毕。因此,我方认为原审原告的申诉和抗诉机关的抗诉理由均不能成立,请求法院维持原审判决。

一审法院的再审判决对原一审判决认定事实予以确认。另查明:邕江堤岸公司向法院提交《江南堤路园工程西园下游(不含西园)至邕江一桥段城市房屋拆迁估价工程结算明细表》所列房屋评估价格合计为102906193元,房屋估价收费标准按桂价房字〔1999〕086号文规定计算，应收评估费355329元，但原来少算应收评估费18810元。邕江堤岸公司认可上述明细表漏算应收评估费751元。双方还确认如按桂价房字〔1999〕086号文规定的收费标准计算评估费，以上明细表少算应收评估费19270元。2009年3月11日，南宁市人民政府以南府发〔2009〕21号文，决定组建成立南宁交通水利投资有限责任公司（以下简称水利投资公司），邕江堤岸公司的相关工作由水利投资公司承担。2009年3月23日，水利投资公司取得企业法人营业执照。还查明：2008年2月4日，信达友邦公司要求邕江堤岸公司按本院〔2007〕兴民一初字第283号民事判决支付评估费205323元，逾期付款违约金23887.28元及案件受理费6513元，该判决已执行完毕。

再审一审裁判结果

一审法院判决如下：

一、撤销本院〔2007〕兴民一初字第283号民事判决；

二、被申诉人水利投资公司应支付申诉人信达友邦公司评估费224593元（邕江堤岸公司已付给信达友邦公司205323元，尚欠19270元未付）；

三、被申诉人水利投资公司应支付申诉人信达友邦公司逾期付款违约金（违约金的计算：从2006年6月8日起至2007年12月14日止，以224593元为基数；从2007年12月15日起至本案生效判决规定的履行期限最后一日止，以19270元为基数，均按中国人民银行逾期贷款利率日万分之二点一计付，上述应付违约金款项，应扣除已付的23887.28元）。原审案件受理费7371元，其他诉讼费2211元，共计9582元，由信达友邦公司负担3069元，水利投资公司负担6513元（该款邕江堤岸公司已付给信达友邦公司）。

再审一审裁判理由

一审法院再审认为：信达友邦公司与邕江堤岸公司于2004年11月5日签订的《估价委托合同》，主体合格，双方意思表示真实，内容没有违反有关法律规定，属有效合同，双方均应恪守履行。签订合同后，信达友邦公司已按合同约定履行委托估价事项。对于双方争议的评估费计算问题，本院认为，双方在合同中只约定房屋估价收费标准按计价格〔1995〕第971号文规定执行，并未具体明确按哪一条执行。由于计价格〔1995〕第971号文既规定了以房产为主的房地产价格评估收费标准，同时还特别规定了该房地产价格评估收费标准为最高限标准，各省、自治区物价、房地产行政主管部门可依据本通知制定当地具体执行的收费标准，根据特殊规定优于一般规定的原则，在本案中，双方签订合同的时候，广西壮族自治区物价局已经作出桂价房字〔1999〕086号文，规定了广西壮族自治区范围内以房产为主的房地产价格评估收费标准，且信达友邦公司属于广西壮族自治区内的房地产评估机构，其收费标准就应该按照广西壮族自治区物价局桂价房字〔1999〕086号文执行，这也符合双方在合同中就房屋估价收费标准按计价格〔1995〕第971号文规定执行的约定。原审确定本案按照桂价房字〔1999〕086号文规定的收费标准进行收取评估费用并无不妥，亦未违反合同的约定，但原审认定双方约定的高出桂价房字〔1999〕086号文规定标准的收费部分违反法律，应属无效的理由欠妥，应予纠正。双方在合同中还约定，分户评估收费标准以被拆迁人分户房屋评估价值为计算依据，如房屋分户评估费低于500元人民币的，按500元人民币收取。本案再审过程中，经双方确认，本案所列江南堤路园工程西园下游（不含西园）至邕江一桥段城市房屋拆迁估价工程结算明细表中，根据桂价房字〔1999〕086号文规定的收费标准进行评估收费，少算应收评估费19270元，原审判决对该项计算有误，应予变更。由于双方未在合同中约定逾期支付评估费的违约金数额，原审原告请求原审被告从2006年6月8日起按中国人民银行逾期贷款利率日万分之二点一的标准计算违约金，符合法律规定，本院予以支持，但基数应以尚欠评估费的总额224593元计付（即205323元+19270元）。由于邕江堤岸公司的权利义务已由水利投资公司承受，因此，水利投资公司应对信达友邦公司承担本案民事责任。

再审二审诉辩情况

信达友邦公司不服上述再审判决，上诉称：（1）原审判决认为双方当事人于2004年11月5日签订的《估价委托合同》属有效合同，双方均应恪守履行。而合同明确约定房屋估价收费标准按计价格〔1995〕第971号文规定执行，但判决却要求上诉人收费标准按照桂价房字〔1999〕086号文执行，显然前后矛盾。（2）双方当事人约定房屋估价收费标准按计价格〔1995〕第971号文规定执行是基于评估时间紧、任务重而增加评估成本的因素。如果按照原审判决要求按桂价房字〔1999〕086号文执行，那么合同应该约定按此文执行；计价格〔1995〕第971号文中涉及收费标准的只有第4、5、6条，其余条款为有关事项，而其中只有第5条第2项适用本案。合同约定的收费标准是明确的，不能用某一事项的条款否定双方约定的收费标准，也不能说并未具体明确按哪一条执行。综上所述，原审判决违背了双方真实意思表示，错误支持了被上诉人为了减少评费的事后托词。请求二审法院依法改判被上诉人按计价格〔1995〕第971号文规定支付尚欠的拆迁房屋服务费103805元及逾期付款违约金5013.78元给上诉人（违约金从2006年6月8日起暂计至2007年1月28日，实际应计到估价服务费付清之日止，按每日万分之二计算）。

邕江堤岸公司没有提交书面答辩意见，但在庭审中辩称：信达友邦公司认为原审判决自相矛盾是对计价格〔1995〕第971号文件的理解不全面，该文一共有9条，从全文看原审判决并不矛盾；邕江堤岸公司与信达友邦公司签订服务合同时，信达友邦公司已经知道本案工程是南宁市政府的重点公益性工程，执行的时候，邕江堤岸公司也告知该工程的评估价款是要经过南宁市财政局审定的。根据广西区物价局的收费规定核算，这个收费并没有超出原合同约定的范围。原审判决认定事实清楚，适用法律正确，请求二审法院维持原审判决。

再审二审裁判结果

二审法院判决：驳回上诉，维持南宁市兴宁区人民法院〔2009〕兴民抗初字第1号民事判决。

再审二审裁判理由

二审法院认为：关于双方约定的房屋估价费用应该按何标准计收的问题。根据国家计委、国家经贸委、财政部、监察部、审计署、国务院纠风办（计价格〔1999〕2255号）《关于印发〈中介服务收费管理办法〉的通知》规定，评估收费实行政府指导价；又根据《中华人民共和国价格法》规定，实行政府指导价的收费标准由行政区域内的政府价格主管部门制定收费基价及其浮动幅度。因此，广西壮族自治区物价局作为价格行政主管部门，该主管部门根据国家计委、建设部《关于房地产中介服务收费的通知》（计价格〔1995〕971号）精神制定的桂价房字〔1999〕086号文，确定了广西壮族自治区范围内房地产中介服务的收费标准，该收费标准应作为广西壮族自治区区域内房地产中介服务的收费标准。信达公司作为专业的房地产价格评估机构，在订立本案《估价委托合同》时，对收费标准没有明确约定按国家计委、建设部计价格〔1995〕第971号文规定的具体条款，由此引起了双方对评估收费标准的争议。原审判决根据特殊规定优于一般规定的原则，按照广西壮族自治区物价局桂价房字〔1999〕086号文执行，并不违背双方当事人在合同中对房屋估价收费标准按计价格〔1995〕第971号文规定执行的约定。上诉人认为原一审法院的再审判决自相矛盾的理由不充分，本院不予支持。原一审法院的再审判决认定事实清楚，适用法律正确，实体处理并无不当。

房地产价格评估纠纷办案依据集成

1.《中华人民共和国城市房地产管理法》（2009年8月27修正）（节录）

第三十四条 国家实行房地产价格评估制度。

房地产价格评估，应当遵循公正、公平、公开的原则，按照国家规定的技术标准和评估程序，以基准地价、标定地价和各类房屋的重置价格为基础，参照当地的市场价格进行评估。

2.《房地产估价机构管理办法》（2005年10月12日建设部令第142号公布）（节录）

第四十六条 未取得房地产估价机构资质从事房地产估价活动或者超越资质等级承揽估价业务的，出具的估价报告无效，由县级以上人民政府房地产行政主管部门给予警告，责令限期改正，并处1万元以上3万元以下的罚款；造成当事人损失的，依法承担赔偿责任。

第四十九条 有下列行为之一的，由县级以上人民政府房地产行政主管部门给予警告，责令限期改正；逾期未改正的，可处5千元以上2万元以下的罚款；给当事人造成损失的，依法承担赔偿责任：

（一）违反本办法第二十五条规定承揽业务的；

（二）违反本办法第二十八条第一款规定，擅自转让受托的估价业务的；

（三）违反本办法第十九条第二款、第二十八条第二款、第三十一条规定出具估价报告的。

第五十条 违反本办法第二十六条规定，房地产估价机构及其估价人员应当回避未回避的，由县级以上人民政府房地产行政主管部门给予警告，责令限期改正，并可处1万元以下的罚款；给当事人造成损失的，依法承担赔偿责任。

第五十二条 房地产估价机构有本办法第三十二条行为之一的，由县级以上人民政府房地产行政主管部门给予警告，责令限期改正，并处1万元以上3万元以下的罚款；给当事人造成损失的，依法承担赔偿责任；构成犯罪的，依法追究刑事责任。

第五十三条 违反本办法第三十四条规定，房地产估价机构擅自对外提供估价过程中获知的当事人的商业秘密和业务资料，给当事人造成损失的，依法承担赔偿责任；构成犯罪的，依法追究刑事责任。

第二部分 建设工程纠纷

第十章 建设工程合同纠纷

一、建设工程勘察合同纠纷

117. 如果建设工程勘察合同中明确约定,因勘察错误造成工程质量事故,勘察机构除免收勘察费外,赔偿金最多不超过全部勘察费。那么,因勘察错误而造成的损失能否依照此约定计算?

如果勘察费不足以赔偿委托方的损失的情况下,一般应以实际损失为准。

118. 在签订建设工程勘察合同时,委托勘察一方未提供清晰明确的界址资料,也未和勘察机构一起到现场进行勘察工作,从而导致勘察场地与实际场地出现偏差,针对因此造成的扩大损失,委托方是否需要承担责任?

此种情况下,委托方也应当承担相应的责任。

119. 在勘察机构已经承担勘察错误的损失责任的情况下,委托方能否要求返还勘察费用?

在勘察报告已经交付且勘察机构并已经赔偿相应损失的情况下,委托方要求返还勘察费的请求不应得到支持。

典型疑难案件参考

上海市第二中级人民法院民事判决书

基本案情

2007年6月,上海大丰纸浆模塑包装有限公司(以下简称大丰公司)与城建勘察公司签订《上海市建设工程勘察合同》一份。合同约定,由大丰公司委托城建勘察公司对位于嘉定区马陆镇剑兰路—博学路原告新建厂房(1号房、2号房为厂房、3号房为办公楼,建筑面积为7739平方米)的地质进行勘察,勘察费为人民币(以下币种均为人民币)13000元,城建勘察公司提交勘察报告后7日内,大丰公司应按实际完成的工作量结清全部勘察费;大丰公司向城建勘察公司提交立项批文、地形图、平面图等有关资料,城建勘察公司应于2007年8月向大丰公司提交勘察文件;因勘察错误而造成工程重大质量事故,城建勘察公司除免收勘察费外,并根据损失程度向大丰公司偿付赔偿金,赔偿金最多不超过全部勘察费用等。签约后,城建勘察公司到实地进行勘察,并于2007年7月底向大丰公司交付了2007-G-67号《上海大丰纸浆模塑包装有限公司厂区工程岩土工程勘察报告》。报告表述,本工程为1-3号房组成,其中1号房、2号房拟采用桩基础,3号房拟采用天然地基;本勘探点的位置根据大丰公司提供的拟建建筑物总平面图,在现场按照界址点、地形地物施放。在该报告的图文中,南北向的明浜贯穿整幢1号房,东西向的明浜贯穿2号房的南侧。大丰公司于2007年8月10日向城建勘察公司支付了勘察费13000元。嗣后,大丰公司委托上海市嘉定水务工程设计有限公司(以下简称水务设计公司)对新建厂房进行设计。水务设计公司根据勘察报告确定1号房采用桩基工程,2号房采用天然地基。2007年年底,大丰公司委托上海城东建设开发有限公司进行施工。上海城东建设开发有限公司按照施工图对1号房采用桩基工程进行施工,对2号房采用天然地基进行施工。在施工过程中,发现2号房下有暗浜。2008年2月,城建勘察公司出具《上海大丰纸浆模塑包装有限公司厂区工程岩土工程勘察补充说明》。在该报告的图文中,南北向的明浜贯穿整幢2号房,东西向的明浜贯穿1号房的南侧。由于2号房地基工程已施工过半,再更改施工图将造成更大的损失,大丰公司即按照水务设计公司的设计方案对地基进行加固处理并继续施工。大丰公司认为,由于城建勘察公司出具了错误的勘察报告,即误将南北向明浜的位置标注在1号房,导致大丰公司增加了2号房的工程量,多支出工程款557981元。为此,大丰公司涉讼,要求城建勘察公司退还勘察费13000元,并赔偿经济损失557981元。

一审审理中，大丰公司提交了房屋土地权属调查报告书，该报告书准确地确定了大丰公司用地范围的界址点。大丰公司表示在委托城建勘察公司进行地质勘察时，并不知晓有该份报告书。城建勘察公司表示，其在地质勘察时也没有收到过该份报告书，其是根据总平面图以及大丰公司对勘察地貌的描述等来进行地质勘察的。另外，大丰公司提出申请，要求对讼争工程中2号房基础砂垫层工程、自然地基工程与桩基工程的费用差价进行审价。2009年6月12日，上海大华工程造价咨询有限公司出具工程造价鉴定意见书，结论为：2号房基础砂垫层工程费为462598元，自然基础工程费为867487元，桩基工程费为458744元；2号房基础砂垫层工程、自然地基工程与桩基工程的费用差价为871341元。大丰公司对鉴定结论无异议，并表示其实际损失为557981元，故坚持原有的诉讼请求。城建勘察公司认为，鉴定的根据是设计部门出具的图纸，该结论仅供参考，不能作为法律依据。因双方各执己见，致调解无效。

▶ 一审裁判结果

原审法院据此判决如下：

一、浙江城建勘察研究院有限公司应于判决生效之日起10日内赔偿上海大丰纸浆模塑包装有限公司经济损失40万元；

二、上海大丰纸浆模塑包装有限公司要求浙江城建勘察研究院有限公司返还勘察费13000元的诉讼请求，不予支持。

▶ 一审裁判理由

一审法院认为：大丰公司、城建勘察公司签订的建设工程勘察合同系双方当事人真实意思的表示，不违反法律法规的强制性规定，应属合法有效。城建勘察公司作为专业的地质勘察公司，理应在明确勘察界址范围的情况下向大丰公司提交准确无误的地质勘察报告。从城建勘察公司出具的地质勘察报告和补充说明来看，城建勘察公司标注的明浜位置出现了差错，即南北向河流应标注在2号房，但城建勘察公司却将其标注在1号房。城建勘察公司认为上述情况是由于大丰公司指定的勘察场地有误且建造厂房时场地进行调整所致，因城建勘察公司未能提供充分有效的证据予以证明，法院难以采信。城建勘察公司称其在勘察报告中建议1号、2号房采用桩基，但大丰公司在建造2号房时却采用自然地基，由此造成的扩大损失与城建勘察公司无涉。原审法院认为，城建勘察公司的义务是向大丰公司提交准确的勘察报告，对2号房是否采用桩基也只有建议的权利，故大丰公司根据城建勘察公司的第一份勘察报告对2号房采用自然地基并无不当。由于城建勘察公司出具的勘察报告出现了差错，大丰公司又以该份勘察报告对2号房是采用桩基还是自然地基进行了选择，导致大丰公司在选择2号房采用自然地基的情况下，又增加了基础砂垫层工程费用，造成了经济扩大的损失。因此，大丰公司要求城建勘察公司赔偿因增加2号房砂垫层工程量所造成的经济损失的诉请，合法有据，应予支持。2号房基础砂垫层工程费则以工程造价鉴定意见书的结论即462598元为准。城建勘察公司认为根据合同约定，因勘察错误而造成工程重大质量事故，城建勘察公司除免收勘察费外，并根据损失程度向大丰公司偿付赔偿金，赔偿金最多不超过全部勘察费用的意见，大丰公司认为该条款属格式合同条款，其目的是为了减轻城建勘察公司的责任，应属无效，城建勘察公司理应按合同法的规定向大丰公司赔偿实际的经济损失。原审法院认为，由于城建勘察公司的勘察报告出现差错，导致大丰公司经济损失的扩大，即使城建勘察公司以勘察费用作为赔偿金也难以弥补大丰公司的经济损失，故对其抗辩意见，原审法院不予采纳。鉴于大丰公司在委托城建勘察公司进行地质勘察时，对其用地范围的界址点也不够清晰，未能向城建勘察公司提交房屋土地权属调查报告书，造成城建勘察公司在地质勘察时对界址点的认定出现偏差，故大丰公司也应承担一定的责任。关于大丰公司要求返还勘察费的诉请，因城建勘察公司已向大丰公司交付了勘察报告，完成了合同义务，尽管向大丰公司提交的勘察报告有差错，但大丰公司已通过赔偿损失来解决，故对大丰公司的该项诉请，原审法院不予支持。

二审诉辩情况

城建勘察公司不服原审法院判决，向本院提起上诉称：大丰公司并未将建筑物建立在城建勘察公司所勘察的场地之上，而是将整个建筑群东移；明浜位置上建造厂房应该采用桩基工程，但大丰公司却使用了自然地基工程，造成了不应有的浪费和经济损失；大丰公司指定的勘察场地有误，城建勘察公司是按照大丰公司指定的场地进行勘察的，造成损失的责任在于大丰公司，故不应由城建勘察公司承担赔偿责任。原审认定事实不清，适用法律不当。因此请求发回重审或直接改判驳回大丰公司原审诉请。

被上诉人大丰公司辩称：城建勘察公司没有证据证明大丰公司将厂房建筑群东移，勘察报告出现错误责任在于城建勘察公司，由于勘察报告错误给大丰公司造成的经济损失，城建勘察公司理应承担赔偿责任，请求驳回城建勘察公司上诉请求。

二审裁判结果

二审法院依照《中华人民共和国民事诉讼法》第153条第1款第2项和

《中华人民共和国合同法》第 60 条、第 107 条、第 280 条的规定，判决如下：

一、撤销上海市嘉定区人民法院〔2008〕嘉民三（民）初字第 1067 号民事判决主文第一项；

二、维持上海市嘉定区人民法院〔2008〕嘉民三（民）初字第 1067 号民事判决主文第二项；

三、浙江城建勘察研究院有限公司应于本判决生效之日起 10 日内赔偿上海大丰纸浆模塑包装有限公司经济损失人民币 278990.50 元。

二审裁判理由

二审法院院认为：双方当事人应根据合同约定履行各自的义务。在签订建设工程勘察合同时，大丰公司应提供清晰明确的界址资料，或者双方一起到现场确定勘察场地，在场地明确的基础上进行勘察工作。本案中，双方当事人签订的勘察合同中未明确场地具体界址，双方当事人也未一起到现场确定勘察界址，由此导致勘察场地与实际场地出现偏差，进而导致损失的发生。城建勘察公司作为专业的勘察机构，理应在明确勘察范围的基础上作出正确的勘察报告，但从城建勘察公司出具的地质勘察报告和补充说明对照来看，勘察报告中出现了差错。由于城建勘察公司出具的勘察报告出现了差错，水务设计公司又根据城建勘察公司出具的勘察报告确定 1 号房采用桩基、2 号房采用天然地基，大丰公司据此进行施工过程中发现 2 号房下存在暗浜，由此导致增加了基础砂垫层工程费用，城建勘察公司对大丰公司因增加 2 号房基础砂垫层工程导致的经济损失应承担相应责任。大丰公司在委托城建勘察公司进行地质勘察时，未提交房屋土地权属调查报告书，也未和城建勘察公司一起到现场确定具体勘察范围，对其用地范围的界址点也不够清晰，造成城建勘察公司在地质勘察时对界址点的认定出现偏差。大丰公司在收到城建勘察公司提交的勘察报告时，如果其清楚知道用地范围的界址点，应该能够发现该勘察报告中明浜和房屋的位置出现差错，从而要求城建勘察公司在明确界址的基础上重新进行勘察，但大丰公司由于疏忽没有发现勘察报告的错误，故大丰公司对于损失的造成也负有相应的责任。综上，城建勘察公司、大丰公司对损失的产生应各自承担过错责任。上诉人城建勘察公司上诉认为应该由大丰公司承担全部责任的理由依据不足，本院不予采信。原审法院对于造成损失的责任认定有失偏颇，本院依法予以纠正。

120. 勘察方在履行完勘察任务后，合同当事人之外的第三人依照合同支付的勘察费，是否因第三人的主张而应该返还？

勘察方已经依照合同约定履行完勘察任务并将勘察报告交付给对方，判断第三人能否请求返还相应对价，关键在于确定第三人所支付款项的性质，如果其明知是支付勘察费的话，则第三人无权要求返还。

典型疑难案件参考

西双版纳澜沧江小白塔能源有限公司与云南岩土工程勘察设计研究院等建设工程勘察合同纠纷

基本案情

2003年3月29日，西双版纳澜沧江小白塔能源有限公司与云南岩土工程勘察设计研究院（原云南曲靖岩土工程勘察院，以下简称勘察设计院）签订了一份《建设工程勘察合同》。在合同履行过程中，西双版纳澜沧江小白塔能源有限公司与江河公司共同出具了"变更启示"，即由西双版纳澜沧江小白塔能源有限公司将其与勘察设计院签订的《建设工程勘察合同》中所享有的权利和义务全部转让给江河公司。为此，江河公司于2003年12月24日向云南省地质工程勘察总公司（原云南省地质工程勘察总公司，以下简称地质公司）交付了100000元的勘察费，而地质公司和勘察设计院均未将任何勘察报告提交给江河公司。为此，江河公司于2006年5月22日诉至法院，要求地质公司和勘察设计院退还该100000元并支付相应利息。

一审裁判结果

一审法院依照《中华人民共和国民法通则》第92条之规定，判决如下：

一、第二被告云南地质工程勘察有限公司于本判决生效之日起10日内将人民币100000元退还给原告西双版纳江河旅游开发有限公司；

二、驳回原告其他诉讼请求。

一审裁判理由

一审法院认为：勘察设计院和地质公司均未与江河公司建立过合同关系。

虽然西双版纳澜沧江小白塔能源有限公司与勘察设计院签订《建设工程勘察合同》之后，与江河公司共同出具了《变更启事》，但江河公司没有证据证实该启事已送达勘察设计院并经勘察设计院同意。因此，在江河公司与勘察设计院和地质公司均无合同关系的情况下，地质公司于2003年12月24日收取江河公司交付的100000元勘察费构成不当得利，其依法应予返还。关于江河公司要求勘察设计院承担连带责任的问题，因勘察设计院与江河公司无合同关系，也未收取过任何款项，故该请求不予支持。关于江河公司主张的利息问题，因江河公司系基于主观认识错误，主动交纳勘察费给地质公司，故该请求亦不予支持。关于勘察设计院和地质公司辩称100000元勘察费系仪卫国缴纳，而非江河公司缴纳的问题，因地质公司开具的发票已表明款项系江河公司交纳的工程勘察费，由此可以认定该费用系江河公司缴纳，仪卫国仅系代江河公司交纳款项的办事人员，故对勘察设计院和地质公司的辩解不予采信。

二审诉辩情况

云南省地质工程勘察总公司不服，提起上诉，请求：撤销原判，改判驳回被上诉人的诉讼请求，一、二审诉讼费由被上诉人承担。其上诉的主要事实和理由为：本案所涉的100000元是上诉人基于勘察设计院与西双版纳澜沧江小白塔能源有限公司（以下简称小白塔公司）之间的勘察合同而代原审被告收取的工程款。勘察设计院已完成勘察任务并得到小白塔公司的确认。即便该款确系被上诉人所交，但从上诉人开具的收据可看出该款系勘察费，即上诉人明知该款的性质，不存在认识错误。综上，本案不存在不当得利，被上诉人的诉讼请求不成立，请求二审法院依法予以驳回。

被上诉人西双版纳江河旅游开发有限公司经本院依法公告传唤未到庭应诉及陈述答辩意见。

原审被告云南岩土工程勘察设计研究院的意见与上诉人的意见一致。

二审认定事实

根据上诉人的上诉主张及各方当事人的一审诉辩主张，本案争议的事实是：（1）小白塔公司与被上诉人之间是否存在转让合同权利义务的事实？（2）是谁于2003年12月24日向上诉人支付了100000元款项及该款项的性质？

针对第一个争议事实，被上诉人在一审中提交了上诉人与小白塔公司于2003年10月30日共同出具的《变更启事》，欲证明被上诉人曾与小白塔公司协商一致，由被上诉人接管小白塔公司关于曼阁码头项目的一切事务，包括勘察设计院与小白塔公司之间签订的《建设工程勘察合同》。经质证，上诉人及勘察设计院认为该《变更启事》并未实际送达勘察设计院，故不发生法律效力。一审诉讼中，经小白塔公司确认，小白塔公司曾与被上诉人共同出具过该《变更启事》，但未送达勘察设计院。二审中，根据上诉人的申请，本院依职权向云南小白塔贸易有限责任公司（原西双版纳澜沧江小白塔能源有限公司）景洪分公司进行了调查，该分公司负责人陈富达证明：（1）小白塔公司与被上诉人无任何关系，也未共同出具过《变更启事》；（2）勘察设计院与小白塔公司之间签订的《建设工程勘察合同》已基本履行完毕；（3）仅卫国与小白塔公司之间有合作关系，所以其代小白塔公司于2003年12月24日支付了100000元勘察费，至于发票中出现被上诉人的名称，系岩龙为达到个人目的的不当行为，小白塔公司不认可。经质证，上诉人及勘察设计院对上述证人证言的真实性无异议，并认为证言所反映的内容与其主张的事实一致。二审法院认为，首先，被上诉人提交的《变更启事》系复印件，虽然上诉人在二审中陈述小白塔公司曾向其确认过《变更启事》的真实性，但小白塔公司在本院调查时否认了该事实的存在，因此，该《变更启事》的真实性本院无法确认；其次，《中华人民共和国合同法》第88条规定，当事人一方经对方同意，可以将自己在合同中的权利和义务一并转让给第三人。因此，即便该《变更启事》是真实的，但被上诉人现没有证据证实该《变更启事》已送达勘察设计院并经勘察设计院同意，故该《变更启事》对勘察设计院不产生法律效力，即《建设工程勘察合同》的合同双方当事人仍然为勘察设计院和小白塔公司。

针对第二个争议事实，被上诉人提交的上诉人于2003年12月24日出具的发票载明：客户名称"仅卫国"、摘要"西双版纳江河旅游开发有限公司交西双版纳曼阁码头工程勘察费"、金额"100000元"。二审法院认为，虽然该发票上出现了仅卫国及被上诉人的名称，且该发票为被上诉人持有，但该发票明确载明上诉人收取款项的性质是"曼阁码头勘察费"。根据前述事实及理由，关于曼阁码头的建设工程勘察合同关系，主体仍然是勘察设计院和小白塔公司，而且勘察设计院已履行了合同约定的勘察义务，因此，可以认定上诉人代勘察设计院收取的该100000元款项是基于勘察设计院与小白塔公司之间的建设工程勘察合同关系而收取的合同价款。即对上诉人和勘察设计院而言，该100000元款项是小白塔公司基于履行合同义务而支付的款项，无论是仅卫国还是被上诉人支付款项，均仅系代表小白塔公司向勘察设计院履行合同义务。至于仅卫国、被上诉人与小白塔公司之间就该款项形成的法律关系，不属本案的审理范围，本院在此不作评判。

综上，本案经二审审理查明如下案件事实：2003年3月29日，西双版纳澜沧江小白塔能源有限公司（现云南小白塔贸易有限责任公司）与云南曲靖岩土工程勘察院（现云南岩土工程勘察设计研究院）就曼阁码头项目的地质勘察问题签订了一份《建设工程勘察合同》。2003年12月24日，云南省地质工程勘察总公司代云南岩土工程勘察设计研究院收取了仪卫国交来的100000元，并出具发票载明"西双版纳江河旅游开发有限公司交西双版纳曼阁码头工程勘察费"。该发票由西双版纳江河旅游开发有限公司持有。现《建设工程勘察合同》已履行完毕。2006年5月22日，西双版纳江河旅游开发有限公司以云南岩土工程勘察设计研究院未向其提交曼阁码头勘察报告为由诉至法院，要求云南地质工程勘察总公司和云南岩土工程勘察设计研究院返还100000元款项并支付相应利息。

综上，本案的争议焦点是：云南省地质工程勘察总公司和云南岩土工程勘察设计研究院收取100000元款项是否有合法依据，是否应予返还。

二审裁判结果

二审法院判决如下：
一、撤销昆明市盘龙区人民法院〔2006〕盘法民二初字第141号民事判决；
二、驳回原审原告西双版纳江河旅游开发有限公司的诉讼请求。

二审裁判理由

二审法院认为：《中华人民共和国合同法》第8条规定，依法成立的合同，对当事人具有法律约束力。当事人应当按照约定履行自己的义务，不得擅自变更或者解除合同。依法成立的合同，受法律保护。本案中，勘察设计院与小白塔公司之间具有建设工程勘察合同关系。基于该合同关系，勘察设计院履行了合同约定的勘察义务，为此，其有权根据合同约定取得相应对价。2003年12月24日，仪卫国支付了100000元款项。根据上诉人出具的发票，可以看出仪卫国所交款项的性质系曼阁码头工程勘察费，即仪卫国系基于勘察设计院与小白塔公司之间的建设工程勘察合同关系而交纳的款项，上诉人也系基于勘察设计院履行了合同义务而收取的款项。因此，上诉人代勘察设计院收取该100000元款项是有合同依据的，被上诉人要求上诉人及勘察设计院返还该款项的请求不成立，本院依法予以驳回。至于仪卫国、被上诉人与小白塔公司之间就该100000元款项所形成的法律关系，因不属本案的审理范围，故本院在此不作评判。综上，原判认定事实错误，导致适用法律及处理错误，本院依法予以改判。上诉人的上诉请求有事实和法律依据，本院依法予以支持。

建设工程勘察合同纠纷办案依据集成

《中华人民共和国合同法》（1999年3月15日主席令第15号公布）（节录）

第十六章 建设工程合同

第二百六十九条 建设工程合同是承包人进行工程建设，发包人支付价款的合同。

建设工程合同包括工程勘察、设计、施工合同。

第二百七十条 建设工程合同应当采用书面形式。

第二百七十一条 建设工程的招标投标活动，应当依照有关法律的规定公开、公平、公正进行。

第二百七十二条 发包人可以与总承包人订立建设工程合同，也可以分别与勘察人、设计人、施工人订立勘察、设计、施工承包合同。发包人不得将应当由一个承包人完成的建设工程肢解成若干部分发包给几个承包人。

总承包人或者勘察、设计、施工承包人经发包人同意，可以将自己承包的部分工作交由第三人完成。第三人就其完成的工作成果与总承包人或者勘察、设计、施工承包人向发包人承担连带责任。承包人不得将其承包的全部建设工程转包给第三人或者将其承包的全部建设工程肢解以后以分包的名义分别转包给第三人。

禁止承包人将工程分包给不具备相应资质条件的单位。禁止分包单位将其承包的工程再分包。建设工程主体结构的施工必须由承包人自行完成。

第二百七十三条 国家重大建设工程合同，应当按照国家规定的程序和国家批准的投资计划、可行性研究报告等文件订立。

第二百七十四条 勘察、设计合同的内容包括提交有关基础资料和文件（包括概预算）的期限、质量要求、费用以及其他协作条件等条款。

第二百七十五条 施工合同的内容包括工程范围、建设工期、中间交工工程的开工和竣工时间、工程质量、工程造价、技术资料交付时间、材料和设备供应责任、拨款和结算、竣工验收、质量保修范围和质量保证期、双方相互协作等条款。

第二百七十六条 建设工程实行监理的，发包人应当与监理人采用书面形式订立委托监理合同。发包人与监理人的权利和义务以及法律责任，应当依照本法委托合同以及其他有关法律、行政法规的规定。

第二百七十七条 发包人在不妨碍承包人正常作业的情况下，可以随时对作业进度、质量进行检查。

第二百七十八条 隐蔽工程在隐蔽以前，承包人应当通知发包人检查。发包人没有及时检查的，承包人可以顺延工程日期，并有权要求赔偿停工、窝工等损失。

第二百七十九条 建设工程竣工后，发包人应当根据施工图纸及说明书、国家颁发的施工验收规范和质量检验标准及时进行验收。验收合格的，发包人应当按照约定支付价款，并接收该建设工程。

建设工程竣工经验收合格后,方可交付使用;未经验收或者验收不合格的,不得交付使用。

第二百八十条 勘察、设计的质量不符合要求或者未按照期限提交勘察、设计文件拖延工期,造成发包人损失的,勘察人、设计人应当继续完善勘察、设计,减收或者免收勘察、设计费并赔偿损失。

第二百八十一条 因施工人的原因致使建设工程质量不符合约定的,发包人有权要求施工人在合理期限内无偿修理或者返工、改建。经过修理或者返工、改建后,造成逾期交付的,施工人应当承担违约责任。

第二百八十二条 因承包人的原因致使建设工程在合理使用期限内造成人身和财产损害的,承包人应当承担损害赔偿责任。

第二百八十三条 发包人未按照约定的时间和要求提供原材料、设备、场地、资金、技术资料的,承包人可以顺延工程日期,并有权要求赔偿停工、窝工等损失。

第二百八十四条 因发包人的原因致使工程中途停建、缓建的,发包人应当采取措施弥补或者减少损失,赔偿承包人因此造成的停工、窝工、倒运、机械设备调迁、材料和构件积压等损失和实际费用。

第二百八十五条 因发包人变更计划,提供的资料不准确,或者未按照期限提供必需的勘察、设计工作条件而造成勘察、设计的返工、停工或者修改设计,发包人应当按照勘察人、设计人实际消耗的工作量增付费用。

第二百八十六条 发包人未按照约定支付价款的,承包人可以催告发包人在合理期限内支付价款。发包人逾期不支付的,除按照建设工程的性质不宜折价、拍卖的以外,承包人可以与发包人协议将该工程折价,也可以申请人民法院将该工程依法拍卖。

建设工程的价款就该工程折价或者拍卖的价款优先受偿。

第二百八十七条 本章没有规定的,适用承揽合同的有关规定。

二、建设工程设计合同纠纷

121. 建设工程设计单位在建设工程设计合同签订后设计图纸完全交付前才取得相应资质等级的，是否影响建设工程设计合同效力？

最高人民法院《关于审理建设工程施工合同纠纷案件适用法律问题的解释》第 5 条规定可类推适用于建设工程设计合同，在合同履行过程中，主要工作成果交付之前，设计单位取得相应资质等级的，其前所签订的设计合同应当认定有效。

典型疑难案件参考

江苏华电工程设计院有限公司诉泰州开泰房地产开发有限公司建设工程设计合同纠纷案

基本案情

2005 年 6 月，江苏省华电工程设计院有限公司（以下简称华电公司）与泰州开泰房地产开发有限公司（以下简称开泰公司）签订了一份建设工程设计合同，合同约定：开泰公司委托华电公司承担苏源花园工程设计；苏源花园设计方案中：（1）挑高小高层（10 层）约 34000 平方米，每平方米 22 元；（2）普通小高层（11 层）约 34000 平方米，每平方米 13 元；（3）人防工程约 3000 平方米，每平方米 35 元；（4）地下停车库约 8000 平方米，每平方米 13 元；（5）总图及附属、配套工程等免费；设计费估算为 139.9 万元，实际设计费按初步设计概算核定，多退少补；华电公司交付设计资料及文件后，按规定参加有关的设计审查，并根据审查结论负责对不超出原定范围的内容做必要调整补充，华电公司对设计资料及文件出现的遗漏或错误负责修改或补充；以及其他双方权利义务和违约责任等内容。合同签订后，开泰公司向华电公司支付了定金 20 万元。2006 年 4 月，开泰公司职员蒋勤在工程设计联系签收单上确认：苏源花园 3－7 号楼和地下车库的建筑、水电、消防施工图共 6 份以及桩位图已于 2006 年 1 月底交于开泰公司。后开泰公司在建造苏源花园时实际未采用华电公司设计的图纸进行施工，其于 2006 年另委托南京大学建筑规划设计研究院承担苏源花园的工程设计，并按该研究院的图纸进行施工建造。另查明：华电公司在签订合同及设计图纸时其公司工程设计等级为乙级，其公司于2006年3月才取得甲级工程设计证书。

又查明：本案在审理过程中，因华电公司与开泰公司对于华电公司提交的设计图纸所设计的面积不能确认，法院就华电公司交付开泰公司的苏源花园3-7号楼和地下车库的设计图纸委托无锡市曦晨测绘有限公司进行了测绘，该公司出具了测绘报告明确：苏源花园3号房1，2（10层）住宅面积6691.4平方米；4号房1，2（10层）住宅面积6659.58平方米；5号房1，2（10层）住宅面积6691.4平方米；6-7号房1，2（12层）住宅面积14372.4平方米，非住宅面积7329.46平方米；地下面积13223.82平方米，其中人防工程为附建式工程。

▶一审诉辩情况◀

2007年1月23日，华电公司向无锡市滨湖区人民法院起诉称：其与开泰公司签订建设工程设计合同，华电公司按约完成了设计工作，开泰公司仅支付了部分设计费，要求开泰公司支付尚欠的设计费1190222.6元，并承担违约金600000元。

开泰公司答辩及反诉称：华电公司只具有乙级设计资质，双方合同约定的设计面积超出了华电公司的资质等级，华电公司参与设计人员资质标准也不符合要求，因此双方签订的设计合同无效。即使合同有效，华电公司设计的图纸也与合同约定不符，无法按照设计图纸进行施工，华电公司的行为已构成根本违约。开泰公司在知悉华电公司的上述情况后，已通知华电公司解除合同，与其他设计单位另行签订设计合同，并已按该公司的图纸进行施工。依据合同无效及履行合同时违约的相关法律规定，要求法院判令华电公司返还定金20万元，并赔偿因错误财产保全造成开泰公司的经济损失。

华电公司针对开泰公司的反诉辩称：双方签订的建设工程设计合同系双方当事人的真实意思表示，未违反法律、行政法规的强制性规定，应属合法有效。合同签订后，其按照合同的约定组织相关具有资质的设计人员设计，并向开泰公司交付了全部设计图纸，但开泰公司仅对部分图纸进行了签收，其余图纸其公司拒绝签收，当时才知道开泰公司解除合同并拒付设计费。按照合同第7.1条约定，在开泰公司单方要求解除合同的情形下，开泰公司也应向本公司支付全部设计费。故开泰公司要求返还已付定金20万元及赔偿因错误财产保全造成开泰公司的经济损失的诉请，没有事实和法律依据，要求法院驳回开泰公司的反诉请求。

▶一审裁判结果◀

一审法院判决如下：

一、开泰公司于本判决生效后立即赔偿华电公司426528.27元；

二、华电公司于本判决生效后立即返还开泰公司定金20万元。上述两项给付义务折抵后，开泰公司应给付华电公司赔偿款226528.27元；

三、驳回华电公司的其他本诉请求；

四、驳回开泰公司的其他反诉请求。

一审裁判理由

华电公司与开泰公司签订的合同约定由华电公司设计的人防工程约3000平方米、地下车库约8000平方米，该两项合计地下工程约11000平方米，该项约定的地下工程设计面积已经超出了华电公司乙级资质所能设计的范围，该约定属于违反了法律、行政法规的强制性规定，故双方签订的建设工程设计合同应属无效合同。华电公司作为乙级资质的建设工程设计单位，开泰公司作为房地产开发商均应明知上述法律法规的规定，故双方当事人对合同约定的内容因违反法律、行政法规的强制性规定而导致合同无效均存在缔约上的过错，应当各自承担相应的责任。虽双方签订的合同无效，但华电公司已向开泰公司交付了苏源花园3-7号楼和地下车库的设计图纸，且该图纸是根据开泰公司开发的苏源花园的特定要求而设计的，故该设计图纸不具有再利用的价值，属于不能返还的情形。其次，华电公司在设计图纸时已实际付出劳动，该图纸属于劳动成果，具有相应的价值，该价值即为因合同无效而造成的实际损失。损失的计算和分担方法，应当考虑两个因素：（1）考虑到华电公司于2006年3月已取得甲级工程设计证书，而开泰公司在此之前已另行委托他人完成对苏源花园的工程设计，致使华电公司设计的图纸无法进入相关部门的审查阶段，丧失了对图纸进行修改或调整的可能，故开泰公司该行为对华电公司遭受的损失存在一定的过错，参照双方签订的合同的设计面积的单价和华电公司已交付的图纸面积来作为计算华电公司的损失的依据应属合理；（2）双方当事人对造成合同无效，均具有缔约上的过错，且过错的程度相当，宜各按50%计算。苏源花园3号房图纸价值为147210.8元（6691.4平方米×22元/平方米）、苏源花园4号房图纸价值为146510.76元（6659.58平方米×22元/平方米）、苏源花园5号房图纸价值为147210.8元（6691.4平方米×22元/平方米）、苏源花园6-7号房图纸价值为282124.18元（14372.4+7329.46）平方米×13元/平方米、地下工程因乙级资质仅能设计10000平方米以下，故超出部分不予保护，故图纸价值为130000元（10000平方米×13元/平方米），以上5项合计为853056.54元。据此，华电公司所受到的损失应为853056.54元，根据双方的过错行为，华电公司和开泰公司应各半承担责任，开泰公司应向华电公司赔偿损失 426528.27 元。对于华电公司主张开泰公司应按合同约定支付逾期付款违约金的诉请，因双方签订的合同无效，该诉请已无事实和法律依据，不予支持。由于双方当事人签订的合同无效，华电公司应当返还开泰公司已支付的定金 20 万元。开泰公司主张华电公司应赔偿其公司错误申请查封 196 万元给开泰公司造成的损失的反诉请求，属另一法律关系，于本案中应不予涉及，开泰公司可另案向华电公司主张权利。

二审诉辩情况

华电公司不服一审判决，向江苏省无锡市中级人民法院提起上诉称：(1) 双方签订的设计合同有效。人防工程和地下空间为两个概念，人防面积不能与地下停车库相加，华电公司设计业务没有超越资质等级。2006 年 4 月华电公司交付设计图纸时，已具有甲级设计资质，合同应认定有效。(2) 即使设计合同无效，一审认定的计算结果 853056.54 元也有误，应为 1048373.28 元。6、7 号应为挑高小高层住宅，合同约定每平方米价格应为 22 元，而不是 13 元。请求撤销原判，改判支持华电公司的诉讼请求。

(1) 代表开泰公司与华电公司签订设计合同并在华电公司提供的工程设计联系签收单上代表开泰公司签收图纸的经办人均为蒋勤。开泰公司称其公司蒋勤于 2005 年 12 月底至 2006 年 1 月初电话通知华电公司解除合同。(2) 二审审理中，无锡市中级人民法院于 2008 年 11 月发函至中华人民共和国住房和城乡建设部建筑市场管理司，就地下工程范围问题进行咨询。该司回函：地下空间总面积是指建筑工程设计项目范围内所有地下部分的建筑面积。如果建筑物地下包含地下车库和人防工程，则二者相加总面积不得超出资质标准规模划分表中允许的范围。

二审裁判结果

二审法院判决如下：
一、撤销无锡市滨湖区人民法院〔2007〕锡滨民二初字第 0142 号民事判决；
二、开泰公司于本判决发生法律效力后 10 日内给付华电公司设计费 694966.2 元；
三、驳回华电公司的其他诉讼请求；
四、驳回开泰公司的反诉请求。

二审裁判理由

华电公司在签订设计合同时，仅具有乙级设计资质，对地下工程仅具有

10000平方米以下的设计资格。开泰公司虽称其公司于2005年12月底到2006年1月初由蒋勤电话通知华电公司解除了合同，蒋勤仍于2006年1月底签收了华电公司交付的设计图纸，这表明双方签订的合同并未解除。因华电公司于2006年3月取得工程设计甲级资质证书，其对地下工程已具备11000平方米的设计资格，故双方签订的合同可认定为有效合同，开泰公司应支付相应的设计费用。因华电公司仅交付了部分图纸，开泰公司应根据双方合同约定的单价及有关测绘报告确认的设计面积支付设计费用。设计费用的计算应为：苏源花园3号房图纸价值为147210.8元（6691.4平方米×22元/平方米）、苏源花园4号房图纸价值为146510.76元（6659.58平方米×22元/平方米）、苏源花园5号房图纸价值为147210.8元（6691.4平方米×22元/平方米）、苏源花园6-7号房图纸价值为282124.18元［（14372.4+7329.46）平方米×13元/平方米、地下工程图纸价值为171909.66元（13223.82平方米×13元/平方米）］，以上5项合计为894966.2元。扣除已付20万元，开泰公司尚应支付设计费694966.2元。原审判决适用法律错误，应予以纠正。

再审诉辩情况

（1）华电公司就本案人防工程和地下车库的工程设计面积超出其资质范围，违反法律的强制性规定，合同应属无效合同。（2）二审判决认定"因华电公司于2006年3月取得工程设计甲级资质证书，其对地下工程已具备11000平方米的设计资格，华电公司与开泰公司签订的建设工程设计合同可认定为有效合同"，缺乏法律依据。最高人民法院《关于审理建设工程施工合同纠纷案件适用法律问题的解释》适用的对象是建设工程施工合同，而非建设工程设计合同，不能适用于本案。特提起抗诉，请依法再审。

开泰公司称：（1）本案事实是清楚的。2005年6月，华电公司作为建筑设计乙级资质企业，明知其单位及其设计人员资质均不达标，以欺骗方式与开泰公司签约，承揽了苏源花园工程的设计业务，开泰公司向其支付了20万元定金。同年12月，开泰公司了解到对方不具备履约能力后，立即通知其解除了合同，同时，开泰公司另行聘请了南京一家具备合法资质的设计单位设计，项目使用的全部是南京设计单位设计的图纸，华电公司已设计的图纸，对开泰公司毫无作用。（2）合同违反《合同法》的多条明文禁止性规定，当属无效，原审判决认定合同有效进而保护华电公司的非法利益，显然错误。合同约定"地下工程"总面积为11000平方米，超越了华电公司资质等级许可的范围。设计图纸中有24层楼房，超越了华电公司的设计能力。主设计人兼制图人蒋虹作为二级注册建筑师设计本案工程违反行政法规的强制性规定。二级注册建筑师无权设计居住区、无权设计地下工程、无权设计12层以上楼房。本案设计工程负责人丁宏林，无建筑专业注册资质，根本不具备担任工程负责人的法定资格。"苏源花园"小区总设计面积9万余平方米，涉及不特定多数人的财产和人身安全，华电公司资质不足却承揽该设计工程，损害了社会公共利益。（3）退一万步讲，假使合同有效，华电公司过错明显并根本违约，也无权主张任何利益。华电公司以故意欺诈行为超越其能力承揽工程，过错非常明显。合同约定设计楼层是10、11层两种楼层型，对方设计的图纸是2、3、4、10、11、12、24等7种楼层型。对方设计的图纸显然不符合合同约定，构成根本违约。（4）无论合同无效与否，开泰公司关于返还20万元定金的诉请应得到支持。请求法院驳回华电公司的诉讼请求，判令华电公司返还定金20万元。

华电公司辩称：开泰公司原委托常州设计院设计苏源花园方案，由于各种原因，双方未达成施工图设计协议，后由华电公司与开泰公司达成施工图设计协议，华电公司所订立的设计合同中不包括联排别墅和24层住宅的工作。即使认定地下工程超过10000平方米，也因华电公司在图纸交付前取得了甲级资质证书而应认定有效。华电公司交付的施工图中部分楼层型与合同约定有差别，是因为开泰公司对项目方案作了变更，如果华电公司设计的图纸与对方要求不符，对方不会签收图纸，也不会支付设计费。本案的实际背景是，开泰公司的股权及法定代表人发生了变化，老板换人，推翻了原设计规划方案，从而导致本案纠纷，实际上是开泰公司在逃避责任、缺乏诚信。退一步讲，即使合同无效，已交付图纸的价值应按国家《建筑工程勘察设计收费标准》计算，申诉人应支付的设计费比二审判决确认的更高。请求法院驳回抗诉请求。

再审中，除开泰公司认为原审判决遗漏了影响合同效力认定的华电公司设计的楼层型、设计人员资质等重要事实外，双方对原一、二审判决已认定的事实没有异议，再审法院对原一、二审判决认定的双方无异议的事实予以确认。

另查明：2005年6月，华电公司与泰州苏源集团房地产开发有限公司签订建设工程设计合同，合同中载明的华电公司的设计证书等级为乙级。合同对施工图纸的交付时间未作约定。合同约定：设计费估算暂定为139.9万元，第一次付费额为总设计费20%的定金，约28万元，于提供桩基施工图时支付。2006年1月25日，华电公司收到泰州苏源集团房地产开发有限公司支付的20万元。2007年，泰州苏源集团房地产开发有限公司更名为开泰公司。

再审庭审中，开泰公司请求法庭出示一审卷宗中留存的华电公司出具的《总平面定位图》，据该图所载，工程负责人为丁宏林，设计、绘图人为蒋虹，核对人宋兴，审核、审定人为赵为民，专业负责人一栏空白。华电公司在图纸上加盖了"江苏省工程勘察设计出图专用章",章的内容反映华电公司资质为乙级。图纸上同时加盖了赵为民的注册建筑师执业专用章。赵为民为国家一级注册建筑师,蒋虹为国家二级注册建筑师。

再审裁判结果

维持无锡市中级人民法院〔2008〕锡民二终字第0544号民事判决。

再审裁判理由

再审法院认为:关于本案建设工程设计合同的效力问题,华电公司在签订合同时仅具有乙级设计资质,但合同约定设计的人防工程和地下车库的工程总面积约11000平方米,超越了其资质等级许可的范围,该合同不满足有效条件。但按照最高人民法院《关于审理建设工程施工合同纠纷案件适用法律问题的解释》第5条规定,对于签订建设工程施工合同时承揽人不符合相应资质等级要求,但在一定时期内取得相应资质等级的,司法解释认定此种合同效力可以补正。我国法律对建设工程施工企业和工程设计单位的从业资格作出规定,目的是一致的,都是为确保建设工程质量,在审理建设工程施工合同和建设工程设计合同纠纷案件中,有关资质问题对合同效力的影响,其判断方法和标准应是相同的,因此,最高人民法院《关于审理建设工程施工合同纠纷案件适用法律问题的解释》第5条所采取的法律适用规则,可以在本案中类推适用。按该司法解释第5条的规定,取得相应资质应"在建设工程竣工前",也即应在合同履行过程中,主要工作成果交付之前。本案中,虽然开泰公司称已于2005年年底至2006年1月通知华电公司解除合同,但未提供相应证据予以证明。华电公司于2006年1月向开泰公司交付了部分图纸,开泰公司也于2006年1月25日向华电公司支付了20万元,从华电公司丁宏林和开泰公司蒋勤签字的工作联系单看,2006年4月,双方仍在进行工作联系,由此可以认定,合同仍在履行过程中。华电公司于2006年3月取得了工程设计甲级资质证书,在全部主要工作成果交付前,华电公司即已达到法律规定的相应资质等级。开泰公司再以华电公司超越资质等级为由主张本案按无效合同处理,应不予支持。检察机关认为原二审判决适用法律错误的抗诉理由不能成立。关于开泰公司提出的华电公司设计人员的资质问题,虽然设计和绘图的具体工作是由二级注册建筑师蒋虹进行,但本案所涉建设工程施工图纸是团队成员合作的成果,图纸最终由国家一级注册建筑师赵为民审核审定并加盖其执业专用章,赵为民的资质等级符合国家法律规定的要求,因此开泰公司以设计人员资质不符合法律规定而主张合同无效的申诉理由,没有事实依据,不能成立。关于开泰公司提出的华电公司所设计图纸的楼层型与合同约定不符，构成根本违约的申诉理由，合同约定的楼层型为10层、11层，华电公司实际交付的图纸为10层、12层的楼层型，华电公司对此辩称，系开泰公司在合同履行过程中变更了项目方案。开泰公司收到华电公司交付的上述图纸的时间为2006年1月底，从合同关于第一期设计费支付的约定看，开泰公司2006年1月25日支付20万元，应在签收第一批图纸之后，从开泰公司支付了20万元设计费，且直至2006年4月补签工作联系单时仍未对华电公司提交的图纸提出异议的事实，可以认定双方在履行过程中对合同进行了变更，开泰公司的此项申诉理由也不能成立。综上，原二审判决认定事实清楚，适用法律正确，判决也无不当，应予维持。

建设工程设计合同纠纷办案依据集成

1.《中华人民共和国合同法》（1999年3月15日主席令第15号公布）（节录）

第十六章 建设工程合同

第二百六十九条 建设工程合同是承包人进行工程建设，发包人支付价款的合同。

建设工程合同包括工程勘察、设计、施工合同。

第二百七十条 建设工程合同应当采用书面形式。

第二百七十一条 建设工程的招标投标活动，应当依照有关法律的规定公开、公平、公正进行。

第二百七十二条 发包人可以与总承包人订立建设工程合同，也可以分别与勘察人、设计人、施工人订立勘察、设计、施工承包合同。发包人不得将应当由一个承包人完成的建设工程肢解成若干部分发包给几个承包人。

总承包人或者勘察、设计、施工承包人经发包人同意，可以将自己承包的部分工作交由第三人完成。第三人就其完成的工作成果与总承包人或者勘察、设计、施工承包人向发包人承担连带责任。承包人不得将其承包的全部建设工程转包给第三人或者将其承包的全部建设工程肢解以后以分包的名义分别转包给第三人。

禁止承包人将工程分包给不具备相应资质条件的单位。禁止分包单位将其承包的工程再分包。建设工程主体结构的施工必须由承包人自行完成。

第二百七十三条 国家重大建设工程合同，应当按照国家规定的程序和国家批准的投资计划、可行性研究报告等文件订立。

第二百七十四条 勘察、设计合同的内容包括提交有关基础资料和文件（包括概预算）的期限、质量要求、费用以及其他协作条件等条款。

第二百七十五条 施工合同的内容包括工程范围、建设工期、中间交工工程的开工和竣工时间、工程质量、工程造价、技术资料交付时间、材料和设备供应责任、拨款和结算、竣工验收、质量保修范围和质量保证期、双方相互协作等条款。

第二百七十六条 建设工程实行监理的，发包人应当与监理人采用书面形式订立委托监理合同。发包人与监理人的权利和义务以及法律责任，应当依照本法委托合同以及其他有关法律、行政法规的规定。

第二百七十七条 发包人在不妨碍承包人正常作业的情况下，可以随时对作业进度、质量进行检查。

第二百七十八条 隐蔽工程在隐蔽以前，承包人应当通知发包人检查。发包人没有及时检查的，承包人可以顺延工程日期，并有权要求赔偿停工、窝工等损失。

第二百七十九条 建设工程竣工后，发包人应当根据施工图纸及说明书、国家颁发的施工验收规范和质量检验标准及时进行验收。验收合格的，发包人应当按照约定支付价款,并接收该建设工程。

建设工程竣工经验收合格后,方可交付使用;未经验收或者验收不合格的,不得交付使用。

第二百八十条 勘察、设计的质量不符合要求或者未按照期限提交勘察、设计文件拖延工期,造成发包人损失的,勘察人、设计人应当继续完善勘察、设计,减收或者免收勘察、设计费并赔偿损失。

第二百八十一条 因施工人的原因致使建设工程质量不符合约定的,发包人有权要求施工人在合理期限内无偿修理或者返工、改建。经过修理或者返工、改建后,造成逾期交付的,施工人应当承担违约责任。

第二百八十二条 因承包人的原因致使建设工程在合理使用期限内造成人身和财产损害的,承包人应当承担损害赔偿责任。

第二百八十三条 发包人未按照约定的时间和要求提供原材料、设备、场地、资金、技术资料的,承包人可以顺延工程日期,并有权要求赔偿停工、窝工等损失。

第二百八十四条 因发包人的原因致使工程中途停建、缓建的,发包人应当采取措施弥补或者减少损失,赔偿承包人因此造成的停工、窝工、倒运、机械设备调迁、材料和构件积压等损失和实际费用。

第二百八十五条 因发包人变更计划,提供的资料不准确,或者未按照期限提供必需的勘察、设计工作条件而造成勘察、设计的返工、停工或者修改设计,发包人应当按照勘察人、设计人实际消耗的工作量增付费用。

第二百八十六条 发包人未按照约定支付价款的,承包人可以催告发包人在合理期限内支付价款。发包人逾期不支付的,除按照建设工程的性质不宜折价、拍卖的以外,承包人可以与发包人协议将该工程折价,也可以申请人民法院将该工程依法拍卖。

建设工程的价款就该工程折价或者拍卖的价款优先受偿。

第二百八十七条 本章没有规定的,适用承揽合同的有关规定。

2.《中华人民共和国铁路法》(2009年8月27日修正)(节录)

第三十三条 铁路发展规划应当依据国民经济和社会发展以及国防建设的需要制定,并与其他方式的交通运输发展规划相协调。

第三十四条 地方铁路、专用铁路、铁路专用线的建设计划必须符合全国铁路发展规划,并征得国务院铁路主管部门或者国务院铁路主管部门授权的机构的同意。

第三十五条 在城市规划区范围内,铁路的线路、车站、枢纽以及其他有关设施的规划,应当纳入所在城市的总体规划。

铁路建设用地规划,应当纳入土地利用总体规划。为远期扩建、新建铁路需要的土地,由县级以上人民政府在土地利用总体规划中安排。

第三十六条 铁路建设用地,依照有关法律、行政法规的规定办理。

有关地方人民政府应当支持铁路建设,协助铁路运输企业做好铁路建设征用土地工作和拆迁安置工作。

第三十七条 已经取得使用权的铁路建设用地,应当依照批准的用途使用,不得擅自改作他用；其他单位或者个人不得侵占。

侵占铁路建设用地的，由县级以上地方人民政府土地管理部门责令停止侵占、赔偿损失。

第三十八条 铁路的标准轨距为1435毫米。新建国家铁路必须采用标准轨距。

窄轨铁路的轨距为762毫米或者1000毫米。

新建和改建铁路的其他技术要求应当符合国家标准或者行业标准。

第三十九条 铁路建成后，必须依照国家基本建设程序的规定，经验收合格，方能交付正式运行。

第四十条 铁路与道路交叉处，应当优先考虑设置立体交叉；未设立体交叉的，可以根据国家有关规定设置平交道口或者人行过道。在城市规划区内设置平交道口或者人行过道，由铁路运输企业或者建有专用铁路、铁路专用线的企业或者其他单位和城市规划主管部门共同决定。

拆除已经设置的平交道口或者人行过道，由铁路运输企业或者建有专用铁路、铁路专用线的企业或者其他单位和当地人民政府商定。

第四十一条 修建跨越河流的铁路桥梁，应当符合国家规定的防洪、通航和水流的要求。

三、建设工程施工合同纠纷

122. 建设工程施工合同若出现"阴阳合同",即备案合同和实际履行合同,且无证据表明备案合同是由双方协商约定的情况下,工程结算应以哪个合同为准?

没有证据证明备案合同是由双方协商约定的情况下,则并不必以备案合同为依据对工程进行结算,而是以双方共同认可的实际履行合同为准。

123. 如果鉴定机构出具有关停、窝工时间及损失的鉴定报告,但没有建设单位指定的工地代表签证,建设单位对此亦否认的话,能否认定其效力?

鉴定机构虽然出具了关于停窝工时间及损失的鉴定报告,但如果没有建设单位指定的工地代表签证,建设单位对此停工、窝工损失又不予认可,则视为施工方未提供充分证据证明自己主张,对其停、窝工损失主张不予支持。

124. 在双方对工程款支付进度有明确约定的情况下,如果发包方迟延支付工程款,工程款利息从何时开始起算?

如果双方对工程款支付进度有明确约定的情况下,则利息自发包方应当支付工程款当日起算,并不是从起诉之日起算。

典型疑难案件参考

西安市临潼区建筑工程公司与陕西恒升房地产开发有限公司建设工程施工合同纠纷案(最高人民法院公报 2008 年第 8 期)

基本案情

2003年3月10日，西安市临潼区建筑工程公司（以下简称临潼公司）依照约定进入陕西恒升房地产开发有限公司（以下简称恒升公司）位于陕西省西安市建工路8号的恒升大厦综合楼工程工地进行施工。同年9月10日，临潼公司与恒升公司签订《建设工程施工合同》，约定：恒升公司（甲方）将其建设的恒升大厦综合楼项目的土建、安装、设备及装饰、装修和配套设施等工程发包给临潼公司（乙方）；开竣工日期：2003年3月10日—2005年9月10日；合同价款：承包总价以决算为准，由乙方包工包料。价款计算以设计施工图纸加变更作为依据。土建工程执行99定额，安装工程执行2001定额，按相关配套文件进行取费，工程所用材料定额规定需要做差价的以当期信息价为准。定额信息价购买不到的，甲乙双方协商议价，高出定额部分作差价处理。施工现场签证作为合同价款组成部分并入合同价款内；价款支付及调整：工程施工到正负零时，甲方向乙方首次支付已完工程量95%的工程款。正负零以下工程，作为乙方第一次报量期。正负零以上工程，由乙方每月25日将当月工程量报甲方，经其审核后在次月1—3日内将上月所完工程量价款95%支付给乙方；竣工与决算：已完工程验收后，乙方应在15天内提出决算，甲方收到决算后在30天内审核完毕，甲方无正当理由在批准竣工报告后30天内不办理结算，从第31天起按施工企业向银行计划外贷款的利率支付拖欠工程款利息，并承担违约责任。违约与索赔：甲方不按合同约定履行自己的各项义务，支付款项及发生其他使合同无法履行的行为，应承担违约责任，相应顺延工期，按协议条款约定支付违约金和赔偿因其违约给乙方造成的窝工等损失。乙方不能按合同工期竣工，按协议条款约定支付违约金，赔偿因违约给甲方造成的损失；双方施工现场总代表人：甲方何西京，乙方张安明。合同还对双方应负责在开工前办理的事项、材料设备供应、设计、质量与验收等均作了具体明确的约定。

2004年4月5日，西安市城乡建设监察大队对未经招标的恒升大厦综合楼工程进行了处罚，恒升公司即委托临潼公司张安明在西安市招投标办公室补办了工程报建手续，双方所签合同已经备案。诉讼中双方持有的合同，内容区别是有无29-3条。恒升公司持有西安市城市建设档案馆出具的备案合同附有此条。其内容为：本工程为乙方垫资工程，以实结算，实做实收，按工程总价优惠8个点，工程结算以本合同为准。

2005年2月2日，恒升公司与临潼公司、设计单位、监理公司等就恒升大厦综合楼地基与基础分部工程，主体（1—10层）分部工程进行验收，认定该工程为合格工程。11—24层主体工程已完工但未进行竣工验收，恒升公司承认主体已封顶。同年 2 月 26 日，临潼公司作出恒升大厦综合楼《建设工程主体完决算书》，决算工程造价为 31020507.31 元，并主张已送达恒升公司，但无恒升公司签收的文字记录及其他证据佐证，恒升公司不予认可。后双方发生纠纷，致使工程于 2005 年 4 月停工。

一审法院依据临潼公司申请，委托陕西华春建设项目管理有限责任公司对恒升大厦综合楼已完工程造价和截至 2006 年 6 月 22 日的停窝工损失进行鉴定。2006 年。11 月 25 日，2007 年 1 月 12 日，陕西华春建设项目管理有限责任公司作出华春鉴字〔2006〕07 号鉴定报告及对该报告的异议答复、补充意见确认：恒升大厦综合楼已完工程造价为 20242313.44 元；2004 年 4 月至 2006 年 6 月 22 日的停窝工损失为 346421.84 元。该工程造价中混凝土使用现场搅拌价，且按工程总造价优惠 8 个点即 1818793.15 元及 4 项保险费 175452.75 元。对该鉴定结论，临潼公司认为该工程造价应依照合同约定采用信息价；商品砼应采用购买价；备案合同 29-3 内容是恒升公司事后添加的，所以优惠 8 个点即 1818793.15 元没有依据。恒升公司则认为，临潼公司停工的原因完全在于其自身，故停窝工损失根本没有计算的合法依据。

恒升公司主张已支付工程款 12219182.8 元，但临潼公司仅对 2004 年 6 月 20 日、9 月 15 日张安明以工程款内容签收的 175 万元予以确认。对其他款项一审法院依据庭审质证意见作以下分类：（1）项下 2773932.40 元恒升公司认为全部用于工程，应认定为已付工程款。临潼公司认可该笔款项用于工程，但认为是归还其借款 480 万元。（2）项下款项共计 680 万元，恒升公司主张依张安明要求支付至陕西致圣装饰工程有限公司（以下简称致圣公司），因张安明系该公司总经理。对此临潼公司不予认可，认为收款主体非临潼公司。（3）项下款项 208410 元，恒升公司主张由于临潼公司施工中不慎造成的支出，应认定为已付工程款。临潼公司认为依照监理公司的签证应由恒升公司承担。（4）项下款项 686840.4 元，恒升公司认为临潼公司口头承诺从工程款中予以扣减，应认定为已付工程款。临潼公司认为与本案无关，不予认可。

另查明，临潼公司工地代表张安明，系致圣公司总经理，该公司的法定代表人张宏发与其系父子关系。

▶一审诉辩情况

原告临潼公司 2006 年 5 月 15 日起诉至一审法院称，2003 年 9 月 10 日，临潼公司与恒升公司签订《建设工程施工合同》，约定：由临潼公司包工包料承包恒升大厦综合楼工程，恒升公司按工程进度向其支付工程价款。工程施工到正负零时，恒升公司向临潼公司首次支付已完工程量 95% 的工程价款。正负零以上工程,由临潼公司每月25日报告当月工程量,经恒升公司审核后在次月1—3号将上月所完成工程量价款95%支付给临潼公司。若恒升公司不能依约支付工程款项,应赔偿因违约给临潼公司造成的损失,并支付逾期付款利息。临潼公司先后完成正负零以下工程、大厦主体工程,经验收均为合格,但恒升公司仅付工程款284万元。故请求:判令恒升公司立即支付拖欠的工程款29480391.06元及逾期利息2825417元;判令恒升公司赔偿临潼公司停、窝工损失200万元;判令恒升公司承担本案诉讼费用。

被告恒升公司辩称:双方签订《建设工程施工合同》属实,但对该工程进行施工的不是临潼公司,而是借用临潼公司资质的个人包工头张安明。本案合同项目为商业、住宅用途的商品房,关系社会公共利益、公共安全,但对施工单位的选定却未进行招标投标工作,违反了法律、法规的强制性规定,本案合同应当认定无效,临潼公司主张的利息及损失的诉讼请求依法应予驳回;在施工过程中恒升公司多次替张安明支付材料款、水电费,并将部分工程款支付至其指定的致圣公司。截至目前,恒升公司支付的各项工程款为12219182.8元,但张安明从未按合同约定向恒升公司申报过工程量及申请支付工程款,故对造成的拖欠工程款、停窝工损失不承担责任。

▶一审裁判结果◀

一审法院判决如下:

一、临潼公司与恒升公司签订并备案的《建设工程施工合同》依法有效;

二、恒升公司于判决生效之日起30日内支付临潼公司工程款9709971.04元及利息(自2006年5月15日起按照同期同类银行贷款利率计息)。逾期履行,按照《中华人民共和国民事诉讼法》第232条之规定,加倍支付迟延履行期间的债务利息;

三、驳回临潼公司的其他诉讼请求。案件受理费181539元、诉讼保全费10520元、鉴定费30万元,共计492059元,由临潼公司与恒升公司各承担246029.50元。

▶一审裁判理由◀

一审法院经审理认为:临潼公司与恒升公司双方签订并经西安市城乡建设委员会备案的建设工程施工合同,系双方当事人真实意思表示,张安明作为工地负责人组织施工,该工程应视为临潼公司实施完成,该合同内容不违反法律、行政法规的强制性规定,应依法有效。审理中双方当事人持有的合同内容不同,但鉴于备案合同手续是由临潼公司工地代表张安明办理,且一审法院对备案合同中有关29-3条内容到西安市城市建设档案馆进行了核查，故对备案合同应予以认定并作为结算依据。依照合同中对工程所用材料约定，定额规定需要做差价的以当期信息价为准，而混凝土不属于需要做差价的材料，不能采用信息价。一审庭审中，临潼公司未提供外购商品混凝土的相关证据，涉案工程也不在政府强制使用商品混凝土的范围内，故鉴定结论中混凝土采用现场搅拌价计算恒升大厦已完工程造价依据充分，临潼公司主张采用信息价计算造价及商品砼采用购买价的理由不能成立。同时该报告依据备案合同约定在总造价中优惠8个点并扣除4项保险费，符合合同和法律规定，应予采信。临潼公司未提供29-3条系事后添加的相关证据，故其主张不应在总造价中优惠8个点的理由不能成立。鉴定报告确定恒升大厦综合楼已完工程造价为20242313.44元，客观真实应予以采信。对于恒升公司已付的175万元工程款双方无争议予以确认。依照合同承包总价以决算为准由乙方包工包料的约定，对于临潼公司认可用于工程的（一）项下内容，因其没有证据证明借款事实的存在，故其主张的恒升公司归还借款的理由不能成立。对于（二）项下款项，恒升公司本应支付至临潼公司，但由于张安明既是临潼公司驻工地代表，又是致圣公司总经理，恒升公司主张应张安明要求支付至此理由成立，对于该公司签收的9笔580万元，应认定为已付工程款。对于2002年12月24日支付的100万元，因发生在双方进场、签订合同之前，且合同中并无预付款的特别约定，故不予认定。对于（三）项下共计208410元，是临潼公司在施工中不慎发生天然气泄漏事故造成，应以监理公司的签证为依据认定责任，由临潼公司承担。对于租房费用因系工地实际发生费用，亦应由临潼公司承担，应认定为已付工程款。（四）项下共计686840.4元，与本案工程无关联性，不予认定。综上，恒升公司已付工程款为10532342.4元。对临潼公司起诉请求的下欠工程款利息，因该工程未竣工，工程价款亦未结算，故依据最高人民法院审理建设工程施工合同纠纷案件法律适用的相关规定，应从起诉之日起计算。由于临潼公司未按合同约定申报工程量及申请支付工程款，亦未提供监理公司确认的停窝工证据，故对其主张的停窝工损失不予采信。

二审诉辩情况

临潼公司不服一审判决，提起上诉称：（1）本项工程因周边环境所限，不能在施工现场进行混凝土搅拌作业，整个大厦全部使用商品混凝土，诉讼中恒升公司也没有否认大厦实际使用商品混凝土的事实，只是强调要以实际购买价结算。一审判决按照现场搅拌混凝土价格计算工程造价，有违公平，恒升公司应按照鉴定报告以商品混凝土市场信息价计算的工程款向临潼公司支付工程欠款及利息。(2) 一审判决以临潼公司未按合同约定申报工程量及申请支付工程款，亦未提供监理公司确认的停窝工证据为由，对停窝工损失不予认定明显错误。(3) 恒升公司提交的存档合同文本是经过篡改和伪造的，不能作为定案的依据。双方 2003 年 9 月 10 日签订的《建设工程施工合同》一式四份均经备案，双方各持一份，存档两份。本案中恒升公司开始提供的合同文本与临潼公司提交的合同文本并无差异，在工程造价鉴定结果出来之后又提供添加了 29-3 款的存档文本。29-3 款的字迹明显与前款不同，非一人所写，同时其内容又明显与其他条款相矛盾。(4) 一审判决认定恒升公司已经向临潼公司支付了 1053 万元工程款与实际不符。其一，(一) 项下的 277 万元，临潼公司确实收到该款项，也用于工程建设，但系恒升公司归还之前所借债务。其二，一审判决认定恒升公司向致圣公司支付的 580 万元全部为恒升公司付给临潼公司的工程款是错误的，对于致圣公司收款收据上写明是恒升大厦工程款的 340 万元予以认可。其三，临潼公司是在执行恒升公司指令的施工方案时发生的事故，对此造成的实际损失，恒升公司当时就承诺完全由其承担，此事不仅有监理公司出具字据为证，也有其实际支付相关费用的事实相佐。(5) 一审判决恒升公司支付欠款利息的起息日不当，恒升公司约定给付工程款而不予给付，即属迟延履行合同义务，利息就应当产生，而不应从临潼公司起诉之日开始计息。为了简化违约利息计算的复杂性，请求从 2005 年 4 月 12 日停工之日起开始计息。故请求撤销一审判决；改判恒升公司支付工程款 22173276.52 元及利息，并赔偿停窝工损失 346421.60 元；一审、二审案件受理费、保全费、鉴定费由恒升公司承担。

恒升公司答辩称：(1) 临潼公司所主张备案合同 29-3 款是擅自添加的上诉理由，既不是事实也无足够的证据支持。备案合同中的 29-3 款是双方经过协商同意，由何西京填写的。该合同是施工方代表张安明和建设方代表何西京一起到建委办理的备案手续，张安明对备案合同中填写 29-3 款是知道或应当知道的。根据最高法院建设工程的司法解释的规定，建设工程施工合同若出现"阴阳合同"，即备案合同和实际履行合同，依法应以备案合同为有效合同并以此办理工程结算。(2) 临潼公司提供不出反映本案所用混凝土是商品混凝土的直接证据，本案所涉工程所在位置也不在政府强制性使用商品混凝土的范围内，完全可以使用现场搅拌。根据一审鉴定单位的补充鉴定意见，本案所涉混凝土应当按现场搅拌价计价。(3) 停窝工损失完全是临潼公司自身原因导致的，因而一审判决不支持临潼公司主张的停窝工损失是正确的。(4) 恒升公司以工程款名义支付给致圣公司的款项应当被认定是本案所涉工程款。临潼公司主张恒升公司支付款项中有 480 万元是归还临潼公司的借款，而临潼公司未提供证据证明借款事实的存在，即便借款成立，也是双方的债权债务关系，与本案无涉，临潼公司应另行起诉。（5）恒升公司提供的证据足以证实本案所涉施工合同是实际施工人张安明借用临潼公司资质签订的，根据相关法律规定应当认定无效。

二审查明：陕西华春建设项目管理有限责任公司 2006 年 11 月 25 日作出的华春鉴字〔2006〕07 号鉴定报告载明："（1）恒升大厦已完工程总造价 23846047.39 元是在该工程所采用的混凝土为商品混凝土且单价采用实际购买价的情况下计算的结果。这里所说的实际购买价，是指被告所提供的资料'陕西尧柏混凝土有限公司用于华业有限公司的商品混凝土报价单'中的商品混凝土单价。以此单价为依据所鉴定的恒升大厦已完工程总造价相对于其他两种总造价较真实。（2）恒升大厦已完工程总造价 22734914.34 元是在该工程所采用的混凝土为现场搅拌的情况下计算的结果。该工程所在位置不在地方政府强制性使用商品混凝土的范围内，可以使用现场搅拌混凝土，而且比较经济。（3）恒升大厦已完工程总造价 25297208.92 元是在该工程所采用的混凝土为商品混凝土且单价采用当期信息价的情况下计算的结果。""该工程停、窝工时间为自 2004 年 4 月至 2006 年 6 月 22 日，但数量没有建设单位指定的工地代表签证。"2007 年 1 月 12 日对该鉴定报告异议的答复及补充意见载明："工程造价中所含的四项保险费应在总造价中扣除，其金额为 175 452.75 元；鉴定报告中的已完工程造价应扣除 6 层以下及 17 层以上部分的 90 厚 GS 板的造价，其金额为 498 355 元。"

另查明，陕西长安工程建设监理有限责任公司（以下简称长安监理公司）出具的《情况说明》载明："一我项目部监理的恒升大厦综合楼《建设工程施工合同》复印件第 17 页第 29 条增订条款中仅有 29-1 款和 29-2 款。二在 2005 年 4 月 21 日资金专题会议上，双方没有提出垫资与优惠 8 个百分点的问题。"西安市城市建设档案馆存档的一份委托书，内容是恒升公司委托何西京前去西安市建委工程建设审批办公室办理招投标手续。《建设工程项目报建表》上也注明经办人是何西京。2004 年 3 月 15 日临潼公司向恒升公司出具的"法人代表授权委托书"，授权张安明为临潼公司办理恒升大厦招投标事宜。

再查明，2004 年 1 月 1 日，临潼公司恒升大厦项目部编制了恒升综合大厦基础筏板砼施工方案，该方案第 5 条明确写道："采用商品砼，砼配合比的选料要严格控制，水泥用尧柏股份公司尧柏牌 P.032.5 水泥，自来水。"2004 年 1 月 10 日，长安监理公司经审查同意该施工方案。2004 年 10 月 18 日及 2006 年 2 月 26 日长安监理公司出具的恒升综合大厦主体工程 1—10 层及 11—24 层《质量评估报告》均载明："对商品混凝土及砌体中用到的砂浆（混合砂浆）

均按规范要求留置了足够数量的试块，进行了标准养护，作为评定主体中砼及砂浆强度的依据。"2005年6月2日，长安监理公司出具的"关于恒升大厦工程审计过程中需要明确的几个问题"中写明："砼搅拌现场无堆材料场地，施工中用砼全部为外购商品砼。"临潼公司还提供了在陕西尧柏混凝土有限公司购买商品混凝土的发票。

在二审庭审中，临潼公司提供了西北政法大学司法鉴定中心作出的鉴定结论，证明存档合同文本中29-3条款内容是恒升公司的何西京私自添加的。恒升公司认为，西北政法大学的鉴定结论只能说明29-3条款是何西京书写，这一点本身不存在任何异议，根本无须通过鉴定加以证明。

二审裁判结果

二审法院判决如下：

一、维持陕西省高级人民法院〔2006〕陕民一初字第15号民事判决第一项、第三项；

二、变更陕西省高级人民法院〔2006〕陕民一初字第15号民事判决第二项为：陕西恒升房地产开发有限公司于本判决生效之日起30日内支付西安市临潼区建筑工程公司工程款15039897.24元及利息（自2005年4月12日起按照中国人民银行同期同类贷款利率计息）。

二审裁判理由

二审法院认为：根据临潼公司的上诉请求和庭审调查辩论，双方当事人争议的焦点问题为：（1）本案所涉工程应以哪个《建设工程施工合同》文本作为结算依据；（2）一审判决关于混凝土采用现场搅拌价计算恒升大厦已完工程造价是否适当；（3）恒升公司已向临潼公司支付工程款的数额；（4）临潼公司主张的停、窝工损失是否应得到支持；（5）恒升公司应从何时开始向临潼公司支付所欠工程款利息。

1. 关于本案所涉工程应以哪个《建设工程施工合同》文本作为结算依据的问题

恒升公司与临潼公司于2003年9月10日签订《建设工程施工合同》，2004年4月5日在西安市城乡建设委员会进行了备案。双方当事人在一审举证期限内向一审法院提供的《建设工程施工合同》文本内容是一致的，即没有29-3条款的内容，长安监理公司出具的《情况说明》也证明《建设工程施工合同》的文本没有29-3条款的内容。《建设工程施工合同》第11条约定了工程进度款问题，对具体的工程进度和付款期限做了明确约定，恒升公司自己也主张已向临潼公司支付工程款12219182.8元,而29-3条款的内容与《建设工程施工合同》第11条明显矛盾。

最高人民法院《关于审理建设工程施工合同纠纷案件适用法律问题的解释》第21条规定:"当事人就同一建设工程另行订立的建设工程施工合同与经过备案的中标合同实质性内容不一致的,应当以备案的中标合同作为结算工程价款的根据。"该条是指当事人就同一建设工程签订两份不同版本的合同,发生争议时应以备案的中标合同作为结算工程价款的依据,而不是指以存档合同文本为依据结算工程价款。恒升公司提交的西安市城市建设档案馆存档的《建设工程施工合同》文本,该合同文本上的29-3条款是恒升公司何西京书写的,没有证据证明该条款系经双方当事人协商一致。故应以一审举证期限届满前双方提交的同样内容的《建设工程施工合同》文本作为本案结算工程款的依据。一审判决仅凭招投标补办手续档案中有临潼公司向恒升公司出具的"法人代表授权委托书",认定备案合同手续是由临潼公司工地代表张安明办理并按恒升公司提交的存档合同文本作为工程价款结算根据,缺乏事实和法律依据,本院应予纠正。

2. 一审判决关于混凝土采用现场搅拌价计算恒升大厦已完工程造价是否适当的问题

根据恒升大厦工程设计施工方案关于采用商品砼的具体要求、长安监理公司工程主体质量评估报告中关于采用商品砼符合规范要求的评估结论、长安监理公司出具的关于全部采用商品砼的情况说明以及临潼公司从陕西尧柏混凝土有限公司购买商品混凝土的发票等一系列证据,足以证明本案所涉工程采用的是商品砼而非现场搅拌砼。陕西华春建设项目管理有限责任公司对恒升大厦综合楼已完工程造价作出的华春鉴字〔2006〕07号鉴定报告也认为,"恒升大厦已完工程总造价23846047.39元是在该工程所采用的混凝土为商品混凝土且单价采用实际购买价的情况下计算的结果。以此单价为依据所鉴定的恒升大厦已完工程总造价相对于其他两种总造价较真实"。故恒升大厦已完工程总造价应以鉴定结论中的23846047.39元为依据,对恒升公司以混凝土现场搅拌价格计算工程造价的主张及临潼公司以商品混凝土市场信息价计算工程造价的主张均不予采信。

3. 关于恒升公司已向临潼公司支付工程款的数额问题

一审判决认定恒升公司已付工程款数额为10532342.4元,临潼公司认为该认定数额错误。临潼公司提出异议的有三个方面,其一是主张恒升公司向其借款480万元应从恒升公司的已付工程款中予以扣除。本院认为,临潼公司的诉讼请求是要求判令恒升公司支付拖欠的工程款及利息,赔偿停、窝工损失。支付工程款与借款是两个不同的法律关系,临潼公司主张将借款480万元从恒升公司已付工程款中直接扣除缺乏相应的法律依据，本院不予支持，临潼公司主张的借款问题应另行解决。其二是临潼公司主张恒升公司支付给致圣公司的580万元不应全部认定为恒升公司已付工程款。本院认为，对于恒升公司已付工程款数额的认定问题，一般来讲，收款人应当是临潼公司，如果是按临潼公司的要求向其他单位付款，恒升公司应出具临潼公司委托付款方面的证据，而恒升公司并没有提供相关证据。鉴于临潼公司已认可其中的340万元为恒升公司已付工程款，故恒升公司支付给致圣公司的340万元应认定为恒升公司已付工程款。其三是临潼公司主张天然气泄漏事故造成的支出208410元应由恒升公司承担。本院认为，对天然气泄漏事故造成的支出208410元，应以长安监理公司最后出具的说明为依据，临潼公司主张由恒升公司承担依据不足，本院不予采信。综上，恒升公司已付工程款的数额应认定为8132342.4元。

4. 关于临潼公司主张的停窝工损失是否应得到支持的问题

本院认为，虽然陕西华春建设工程项目管理有限责任公司2006年11月25日出具的鉴定报告中，对于恒升大厦工程停、窝工损失计算为346421.84元，但该鉴定报告也明确说明："该工程停、窝工时间为自2004年4月至2006年6月22日，但数量没有建设单位指定的工地代表签证。"一审判决以临潼公司未按合同约定申报工程量及申请支付工程款，亦未提供监理公司确认的停、窝工证据，故对临潼公司主张的停、窝工损失不予支持。由于二审中临潼公司也没有提供相关证据支持其主张，故对临潼公司上诉要求恒升公司按鉴定报告计算的346421.84元支付停、窝工损失，本院亦不予支持。

5. 关于恒升公司应从何时开始向临潼公司支付所欠工程款利息的问题。

本院认为，依照最高人民法院《关于审理建设工程施工合同纠纷案件适用法律问题的解释》第18条规定："利息从应付工程价款之日计付。当事人对付款时间没有约定或者约定不明的，下列时间视为应付款时间：（一）建设工程已实际交付的，为交付之日；（二）建设工程没有交付的，为提交竣工结算文件之日；（三）建设工程未交付，工程价款也未结算的，为当事人起诉之日。"合同有约定的，应当遵从当事人约定，只有在当事人对付款时间没有约定或者约定不明的，才分别不同情况适用该条司法解释的规定。从本案双方当事人签订的《建设工程施工合同》的约定来看，约定工程施工到正负零时，甲方向乙方首次支付已完工程量95%的工程款。正负零以下工程，作为乙方第一次报量期。正负零以上工程，由乙方每月25日将当月工程量报甲方，经其审核后在次月1—3日内将上月所完工程量价款95%支付给乙方。故一审判决恒升公司从临潼公司起诉之日起支付工程欠款利息不当，本院予以纠正。临潼公司主张从2005年4月12日停工之日起支付利息，本院照准。

125. 仲裁委员会已经作出仲裁裁决，其中一当事人虽对该仲裁裁决不服，但又没有在法定期间内提起诉讼撤销该仲裁裁决而导致仲裁裁决已经发生法律效力，那么其再向人民法院起诉，能否得到支持？

由于当事人未在法定期间内要求撤销仲裁裁决，该裁决已经发生法律效力。当事人再提起诉讼，人民法院对其主张应不予支持。

典型疑难案件参考

成都金地房屋开发有限公司诉四川遮民建筑工程有限责任公司建筑工程施工合同案

基本案情

1998年7月13日，金地公司与遮民公司签订了《关于工程款计取及支付的补充协议（一）》[以下简称《补充协议（一）》]。该协议约定，施工幢号为7、8幢，共计面积13500平方米，遮民公司按三级二档收费；金地公司预付款为68万元，在主体施工至三层顶板盖板完毕前不支付进度款；在竣工验收合格交付金地公司时，工程款支付不少于总款的80%；结算审定完成，支付工程款至98%，留2%为工程保修金，到保修工期完成支付。1998年9月8日，金地公司与遮民公司签订了《关于金地花园施工界定及材料采供协议（二）》[以下简称《补充协议（二）》]，约定，由金地公司供应48万元钢材、32万元水泥及地砖、洁具等。1998年11月30日，金地公司与遮民公司签订了一份《建设工程施工合同》（含《建设工程施工合同条件》和《建设工程施工协议条款》），约定：由遮民公司为金地公司修建金地花园7、8号住宅楼；7号楼建筑面积6659平方米，1998年12月10日开工，2000年2月10日竣工，总工期425天；8号楼建筑面积3278平方米，1998年12月10日开工，1999年7月22日竣工，总工期225天；预付工程款189万元；纯属遮民公司原因造成工期延误，按合同工期，每延误一天，按总价的万分之二的罚款，反之，按合同工期每提前一天按总价的万分之二奖励遮民公司；工程质量经质监站评定达优良工程，金地公司按每幢工程总造价的3%付给遮民公司优良工程款。该合同经成都市建设工程合同管理办公室鉴证。另外，金地公司还与遮民公司签订了一份没有写明签订日期的《关于金地花园工程款、质量、工期的补充协议（三）》[以下简称《补充协议（三）》]。该协议约定，根据工程施工合同精神，结合遮民公司承担工程项目，经双方协商，特对工程质量、工期问题作以下补充：工程质量均应达到优良，若达到优良，金地公司按6元/平方米给予遮民公司奖励；8号楼工期为200天（从交桩基起计，1998年12月10日至1999年6月30日止），7号楼工期为300天（从交桩基起计，1998年12月10日至1999年10月9日止）；8号楼按期完成工程奖励10000元，每提前（延后）一天奖励（惩罚）2500元；7号楼按期完成工程奖励25000元，每提前（延后）一天奖励（惩罚）3000元；工期延误一个月（含一个月）以上，除按以上规定处以罚款外，遮民公司还应承担由此对金地公司造成的一切经济损失（含直接损失和间接损失）；原订协议与本协议相抵触之处，以本协议为准。在庭审质证时，双方对三份协议和《建设工程施工合同》及《建设工程施工合同条件》的真实性无异议，但金地公司认为三份协议是双方真实意思表示，《补充协议（三）》的签订时间应在《建设工程施工合同》之后，该三份协议有效，与本案具有关联性和证明力，应作为确定双方权利义务的依据。其理由：一是金地公司付给遮民公司预付款是按《补充协议（一）》的约定，支付了68万元，未按《建设工程施工合同》的约定预付工程款189万元；二是在材料的采供上是按《采供协议（二）》履行的，未按《建设工程施工合同》的约定履行；三是遮民公司在计算优良工程质量奖时也是依据《补充协议（三）》计算的；四是遮民公司在《建设工程施工合同》签订后填写的开工报告上的工期也是按《补充协议（三）》的工期填写。遮民公司则认为三份协议均是在签订《建设工程施工合同》之前的意向性协议，《建设工程施工合同》是经过建筑主管部门鉴证的合同，是双方当事人的真实意思表示，应按《建设工程施工合同》确定双方的权利与义务。

《建设工程施工合同》签订后，遮民公司于1999年1月1日向质检站提供的并经双方签字确认的《开工报告》中，载明：7号楼面积为11300平方米，工期为1998年12月18日至1999年10月17日，共计300天；8号楼面积为6300平方米，工期为1998年12月18日至1999年7月17日，共200天。7、8号楼共计面积17600平方米。根据上述《开工报告》，7、8号楼的工期与《补充协议（三）》约定的工期一致。根据审计单位出具的竣工结算审核报告，7、8号楼的实际建筑总面积为16698平方米，小于《开工报告》上载明的面积，比《建设工程施工合同》约定的建筑面积增加了6761平方米。对上述工程的造价，经双方确认委托成都市高新建设经济技术咨询公司审计，两幢楼工程造价为11853812.73元。

金地公司从1998年12月起至2000年8月交付7号楼房屋时止，共向遮民公司支付1082万元工程款。其中包括金地公司预付的68万元工程款和提供的材料款1402945.47元。遮民公司未提供对工期顺延达成约定的书面协议。

上述协议签订后，遮民公司对其承建的7、8号楼正式开工修建，金地公司于1998年12月4日付给遮民公司预付款68万元。遮民公司承建的8号楼于1999年12月20日竣工，2000年3月6日验收。对上述事实，双方均无异议。关于7号楼的竣工时间，金地公司认为是2000年7月3日竣工验收，2000年8月2日进行的优良复查。遮民公司认为是1999年10月17日竣工。金地公司为证明其主张，向法庭提交了以下证据：（1）2002年5月30日，成都市建筑工程质检站出具的《证明》一份，证明金地花园7号楼于2000年7月3日竣工核验。（2）遮民公司于2000年8月18日给金地公司的《承诺书》，证明遮民公司在2000年8月对7号楼检查发现的问题尚在整改。对上述证据，遮民公司对其真实性无异议，但认为只能证明7号楼交付的时间，不能证明竣工时间。遮民公司向法庭提交的7号楼竣工报告上无竣工时间。遮民公司申请法院到质检站对7号楼的验收时间进行调查取证，根据遮民公司申请，武侯区人民法院到质检站对7号楼的验收时间进行了调查取证，该7号楼的《竣工报告》载明竣工日期为2000年5月31日。

2002年4月，遮民公司向成都仲裁委员会提出仲裁申请，要求金地公司支付工程余款530万元，金地公司提出仲裁反请求，要求遮民公司支付工程逾期交付违约金1698000元。2002年7月9日，仲裁委下达〔2002〕成仲案字第51号裁决书，裁决金地公司给付遮民公司工程欠款533054.86元，驳回金地公司请求遮民公司承担违约金的反请求。2002年8月7日，遮民公司依据裁决书，向成都市锦江区人民法院申请执行。2002年11月4日，锦江区人民法院作出〔2002〕锦江执字第831号民事裁定，以成都仲裁委员会认定事实的主要证据不足为由，裁定不予执行〔2002〕成仲案字第51号仲裁裁决书。

2000年12月底，金地公司要求遮民公司赔偿违约金，为此，双方进行了协商。遮民公司提供了一份2001年1月无双方签名的《补充协议》，该协议约定："因乙方（即遮民公司）在履行建筑工程承包合同中延误工期，导致甲方（即金地公司）经济损失，乙方自愿赔偿甲方30万元，该款由甲方直接扣除；甲方于该协议生效之日起3日内向乙方支付工程款47万元。"遮民公司称该协议由金地公司委托代理律师亲笔起草并由遮民公司签章后交给金地公司后，金地公司于2001年1月17日向遮民公司划拨工程款47万元，扣除的30万元已实际履行。双方对顺延工期的问题和遮民公司的迟延责任问题已经协商解决。对该补充协议，金地公司对其真实性提出异议，认为该协议无金地公司的签章，不能确认其真实性。金地公司划拨47万元给遮民公司，不能证明金地公司同意遮民公司扣除30万元。

一审诉辩情况

原告成都金地房屋开发有限公司（以下简称金地公司）诉称：1998年11月30日，原、被告签订了金地花园7、8号楼的《建筑工程施工合同》约定：7、8号楼的开工日期：1998年12月10日，7号楼的建筑面积6659千方米，竣工日期为2000年2月10日，总工期为425天；8号楼的建筑面积3278平方米，竣工日期为1999年7月22日，总工期为225天。双方后又签订《关于金地花园工程款、质量、工期的补充协议（三）》约定：8号楼工期为200天，从1998年12月10日至1999年6月30日止；7号楼工期为300天，从1998年12月10日至1999年10月9日止；8号楼按工期每提前（延后）一天奖励（惩罚）2500元；7号楼按工期每提前（延后）一天奖励（惩罚）3000元。按以上协议，被告对位于本市少陵东路1号的金地花园7、8号楼进行了施工。但被告迟至2000年8月才完成7号楼的施工，致7号楼的实际完工时间比约定迟延296天，于2000年5月才完成8号楼的施工，8号楼延迟305天，依《补充协议（三）》约定，被告应当承担迟延完成房屋施工的违约金1650500元。被告的以上违约行为，直接造成了原告的巨大损失。因此，请求人民法院判令被告向原告承担逾期完成房屋施工的违约金1650500元。

被告四川遮民建筑工程有限责任公司（以下简称遮民公司）辩称：《补充协议（三）》与《补充协议（一）》、《采供协议（二）》签订的时间发生在原、被告双方签订的《建筑工程施工合同》之前，均属意向性协议，未实际履行。双方于1998年11月30日签订的《建筑工程施工合同》，是经过成都市建设工程合同管理办公室鉴证（鉴证时间为同年12月2日）的，是双方的真实意思表示，并予以履行。该合同约定：7号楼建筑面积6659平方米，开工日期1998年12月10日，竣工日期2000年2月10日，工期425天；8号楼建筑面积3278平方米，开工日期1998年12月10日，竣工日期1999年7月22日，工期225天。经过鉴证的合同的工期并非是《补充协议（三）》所确定的工期，双方实际履行的是经过鉴证的《建筑工程施工合同》，不是按补充协议履行，该《补充协议（三）》并未履行。按《建筑工程施工合同》约定，被告修建的7号、8号楼总面积工程为9937平方米，在修建过程中，原告要求增加建筑面积，经被告委托审计，7号、8号楼工程总面积达到16698平方米，比《建筑工程施工合同》约定的建筑面积增加6761平方米，建筑总价款由原定的6298900元变更成审计结果的总价款11853800元。依据双方签订的《建筑工程施工合同条件》第12条第1项"工程变化和设计变更，工期相应顺延"的约定，8号楼于1999年12月20日竣工，2000年3月6日验收；7号楼

2000年5月31日竣工，7月3日验收。按照《建筑工程施工合同条件》及定额的规定，均属正常的工期范围。顺延工期是原告的工程量发生重大变化，是在《建筑工程施工合同条件》约定的范围内，被告不应承担违约责任。根据双方签订的《建筑工程施工合同》约定：合同生效后5日内由原告拨付工程款189万元，每月5日前拨付上月工程进度款。但在实际履行中，原告并未按约定向被告预付189万元工程款，更没有按照工程进度逐月拨付工程款。1999年4月，当7、8号楼主体工程竣工时，被告累计应付工程款9238799.59元，实际仅付工程款3135036.40元，欠工程款6103763.17元。1999年12月，原告仍欠被告工程款2828114.84元。因此，造成工期顺延的责任完全是原告所致，应当由原告自负。2001年1月，双方为解决工程工期的问题，签订了《补充协议》约定："因乙方（遮民公司）在履行建筑工程承包合同中延迟工期，导致甲方（金地公司）经济损失，乙方自愿赔偿甲方30万元，该款由甲方直接扣除；甲方于该协议生效之日起3日内向乙方支付工程款47万元。"原告于同年1月17日向被告划拨工程款47万元，双方对30万元的扣除予以确认。因此，双方已对顺延工期的问题做出了解决，被告已做出了补偿。现原告起诉被告要求承担违约金是毫无道理的。以上事实表明，原告的诉讼请求完全没有事实依据，故请求人民法院依法驳回原告的诉讼请求。

一审裁判结果

四川省成都市武侯区人民法院依照《中华人民共和国建筑法》第15条第2款、《中华人民共和国合同法》第114条的规定，判决如下：

一、被告四川遮民建筑工程有限责任公司于本判决生效之日起30日内一次性支付给原告成都金地房屋开发有限公司逾期交房违约金1118000元；

二、驳回原告成都金地房屋开发有限公司的其他诉讼请求。

案件受理费18267元，其他诉讼费9133元，财产保全费8770元，合计36170元，由原告成都金地房屋开发有限公司负担12133元，被告四川遮民建筑工程有限责任公司负担24037元。

一审裁判理由

四川省成都市武侯区人民法院根据上述事实和证据认为：本案原、被告双方在签订《补充协议（一）》和《采供协议（二）》之前，未签订过任何有关建筑工程施工的合同或协议。该二份协议签订的时间均在双方签订的《建筑工程施工合同》之前，其约定的内容与《建筑工程施工合同》中有关的内容相冲突，双方就修建金地花园7号、8号楼这同一事实先后签订的合同或协议内容有相冲突的部分，应以后合同为准。本案应以双方后签订的《建筑工程施工合同》的约定为准。关于《补充协议（三）》的签订时间是在签订《建筑工程施工合同》之前还是之后的问题，根据该《补充协议（三）》明确约定："根据工程施工合同精神，结合乙方承担工程项目，经甲、乙双方协商，特对工程质量、工期问题作以下补充：原订协议与本协议相抵触之处，以本协议为准。"故本院据此认定该《补充协议（三）》的签订时间应该是在签订《建筑工程施工合同》之后。根据当事人可以变更合同的规定，该《补充协议（三）》应理解为是对《建筑工程施工合同》中所约定的工期和奖惩办法的重新约定变更。《建筑工程施工合同》和《补充协议（三）》系双方当事人的真实意思表示，内容不违反法律、法规的禁止性规定，应受法律保护。被告承建的金地花园7、8号楼建筑工程的工期和奖惩办法应按《补充协议（三）》的约定确定双方的权利义务。根据《补充协议（三）》的约定，7号楼的工期为300天，从1998年12月10日至1999年10月9日止。关于如何确定竣工日期，根据国家工商行政管理局、建设部联合制定的《建设工程施工合同（条件）》第27条"竣工为乙方（注：即建筑施工方）送交竣工验收报告的日期，需修改后才能达到竣工要求的，应为乙方修改后提请甲方验收的日期"的规定，虽然被告提供7号楼的《竣工报告》上送交竣工验收报告日期为1999年12月24日，但7号楼的《竣工报告》上载明的竣工日期为2000年5月31日。故本院认定7号楼的实际竣工日期应为2000年5月31日。原告提供的成都市建筑工程质检站出具的《证明》，证明金地花园7号楼竣工核验的日期为2000年7月3日，因该日期是金地花园7号楼竣工后核验的日期，不是被告提请原告验收日期，故不应计为竣工日期。根据《补充协议（三）》的约定，7号楼的实际工期比约定的工期延迟231天，按约定应承担违约金231×3000＝693000元。根据《补充协议（三）》的约定，被告承建的8号楼工期为200天，从1998年12月10日起至1999年6月30日止。8号楼的实际竣工日期为1999年12月20日，比约定的工期延迟170天，按约定应承担违约金170×2500＝425000元，故7号、8号楼延迟交付按约定共应承担的违约金为693000元＋425000元＝1118000元。关于本案实际建筑面积比《建筑工程施工合同》约定的面积增加6761平方米，工期是否应顺延？本院认为，本案被告承建工程的实际建筑面积比《建筑工程施工合同》约定的面积增加6761平方米是事实，但被告在签订《建筑工程施工合同》后，依据设计施工图填制的并经双方签字确认的2份《开工报告》上的建筑面积共为17600平方米，工期与《补充协议（三）》的约定一致，该《开工报告》是被告在开工时对建筑工程总面积和工期的最终确认。由此认定被告对工程实际的总面积和工期在开工时是明知的。被告未提供施工设计图曾变更增加了建筑面积的相关证据,也未提供就增加建筑面积同原告重新约定延长工期的相关证据,故被告以增加建筑面积需顺延工期的抗辩理由不能成立,不予支持。关于原告未按《建筑工程施工合同》的约定向被告预付工程款和未按要求支付工程价款,工期是否应顺延?本院认为,根据《建筑工程施工合同》的约定,原告未按《建筑工程施工合同》的约定向被告预付工程款和未按要求支付工程价款,原告应承担违约责任,并非是被告顺延工期的理由。故被告以原告未按约定预付工程款和未按要求支付工程价款,工期应顺延的抗辩理由,不符合双方的约定,不能成立,不予支持。本案被告对原告未按《建筑工程施工合同》的约定向被告预付工程款和未按要求支付工程价款应承担的违约责任,未提出反诉,本案不予审理。关于被告提供的一份2001年1月无双方签名的《补充协议》,证明原告已同意扣除被告30万元违约赔偿金事实。由于该协议无双方签章,原告对该《补充协议》的真实性提出异议,被告又未提供该《补充协议》原告已认可的其他相关证据。原告划拨47万元给被告的行为不能证明原告已同意扣除被告30万元违约赔偿金的事实。综上所述,原告请求被告赔偿违约金的诉讼请求,部分成立,依法应予支持,其余部分应予驳回。

二审诉辩情况

遮民公司不服一审判决,提起上诉称:一审判决认定事实不清、工期延误的原因在金地公司未按合同约定付款、工期延误的责任问题双方已协商解决,要求四川省成都市中级人民法院撤销一审判决。

金地公司答辩称:原审认定事实清楚,判决正确。

二审裁判结果

四川省成都市中级人民法院依据最高人民法院《关于适用〈中华人民共和国民事诉讼法〉若干问题的意见》第186条的规定,判决如下:

一、撤销成都市武侯区人民法院〔2002〕武侯民一初字第1992号民事判决;
二、驳回成都金地房屋开发有限公司的起诉。

一审案件受理费18267元,其他诉讼费9133元,财产保全费8770元,二审案件受理费27400元,以上合计63570元,由成都金地房屋开发有限公司负担。

二审裁判理由

四川省成都市中级人民法院根据上述事实和证据认为:遮民公司与金地公司就双方之间的纠纷在合同中明确约定由成都仲裁委员会仲裁,并且成都仲裁委员会业已就上诉人申请被上诉人拖欠工程款及工程优良奖和被上诉人反请求上诉人承担逾期竣工违约金二案,合并进行了仲裁,下达了〔2002〕成仲案字第51号仲裁裁决书。该仲裁裁决支持了上诉人遮民公司要求被上诉人支付拖欠的工程尾款及按约支付优良工程奖的本请求,驳回了被上诉人金地公司要求上诉人遮民公司承担逾期竣工违约金1698000元的反请求。但当上诉人遮民公司申请成都市锦江区人民法院强制执行该仲裁裁决时,该院在执行审查时认为成都仲裁委员会在仲裁时认定事实的主要证据不足,以〔2002〕锦江执字第831号民事裁定书裁定不予执行。该结果对上诉人遮民公司而言,可依《中华人民共和国民事诉讼法》第217条第5款的规定,选择根据双方达成的书面仲裁协议重新申请仲裁或向人民法院提起诉讼以获取救济。被上诉人金地公司在反请求被仲裁委驳回后,若认为该仲裁裁决有《中华人民共和国仲裁法》第58条规定的情形,亦可依该条的规定在法定期限内,向人民法院提起申请要求撤销该仲裁裁决,以保护自己的合法权益。但被上诉人金地公司仅在上诉人遮民公司申请强制执行仲裁裁决时,提出了抗辩意见。尽管成都市锦江区人民法院在执行审查时采纳了被上诉人的抗辩意见,裁定不予执行仲裁裁决,但这针对的仅是上诉人遮民公司在仲裁时的本请求而言。至此,双方需重新仲裁或通过诉讼解决的应是上诉人遮民公司本请求所涉及的权利义务关系。就被上诉人金地公司的反请求而言,因其未依法定程序在法定期间内申请人民法院撤销,该仲裁裁决中对反请求部分的处理结果对其而言,已具有法律效力。依《中华人民共和国仲裁法》第9条第1款之规定,被上诉人金地公司已不能就同一纠纷再行向人民法院提起诉讼。

> **126. 当事人只是选择适用了建设部制定的建设工程施工合同格式文本,并没有对发生上述情况下是否以承包人报送的竣工结算文件作为工程款结算依据一事作出特别约定,此时能否直接以该格式文本中的通用条款为依据,直接适用最高人民法院《关于审理建设工程施工合同纠纷案件适用法律问题的解释》第20条的规定?**
>
> 由于当事人选用的为格式文本,对于承包人报送的竣工结算文件是否作为工程款结算依据并未进行特殊约定,故此时不宜直接适用最高人民法院《关于审理建设工程施工合同纠纷案件适用法律问题的解释》第20条的规定。

127. 当事人在举证期限内不提交证据，视为放弃举证权利，人民法院可以根据对方当事人提供的证据认定案件事实。但是，被视为放弃举证权利的一方当事人是否依法仍享有抗辩权？

此种情况下，放弃举证权利一方当事人仍享有抗辩权，人民法院应当依法审查，抗辩有理的应当予以采纳、支持。

典型疑难案件参考

江西圳业房地产开发有限公司与江西省国利建筑工程有限公司建设工程施工合同纠纷案（最高人民法院公报2007年第6期）

基本案情

2002年6月6日，江西省进贤县人民政府（以下简称进贤县人民政府）与深圳市圳昌投资实业有限公司（以下简称圳昌公司）签订《进贤县政府大院开发及新区建设合同书》。2002年6月8日，圳昌公司向进贤县人民政府出具授权委托书，委托圳业公司全权负责该项目的开发、经营和建设。2002年6月12日，圳业公司申请设立"进贤县政府大院开发行政中心建设项目总指挥部"，并经进贤县工商行政管理局依法核准。进贤县政府大院开发行政中心建设项目总指挥部分别于2002年9月1日、2003年2月25日、2003年3月10日与国利公司签订了3份《建设工程施工合同》及其《补充协议书》，建设工程项目分别为进贤县行政中心建设工程县政府大楼、档案馆、食堂及宾馆。合同约定的承包范围为土建工程（基础、主体、屋面、砌筑、塑钢窗、抹灰楼地面、水电安装等），3份合同的工程总价款为人民币1424万元。工程项目采用可调价格，合同价款调整方法、范围为：按施工图、变更通知书、签证单进行调整，调整范围不得超过圳业公司与进贤县政府决算价格，最终价格以进贤县政府审定认可的造价为基础。合同约定国利公司承建的工程项目全面竣工结算后，圳业公司半年内需向国利公司支付90%工程款，土建保修期满付7%，余款3%作为工程质保金。国利公司同意在工程总造价上让利8%。结算依据为2001年《全国统一建筑（安装）工程定额》（江西省单位估价表），按三类取费。工程质量标准：政府大楼及档案馆为市级优良工程，如达不到市优将扣除工程总造价3%作为违约金；宾馆、食堂为合格工程。合同关于工程竣工结算约定：发包人（圳业公司）收到承包人（国利公司）递交的竣工结算报告及结算资料后28天内进行核实,给予确认或者提出修改意见。发包人收到竣工结算报告及结算资料后28天内无正当理由不支付工程竣工结算价款,从第29天起按承包人同期向银行贷款利率支付拖欠工程价款的利息,并承担违约责任。在施工过程中,圳业公司将合同约定的屋面、水电安装工程发包给他人施工。圳业公司分别于2004年9月23日、2004年11月8日和2004年12月30日收到国利公司递交的进贤县行政中心建设工程——档案馆、政府大楼、食堂、宾馆楼的工程决算书。工程决算书反映的工程总造价为24742895.8元。2004年8月25日,国利公司承建的县政府大楼、档案馆、食堂、宾馆通过竣工验收并投入使用。食堂、宾馆楼经验收评定为合格工程;政府大楼、资料楼经南昌市建设工程质量监督站评为市级优质结构工程;政府大楼经南昌市城乡建设委员会评定为市级优良工程。2005年4月1日,进贤县政府大院开发行政中心建设项目总指挥部向各施工单位发出通知,要求各施工单位尽快提供齐全有效的决算资料进入决算程序。至本案起诉之日止,圳业公司共向国利公司支付工程款人民币1264万元。国利公司单方提供的工程决算显示,圳业公司尚欠国利公司工程款12102895.8元。

一审法院另查明,圳昌公司与进贤县人民政府签订《进贤县政府大院开发及新区建设合同书》第11条约定:"新区建设工程验收合格后,双方进行财务结算,结算必须在验收之日起1个月内完成。"圳昌公司与进贤县人民政府的工程结算至今未进行。

一审法院通知当事人的举证期限为2005年8月15日前,并于2005年9月12日、9月29日两次组织双方当事人进行证据交换。在此期间,圳业公司未提出对本案所涉工程造价进行司法鉴定的申请。2005年10月8日,圳业公司向一审法院提出书面申请,要求就本案所涉工程项目款项进行司法鉴定。在移送鉴定中,圳业公司对鉴定事项范围提出异议,且未在通知要求的时间内按规定交纳鉴定费用,一审法院司法技术处于2006年3月17日将案件退回。

2005年12月13日,国利公司向一审法院提出先予执行申请,一审法院经审查,于2006年1月16日作出〔2005〕赣民一初字第5-2号民事裁定,由圳业公司向国利公司支付200万元。此款已执行完毕。

因涉案工程款未结清,国利公司于2005年4月27日向江西省南昌市西湖区人民法院(以下简称西湖区人民法院)提起诉讼。西湖区人民法院受理后,圳业公司提出管辖权异议。2005年5月23日,西湖区人民法院将本案移送江西省高级人民法院。国利公司的诉讼请求是:判令圳业公司清偿工程款1210万元及利息90万元;由圳业公司承担本案的案件受理费和财产保全费。

一审裁判结果

一审法院依照《中华人民共和国合同法》第60条、第107条、第109条，最高人民法院《关于审理建设工程施工合同纠纷案件适用法律问题的解释》第17条、第20条，最高人民法院《关于民事诉讼证据的若干规定》第25条，《中华人民共和国民事诉讼法》第13条的规定，判决如下：

圳业公司于判决生效之日起15日内向国利公司支付工程款812.08万元及利息（利息数额自2005年1月28日开始按中国人民银行发布的同期同类贷款利率计算至执行完毕时止，但工程款中3%保修金不计利息）。案件受理费75010元、财产保全费65520元，共计140530元，由圳业公司承担90%，即126477元；由国利公司承担10%，即14053元。

一审裁判理由

一审法院认为：圳业公司申请并经工商行政管理部门依法核准设立进贤县政府大院开发行政中心建设项目总指挥部，该指挥部与国利公司所签订的3份《建设工程施工合同》及其《补充协议书》，系当事人的真实意思表示，其内容没有违反国家法律及行政法规的禁止性规定，应为合法有效。该指挥部因无法人资格，其民事责任由圳业公司承担。圳业公司对其在本案中的诉讼地位无异议，该院依法予以确认。国利公司按合同约定履行了义务，完成了承包范围内的县政府大楼、档案馆、食堂及宾馆土建工程。工程竣工后，圳业公司向国利公司支付了部分工程款。在工程结算中，国利公司向圳业公司分别递交了县政府大楼、档案馆、食堂及宾馆的工程决算书。双方签订的建设工程施工合同中关于工程竣工结算条款约定，发包人收到承包人递交的竣工结算报告及结算资料后28天内进行核实，给予确认或者提出修改意见，发包人收到竣工结算报告及结算资料后28天内无正当理由不支付工程竣工结算价款，从第29天起按承包人同期向银行贷款利率支付拖欠工程价款的利息，并承担违约责任。最高人民法院《关于审理建设工程施工合同纠纷案件适用法律问题的解释》第20条规定："当事人约定，发包人收到竣工结算文件后，在约定期限内不予答复，视为认可结算文件的，按照约定处理。承包人请求按照竣工结算文件结算工程价款的，应予支持。"国利公司提出的关于圳业公司支付所欠工程款的诉讼请求，符合双方之间的约定及最高人民法院上述司法解释的规定，依法应予支持。圳业公司收到国利公司递交的工程决算书后，未在合同约定的时间内对决算问题提出任何异议。圳业公司关于国利公司未向其提交完整的决算资料，导致决算工作无法正常进行，责任完全在国利公司的抗辩理由不能成立。双方当事人所签订的建设工程施工合同虽然约定工程项目采用可调价格，合同价款调整方法、范围为：按施工图、变更通知书、签证单进行调整，调整范围不得超过圳业公司与进贤县人民政府决算价格，最终价格以进贤县人民政府审定认可的造价为基础，但圳业公司与进贤县人民政府至今未就承建的工程造价进行决算，进贤县人民政府最终审定认可的造价无法确定。在对本案所涉工程款可调部分价格进行司法鉴定时，圳业公司未在法院对外委托鉴定部门通知要求的时间内按规定交纳鉴定费用，应视为圳业公司行使诉讼权利中对鉴定请求的放弃。国利公司在诉讼请求中，要求判令圳业公司清偿所欠工程款1210万元。诉讼中，国利公司递交书面材料，说明在起诉时未将双方当事人签订的补充协议中8％（计197.92万元）让利从工程款中减去，圳业公司实际尚欠国利公司工程款1012.08万元。此为国利公司在法律规定范围内对自己民事权利的处分，一审法院予以准许。上述款项减去通过先予执行圳业公司向国利公司支付的200万元，圳业公司向国利公司支付的工程款应为812.08万元。国利公司要求圳业公司支付所欠工程款利息90万元，因未能提供计算依据，所欠工程款利息数额只能按一般利息计算规则予以确定。且依据合同约定，国利公司诉请所欠工程款中还含有3％的工程质量保修金。合同约定土建工程质量保修期为一年，现保质期已过，但依据合同约定，保修金在返还时不计算利息。故国利公司关于要求圳业公司支付利息的诉请，一审法院部分不予支持。

▶ 二审诉辩情况

圳业公司不服一审判决，于2006年5月28日向本院提出上诉，请求撤销江西省高级人民法院〔2005〕赣民一初字第5号民事判决，驳回国利公司的一审全部诉讼请求并由其承担一、二审全部诉讼费用。其主要上诉理由是：（1）一审判决认定证据和适用法律均有错误。工程变更单并未得到建设单位的确认，但一审判决对国利公司提供的6份工程变更单全部予以确认；依据工作联系函认定国利公司在2004年11月8日向圳业公司递交进贤县政府大楼工程决算资料，亦属认定事实错误；对涉案《会议纪要》及于国利公司的效力不予认定，系适用法律错误；（2）国利公司提交的决算资料不全，且迟迟没有补齐，国利公司要求支付工程款的条件未成就，无权要求圳业公司支付工程款。一审判决错误适用关于审理建设工程施工合同纠纷案件的司法解释，将单方面的决算书作为支付工程款的依据；（3）工程决算书存在计算错误，多算工程款金额达11378038.05元，其中一笔就多算1879343.98元；（4）一审判决程序违法，对圳业公司的财产进行保全及先予执行不当，对涉案工程的全部工程造价没有进行司法鉴定。涉案工程为政府投资工程，进贤县人民政府为涉案工程的建设方，圳昌公司为代建方，法院应当通知其参加诉讼。

国利公司答辩时请求维持原判，驳回圳业公司的上诉请求。其主要理由是：（1）2004年8月25日，国利公司承建的涉案工程通过竣工验收并交付使用。圳业公司对国利公司提交的工程竣工结算书分别予以签收，充分说明圳业公司对国利公司工作联系函所述内容的确认。在合同约定的期限内，圳业公司未对有关结算书提出异议。（2）一审法院规定的举证期限为2005年8月15日，圳业公司于同年10月8日才提出鉴定申请，违反了证据规则的有关规定。一审法院同意鉴定后，圳业公司又拒不预交鉴定费用，致使鉴定无法进行，应承担举证不能的责任。（3）关于工程变更单的问题。6份工程变更单均有国利公司与圳业公司的签章，双方当事人对工程量变更的意思表示一致，圳业公司应当根据工程变更单支付工程款；国利公司与圳业公司之间系建设工程承包合同关系，圳业公司与进贤县人民政府之间则为房地产开发合同关系，国利公司未与进贤县人民政府签订任何协议，根据各方当事人权利义务的相对性，送交工程变更单应由进贤县人民政府确定的义务人圳业公司完成。涉案工程已通过竣工验收并交付使用，进贤县人民政府是验收单位之一，该事实足以证明进贤县人民政府对整个工程量的确认。（4）国利公司与圳业公司在合同中明确约定了结算期限，圳业公司在约定的结算期限内未对国利公司提交的结算资料进行确认或修改，圳业公司应承担违约责任。（5）关于2005年1月8日《会议纪要》的效力问题。熊小平虽是国利公司委派的项目经理，但根据双方合同（通用条款第1.5条）的规定，项目经理只有负责施工管理、履行合同的职能，无权代表国利公司订立、变更或解除合同。该《会议纪要》对国利公司不具有法律约束力。（6）一审法院裁定采取财产保全措施和先予执行，终止司法鉴定，依照合同约定判决扣除8%的让利工程款，均符合法律规定。

二审查明：本案中的"资料楼"即是《建设工程施工合同》约定的档案馆；圳业公司不是2005年1月8日《会议纪要》的参与方；国利公司编制的工程结算书因计算错误，多算工程款1879343.98元。

2006年12月26日，国利公司变更诉讼代理人：委托该公司职员熊韶云为该公司在本案二审中的诉讼代理人，解除与闵翰奇的委托代理合同。

本院二审期间，国利公司于2007年2月2日出具《确认函》，明确表示放弃工程款的利息60万元；放弃因编制工程结算书中计算错误而多算的工程款1879343.98元，两项合计2479343.98元。

二审查明的其他事实与一审法院查明的事实相同。

二审裁判结果

一审判决在计算工程款数额和确认利息起算日期上有误，适用法律不当，依法应予纠正。依照《中华人民共和国民事诉讼法》第 153 条第 1 款第 2 项之规定，判决如下：

变更江西省高级人民法院〔2005〕赣民一初字第 5 号民事判决为：江西圳业房地产开发有限公司于本判决生效之日起 15 日内给付江西省国利建筑工程有限公司工程款 6394467.67 元及利息 30 万元。

如逾期不履行本判决确定之金钱给付义务，应当依照《中华人民共和国民事诉讼法》第 232 条之规定，加倍支付迟延履行期间的债务利息。

本案一、二审案件受理费 150020 元、财产保全费 65520 元，共计 215540 元，由江西圳业房地产开发有限公司承担 65%，即 140101 元；江西省国利建筑工程有限公司承担 35%，即 75439 元。

二审裁判理由

二审法院认为：圳业公司与国利公司签订的 3 份《建设工程施工合同》及其《补充协议书》，是双方当事人的真实意思表示，其内容不违反法律、法规的规定，应认定合法有效。上述合同对双方当事人均具有约束力。当事人二审期间争议的主要问题是：

1. 关于支付工程款的条件是否已经成就的问题。国利公司已经履行了合同义务，且涉案工程已通过验收并交付使用，圳业公司对工程质量不持异议。此后，国利公司依约将竣工结算文件提交给圳业公司。圳业公司在收到竣工资料后的 28 日内，既不表示认可也未提出修改意见，违反了双方当事人选择适用的建设部制定的《建设工程施工合同》格式文本中第 33 条第 3 款的规定，从第 29 天起，支付工程款的条件成就。圳业公司的违约行为不能阻却支付工程款条件的成就。

关于 2005 年 1 月 8 日《会议纪要》对工程款支付时间的影响。圳业公司以该《会议纪要》及 2005 年 1 月 18 日国利公司向其递交的《工程款正常支付申报表》和其分 4 次通过工商银行向国利公司支付工程款的 9 张凭证作为证据，主张该《会议纪要》对双方当事人具有约束力。根据该《会议纪要》，国利公司已经领取了部分工程款，在有关工程总结算完成前，不得再索要工程款。国利公司则认为，圳业公司提出的《工程款正常支付申请表》及付款凭证举证不属于新证据，对这些在举证期限届满后提交的证据不予认可。国利公司还主张，《会议纪要》上虽有其项目经理熊小平的签字，但其并不负责国利公司财务和工程结算。未经公司授权，熊小平在该纪要上签字无效。上诉人支付全部工程款的条件已经成就。本院认为，该《会议纪要》列明的与会方并不包括圳业公司，作为与会的工程款付款义务人在该纪要上盖章的是圳昌公司。该纪要与圳业公司没有直接关系,即使圳业公司举出的相关付款凭证证明国利公司已经领取了部分工程款,也无法证明其通过该《会议纪要》承诺不向圳业公司索要工程款。由于圳昌公司、圳业公司均为独立的法人,是不同的民事主体,圳业公司关于"圳昌公司就是圳业公司"的主张不能成立,其关于《会议纪要》形成后至进贤县人民政府有关工程总结算完成前,国利公司不得要求圳业公司支付工程款的主张也不能成立。因此,对于圳业公司关于支付工程款条件未成就的主张,本院不予支持。

2. 关于工程款的计算问题。鉴于本案合同约定工程采用可调价格,双方当事人在价格调整问题上存在争议。圳业公司认为,一审判决将国利公司提交的6张工程变更单全部予以确认是错误的,其中两份没有建设单位代表签字、一份没有设计单位代表签字。这3张工程变更单是无效的。国利公司则坚持认为6张变更单有效。经审查,这6张工程变更单中虽有两张没有建设单位代表签字,但均系圳业公司提出变更,并由其和国利公司、监理单位的代表签字后经双方当事人盖章确认。由于涉案合同是在双方当事人之间履行的,作为发包方的圳业公司有义务将工程变更单提交建设单位、设计单位代表签字,即使工程变更单存在未提交有关代表签字的瑕疵,也不能成为其否认工程变更单效力的理由。因此,一审法院认定6张工程变更单有效并无不当。对圳业公司关于部分工程变更单未经建设单位等签字确认,应认定无效的主张,本院不予支持。

圳业公司虽主张已付清全部工程款,但不能提出有效证据加以证明。因此,一审法院只能以国利公司提供的证据作为计算工程款的依据。尽管圳业公司提出了通过鉴定确定工程款数额的请求,且这一请求因其未按期交纳鉴定费而未能得到支持,但在确定工程款数额问题上,圳业公司仍享有抗辩权。对于其抗辩,本院仍应进行审查。圳业公司提出因国利公司计算工程款有误,致使一审判决认定的工程款数额多了1879343.98元。本院二审期间,国利公司对误算工程款一事予以确认并明确表示放弃向圳业公司主张1879343.98元工程款的诉讼请求,本院对此依法予以确认。圳业公司关于一审判决多算上述工程款的抗辩有理,本院予以支持。

3. 关于一审判决适用最高人民法院《关于审理建设工程施工合同纠纷案件适用法律问题的解释》第20条之规定是否正确的问题。适用本条司法解释的前提条件是,当事人之间约定了发包人收到竣工结算文件后,在约定的期限内不予答复,则视为认可竣工结算文件。本案当事人只是选择适用了建设部制定的建设工程施工合同格式文本,并没有对发生上述情况时是否以承包人报送的竣工结算文件作为工程款结算依据一事作出特别约定。因此,不能以该格式合同文本中的通用条款第33条第3款之规定为据,简单地推定出发包人认可以承包人报送的竣工结算文件为确定工程款数额的依据。圳业公司关于本案不应适用最高人民法院《关于审理建设工程施工合同纠纷案件适用法律问题的解释》第20条的上诉理由成立,本院予以支持。

本案不适用最高人民法院《关于审理建设工程施工合同纠纷案件适用法律问题的解释》第20条之规定,以承包人单方提交的竣工结算文件作为确认工程款数额的依据,并不意味着《建设工程施工合同》中通用条款第33条第3款的内容,对双方当事人没有约束力,违反这一规定,仍应承担违约责任。之所以维持一审判决以国利公司向圳业公司报送的竣工结算文件作为确认工程款数额基础的结论,是因为在一审诉讼中,国利公司将该竣工结算文件作为确定工程款数额的证据提交后,圳业公司没有在一审法院指定的举证期限内提出相反的证据,亦未在这一期限内申请鉴定。在一审法院同意就与工程款有关的问题进行鉴定后,圳业公司以不同意一审法院确定的鉴定范围为由,未在一审法院负责对外委托鉴定工作的部门指定的期限内交纳鉴定费,致使鉴定工作未能进行,应承担举证不能的后果。在此情况下,人民法院只能以一方当事人提供的证据作为确认工程款的依据。

4. 关于一审程序是否违法的问题。一审法院根据国利公司提出的财产保全申请和江西联友房地产开发有限公司出具的担保,依法裁定冻结、查封、扣押圳业公司的财产。之后,该院又根据国利公司提交的《先予执行申请书》和江西联友房地产开发有限公司另行出具的担保,依法裁定从冻结款中向国利公司支付200万元,用以支付为国利公司所拖欠的民工工资等,圳业公司声称国利公司没有提供担保与事实不符,一审法院的先予执行措施符合法定条件。本案一审中工程造价的鉴定未能进行,是由于圳业公司放弃鉴定权利的行为造成的。国利公司未将涉案工程的建设单位进贤县人民政府、开发商圳昌公司列为第三人,后两者也未申请参加诉讼,且二者均非涉案合同义务的承担者,故一审法院未将后两者追加为第三人并无不当。圳业公司关于一审程序违法的上诉理由不能成立,本院不予采信。

5. 关于工程款利息的计算问题。圳业公司上诉请求驳回国利公司的全部诉讼请求,应当包括驳回国利公司关于工程款利息的诉讼请求。本院二审期间,国利公司以《确认函》的方式表示放弃60万元工程款利息。国利公司的上述意思表示真实,不违反法律规定,本院对此予以认可。根据双方当事人所签合同约定,工程款的利息应当从国利公司向圳业公司提交竣工结算报告第29天起算。由于国利公司起诉时主张的利息总额为90万元,扣除其自愿放弃的60万元,国利公司主张的工程款利息应当以30万元为限。因以中国人民银行同期同类贷款利率计息,所得利息总数已经超过 30 万元,故国利公司所得工程款利息应为 30 万元。

> **128.** 在施工过程中,如果因办理变更手续、设计变更、工程量增加、天气等因素影响施工的话,工期是否可以顺延?
>
> 在这种情况下,实际上已经影响到正常施工,工期可以相应地顺延。

> **129.** 如何认定工程已经竣工并通过验收?
>
> 在监理方、发包方均通过验收后,该工程就应当认定通过验收,即使存在小部分的工程争议,也不得以此抗辩工程未竣工。

> **130.** 建设工程在保修范围和保修期限内发生质量问题,应当由谁承担责任?
>
> 施工单位应当履行保修义务,并对造成的损失承担赔偿责任。

典型疑难案件参考

上海千缘汽车车身模具有限公司与上海南裕建筑装饰工程有限公司建设工程施工合同纠纷案

基本案情

2006 年 7 月 25 日,南裕公司(承包方)、千缘公司(发包方)签订《建设工程施工合同》,约定(第一部分)由南裕公司承建千缘公司位于南汇区康桥工业区康桥路 1111 号二期厂房工程;工程承包范围:按施工图中所有工程内容进行施工,如土建、钢结构、彩板屋面、水、电气、消防、厂区道路以及附属工程等,包工包料;(合同工期)开工日期:以双方商定日期为开工日期,2006 年 7 月 25 日开工;竣工日期:开工之日起按日历天数计算,并在合同生效之日起130天内即在2006年12月2日全部竣工；质量标准，承包人应严格按照图纸及国家和上海地区行业标准规范施工；发包人严格验收，工程质量应符合上述标准；合同价款为人民币1180万元。（合同第二部分）监理工程师应按照有关工程监理的要求和规定担负起工程监理责任，执行工程监理合同，监理工程师要按合同行使职权，并在行使某些职权时经发包人批准；项目负责人有质量稽查权、对不符合质量标准的有否决权，变更项目及零星工程签证权、材料、设备、价格确认权、计划调度权且全面负责工程现场的一切工作，包括质量、安全、进度及其变更、工程量增减、材料、设备等有关签证确认的一系列工作。合同另对双方指派的项目经理和双方应做的工作进行了约定。（工期延误条款）工期顺延的其他情况：未能按约支付工程款、工程变更增加、停水、停电、下雨造成累计超过8小时、不可抗力、未按规定提供图纸及落实开工条件；中间验收部位为基础、主体、排水、消防管道等。（价款、质保与支付条款）合同价款采用固定价格，所有工程材料单价价格上涨或者下落，以及预算遗漏等因素均不予再作调整，为一次性按合同包死；合同价款的其他调整因素：应在发生设计变更及增加图纸以外的工程量时，并在监理和发包人代表认可的签字（证）的情况下方能允许其调整，因变更所产生的费用及工程量按双方确认的工程预算总造价中下浮7.66%后的（1180万元）价格为依据进行套算；土建基础部分完工后，即支付50万元；主体结构完成封顶后，经质监主管部门验收合格后15日内第二次支付工程款即300万元；工程全部竣工验收合格后，经质监主管部门验收合格，竣工验收报告经发包人确认后15日内结清总价的95%即771万元；余款5%即59万元为质保金，在质保期一年，期满后60日内，除保留屋面部分的保修金（质保金的10%）59000元在5年质保期满结清外，其余全部结清。（竣工验收和结算）承包人提供竣工图的约定：承包人在竣工后向发包人提交整套竣工图；完工后交工工程的要求和竣工时间的确认：工程完工后一周内，由承包人提供完整的施工资料及验收报告，发包人收到承包人送交的竣工验收报告15日内不组织验收，或者验收后16日内不提出修改意见，视为竣工验收报告已认可；在工程按发包人要求修改后，并通过验收的，实际验收的日期为承包人竣工验收的日期。（违约、索赔和争议）发包人不按合同约定支付工程款，致使承包人无法进行施工，发包人承担违约责任；发包人收到竣工结算报告及结算资料后15日内不支付工程竣工结算价款，从16日起按同期银行贷款利率计算拖欠工程款利息，并承担违约责任；承包人违约的具体责任：因承包人原因不能按照本合同约定的竣工日期或者承包人、监理工程师未经发包人认可而同意顺延的工期竣工的，承包人承担违约责任，工期每延期一天罚款2万元；若承包人施工质量在竣工验收时不能达到一次验收合格，发包人可扣除30万元作为处罚。（其他约定）"施工停工"是指在目前发包人还没有办理好施工复工手续的情况下而双方同意对该工程进行施工，并在这个施工过程中，一旦出现（由）建设执法部门和其他有关部门对其施工进行干预情况，发生了施工停工现象。如此停工给承包人造成了损失，发包人不对承包人因上述停工原因造成的损失再进行增加价款或补偿其损失以及承担其他的责任。同时双方还约定，由上述原因造成停工，承包人的工期也相应顺延，发包人不得对上述原因导致承包人施工停工而造成工期延期进行罚款。（工程质量保修）（1）工程质量保修范围和内容：具体质量保修内容为承包人严格按照"图纸"设计要求和双方约定进行保修（在正常使用条件下，地基基础工程和主体结构工程、屋面、排水、配电、气路、门窗、消防、道路及屋顶、墙面防水渗漏等）。（2）保修期约定，质量保修期从工程实际竣工之日起算。①土建工程为1年，屋面防水为5年；②电气管线、上下水管线等安装工程为1年；③工程外的上下水管线、道路等工程为1年。（3）双方对保修责任进行了约定。（4）发包人应按国家规定办理复工手续，其涉及的费用由发包人负责支付，承包人配合办理复工手续。

在签订施工合同的同时，双方又签订《补充条款》，约定：（1）墙面板分别按图纸要求进行报价，如果中途变更，可以执行变更增减手续，纳入工程竣工结算；（2）屋面玻璃棉下加不锈钢（按一期车间规格尺寸）；（3）所有彩板为宝钢铝锌板，屋面板0.6毫米厚，墙面板0.5毫米，墙面尾钉为标迪牌（要求尾钉带帽）；（4）所有彩板及其附属材料须由甲方进行封样后乙方方可采购、制作及安装，甲方根据所有被确认的封样材料为依据，对建筑物进行检验；（5）钢结构加工、制作过程中，由甲方派指定人员到加工厂对加工好的产品进行检验，但发包人对钢结构进行的查验只是"宏观"质量上的检查，并不意味此构件已经验收合格，应依有关质量、规格等要求及有关验收标准为准；（6）桩基和部分土建完成的工程量无须报价；（7）道路部分按甲方要求即做到与一期道路衔接的工程量报价（含在报价中）；（8）楼面不考虑钢承板，按支模板现浇砼计算并报价；（9）按照图纸全部工作内容进行报价，所报材料价格一次包死，不作调整；（10）配电：变电所部分暂不考虑，只考虑到车间外2米处，所有车间里面的配电含在报价中；（11）总体给排水、气管、消防的工程量及材料只考虑北面道路和二期实际做的部分，分别做到与一期工程的衔接；（12）所报价为含税价格，施工方所报项目如有遗漏项目及工程量少算，视为价格已含在其他项目中，甲方不予调整增加；（13）对一期车间北面钢立柱与二期车间搭建部分所需材料、工时等和其他费用以及北面彩板、门窗、檩条等拆除费用均含在此报价中；（14）厂内土方（挖土、回填、外运)、建筑垃圾由乙方负责清除运出厂外(费用含在报价中),如厂内缺土由发包方承担。

合同签订后,千缘公司向南裕公司提供了二期工程整套施工图,但未办理二期工程报监和施工许可证变更手续。后南裕公司按千缘公司通知于2006年8月8日正式开工。千缘公司于2006年9月26日支付南裕公司首期工程款50万元,同年10月10日支付150万元,10月31日支付150万元(合计支付工程款350万元)。期间,双方部分变更项目施工并在施工过程中结清。2006年9月12日,二期工程的地基和基础分部经验收合格,千缘公司签署了符合设计和规范要求、资料齐全的验收意见。其间,南裕公司进行了钢结构主体工程施工。同年9月22日,南裕公司在施工期间被南汇区安全质量监督站查处,该站向双方及千缘公司委托的上海博联工程监理有限公司(以下简称监理公司)发出《建设工程局部暂停施工整改指令单》,内容为:由于钢筋质量问题,建设单位与施工单位上海宝江彩板房制造工程有限公司产生纠纷,建设单位未与宝江公司正式解除合同的情况下,与另一家施工单位南裕公司签订合同,在未报监变更、施工许可证变更的情况下已擅自施工至主体钢结构吊装。现要求在主体范围内暂停施工,全面整改。整改完毕写出整改报告,经建设、监理、设计单位签证同意并交该站复查。同年9月25日,南裕公司向千缘公司发出工程施工暂停通知单,由千缘公司项目负责人杨宏焱签收,南裕公司即暂停施工。同年9月26日,千缘公司与监理公司签订《暂停工程监理协议》,双方协商后监理公司暂停工程监理,待千缘公司办理完手续再进场监理。后南裕公司未停止施工。

工程完工后,南裕公司于2007年2月2日将竣工验收报告、合格证明书交付监理和千缘公司。同年2月7日,千缘公司组织进行了竣工初验,后南裕公司针对千缘公司提出的整改意见进行了整改。同年5月17日、18日,由千缘公司组织竣工验收,又提出了相关整改意见。整改完毕后由千缘公司和监理公司于同年6月8日签署了竣工验收通过意见。同年6月18日,千缘公司、监理公司将南裕公司提交的工程竣工验收资料进行了登记。同年7月9日,南裕公司起诉本案。

一、关于工程是否已经竣工验收合格以及竣工日期的认定

法院确认如下事实:南裕公司对二期厂房工程已于2007年2月2日前施工结束,在进行自检自查后要求千缘公司组织初验。同年2月7日,千缘公司组织相关人员进行初验,经初验后发现已施工但需整改部分并出具了存在问题的清单,同时也发现了南裕公司未施工部分。监理公司于当日向南裕公司发出了关于二期工程竣工预验收情况汇报(要求整改的意见),具体内容为关于验

收报审资料要求、外窗及外墙问题、外门及墙体裂缝问题。同年2月8日，千缘公司向南裕公司出具工程联系单，要求后者对整改和未完成的项目尽快进行施工。后南裕公司进行了整改，根据千缘公司同年4月9日的整改要求，南裕公司就已完成整改项目递交了清单，并由千缘公司项目经理杨宏焱和监理陈龙德签字，整改完成时间从4月15日至4月30日。

同年5月17日，千缘公司组织南裕公司、监理公司、上海经纬晓宝建筑设计研究院（以下简称设计单位）进行竣工验收，经验收后发现土建和钢结构部分的60条问题和电气部分13条问题，当日下午4时形成了竣工验收会议纪要（南裕公司对部分内容持保留意见）。5月18日上午9时，参加验收的四方又形成验收会议纪要，千缘公司提出，对于未完成的工程量和需整改的工程量，要求南裕公司说明原因和提出意见；南裕公司认为，质量问题客观存在，如何解决要先听取其他三方意见；设计单位提出，从整体上讲施工基本完成，但以下图纸标明施工内容，该竣工验收未见：（1）配电到车间内电缆线若干条没有铺设；（2）行车开关柜和滑触线没有；（3）车间二、三层的动力箱，根据图纸要求，该部应由施工方施工，但在设计期间，千缘公司未及时提供设计方具体尺寸和内部详细的配置资料，故尺寸在图纸上未具体标示，但并不表明图纸工程量不要求施工；南裕公司认为，施工图施工范围不清，有些其没有资质施工，有些不应由南裕公司施工；监理方要求南裕公司尽快进行整改；最后，千缘公司要求南裕公司马上整改并在近两日内将整改的、能够继续做的、不能完成的工程量计划方案以书面形式提交，以便后续工作顺利进行。

2007年5月24日，南裕公司针对上述会议纪要向千缘公司发出关于对本次工程竣工验收有关问题的处理意见：（1）列明的13项整改项目，南裕公司在10日内予以完善；（2）列明的8项项目，南裕公司认为需与千缘公司进一步协商后予以处理；（3）列明的18项项目，南裕公司分别作了说明。对于以上二、三部分意见，南裕公司要求与千缘公司进一步沟通。其后，南裕公司对第一项列明的内容进行了整改，同年6月8日，由千缘公司的苗玉行、郭福杰和监理工程师陈龙德签署了整改完毕的意见，但对第二、三项未签署意见。同时，监理公司出具了监理单位工程质量评估报告及合格证明书，监理公司评定该工程为合格工程，同意竣工验收。同年6月18日，由千缘公司的苗玉行、郭福杰与监理方共同登记后，收取了南裕公司提交的二期工程全部施工单位资料（共6页计101项内容）。

2007年6月25日，千缘公司就相关设计问题向设计单位提出问题，该设计单位于6月26日就电气、建筑、给排水、消防等问题答复千缘公司。

二、关于是否存在增加工程量问题和未施工工程量问题

审理中,南裕公司申请对增加工程量审价,千缘公司申请对未施工工程量审价,法院委托上海东方投资监理有限公司(以下简称审价单位)进行了司法(审价)鉴定。根据(2000)工程预算定额下浮7.66%确立计价方式,审价结论:(一)根据图纸、工程现场及工程签证单,增加工程审定造价分别为:(1)道路工程180525元;(2)排水工程223975元;(3)安装工程359979元;(4)电缆工程545751元;(5)安装工程(图纸修改部分)347912元。(二)根据图纸、工程现场,南裕公司未施工工程造价为:(1)土建工程288381元;(2)安装工程52027元;(3)1-7号电缆工程造价117904元;(4)动力箱造价30770元;(5)滑触线造价11132元;(6)电缆返工造价42173元。(三)围墙修复造价为13754元。

南裕公司质证认为,对第一部分的增加工程审价结论无异议;对第二项未施工部分审价结论的第1项有异议,其中的洗手池没有施工详图,南裕公司无法施工,故不应扣除洗手池工程款。对第2项安装工程无异议。对第3项无异议,在上面第4项增加工程中确实该部分未施工,应当扣除。对第4项金额无异议,但因该部分动力柜按图纸说明是随设备配套供应或者待定,故不属于南裕公司施工范围,不应扣除。对第5项滑触线认为应由行车供应单位进行安装的,不是南裕公司施工范围,故不应扣除。对第6项电缆返工费无异议,但认为是人为破坏的,与南裕公司无关,也不应扣除。对第三项的围墙修复费金额无异议,是其他单位破坏的围墙,与南裕公司无关。

千缘公司质证认为,对于第一项增加工程量的审价结论不予认可,理由是:第一,审价单位没有核实这些项目是否为合同内的施工内容,施工合同明确是按图纸确定的工程款,没有增加工程的事实。第二,该签证单仅为施工安排依据,不是对增加工程量的确认。第三,安装工程中空压管道南裕公司仅施工3条,现把一期工程的一根空压管道也计算在内,多计算了7万余元。第4项的电缆工程多计算了31万余元,把南裕公司未施工和千缘公司自己安装的电缆也计算在内;对于第二项的未施工部分和围墙修复的审价结论没有异议。针对南裕公司对未施工部分提出的异议,千缘公司认为,南裕公司未施工6只动力箱,按图纸确实是根据行车设备配套供应的,当时已经告知南裕公司动力箱的规格,但其没有安装,滑触线问题也是如此。因电缆被人为破坏而需返工重做,南裕公司负保管责任,故该部分费用理应由其承担。

审价单位认为,对于第一项增加工程量,道路工程是根据现场测量计算的;排水工程中的管线是隐蔽工程,无法测量,根据签证单计算的,阴井数量78座是现场清点出的;安装工程是空压管道和母线槽的施工,审定造价

359979元中主要是母线槽的造价，该部分造价在25万元左右，如果千缘公司认为多计算了一根空压管道的造价，也只有2万元左右造价；电缆工程因现场清点时，千缘公司许总说已经由其公司安装了新的电缆，现无法确认南裕公司施工的电缆，故只能根据签证单计算；第5项安装工程是因电气施工图纸电施-9修改为电施-1修，而由此增加了三路电气施工的工程量。对于第二项未施工部分审价意见为：第1、2的土建和安装工程确实未施工；第3项1-7号电缆工程也未施工；动力箱和滑触线是根据行车起吊重量配套安装的。

三、关于延误工期问题

南裕公司认为，由于千缘公司对二期工程未报监和变更施工许可证，根据施工合同约定，由行政执法部门责令停工的，南裕公司不承担逾期竣工的违约责任。同时，在施工过程中，出现了工程量增加、施工图纸变更、工程款逾期支付等问题，故应顺延工期。

千缘公司认为，施工许可证无法变更非千缘公司责任，因千缘公司与原施工单位宝江彩板公司的诉讼未结束，无法办理变更手续。事实上南裕公司仅停工3天，根本未影响南裕公司正常施工，施工过程中也确实有图纸修改的情况，考虑到上述因素，同意扣除一个月的工期。

四、关于二期厂房存在的质量问题和修复费用

对于房屋是否存在施工质量问题，根据千缘公司申请，由法院委托上海房屋质量检测站进行了房屋质量鉴定。检测站接受申请后于2007年11月13日、14日到现场进行了检测，并于2007年12月25日出具沪房鉴（001）证字第2007-191号检测报告。检测结论为：

1. 经现场检测，被检测房屋以下部位不满足原设计要求及施工要求：（1）室外消防给水管采用热镀锌钢管，原设计采用球墨铸铁管，消防管材质不符合原设计要求；（2）厂区道路混凝土厚度局部未达到原设计要求，道路碎石和粗砂垫层总厚度未达到原设计要求，道路表明普遍未压光、存在较多施工痕迹、局部有麻面和起砂等缺陷，混凝土强度基本满足原设计要求；（3）车间地坪混凝土厚度大部分未达到原设计要求，道渣和粗砂垫层总厚度未达到原设计要求，混凝土强度基本满足原设计要求；（4）屋面天沟处未安装封口板，不满足原设计要求；（5）钢结构防火涂料厚度未达到原设计要求；（6）车间二层及三层现浇钢筋混凝土板与四周墙面均存在不同程度的间隙，间隙宽度最大值达40毫米；（7）车间2-E轴及2-F轴柱上母线槽安装质量不满足规范要求；（8）动力电缆预留长度没有满足规范要求；（9）屋面夹丝直径小于一期屋面夹丝直径；（10）空压管道阀门采取铸铁阀门，不符合原设计全铜球阀的要求。

2. 经现场检测，被检测房屋主要存在以下损坏现象：（1）屋面铝箔拼接处脱开，局部有破损；（2）卫生间地砖、墙面砖空鼓，地面预埋水管渗漏，三层西卫生间吊顶上翘；（3）屋面排水天沟内积水，局部钢板锈蚀；（4）二层及三层钢筋混凝土楼板多处开裂，局部部位板面露筋；（5）2-J轴柱防火涂料表明局部存在锈点；（6）楼梯间填充墙存在开裂、渗漏等损坏，车间落水管存在溢流痕迹，北墙存在渗漏现象。

3. 被检测房屋部分争议的质量问题，如车间大门规格型号等应委托专业部门鉴定；

4. 上述不满足原设计和施工要求及房屋损坏现状一定程度影响了被检测房屋的正常使用，应尽快采取措施予以修复整改。同时，检测站在检测报告中提出了相应的修复整改处理意见。鉴定人员对房屋质量检测报告到庭接受了质询。南裕公司对检测报告没有异议，千缘公司对检测报告也无异议。

对于上述质量问题的修复工程造价，法院根据千缘公司的申请，委托上海上咨工程造价咨询有限公司进行审价，其根据《房屋质量检测报告》提出的修复方案以及室内外地坪修复项目的复函，于2008年8月15日出具了上咨司鉴2008-037号审价报告。审价结论为：二期厂房土建修复费用为707509元，安装工程为35749元，合计造价为743258元（已包含道路修复费用）。

南裕公司对审价结论无异议；千缘公司提出以下异议：（1）车间大门的质量问题修复费未审价；（2）车间北墙彩钢夹心板、外墙及窗的渗漏问题未做修复费审价。（3）对屋面夹丝不符合约定需全部更换的费用未审价。千缘公司对上述三个问题要求重新委托相关部门进行质量鉴定。其对其余项目的审价结论没有异议。

在审理中，南裕公司对于房屋目前存在质量问题向法院明确表示不愿修复，同意按该审定金额在工程款中予以扣除。

▶ 一审诉辩情况 ◀

南裕公司诉称：2005年11月，千缘公司向其等建筑企业发出招标施工文件，招标文件明确要求投标单位应严格按照千缘公司提供的工程量清单报价，不得任意更改。南裕公司遂于同年12月向千缘公司提交投标书，并在编制说明中明确报价为12778852元的承包范围。2006年7月，双方签订了《建设工程施工合同》一份，合同约定：千缘公司将二期厂房交南裕公司承包施工，承包范围按施工图中所有内容进行施工，工程款按南裕公司报价下浮7.66%计1180万元；工程款支付时间为：土建基础完工后支付50万元，钢结构封顶后支付300万元，竣工验收合格15日内结清总价的95%，留5%质保金在一年期满后支付。合同对工程工期、增加等其他事项作了约定。嗣后，南裕公司按约进场施工，但千缘公司未按约办妥施工所需证件，也未按约付款，仅支付工程款350万元。在施工过程中，因千缘公司未变更施工许可证，南汇区质量安全监督站发出停工整改通知单。后南裕公司在千缘公司要求下进行了小规模施工，工程至2007年2月竣工。在通过了监理单位质量评估后其要求千缘公司组织验收，但千缘公司未按约组织验收并擅自使用并拒付工程款。故南裕公司起诉请求判令千缘公司支付尚欠工程款921万元并承担利息（自2007年6月28日起至判决生效日止，按每日2428.65元计算）。

千缘公司辩称：南裕公司施工工程未竣工验收，尚有许多施工项目未完工，故支付工程款的条件未成就；南裕公司已施工存在严重质量问题，需要返工整修。同时，双方实际未进行招投标手续，1180万元的工程款是双方根据施工图全部施工内容协商确定的，包括施工图中所有的施工内容，没有南裕公司诉称的增加工程量事实，故不存在合同额之外增加工程款问题。鉴于南裕公司现不愿进行返工整修，千缘公司应付南裕公司工程款中应扣除整修费用和未完工部分工程款。同时，南裕公司施工工程至今未完工并已撤离施工现场，已构成逾期竣工，按约应承担逾期竣工违约金；南裕公司施工工程也没有完成一次性验收合格，按约也应承担违约责任。故千缘公司反诉要求南裕公司按约承担每日2万元的逾期竣工违约金至少420万元，并承担不能一次性验收合格的罚款30万元。

针对千缘公司答辩意见和反诉请求，南裕公司认为，该工程已经双方及监理确认验收通过，千缘公司也已实际使用厂房，现南裕公司不愿为千缘公司进行修复，相关的修复费用和未完工部分工程款同意按实扣除；增加的工程量有工程签证单证明，千缘公司应予支付；因千缘公司至今未办理施工许可证，导致南裕公司被相关职能部门责令停工，按照合同约定应免除其逾期竣工的违约责任。即使其应承担违约责任，由于施工期间发生了工程量增加、图纸修改的事实，因而也应顺延工期，且合同约定的违约金过高，现要求按照每日万分之二计算违约金；对于罚款30万元问题，双方约定是由经质监站一次性验收未能通过的罚款，现该工程非经质监站验收，且该约定显失公平，故南裕公司不应承担该罚款。

一审裁判结果

一审法院审理后于2008年12月25日作出判决如下：

一、上海千缘汽车车身模具有限公司应支付上海南裕建筑装饰工程有限公司工程款8603013元；

二、上海南裕建筑装饰工程有限公司应支付上海千缘汽车车身模具有限公司逾期竣工违约金304440元；

三、上海南裕建筑装饰工程有限公司应赔付上海千缘汽车车身模具有限公司未能一次验收合格的罚款300000元；以上一、二、三项相抵后，上海千缘汽车车身模具有限公司尚应支付上海南裕建筑装饰工程有限公司工程款为7998573元，其应于判决生效之日起10日内支付上海南裕建筑装饰工程有限公司；并承担该款自2007年7月4日起至清偿日止按中国人民银行同期同类贷款利率计算的利息损失。如果未按判决指定的期间履行给付金钱义务，应当依照《中华人民共和国民事诉讼法》第229条之规定，加倍支付迟延履行期间的债务利息。本诉案件受理费76270元、财产保全费5000元（共计81270元，上海南裕建筑装饰工程有限公司已预交）由上海千缘汽车车身模具有限公司负担；反诉案件受理费25242.50元（上海千缘汽车车身模具有限公司已预交）由上海南裕建筑装饰工程有限公司负担；房屋质量鉴定费168700元、修复工程审价费20000元、未施工项目审价费12000元（合计200700元，上海千缘汽车车身模具有限公司均已预交）由上海南裕建筑装饰工程有限公司负担；增加工程量审价费30000元（上海南裕建筑装饰工程有限公司已预交），由上海千缘汽车车身模具有限公司负担；上述上海南裕建筑装饰工程有限公司与上海千缘汽车车身模具有限公司应负担费用相抵后为114672.50元，由上海南裕建筑装饰工程有限公司于判决生效后7日内向法院缴纳。

▶ 一审裁判理由

1. 关于竣工验收合格问题和竣工日期的认定

关于是否竣工验收合格问题。根据查明的事实，千缘公司已于2007年2月2日签收了竣工验收单和工程合格证明书，并报监理和千缘公司进行预验收，千缘公司也于同年2月7日进行了验收，由此可见南裕公司施工的二期工程项目已基本完工。经过预验收，千缘公司提出了需整改相关的项目和未完工的施工内容，南裕公司进行了整改。整改完毕后，千缘公司于同年5月17、18日进行竣工验收，因仍有部分整改项目未完成，千缘公司又提出了整改意见，南裕公司根据验收过程中双方确定的三大项内容又进行了整改。后由监理公司于同年6月8日出具了单位工程质量评估报告（竣工），千缘公司和监理公司也于同日签署了验收通过的意见，6月18日，千缘公司和监理公司共同签收了南裕公司提交的所有竣工资料。根据施工合同约定，在工程按发包人要求整改后，并通过验收的，实际验收的日期为承包人竣工验收的日期。同时，根据最高人民法院《关于审理建设工程施工合同纠纷案件适用法律问题的解释》第14条之规定，建设工程经竣工验收合格的，以竣工验收合格之日为竣工日期。故法院认定系争工程已经竣工验收合格，竣工日期为2007年6月8日。对于南裕公司提出千缘公司擅自使用的问题，根据现有的事实和证据，无法认定千缘公司存在擅自使用的问题，系南裕公司对法律规定的擅自使用的片面理解，法院不予采信。

千缘公司提出尚有部分项目未整改完毕且存在未施工项目，认为该工程至今未竣工。南裕公司认为有些项目属验收后的保修问题，有些未施工项目系因施工图标示不清或由甲方待定或随相关设备配套供应、施工单位无资质施工等原因造成的，且千缘公司也认可这些项目不需要南裕公司施工，否则千缘公司不会同意并进行竣工验收。

法院认为，本案主要争议是工程验收合格后的保修责任问题和未施工部分如何认定问题。对于未施工部分认定，从南裕公司提供的5月24日《关于对本次工程竣工验收有关问题的处理意见》以及竣工验收会议纪要看，其中第一项内容已整改通过，第二、第三项内容，有部分是保修责任范围，而大部分项目系涉及电气部分问题，双方对此问题的认识存在分歧。从整个工程项目看，其所占比例较小且在施工期间双方已产生分歧，工程初验和正式竣工验收时已客观存在，千缘公司2007年5月14日给监理公司的验收通知书中已载明，说明千缘公司认可未完成的相关工程量的事实。从相关施工图纸看，在电气分项的电施-1A图纸说明第6条第6项中载明，"滑触线安装高度请配合设备安装确定行车轨道接缝处"。现千缘公司在二期厂房内至今未安装行车，故南裕公司也无法施工。未施工的6台动力柜，因与滑触线同一原因，且图纸中标明了"随设备配套供应"或"待定"，造成南裕公司无法施工。从设计单位于2007年6月26日给千缘公司关于设计问题的回复看，在电气方面的第2条中载明，"原设计二、三层已设置电力配电箱，然因业主方无法提供二、三层电力配电要求，故未设计系统图，并在电施-1设计说明中注明箱后做法由业主确定"。由此可见，千缘公司在施工期间对这些问题未予明确。如果千缘公司事前不清楚这些未施工项目，没有南裕公司所述的上述诸多综合因素，千缘公司就不可能组织正式竣工验收工作。结合监理验收合格报告，按工程竣工验收程序，监理验收报告系竣工验收过程中前期程序，无之建设单位不可能进行竣工验收。

综合分析上述事实和原因，法院认为，建设工程是一项复杂劳动，工程竣工需要多方面密切配合才能顺利完成，现千缘公司据此认为工程至今未竣工的意见，显然与事实不相符合，对施工单位也有失公平，故对千缘公司该项抗辩意见不予采信。当然，这些未完工的项目应当属于南裕公司施工范围，现其未施工，理应在应得工程款扣除。

2. 关于工期的计算和逾期竣工违约金的承担问题

双方一致确认开工日期为 2006 年 8 月 8 日，现确定的竣工日期为 2007 年 6 月 8 日，而合同约定的竣工日期为 2006 年 12 月 2 日，南裕公司显然已逾期竣工，理应承担逾期竣工的违约责任。现南裕公司提出因千缘公司未报监和施工许可证变更而导致执法部门责令停工，根据合同约定要求免除违约责任。法院认为，施工许可证应是工程开工的必备条件，没有施工许可证的施工单位可以拒绝施工，但实际上南裕公司并未如此执行，而是正常进行了施工，期间虽有执法部门责令暂停施工，查处时已施工到钢结构主体部分，并未导致南裕公司根本性的停工，且双方在签订合同时对该事实也是明知的，南裕公司在施工期间也未提出由于施工许可证未办妥影响施工而予免责的要求，故南裕公司据此要求免责的意见法院不能采信。基于上述认定和合同约定，南裕公司仍应承担逾期竣工的违约责任。

关于工期顺延问题。虽施工许可证未办妥变更手续并未导致南裕公司根本性停工，事实上实际停工为 3 天，但对南裕公司的正常施工确实带来了一定的影响。同时，法院注意到施工过程中也出现了设计变更、工程量增减和天气等诸多因素，千缘公司也同意扣除一个月工期，法院认为扣除一个月工期尚属合理，现认定扣除工期 30 天。

综上，对南裕公司的工期计算为：开工日期为 2006 年 8 月 8 日，竣工日期为 2007 年 6 月 8 日，总施工工期为 289 天，扣除 30 天工期，南裕公司实际使用工期为 259 天，较合同约定工期 130 天逾期了 129 天。根据合同约定，工程不能按期竣工，每延误一天罚款 2 万元。该约定实为违约金计算标准，该标准按工程合同价计算相当于每日 1.7‰，此违约金标准明显过高。根据《合同法》第 114 条第 2 款之规定，约定的违约金低于造成的损失的，当事人可以请求人民法院或者仲裁机构予以增加；约定的违约金过分高于造成的损失的，当事人可以请求人民法院或者仲裁机构予以适当减少。现南裕公司要求调整为每日 2‰，综合本案的具体情况，法院认为较为合理，可予采信。据此，按照工期逾期 129 天，每日按合同价的 2‰ 计算，南裕公司应承担的逾期竣工违约金为 304440 元。

至于千缘公司认为其损失巨大、违约金并未过高而不应调整的意见，法院认为，根据《合同法》第 119 条的规定，当事人一方违约后，对方应当采取适当措施防止损失的扩大；没有采取适当措施致使损失扩大的，不得就扩大的损失要求赔偿。本案中，千缘公司在南裕公司违约后，并未采取必要措施，致使厂房至今闲置，由此造成的相关损失由其自行承担。

3. 关于增加工程量计取及未施工部分工程款扣除问题

关于增加工程量问题,双方争议在于千缘公司项目经理杨宏焱于2006年10月23日签署的工程签证单的认定问题。增加工程量主要是消防及给水总管、雨水和污水管道、空压机管道、电缆工程、道路工程。根据千缘公司的任命书,杨宏焱作为项目经理有权签署工程量增减的签证单。而根据建设工程施工惯例,签证单是对施工过程中出现的工程内容变更、增减的工程量的确认手续。如果千缘公司不认可该增加工程量,就不可能签署签证单,并且在签证单中确认施工数量以甲乙双方验收为准,道路工程乙方无图纸,按实地面积计算。故该部分工程量理应作为增加工程量按实结算给南裕公司。但在第3项安装工程中涉及一期厂房中一根空压机管道,不属南裕公司施工,应当予以扣除,法院按审价部门提出的该根管道费用为20000元予以酌定扣除。至于千缘公司提出应扣除7万余元及电缆工程项中应扣除31万余元的意见,并无证据证明,法院不予采信。另外,增加工程量中涉及电施-9修改为电施-1修后的增加工程量,根据工程施工惯例,由于设计变更导致工程量增加的,应当按实结算工程款。现上述增加工程量已经审价单位按实进行了审价,审价程序并无不当,故法院按照审价结果作为认定增加工程量的依据,该部分增加工程款确定为1638142元。

关于未施工部分工程款扣除问题,根据审价报告内容,双方在质证过程中对未施工的6项内容并无异议,争议在于责任承担问题。其中第4项动力箱造价30770元应否扣除问题,上文已认定6台动力箱系随行车设备配套供应,非南裕公司承担的施工项目,该部分款项不应扣除;其中第6项电缆返工造价扣除问题,因工程施工期间相应的保管责任在施工单位,现电缆被人为破坏造成返工重做,该部分费用应由南裕公司承担;其余4项均属南裕公司施工范围,其未施工,应当扣除该部分工程款。另外,围墙修复费用也属南裕公司施工范围,该部分审定造价为13754元,也应扣除。综上,现依据审价结果,该部分应扣工程款为525371元。

4. 关于修复费用扣除问题

根据《建筑法》和《建设工程质量管理条例》相关规定,建设工程实行质量保修制度。建设工程在保修范围和保修期限内发生质量问题的,施工单位应当履行保修义务,并对造成的损失承担赔偿责任。现依据质量检测报告,南裕公司施工的系争工程确实存在质量问题,其理应承担保修责任,鉴于南裕公司不愿履行保修义务,千缘公司可按规定委托他人予以修复,由此产生的相关修复费用由南裕公司承担,可在保修款中予以扣除。该部分费用按审定造价743258元予以扣除。

对于千缘公司提出另3项未审而应再予审价问题。法院认为，屋面漏水问题，根据保修期限的相关规定和合同约定，屋面防水工程、外墙面渗漏的保修期限为5年，且工程款中尚留有59000元的保修金。房屋检测部门表示暂不能确定渗漏原因和范围，故审价部门也不能作出审价结果。故该问题千缘公司可依据保修规定自行修复后在屋面保修金中予以扣除；关于屋面夹丝不符约定的问题，鉴于钢结构工程已验收通过，夹丝在结构钢屋面下的位置特殊性，显然更换已无可能和必要，故法院酌定该部分费用为7500元，在工程款中予以扣除；关于车间大门问题，根据检测报告记载，也仅发现是一根封条脱落，千缘公司并无证据证明该大门存在质量问题，因该大门由专业单位提供和安装，千缘公司完全可依据大门保修规定向实际安装单位主张相关责任。综上，法院对千缘公司提出再予鉴定和审价意见不予采信。

5. 关于本案系争工程款的结算问题

法院认为，本案南裕公司与千缘公司签订的《建设工程施工合同》系双方真实意思表示，也未违反法律、行政法规禁止性规定，应属有效合同，双方当事人均应恪守。当事人一方不履行合同义务或者履行合同义务不符约定的，应当承担继续履行、赔偿损失等违约责任。根据《合同法》第279条规定，工程验收合格的，发包人应当按照约定支付价款。而从施工合同第5条第2.3和2.4款约定看，95%的工程款应于竣工验收报告经发包人确认后15日内付清；另4.5%的工程款在保修期一年后60天内支付。基于以上认定，该工程于2007年6月8日竣工验收合格，千缘公司于6月18日收到了竣工验收报告，故千缘公司应于2007年7月4日前结清95%的工程款，扣除已付350万元后，应付工程款为771万元，另4.5%的保修金计531000元应于2008年8月8日前支付，以上款项均已过履行期。根据以上认定，千缘公司尚应支付南裕公司增加工程款1638142元，同时，应扣除修复费743258元、未施工部分工程款525371元、屋面夹丝款7500元，以上应付款与应扣款相抵后，千缘公司应支付南裕公司工程款合计为8603013元。因千缘公司未按约履行付款义务，其应按合同约定承担银行同期贷款利率计算的利息损失。至于千缘公司提出不应承担利息的抗辩意见，与合同约定和法律规定相悖，法院不予采信。

6. 关于未能一次竣工验收合格罚款30万元的问题

根据施工合同约定，若承包人施工质量在竣工验收时未能达到一次验收合格，发包人可扣除30万元作为处罚。现有事实表明，该工程于2007年5月18日竣工验收时并未合格，仍有部分项目需要整改，南裕公司也确实进行了整改，故可认定该工程并未一次验收合格，现千缘公司依据该合同约定主张罚款30万元，具有事实和合同依据，法院予以支持。对南裕公司相关抗辩意见，法院不予采信。

二审诉辩情况

上诉人千缘公司不服原审判决，上诉称：（1）本案工程仅为部分验收，并未验收完毕，按约上诉人应付款期限未届至；（2）被上诉人南裕公司主张的增加工程量为施工图纸上标明的部分，按约不应认定为增加工程量；（3）逾期竣工违约金约定为每日2万元，原审将之变更为每日万分之二的标准，显然不公。故上诉请求撤销原审判决第一、第二项，改判上诉人千缘公司支付被上诉人南裕公司工程款6291371元，被上诉人南裕公司支付上诉人千缘公司逾期罚款258万元。

被上诉人南裕公司辩称，上诉人的上诉请求没有事实及法律依据，请求驳回上诉，维持原判。

二审裁判结果

原审判决并无不当，应予维持；上诉人的上诉请求，依据不足，本院不予支持。据此，依据《中华人民共和国民事诉讼法》第64条第1款、第153条第1款第1项、最高人民法院《关于审理建设工程施工合同纠纷案件适用法律问题的解释》第14条第2项之规定，判决如下：驳回上诉，维持原判。

二审裁判理由

二审法院认为，上诉人千缘公司与被上诉人南裕公司签订的《建设工程施工合同》、《补充条款》等合同文件系双方真实意思表示，未违反法律强制性规定，当属合法、有效。具备法律效力的合同，双方依法均应按约履行。

根据查明事实，被上诉人南裕公司已完成约定施工内容，经工程初验整改，上诉人与监理公司对（经南裕公司、千缘公司共同确认）整改项目的工程质量进行了确认，监理公司出具了（整体）工程质量评估报告，评定工程质量合格，符合竣工要求，被上诉人亦向上诉人递交了竣工验收资料。应该认为，被上诉人作为施工方已完成了合同项下的施工义务、验收申请及配合义务，其后千缘公司虽未再组织"正式"竣工验收，但南裕公司此前已向其提交竣工验收报告（申请），报告提交日依法可视为竣工验收合格之日。原审以此后的2007年6月8日确定为竣工日期，被上诉人未提出异议，本院可予确认。上诉人认为本案工程未进行验收，其应付款期限未届满，并无依据，本院不予支持。

关于增加工程量部分的争议，千缘公司已经以签证单的形式予以确认，并明确数量以双方验收为准。原审判决以签证单作为施工工程内容变更、增减工程量的确认文件,进而确定此部工程量按实计算,应属合理。上诉人认为该部内容属施工图内项目,但其始终未能举证证明该工程项目属于合同报价项目范畴,该工程款项包含在合同总价之内,故对其相关上诉请求,本院不予采信。

关于逾期竣工违约金,上诉人认为原审判决变更合同约定不合理。双方合同约定的逾期竣工违约金标准实际达到(每日)合同总价1.7‰,确实数倍于正常利率及银行罚息的标准,原审法院根据被上诉人的请求予以调整应属合法,且调整后的每日2‰标准在建设工程行业及普通商业领域均属合理,本院予以确认。其余判决理由,原审法院已详细阐述且属合理,本院不再赘述。

建设工程施工合同纠纷办案依据集成

1.《中华人民共和国合同法》（1999年3月15日主席令第15号公布）（节录）

第十六章 建设工程合同

第二百六十九条 建设工程合同是承包人进行工程建设，发包人支付价款的合同。

建设工程合同包括工程勘察、设计、施工合同。

第二百七十条 建设工程合同应当采用书面形式。

第二百七十一条 建设工程的招标投标活动，应当依照有关法律的规定公开、公平、公正进行。

第二百七十二条 发包人可以与总承包人订立建设工程合同，也可以分别与勘察人、设计人、施工人订立勘察、设计、施工承包合同。发包人不得将应当由一个承包人完成的建设工程肢解成若干部分发包给几个承包人。

总承包人或者勘察、设计、施工承包人经发包人同意，可以将自己承包的部分工作交由第三人完成。第三人就其完成的工作成果与总承包人或者勘察、设计、施工承包人向发包人承担连带责任。承包人不得将其承包的全部建设工程转包给第三人或者将其承包的全部建设工程肢解以后以分包的名义分别转包给第三人。

禁止承包人将工程分包给不具备相应资质条件的单位。禁止分包单位将其承包的工程再分包。建设工程主体结构的施工必须由承包人自行完成。

第二百七十三条 国家重大建设工程合同，应当按照国家规定的程序和国家批准的投资计划、可行性研究报告等文件订立。

第二百七十四条 勘察、设计合同的内容包括提交有关基础资料和文件（包括概预算）的期限、质量要求、费用以及其他协作条件等条款。

第二百七十五条 施工合同的内容包括工程范围、建设工期、中间交工工程的开工和竣工时间、工程质量、工程造价、技术资料交付时间、材料和设备供应责任、拨款和结算、竣工验收、质量保修范围和质量保证期、双方相互协作等条款。

第二百七十六条 建设工程实行监理的，发包人应当与监理人采用书面形式订立委托监理合同。发包人与监理人的权利和义务以及法律责任，应当依照本法委托合同以及其他有关法律、行政法规的规定。

第二百七十七条 发包人在不妨碍承包人正常作业的情况下，可以随时对作业进度、质量进行检查。

第二百七十八条 隐蔽工程在隐蔽以前，承包人应当通知发包人检查。发包人没有及时检查的，承包人可以顺延工程日期，并有权要求赔偿停工、窝工等损失。

第二百七十九条 建设工程竣工后，发包人应当根据施工图纸及说明书、国家颁发的施工验收规范和质量检验标准及时进行验收。验收合格的，发包人应当按照约定支付价款，

并接收该建设工程。

建设工程竣工经验收合格后，方可交付使用；未经验收或者验收不合格的，不得交付使用。

第二百八十条 勘察、设计的质量不符合要求或者未按照期限提交勘察、设计文件拖延工期，造成发包人损失的，勘察人、设计人应当继续完善勘察、设计，减收或者免收勘察、设计费并赔偿损失。

第二百八十一条 因施工人的原因致使建设工程质量不符合约定的，发包人有权要求施工人在合理期限内无偿修理或者返工、改建。经过修理或者返工、改建后，造成逾期交付的，施工人应当承担违约责任。

第二百八十二条 因承包人的原因致使建设工程在合理使用期限内造成人身和财产损害的，承包人应当承担损害赔偿责任。

第二百八十三条 发包人未按照约定的时间和要求提供原材料、设备、场地、资金、技术资料的，承包人可以顺延工程日期，并有权要求赔偿停工、窝工等损失。

第二百八十四条 因发包人的原因致使工程中途停建、缓建的，发包人应当采取措施弥补或者减少损失，赔偿承包人因此造成的停工、窝工、倒运、机械设备调迁、材料和构件积压等损失和实际费用。

第二百八十五条 因发包人变更计划，提供的资料不准确，或者未按照期限提供必需的勘察、设计工作条件而造成勘察、设计的返工、停工或者修改设计，发包人应当按照勘察人、设计人实际消耗的工作量增付费用。

第二百八十六条 发包人未按照约定支付价款的，承包人可以催告发包人在合理期限内支付价款。发包人逾期不支付的，除按照建设工程的性质不宜折价、拍卖的以外，承包人可以与发包人协议将该工程折价，也可以申请人民法院将该工程依法拍卖。建设工程的价款就该工程折价或者拍卖的价款优先受偿。

第二百八十七条 本章没有规定的，适用承揽合同的有关规定。

2.《中华人民共和国建筑法》（2011年4月22日修正）（节录）

第十五条 建筑工程的发包单位与承包单位应当依法订立书面合同，明确双方的权利和义务。

发包单位和承包单位应当全面履行合同约定的义务。不按照合同约定履行义务的，依法承担违约责任。

第十八条 建筑工程造价应当按照国家有关规定，由发包单位与承包单位在合同中约定。公开招标发包的，其造价的约定，须遵守招标投标法律的规定。

发包单位应当按照合同的约定，及时拨付工程款项。

第三十一条 实行监理的建筑工程，由建设单位委托具有相应资质条件的工程监理单位监理。建设单位与其委托的工程监理单位应当订立书面委托监理合同。

第三十二条 建筑工程监理应当依照法律、行政法规及有关的技术标准、设计文件和建筑工程承包合同，对承包单位在施工质量、建设工期和建设资金使用等方面，代表建设单位实施监督。

工程监理人员认为工程施工不符合工程设计要求、施工技术标准和合同约定的,有权要求建筑施工企业改正。

工程监理人员发现工程设计不符合建筑工程质量标准或者合同约定的质量要求的,应当报告建设单位要求设计单位改正。

3. 最高人民法院《关于审理建设工程施工合同纠纷案件适用法律问题的解释》(2004年10月25日　法释〔2004〕14号)

根据《中华人民共和国民法通则》、《中华人民共和国合同法》、《中华人民共和国招标投标法》、《中华人民共和国民事诉讼法》等法律规定,结合民事审判实际,就审理建设工程施工合同纠纷案件适用法律的问题,制定本解释。

第一条　建设工程施工合同具有下列情形之一的,应当根据合同法第五十二条第(五)项的规定,认定无效:
(一)承包人未取得建筑施工企业资质或者超越资质等级的;
(二)没有资质的实际施工人借用有资质的建筑施工企业名义的;
(三)建设工程必须进行招标而未招标或者中标无效的。

第二条　建设工程施工合同无效,但建设工程经竣工验收合格,承包人请求参照合同约定支付工程价款的,应予支持。

第三条　建设工程施工合同无效,且建设工程经竣工验收不合格的,按照以下情形分别处理:
(一)修复后的建设工程经竣工验收合格,发包人请求承包人承担修复费用的,应予支持;
(二)修复后的建设工程经竣工验收不合格,承包人请求支付工程价款的,不予支持。

因建设工程不合格造成的损失,发包人有过错的,也应承担相应的民事责任。

第四条　承包人非法转包、违法分包建设工程或者没有资质的实际施工人借用有资质的建筑施工企业名义与他人签订建设工程施工合同的行为无效。人民法院可以根据民法通则第一百三十四条规定,收缴当事人已经取得的非法所得。

第五条　承包人超越资质等级许可的业务范围签订建设工程施工合同,在建设工程竣工前取得相应资质等级,当事人请求按照无效合同处理的,不予支持。

第六条　当事人对垫资和垫资利息有约定,承包人请求按照约定返还垫资及其利息的,应予支持,但是约定的利息计算标准高于中国人民银行发布的同期同类贷款利率的部分除外。

当事人对垫资没有约定的,按照工程欠款处理。

当事人对垫资利息没有约定,承包人请求支付利息的,不予支持。

第七条　具有劳务作业法定资质的承包人与总承包人、分包人签订的劳务分包合同,当事人以转包建设工程违反法律规定为由请求确认无效的,不予支持。

第八条　承包人具有下列情形之一,发包人请求解除建设工程施工合同的,应予支持:
(一)明确表示或者以行为表明不履行合同主要义务的;
(二)合同约定的期限内没有完工,且在发包人催告的合理期限内仍未完工的;

（三）已经完成的建设工程质量不合格，并拒绝修复的；
（四）将承包的建设工程非法转包、违法分包的。

第九条 发包人具有下列情形之一，致使承包人无法施工，且在催告的合理期限内仍未履行相应义务，承包人请求解除建设工程施工合同的，应予支持：

（一）未按约定支付工程价款的；
（二）提供的主要建筑材料、建筑构配件和设备不符合强制性标准的；
（三）不履行合同约定的协助义务的。

第十条 建设工程施工合同解除后，已经完成的建设工程质量合格的，发包人应当按照约定支付相应的工程价款；已经完成的建设工程质量不合格的，参照本解释第三条规定处理。

因一方违约导致合同解除的，违约方应当赔偿因此而给对方造成的损失。

第十一条 因承包人的过错造成建设工程质量不符合约定，承包人拒绝修理、返工或者改建，发包人请求减少支付工程价款的，应予支持。

第十二条 发包人具有下列情形之一，造成建设工程质量缺陷，应当承担过错责任：

（一）提供的设计有缺陷；
（二）提供或者指定购买的建筑材料、建筑构配件、设备不符合强制性标准；
（三）直接指定分包人分包专业工程。

承包人有过错的，也应当承担相应的过错责任。

第十三条 建设工程未经竣工验收，发包人擅自使用后，又以使用部分质量不符合约定为由主张权利的，不予支持；但是承包人应当在建设工程的合理使用寿命内对地基基础工程和主体结构质量承担民事责任。

第十四条 当事人对建设工程实际竣工日期有争议的，按照以下情形分别处理：

（一）建设工程经竣工验收合格的，以竣工验收合格之日为竣工日期；
（二）承包人已经提交竣工验收报告，发包人拖延验收的，以承包人提交验收报告之日为竣工日期；
（三）建设工程未经竣工验收，发包人擅自使用的，以转移占有建设工程之日为竣工日期。

第十五条 建设工程竣工前，当事人对工程质量发生争议，工程质量经鉴定合格的，鉴定期间为顺延工期期间。

第十六条 当事人对建设工程的计价标准或者计价方法有约定的，按照约定结算工程价款。

因设计变更导致建设工程的工程量或者质量标准发生变化，当事人对该部分工程价款不能协商一致的，可以参照签订建设工程施工合同时当地建设行政主管部门发布的计价方法或者计价标准结算工程价款。

建设工程施工合同有效，但建设工程经竣工验收不合格的，工程价款结算参照本解释第三条规定处理。

第十七条 当事人对欠付工程价款利息计付标准有约定的，按照约定处理；没有约定的，按照中国人民银行发布的同期同类贷款利率计息。

第十八条 利息从应付工程价款之日计付。当事人对付款时间没有约定或者约定不明的，下列时间视为应付款时间：

（一）建设工程已实际交付的，为交付之日；

（二）建设工程没有交付的，为提交竣工结算文件之日；

（三）建设工程未交付，工程价款也未结算的，为当事人起诉之日。

第十九条 当事人对工程量有争议的，按照施工过程中形成的签证等书面文件确认。承包人能够证明发包人同意其施工，但未能提供签证文件证明工程量发生的，可以按照当事人提供的其他证据确认实际发生的工程量。

第二十条 当事人约定，发包人收到竣工结算文件后，在约定期限内不予答复，视为认可竣工结算文件的，按照约定处理。承包人请求按照竣工结算文件结算工程价款的，应予支持。

第二十一条 当事人就同一建设工程另行订立的建设工程施工合同与经过备案的中标合同实质性内容不一致的，应当以备案的中标合同作为结算工程价款的根据。

第二十二条 当事人约定按照固定价结算工程价款，一方当事人请求对建设工程造价进行鉴定的，不予支持。

第二十三条 当事人对部分案件事实有争议的，仅对有争议的事实进行鉴定，但争议事实范围不能确定，或者双方当事人请求对全部事实鉴定的除外。

第二十四条 建设工程施工合同纠纷以施工行为地为合同履行地。

第二十五条 因建设工程质量发生争议的，发包人可以以总承包人、分包人和实际施工人为共同被告提起诉讼。

第二十六条 实际施工人以转包人、违法分包人为被告起诉的，人民法院应当依法受理。

实际施工人以发包人为被告主张权利的，人民法院可以追加转包人或者违法分包人为本案当事人。发包人只在欠付工程价款范围内对实际施工人承担责任。

第二十七条 因保修人未及时履行保修义务，导致建筑物毁损或者造成人身、财产损害的，保修人应当承担赔偿责任。

保修人与建筑物所有人或者发包人对建筑物毁损均有过错的，各自承担相应的责任。

第二十八条 本解释自二〇〇五年一月一日起施行。

施行后受理的第一审案件适用本解释。

施行前最高人民法院发布的司法解释与本解释相抵触的，以本解释为准。

四、建设工程价款优先受偿权纠纷

131. 在"烂尾楼"工程中,行使建设工程价款优先受偿权的时间起算点如何认定?

在"烂尾楼"工程中,建设工程通常至诉讼时仍未全部施工完毕,没有实际竣工日期,此时可根据立法和司法解释精神,认定建设工程合同协商终止的时间为行使建设工程价款优先受偿权的起算点。

典型疑难案件参考

华润公司诉基福公司建设工程合同纠纷案

基本案情

2006年12月28日,江苏省南通华润建设工程有限公司(简称华润公司)与南通基福服饰有限公司(简称基福公司)签订建设工程施工合同,约定由华润公司承建基福公司位于南通经济技术开发区出口加工区内1号、2号厂房,竣工日期为2007年9月18日。2007年12月,虽消防设施大多未能安装,也未交付使用,但1号、2号厂房的主体工程已通过竣工验收,基福公司领取了1号、2号厂房的房产证。2008年8月30日,华润公司、基福公司就工程款达成协议,明确了工程款的结算方式和支付方式。2009年5月31日,华润公司向法院起诉,请求确认华润公司对1号、2号标准厂房享有建设工程价款的优先受偿权。审理中,双方认可基福公司于2008年3月上旬口头承诺如找到合作伙伴或者将2号厂房转让给他人,则优先支付给华润公司工程款。

裁判结果

江苏省南通市经济技术开发区人民法院经审理,作出〔2009〕开民一初字第0466号民事判决,认为本案所涉1号、2号厂房在2007年12月主体工程已通过竣工验收,并且华润公司、基福公司约定的竣工日期是同年9月18日,即使双方在2008年3月上旬口头协议基福公司如找到合作伙伴或者将2号厂房转让给他人,则优先支付华润公司工程款,至华润公司起诉时也已经超过行使优先权6个月的除斥期间,且不存在中断的情形。因此,法院判决:驳回华润公司要求确认对1号、2号厂房及其相应土地使用权享有建设工程价款优先受偿权的诉讼请求。

华润公司对〔2009〕开民一初字第0466号民事判决不服，提起上诉。江苏省南通市中级人民法院经审理，作出〔2009〕民一终字第1214号民事判决，认为：华润公司与基福公司于2008年8月30日就工程款达成协议，双方应清楚已终止合同履行，此时华润公司应及时主张优先权。按合同终止之日起算，华润公司于2009年5月31日提出本案之诉，已超过了6个月的除斥期间。华润公司未在法定期限内向发包人主张优先权，应视为放弃该权利。法院判决：驳回上诉，维持原判。

之后，江苏省人民检察院对该案提起抗诉，认为华润公司起诉要求确认建设工程价款优先受偿权并未超过6个月的除斥期间。江苏省高级人民法院再审认为：华润公司应从2008年8月30日双方就工程款达成协议时起6个月内主张建设工程价款优先受偿权，其于2009年5月31日提起本案之诉已超过行使优先权的法定期间。2011年5月10日，法院作出〔2011〕苏民再提字第0013号再审判决，维持原审判决。

> 裁判理由

为了解决普遍存在的工程款拖欠和农民工工资拖欠等社会问题，《合同法》第286条及最高人民法院《关于建设工程价款优先受偿权问题的批复》特别赋予和规定了建筑工程承包人享有建设工程价款优先受偿权。同时，为平衡相关利害关系人的利益，规定建设工程承包人行使优先权的期限为6个月，自建设工程竣工之日或者建设工程合同约定的竣工之日起计算。但本案诉讼时建设工程尚未实际竣工，此时，以建设工程竣工之日作为优先权的起算点实际上几无可能；以合同约定的竣工日为起算点也不合理。在缺乏直接明确的法律依据的情况下，法院从立法和司法解释的目的出发，认为华润公司与基福公司于2008年8月30日就工程款达成协议，双方应清楚已终止合同履行，此应作为行使建设工程价款优先受偿权的起算点。建设工程竣工之日或者建设工程合同约定的竣工之日之所以被司法解释规定为建设工程价款优先权的起算点，是因为此时建设工程合同所约定的基本权利义务已经履行完毕，建设工程承包人由此获得了基于自己义务之履行完毕而向发包人索要相应建设工程价款的资格。2008年8月30日，华润公司、基福公司就工程款达成协议，明确工程款的结算方式和支付方式，建设工程合同终止履行，华润公司此时有资格向基福公司主张建设工程价款，其应自此时起6个月内向基福公司主张建设工程价款优先受偿权。华润公司于2009年5月31日提起本案之诉已超过行使优先权的法定期间，因此应驳回华润公司要求确认对1号、2号厂房及其相应土地使用权享有建设工程价款优先受偿权的诉讼请求。

> **132. 基于债权的转让，债权受让人能否对完成的工程享有优先受偿权？**
>
> 建设工程具有优先受偿的性质，债权受让人在受让债权的同时亦应取得该权利。

> **133. 发包方与承包方均有违约情况，导致工程迟延完工，违约金该如何支付？**
>
> 在双方均存在违约并共同造成工期延误的情况下，发包方请求承包方承担工期延误违约责任的主张、承包方关于窝工损失的主张均不应得到支持。

典型疑难案件参考

陕西西岳山庄有限公司与中建三局建发工程有限公司、中建三局第三建设工程有限责任公司建设工程施工合同纠纷案

基本案情

西岳山庄（甲方）就其所属的华山假日酒店工程，于2001年11月30日与三公司（乙方）签订《建设工程施工合同》（以下简称施工合同），约定工程开、竣工日期为2001年12月26日至2002年10月31日。合同价款：以最终结算价为准；工程为包工包料，依据1999年《陕西省建筑工程综合概预算定额》、《全国统一安装工程预算定额陕西省价目表》（2001版）及配套使用的《陕西省建筑工程、安装工程、仿古园林工程及装饰工程费用定额》（1999版）及省、市有关造价文件的规定计算；本工程按二类工程取费，并对4项费率下浮20%计算。工期奖罚：在合同工期上每提前或延误一天，按乙方承包工程总造价0.1‰对等奖罚。合同价款支付及合同价款的调整：桩基施工由甲方支付乙方300万元工程预付款；本工程按形象进度付款，基础施工完，甲方支付乙方300万元工程进度款；主体施工完，甲方另支付乙方500万元装饰工程预付款；装饰工程完成50%工作量，甲方再支付乙方1300万元工程进度

款；工程完工交付甲方前，甲方再支付乙方1000万元工程款；工程验收合格后甲方支付乙方800万元；工程竣工验收后，除留5%质保金外，剩余工程款甲方在两年内分期支付给乙方；5%质保金在保修期满后，甲方一次性返还乙方。合同价款调整：合同价款在合同约定后，任何一方不得擅自改变，但发生下列情况之一的可作调整：甲方代表确认的工程量增减；甲方代表确认的设计变更或工程洽商；工程造价管理部门公布的价格调整；一周内非乙方原因造成停水、停电、停气影响停工累计超过8小时，且造成经济损失的；合同约定的其他增加或调整；乙方应在上述情况发生10日内将调整原因、金额以书面形式通知甲方代表，甲方代表批准后通知经办银行和乙方，甲方代表收到乙方通知后10日内不作答复，即视为已经批准；乙方未按上述要求及时办理而造成工程延误，由乙方负责；甲方未按上述要求及时办理审核签字和付款时，乙方可向甲方发出要求付款通知，甲方在收到乙方通知5日内仍不能按要求支付时，应承担违约责任。竣工与结算：甲方代表在收到乙方送交的竣工验收报告后10日内无正当理由不组织验收，或验收后5天内不予批准且不能提出修改意见，可视为竣工验收已被批准，即可办理结算手续。甲方无正当理由在批准竣工报告后30日内不办理结算，从第31天起按施工企业向银行计划外贷款的利率支付拖欠工程款利息，并承担违约责任。违约责任：甲方代表不能及时给出必要指令、确认、批准，不按合同约定履行自己的各项义务、支付款项及发生其他使合同无法履行的行为，应承担违约责任（包括支付因其违约导致乙方增加的经济支出和从应支付之日起计算的应支付款项的利息等），相应顺延工期；按协议条款约定支付违约金和赔偿因其违约给乙方造成的窝工等损失。乙方不能按合同工期竣工，施工质量达不到设计和规范的要求，或发生其他使合同无法履行的行为，甲方代表可通知乙方，按协议条款约定支付违约金，赔偿因其违约给甲方造成的损失。除非双方协议将合同终止，或因一方违约使合同无法履行，违约方承担上述违约责任后仍应继续履行合同；因一方违约使合同不能履行，另一方欲中止或解除合同，应提前10天通知违约方后，方可中止或解除合同，由违约方承担违约责任。本合同履行过程中根据合同发生的会议纪要、签证、各种通知文件、委托、证书等书面资料均应作为合同条款以补充内容，与合同条款具有同等效力。增订条款：本工程所需材料由乙方自行采购、保管，其中钢材、水泥由乙方采购，甲方提供资金担保；任何材料的选购，其价格和质量、数量需经甲方同意验证方可采购；工程欠款不计贷款利息。2002年4月23日，西岳山庄将其与陕西林华工程监理公司（以下简称监理公司）签订的《建设工程委托监理合同》送交三公司，并要求其接受监督和管理。

2002年7月30日，一、二区基础分部工程验收合格。2002年9月20日，西岳山庄与三公司签订的《会议纪要》约定：华山假日酒店一区素土回填完，二区素土回填一半，由西岳山庄一周内付款100万元；砌体队伍进场后一周内由西岳山庄付款50万元；后期工程施工的主要材料由西岳山庄供应或代付款；一区10月10日主体封顶，三区10月15日主体封顶，一区回填素土25天完，二区素土回填至第40天完，四区土方开挖10月15日开始，员工宿舍9月25日动工，西岳山庄保证一周内一次性付款不少于300万元；三区保证地下室及时施工，完毕后及时回填，甲方张总认可后付款50万元。2003年3月11日三区基础分部工程验收合格。2003年4月11日，主体分部工程验收合格。2003年3月17日，西岳山庄与中建三局三公司安装分公司签订了安装工程补充协议。2003年7月，三公司取得渭南市城乡建设局颁发的安全文明工地奖牌。

2004年4月14日，三公司向西岳山庄发出债权转移通知书称："贵方与公司于2002年签订了建设工程施工合同，现在我公司因改制重组的需要，欲将我公司对贵方所享有的上述债权转让给武汉中建三局建发实业发展公司。"西岳山庄予以签收。

2004年9月29日，西岳山庄与江苏环建建设投资有限公司（以下简称环建公司）签订《建设工程施工合同》（关于给水、排水、强弱电、暖通工程）；2004年10月1日，西岳山庄与华阴市永泰建筑公司签订《建设工程施工合同》（关于华山假日酒店未完的土建工程）。2005年10月10日，三公司向西岳山庄发出《关于解除合同的通知》。

2006年1月19日，一审法院依据双方当事人的申请，委托陕西三秦工程造价咨询有限责任公司（以下简称三秦造价公司），就三公司已完成的涉案工程造价、西岳山庄已支付的工程款及欠付的工程款数额进行鉴定。2006年6月20日，三秦造价公司作出的鉴定结论为：（1）根据双方认可的中国轻工西安设计院设计的华山假日酒店结构施工图纸扣除未做部分签认量加现场签证，计算出三公司已完成的华山假日酒店（含员工宿舍）土建工程量工程造价为23121871.05元（不含劳保统筹和安全文明工地费）。（2）根据双方认可的中国轻工西安设计院设计施工图纸、现场签证及双方提供的三公司完成工程量记录等资料，计算出三公司已完成的华山假日酒店（含员工宿舍）安装工程量工程造价为1607359.51元（不含劳保统筹和安全文明工地费）。（3）确认西岳山庄已付工程款、材料款合计为15199163.76元。鉴定报告另对当事人有争议的工程量造价、有争议的付款项目详细列明。2006年6月27日，鉴定报告送达给三方当事人，当事人在限定期限内对鉴定报告提出了书面异议。2006年7月26日，一审法院对鉴定报告进行庭审质证，并由三秦造价公司出庭接受当事人的质询。三秦造价公司在庭后就当事人质询作了书面答复。2006年8月2日,该答复意见送达给三方当事人。

另查明:2002年12月27日,中国建筑第三工程局第三建筑安装工程公司变更登记为中建三局第三建设工程有限责任公司。2004年11月17日,武汉中建三局建发工程有限公司变更登记为中建三局建发工程有限公司。

2002年7月至2003年4月间,三公司数次向西岳山庄催要工程进度款;2004年10月29日,三公司向西岳山庄以特快专递方式送达《工作联系单》、《现场变更签证单》、《致陕西西岳山庄有限公司关于华山假日酒店工程进度报量问题的函》,请求西岳山庄确认工期顺延、窝工费及机械停滞费。西岳山庄亦提供了大量的监理例会纪要、工程联系单等证据,用以证明三公司施工不规范、工程质量不合格、管理不严、拖延工期等问题。

2002年7月,三公司与陕西省荣誉军人康复医院签订供水协议。2006年4月12日,陕西省荣誉军人康复医院出具证明,三公司从2003年6月24日至2005年12月21日共欠水费13307.68元至今未交。西岳山庄代付工地2002年8月至2003年5月电费137932.97元双方无争议(鉴定报告已作为西岳山庄已付款计入),对西岳山庄主张代付2003年7月至2004年9月电费63513.52元,三公司、建发公司不予认可。

一审诉辩情况

建发公司认为西岳山庄违反合同约定,拖欠工程款并造成窝工损失,遂向一审法院提起诉讼,请求:(1)依法判令西岳山庄依约支付拖欠建发公司工程款及窝工损失共计23213450元;(2)由西岳山庄承担本案的诉讼费、保全费及律师费用等全部诉讼费用;(3)建发公司对所承接的工程依法享有优先受偿权。

西岳山庄提起反诉,认为三公司违反合同约定,迟延交付涉案工程,给西岳山庄造成了经济损失,请求依法判令建发公司与三公司:(1)向西岳山庄赔偿拖延工期罚金1552460元;(2)赔偿西岳山庄额外支出的工程款1472921元;(3)赔偿西岳山庄因工程拖延交付使用造成的不能营业的经济损失8558237元;(4)承担本案全部诉讼费用。

一审裁判结果

一审法院依照《中华人民共和国合同法》第7条、第8条、第60条、第80条、第286条的规定,判决如下:

一、自该判决生效之日起30日内,西岳山庄支付建发公司工程款

9719565.73 元；

二、建发公司在西岳山庄欠付的工程款范围内，对该工程享有优先受偿权；

三、驳回建发公司的其余诉讼请求；

四、驳回西岳山庄的反诉请求。

一审案件受理费 126077.25 元，鉴定费 16.5 万元，共计 291077.25 元由建发公司承担 174646.35 元，西岳山庄承担 116430.90 元；反诉费 67928.08 元，由西岳山庄公司承担；诉讼保全费 109738 元，由建发公司承担。

一审裁判理由

一审法院认为：西岳山庄与三公司所签订的《施工合同》，系双方的真实意思表示，且不违反法律、行政法规强制性规定，应为有效合同。三公司将合同债权转让给建发公司，并向西岳山庄送达了债权转让通知书，符合相关法律规定。该转让行为系转让人与受让人真实意思表示，并不损害债务人的利益，依法认定有效。建发公司因此取得三公司应享有的合同债权。由于华山假日酒店工程正在施工之中，西岳山庄与三公司并未就工程款最后决算，建发公司所享有的合同债权数额并未确定；对于西岳山庄已支付的工程款数额，三公司与西岳山庄也说法不一，一审法院依据双方当事人申请，委托三秦造价公司对涉案工程造价及西岳山庄已付工程款进行鉴定，该鉴定结论已经双方当事人庭审质证，依法应予确认。

对于鉴定报告单列有争议工程量工程造价部分，经一审法院审核，应作如下认定：（1）关于有争议的工程量工程造价部分，对于三公司所报而西岳山庄不予认可部分的工程量，仅凭三公司所报工程量，没有西岳山庄及监理公司签证，无法认定该工程量，对该部分所涉及的土建、安装工程造价不予确认。（2）关于应否计取安全文明工地费。经核算土建工程造价的安全文明工地费 221299.07 元，安装工程量工程造价的安全文明工地费 15504.62 元，因该工地已被渭南市城乡建设局授予安全文明工地，故该部分费用应按规定计取，并随工程造价的调整而增减。（3）关于有争议的已付工程款部分。有争议的 2003 年 6 月 24 日至 2005 年 12 月 21 日水费 13307.68 元（其中 2003 年 6 月 24 日至 8 月 21 日 4003.96 元；2003 年 9 月 21 日至 11 月 24 日 1692.60 元；2003 年 11 月 24 日至 2005 年 12 月 21 日 7611.12 元），鉴于票据无法详细区分，因 2004 年 9 月 29 日西岳山庄已与环建公司签订了施工合同，故对水费 13307.68 元中 2003 年 11 月 24 日前的 5696.56 元水费由三公司承担，2003 年 11 月 24 日至 2005 年 12 月 21 日的水费 7611.12 元由西岳山庄与三公司各半负担。西岳山庄已购石渣、沙子、配电箱、线管、管件等费用合计407078.71元，因未见三公司收料单，该笔费用未计入工程造价，也不应计入已付工程款。侯宏伟借款1万元，属另一法律关系，本案不予涉及。供电局劳动服务公司收取西岳山庄2万元，因系线路维修所产生之费用，也不应计入已付工程款。西岳山庄代付2003年7月至2004年9月电费63513.52元，理应由三公司承担，并从应结算的工程款中扣付。综上，双方虽有争议，但应计入已付工程款合计为73015.64元。

综上，西岳山庄应支付工程款共计24992875.13元，扣减西岳山庄已付工程款、材料款及代付的水电费共计15273309.40元后，西岳山庄应支付建发公司剩余工程款9719565.73元。依照《中华人民共和国合同法》第286条的规定，建发公司就该工程在西岳山庄应付的工程款范围内享有优先受偿的权利。由于华山假日酒店工程至今尚未完工，双方均有一定责任。因西岳山庄付款不到位，三公司施工不规范、施工管理不严、返工等情况，共同造成工期延误。据此，对建发公司主张的窝工损失以及西岳山庄反诉请求三公司、建发公司支付拖延工期的罚金，一审法院均不予支持。关于西岳山庄诉请的额外支出，因环建公司等单位施工的相关费用并未计入本次鉴定的工程造价内，西岳山庄并不存在额外支出，一审法院亦不予支持。关于西岳山庄请求的逾期营业损失，因其提供的证据并不能证明其逾期开业的损失数额，且三公司对洲际集团等公司的管理合同没法预见，故依法对该证据不予采信，对其请求不予支持。

二审诉辩情况

西岳山庄不服一审判决，提起上诉称：原判认定事实和适用法律均有错误。(1)原审判决判令三公司将其涉案合同债权转让给建发公司有效。依据合同性质，涉案合同债权依法不得转让，转让时涉案工程项目根本不具备结算条件，三公司与西岳山庄之间的债权债务关系无法确定，西岳山庄仅在回执上注明收到该通知并未同意其转让行为。(2)西岳山庄已超额支付工程款，并不存在付款不到位的事实。(3)三公司承认在施工中存在不按施工计划开工、窝工、施工质量不合格及不文明施工等事实。三公司依约应向西岳山庄支付违约金。三公司在拒不完成主体部分施工的情况下，于2004年2月后逐渐全部撤场，导致合同无法继续履行。由于三公司恶意违约，致使华山假日酒店迟迟不能完工，应承担逾期竣工造成的营业损失。西岳山庄的反诉请求依法应予支持。(4)原判将鉴定报告中关于土建及安装工程所对应税金、安全文明工地费、文明补贴等费用计入工程造价，超出合同约定，应以合同约定为准。(5)三公司单方提出解除合同，西岳山庄并未表示同意，《施工合同》仍应履行。(6) 建发公司作为《施工合同》以外的第三人，既不是合同约定的施工方，也不是该建设项目的承包人，因此建发公司对涉案工程行使优先受偿权于法无据。鉴于此，西岳山庄请求：(1) 撤销一审判决，驳回被上诉人的全部诉讼请求；(2) 支持上诉人的全部反诉请求；(3) 被上诉人承担全部诉讼费用。

被上诉人建发公司、三公司辩称：(1) 关于债权转让问题。三公司与建发公司就本案债权转让达成了合意，并将这一合意通知了债务人，转让合法有效。(2) 关于拖欠工程款问题。西岳山庄并未依照合同约定支付工程款。截至2003年4月14日，有关催要工程款的签证单、监理会议纪要多达16份，证明西岳山庄严重拖欠工程款。2004年10月29日，三公司以公证送达的方式向西岳山庄进行了付款催告，西岳山庄拒绝履行付款义务。其行为已构成根本违约，三公司享有先履行抗辩权，未如期完成工程施工不构成违约。(3) 关于解除《施工合同》的问题。西岳山庄的违约行为，特别是违法重复发包行为致使合同目的无法实现，三公司依法获得合同解除权。(4) 关于西岳山庄额外支付工程款的问题。本案未涉及环建公司完成的工程量，西岳山庄因工程施工支付的工程款不属于额外支出。(5) 关于西岳山庄的预期收益损失问题。洲际酒店集团的损益表缺乏证据的基本要件，三公司没有实施违约行为，不承担违约责任。

二审开庭后，西岳山庄向本院提交了三公司关于申报文明工地不向西岳山庄索取费用的《证明》等证据。本院认为：西岳山庄本应在一审举证期限内提交这些证据，其在二审开庭后举证已超过举证期限，且未说明延期举证的理由。根据最高人民法院《关于民事诉讼证据的若干规定》第34条的规定，逾期举证的，视为放弃举证权利，西岳山庄在二审中提交的证据对本案不具有证明力。

本院二审查明：西岳山庄于2001年4月10日经工商行政管理部门批准成立并取得企业法人营业执照。2002年3月7日，西岳山庄取得华阴市人民政府城市规划部门颁发的2002-3号《建设用地规划许可证》和《建设工程规划许可证》。翌日又取得华阴市建设局颁发的2002-24号《建设工程施工许可证》，其中载明建设工程名称为华山假日酒店，建筑面积43000平方米，工程造价6000万元，开工日期2002年3月8日。2003年5月，西岳山庄分别取得华阴市人民政府颁发的阴国用〔2003〕字第606、第607号《国有土地使用证》。

《施工合同》还约定，主体结构三层完，西岳山庄再向三公司支付300万元工程款；主体封顶，西岳山庄再向三公司支付300万元工程款。2002年3

月 19 日，西岳山庄尚未向三公司提供施工图和地质勘探资料，也未解决施工所需的供水、供电问题。三公司开挖地基时遇到大石块，曾安排破碎机进行破石。2002 年 4 月 15 日，三公司将其依据施工图制订的《施工组织设计》提交监理部门。同年 6 月 5 日，工程监理对《施工组织设计》提出了审查意见。同年 6 月 13 日，主体工程进入二层顶板施工，西岳山庄尚未提供三层以上安装图。

建发公司、三公司均于 2002 年 12 月 27 日经工商行政管理部门批准成立并取得企业法人营业执照，前者的经营范围包括各类建设工程总承包、施工、咨询等，后者的经营范围包括建筑装饰装修工程、钢结构工程、房屋建筑工程总承包等。

2007 年 9 月 27 日，建发公司向本院提出，同意在二审维持原判的前提下，在执行阶段放弃文明工地定额费用中的 20 万元，在提出执行申请时予以扣除。

二审裁判结果

二审法院判决如下：
驳回上诉，维持原判。

二审裁判理由

二审法院认为：西岳山庄与三公司签订的《施工合同》和 2002 年 9 月 20 日签订的《会议纪要》，是双方当事人的真实意思表示，该合同与纪要的内容不违反法律、法规的强制性规定，应认定合法有效，双方对此均负有履行义务。涉案工程工期拖延是由于西岳山庄和三公司共同违约造成的，均应承担违约责任。本案涉及以下焦点问题：（1）三公司向建发公司转让债权是否合法有效；（2）西岳山庄是否按工程进度向三公司足额支付了工程款；（3）《施工合同》是否应当解除；（4）一审认定的工程款项目和数额是否合理；（5）西岳山庄的反诉请求是否成立；（6）建发公司对其完成的工程是否享有优先受偿权。现分述如下：

1. 关于三公司向建发公司转让债权是否合法有效的问题

本案中，三公司履行了部分合同义务，取得了向西岳山庄请求支付相应工程款的权利。转让行为发生时，三公司的此项债权已经形成，债权数额后被本案鉴定结论所确认。西岳山庄接到三公司的《债权转移通知书》后，并未对此提出异议，法律、法规亦不禁止建设工程施工合同项下的债权转让，债权转让无需征得债务人同意。根据《合同法》第 80 条、第 81 条的规定，本院确认涉案债权转让合法有效,建发公司因此受让三公司对西岳山庄的债权及从权利。西岳山庄虽然主张涉案债权依法不得转让,但并未提供相关法律依据,故对西岳山庄关于三公司转让债权的行为无效的主张,本院不予支持。建发公司基于受让三公司的债权取得本案诉讼主体资格。

2. 关于西岳山庄是否按工程进度向三公司足额支付了工程款的问题

根据《施工合同》约定,涉案工程按形象进度付款。这里的付款是指西岳山庄向三公司直接支付工程款,不包括西岳山庄对涉案工程的其他支出抵扣工程款的情形。按照工程进度,2003年4月11日,华山假日酒店主体分部工程验收合格,三公司还完成楼面找平和部分内粉,按进度西岳山庄应支付工程款1700万元,而工程鉴定报告确认西岳山庄支付的工程款、材料款两项合计为15273309.4元。西岳山庄拖欠工程款的行为已构成违约,应对工程迟延交付承担相应的违约责任。西岳山庄关于向三公司超额支付工程款的主张缺乏事实依据,本院不予支持。建发公司关于西岳山庄拖欠工程款的主张有理有据,本院予以支持。

3. 关于涉案《施工合同》是否应当解除的问题

根据《施工合同》第18条18-1的约定,只要因一方违约导致合同不能继续履行,另一方即可解除合同并应提前10天通知对方,无需征得对方同意。三公司解除合同前已撤出施工现场,西岳山庄就同一工程与环建公司签订续建的施工合同,客观上《施工合同》已不能继续履行,三公司行使合同解除权符合合同约定。对于西岳山庄关于未经其同意,三公司无权单方解除合同的主张,本院不予支持。三公司应根据实际完成的工程量结算工程款。

4. 关于一审认定的工程款项目和数额是否合理的问题

一审中,鉴定部门针对双方当事人就工程造价鉴定结论所提异议作了答复,并对异议合理的项目做了调整。本院认为,一审判决已在应付工程款中扣除了西岳山庄支付的1130元破石人工费,对西岳山庄所提工程其他项目的造价不作调整也是合理的。关于土建及安装所对应税金、安全文明工地费、文明补贴等费用是否应计入工程造价的问题。根据《施工合同》第4条的约定,合同价款计算的依据为1999年陕西省建筑工程相关定额,该定额包括税金和安全、文明施工定额补贴费。因此,一审判决将这两项费用计入工程造价,符合合同约定,不存在额外增加计费项目。对西岳山庄关于相应税金、安全文明工地费、文明补贴等费用不应计入工程造价的主张,本院不予支持。

5. 关于西岳山庄的反诉请求是否成立的问题

首先,关于支付拖延工期罚金的请求。涉案工程迟延交付的原因,一是西岳山庄办理工程报建手续迟延,取得建设工程开工许可证的日期晚于合同约定的开工日期4个多月,取得《国有土地使用证》的日期晚于合同约定的工程竣工日期。二是西岳山庄提供施工图纸迟延,并且未在开工前解决施工所需的供水、供电。按图施工是建设工程的客观要求,但时至2002年3月19日,西岳山庄尚未向三公司交付施工图纸,水、电供应不足,导致三公司不能正常施工。三是西岳山庄没有按进度付足工程款,严重影响施工。三公司也存在施工现场人员和设备不足,施工管理不严和返工等情况,影响了施工进度。鉴此,一审认定西岳山庄与三公司共同造成工期延误并无不当。由于西岳山庄存在严重违约,对其关于三公司应当承担赔偿责任的主张,本院不予支持。其次,关于西岳山庄要求赔偿额外支付的工程款问题。一审判决确认的西岳山庄向建发公司支付工程款,仅包括三公司已完成的工程量所应支付的工程款,西岳山庄并不存在额外支出。西岳山庄关于建发公司应向其赔偿另一合同工程款的主张,缺乏事实和法律依据,本院不予支持。再次,关于西岳山庄索赔逾期营业损失的问题。由于西岳山庄违约在先,且不能提供足够的证据证明损失的数额,故对西岳山庄的此项主张,本院不予支持。

6. 关于建发公司对涉案工程是否享有优先受偿权的问题

建设工程款具有优先受偿性质。建发公司基于受让债权取得此项权利。鉴于该项建设工程目前尚未全部竣工,《施工合同》因西岳山庄拖欠工程款等原因而迟延履行,建发公司优先受偿权的行使期限应从2005年10月10日解除合同时起算。此前建发公司已提起诉讼,故不应认定其优先受偿权的行使期限已超过6个月。对于西岳山庄关于建发公司已超过行使优先受偿权期限的主张,本院不予支持。

综上,三公司向建发公司转让债权合法有效,建发公司具有诉讼主体资格。西岳山庄与三公司在履行《施工合同》过程中均有违约行为,对工程延期完工均有责任。但由于西岳山庄违约在先,并长期拖欠工程款,也不存在额外支出,故对西岳山庄的反诉请求,一审法院不予支持是正确的。鉴于《施工合同》确已无法履行,三公司依约有权解除合同。合同解除后,未履行的部分不再履行。由于《施工合同》约定的工程保质期已过,质保金不再从工程款中扣除。建发公司基于债权受让,在合同解除前已提起诉讼,对涉案工程享有优先受偿权。原判认定事实基本清楚,适用法律正确。二审中,建发公司提出在本案执行阶段放弃20万元文明工地定额费用,并在申请执行时予以扣除,依法应予准许。

134. 在除斥期间,承包人若向发包人发出催款函,其是否能行使建设工程价款优先权?

如果承发包人对此无异议,则可认定承包人有权行使优先权。但如果有利害关系人(如银行等)提出异议,则应严格审查催款函的证据效力。

135. 如果利害关系人对催款函的日期提出异议,而承包人只能提供复印件,无法提供催款函的原件,则如何认定催款函的效力?

在这种情况下,应当严格审查催款函的证据效力。承包人不提供原件,且无法鉴定的情况下,承包人应当负举证不能的责任。

典型疑难案件参考

重庆市北兴工程建设开发有限责任公司诉重庆龙诚房地产开发有限公司建设工程施工合同纠纷案

基本案情

2008年4月,北兴公司以龙诚公司未按承诺书支付工程款为由,向一审法院提起诉讼,请求判令:(1)龙诚公司支付工程款9101164.80元;(2)北兴公司对其承建的瑞迪荣都工程享有建设工程价款优先权;(3)本案诉讼费用由龙诚公司承担。

一审法院认定:2001年2月28日,北兴公司与龙诚公司签订了《建设工程施工合同》,约定北兴公司承建龙诚巴黎世家A栋C型、B栋工程项目(现名瑞迪荣都)。合同签订后,北兴公司按龙诚公司的开工指令进场施工。该工程完工后,其工程价款经重庆市竣通工程造价咨询有限公司审核为18384224.09元。瑞迪荣都裙楼商业用房于2005年12月28日竣工,龙诚公司在2006年1月16日就裙楼、非住宅部分申请新建登记。2007年6月30日,龙诚公司向北兴公司出具"瑞迪荣都"工程欠款及承诺书,承诺前述工程款总额为18384224.09元,截至2007年6月30日龙诚公司已付款金额为

9283059.29元，尚欠工程款金额为9101164.80元，于2008年3月底前付清。北兴公司于2006年1月17日向龙诚公司发出催告函件，内容为：（1）龙诚公司应根据工程欠款情况，及时作出付款计划及方案；（2）若两个月内未付款，则从2006年2月起按月息1‰收取滞纳金；（3）若龙诚公司未在2006年2月前付款或制订有可操作性的付款计划，北兴公司将依据法律规定行使工程款优先权，以其承建的该项目进行拍卖或协商折价的方式抵偿工程款。龙诚公司曾为重庆金弓鞋业有限公司向重庆市渝北区农村信用合作联社王家信用社（以下简称王家信用社）贷款作了抵押担保，抵押物为重庆市江北区建新东路243号名义层负一层、物理层第四层建筑面积为1348.94平方米的2号商场、名义层负三层、物理层第二层建筑面积为3398.60平方米的车库（1—58、62—80、90—101），并办理了抵押登记，王家信用社曾就借款合同纠纷及抵押物优先受偿权诉至重庆市第一中级人民法院，该院于2008年3月28日以〔2007〕渝一中法民初字第306号民事判决，对王家信用社就抵押担保物的优先受偿权予以确认，该判决已发生法律效力。

本案一审诉讼中，北兴公司表示其建设工程价款优先权针对的是王家信用社抵押权部分的房屋。

一审诉辩情况

2008年4月，北兴公司以龙诚公司未按承诺书支付工程款为由，向一审法院提起诉讼，请求判令：（1）龙诚公司支付工程款9101164.80元；（2）北兴公司对其承建的瑞迪荣都工程享有建设工程价款优先权；（3）本案诉讼费用由龙诚公司承担。

一审裁判结果

一审法院判决如下：

一、由龙诚公司于判决生效之日起10日内向北兴公司支付工程款9101164.80元；

二、北兴公司对其承建的巴黎世家（现瑞迪荣都）工程（王家信用社享有抵押权的房屋部分）享有建设工程价款优先权。案件受理费75508元，由龙诚公司负担。

一审裁判理由

一审法院认为：北兴公司作为具有相应资质的建筑施工企业，其与龙诚公司签订的《建设工程施工合同》系双方的真实意思表示，且符合法律有关规定，属有效协议，对双方当事人具有法律约束力。龙诚公司向北兴公司承诺下欠工程款 9101164.80 元，于 2008 年 3 月底前付清，但至今未付清工程款，其应当承担给付工程欠款的民事责任，故对北兴公司要求龙诚公司支付下欠工程款 9101164.80 元的诉讼请求予以支持。其次，根据《合同法》第 286 条的规定，承包人行使优先权有两种方式：一种是与发包人协议将工程折价；另一种是向人民法院提起诉讼。最高人民法院《关于建设工程价款优先受偿权问题的批复》第 4 条规定："建设工程承包人行使优先权的期限为六个月，自建设工程竣工之日或建设工程合同约定的竣工之日起计算。"本案中，工程竣工最后期限为 2005 年 12 月 28 日，北兴公司在 2006 年 1 月 17 日向龙诚公司发出《关于要求清算拖欠工程款及主张建设工程款优先受偿权的催告函》，认为其有权以承建的工程拍卖或折价的价款优先受偿，并请求龙诚公司将巴黎世家（现瑞迪荣都）工程拍卖或折价后优先偿付工程款 900 余万元，龙诚公司也认可该事实。由此可见，北兴公司在法律规定的期限内行使了建设工程价款优先权，故北兴公司要求对其承建的瑞迪荣都工程享有建设工程价款优先权的诉讼请求亦予以支持。

二审诉辩情况

一审宣判后，渝北支行不服，向重庆市高级人民法院提起上诉，请求：（1）撤销一审判决第二项；（2）上诉费用由被上诉人承担。理由：第一，一审法院采信北兴公司提交的 2006 年 1 月 17 日的催告函缺乏事实和法律依据，损害了渝北支行作为抵押权人的合法权益。一审法院认为龙诚公司对该证据无异议与事实不符。在庭审质证过程中，龙诚公司认为该证据是复印件，不能作为证据使用，显然是对该证据提出异议。即使龙诚公司对该证据无异议，也不能排除北兴公司和龙诚公司恶意串通损害抵押人的合法权益的可能。因此，渝北支行请求对该项证据的形成时间进行鉴定。第二，一审法院错误地解释并适用了最高人民法院《关于建设工程价款优先受偿权的批复》第 4 条，该条规定的 6 个月期间是除斥期间，不产生中断、中止等时效利益后果。即使采信前述证据，2006 年 1 月 17 日的催告函产生的法律后果也仅仅是类似于时效利益中的中断、中止后果。而该解释规定行使优先受偿权的期限的立法目的就是要求建筑工程的承包人尽快行使权利，以保护抵押权人的权利，避免建筑工程的承包人以优先权存在而怠于行使权利。第三，即使本案优先权成立，北兴公司在法律规定期的 6 个月内没有行使优先权，造成损失的扩大也应该自行承担责任。如果北兴公司在 6 个月期限内积极行使了权利，龙诚公司还有其他房屋尚未处置，其权利是应该得到保证的。其怠于行使权利，损害了渝北支行的合法抵押权，不应受法律保护。

北兴公司答辩请求驳回上诉，维持原判。理由：根据我国《合同法》第286条的规定，行使优先权可以向法院起诉，也可以与发包方协商。其在2006年1月17日向龙诚公司发出的催告函，能证明北兴公司在法律规定的期限内行使了建设工程价款优先权。

龙诚公司答辩称，根据最高人民法院《关于建设工程价款优先受偿权问题的批复》的规定，承包人行使优先权的期限为6个月，该6个月为除斥期间，北兴公司虽催告，但6个月内未向法院起诉，故优先权不应成立。

二审中，渝北支行向法院提交中国银行业监督管理委员会银监复〔2008〕244号《中国银监会关于重庆农村商业银行股份有限公司开业的批复》，证明王家信用社于2008年6月25日更名为重庆农村商业银行股份有限公司渝北支行。

二审另查明：在一审质证过程中，龙诚公司对北兴公司在2006年1月17日向龙诚公司发出的《关于要求清算拖欠工程款及主张建设工程款优先受偿权的催告函》的真实性无异议，但认为因该催告函是复印件，不能作为证据使用，且该证据证明北兴公司明知有建设工程价款优先权，但没有在法定期间内行使，已丧失优先权。因渝北支行在二审中请求对《关于要求清算拖欠工程款及主张建设工程款优先受偿权的催告函》的形成时间进行鉴定，经重庆市高级人民法院询问，北兴公司表示只有复印件，无原件。龙诚公司也称无原件。从而无法就形成时间进行司法鉴定。

二审开庭后，北兴公司向重庆市高级人民法院提交了重庆市江北区人民法院〔2008〕江法民执字第632号、第635号民事裁定书，证明该院已于2008年11月3日，根据当事人的申请，解除了王家信用社对重庆市江北区建新东路243号"瑞迪荣都"大厦名义层负一层2号商场（1348.94平方米）及负三层1—58、62—80、90—101共89个车位（3398.60平方米）的抵押，故渝北支行的抵押权已于上诉前丧失。经重庆市高级人民法院询问，渝北支行认可已申请解除上述抵押，同时指出，申请解除抵押，是为了法院对"瑞迪荣都"相关案件的统一执行。2008年10月29日，重庆市江北区人民法院以〔2007〕江法民执字第791号、〔2008〕江法民执字第632、第635号民事裁定书，将"瑞迪荣都"大厦名义层负二层商场（2491.46平方米）作价25226073元给重庆农村商业银行股份有限公司南岸支行、渝北支行及曾国平、陈晓曼、周瑞林、付丽娅抵偿债务。渝北支行的抵债金额为8110949元。之后，渝北支行才申请解除了对抵押物的抵押。对渝北支行出示的重庆市江北区人民法院〔2007〕江法民执字第791号、〔2008〕江法民执字第632、第635号民事裁定书，北兴公司和龙诚公司均予以认可。北兴公司认为，渝北支行既已申请解除对抵押物的抵押，就不能以损害第三人利益为由提出上诉。

二审再查明：涉及"瑞迪荣都"的相关案件由重庆市江北区人民法院根据重庆市高级人民法院的指示统一执行。

二审查明的其他事实与一审查明一致。

二审裁判结果

二审法院判决如下：

一、维持重庆市第一中级人民法院〔2008〕渝一中法民初字第122号民事判决第一项；

二、撤销重庆市第一中级人民法院（2008）渝一中法民初字第122号民事判决第二项。

一审诉讼费用负担不变，二审案件受理费75508元由重庆市北兴工程建设开发有限责任公司负担。

二审裁判理由

重庆市高级人民法院经审理认为，北兴公司不能享有建设工程价款优先权。

首先，关于渝北支行是否是本案利害关系人的问题。根据重庆市江北区人民法院的生效裁判文书，该院是先将"瑞迪荣都"大厦名义层负二层的部分商场作价给了渝北支行，渝北支行才申请解除了"瑞迪荣都"大厦名义层负一层、负三层的抵押。因此，渝北支行的债权之所以能在执行中得以实现，正是因为其享有"瑞迪荣都"大厦名义层负一层、负三层的抵押权。虽然在执行中渝北支行得到的是负二层的部分商场，但系重庆市江北区人民法院对"瑞迪荣都"大厦所涉债务统一执行的结果，因此，渝北支行实现的是负一层、负三层的抵押权。现北兴公司请求对渝北支行享有抵押权部分的房屋即"瑞迪荣都"大厦名义层负一层、负三层享有建设工程价款优先权，故渝北支行可以作为本案的利害关系人。其次，根据我国《合同法》第286条的规定，承包人行使优先权有两种方式：一种是与发包人协议将工程折价；另一种是向人民法院提起诉讼的方式。最高人民法院《关于建设工程价款优先受偿权问题的批复》第4条规定："建设工程承包人行使优先权的期限为六个月，自建设工程竣工之日或者建设工程合同约定的竣工之日起计算。"上述司法解释规定承包人行使优先受偿权的除斥期间为6个月，本案所涉工程的竣工日期为2005年12月28日，按照上述司法解释的规定，北兴公司应在2006年5月28日之前与龙诚公司协议将工程折价或向人民法院提起诉讼，才能表示其在法律规定的期限内行使了建设工程价款优先权。本案中，北兴公司举证证明其在2006年1月17日向龙诚公司发出《关于要求清算拖欠工程款及主张建设工程款优先受偿权的催告函》,虽然龙诚公司认可北兴公司曾发出该催告函,但因利害关系人渝北支行提出异议,并请求鉴定,故北兴公司有义务提交原件。因北兴公司无法提交催告函原件,北兴公司未尽足够的举证义务,其举示的《关于要求清算拖欠工程款及主张建设工程款优先受偿权的催告函》系复印件,不能证明其在法律规定的期限内行使了建设工程价款优先权。故渝北支行请求撤销北兴公司对其承建的瑞迪荣都工程享有建设工程价款优先权的上诉请求应予以支持。

建设工程价款优先受偿权纠纷办案依据集成

1.《中华人民共和国建筑法》（2011年4月22日修正）(节录)

第十五条 建筑工程的发包单位与承包单位应当依法订立书面合同，明确双方的权利和义务。

发包单位和承包单位应当全面履行合同约定的义务。不按照合同约定履行义务的，依法承担违约责任。

第十八条 建筑工程造价应当按照国家有关规定，由发包单位与承包单位在合同中约定。公开招标发包的，其造价的约定，须遵守招标投标法律的规定。

发包单位应当按照合同的约定，及时拨付工程款项。

第三十一条 实行监理的建筑工程，由建设单位委托具有相应资质条件的工程监理单位监理。建设单位与其委托的工程监理单位应当订立书面委托监理合同。

第三十二条 建筑工程监理应当依照法律、行政法规及有关的技术标准、设计文件和建筑工程承包合同，对承包单位在施工质量、建设工期和建设资金使用等方面，代表建设单位实施监督。

工程监理人员认为工程施工不符合工程设计要求、施工技术标准和合同约定的，有权要求建筑施工企业改正。

工程监理人员发现工程设计不符合建筑工程质量标准或者合同约定的质量要求的，应当报告建设单位要求设计单位改正。

2. 最高人民法院《关于建设工程价款优先受偿权问题的批复》（2002年6月20日 法释〔2002〕16号）

上海市高级人民法院：

你院沪高法〔2001〕14号《关于合同法第286条理解与适用问题的请示》收悉。经研究，答复如下：

一、人民法院在审理房地产纠纷案件和办理执行案件中，应当依照《中华人民共和国合同法》第二百八十六条的规定，认定建设工程的承包人的优先受偿权优于抵押权和其他债权。

二、消费者交付购买商品房的全部或者大部分款项后，承包人就该商品房享有的工程价款优先受偿权不得对抗买受人。

三、建筑工程价款包括承包人为建设工程应当支付的工作人员报酬、材料款等实际支出的费用，不包括承包人因发包人违约所造成的损失。

四、建设工程承包人行使优先权的期限为六个月，自建设工程竣工之日或者建设工程合同约定的竣工之日起计算。

五、本批复第一条至第三条自公布之日起施行，第四条自公布之日起六个月后施行。

此复。

五、建设工程分包合同纠纷

> **136.** 在发包人处于破产清算阶段、工程款无法全部支付的情况下,实际施工人和分包人是否就已支付的工程款按比例分配?
>
> 由于实际施工人只和分包人存在法律上的工程分包关系,和发包人并无法律关系,分包合同虽然无效,但是如果实际施工人建设的工程完工且验收合格时,分包人就应该全额支付工程款,实际施工人无须就已支付工程款按比例参与分配。

典型疑难案件参考

陈永春与安庆市第一建筑安装工程公司建设工程分包合同纠纷案

基本案情

2005年10月7日,安庆市第一建筑安装工程公司(简称安庆建安公司)与原安庆市玻璃有限责任公司签订一份《建设工程施工合同》,约定将安玻荣玻一期主厂房、窑炉基础及周边道路工程发包给安庆建安公司施工,该工程承包范围为土建、道路工程;资金来源为自筹资金;合同价款为9078694.79元;安庆建安公司工程项目经理为杨勇。该合同补充条款约定:(1)如需要,另外签订补充协议;(2)大、小熔炉基础预算价为1523423.78元;(3)主厂房周边道路暂定价为30万元等。2005年10月18日,安庆建安公司安玻荣玻工程项目部经理杨勇与陈永春签订《安玻荣玻一期主厂房及熔炉基础人工挖孔桩工程安全协议》,约定:安庆建安公司承包原安庆市玻璃有限责任公司一期主厂房及熔炉基础工程,就该工程中人工挖孔桩分项工程与陈永春签订专业分包合同,分包给陈永春施工等。2006年2月,原安庆市玻璃有限责任公司变更为安庆市荣光玻璃集团有限公司(以下简称荣光玻璃公司)。嗣后,经双方及设计、勘察单位代表现场调查,发现挖孔桩下存在孤石及乱石需爆破,为此,荣光玻璃公司于2006年3月5日就安玻荣玻一期主厂房工程人工挖孔桩下孤石及乱石爆破工程与安庆建安公司签订《补充协议》,约定:爆破工作按实际签证工作量计算其爆破增加价格,其单价为540元/立方米。工程款支付按实签证工程量计算,纳入主合同工程进度款同步拨付等。该协议由徐造全代表安庆建安公司签字。2006年3月15日,徐造全代表安庆建安公司安玻项目部与陈永春签订《补充协议》，约定完成桩基工程的进度奖惩及付款方式等。陈永春承接该工程后，按照由各方代表签字认可的《厂房、大、小熔炉人工挖孔桩桩位平面图》的施工技术数字进行施工。在施工过程中，陈永春曾给安庆建安公司安玻工程项目部出具报告，对施工过程中的桩直径过小问题提出建议，该报告由安庆建安公司安玻项目部经理杨勇签收。陈永春施工的大熔炉36根、小熔炉33根、厂房150根桩基础工程及人工挖孔桩爆破工程，均经验收合格。

一审期间，一审法院依据安庆建安公司的申请，委托安庆华信工程咨询有限公司对陈永春施工的人工挖孔桩工程和爆破工程造价进行鉴定，结论为：（1）以案涉工程施工的三方（建设单位、监理单位、施工单位）签证资料计算爆破工程量（2441.2立方米）及协议约定单价（540元/立方米）为依据计算爆破工程造价为1318248元。（2）以案涉工程施工的五方（设计单位、勘探单位、建设单位、监理单位、施工单位）签证资料及现场实际测量计算人工挖孔桩工程造价为2980150.6元，合计工程造价为4298398.6元。

2007年5月22日，荣光玻璃公司被依法宣告破产。根据该公司集团办字〔2007〕第076号文件，即关于土建工程完成部分审计结果的报告，认可安庆建安公司承建的主厂房工程总造价为6944084.89元（已付工程款260万元）。2007年2月8日，安庆市国资委借款200万元给安庆建安公司，用于支付安庆建安公司欠付的民工工资。安庆市工经委等亦支付陈永春民工工资10万元。

另查明：陈永春诉称其完成的工程造价为5293268.13元，安庆建安公司尚欠其工程款2307715.26元，其已领取的工程款为2985552.87元，加上安庆市工经委等给付的10万元，陈永春实际收取的工程款应为3085552.87元。2007年6月15日，陈永春提起诉讼，请求判令安庆建安公司及安庆市国资委给付其工程欠款2307715.26元及利息，并由安庆建安公司、安庆市国资委承担诉讼费用。

再查明：2006年6月15日，一审法院依据陈永春的申请，对安庆建安公司采取了诉讼保全措施。同年6月17日，因安庆建安公司提供财产担保，一审法院遂解除保全措施。

一审裁判结果

一审法院依照《中华人民共和国民法通则》第4条，《中华人民共和国合同法》第52条第5项，最高人民法院《关于审理建设工程施工合同纠纷案件适用法律问题的解释》第2条、第4条、第26条，《中华人民共和国民事诉讼法》第108条、第128条之规定，判决如下：

一、安庆建安公司于判决生效后30日内支付陈永春工程款237968.93元；

二、驳回陈永春的其他诉讼请求。

一审裁判理由

一审法院认为：安庆建安公司将其承包的安玻荣玻一期主厂房、窑炉基础及周边道路工程中的人工挖孔桩工程、人工挖孔桩下爆破工程分包给陈永春施工，因陈永春无施工、爆破资质，故该分包行为无效。安庆建安公司辩称人工挖孔桩工程由原安庆市玻璃有限责任公司直接分包给陈永春施工，但从陈永春的领款条据及其他证据看，安庆建安公司提出其与陈永春之间仅存在爆破工程分包合同关系的主张与事实不符，不予采信。陈永春施工的人工挖孔桩工程和爆破工程系隐蔽工程，且经竣工验收合格。陈永春施工的工程造价经鉴定为4298398.6元，荣光玻璃公司已支付安庆建安公司工程款260万元，安庆市国资委亦拨付安庆建安公司200万元，共计460万元。由于陈永春与安庆建安公司对工程款的支付没有约定，且荣光玻璃公司已进入破产程序，故对陈永春要求安庆建安公司支付尚欠工程款的请求不能足额支持。应按照陈永春施工的工程款4298398.6元与本案总工程款5949215.36元（6944084.89元-994869.53元）的比例清偿率，对安庆建安公司实际收取的460万元（包括安庆市国资委垫付的200万元）进行分配计算，陈永春应得工程款为3323521.8元，扣除安庆建安公司已支付的3085552.87元，安庆建安公司尚应支付陈永春工程款237968.93元。对于陈永春剩余的工程款，安庆建安公司已申报债权，待其实际受偿后，陈永春可另行主张权利。对陈永春主张的工程款利息，不予支持。此外，陈永春未提供证据证明安庆市国资委是涉诉工程的投资人，故安庆市国资委不承担给付工程款的责任。安庆建安公司辩称陈永春主体不适格及人工挖孔桩工程系由荣光玻璃公司直接分包给陈永春施工，依据不足。

二审诉辩情况

陈永春及安庆建安公司均不服上述判决，提起上诉。陈永春上诉称：（1）陈永春施工的工程造价为5293268.13元，该数额已经安庆建安公司确认，依法应予认定。但一审法院却对案涉工程进行鉴定，并将鉴定结论作为定案依据违反法律规定。同时，鉴定虽系法院委托，但却由安庆建安公司与鉴定单位签订协议，约定鉴定费7万元由安庆建安公司支付等，违反人民法院委托鉴定的程序。（2）一审判决既已认定安庆建安公司与陈永春存在分包合同关系，且案涉工程已由陈永春施工完毕并验收合格，则安庆建安公司应足额支付拖欠陈永春的工程款2307715.26元，并应自陈永春起诉之日起支付欠款利息。

一审判令安庆建安公司按比例清偿率支付陈永春工程款237968.93元，没有法律依据，亦显失公平。（3）由于安庆建安公司拖欠工程款，导致陈永春欠付农民工工资180多万元，引发农民工多次集体上访，一审判决与国家保障农民工合法权益的政策相违背。（4）案涉工程由安庆建安公司承包，安庆建安公司已申报了债权，则风险责任应由安庆建安公司承担，但一审判决却将风险责任转移给陈永春，让安庆建安公司重复获利，于法无据。综上，请求二审法院撤销一审判决，依法改判安庆建安公司支付陈永春工程款2307715.26元及利息。

安庆建安公司答辩称：（1）陈永春主张的工程造价5293268.13元，安庆建安公司从未认可。一审法院依据安庆建安公司的申请委托安庆华信工程咨询有限公司对案涉工程造价进行鉴定并无不当。鉴定期间，安庆建安公司在一审法院主持下与鉴定单位签订预付鉴定费用的协议亦不违反法律规定。（2）安庆建安公司与陈永春并无支付工程款的约定，且案涉工程款不能如期给付系因荣光玻璃公司破产所至，故一审法院采取按比例清偿的方式，体现了公平原则。同时，案涉工程未经验收合格，故陈永春主张工程款利息没有依据。（3）陈永春实际收取的工程款足以支付该工程涉及的民工工资。（4）安庆建安公司施工的工程款亦未得到全额清偿，即使全额受偿，陈永春仍可另行主张权利，故安庆建安公司不存在重复获利问题，陈永春的上诉理由均不能成立。

安庆建安公司上诉称：（1）安玻工程指挥部于2005年12月6日形成的会议纪要表明，案涉工程的施工人为广东农垦建筑公司，该公司与荣光玻璃公司存在工程承包关系，陈永春仅系该公司安庆工程处的负责人，故陈永春不具备诉讼主体资格。（2）安庆建安公司与陈永春既不存在转包合同关系，也不存在人工挖孔桩工程的合同关系。（3）即使安庆建安公司与陈永春存在人工挖孔桩工程的分包合同关系，安庆建安公司对陈永春亦无支付工程款的义务，陈永春可依据广东农垦建筑公司与荣光玻璃公司所签合同的约定向荣光玻璃公司主张权利。同时陈永春并未提供其施工工程已经验收合格的证据材料，故本案不符合最高人民法院《关于审理建设工程施工合同纠纷案件适用法律问题的解释》第2条规定的参照合同约定付款的情形。（4）安庆华信工程咨询有限公司所作的鉴定报告中，对人工挖孔桩工程造价核定为2980150.6元属实，但报告中以工程施工的三方签证资料计算工程量（2441.2立方米）及单价（540元/立方米）为依据计算爆破工程造价为1318248元错误。扣除安庆建安公司未签字认可的914立方米，三方签证资料记录的爆破工程量仅为1527.2立方米，而按一审法院委托要求计算的爆破工程量仅有413.9立方米；协议虽约定单价为540元/立方米，但该单价针对的内容是孤石及乱石的打眼、安放炸药、起爆、清除爆破碎石、淤泥及砼护壁的修复工作等，三方签证资料记录不能客观反映具体的工作内容，故爆破单价应按定额计算，因此，涉及陈永春施工的工程款仅为3203656.6元。（5）一审判决认定荣光玻璃公司已支付安庆建安公司460万元，与事实不符。该公司仅支付安庆建安公司工程款121万元，加上安庆市国资委支付的200万元，安庆建安公司实收工程款应为321万元。综上，请求二审法院撤销一审判决，依法驳回陈永春的起诉或诉讼请求。

陈永春在庭审中辩称：陈永春系与安庆建安公司签订的协议，并进行了工程的施工，故陈永春系本案的适格原告。鉴定结论不适用本案，安庆建安公司收取工程款的数额与本案无关。

安庆市国资委针对陈永春、安庆建安公司的上诉，在庭审中辩称：一审判决认定事实清楚，适用法律正确，请求二审法院予以维持。

荣光玻璃公司破产清算组未进行答辩。

二审期间，各方提供的证据及质证意见均与一审相同。其中，陈永春为证明其与安庆建安公司存在人工挖孔桩工程分包合同关系，提供了下列证据：（1）安庆建安公司与荣光玻璃公司所签合同，证明双方的承包合同关系及杨勇在工程施工中的行为系职务行为。（2）安庆建安公司与荣光玻璃公司所签补充协议，证明爆破工程列入主合同决算，徐造全系安庆建安公司的施工代表。（3）杨勇代表安庆建安公司与陈永春所签人工挖孔桩工程安全协议，证明双方存在人工挖孔桩工程的分包合同关系。（4）徐造全代表安庆建安公司与陈永春所签补充协议，再次证明人工挖孔桩工程系由安庆建安公司分包给陈永春施工。（5）杨勇签收的报告一份，证明人工挖孔桩工程由安庆建安公司分包。（6）杨勇签名的人工挖孔桩桩位平面图、人工挖孔桩工程和爆破工程验收记录，证明人工挖孔桩工程和爆破工程已由陈永春施工完毕，并经验收合格。（7）安庆建安公司盖章、杨勇签名的报验申请表、分项工程验收记录、桩基动测报告等，证明双方存在人工挖孔桩工程分包合同关系。

对上述7份证据，安庆建安公司质证如下：（1）对证据一的真实性没有异议，但该合同不包括人工挖孔桩工程，杨勇在项目经理职责范围内的行为才是职务行为。（2）对证据二的真实性、证明目的均有异议，徐造全不是安庆建安公司的施工代表。（3）对证据三、证据四的真实性、证明目的均有异议，安庆建安公司与陈永春的分包项目是人工挖孔桩下孤石及乱石的爆破工程，徐造全无权代表安庆建安公司签订相关协议等。（4）证据五中杨勇签名属实，但杨勇是基于工程配合关系才签收该报告的，不能证明安庆建安公司与陈永春存在人工挖孔桩工程分包合同关系。（5）对证据六的真实性没有异议，陈永春是否按图纸施工应提供签证单；验收记录是对验收过程的确认，并未形成结论，且验收记录内容矛盾。（6）对证据七真实性无异议，但不能证明人工挖孔桩工程是由安庆建安公司分包给陈永春施工的,亦不能证明该工程经验收合格。

安庆建安公司为证明其与陈永春不存在人工挖孔桩工程分包合同关系,提供下列证据:(1)荣光玻璃公司原法定代表人昂朝荣证言一份,证明人工挖孔桩工程系荣光玻璃公司直接分包给陈永春施工。(2)徐造全与安庆建安公司所签协议,证明徐造全系荣光玻璃公司代表,而非安庆建安公司代表。(3)陈永春于2007年2月12日出具的保证书一份,证明陈永春已作出不再向安庆建安公司主张权利的承诺。(4)杨勇代表安庆建安公司与陈永春所签爆破工程安全协议,证明双方只存在爆破工程分包关系。(5)徐造全出具的领条复印件4份及陈永春出具的收条复印件13份,证明徐造全从安庆建安公司领取爆破工程款142.5万元,陈永春从徐造全处领取爆破工程款109.9万元及人工挖孔桩工程款100万元。(6)陈永春出具的收条复印件5份,证明陈永春收到安庆建安公司支付的爆破工程款65万元,陈永春与安庆建安公司间仅存在爆破工程的分包合同关系。

对上述6份证据,陈永春质证如下:(1)证据一昂朝荣的证明是证人证言,证人没有到庭作证无法核实其真实性。(2)对证据二真实性有异议,不能证明徐造全是荣光玻璃公司的代表。(3)对证据三的真实性无异议。但不能实现安庆建安公司的证明目的。(4)证据四是虚假证据,证据内容相互矛盾。(5)对证据五的真实性无异议,该组证据再次证明徐造全是安庆建安公司的代表,陈永春收取的并不完全是爆破工程款,应以收条注明的收款事项为依据。(6)对证据六的真实性无异议,陈永春收取的工程款包括爆破工程款和人工挖孔桩工程款。

综合双方的举证、质证意见,本院对双方当事人提供的证据材料分别认证如下:

(1)关于陈永春提交证据的认证。对证据一、证据二的真实性,本院予以确认。杨勇系安庆建安公司的项目经理,其在工程施工中的行为系职务行为。徐造全代表安庆建安公司签订协议,并从安庆建安公司领取款项支付给陈永春,可以认定徐造全系安庆建安公司的施工代表。对证据三,由于本案出现两份标题不同的协议,一审法院结合相关证据,认定双方存在人工挖孔桩工程分包合同关系并无不当。对证据四,徐造全系安庆建安公司的施工代表,有权代表安庆建安公司签订协议,同时结合徐造全在原一审庭审中的证词,其与陈永春签订协议已告知杨勇,杨勇并无异议,说明安庆建安公司亦认可徐造全的行为,而该协议明确约定了桩基工程的施工内容,说明桩基工程系安庆建安公司分包给陈永春施工。对证据五,报告内容为陈永春向安庆建安公司报告桩基工程存在的问题，亦可说明双方存在人工挖孔桩工程分包合同关系。证据六中施工方代表由杨勇和陈永春签名，亦说明陈永春与安庆建安公司存在人工挖孔桩工程分包合同关系。证据七中由安庆建安公司盖章、杨勇签名的报验申请表，证明人工挖孔桩工程虽由陈永春施工完成，但以安庆建安公司名义申报验收，说明陈永春与安庆建安公司存在人工挖孔桩工程分包合同关系。

（2）关于安庆建安公司提交证据的认证。证据一昂朝荣的证言，昂朝荣系荣光玻璃公司原法定代表人，其证明人工挖孔桩工程由荣光玻璃公司指挥部负责人与陈永春商谈，陈永春于2005年7月进入工地施工。由于其证言部分内容属转述，且昂朝荣未出庭作证，陈永春亦不认可，故昂朝荣的证言不具有证明力。对证据二，徐造全在一审中当庭作证称，其是投资方，是为安庆建安公司垫资的，该证据不能否定徐造全系安庆建安公司施工代表的身份。对证据三的真实性，本院予以确认。但该保证书的意思表示不明确，不能证明陈永春已放弃权利。证据四与陈永春提交的证据三，系两份标题不同但内容相同的协议，本院前述已作认定。对证据五、证据六的真实性，本院予以确认。但该两份证据不能证明陈永春与安庆建安公司仅存在爆破工程的分包合同关系。

对各方提交的其他证据，本院认证意见与一审一致。

二审另查明：2005年10月18日，安庆建安公司项目经理杨勇与陈永春同时签订两份协议。一份为《安玻荣玻一期主厂房孤石、乱石爆破工程安全协议》，该协议引言部分明确双方就工程中孤石、乱石爆破工程签订分包合同；另一份为《安玻荣玻一期主厂房及熔炉基础人工挖孔桩工程安全协议》，该协议引言部分明确双方就工程中人工挖孔桩分项工程签订专业分包合同。两份协议的其他内容完全相同，协议内容既包括对人工挖孔桩的要求，又包括对爆破工程的要求。在人工挖孔桩工程和爆破工程施工平面图、工程完工后的爆破工程量签证记录以及人工挖孔桩工程隐蔽验收记录等施工资料中，杨勇和陈永春均作为施工单位代表签字。桩基础工程报验申请表有安庆建安公司六分公司安玻荣玻工程项目部加盖印章及杨勇签名。灌注桩分项工程检验批质量验收记录及桩基动测报告中填写的施工单位均为安庆建安公司。

2007年1月7日，安庆安信工程咨询有限公司受荣光玻璃公司委托对主厂房工程的工程造价进行审核，结论为7000398.39元，后安庆安信工程咨询有限公司将审核结论变更为：主厂房，大、小熔炉总造价6944084.89元，其中桩基造价（不含综合费）为5293268.13元。因荣光玻璃公司没有缴纳审计费，故安庆安信工程咨询有限公司未出具正式报告。嗣后，安庆建安公司在结论为7000398.39元的审核报告中加盖印章，并以此为依据向荣光玻璃公司破产清算组申报债权。该申报书明确，人工挖孔桩工程由荣光玻璃公司直接分包给陈永春施工，分包给陈永春的部分工程款债权人存在争议，正在诉讼中。安庆市国资委于2007年7月20日对其出借给荣光玻璃公司的200万元向荣光玻璃公司破产清算组申报债权。

再查明：2005年12月6日，安玻工程指挥部制作的会议纪要记载，由广东农垦建筑公司安排爆破人员从事爆破作业，由该公司安庆工程处现场负责人陈永春负总责，爆破器材和人员工资费用由广东农垦建筑公司安庆工程处支付等。

除本院认定的上述事实外，一审认定的其他事实，本院予以确认。

二审裁判结果

二审法院依照《中华人民共和国合同法》第52条第5项，最高人民法院《关于审理建设工程施工合同纠纷案件适用法律问题的解释》第26条第1款，《中华人民共和国民事诉讼法》第153条第1款第3项、第158条之规定，判决如下：

一、撤销安庆市中级人民法院〔2008〕宜民一重初字第0003号民事判决；

二、安庆市第一建筑安装工程公司于本判决生效后30日内支付陈永春工程款1212845.73元及利息（按中国人民银行同期同类贷款利率计算，自2007年6月16日起算）；

三、驳回陈永春的其他诉讼请求。

如果未按判决指定的期间履行给付金钱义务，应当依照《中华人民共和国民事诉讼法》第229条之规定，加倍支付迟延履行期间的债务利息。

一审案件受理费25360元，由陈永春负担5360元，由安庆市第一建筑安装工程公司负担20000元；案件保全费5000元，由安庆市第一建筑安装工程公司负担；鉴定费70000元，由陈永春负担20000元，由安庆市第一建筑安装工程公司负担50000元。二审案件受理费25360元，由陈永春负担5360元，由安庆市第一建筑安装工程公司负担20000元。

本判决为终审判决。

二审裁判理由

二审法院认为：综合各方的举证、质证及诉辩意见，本案二审争议焦点是：（1）陈永春是否具备诉讼主体资格；（2）安庆建安公司与陈永春之间是否存在人工挖孔桩工程的分包合同关系；（3）案涉工程的工程价款应为多少，已付多少，尚欠多少。

1. 关于陈永春的诉讼主体资格。安玻工程指挥部2005年12月6日的会议纪要虽明确写明由广东农垦建筑公司安排爆破人员从事爆破作业，由该公司安庆工程处现场负责人陈永春负总责，爆破器材和人员工资费用由广东农垦建筑公司安庆工程处支付等。但广东农垦建筑公司与安庆建安公司或荣光玻璃公司均未签订建设工程施工合同，广东农垦建筑公司亦未进行实际施工，故安庆建安公司诉称的广东农垦建筑公司为案涉工程的实际施工人，该公司与荣光玻璃公司存在工程承包关系，陈永春仅系该公司安庆工程处的负责人，不具备诉讼主体资格等，依据不足，本院不予支持。

2. 关于安庆建安公司与陈永春是否存在人工挖孔桩工程分包合同关系。本案中，对于人工挖孔桩工程和爆破工程均由陈永春施工完成、爆破工程由安庆建安公司分包给陈永春施工的事实，各方均无异议，但对人工挖孔桩工程是否由安庆建安公司分包给陈永春施工存有异议。为此，陈永春及安庆建安公司均提供了相关证据，本院已作出分析、认证，确认安庆建安公司与陈永春存在人工挖孔桩工程分包合同关系。鉴于陈永春没有施工、爆破资质，故安庆建安公司与陈永春签订的人工挖孔桩工程分包合同应为无效。

3. 关于案涉工程价款。荣光玻璃公司委托安庆安信工程咨询有限公司对主厂房工程造价进行的审核，安庆安信工程咨询有限公司并未出具正式的审核结论。安庆建安公司向荣光玻璃公司破产清算组申报债权时，虽主张主厂房工程造价为7000398.39元，但对其中的桩基工程造价并未认可，故该审核结论不能作为案涉工程款的结算依据，一审法院依据安庆建安公司的申请，就案涉的人工挖孔桩工程和爆破工程造价委托安庆安信工程咨询有限公司进行鉴定并无不当。陈永春诉称案涉工程造价已经鉴定且经安庆建安公司认可，应为5293268.13元等，与事实不符，本院不予支持。一审鉴定结论中，人工挖孔桩工程造价为2980150.6元，安庆建安公司无异议，本院予以确认。对该鉴定结论以爆破工程量2441.2立方米及单价540元/立方米为依据计算爆破工程造价为1318248元，安庆建安公司提出异议。鉴于爆破工程已经建设单位、监理单位、施工单位三方签证验收，签证资料确认爆破工程量为2441.2立方米，虽然其中的914立方米安庆建安公司未签字，但建设单位、监理单位及陈永春代表施工单位均已签字认可，故安庆建安公司未签字不能否认实际发生的爆破工程量。同时，因荣光玻璃公司与安庆建安公司所签补充协议已明确约定爆破工程单价为540元/立方米，故鉴定结论据此确认爆破工程造价为1318248元并无不当。案涉人工挖孔桩工程和爆破工程造价应为4298398.6元（2980150.6元+1318248元）。

一审判决认定陈永春自认已收取安庆建安公司工程款2985552.87元，此外，安庆市工经委等支付给陈永春10万元，陈永春计收取案涉工程款

3085552.87元，对此，安庆建安公司并无异议，本院予以确认。鉴于案涉人工挖孔桩工程和爆破工程造价为4298398.6元，故尚欠陈永春的工程款应为1212845.73元（4298398.6元-3085552.87元）。由于安庆建安公司与陈永春存在人工挖孔桩工程和爆破工程的分包合同关系，案涉工程已由陈永春施工完毕且经验收合格，故陈永春的工程欠款1212845.73元应由安庆建安公司全额支付，陈永春上诉主张应自起诉之日起支付欠款利息，理由正当，本院予以采纳。一审判决按比例清偿率确定应支付陈永春的工程余款，且不支持陈永春的拖欠工程款利息主张，证据不足，依法应予纠正。安庆市国资委与本案无法律上的利害关系，一审判决其不承担责任正确。荣光玻璃公司破产清算组虽为发包人，但陈永春并未向其主张权利，依据最高人民法院《关于审理建设工程施工合同纠纷案件适用法律问题的解释》的规定，荣光玻璃公司破产清算组也不应承担责任。

137. 双方当事人在签订分包工程过程中，对于工程造价明确予以约定，分包人能否以对方当事人施工过程成本降低为由主张核减工程款？

> 虽然分包合同无效，但是依照相关司法解释规定，工程经验收合格的，可以参照原合同约定。当事人在合同中明确约定工程造价的计算方法，分包人不得以对方当事人成本降低而主张核减工程款。

典型疑难案件参考

任建国等与银川第一市政工程有限责任公司第五分公司建设工程分包合同纠纷案

基本案情

一审法院查明，银川第一市政工程有限责任公司第五分公司（以下简称五分公司）系银川第一市政工程有限责任公司（以下简称市政一公司）的内部分支机构，不具备法人资格。2006年5月8日，任建国与五分公司签订《工程协议》。协议约定，经双方协商就石嘴山市大武口区西环路Ⅱ标段路基工程路基土方，由任建国实施；工程范围：工程中标价内的路基土方；工程造价：数量以工程实际发生数为准（压实方），单价为27元/立方米；甲方

（五分公司）的责任：（1）指定取土地点、确定运输线路。（2）按月进行结算，确保工程所需；乙方（任建国）的责任：（1）负责组织工程所需的设备、机械和人力，确保工程所需。负责工程建设中的一切安全工作，如发生大、小伤亡事故均由乙方自己承担。（2）进场材料要符合规范要求，不符合材料不得进入现场。要按照甲方指定的地点堆放，同时配合甲方搞好路基施工。协议签订后，任建国完成了大武口区西环路Ⅱ标段路基借土填方工程中的拉运土方工程。在合同履行过程中，任建国拉运土方的取料场由投标指定的王泉沟变更为大武口沟，运距由23公里变为4公里，运距变更后的工程量为50855立方米。工程完工后，双方就工程量及工程价款未进行决算。2008年11月24日，石嘴山市审计局以石审投报（2008）48号审计报告对大武口区西环路路基工程竣工决算进行了审计。审计部门确认Ⅱ标段借土填方工程的总工程量系合同数量（借土填方工程的招标量、中标量、合同量一致）111836立方米加合同变更部分即桥头衔接增加借土填方8265.976立方米、石大路纵断面设计变更增加借土填方9593.9立方米，共计129695.876立方米。审计报告同时确认借土填方工程因运距变短减少运费核减金额447015元（核减单价8.79元/立方米×运距变短工程量50855立方米）。

另查明，在合同履行过程中，任建国为市政一公司星海桥南隅工程拉运土方共计1230立方米，市政一公司及五分公司认可单价以27元/立方米计算。2006年7月25日至2008年4月10日，市政一公司共给任建国支付工程款65万元。

一审裁判结果

一审法院依据《中华人民共和国合同法》第52条第5项、第109条、第272条第3款之规定，判决如下：

一、被告银川第一市政工程有限责任公司于本判决生效后10日内向原告任建国支付工程款2437983.65元；

二、驳回原告任建国要求被告银川第一市政工程有限责任公司第五分公司承担责任的诉讼请求。如义务方不按判决指定的期间履行给付金钱义务，应当依照《中华人民共和国民事诉讼法》第229条之规定，加倍支付迟延履行期间的债务利息。案件受理费30282元，由原告任建国负担6056元，被告银川第一市政工程有限责任公司负担24226元。

一审裁判理由

一审法院认为：本案双方当事人争议的问题主要集中在以下几个方面：（1）关于任建国与五分公司签订的《工程协议》的效力问题。五分公司不具备法人资格，任建国无施工资质，双方所签的《工程协议》为无效协议。协议虽然无效，但是市政一公司给任建国已支付部分工程款，应视为其对五分公司无效民事行为的追认。鉴于任建国所施工的工程已交付使用，市政一公司应当向任建国支付工程款，且双方所签的协议是其真实意思表示，协议的内容又不存在损害国家、集体、第三人利益的情况，为定分止争、减少损失，对协议的内容应根据协议履行的实际情况综合予以认定。（2）关于工程量问题。协议约定数量以工程实际发生数为准（压实方），工程完工后，双方就工程量及工程造价未能协商一致，没有进行决算，而任建国提交的石嘴山市审计局的审计报告依据的是建设单位提供的施工资料及监理部门的监督管理，较客观、真实地反映了诉争工程量，应当予以采信。根据审计部门的审计及任建国施工的工程性质，合同范围内借土填方的总工程量与拉运土方的总工程量应当一致，即合同数量（中标部分工程量）加变更部分的工程量。合同数量为111836立方米双方均无异议，应予以确认；变更部分，应以审计报告中的审定工程量为准，即桥头衔接增加借土填方8265.976立方米、石大路纵断面设计变更增加借土填方9593.9立方米，任建国以报送工程量主张有误，多计算部分不予支持，综上，任建国合同范围内的总工程量为129695.876立方米。市政一公司辩解该报告是建设单位与市政一公司结算的量，不是与原、被告结算的量，任建国的工程量应以实际发生的压实方为准，部分工程是由市政一公司雇用的挖掘机就地挖方，并以此要求鉴定部门进行鉴定。一审认为，市政一公司的辩解仅凭其单方陈述，未提交相应的证据予以证实，其辩解理由，证据不足，不能成立，对市政一公司的工程量鉴定申请，亦不予准许。（3）关于工程造价的问题。原、被告在协议中约定单价为27元/立方米，但在合同履行的过程中，任建国将取土地点由王泉沟变更为大武口沟，运距缩短19公里。虽然在合同中原、被告未明确取土地点，但甲方（被告）有指定取土地点、确定运输线路的责任，且根据原告施工工程的性质，运距的多少直接决定着工程单价价格，王泉沟又系该工程投标时指定的取料厂，因此双方协商的单价应当包含了运距的问题，任建国关于其只负责对司机拉来的土验收后付运费，不清楚土从哪儿来，运距是否变短与其无关的主张不能成立。对审计报告确认的运距变短减少运费447015元，应从任建国主张的工程款中予以扣除。2006年6月27日的工程结算单，是市政一公司在工程施工期间就部分工程给任建国支付的工程款，不具有结算性质，不能证实任建国的主张。因根据合同及审计报告已可以确认原告的工程造价，故被告要求价格鉴定的申请，本院亦不予准许。（4）关于任建国主张的星海桥南隅工程1230立方米工程量的工程款问题。该工程是在合同履行过程中，任建国为被告所施工的合同外工程，被告虽对其中王凤英的签字有异议，但未提出相应证据予以反驳，异议不能成立，原告主张的1230立方米的工程量证据充分，应予以确认。因被告同意对该部分工程在本案中一并处理，并按原告主张的27元/立方米计算，故任建国的此项主张，本院予以支持。综上，根据已确认的工程量及工程造价，被告应给任建国支付的工程款为：合同范围内的工程款3501788.65元（129 695.876立方米×27元/立方米）－运距变短核减工程款447015元＋合同外的工程款33210元（1230立方米×27元/立方米）＝3087983.65元。被告已付65万元，未付的2437983.65元，应在合理期限内予以支付。被告主张其他工程给原告多付的201896.48元，已由被告公司财务转为本工程对原告的已付工程款，因转款系被告的单方行为，原告又不予认可，辩解理由不能成立。被告五分公司不具有民事行为能力，应由其主管部门被告市政一公司承担付款责任。

二审诉辩情况

任建国上诉请求：撤销〔2009〕石民初字第8号判决，改判由两被上诉人共同给付上诉人工程款2884998.70元，一、二审诉讼费用全部由两被上诉人负担。主要理由：一审法院不应当从被上诉人应付上诉人工程款2884998.70元中核减掉447015元。不存在运距变短的事实。所谓的运距变短，是石嘴山市审计局审计报告中的内容。上诉人提交审计报告为了证明实际完成的工程量，并不认可其所谓的运距变短。上诉人同被上诉人在自愿和协商一致的基础上签订的"工程协议"合法、有效，应受严格保护。该协议约定，工程造价数量以工程实际发生数为准（压实方），单价为27元/立方米。双方对工程款的结算，意思表示明确、具体，不存在歧义。"工程协议"虽约定甲方（被上诉人）指定取土地点、确定运输路线。但在实际履行时，被上诉人并未给上诉人指定取土地点，也未确定运输路线。且在2006年6月27日，按约定，还给上诉人结算了部分工程款。被上诉人的实际行为认可上诉人履行合同符合约定。工程发包方与被上诉人之间的合同约定，不影响上诉人同被上诉人之间的合同约定，两个合同完全是独立的，各自应按其约定履行合同。即使工程发包方与被上诉人约定了运距变短要核减运费的内容，也不应影响到上诉人的运费。因为上诉人与被上诉人的协议，没有约定工程发包方因运距变短核减被上诉人运费，被上诉人也要相应核减上诉人运费的内容。综上，上诉人与被上诉人签订的"工程协议"有效，据《合同法》当事人意思自治原则，在合同内容没有违反法律规定的情况下，应严格遵守合同约定。因此，一审判决运距变短，核减上诉人工程款447015元是错误的，请依法支持上诉人的上诉请求。

市政一公司答辩称：一审法院认定运距变短的事实存在，是正确的，有我方一审时提交的两份证据证明。关于核减工程款447015元的问题。任建国以审计报告作为依据，就应全面受审计报告的约束，我方一直认为不应以审计报告作为定案依据。取土场距施工工地变更为只有4公里，对拉土方费用相应核减是正确的。五分公司未领取营业执照，一直以一公司名义对外活动，是一公司内部机构，一审法院认定五分公司与任建国所签协议为无效合同是正确的。

五分公司答辩称：我分公司不是独立法人，责任应由公司承担。我们与任建国约定按工程实际发生量进行结算，其他意见同意市政一公司的答辩意见。

市政一公司上诉请求：依法撤销〔2009〕石民初字第8号《民事判决书》第一项并改判或发回重审；本案的诉讼费依据二审判决结果依法予以调整。主要理由：一审法院认定工程量错误。一审法院以石嘴山市审计局作出的《审计报告》（石审投报〔2008〕48号）作为确定被上诉人实际工程量的依据没有事实及法律依据，是错误的。本案应对实际工程量（压实方）进行鉴定。上诉人实际测量的涉案土方量为75774.314立方米，与预算相差3.6万余立方米。上诉人一审时已提出申请，请求法院委托测量鉴定部门对被上诉人完成的实际土方量（压实方）进行测量鉴定，但未被准予。被上诉人实际完成的压实土方量应以鉴定结果来确定。一审法院认定"合同数量为111836立方米双方均无异议，应予确认"没有任何依据。星海桥南隅工程1230立方不应计入本案。一审法院认定工程造价错误。一审法院认定"合同范围内的工程款3501788.65元……合同外的工程款33210元"是错误的。因为一审认定工程量依据错误，且工程量构成中的"桥头衔接增加借土填方8265.976立方米、石大路纵断面设计变更增加借土填方9593.9立方米"这两处含有上诉人另行雇用挖掘机就地挖方的土方量。土方单价问题，由于被上诉人施工前期擅自更改料场，致使运距变短，故土方单价应重新确定。上诉人一审也提出申请，请求法院委托价格鉴定部门对土方单价（压实方）进行价格鉴定。一审法院认定已付工程款与实际付款不符。本工程已付工程款应为851896.48元。一审法院只认定已付工程款65万元，将该201896.48元剔除，与实际付款严重不符。

任建国答辩称：一审法院依据审计报告认定工程拉运土方量是正确的，审计报告是经石嘴山市审计局、高雨仁、交通局三方认可的，借土填方工程全部由任建国完成。对实际工程量鉴定无必要，不客观，也无鉴定可能；工程已交付使用，不可能将路挖断去鉴定，且现状已发生重大变化，鉴定申请不应被准许。一审法院认定合同数量为111836立方米正确，星海桥南隅工程1230立方米应计入本案。双方对借土填方并无异议，且不存在挖土填方，一审认定工程造价并无错误。工程款已付部分与实际付款仍坚持一审时的意见。

五分公司答辩称：同意市政一公司的上诉请求及事实与理由。

二审中，各方仍坚持一审时的举证、质证意见。市政一公司及其五分公司无新证据。

任建国向法庭提交新证据一组即 26 张收据，意在证明收据中记载的土方量包含在审计报告中，是借土填方，全部由任建国完成。

市政一公司质证认为，26 张收据不符合新证据的要求，拒绝质证，但需要说明的是双方协议约定以压实方结算，我方只检测土方质量，无必要开具料单作为结算依据。

二审法院认为，任建国提交的证据材料，在一审开庭前即已存在且为其持有，虽二审时才提交，但不符合二审程序中的新的证据情形，不予采信。

二审庭审中，任建国对一审法院查明的事实中"在合同履行过程中，原告拉运土方的取料场由投标指定的王泉沟变更为大武口沟，运距由 23 公里变为 4 公里，运距变更后的工程量为 50855 立方米"的内容有异议，认为对方并未给其告知和指定过取土地点，运距变短不是事实；同时任建国认为，一审查明的"审计报告同时确认借土填方工程因运距变短减少运费核减金额 447015 元（核减单价 8.79 元/立方米×运距变短工程量 50855 立方米）"表述错误，审计报告没确认，一审认定无依据。市政一公司对一审查明"运距变更后的工程量为 50855 立方米"及"借土填方工程的招标量、中标量、合同量一致"的事实有异议，认为 50855 立方米中还包括其雇人现场就地挖方的工程量，同时认为一审混淆了市政一公司与石嘴山市交通局间及市政一公司与任建国间的工程量，与任建国间没有工程量具体数的约定，只约定以压实方计算；市政一公司还对一审查明"被告市政一公司共给原告支付工程款 65 万元"的事实有异议，认为已付工程款应为 851896.48 元。

二审裁判结果

二审法院认为：一审认定的基本事实清楚，但对部分事实的定性缺乏依据，应予纠正。市政一公司应给任建国支付的工程款为：合同范围内的工程款 3501788.65 元（129695.876 立方米×27 元/立方米）＋合同外的工程款 33210 元（1230 立方米×27 元/立方米）＝3534998.65 元。市政一公司已付给任建国工程款 650000 元，未付工程款 2884998.65 元。依据《中华人民共和国民事诉讼法》第 153 条第 1 款第 3 项、第 158 条，《中华人民共和国合同法》第 52 条第 5 项、第 109 条、第 272 条第 3 款及《中华人民共和国公司法》第 14 条规定，判决如下：

一、撤销石嘴山市中级人民法院〔2009〕石民初字第 8 号民事判决第一项，即被告银川第一市政工程有限责任公司于本判决生效后 10 日内向原告任建国支付工程款 2437983.65 元；

二、维持石嘴山市中级人民法院〔2009〕石民初字第 8 号民事判决第二项，即驳回原告任建国要求被告银川第一市政工程有限责任公司第五分公司承担责任的诉讼请求；

三、银川第一市政工程有限责任公司于本判决生效后 10 日内向任建国支付工程款 2884998.65 元；

四、驳回银川第一市政工程有限责任公司的上诉请求。

二审法院裁判理由

二审法院认为：本案涉及的焦点问题除一审确认的涉案合同的效力问题、涉案借土填方工程的工程量问题、涉案工程造价问题及任建国主张的星海桥南隅工程 1230 立方米工程量的工程款问题外，已付工程款问题也应是本案的争议焦点。

1. 关于涉案合同的效力问题

一审认定任建国与五分公司签订的《工程协议》因五分公司不具备法人资格、任建国无施工资质而无效是正确的，任建国主张合同有效的上诉理由不能成立。协议虽然无效，但涉案借土填方工程任建国已完成，且大武口区西环路工程已竣工投入使用，依据最高人民法院《关于审理建设工程施工合同纠纷案件适用法律问题的解释》第 2 条的规定，涉案《工程协议》可参照适用，任建国请求据此支付工程价款依法应予支持。五分公司不具有法人资格，其民事责任依照《公司法》第 14 条的规定由市政一公司承担。

2. 关于涉案借土填方工程的工程量问题

一审以石嘴山市审计局石审投报〔2008〕48 号《审计报告》及涉案工程的性质综合确定涉案合同范围内的总工程量为 129695.876 立方米是正确的。涉案工程是国家财政投资项目，对其进行审计是国家强制性的。石嘴山市审计局依职权依据市政一公司报送、监理公司签证且由建设单位（石嘴山市交通局）提供的施工资料对涉案工程作出的审计报告，因审计行为的合法性、审计结论的真实性及与本案存在关联性，且经庭审质证，可以作为确定工程量的依据。所以市政一公司对一审认定工程量提出的异议不成立，其主张对工程量进行司法鉴定予以确定的上诉理由不成立，不予支持。

3. 关于涉案工程造价问题

石嘴山市审计局的审计报告中对涉案工程变更部分因运距变短减少运费审定核减了 447015 元（报送值也是 447015 元），而五分公司与任建国在《工程协议》中约定路基土方"单价为 27 元/立方米"，该协议并未约定工程变更应相应调整约定单价的内容；同时，任建国否认五分公司在合同履行过程中给其指定过取土场的主张，市政一公司及五分公司没有证据证明其依约给任建国指定了取土场和运输路线，市政一公司一审时提交的2007年12月20日大武口西环路路基工程总监理工程师办公室的宁科监字〔2007〕第32号文件、2006年6月25日石嘴山市交通局建设工程项目管理办公室的通知，仅能证明发文者告知受文者取土场的位置由招标指定的王泉沟变更为大武口沟处及相应的工程量；市政一公司及五分公司也无其他关于工程变更应相应调整与任建国间约定单价的证据；故《工程协议》中"单价为27元/立方米"应视为固定单价。基于前述确认涉案合同范围内的工程量为129695.876立方米，故涉案工程造价能够确定。涉案工程造价应为3501788.65元（129695.876立方米×27元/立方米）。一审认定"原告拉运土方的取料场由投标指定的王泉沟变更为大武口沟"及"对审计报告确认的运距变短减少运费447015元，应从原告主张的工程款中予以扣除"缺乏依据，应予以纠正。任建国主张一审法院不应从市政一公司应付其工程款2884998.70元中核减447015元的上诉理由成立，应予以支持。市政一公司主张对涉案工程进行造价鉴定的上诉理由，因涉案工程造价据现有证据已可确定而不能成立，不予支持。

4. 关于任建国主张的星海桥南隅工程1230立方米工程量的工程款问题

该工程是在合同履行过程中，任建国为市政一公司所完成的合同外工程，一审依据市政一公司同意对该部分工程在本案中一并处理，并同意按任建国主张的27元/立方米计算处理该部分工程款是正确的。市政一公司二审庭审中当庭撤回关于该问题的上诉。

5. 关于已付工程款问题

一审认定涉案工程款已付65万元正确。市政一公司主张2005年12月份因其他工程给任建国多付201896.48元已由其公司财务转为涉案工程的已付工程款，因任建国主张涉案工程外其与市政一公司六分公司间尚有工程款未结清不予认可，市政一公司该主张所依证据又系其单方制作挂账，故其主张已付工程款851896.48元的上诉请求不能成立，不予支持。

> **138. 总包单位和分包单位对所建设的工程是否逾期、是否完工等事项存在争议，应如何确定？**
>
> 监理单位可根据其再开工报告中盖章的日期、其通过验收的日期等情况来确定开工日期和竣工验收日期。

典型疑难案件参考

上海哲安建筑工程有限公司与中国京冶工程技术有限公司建设工程分包合同纠纷案

基本案情

2006年5月10日，中国京冶建设工程承包公司与上海哲安建筑工程有限公司（以下简称哲安公司）签订《上海意奔玛有限公司1—4JHJ厂房屋面钢结构工程分包合同》，合同约定：哲安公司将其承包的上海意奔玛有限公司1—4JHJ厂房的屋面钢结构工程分包给中国京冶建设工程承包公司承建；工程承包范围：(1) 1—4JHJ厂房屋面梁的制作安装；(2) 1—4JHJ厂房屋面系统安装；(3) 1—4JHJ厂房柱间支撑、预埋件及螺栓的制作安装，具体见哲安公司提供的蓝图；合同工期：开工日期为2006年5月28日，具体以与哲安公司商定的日期为准；竣工日期为2006年10月28日，合同工期总日历天数150天；合同价款：1—44JHJ厂房建筑面积18570.4平方米，每平方米单价人民币（以下币种均为人民币）170元，总计3156968元。该工程造价为总价包干形式，不考虑材料价格波动；工程款支付方式为：(1) 合同签订后开工前支付1JHJ厂房工程备料款为200000元；(2) 1JHJ厂房屋面钢梁进场后支付100000元；(3) 1JHJ厂房屋面板进场后支付100000元；(4) 1JHJ厂房屋面安装结束后支付113000元；其余3间厂房根据施工时间间隔按1JHJ厂房的付款方式付款；后续工程款支付方式为：竣工一年内按季度分4次付清全部工程款，每次付款额为工程总造价的8.75%，即276234元；中国京冶建设工程承包公司除因不可抗拒或其他正当原因经哲安公司书面同意外，如有逾期完工哲安公司可依如下方法处理：所属工程每逾一日，罚承揽总价万分之三为违约金；工程未经验收，业主提前使用或擅自使用的，由此而发生的质量或其他问题，由哲安公司承担责任；工程保修期自工程竣工验收通过后起一年，未明确约定之处，按《建设工程质量管理条例》中相应的要求。合同还对其他事宜作了约定。

2006年7月28日，中国京冶建设工程承包公司开始组织施工。实际施工中对1—4JHJ厂房的柱间支撑未施工。2006年12月28日，该工程经工程监理单位进行了验收。同时，工程监理单位分别在《主体结构分部钢结构子分部工程验收记录》及《钢结构分部（子分部）工程有关观感质量检验项目检查记录》上盖章确认。2008年9月，建设单位向工商行政管理部门申请变更企业住所地，由他处变更至本案所涉厂房地址。目前建设单位已使用了厂房。

原审法院另查明：京冶公司、哲安公司双方均具有建设工程施工资质。

2006年10月31日，国家工商行政管理总局向其发出了《准予变更登记通知书》，同意中国京冶建设工程承包公司变更为中国京冶工程技术有限公司，即本案原告京冶公司。

原审审理中，经京冶公司申请，原审法院委托上海文汇工程咨询有限公司对1—4JHJ柱间支撑工程费用进行了审价，经审价，1—4JHJ厂房柱间支撑工程费用为21576元。京冶公司同意在工程款中扣除该费用。

原审审理中，京冶公司认为该厂房工程是违法建筑，故分包合同应为无效。哲安公司则认为京冶公司的主张没有事实和法律依据。

一审诉辩情况

因哲安公司未付清工程款，中国京冶工程技术有限公司（以下简称京冶公司）于2008年11月诉至原审法院，请求判令哲安公司支付工程款906968元及逾期付款利息（自2007年12月29日起计算至判决生效日止，以本金906968元，按银行同期贷款利率计算）。审理中，京冶公司变更诉讼请求为：要求哲安公司支付工程款1006968元及逾期付款利息（自2007年12月29日起计算至判决生效日止，以本金1006968元，按银行同期贷款利率计算）。同时，京冶公司又增加诉讼请求，要求确认双方签订的《上海意奔玛有限公司1—4JHJ厂房屋面钢结构工程分包合同》无效。

原审审理中，哲安公司辩称：哲安公司与京冶公司间没有合同关系，与哲安公司签订分包合同的是中国京冶建设工程承包公司，不是本案的京冶公司。京冶公司陈述的事实和意奔玛公司工程的实际情况不符。哲安公司没有通知京冶公司不做厂房柱间支撑。施工方进场日期、竣工日期不属实，哲安公司参与了工程验收，剩余工程款数额不属实。因此哲安公司不同意京冶公司的诉讼请求。同时，哲安公司提出反诉，请求判令：（1）京冶公司继续履行合同，完成1—4JHJ厂房柱间支撑、预埋件及螺栓的安装；（2）京冶公司支付逾期完工违约金，自2006年10月29日起计算至实际完工之日止，按工程总价3156968元的日万分之三计算。

针对哲安公司的反诉请求，京冶公司辩称：京冶公司已按约定完成1—4JHJ厂房全部分包工程，且经过验收，及时交付了屋面工程，进行下一道施工。业主实际使用厂房已2年之久，己方已全面履行合同，不存在逾期完工。哲安公司的反诉没有事实依据。请求驳回其反诉请求。

一审裁判结果

一审法院判决如下：

一、上海哲安建筑工程有限公司应于原审判决生效之日起 10 日内支付中国京冶工程技术有限公司工程款 785392 元；

二、上海哲安建筑工程有限公司应于原审判决生效之日起 10 日内支付中国京冶工程技术有限公司逾期付款利息（以本金 785392 元，自 2007 年 12 月 29 日起至原审判决生效日止，按银行同期贷款利率计算）；

三、中国京冶工程技术有限公司要求确认原审原、被告于 2006 年 5 月 10 日签订的《上海意奔玛有限公司 1—4JHJ 厂房屋面钢结构工程分包合同》无效的诉讼请求不予支持；

四、上海哲安建筑工程有限公司要求中国京冶工程技术有限公司继续履行《上海意奔玛有限公司 1—4JHJ 厂房屋面钢结构工程分包合同》的诉讼请求不予支持；

五、上海哲安建筑工程有限公司要求中国京冶工程技术有限公司支付逾期完工违约金（以工程总价款 3156968 元，自 2006 年 10 月 29 日起至实际完工之日止，按日万分之三计算）的诉讼请求不予支持。

一审裁判理由

一审审理中，针对双方争议的焦点人民法院分析认定如下：

1. 京冶公司主体是否适格

哲安公司认为，本案中的原告应为中国京冶建设工程承包公司，而现本案中的京冶公司与本案所涉的合同没有任何关系。京冶公司没有提供任何证据证明其具有作为本案原告主体的资格。另外，京冶公司提交的所有诉讼文件均没有加盖有效的经工商机关登记的公章，所有印章均为私刻的带有"沪"字标记的印章，经查上海市工商局并没有登记上述公司及印章。故京冶公司主体不适格。

京冶公司认为，己方主体适格，合同虽然是中国京冶建设工程承包公司与哲安公司签订，但中国京冶建设工程承包公司已经工商部门核准变更为中国京冶工程技术有限公司。带有"沪"字的中国京冶工程技术有限公司章与中国京冶工程技术有限公司法人章具有等同效力。因此，京冶公司主体适格。为此，京冶公司提供了由中国京冶工程技术有限公司出具的证明函。

一审法院认为，本案所涉合同虽为中国京冶建设工程承包公司与哲安公司签订，但中国京冶建设工程承包公司变更为中国京冶工程技术有限公司是经国家工商行政管理总局批准。至于京冶公司提供的诉状及委托书上盖有带"沪"字的中国京冶工程技术有限公司章，原审法院认为，中国京冶工程技术有限公司在起诉的同时提供了证明函，证明京冶公司在与哲安公司的工程款纠纷中，

"中国京冶工程技术有限公司（沪）"公章等同于"中国京冶工程技术有限公司"法人章，且京冶公司也应法院要求更换了盖有"中国京冶工程技术有限公司"法人章的诉状及授权委托书。哲安公司也收到了盖有"中国京冶工程技术有限公司"法人章的诉状副本。因此，京冶公司的主体资格适格。

2. 本案所涉工程的开工、竣工验收及交付建设单位使用的时间节点

京冶公司认为，本案所涉工程实际于2006年7月28日开始施工，2006年12月28日经竣工验收合格，2007年5月，建设单位开始使用厂房。为此，京冶公司提供了开工报告、竣工报告、竣工验收资料、照片、建设单位变更登记申请书、承诺书、编订（变更）门弄（楼）号牌通知等证据，以证明其主张。

哲安公司认为，对实际开工日期不清楚，但工程至今未完工，目前建设单位只有一幢厂房在使用。对京冶公司提供的开工报告和竣工报告认为没有收到，开工报告上没有哲安公司盖章，也没有建设单位确认，且日期有修改；竣工报告上没有哲安公司单位盖章，也没有建设单位、监理单位盖章，不符合形式要件；对验收资料认为监理单位总监"史某某"不是本人签名，监理公司的印章也不是监理公司所盖，章也不真实，日期是经过篡改的；对京冶公司提供的照片、建设单位变更登记申请书、承诺书、编订（变更）门弄（楼）号牌通知认为与本案无关。为此，哲安公司提供了监理单位的情况说明，该说明载明的主要内容为：（1）工程承包合同及图纸明确1—4JHJ厂房柱间支撑、预埋件及螺栓的制作安装包括在承包范围内，实际柱间支撑至今未做；（2）工程验收应由分包单位提出申请，但分包单位至今未提出申请，建设单位也未组织验收；（3）工程实际进度，2008年4月底才将钢梁油漆做完，表上的日期是分包单位要求写在2006年12月28日；（4）总监理工程师史某某不是本人签名，应该用单位公章，而实际盖的项目监理专业章。

京冶公司对哲安公司提供的监理单位的情况说明认为，监理单位的情况说明涉及的内容没有任何证据来支持，也没有说明人的签字，情况说明的来源不合法，也没有任何证明效力。

一审法院认为：哲安公司未能提供工程实际开工的日期，而根据京冶公司提供的开工报告记载，开工日期为2006年7月28日，且该开工报告由监理单位盖章，故可以认定本案所涉工程实际开工日期为2006年7月28日。由于京冶公司是分包单位，哲安公司是总包单位，京冶公司分包的仅是屋面钢结构工程，现京冶公司提供的《主体结构分部钢结构子分部工程验收记录》及《钢结构分部（子分部）工程有关观感质量检验项目检查记录》，恰恰证明京冶公司已完成了该分包工程，并经监理单位验收，两份证据的形式也符合分包工程子分部的验收报告形式；监理单位代表建设单位，其验收的内容可以代表建设

单位的验收,既然建设单位已通过验收,由此产生的后果应由建设单位承担,总包单位理应也予以确认;监理单位的公章或项目监理专用章都代表的是监理单位,且在子分部的验收记录上加盖项目监理专用章,更符合行业惯例;史某某是否本人签名,哲安公司未申请鉴定,哲安公司也未能提供证据证明不是史某某本人签字,故不予采信。据此,可以认定该分包工程于2006年12月28日经验收合格。至于建设单位是否已使用厂房,因哲安公司也确认建设单位目前已使用了厂房,结合京冶公司提供的其他证据,有理由相信建设单位实际已使用厂房。

3. 京冶公司实际未施工的工程内容及原因

京冶公司认为,因哲安公司通知京冶公司厂房柱间支撑不做,故京冶公司在实际施工中对柱间支撑没有施工,其他工程项目全部完成。为此,京冶公司提供了电话录音,以证明是哲安公司不要求京冶公司施工柱间支撑。

哲安公司认为,京冶公司没有施工的工程内容为柱间支撑、预埋件及螺栓的制作安装,哲安公司并没有通知京冶公司不做,是京冶公司擅自未施工。

一审法院认为:第一,在第三次庭审中,哲安公司确认仅是柱间支撑没有做;第二,哲安公司作为证据提供的由监理单位出具的情况说明显示,监理单位也确认只有柱间支撑未做;第三,从京冶公司提供的验收资料显示,预埋件及螺栓已经验收。因此,可以认定本案所涉工程中仅柱间支撑未施工。至于未施工的原因,由于工程施工一般都有施工图纸,且监理单位按工程施工工序逐一进行验收,但监理单位在验收时明知京冶公司没有对柱间支撑施工,仍进行验收;同时,建设单位在未经竣工验收的情况下提前使用厂房,故柱间支撑未施工的原因不能归责于京冶公司。

4. 工程款的支付情况

哲安公司认为,哲安公司共向京冶公司支付了工程款255万元。除双方确认一致的工程款225万元外,哲安公司还于2007年11月12日以现金方式向京冶公司支付了工程款20万元(经手人为何某),于2007年4月18日以支票形式向京冶公司支付了工程款10万元。为此,哲安公司提供了付款凭单。

京冶公司对哲安公司主张的上述30万元工程款认为,2007年11月12日,京冶公司仅收到了哲安公司以支票形式支付的工程款20万元(哲安公司提供的付款凭单中有该凭证),没有收过现金20万元,该付款凭单上"现金"两字是哲安公司项目经理石某某添加的;2007年4月18日以支票形式支付了工程款10万元,并不是哲安公司支付本案系争工程的工程款,而是支付上海佳志橡塑新材料有限公司屋面钢结构工程的工程款。为此,京冶公司提供证人何某出庭作证，并提供了京冶公司、哲安公司签订的《上海佳志橡塑新材料有限公司切割、发泡车间屋面钢结构工程分包合同》。

哲安公司认为，2007年11月12日，哲安公司既通过支票形式向京冶公司支付工程款20万元，又通过现金形式向京冶公司支付工程款20万元，京冶公司的经手人是何某，20万元现金是石某某存放在家里的，付款凭单上"现金"两字是石某某事后添加的。2007年4月18日的工程款是支付本案系争工程的工程款，对京冶公司提供的《上海佳志橡塑新材料有限公司切割、发泡车间屋面钢结构工程分包合同》，因是复印件，对真实性有异议，不予质证。

原审庭审中证人何某出庭作证，其表示：2007年11月12日，其一个人到石某某家去取支票。当天，石某某给了20万元的支票一张。取了支票后，其向石某某出具了收条（即付款凭单）。石某某说2006年7月4日领取的20万元支票未出具收条，要求补一份收条，故何某又补写了一份20万元的收条（即付款凭单），但该收条上"现金"两字不是其所写，何时添加了"现金"两字其不知道。当天取支票时，石某某的家属在家，没有其他人在场。其基本上取的都是支票，只有一次与廖某某两人一起去取了10万元现金。

京冶公司对证人证言认为，证人何某的证言是客观真实的。

哲安公司对证人证言认为，何某是京冶公司单位的工地负责人，和京冶公司有利害关系，因此，何某的证言没有证据效力。证人所说的收款情况与京冶公司提交的证据、廖某某的陈述有矛盾。

一审法院认为：哲安公司共向法院提供了10张付款凭单及2张支票存根，其中付款凭单为：①2006年6月2日20万元；②2006年8月22日20万元；③2006年9月13日40万元；④2006年10月11日40万元；⑤2006年12月4日20万元；⑥2006年12月18日20万元；⑦2007年2月12日20万元；⑧2007年11月12日20万元；⑨2007年11月12日20万元（付款凭单上由石某某添加了"现金"）；⑩2008年2月2日5万元。支票存根为：①2006年7月4日、支票号码为04070214，金额为20万元，收款人为何某；②2007年4月18日、支票号码为172727某某、金额为10万元，收款人为廖某某。上述付款凭单和支票存根的总金额为255万元。其中，2006年8月22日的付款凭单上注明："7月4日、04070214号支票付20万没写付款凭单。4月18日、172727某某10万没写。"支票号码为172727某某的用途栏被涂没。

对于双方的争议，一审法院认为，第一，从哲安公司提供的付款凭单显示及京冶公司、哲安公司、证人何某的陈述，除了石某某添加"现金"的付款凭单外，何某向哲安公司（石某某）收取的都是支票，其中有一张付款凭单由廖某某所写的，付款用途中注明了现金和支票。因此，从双方付款的交易习惯来看，如果是现金支付应该在付款用途栏中注明，且领取支票或现金时，哲安公司方石某某也在场，应予以审核；第二，从哲安公司提供的2006年8月22日的付款凭单上的批注显示，2006年7月4日何某向哲安公司领取的20万元的支票未出具付款凭单，则完全存在哲安公司要求何某补写一份付款凭单的可能性；第三，争议的付款凭单上"现金"两字是由石某某事后添加，不能直接证明当时其给付何某的就是现金；第四，哲安公司认为该付款凭单上的20万元是现金，但其未能提供证据证明石某某的经济实力，大额现金的来源及家中存放大额现金的用途等事实。因此，综合本案的情况，原审法院认为，2007年11月12日由石某某添加"现金"的付款凭单是因石某某要求何某补其于2006年7月4日收取的20万元支票的证据盖然性大于石某某用现金支付给何某的证据盖然性，故对石某某称用现金支付给京冶公司20万元工程款不予确认。

对2007年4月18日由廖某某领取的金额为10万元的支票，京冶公司认为是哲安公司支付其他工程的工程款。对此，原审法院认为，京冶公司虽提供了与哲安公司签订的其他工程的分包合同，但不能以此证明该款不是支付本案工程的工程款。即使该支票存根的用途栏被涂没，因支付款项的为哲安公司，哲安公司有权决定该款项用于支付何工程。因此，认定该10万元工程款是支付本案系争工程的工程款。

综上，一审法院认为：京冶公司、哲安公司双方均具有建设工程施工资质，双方签订的工程分包合同是双方真实意思表示，并不违反国家有关法律法规的强制性规定，应为合法有效。由于京冶公司按约进行了施工，并经验收合格，故哲安公司理应向京冶公司支付剩余工程款。由于实际施工中，京冶公司对厂房柱间支撑未施工，故该部分工程款应予以扣除。1—4JHJ厂房柱间支撑的工程费用经审价为21576元，京冶公司同意按此金额在工程款总额中予以扣除，予以准许。据此，本案所涉工程的总工程价款应为3135392元。因哲安公司已向京冶公司支付工程款235万元，故哲安公司还需向京冶公司支付工程款785392元。根据合同约定，哲安公司应于工程竣工一年内付清全部工程款，故现京冶公司要求哲安公司按银行同期贷款利率支付自2007年12月29日起至判决生效日止的逾期付款利息，于法无悖，予以准许。至于哲安公司要求京冶公司继续履行合同，完成1—4JHJ厂房柱间支撑、预埋件及螺栓的安装，原审法院认为，哲安公司没有证据证明京冶公司没有完成预埋件及螺栓的制作安装，且该屋面钢结构工程已经监理单位竣工验收，并由建设单位使用，故哲安公司要求京冶公司继续履行合同缺乏事实和法律依据，不予支持。至于哲安公司认为京冶公司逾期竣工，要求京冶公司支付逾期竣工违约金，原审法院认为，京冶公司于 2006 年 7 月 28 日开始施工，2006 年 12 月 28 日经监理单位竣工验收，京冶公司并没有逾期竣工，故哲安公司要求京冶公司支付逾期竣工违约金缺乏事实和法律依据，不予支持。

二审诉辩情况

哲安公司提出上诉认为：京冶公司所承包的工程不是 2006 年 12 月竣工的，而是至今未竣工，还漏做了柱间支撑工程，且原审法院委托审价部门所作的柱间支撑工程审价结论不符合实际情况，同时哲安公司坚持认为其在 2007 年 11 月 12 日由石某某以现金方式给了京冶公司 20 万元工程款，原审法院未认定该 20 万元已经支付清楚存在错误，据此要求予以改判。

京冶公司则表示服从原判。

二审另查明案情

二审中，哲安公司提供了三份材料：（1）《主体结构分部钢结构子分部工程验收记录》，其中有"廖某某"字样的签名，落款日期填写为 2008 年 12 月 28 日，同时盖有"中国京冶建设工程承包公司意奔玛项目经理部（沪）"章；（2）《钢结构分部（子分部）工程有关观感质量检验项目检查记录》，其中亦有"廖某某"字样的签名，落款日期填写为"2008 年 12 月 28 日"，同时也盖有"中国京冶建设工程承包公司意奔玛项目经理部（沪）"章；（3）《竣工报告》，盖有"中国京冶建设工程承包公司意奔玛项目经理部（沪）"章，落款日期为"2008 年 12 月 28 日"。哲安公司称上述材料可以证明涉案工程是在 2008 年 12 月 28 日完成的，但同时哲安公司又称材料是从监理公司处取得的，对材料的真假并不清楚，后又称可能是在 2008 年 10 月形成的。对于哲安公司所提供的材料，京冶公司称验收记录中"廖某某"字样并非廖某某本人所写，而印章亦非京冶公司所盖，同时因为京冶公司在 2008 年 11 月 18 日就以涉案工程已竣工为由起诉要求哲安公司支付工程款，故不可能于 2008 年 12 月 28 日又在验收报告上盖章。

在二审审理过程中，受原审法院委托为本案涉讼的柱间支撑工程费用进行审价的上海文汇工程咨询有限公司审价人员再次到庭对审价结果进行了说明。哲安公司在质证过程中又提供了一份工程图纸，称原审中审价所依据的工程数据有误，但其对所提供图纸中存在数据被涂改的原因则表示无法解释，称该图纸是工程的甲方交给哲安公司的。

二审裁判结果

二审法院判决如下：

驳回上诉,维持原判。

二审裁判理由

二审法院认为:中国京冶建设工程承包公司与哲安公司签订的工程合同系双方当事人真实意思表示,且符合法律规定,应予认定。由于中国京冶建设工程承包公司已更名为中国京冶工程技术有限公司,即本案的被上诉人京冶公司,故京冶公司依法应承接上述合同中的权利义务。现根据查明的事实,涉案工程已经竣工并交付使用,京冶公司要求哲安公司支付工程款,符合双方合同约定,应予支持。二审中,哲安公司认为京冶公司施工的工程不是在2006年12月28日竣工验收的,且至今未验收,然而哲安公司又提供了标注日期为2008年12月28日的《主体结构分部钢结构子分部工程验收记录》及《钢结构分部(子分部)工程有关观感质量检验项目检查记录》,该两份证据与其主张明显存在矛盾,故哲安公司称工程至今未竣工,依据不足。但是,哲安公司对其提供的两份记录,一会儿称对其真实性无法保证,一会儿又称该记录应该是在2008年10月形成的,而京冶公司在向原审法院起诉时不但提供了《主体结构分部钢结构子分部工程验收记录》及《钢结构分部(子分部)工程有关观感质量检验项目检查记录》,而且还提供了在施工过程中形成的共计四册的各种资料,包括分项工程验收记录、检查记录等,所标注的日期均在2006年内,故对哲安公司否认系争工程在2006年12月28日竣工的上诉理由,本院不予采信。至于哲安公司上诉认为柱间支撑的审价结论不符合实际,其亦未提供充分的证据予以否定,故对其该项上诉理由本院亦不予采信。此外,原审法院根据本案实际情况,对哲安公司已支付工程款所作认定并无不妥,本院予以认同,相关理由不再赘述。

建设工程分包合同纠纷办案依据集成

1.《中华人民共和国合同法》（1999年3月15日主席令第15号公布）（节录）

第十六章 建设工程合同

第二百六十九条 建设工程合同是承包人进行工程建设，发包人支付价款的合同。

建设工程合同包括工程勘察、设计、施工合同。

第二百七十条 建设工程合同应当采用书面形式。

第二百七十一条 建设工程的招标投标活动，应当依照有关法律的规定公开、公平、公正进行。

第二百七十二条 发包人可以与总承包人订立建设工程合同，也可以分别与勘察人、设计人、施工人订立勘察、设计、施工承包合同。发包人不得将应当由一个承包人完成的建设工程肢解成若干部分发包给几个承包人。

总承包人或者勘察、设计、施工承包人经发包人同意，可以将自己承包的部分工作交由第三人完成。第三人就其完成的工作成果与总承包人或者勘察、设计、施工承包人向发包人承担连带责任。承包人不得将其承包的全部建设工程转包给第三人或者将其承包的全部建设工程肢解以后以分包的名义分别转包给第三人。

禁止承包人将工程分包给不具备相应资质条件的单位。禁止分包单位将其承包的工程再分包。建设工程主体结构的施工必须由承包人自行完成。

第二百七十三条 国家重大建设工程合同，应当按照国家规定的程序和国家批准的投资计划、可行性研究报告等文件订立。

第二百七十四条 勘察、设计合同的内容包括提交有关基础资料和文件（包括概预算）的期限、质量要求、费用以及其他协作条件等条款。

第二百七十五条 施工合同的内容包括工程范围、建设工期、中间交工工程的开工和竣工时间、工程质量、工程造价、技术资料交付时间、材料和设备供应责任、拨款和结算、竣工验收、质量保修范围和质量保证期、双方相互协作等条款。

第二百七十六条 建设工程实行监理的，发包人应当与监理人采用书面形式订立委托监理合同。发包人与监理人的权利和义务以及法律责任，应当依照本法委托合同以及其他有关法律、行政法规的规定。

第二百七十七条 发包人在不妨碍承包人正常作业的情况下，可以随时对作业进度、质量进行检查。

第二百七十八条 隐蔽工程在隐蔽以前，承包人应当通知发包人检查。发包人没有及时检查的，承包人可以顺延工程日期，并有权要求赔偿停工、窝工等损失。

第二百七十九条 建设工程竣工后，发包人应当根据施工图纸及说明书、国家颁发的施工验收规范和质量检验标准及时进行验收。验收合格的，发包人应当按照约定支付价款，并接收该建设工程。

建设工程竣工经验收合格后，方可交付使用；未经验收或者验收不合格的，不得交付使用。

第二百八十条 勘察、设计的质量不符合要求或者未按照期限提交勘察、设计文件拖延工期，造成发包人损失的，勘察人、设计人应当继续完善勘察、设计，减收或者免收勘察、设计费并赔偿损失。

第二百八十一条 因施工人的原因致使建设工程质量不符合约定的，发包人有权要求施工人在合理期限内无偿修理或者返工、改建。经过修理或者返工、改建后，造成逾期交付的，施工人应当承担违约责任。

第二百八十二条 因承包人的原因致使建设工程在合理使用期限内造成人身和财产损害的，承包人应当承担损害赔偿责任。

第二百八十三条 发包人未按照约定的时间和要求提供原材料、设备、场地、资金、技术资料的，承包人可以顺延工程日期，并有权要求赔偿停工、窝工等损失。

第二百八十四条 因发包人的原因致使工程中途停建、缓建的，发包人应当采取措施弥补或者减少损失，赔偿承包人因此造成的停工、窝工、倒运、机械设备调迁、材料和构件积压等损失和实际费用。

第二百八十五条 因发包人变更计划，提供的资料不准确，或者未按照期限提供必需的勘察、设计工作条件而造成勘察、设计的返工、停工或者修改设计，发包人应当按照勘察人、设计人实际消耗的工作量增付费用。

第二百八十六条 发包人未按照约定支付价款的，承包人可以催告发包人在合理期限内支付价款。发包人逾期不支付的，除按照建设工程的性质不宜折价、拍卖的以外，承包人可以与发包人协议将该工程折价，也可以申请人民法院将该工程依法拍卖。建设工程的价款就该工程折价或者拍卖的价款优先受偿。

第二百八十七条 本章没有规定的，适用承揽合同的有关规定。

2.《中华人民共和国建筑法》（2011年4月22日修正）（节录）

第十五条 建筑工程的发包单位与承包单位应当依法订立书面合同，明确双方的权利和义务。

发包单位和承包单位应当全面履行合同约定的义务。不按照合同约定履行义务的，依法承担违约责任。

第十八条 建筑工程造价应当按照国家有关规定，由发包单位与承包单位在合同中约定。

公开招标发包的，其造价的约定，须遵守招标投标法律的规定。

发包单位应当按照合同的约定，及时拨付工程款项。

第三十一条 实行监理的建筑工程，由建设单位委托具有相应资质条件的工程监理单位监理。建设单位与其委托的工程监理单位应当订立书面委托监理合同。

第三十二条 建筑工程监理应当依照法律、行政法规及有关的技术标准、设计文件和建筑工程承包合同，对承包单位在施工质量、建设工期和建设资金使用等方面，代表建设单位实施监督。

工程监理人员认为工程施工不符合工程设计要求、施工技术标准和合同约定的,有权要求建筑施工企业改正。

工程监理人员发现工程设计不符合建筑工程质量标准或者合同约定的质量要求的,应当报告建设单位要求设计单位改正。

3. 最高人民法院《关于审理建设工程施工合同纠纷案件适用法律问题的解释》(2004年10月25日 法释〔2004〕14号)

根据《中华人民共和国民法通则》、《中华人民共和国合同法》、《中华人民共和国招标投标法》、《中华人民共和国民事诉讼法》等法律规定,结合民事审判实际,就审理建设工程施工合同纠纷案件适用法律的问题,制定本解释。

第一条 建设工程施工合同具有下列情形之一的,应当根据合同法第五十二条第(五)项的规定,认定无效:

(一)承包人未取得建筑施工企业资质或者超越资质等级的;

(二)没有资质的实际施工人借用有资质的建筑施工企业名义的;

(三)建设工程必须进行招标而未招标或者中标无效的。

第二条 建设工程施工合同无效,但建设工程经竣工验收合格,承包人请求参照合同约定支付工程价款的,应予支持。

第三条 建设工程施工合同无效,且建设工程经竣工验收不合格的,按照以下情形分别处理:

(一)修复后的建设工程经竣工验收合格,发包人请求承包人承担修复费用的,应予支持;

(二)修复后的建设工程经竣工验收不合格,承包人请求支付工程价款的,不予支持。

因建设工程不合格造成的损失,发包人有过错的,也应承担相应的民事责任。

第四条 承包人非法转包、违法分包建设工程或者没有资质的实际施工人借用有资质的建筑施工企业名义与他人签订建设工程施工合同的行为无效。人民法院可以根据民法通则第一百三十四条规定,收缴当事人已经取得的非法所得。

第五条 承包人超越资质等级许可的业务范围签订建设工程施工合同,在建设工程竣工前取得相应资质等级,当事人请求按照无效合同处理的,不予支持。

第六条 当事人对垫资和垫资利息有约定,承包人请求按照约定返还垫资及其利息的,应予支持,但是约定的利息计算标准高于中国人民银行发布的同期同类贷款利率的部分除外。

当事人对垫资没有约定的,按照工程欠款处理。

当事人对垫资利息没有约定,承包人请求支付利息的,不予支持。

第七条 具有劳务作业法定资质的承包人与总承包人、分包人签订的劳务分包合同,当事人以转包建设工程违反法律规定为由请求确认无效的,不予支持。

第八条 承包人具有下列情形之一,发包人请求解除建设工程施工合同的,应予支持:

(一)明确表示或者以行为表明不履行合同主要义务的;

(二)合同约定的期限内没有完工,且在发包人催告的合理期限内仍未完工的;

（三）已经完成的建设工程质量不合格，并拒绝修复的；
（四）将承包的建设工程非法转包、违法分包的。

第九条 发包人具有下列情形之一，致使承包人无法施工，且在催告的合理期限内仍未履行相应义务，承包人请求解除建设工程施工合同的，应予支持：
（一）未按约定支付工程价款的；
（二）提供的主要建筑材料、建筑构配件和设备不符合强制性标准的；
（三）不履行合同约定的协助义务的。

第十条 建设工程施工合同解除后，已经完成的建设工程质量合格的，发包人应当按照约定支付相应的工程价款；已经完成的建设工程质量不合格的，参照本解释第三条规定处理。

因一方违约导致合同解除的，违约方应当赔偿因此而给对方造成的损失。

第十一条 因承包人的过错造成建设工程质量不符合约定，承包人拒绝修理、返工或者改建，发包人请求减少支付工程价款的，应予支持。

第十二条 发包人具有下列情形之一，造成建设工程质量缺陷，应当承担过错责任：
（一）提供的设计有缺陷；
（二）提供或者指定购买的建筑材料、建筑构配件、设备不符合强制性标准的；
（三）直接指定分包人分包专业工程。

承包人有过错的，也应当承担相应的过错责任。

第十三条 建设工程未经竣工验收，发包人擅自使用后，又以使用部分质量不符合约定为由主张权利的，不予支持；但是承包人应当在建设工程的合理使用寿命内对地基基础工程和主体结构质量承担民事责任。

第十四条 当事人对建设工程实际竣工日期有争议的，按照以下情形分别处理：
（一）建设工程经竣工验收合格的，以竣工验收合格之日为竣工日期；
（二）承包人已经提交竣工验收报告，发包人拖延验收的，以承包人提交验收报告之日为竣工日期；
（三）建设工程未经竣工验收，发包人擅自使用的，以转移占有建设工程之日为竣工日期。

第十五条 建设工程竣工前，当事人对工程质量发生争议，工程质量经鉴定合格的，鉴定期间为顺延工期期间。

第十六条 当事人对建设工程的计价标准或者计价方法有约定的，按照约定结算工程价款。

因设计变更导致建设工程的工程量或者质量标准发生变化，当事人对该部分工程价款不能协商一致的，可以参照签订建设工程施工合同时当地建设行政主管部门发布的计价方法或者计价标准结算工程价款。

建设工程施工合同有效，但建设工程经竣工验收不合格的，工程价款结算参照本解释第三条规定处理。

第十七条 当事人对欠付工程价款利息计付标准有约定的，按照约定处理；没有约定的，按照中国人民银行发布的同期同类贷款利率计息。

第十八条 利息从应付工程价款之日计付。当事人对付款时间没有约定或者约定不明的，下列时间视为应付款时间：

（一）建设工程已实际交付的，为交付之日；

（二）建设工程没有交付的，为提交竣工结算文件之日；

（三）建设工程未交付，工程价款也未结算的，为当事人起诉之日。

第十九条 当事人对工程量有争议的，按照施工过程中形成的签证等书面文件确认。承包人能够证明发包人同意其施工，但未能提供签证文件证明工程量发生的，可以按照当事人提供的其他证据确认实际发生的工程量。

第二十条 当事人约定，发包人收到竣工结算文件后，在约定期限内不予答复，视为认可竣工结算文件的，按照约定处理。承包人请求按照竣工结算文件结算工程价款的，应予支持。

第二十一条 当事人就同一建设工程另行订立的建设工程施工合同与经过备案的中标合同实质性内容不一致的，应当以备案的中标合同作为结算工程价款的根据。

第二十二条 当事人约定按照固定价结算工程价款，一方当事人请求对建设工程造价进行鉴定的，不予支持。

第二十三条 当事人对部分案件事实有争议的，仅对有争议的事实进行鉴定，但争议事实范围不能确定，或者双方当事人请求对全部事实鉴定的除外。

第二十四条 建设工程施工合同纠纷以施工行为地为合同履行地。

第二十五条 因建设工程质量发生争议的，发包人可以以总承包人、分包人和实际施工人为共同被告提起诉讼。

第二十六条 实际施工人以转包人、违法分包人为被告起诉的，人民法院应当依法受理。

实际施工人以发包人为被告主张权利的，人民法院可以追加转包人或者违法分包人为本案当事人。发包人只在欠付工程价款范围内对实际施工人承担责任。

第二十七条 因保修人未及时履行保修义务，导致建筑物毁损或者造成人身、财产损害的，保修人应当承担赔偿责任。

保修人与建筑物所有人或者发包人对建筑物毁损均有过错的，各自承担相应的责任。

第二十八条 本解释自二〇〇五年一月一日起施行。

施行后受理的第一审案件适用本解释。

施行前最高人民法院发布的司法解释与本解释相抵触的，以本解释为准。

六、建设工程监理合同纠纷

139. 监理公司超越其经营范围而接受的监理委托是否有效？

为了鼓励交易，稳定秩序，双方当事人签订的超越经营范围的合同，一般情况下不宜认定为无效。

典型疑难案件参考

河南省白云纸业有限公司与驻马店市工程建设监理公司建设工程监理合同纠纷案

基本案情

一审查明：2000年5月30日，驻马店市工程建设监理公司（以下简称监理公司）与河南省白云纸业有限公司（以下简称白云纸业公司）签订建设工程监理合同1份，约定：白云纸业公司委托监理公司监理其3.7万吨漂白麦草浆纸生产线及与之配套的碱回收和中段污水治理工程，监理工期从2000年5月30日开始，暂定2年，监理费26万元；节约按10%分给监理公司等内容，2001年10月，双方对监理合同进行了修改，约定：建设工程按核减数值的20%，安装工程按核减数值的30%付给监理公司，2002年10月工程施工完毕，进行试生产。2004年8月23日，该公司进行了竣工验收，2004年12月10日，白云纸业公司与监理公司签订竣工决算审核表1份，约定：建设工程核减839779.70元，应奖励167955.94元，安装工程核减272933.52元，应奖励81880.05元。2002年监理公司的监理资质没有年审，白云纸业公司与他人签订的设备安装合同是2002年2月，监理公司对白云纸业公司提出的其不能对机械设备安装工程进行监理的异议，没有举出相应的法律根据。其间，白云纸业公司共向监理公司付款298200元。

一审诉辩情况

监理公司于2007年1月23日诉至驻马店市中级人民法院，请求法院依法判令：白云纸业公司支付拖欠工程监理费共计815516元，并承担本案诉讼费用。

一审裁判情况

一审法院判决如下：

一、限白云纸业公司在判决生效后 10 日内，支付给监理公司监理费 206155.94 元；

二、驳回监理公司的其他诉讼请求。如果未按本判决指定的期间履行给付金钱义务，应当按照《中华人民共和国民事诉讼法》第 232 条规定，加倍支付迟延履行期间的债务利息。案件受理费 13165 元，监理公司负担 9216 元，白云纸业公司负担 3949 元。

一审裁判理由

监理公司与白云纸业公司签订的建设工程监理合同和补充合同，主体适格，意思表示真实，为有效合同，2002 年监理公司没有参加资质年审，丧失了从事建设工程监理的资格，此时，监理公司再从事监理工程，其监理行为应当无效。鉴于监理公司在 2002 年前完成了大部分建设工程，对建设工程部分的监理费用和奖励费用应当支持，对机械设备安装部分的奖励费用，因监理公司的从业资质中，没有机械设备安装内容，不应支持，对滞纳金的请求，因监理公司有过错，不应支持，白云纸业公司辩称的理由，部分成立，应予支持。

二审诉辩情况

白云纸业公司不服原审法院判决上诉称：原审判决认定监理公司与白云纸业公司签订的《建设工程监理合同》和《补充合同》为有效合同是错误的，应为部分有效部分无效合同，2004 年 12 月 10 日的《汇总表》中的有关奖励条款应为有效。第一，该合同中凡涉及建设工程监理的部分有效，涉及机械设备安装监理的部分无效。因监理公司的资质证书载明的许可业务范围内，并不包括机械设备安装工程监理。超经营范围的部分应为无效。双方签订的合同在 2001 年 13 月 31 日以前执行的部分有效，在 2002 年 1 月 1 日以后执行的部分，包括双方在 2004 年 12 月 10 日签订的《驻马店市白云纸业有限公司工程项目峻工决算审核汇总表》应为无效合同。监理公司的资质证书年检到 2001 年。2002 年以后没有年检，其资质证书自行失效，自 2002 年 1 月 1 日以后监理公司不能再从事建设工程监理业务，因此，监理公司应承担合同无效的法律责任。第二，原审判决白云纸业公司支付监理公司监理费 201655.94 元是错误的。双方所签订的《建设工程监理合同》约定的监理工期暂定两年，自 2000 年 5 月 30 日至 2002 年 5 月 30 日，工程监理费 26 万元，上诉人应按合同的有效部分即建设工程监理部分和有效时间即从 2000 年 5 月 30 日至 2001 年 12 月

31 日向被上诉人支付监理费,按照双方签订的《汇总表》,工程实际总投资为 80440058.28 元建设工程部分总投资为 62575331.49 元,占全部投资的 77.79%,对应 26 万元监理费比例为 20.2254 万元,设备安装部分投资为 17864726.79 元,占 22.21%,对应 26 万元的监理费的比例数额为 5.7746 万元不应支付。另监理公司实际从事的有效监理工期为 2000 年 5 月 30 日至 2001 年 12 月 31 日,共计 19 个月,应支付的监理费为 20.2254 万元 ÷ 24 × 19 = 16.0118 万元,而上诉人支付监理公司的费用是 34.82 万元多支付 18.8082 万元,所以原审判决支付监理公司 20.615594 万元没有事实依据。退一步讲,即是按双方在 2004 年 12 月 10 日《汇总表》中约定对应建设工程部分的审核奖支付给监理公司,该部分奖金数额为 83.397797 万元 × 20% = 16.795594 万元,上诉人仍多支付 18.8082 万元 - 16.795594 万元 = 2.012606 万元。请求二审法院撤销原审判决,驳回监理公司的诉讼请求。

监理公司答辩称:上诉人上诉理由依法不能成立,请驳回上诉。事实和理由:第一,双方签订的《建设工程监理合同》和《补充合同》为有效合同。上诉人以时间为界限认为部分有效和部分无效的认识是错误的。原审及上诉人判定合同效力的依据是本公司无监理资质,以及监理资质是否年审是否有效。原审本公司已向法庭阐明其已经具备相应资质,且已经年审,只因当地建委利用职权,故意刁难而不将已经审验的资质证交付给本公司。二审期间,本公司将向法庭出示一份视听资料,即中央电视台《焦点访谈》栏目的录像,该录像证明 2002 年 7 月本公司的资质证已经通过年审。据此,原审及上诉人认为,合同部分有效部分无效的理由不能成立。第二,上诉人及原审法院认为本公司超越资质等级承揽监理工程业务,属于概念错误。本公司承揽上诉人的业务是经省发改委批准、经过招投标的过程中标的,是公开、公正、透明的阳光合同。在本工程招投标的过程中并没有关于机械设备安装项目的监理内容,如果需要监理费用至少在上百万元以上,而本案中本公司基于机械设备安装所提取的费用,仅是基于该设备的安装而派生出来的监理费用,如强、弱电之类的项目,锅炉安装项目,属于一般工业,本公司作为甲级监理机构,在核准的项目范围内已经包括了上述派生出来的项目。因此,不存在超越资质等级承揽业务之说。假设本公司在设备安装项目的监理行为超越资质范围,因该行为属于违反行政管理范畴,且已经完成,并无瑕疵,依据公平原则,上诉人仍应支付相关费用。现双方已经认可,并确定了付费数额,上诉人以超越资质范围为由,不支付费用是毫无道理的。第三,2004 年 12 月 10 日,双方签订的《竣工决算审核汇总表》是双方真实意思表示,理应作为本案的定案依据,上诉人必须据此向本公司结算。上诉人应支付的数额为:(1) 合同约定的监理费 26 万元。(2) 合同约定延期监理费 27 万元 (自 2002 年 5 月 30 日至 2004 年 8 月 23 日审、验收)。(3) 双方经过竣工决算，应奖励费用 249836 元。(4) 逾期付款利息。以上费用扣除已付 298200 元，尚欠 481636 元。鉴于本公司没有上诉，同意原审法院判决数额，其余部分予以放弃。

(1) 在二审审理期间，监理公司向驻马店市建委索要到了 2002 年 7 月 10 日，由中华人民共和国建设部为该公司核发的工程监理企业资质证书，并向本院提交。(2) 在原审开庭时白云纸业公司认可共向监理公司付款 298200 元。

二审裁判结果

二审法院判决如下：
驳回上诉，维持原判。

二审裁判理由

依据当事人双方的诉辩意见，经当事人认同，本院归纳本案二审当事人争议焦点是：(1) 双方所签合同的效力问题。(2) 白云纸业公司是否还欠监理公司监理费。本院针对二审当事人的争议焦点，分别评判如下：(1) 关于双方所签合同的效力问题。本院认为：白云纸业与监理公司于 2000 年 5 月 30 日所签订的监理合同以及 2001 年 10 月所签监理合同修改条款，是双方真实意思表示，内容不违反法律禁止性规定，应为有效合同。尽管监理公司的资质证书中不含机械设备安装工程的监理内容，但本案合同主要是指建设合同的监理业务，设备安装工程的监理部分是少量的附属内容，且双方在签合同和履行过程中，对此并无提出异议，实践中已经履行完毕，诉讼中白云纸业公司以监理公司超越经营范围为由，不支付机械设备安装的监理费用，其理由不能成立。鉴于原审判决对机械设备安装的监理费用并未支持，监理公司亦未上诉，所以本院对此不予评判。另关于监理公司 2002 年以后执行的部分监理业务，其费用应否支持的问题。本院认为：因原审时监理公司的资质证书被扣发，二审期间已经向有关单位索要到资质证书，证明 2002 年以后监理公司仍有资格进行监理业务。因此，白云纸业公司认为，监理公司的资质证书年检到 2001 年，2002 年以后没有年检，自 2002 年 1 月 1 日以后监理公司的监理业务其费用不能支持的上诉理由不能成立，本院不予支持。监理公司按照合同约定履行了监理义务，所监理的建设工程已竣工验收并投入使用。双方于 2004 年 12 月 10 日签署了《竣工决算审核汇总表》，该表中载明核减奖励费用是 249836 元，双方单位盖章确认，该汇总表应作为白云纸业公司向监理公司支付监理费用的有效证据使用。白云纸业公司以监理公司 2002 年以后未取得资质证书不具有监理资格为由，认为2004年12月10日签署的《竣工决算审核汇总表》应为无效的理由不能成立，本院不予支持。（2）关于白云纸业公司是否还欠监理费的问题。本院认为，按照双方合同约定监理费为26万元，核减工程应奖励的费用为24.9836万元，合计50.9836万元。原审庭审中白云纸业公司认可已支付的费用为29.82万元，白云纸业公司尚欠监理费用应为21.1636万元。原审判决扣除机械设备安装的监理费用，判令白云纸业公司支付20.615594元并无不当，本院应予支持。白云纸业公司上诉状中称，已付34.82万元，因证据不足，不予支持。白云纸业公司在原审庭审中已认可付款29.82万元，应予确认。原审法院判决认定基本事实清楚、处理适当，应予维持。白云纸业公司的上诉理由证据不足，应予驳回。

140. 监理酬金付至工程竣工验收，但该工程完工后未经验收而直接投入使用，监理酬金该如何支付？

在工程使用和竣工验收存在脱节的情况下，考虑到涉案工程投入使用后，基于通常理解，监理机构的工作量会大量减少，故监理机构的酬金可以适当调低。

典型疑难案件参考

上海申安建设工程监理咨询有限公司与上海玫瑰花园娱乐有限公司建设工程监理合同纠纷案

基本案情

2001年4月5日经上海市建设工程交易管理中心监理分中心的批准，上海申安建设工程监理咨询有限公司（以下简称申安公司）取得了对上海玫瑰花园娱乐有限公司（下称玫瑰公司）的上海玫瑰花园改建工程（又系玫瑰园大酒店）提供监理服务的资格。申安公司、玫瑰公司于2000年11月16日签订《建设工程委托监理合同》一份，该合同约定玫瑰公司委托申安公司就其位于本市南京西路1398号上海玫瑰花园改建工程提供监理服务，监理服务时间为2000年12月1日至2001年3月30日。在合同的附加协议条款中约定监理内容为施工阶段监理，监理酬金为300000元，若工程延期，从2001年4月1日起玫瑰公司支付延长期每月监理酬金为60000元，在每月20日支付，直至工程竣工验收。在合同的第25条约定在监理过程中，如果因工程建设进度的推迟或延误而超过书面约定的日期，双方应进一步约定相应延长的合同期。合同签订后，申安公司按月提供监理服务，玫瑰公司也按合同约定支付合同期内的监理酬金，之后该工程延长，玫瑰公司也在延长期内支付了2001年4月至10月的监理酬金。玫瑰园大酒店改建工程竣工后未经验收，于2001年12月20日对外试营业至今，玫瑰公司于2003年1月27日支付了最后一笔监理费60000元。

申安公司为追讨监理酬金诉至法院，请求判令玫瑰公司支付2001年12月至2003年11月的监理酬金1440000元及支付自2001年12月至2003年11月以监理酬金1440000元为本金的利息损失。

一审诉辩情况

申安公司认为：根据双方签订的《建设工程委托监理合同》中附加协议条款的约定："如果工程延期，从2001年4月1日起业主支付延长期每月监理酬金60000元，在每月20日支付，直至工程竣工验收。"现申安公司提供监理服务的工程至今尚未竣工验收，故申安公司应按合同的约定支付监理酬金。

申安公司对其主张提供了证人田洪宝、吴才明出庭作证和监理日记。田洪宝证实其系玫瑰公司的员工，在2000年10月至2002年12月期间其担任现场总负责，申安公司为该工程提供了监理服务，2002年12月其所工作的部门被解散后，申安公司仍通过电话对玫瑰公司的工程提供监理服务；吴才明证实其作为申安公司和上海玫瑰花园改建工程的总监代表在履行职务过程中，只要是参加工作，就每天记录监理日记。

对申安公司提供的证据，玫瑰公司认为申安公司提供的监理日记是其单方面制作的，根本不能反映当时的实际情况且超过举证期限，不予质证。吴才明系申安公司的员工，其陈述与申安公司所得的利益有利害关系，不予认可。田洪宝虽是其员工，但申安公司也只提供其单个人的证词，没有其他证据相印证，故不予认可。

玫瑰公司认为，根据申安公司、玫瑰公司签订的合同附加协议条款第2条监理内容是施工阶段的监理，现玫瑰园大酒店已于2001年12月20日对外试营业，证实施工阶段已经结束，故监理合同已履行完毕。且申安公司也未提供工程至今未竣工验收其提供监理服务的证据，故申安公司要求主张监理酬金无事实依据和法律依据。

一审法院对申安公司提供的证据认为，该工程施工已结束，监理日记是申安公司单方面制作的，与工程施工没有关联性，法院不予采信。吴才明系申安公司的员工，其证人证词与申安公司有利害关系及田洪宝的证词没有其他证据相印证，本院不予采信。

一审裁判结果

一审法院判决如下：

一、申安公司要求玫瑰公司支付2001年12月至2003年11月的监理酬金人民币1440000元及支付自2001年12月至2003年11月以监理酬金人民币1440000元为本金的利息的诉讼请求不予支持；

二、准许玫瑰公司在判决生效之日起10日内支付申安公司监理酬金人民币50000元。

一审裁判理由

申安公司、玫瑰公司签订的《建设工程委托监理合同》是由申安公司为玫瑰公司的上海玫瑰花园改建工程提供监理服务的合同，是双方当事人真实意思表示，合法有效，双方理应恪守履行。根据合同约定，玫瑰公司已支付申安公司施工阶段及施工被延长至2001年11月的监理酬金。至于2001年12月起的监理酬金，该期限已超过合同书面约定的监理日期，根据合同约定，申安公司、玫瑰公司应进一步约定相应延长的合同期，双方并未对工期另作约定，况且根据合同约定，该工程的监理酬金为300000元，工期也定为4个月，故申安公司要求支付2001年12月起的监理酬金是没有事实根据的。至于申安公司称根据合同约定，如果工程延期，支付监理酬金至工程竣工验收，现该工程虽未经验收，但实际上已竣工，玫瑰园大酒店也于2001年12月对外试营业至今，表明施工早已结束，未验收并不等于申安公司可要求玫瑰公司一直支付监理酬金，故申安公司要求玫瑰公司支付监理酬金及该监理酬金的利息，法院不予支持。现玫瑰公司愿意再向申安公司支付监理酬金50000元，与法无悖，应予准许。

二审诉辩情况

申安公司不服，上诉至本院，认为合同约定监理单位收取监理酬金至工程竣工日止，二玫瑰大酒店的试营业并不等于竣工。竣工是特定概念，与试营业不能画等号。既然工期延长，监理单位根据合同的约定也提供了服务，玫瑰公司应当按约支付酬金。为证明自己的陈述，申安公司已经在原审提供证人作证，原审法院未予认定是有违证据规则的。基于前述事实和理由，请求撤销原审判决，支持上诉人的上诉请求。

被上诉人玫瑰公司辩称，合同约定的监理工程是酒店改建工程，内容为施工酒店监理。玫瑰大酒店早于2001年12月即对外营业，如果改建工程未结束，酒店是不可能开业的。本案确实存在工程完工和工程竣工脱节的现象，在工程完工后，申安公司已没有服务的对象，申安公司提供的证据也不能证明其在 2001 年 12 月 20 日之后继续提供服务。因此，原审法院的判决是正确的，请求予以维持。

▶ 二审裁判结果

二审法院判决如下：

一、撤销上海市静安区人民法院〔2003〕静民一（民）初字第 4550 号民事判决；

二、上海玫瑰花园娱乐有限公司应于本判决生效之日起 10 日内向上海申安建设工程监理咨询有限公司支付监理费 44 万元。

▶ 二审裁判理由

本院认为：合同已经约定玫瑰公司支付监理酬金至工程竣工验收时止，说明玫瑰公司承担付款义务的期限截至竣工验收之日。本案的特殊性在于，工程在未办理竣工验收手续前即投入使用，合同约定的付款截止期限尚未届满。而对于申安公司在酒店试营业之后是否继续提供监理服务的问题，申安公司已经提供证人作证，吴才明的证词因为利害关系，不能单独认定。但田洪宝系玫瑰公司的员工，其所作陈述不能以孤证为由予以否定。基于上述理由，应当确认玫瑰公司在酒店营业之后仍负有付款的义务。但是，基于通常理解，酒店营业之后，监理单位的工作量会大幅减少，监理单位自身也认可其于 2002 年 12 月撤出酒店。因此，酬金的数额应当予以调整。基于监理单位已撤出酒店的现实，考虑到玫瑰大酒店工程在办理竣工验收手续时还需监理单位的配合，本院调整双方支付监理酬金的方式，不再以按月支付的方式计酬，以一次性支付的方式对双方的权利义务作了结，具体数额为 44 万元。

141. 监理期限到期后，监理单位继续履行监理合同，其要求增加监理费的主张能否得到支持？

在监理合同届期而所监理工程并未竣工的情况下，监理继续依照原合同履行监理义务，其要求增加监理费的主张应当得到支持。

142. 在要求增加监理费的函件丢失的情况下，监理单位重新发函并经委托监理方项目部负责人确认，能否认定该新函件的效力？

虽然新函件并非是由委托监理方直接确认，但是其项目部负责人的确认以及根据本案的其他证据，足以认定双方当事人已经就增加监理费的数额达成合意，根据诚实信用原则，委托方应当以函件为依据支付监理费。

典型疑难案件参考

上海市长宁区时利房地产开发有限公司与上海正信建设工程管理有限公司建设工程监理合同纠纷案

基本案情

上海市长宁区时利房地产开发有限公司（以下简称时利公司）委托上海正信建设工程管理有限公司（以下简称正信公司）对位于本市万航渡路2088弄的大家源新城（原名时利花园）建设工程进行监理，双方于1999年8月签订《工程建设监理合同》一份。该合同与本案纠纷有关的主要内容为：工程名称为时利花园，工程面积约11万平方米（其中包括二幢32层、二幢7层、多层住宅若干及地下建筑），工程投资暂估1.3亿元（人民币，下同），监理范围为投资、进度、质量控制（对合同造价所及桩基、结构、外墙以及水电安装工程进行质量控制，配合业主对工程进度、工程造价等方面进行控制）；工程总造价暂定为1.3亿元，收费费率为1.1%，工程监理费为143万元；经双方协商，本工程监理费用在不降低服务质量的前提下，让利25万元，故本工程监理费为118万元整；业主同意按照本合同注明的期限、方式向监理单位支付酬金，合同签订并开工10日内支付监理费30万元，基础至正负零时支付监理费30万元，剩余监理酬金按工程进度支付监理费58万元；本合同的监理业务自1999年6月开始实施，至2000年年底工程竣工。该合同签订后，双方当事人依约履行各自的义务。2000年9月20日，因工程的工期延长及工程量的增加，双方又签订《时利花园施工监理补充协议》一份。该协议与本案纠纷有关的主要内容为：工程名称为时利花园，建筑面积13万平方米（其中4至7层多层六幢、11加1层一幢、14加1层二幢、16加1层一幢、18加1层二幢、25至31层二幢），工程造价暂估1.8亿元，监理范围为本工程除人防、市政配套之外的所有内容；监理费用为 143 万元，之前业主已支付监理费 30 万元，剩余 113 万元于每逢单数月的月末支付 10 万元，余款待工程竣工后一次付清；原监理合同有效期延伸至 2002 年 6 月。该协议签订后，正信公司、时利公司仍依约履行各自的义务。由于工程的工期延长及工程量的增加，大家源新城的建设工程未能在双方约定的期限内竣工，正信公司在约定的期限后继续履行监理义务。2002 年 12 月 18 日，该建设工程的北区 1 号楼通过竣工验收，工程全面竣工。2002 年 12 月 26 日，正信公司发函给时利公司，并附加了增加监理费的计算依据，以工程的工期延长至 2002 年 12 月及工程量增加至 2.1 亿元为由，认为监理的实际成本增加了 66.2 万元，要求时利公司增加监理费用。时利公司收到该函后表示，同意增加监理费 28 万元。因时利公司内部人事变动，正信公司的函与时利公司的批件被时利公司遗失。此后，正信公司将 2002 年 12 月 26 日的函及附件再次请大家源新城项目部确认，项目部负责人陈全兴在该函上批注：关于增加大家源新城监理费事宜，监理单位报告早在 2003 年 3 月左右即收悉。根据工程实际情况经项目组研究并请示领导，批示同意增加监理费 28 万元，报时利公司核准。在报批核准过程中，报告及批件全部丢失，项目组证明上述情况属实，并同意为此补办手续。陈全兴在该批注上加盖了工程部的章。该工程竣工后，时利公司支付了双方签订的《时利花园施工监理补充协议》中约定的监理费 143 万元。正信公司催讨因工期延长与工程量增加的监理费 28 万元无着，故诉至法院。

审理中，时利公司向法院提出申请，要求大家源新城的项目部负责人陈全兴到庭作证。陈全兴到庭后确认了其在正信公司致时利公司函上批注的真实性，且证明因时利公司当时的总经理黄伟辞职致有关报告及批件全部丢失。

一审裁判结果

一审判决如下：

上海市长宁区时利房地产开发有限公司应于判决生效之日起 10 日内，支付上海正信建设工程管理有限公司大家源新城建设工程的监理费余款 28 万元。

二审诉辩情况

判决后，时利公司不服，提出上诉，诉称：第一，时利公司工程部或某个领导无权代表上诉人确认监理费用的增加。《工程建设监理合同》和《补充协议》增加了监理费用，但在该两份协议中，双方均未授权任何个人或部门、单位确认有关监理费用，原审法院却以此认定时利公司同意增加监理费用，显属认定错误。第二，时利公司工程部的书面批注意见最后一句为"项目部证明上述情况属实,并同意为此补办手续",证明该报告尚未经时利公司核准,对外不发生法律效力。第三,从合同履行过程来看,仅有1号楼竣工验收时间延迟了6个月,以此按整个工程延迟6个月计算增加监理费是显失公平的,而且正信公司从未向时利公司要求增加任何费用,时隔工程竣工2年后,却以一份工程部确认的材料要求付款,是违背常理的,时利公司完全有理由拒绝增加监理费。为此,时利公司上诉请求:撤销原判,改判驳回正信公司原审诉讼请求。

被上诉人正信公司辩称:不同意时利公司的上诉请求,正信公司的请求有理有据。2002年12月26日的函已经质证属实,证人陈全兴也到庭证实,时利公司应当按约履行。原审法院判决正确,故要求维持原判。

时利公司提出,双方争议的"2002年12月26日函件"上落款时间为文件形成日期,时利公司收到日期应以批注表明日期2003年3月为准。正信公司对此无异议。

二审裁判结果

二审法院判决如下:
驳回上诉,维持原判。

二审裁判理由

当事人从事民事活动应当遵循诚实信用原则。本案争议的焦点是2002年12月26日函件上批注意见的效力问题。事实表明,该函件由正信公司制作,时利公司收到后,因原件丢失,嗣后在正信公司请求时利公司确认时,由项目部负责人在函件上批注证明意见,加盖工程部2号章。从批注证明的内容来分析,证明了当时正信公司要求增加监理费66万元,时利公司项目组经请示后,作了合理核减,同意增加监理费28万元,反映了时利公司当时的真实意思,正信公司也未提出不同意见,双方并未再次就增加费用进行协商。工程部所证明的事实过程,可以认为双方对增加监理费达成了一致意见。现时利公司认为工程部不能代表公司,公司并没有认可增加费用。本院认为,工程部系时利公司的下属部门,具有证明工程范围内的业务和相关事实的能力和义务。审理中,经质证,工程部2号章和批注证明意见均为真实的,该批注证明意见具有法律效力。原审法院据此确认2002年12月26日函件及批注证明意见有效,判决时利公司履行承诺,支付增加的监理费,有理有据,本院予以维持。

建设工程监理合同纠纷办案依据集成

《中华人民共和国合同法》（1999年10月1日）（节录）

第二百七十六条 建设工程实行监理的，发包人应当与监理人采用书面形式订立委托监理合同。发包人与监理人的权利和义务以及法律责任，应当依照本法委托合同以及其他有关法律、行政法规的规定。

七、装饰装修合同纠纷

> **143. 发包人的副经理以个人名义出具的收条能否认定为职务行为?**
>
> 因收条上有单位公章,且该副经理一直代表单位参与到合同的签订、终止等事项中,应当认定其行为属职务行为。

典型疑难案件参考

合肥创雅装饰工程有限责任公司与安徽省轻工房地产开发公司、安徽轻工装饰工程技术中心装饰工程合同纠纷抗诉案

基本案情

1995年9月23日,合肥创雅装饰工程有限责任公司(以下简称创雅公司)与安徽省轻工房地产开发公司(以下简称轻工公司)的下属单位安徽轻工装饰工程技术中心(以下简称技术中心)签订《华人商城装饰工程协议》,将技术中心和合肥弘扬企业发展公司签订的装饰工程转包给创雅公司。此协议签订后,创雅公司共付给技术中心质保金10万元、定金2万元、活动费8万元,共计20万元。但是其后技术中心未能将此项工程交给创雅公司施工。1995年10月10日,创雅公司又与技术中心签订终止装饰协议书。该协议书第2条约定,由技术中心于1995年10月16日退还给创雅公司已付的工程质保金及活动费共20万元;第3条约定,技术中心赔偿创雅公司因设计预算等花费的费用7.5万元。第4条约定:技术中心如到期不履行该协议,承担违约金5万元。终止协议签订后,技术中心又未能履行。1996年12月10日,创雅公司以技术中心未履约和不知去向为由,向合肥市原中市区(现庐阳区)人民法院提起民事诉讼,要求判令技术中心履行协议,并由其主办单位轻工公司承担连带责任。

另查,根据轻工公司〔1994〕003号文件《关于同意成立安徽轻工装饰工程技术中心的批复》,技术中心隶属于轻工公司。另查,根据轻工公司〔1994〕005号文件精神,由轻工公司划拨给技术中心固定资产384万元、流动资产308万元,但轻工公司实际上并未将固定资产和流动资金计692万元划拨到位。

一审裁判结果

1997年10月29日,合肥市中市区人民法院作出〔1997〕中民初字第6号民事判决认为,创雅公司与轻工公司下属的技术中心所签订的终止协议系双方当事人的真实意思表示,技术中心未履行协议,应承担相应民事责任。现技术中心已被吊销营业执照,其权利义务应由其主管单位轻工公司承担。依照《中华人民共和国民法通则》第54条、第106条、第112条、第134条规定,判决:技术中心给付创雅公司质保证金、定金、活动费20万元,工程设计费、预算费7.5万元,违约金5万元;轻工公司承担连带责任。轻工公司不服,上诉于合肥市中级人民法院。

二审裁判结果

二审审理过程中,经合肥市中级人民法院主持调解,双方当事人自愿达成调解协议:轻工公司于调解书生效后10日内一次性付给创雅公司20万元;一、二审案件受理费、公告费共计19400元,由轻工公司承担。1998年12月24日,合肥市中级人民法院作出〔1998〕合民终字第97号民事调解书并送达给双方当事人,已经发生法律效力。

再审一审裁判结果

1999年5月,轻工公司以合肥市中级人民法院〔1998〕合民终字第97号调解书认定事实有误、创雅公司有欺诈行为等为由,向合肥市中级人民法院申请再审。1999年6月28日,经院长提交审判委员会讨论后,合肥市中级人民法院作出〔1999〕合民监字第22号民事裁定,决定另行组成合议庭进行再审;再审期间,中止原调解书的执行。

1999年10月19日,合肥市中级人民法院再审查明:技术中心收取创雅公司10万元工程质保金后,将10万元交给了合肥弘扬企业发展公司即华人商贸,后因双方未执行合同,技术中心经理王国钧带着创雅公司实际出资人范克清、胡建生,到华人商贸与其负责基建的张健强等人商谈退还10万元质保金事宜。有关各方当事人约定由华人商贸将钱退给胡建生或范克清即可。嗣后,华人商贸退给胡建生1.5万元现金,剩余8.5万元由华人商贸与创雅公司签订合作合同,将华人商城东三区店面交由范克清经营14个月,以此抵消剩余的8.5万元,已履行完毕。创雅公司与技术中心签订装饰工程协议,由于创雅公司当时没有取得资质等级证书,双方当事人签订的协议,属于无效合同。创雅公司付给技术中心的10万元质保金,已由华人商贸予偿还;创雅公司诉称装饰工程花去费用7.5万元,未能提供相关证据,本院不予支持。技术中心副经理陈继延在未得到法定代表人王国钧授权认可的情况下，以自己的名义打白条收取创雅公司10万元活动费和定金是其个人行为，应当属另一法律关系，与本案无关。创雅公司在付给轻工公司10万元质保金已得到偿还解决后，还隐瞒事实提起民事诉讼，妨碍人民法院正常审理案件，应另予处罚。原审法院认定事实错误，原一审判决及本院二审调解书内容均为不当。遂作出〔1999〕合民再字第10号民事判决：（1）撤销合肥市中市区人民法院〔1997〕中民初字第6号民事判决及本院〔1998〕合民终字第97号民事调解；（2）驳回创雅公司的诉讼请求。一、二审诉讼费19200元、公告费200元，均由创雅公司承担。

再审二审诉辩情况

创雅公司不服，向检察机关申诉，合肥市人民检察院提请安徽省人民检察院抗诉。2002年6月21日，安徽省人民检察院以皖检民行抗字〔2002〕第37号民事抗诉书向安徽省高级人民法院提出抗诉。抗诉理由是：再审判决认定"技术中心副经理陈继延在未得到法定代表人王国钧授权认可的情况下，以自己名义打白条收取创雅公司10万元活动费和定金的行为是其个人行为，应属另一法律关系，与本案无关"，认定事实确有错误。

第一，陈继延作为技术中心副经理，收取创雅公司工程活动费8万元和定金2万元，系根据技术中心与创雅公司签订的工程转包协议的约定，且陈继延收取创雅公司10万元活动费、定金后，转交给了技术中心，技术中心于1995年10月5日分别开出了两份"收款收据"，并加盖技术中心财务专用章。这些证明陈继延收取活动费和定金的行为，不是个人行为，而是职务行为。

第二，陈继延收取10万元活动费和定金，是经过技术中心法定代表人王国钧授权认可的。技术中心与创雅公司签订的终止装饰协议书第2条明确约定："技术中心于1995年10月16日退还给创雅公司已付的工程质保金及活动费共计贰拾万元整。"该协议书上盖有技术中心的合同专用章，有技术中心法定代表人王国钧的签名。在合肥市中级人民法院对王国钧的问话笔录中，王国钧也曾承认"终止协议我肯定……是签字的"。由此可见，王国钧对陈继延收取创雅公司10万元工程质保金、活动费是明知的、认可的，且愿意退还。该终止协议是双方当事人真实意思的表示。

综上所述，陈继延收取创雅公司10万元活动费、定金的行为，应当认定为职务行为。原审判决认定陈继延的个人行为，认定事实确有错误。

再审二审裁判结果

2002年9月15日，安徽省高级人民法院以〔2002〕皖民一监字第89号函，要求合肥市中级人民法院依法对本案进行再审。2002年11月5日，合肥市中级人民法院作出〔2002〕合民一监字第56号民事裁定，决定对本案依法另行组成合议庭进行再审。2003年2月21日，合肥市中级人民法院〔2002〕合民一再终字第31号民事判决书判决如下：

一、维持本院〔1999〕合民再字第10号民事判决第一项；

二、撤销本院〔1999〕合民再字第10号民事判决第二项及诉讼费承担部分；

三、轻工公司于本判决生效后15日内一次性付给创雅公司定金、活动费10万元；

四、驳回创雅公司的其他诉讼请求。

再审二审裁判理由

再审法院认为：本案争议的焦点是陈继延收取定金2万元及活动费8万元的行为是个人行为还是职务行为。根据查明的事实认定，首先，陈继延收取2万元定金行为应为职务行为。在陈继延开据的收取定金2万元的收条上，不仅有陈继延的签名，而且盖有技术中心的合同专用章；另外返还2万元定金也是技术中心在终止协议中明确约定的内容之一。其次，陈继延收取活动费8万元行为，也系其履行职务的行为。陈继延的身份是技术中心副经理，技术中心在与创雅公司签订的装饰工程协议及终止协议中，陈继延均是代表技术中心的签字人，表明陈继延系一直代表技术中心与创雅公司进行该项经营活动。技术中心在终止协议第二条中明确承诺退还创雅公司已付的20万元，这20万元包括陈继延收取的8万元活动费。"终止协议"上加盖有技术中心的合同专用章并有法定代表人王国钧的签名，表明技术中心及其法定代表人王国钧对陈继延的收款行为，实际上是予以认可的。综上所述，陈继延收取定金2万元及活动费8万元的行为，应认定为职务行为。根据《中华人民共和国民法通则》第43条的规定，企业法人对它的法定代表人和其他工作人员的经营活动，承担民事责任。本案中，创雅公司所称的设计预算等7.5万元的损失，未提供证据证实，故创雅公司主张的赔偿设计预算等损失费7.5万元及承担违约金5万元的诉讼请求，本院不予支持。但是，技术中心应退还创雅公司已付的工程质保金及技术中心副经理陈继延收取的定金及活动费共计20万元。鉴于技术中心此前已经清偿10万元，故技术中心实际应退还创雅公司10万元。轻工公司应在其开办技术中心注册资金692万元不实的范围内承担民事责任。检察机关提出的抗诉理由成立，应予支持。本院原再审判处部分不当，应予纠正，根据《中华人民共和国民事诉讼法》第184条、第153条第1款第2项之规定，判决如下：

一、维持本院〔1999〕合民再字第 10 号民事判决第一项；

二、撤销本院〔1999〕合民再字第 10 号民事判决第二项及诉讼费承担部分；

三、轻工公司于本判决生效后 15 日内一次性付给创雅公司定金、活动费 10 万元；

四、驳回创雅公司的其他诉讼请求。

144. 在履行装饰装修合同过程中，承包方承建的工程部分不合格，那么在合同解除后其承担的责任是返还全部的工程价款还是限于该局部工程价款？

在局部工程不合格的情况下，如果判令违约方返还全部工程价款，有违公平原则，仅针对该局部工程款赔偿较为妥当。

145. 由于装修装饰工程质量不合格，造成的预期损失如何计算？

合同法规定的预期利益即可得利益损失不得超过违反合同一方订立合同时应当预见到的损失。

典型疑难案件参考

乌鲁木齐秋林装饰有限公司与王新萍装饰装修合同纠纷案

基本案情

经一审法院审理查明：2008 年 6 月 22 日，王新萍与秋林公司签订《建筑装饰工程施工合同》一份，约定王新萍将其位于本市黄河路 246 号通力大厦一楼 3 号门面装修工程发包给秋林公司承建，合同总价款 150000 元，工期自 2008 年 6 月 24 日至同年 8 月 13 日。甲方指派王新萍为工地代表，负责工程质量、进度的监督检查，办理验收、变更登记等事宜。乙方指派李秋林为工地代表负责组织施工、保质保量完成施工任务。同时，双方约定：因甲方原因导致延期开工或停工，停工一日甲方支付乙方每日 100 元；因乙方原因逾期竣工，每逾期一日，乙方支付甲方每日100元违约金。

合同签订后，秋林公司即开始施工。至2008年9月，在槽钢隔层的装修过程中，因该隔层的设计及质量问题，双方发生争议，秋林公司即停工。至2008年11月，秋林公司离开工地。王新萍自开始施工至2008年11月陆续向秋林公司支付工程款共计10900元。

在本案审理过程中，经王新萍向沙依巴克区人民法院申请，沙依巴克区人民法院委托新疆建设工程质量安全检测中心对涉案装修工程进行了质量鉴定，该中心于2009年4月14日作出〔2009〕新建质鉴字第008号检测（鉴定）报告，鉴定结论为：（1）对该工程吊顶石膏板进行检测，实际采用天山牌板材吊顶，与预算书中约定的久新牌纸面石膏板品牌不符。（2）对操作台柜体材料进行检测，实际采用普通板材，与预算书中约定的采用三聚氰胺防潮板材质不符。（3）对贵宾、儿童室门套及门进行检测，未见预算书中约定的铝塑板，未采用预算书中约定的不锈钢玻璃门，与预算书不符。（4）对玻璃隔断进行检测，未采用预算书中约定的12钢化玻璃，与预算书不符。（5）对照明线路进行检测，外露线路中有一根电线为新丽林电缆厂生产的电线，与预算书约定的2.5特变电线不符。（6）对空调电源进行检测，总配电箱共有6根4mm的铜芯线，其中两根4mm绿色铜芯线从配电箱同一侧墙面水平相距约8m处（距地面高度约1.6m处）引至电源处，可满足空调的使用要求。（7）该工程钢结构夹层主要受力构件已施工完毕，并已进行装饰外包，局部剖开装饰面层对钢结构进行检测，梁、柱采用槽钢，连接方式采用焊接，检测情况如下：（1）该工程钢架构夹层现场未见正规设计图纸，未见原材料的检验报告。（2）钢平台中排钢柱坐于地下室距梁边约200mm的现浇板上（未支撑于现浇梁上），如上部钢平台承受荷载较重，会对下部结构产生安全隐患。（3）夹层钢平台钢梁梁端支撑于采用螺栓固定于隔墙或混凝土剪力墙的水平槽钢上，该水平槽钢下部采用竖向槽钢贴墙支撑，竖向支撑槽钢上端部附加由角钢斜支撑，钢平台钢梁未坐于支撑节点部位；后部钢制楼梯采用单槽钢竖向支撑。槽钢高度为80mm。由于该水平支撑槽钢及下部竖向槽钢截面偏小，现已有受力变形现象（且螺栓应进行受力计算）；将水平支撑槽钢通过螺栓固定于隔墙上而未与主体结构可靠连接，连接不合理，具有安全隐患。（4）钢结构夹层焊缝由夹杂、漏焊、点焊现象，对钢结构的连接产生不利影响。由于存在安全隐患，建议钢结构夹层拆除重建（应由有资质的设计单位出具正规图纸）或请有资质的设计单位进行核实加固处理。王新萍为该鉴定支付鉴定费2000元。

在审理中，经王新萍向沙依巴克区人民法院申请，沙依巴克区人民法院委托新疆方夏建设工程项目管理有限公司对秋林公司装修已完成部分进行作价评估,该公司于 2008 年 12 月 19 日出具鉴定字〔2008〕1201 号工程结算价款鉴定书,结论为:装修工程已完成部分工程结算价款 43729.19 元。后沙依巴克区人民法院致函新疆方夏建设工程项目管理有限公司,要求其对秋林公司未完工程的所有已施工工程部分的价值进行评估。该装修于 2009 年 3 月 6 日出具鉴定字〔2009〕0105 号工程结算价款鉴定书,结论为:装修未完工程中未全部施工完毕部分工程结算价款 70425.27 元。王新萍为该价款评估支付鉴定费 1300 元。

在本案审理中,经沙依巴克区人民法院委托新疆华夏资产评估有限责任公司对涉案商铺装修工程钢架构夹层由有资质的设计单位进行修复达到通常使用标准所需的费用及该商铺在 2008 年 8 月至 11 月间该地段商铺平均租赁价格两项内容予以评估,该公司于 2010 年 2 月 8 日出具华评评报字〔2010〕005 号单项资产评估报告书,结论为:(1) 王新萍口腔门诊商铺装修工程钢结构夹层由有资质的设计单位进行修复达到通常使用标准所需的费用为 281127.04 元;(2) 该商铺在 2008 年 8 月至 11 月间该地段商铺平均租赁价格为 172.55 元每月每平方米,4 个月 194.10 平方米商铺总租赁价格为 133967.82 元。对此,沙依巴克区人民法院致函该公司,要求对修复事项及是否涉及需要对已建成部分进行拆除的事宜予以补充说明。新疆华夏资产评估有限责任公司于 2010 年 5 月 17 日答复说明:评估报告结论 281127.04 元,包含原装修工程拆除和新建合格装修工程达到通常使用标准所需的费用。王新萍为该次评估支付评估费 1500 元。

在诉讼中,王新萍为固定证据,申请新疆维吾尔自治区公证处于 2009 年 2 月 13 日对装修现状进行了现场公证,新疆维吾尔自治区公证处出具〔2009〕新证民字第 382 号公证书,对装修现状进行了记载,并拍摄了光碟。为此,王新萍支付公证费 600 元。另,在王新萍申请本院委托质量鉴定之前,王新萍本人申请乌鲁木齐市建设工程质量监督站检测室对装修隔层的主体结构进行了质量鉴定。该检测站于 2009 年 3 月 16 日出具了乌结检字〔2009〕第 6 号检测报告,结论为:(1) 该隔层钢结构工程存在结构安全隐患。(2) 由于该工程构造措施差,采用材料性能不能提供安全技术保证,工程结构主体未形成有效支撑结构,且钢架工程未与原结构安全体系形成有效连接,故由专业设计单位提出加固方案。为此,王新萍支付鉴定费 480 元。

一审裁判结果

一审判决如下:

解除王新萍与秋林公司签订的《建筑装饰工程施工合同》;秋林公司返还

王新萍装修款 87200 元、赔偿王新萍经济损失 96000 元。

一审裁判理由

一审法院认为：王新萍与秋林公司签订的《建筑装饰工程施工合同》是双方当事人的真实意思表示，合同有效。现双方因施工质量发生纠纷造成合同已无法继续履行，且双方均表示自愿解除合同，本院予以采纳；王新萍要求秋林公司返还已支付的装修款 121000 元的诉讼请求，秋林公司认可已付工程款为 109000 元，对工程施工中设计槽钢隔层部分存在质量问题认可，但仅设计工程价款 16480 元，故不同意王新萍的诉讼请求。本院为此又向新疆华夏资产评估有限责任公司就本院委托对王新萍口腔门诊商铺装修工程中有关钢结构夹层由有资质的设计单位进行修复达到通常使用标准所需的费用的《单项资产评估报告书》中就修复的事项及是否设计需要对已建成部分进行拆除的事宜予以补充说明，答复为：原装修工程经自治区、乌鲁木齐市两级建筑产品质量鉴定部门鉴定，结论为存在重大安全隐患工程，须拆除重建，本公司 2010 年 2 月 8 日出具的华评评报字〔2010〕005 号单项资产评估报告书，载明的评估结论，281127.04 元包含原装修工程拆除和新建合格装修工程达到通常使用标准所需的费用。故本院对王新萍要求返还装修款的诉求予以支持。但依据双方合同的约定，指派王新萍为甲方驻工地代表，负责合同履行，对工程质量、进度进行监督检查，办理验收、变更登记手续和其他事宜。王新萍存在监督不利的过失，且其主张秋林公司返还工程款 121000 元中的 12000 元缺乏相应的证据予以佐证，故本院对王新萍诉求中合理部分予以支持。另外，王新萍要求秋林公司承担因拖延施工工期造成的实际损失（按租金标准计算）96000 元，经评估该地段商铺（在 2008 年 8 月至 11 月间）平均租赁价格为 133967.82 元，故本院予以支持。

二审诉辩情况

上诉人秋林公司不服上诉称：原审判决认定事实不清。在装修过程中材料的变更是经过被上诉人的同意的，材料均是合格的产品，是由于市场上没有约定的产品才更换的。我们约定的隔层并不是轻钢结构的夹层，隔层存在质量问题的原因在于设计发生了变更，由简单隔层变为了轻钢结构，质量标准完全不一样，故隔层质量不合格的原因是由被上诉人造成的。并且，经鉴定我方已施工的工程量达 11 万余元，原审法院却判决我方返还装修款 87200 元，显然有失公正。被上诉人装修该商铺是作为自用的，并不存在出租损失。故原审法院判定的租金损失无事实依据。故提起上诉，请求二审法院依法撤销原判，公正裁决。

被上诉人王新萍答辩称：原审判决正确。上诉人施工偷工减料，存在重大安全隐患，须全部拆除重建。在施工中从无我方同意更换材料的事实。一审认定事实清楚，判决正确，请求二审法院依法维持原判。

二审裁判结果

二审法院判决如下：

一、维持乌鲁木齐市沙依巴克区人民法院〔2008〕沙民三初字第1181号民事判决第一项即：解除王新萍、乌鲁木齐秋林装饰有限公司签订的《建筑装饰工程施工合同》；

二、变更乌鲁木齐市沙依巴克区人民法院〔2008〕沙民三初字第1181号民事判决第二项即：乌鲁木齐秋林装饰有限公司返还王新萍装修款87200元为：乌鲁木齐秋林装饰有限公司返还王新萍装修款18194.51元；

三、变更乌鲁木齐市沙依巴克区人民法院〔2008〕沙民三初字第1181号民事判决第三项即：乌鲁木齐秋林装饰有限公司赔偿王新萍经济损失96000元为：乌鲁木齐秋林装饰有限公司赔偿王新萍违约金9000元（100元/日×30日×3）。本案争议标的217000元，给付标的27194.51元，占争议标的的13%，应收一审案件受理费4555元（王新萍已预交），王新萍负担多诉的87%即3962.85元，秋林公司负担败诉的13%即592.15元；质量鉴定费合计2480元（王新萍已预交），由秋林公司负担。资产评估费、公证费合计3400元（王新萍已预交），王新萍负担87%即2958元，秋林公司负担13%即442元；二审案件受理费3964元（秋林公司已预交），秋林公司负担13%即515.32元，王新萍负担3448.68元。

上述应付款项相互折抵后合计27259.98元，秋林公司应于本判决生效后15日内付清，逾期则加倍承担迟延给付期间的债务利息。

二审裁判理由

二审法院认为：我国《合同法》规定，合同履行的质量不符合约定的，应当按照当事人的约定承担违约责任。对违约责任没有约定或者约定不明的，依照《合同法》第61条的规定仍不能确定的，受损害方根据标的的性质以及损失的大小，可以合理选择要求对方承担修理、更换、重做、退货、减少价款或报酬等违约责任。本案中，对于秋林公司承建的装修工程的质量，涉及两份质量检测报告，其中王新萍自行委托鉴定的〔2009〕乌结检字第6号检测报告系专项针对该工程的钢结构隔层所做的质量鉴定，结论为该隔层存在安全隐患,建议加固。另一份王新萍申请原审法院委托鉴定的〔2009〕新建质鉴字第008号检测（鉴定）报告,系针对全部装修工程所做的质量鉴定,其中载明部分装修材料不符合约定,对于钢结构隔层该鉴定报告建议拆除重建或由有资质的单位进行核算加固处理。对材料不符合约定的部分,鉴定报告并未做出质量不合格的结论。故该两份质量鉴定报告均载明仅是钢结构隔层的质量不合格,需拆除重建,并非全部的装修工程质量不合格,需全部拆除重建。因该钢结构隔层系由秋林公司设计并施工,故秋林公司对钢结构隔层的装修工程款应承担返还价款的违约责任。而原审法院按照全部装修拆除重建判定秋林公司返还全部装修款缺乏事实依据,本院予以纠正。在原审庭审中秋林公司自认槽钢隔层实际造价为18194.51元,即秋林公司应按此返还王新萍装修款18194.51元。

关于王新萍主张的租金损失问题。王新萍主张的租金损失属于可得利益。首先,我国《合同法》所指的可得利益只有在合同完全履行时才有可能产生。合同解除后赔偿的范围不包括可得利益的损失。既然当事人选择了解除合同的权利,就说明非违约方不愿意继续履行合同,故而不应当考虑可得利益的赔偿问题。其次,《合同法》规定的预期利益即可得利益损失不得超过违反合同一方订立合同时应当预见到的损失。预见性有三个要件：一是预见的主体为违约人,而不是非违约人。二是预见的时间为订立合同之时,而不是违约之时。三是预见的内容为立约时应当预见的违约的损失,预见不到的损失,不在赔偿范围之列。就本案而言,在王新萍与秋林公司订立合同之时,双方约定的工程名称为"王新萍口腔门诊",秋林公司也是按此方案设计装修的,故在立约之时,王新萍的本意系开设门诊自用并非用于出租,故秋林公司无法预见到因其违约行为会导致租金损失。故王新萍主张的租金损失不应得到支持。原审法院判决支持租金损失不符合法律规定,本院予以纠正。但双方在合同中明确约定了逾期交工的违约赔偿方式,即由于秋林公司原因逾期竣工,每逾期一天,秋林公司支付王新萍100元违约金。因本案装修工程的设计、施工方均为秋林公司,因槽钢隔层质量问题双方发生争议导致停工,违约责任应由秋林公司承担。合同约定应于2008年8月13日竣工,秋林公司自2008年9月起停工、至11月离场,双方合同关系已实际终止。秋林公司在上诉状中自认应按合同约定承担违约责任。故秋林公司应承担2008年8月至11月期间的违约金赔偿责任,向王新萍赔偿违约金9000元。

装饰装修合同纠纷办案依据集成

1.《中华人民共和国民法通则》（1987年1月1日）（节录）

第四十三条　企业法人对它的法定代表人和其他工作人员的经营活动，承担民事责任。

第五十四条　民事法律行为是公民或者法人设立、变更、终止民事权利和民事义务的合法行为。

第一百零六条　公民、法人违反合同或者不履行其他义务的，应当承担民事责任。

公民、法人由于过错侵害国家的、集体的财产，侵害他人财产、人身的应当承担民事责任。

没有过错，但法律规定应当承担民事责任的，应当承担民事责任。

第一百一十二条　当事人一方违反合同的赔偿责任，应当相当于另一方因此所受到的损失。

当事人可以在合同中约定，一方违反合同时，向另一方支付一定数额的违约金；也可以在合同中约定对于违反合同而产生的损失赔偿额的计算方法。

第一百三十四条　承担民事责任的方式主要有：

（一）停止侵害；

（二）排除妨碍；

（三）消除危险；

（四）返还财产；

（五）恢复原状；

（六）修理、重作、更换；

（七）赔偿损失；

（八）支付违约金；

（九）消除影响、恢复名誉；

（十）赔礼道歉。

以上承担民事责任的方式，可以单独适用，也可以合并适用。

人民法院审理民事案件，除适用上述规定外，还可以予以训诫、责令具结悔过、收缴进行非法活动的财物和非法所得，并可以依照法律规定处以罚款、拘留。

2.《中华人民共和国合同法》（1999年10月1日）（节录）

第六十一条　合同生效后，当事人就质量、价款或者报酬、履行地点等内容没有约定或者约定不明确的，可以协议补充；不能达成补充协议的，按照合同有关条款或者交易习惯确定。

第六十二条　当事人就有关合同内容约定不明确，依照本法第六十一条的规定仍不能确定的，适用下列规定：

（一）质量要求不明确的，按照国家标准、行业标准履行；没有国家标准、行业标准的，按照通常标准或者符合合同目的的特定标准履行。

（二）价款或者报酬不明确的，按照订立合同时履行地的市场价格履行；依法应当执行政府定价或者政府指导价的，按照规定履行。

（三）履行地点不明确，给付货币的，在接受货币一方所在地履行；交付不动产的，在不动产所在地履行；其他标的，在履行义务一方所在地履行。

（四）履行期限不明确的，债务人可以随时履行，债权人也可以随时要求履行，但应当给对方必要的准备时间。

（五）履行方式不明确的，按照有利于实现合同目的的方式履行。

（六）履行费用的负担不明确的，由履行义务一方负担。

第一百一十三条　当事人一方不履行合同义务或者履行合同义务不符合约定，给对方造成损失的，损失赔偿额应当相当于因违约所造成的损失，包括合同履行后可以获得的利益，但不得超过违反合同一方订立合同时预见到或者应当预见到的因违反合同可能造成的损失。

经营者对消费者提供商品或者服务有欺诈行为的，依照《中华人民共和国消费者权益保护法》的规定承担损害赔偿责任。

八、铁路修建合同纠纷

146. 由于承包方为个人，不具有施工资质，导致铁路建设施工合同无效后，该个人能否以该合同为依据主张工程款？

双方所签合同虽然无效，但是如果建设工程经竣工验收合格，承包人可以参照合同约定主张工程价款。

147. 承包方向发包方所打收款手续上明确注明"工程款"，发包方关于承包方为其内部职工的抗辩理由是否成立？

收款手续上注明的是"工程款"，并非工资和劳务费，因此，双方之间既不是劳动关系，也非雇佣关系，发包方关于承包方为其职工的抗辩理由不成立。

典型疑难案件参考

段学长等与河南省宏基建设工程有限公司周口项目部等建设工程合同纠纷

基本案情

一审法院审理查明，周口项目部系宏基公司的下属机构，康天立系周口项目部的工作人员，2004年8月10日，宏基公司与漯阜铁路河南段改建工程建设管理中心签订了建设施工合同，约定由宏基公司以包工包料的方式承建张庄刘村火车站等工程，刘村火车站信号楼的基槽挖好后，周口项目部在该工地的管理人员康天立把该信号楼工程及附属工程转包给了段学长，段学长于2004年10月开始组织施工，除该工程的信号楼的外墙油漆、屋面防水层、保温层、外墙窗套、防盗窗、防盗门、外走廊保瓶栏杆、楼梯扶手、吊顶、外墙贴面砖、机房钢板等工程项目外，其他土建、安装工程均由段学长完成，并于2005年11月交付使用。在施工过程中，宏基公司由康天立以交付给段学长现金或以购买建筑材料把票据交给段学长等方式，向段学长支付了部分工程款，其他工程所需费用由段学长垫资。因施工前康天立和段学长约定的工程款按640元/平方米计算，但段学长经过实际施工，造价成本较高，段学长、宏基公司间为工程款的数额发生争议，遂提起诉讼。宏基公司原已向段学长支付工程款 351560 元，在诉讼期间宏基公司又支付了农民工工资 41000 元。

一审裁判结果

一审法院判决如下：

一、被告宏基公司另偿付原告段学长工程款 47417 元，于本判决生效之日起 3 日内履行完毕；

二、驳回原告的其他诉讼请求。当事人如果未按本判决指定的期限履行给付金钱义务，应当按照《中华人民共和国民事诉讼法》第 232 条之规定，加倍支付迟延履行期间的债务利息。

一审裁判理由

一审法院认为：段学长、宏基公司间口头约定的建设工程合同违反了法律规定，为无效合同，但段学长已按约定完成了施工，投入了大量的人力物力，并支付了大量的费用，段学长请求宏基公司予以偿付，予以支持。周口项目部是宏基公司的下设机构，其民事责任应由宏基公司承担，康天立又是周口项目部指派的工作人员，不具有本案被告的主体资格。本案在原一审中段学长所诉各项支出为 439977 元，重审中虽予以变更，但不能提供确切的证据加以证明，对于段学长变更的部分，不予采信。宏基公司已向段学长支付工程款 351560 元，农民工工资 41000 元，共计 392560 元，下余段学长支出的工程费用 47417 元，宏基公司应当偿付给段学长。依照《中华人民共和国民法通则》第 43 条、《中华人民共和国合同法》第 58 条之规定，判决如下：

一、被告宏基公司另偿付原告段学长工程款 47417 元，于本判决生效之日起 3 日内履行完毕；

二、驳回原告的其他诉讼请求。当事人如果未按本判决指定的期限履行给付金钱义务，应当按照《中华人民共和国民事诉讼法》第 232 条之规定，加倍支付迟延履行期间的债务利息。

二审诉辩情况

段学长不服该判决上诉称：段学长、宏基公司间的建设工程合同符合法律规定，具有法律效力，原判认定无效是错误的。经鉴定工程造价为 596360.31 元，宏基公司应按照该价格全部支付工程款。根据宏基公司与漯阜铁路河南段改建工程建设管理中心签订的漯阜铁路河南段改建工程建设施工合同，每个车站的造价平均为 1109785.7 元，就是按照鉴定价格进行判决，宏基公司的利润高达 513425.39 元。请求：撤销商水县法院〔2005〕商民重字第 552 号民事判决书；依法改判，宏基公司支付下欠工程款 250000 元；一、二审诉讼费、鉴定费全部由宏基公司承担。

宏基公司不服该判决上诉称，宏基公司没有将刘村车站信号楼工程转包给段学长，康天立是宏基公司派工地管理人员，其未经宏基公司许可，是无权将工程转包他人的，况且，康天立根本没有将工程转包，如果转包不但要宏基公司同意，而且还需要建设单位同意，并且双方必须签订书面转包合同。在周口市三江金属公司购买钢材、在兴源新型建材公司购买加气块砖确实是宏基公司出资购买，原发货单是宏基公司交于段学长让其去提货，绝不是段学长出资购买。宏基公司提供的水泥、钢材检验合格证原件工程竣工验收时已交建设单位漯阜铁路建设管理中心，宏基公司只能提供复印件，而无法提供原件。段学长在刘村车站信号楼工程施工中，只是普通清工，根本不是法律上的实际施工人。原判认定事实错误，适用法律错误。请求依法撤销商水县人民法院〔2005〕商民重字第 552 号民事判决书，驳回段学长诉讼请求。

二审开庭审理查明，一审中，周口市工程建设标准定额管理站对段学长所建工程的造价进行了鉴定，站房土建面积为 477.1 平方米，造价为 392749.11 元（477.1 平方米×837.36 元/平方米），站房安装工程造价为 18177.67 元，水泥路工程造价为 19508.38 元（479.12 平方米×41.32 元/平方米），站台帽工程造价为 9390.79 元，化粪池工程造价为 7775.12 元，电缆沟工程造价为 148759.24 元，共计 596360.31 元。二审中，段学长称当时口头约定 640 元/平方米，仅指信号楼工程而言，且当时价格并没有包死，以实际成本价计算。其他事实与原审相同。

▶ 二审裁判结果

二审法院判决如下：

一、维持商水县人民法院〔2005〕商民重字第 552 号民事判决主文第二项；

二、变更商水县人民法院〔2005〕商民重字第 552 号民事判决主文第一项为：河南省宏基建设工程有限公司于本判决生效后 10 日内付给段学长工程款 109602.21 元。

▶ 二审裁判理由

二审法院认为：康天立系宏基公司周口项目部的管理人员，其行为系代表宏基公司，后果应由宏基公司承担。康天立将工程转包给段学长，由于段学长并不具有承包建设工程的资质，违反我国《建筑法》关于从事建筑活动应具备相应从业资格的规定，双方之间达成的建设工程承包合同无效，不受法律保护。因此段学长关于双方之间的建设工程合同有效的上诉理由不能成立，本院不予采纳。段学长虽然不具有建筑资质，但段学长作为实际施工人完成了部分建设工程，并验收合格，宏基公司应支付工程款。关于工程价款计算问题，由于双方之间约定的信号楼（站房）价格为640元/平方米，应按照该约定价格计算工程价款，信号楼价款为305344元，其他工程价款由于双方当时并未约定，工程价款应按照评估价格计算，段学长所干工程价款共计502162.21元，扣除宏基公司已支付的392560元，下余109602.21元，宏基公司应当支付。重审中，段学长变更诉讼请求并不违反法律规定，应当准许。宏基公司称段学长不是工程承包人，是宏基公司普通清工，明显与事实不符，因为段学长向宏基公司所打收款手续注明是工程款，而不是工资或劳务费，宏基公司该上诉理由不能成立，本院不予采纳。宏基公司称在周口市三江金属公司购买钢材、在兴源新型建材公司购买加气块砖是宏基公司出资购买，对此未提供确凿证据证明，本院不予采信。由于宏基公司提供的水泥、钢材检验合格证复印件无原件相印证，原审法院不予采信并无不当之处。综上所述，段学长上诉理由部分成立，本院予以支持；宏基公司上诉理由均不能成立，本院不予支持。

铁路修建合同纠纷办案依据集成

1.《中华人民共和国合同法》（1999年3月15日主席令第15号公布）（节录）

第十六章 建设工程合同

第二百六十九条 建设工程合同是承包人进行工程建设，发包人支付价款的合同。

建设工程合同包括工程勘察、设计、施工合同。

第二百七十条 建设工程合同应当采用书面形式。

第二百七十一条 建设工程的招标投标活动，应当依照有关法律的规定公开、公平、公正进行。

第二百七十二条 发包人可以与总承包人订立建设工程合同，也可以分别与勘察人、设计人、施工人订立勘察、设计、施工承包合同。发包人不得将应当由一个承包人完成的建设工程肢解成若干部分发包给几个承包人。

总承包人或者勘察、设计、施工承包人经发包人同意，可以将自己承包的部分工作交由第三人完成。第三人就其完成的工作成果与总承包人或者勘察、设计、施工承包人向发包人承担连带责任。承包人不得将其承包的全部建设工程转包给第三人或者将其承包的全部建设工程肢解以后以分包的名义分别转包给第三人。

禁止承包人将工程分包给不具备相应资质条件的单位。禁止分包单位将其承包的工程再分包。建设工程主体结构的施工必须由承包人自行完成。

第二百七十三条 国家重大建设工程合同，应当按照国家规定的程序和国家批准的投资计划、可行性研究报告等文件订立。

第二百七十四条 勘察、设计合同的内容包括提交有关基础资料和文件（包括概预算）的期限、质量要求、费用以及其他协作条件等条款。

第二百七十五条 施工合同的内容包括工程范围、建设工期、中间交工工程的开工和竣工时间、工程质量、工程造价、技术资料交付时间、材料和设备供应责任、拨款和结算、竣工验收、质量保修范围和质量保证期、双方相互协作等条款。

第二百七十六条 建设工程实行监理的，发包人应当与监理人采用书面形式订立委托监理合同。发包人与监理人的权利和义务以及法律责任，应当依照本法委托合同以及其他有关法律、行政法规的规定。

第二百七十七条 发包人在不妨碍承包人正常作业的情况下，可以随时对作业进度、质量进行检查。

第二百七十八条 隐蔽工程在隐蔽以前，承包人应当通知发包人检查。发包人没有及时检查的，承包人可以顺延工程日期，并有权要求赔偿停工、窝工等损失。

第二百七十九条 建设工程竣工后，发包人应当根据施工图纸及说明书、国家颁发的施工验收规范和质量检验标准及时进行验收。验收合格的，发包人应当按照约定支付价款，

并接收该建设工程。

建设工程竣工经验收合格后,方可交付使用;未经验收或者验收不合格的,不得交付使用。

第二百八十条 勘察、设计的质量不符合要求或者未按照期限提交勘察、设计文件拖延工期,造成发包人损失的,勘察人、设计人应当继续完善勘察、设计,减收或者免收勘察、设计费并赔偿损失。

第二百八十一条 因施工人的原因致使建设工程质量不符合约定的,发包人有权要求施工人在合理期限内无偿修理或者返工、改建。经过修理或者返工、改建后,造成逾期交付的,施工人应当承担违约责任。

第二百八十二条 因承包人的原因致使建设工程在合理使用期限内造成人身和财产损害的,承包人应当承担损害赔偿责任。

第二百八十三条 发包人未按照约定的时间和要求提供原材料、设备、场地、资金、技术资料的,承包人可以顺延工程日期,并有权要求赔偿停工、窝工等损失。

第二百八十四条 因发包人的原因致使工程中途停建、缓建的,发包人应当采取措施弥补或者减少损失,赔偿承包人因此造成的停工、窝工、倒运、机械设备调迁、材料和构件积压等损失和实际费用。

第二百八十五条 因发包人变更计划,提供的资料不准确,或者未按照期限提供必需的勘察、设计工作条件而造成勘察、设计的返工、停工或者修改设计,发包人应当按照勘察人、设计人实际消耗的工作量增付费用。

第二百八十六条 发包人未按照约定支付价款的,承包人可以催告发包人在合理期限内支付价款。发包人逾期不支付的,除按照建设工程的性质不宜折价、拍卖的以外,承包人可以与发包人协议将该工程折价,也可以申请人民法院将该工程依法拍卖。

建设工程的价款就该工程折价或者拍卖的价款优先受偿。

第二百八十七条 本章没有规定的,适用承揽合同的有关规定。

2.《中华人民共和国铁路法》(2009 年 8 月 27 日修正)(节录)

第三十三条 铁路发展规划应当依据国民经济和社会发展以及国防建设的需要制定,并与其他方式的交通运输发展规划相协调。

第三十四条 地方铁路、专用铁路、铁路专用线的建设计划必须符合全国铁路发展规划,并征得国务院铁路主管部门或者国务院铁路主管部门授权的机构的同意。

第三十五条 在城市规划区范围内,铁路的线路、车站、枢纽以及其他有关设施的规划,应当纳入所在城市的总体规划。

铁路建设用地规划,应当纳入土地利用总体规划。为远期扩建、新建铁路需要的土地,由县级以上人民政府在土地利用总体规划中安排。

第三十六条 铁路建设用地,依照有关法律、行政法规的规定办理。

有关地方人民政府应当支持铁路建设,协助铁路运输企业做好铁路建设征用土地工作和拆迁安置工作。

第三十七条 已经取得使用权的铁路建设用地,应当依照批准的用途使用,不得擅自改作他用；其他单位或者个人不得侵占。

侵占铁路建设用地的，由县级以上地方人民政府土地管理部门责令停止侵占、赔偿损失。

第三十八条 铁路的标准轨距为1435毫米。新建国家铁路必须采用标准轨距。

窄轨铁路的轨距为762毫米或者1000毫米。

新建和改建铁路的其他技术要求应当符合国家标准或者行业标准。

第三十九条 铁路建成后，必须依照国家基本建设程序的规定，经验收合格，方能交付正式运行。

第四十条 铁路与道路交叉处，应当优先考虑设置立体交叉；未设立体交叉的，可以根据国家有关规定设置平交道口或者人行过道。在城市规划区内设置平交道口或者人行过道，由铁路运输企业或者建有专用铁路、铁路专用线的企业或者其他单位和城市规划主管部门共同决定。

拆除已经设置的平交道口或者人行过道，由铁路运输企业或者建有专用铁路、铁路专用线的企业或者其他单位和当地人民政府商定。

第四十一条 修建跨越河流的铁路桥梁，应当符合国家规定的防洪、通航和水流的要求。

3. 《中华人民共和国建筑法》（2011年4月22日修正）（节录）

第十五条 建筑工程的发包单位与承包单位应当依法订立书面合同，明确双方的权利和义务。

发包单位和承包单位应当全面履行合同约定的义务。不按照合同约定履行义务的，依法承担违约责任。

第十八条 建筑工程造价应当按照国家有关规定，由发包单位与承包单位在合同中约定。

公开招标发包的，其造价的约定，须遵守招标投标法律的规定。

发包单位应当按照合同的约定，及时拨付工程款项。

第三十一条 实行监理的建筑工程，由建设单位委托具有相应资质条件的工程监理单位监理。建设单位与其委托的工程监理单位应当订立书面委托监理合同。

第三十二条 建筑工程监理应当依照法律、行政法规及有关的技术标准、设计文件和建筑工程承包合同，对承包单位在施工质量、建设工期和建设资金使用等方面，代表建设单位实施监督。

工程监理人员认为工程施工不符合工程设计要求、施工技术标准和合同约定的，有权要求建筑施工企业改正。

工程监理人员发现工程设计不符合建筑工程质量标准或者合同约定的质量要求的，应当报告建设单位要求设计单位改正。

九、农村建房施工合同纠纷

> **148.** 承包方依照合同约定将工程完工并交付,发包方已经实际入住,在无证据证明的情况下,发包方关于工程质量存在瑕疵而拒绝支付工程款的抗辩是否成立?
>
> 在发包方已经实际入住且无其他证据证明工程存在质量问题的情况下,其关于工程质量有瑕疵而拒绝支付工程款的抗辩不成立。

> **149.** 在一审法院明确阐明发包方有权对工程质量申请鉴定的情况下,发包方明确表示不申请鉴定也不缴纳鉴定费,在上诉时再提出鉴定申请,二审法院能否支持其主张?
>
> 一审过程中,在明知自己有权申请鉴定却明确表示不申请鉴定,二审再提出鉴定申请,在无其他正当理由的情况下,其主张不应得到支持。

典型疑难案件参考

李国胜与冯贵财建设工程合同纠纷案

基本案情

2008年4月29日,原、被告签订了一份《修石窑合同》,合同约定:原告给被告修建石窑6孔,被告给原告付酬7万元整,付款方式为:写合同时付1万元,窑腿做起付1万元,合龙口付1万元,工程完付1万元,剩余3万元到年底付清;还约定:质量要求,总体面差不能超过5公分;双方责任为原告负责石料、做工,被告负责供给水泥、沙子、楼板、窑架子、挖地基、填窑背。如一方违约,要给对方赔40%的违约金。合同签订后,即开始施工,被告也随工监工,该工程于6月底竣工,交工。在这期间,一切均较顺利,双方都能按约定各负其责。11月份,被告李国胜搬住该窑洞,原告按约定在年底索要30000元欠款时,被告以窑洞有质量问题而拒付。

一审裁判结果

一审法院判决如下：被告李国胜在本判决生效后 10 日内付给原告冯贵财工程款 30000 元整。案件受理费 800 元，由李国胜承担。如果未按本判决指定的期间履行给付金钱义务，应当依照《中华人民共和国民事诉讼法》第 229 条规定，加倍支付迟延履行期间的债务利息。

一审裁判理由

原、被告签订的《修石窑合同》属有效合同。原告冯贵财按约定为被告修建 6 孔石窑且交付被告居住使用，被告就应支付所欠工程款 30000 元，借石窑质量有瑕疵，但未向本院提供相关证据，也不申请鉴定。被告理应承担举证不能的责任，故原告的诉讼请求，本院予以支持。

二审诉辩情况

李国胜不服该判决，提起上诉，其上诉理由为：（1）一审法院认为被告没有对其所主张的窑洞存在瑕疵提供必要的证据，现提出鉴定申请。（2）原、被告双方的陈述相互印证，双方所签订的《修石窑合同》是双方当事人真实意思表示，且经当庭质证认定均无异议，所以该合同属有效合同。被上诉人应承担上诉人违约金 28000 元。（3）被上诉人认为上诉人所修建的窑洞面差超过五公分，被上诉人虽经过二次返工，但仍没有达到合同的要求。故上诉请求：（1）依法撤销原审判决。（2）由被上诉人承担上诉人合同违约金 28000 元。（3）由被上诉人赔偿其所修的存在质量瑕疵的六孔石窑的修复维修费用。（4）本案一切诉讼费用由被上诉人承担。

被上诉人冯贵财答辩称．（1）一审法院认定事实清楚，证据确凿。（2）被答辩人所述不是事实，其要求违约金 28000 元没有法律依据。请求维持一审判决。

二审裁判结果

二审法院判决如下：
驳回上诉，维持原判。

二审裁判理由

二审法院认为：上诉人李国胜与被上诉人冯贵财签订的《修石窑合同》，是双方的真实意思表示，合法有效，本院予以确认。被上诉人冯贵财按约定将为上诉人李国胜修建 6 孔石窑且交付上诉人李国胜居住使用，并按约定在年底索要 30000 元欠款时，上诉人李国胜以石窑质量有瑕疵而拒付，但上诉人李国胜未提供相关证据。一审期间原审法院在近半年的时间内多次明确告知上诉人李国胜进行鉴定,但上诉人李国胜均明确表示不申请鉴定,也不缴纳鉴定费。故上诉人李国胜的上诉理由不能成立,其上诉请求,本院不予支持。

> **150. 因承包方无资质而导致农村建房施工合同无效后,发包方是否也需要承担一定责任?**
>
> 因承包方无资质而签订的合同归于无效后,应当根据双方当事人的过错各自承担缔约过失责任。若发包方明知相对人无资质而与其订立合同,其亦应当承担一定的责任。

典型疑难案件参考

赵中显诉邱士杰等农村建房施工合同纠纷案

基本案情

邱士杰经常组织人员承担农村建房工程,没有资质证书,人员亦不固定。2000年3月,原告赵中显筹资欲兴建两层住宅楼一座,经本村的赵中堂与被告邱士杰联系,双方口头约定,由原告提供原材料,由被告承担施工,原告每层支付施工报酬2500元。被告邱士杰组织被告邱士方、王涛、李同彬、贾会运、贾会高、贾金本、贾会亭、贾会全、贾会拴、贾东方、贾会义、贾会东、侯守相、侯守府、侯守军、李运法、王付本、冯朝合共19名施工人员,于2000年3月开工,麦收前第一层竣工,当拆掉壳子板时,原告发现工程存在严重质量问题,遂要求被告修复,但因被告拒绝而导致工程停工。原告为请求赔偿起诉来院,并于2001年12月24日申请工程质量鉴定,本院委托泌阳县建设工程质量监督站对该房屋质量安全进行了鉴定,经勘验,整座房屋共使用现浇混凝土柱11根,有4根已用水泥砂浆涂抹看不清,其余七根柱有六根柱均出现蜂窝、麻面、空洞及露筋现象,仅空洞就有11处之多,且已大过深,深度达12—30cm,空洞面积最大的5cm×6cm,露筋9处,最多处4根钢筋有3根外露……鉴定结论为"此房屋多项评定均为不合格",其原因为"(1)该工程使用的建筑工程队,属农村散工班子,根本不懂业务,且没有施工资质;(2)该工程在施工过程中,既无图纸,也无人监督;(3)施工机具不全",并建议"(1)楼梯部分及挑梁需打掉重新施工;(2)现浇混凝土柱需打掉重新浇筑;(3)其余各分项应认真整改"。2001年11月13日,我院委托泌阳县价格评估鉴定中心进行价格评估鉴定:"价格鉴定标的为混凝土柱 11 根,圈梁一道,楼梯二跑,墙体 61 平方米……价格鉴定标的综合认定价值为人民币 19340 元。"原告共支出质量鉴定费 700 元,房屋重置价格评估鉴定费 770 元,租车费 270 元。以上共计 21080 元。

诉辩情况

原告赵中显诉称:2000 年 3 月,我和被告口头约定,被告为我建设二层住宅楼一栋,我提供原材料,由被告承揽施工,我每层支付施工费 2500 元。施工开始后,由于被告对工程质量严重不负责任,导致所建楼房存在严重质量缺陷,为此要求被告重新修复,因被告拒绝而停工至今。被告的行为给我造成重大经济损失,为此依法请求被告返还施工费 1500 元,赔偿重置费 23003.20 元,本案的诉讼费用由被告负担。

被告邱士杰、侯守相、贾会运辩称,原、被告之间不存在承揽合同关系,双方属雇佣关系,被告在施工中只是起到组织监理作用,被告已按要求完成工作量,为此被告不应承担赔偿责任。

邱士杰等 16 名被告下落不明,经一审法院公告送达原告起诉状副本后,在法定期间均未向本院提出答辩。

裁判结果

一审法院判决如下:

被告邱士杰等 19 人共同赔偿原告赵中显房屋重置费 19340 元,鉴定费及租车费 1740 元,共计 21080 元的 70% 即 14756 元,限判决生效后 30 日内履行完毕,19 名被告相互承担连带责任。余额 6324 元(占 30%)由原告自理。

裁判理由

法院认为,被告邱士杰等 19 人未取得相应的建筑资质证书,承揽原告赵中显发包的房屋建设工程,违反了国家有关建筑市场管理的法律规定,双方口头所达成的建筑工程施工合同为无效合同。19 名被告在施工过程中未按照技术操作规范施工,导致原告正在建设的房屋部分结构质量不符合要求,经鉴定需要重新施工,被告本应返工及时无偿修理,鉴于该建设工程合同为无效合同,被告已无此法定义务,原告要求其赔偿重置价值及其相关损失的理由成立,予以支持;由于原告未认真审查被告的建筑资格,而盲目与被告达成房屋建设的协议,其行为不仅直接导致了该协议的无效,而且间接导致了该损害结果的发生,原告对此损害后果的发生亦有过错,应相应减轻被告的赔偿责任。被告邱士杰、侯守相、贾会运辩称其与原告系雇佣关系,且在施工中起组织、监理作用的理由不足,不予采纳。

农村建房施工合同纠纷办案依据集成

1.《中华人民共和国合同法》（1999年3月15日主席令第15号公布）（节录）

第十六章 建设工程合同

第二百六十九条 建设工程合同是承包人进行工程建设，发包人支付价款的合同。

建设工程合同包括工程勘察、设计、施工合同。

第二百七十条 建设工程合同应当采用书面形式。

第二百七十一条 建设工程的招标投标活动，应当依照有关法律的规定公开、公平、公正进行。

第二百七十二条 发包人可以与总承包人订立建设工程合同，也可以分别与勘察人、设计人、施工人订立勘察、设计、施工承包合同。发包人不得将应当由一个承包人完成的建设工程肢解成若干部分发包给几个承包人。

总承包人或者勘察、设计、施工承包人经发包人同意，可以将自己承包的部分工作交由第三人完成。第三人就其完成的工作成果与总承包人或者勘察、设计、施工承包人向发包人承担连带责任。承包人不得将其承包的全部建设工程转包给第三人或者将其承包的全部建设工程肢解以后以分包的名义分别转包给第三人。

禁止承包人将工程分包给不具备相应资质条件的单位。禁止分包单位将其承包的工程再分包。建设工程主体结构的施工必须由承包人自行完成。

第二百七十三条 国家重大建设工程合同，应当按照国家规定的程序和国家批准的投资计划、可行性研究报告等文件订立。

第二百七十四条 勘察、设计合同的内容包括提交有关基础资料和文件（包括概预算）的期限、质量要求、费用以及其他协作条件等条款。

第二百七十五条 施工合同的内容包括工程范围、建设工期、中间交工工程的开工和竣工时间、工程质量、工程造价、技术资料交付时间、材料和设备供应责任、拨款和结算、竣工验收、质量保修范围和质量保证期、双方相互协作等条款。

第二百七十六条 建设工程实行监理的，发包人应当与监理人采用书面形式订立委托监理合同。发包人与监理人的权利和义务以及法律责任，应当依照本法委托合同以及其他有关法律、行政法规的规定。

第二百七十七条 发包人在不妨碍承包人正常作业的情况下，可以随时对作业进度、质量进行检查。

第二百七十八条 隐蔽工程在隐蔽以前，承包人应当通知发包人检查。发包人没有及时检查的，承包人可以顺延工程日期，并有权要求赔偿停工、窝工等损失。

第二百七十九条 建设工程竣工后，发包人应当根据施工图纸及说明书、国家颁发的施工验收规范和质量检验标准及时进行验收。验收合格的，发包人应当按照约定支付价款，

并接收该建设工程。

建设工程竣工经验收合格后，方可交付使用；未经验收或者验收不合格的，不得交付使用。

第二百八十条 勘察、设计的质量不符合要求或者未按照期限提交勘察、设计文件拖延工期，造成发包人损失的，勘察人、设计人应当继续完善勘察、设计，减收或者免收勘察、设计费并赔偿损失。

第二百八十一条 因施工人的原因致使建设工程质量不符合约定的，发包人有权要求施工人在合理期限内无偿修理或者返工、改建。经过修理或者返工、改建后，造成逾期交付的，施工人应当承担违约责任。

第二百八十二条 因承包人的原因致使建设工程在合理使用期限内造成人身和财产损害的，承包人应当承担损害赔偿责任。

第二百八十三条 发包人未按照约定的时间和要求提供原材料、设备、场地、资金、技术资料的，承包人可以顺延工程日期，并有权要求赔偿停工、窝工等损失。

第二百八十四条 因发包人的原因致使工程中途停建、缓建的，发包人应当采取措施弥补或者减少损失，赔偿承包人因此造成的停工、窝工、倒运、机械设备调迁、材料和构件积压等损失和实际费用。

第二百八十五条 因发包人变更计划，提供的资料不准确，或者未按照期限提供必需的勘察、设计工作条件而造成勘察、设计的返工、停工或者修改设计，发包人应当按照勘察人、设计人实际消耗的工作量增付费用。

第二百八十六条 发包人未按照约定支付价款的，承包人可以催告发包人在合理期限内支付价款。发包人逾期不支付的，除按照建设工程的性质不宜折价、拍卖的以外，承包人可以与发包人协议将该工程折价，也可以申请人民法院将该工程依法拍卖。

建设工程的价款就该工程折价或者拍卖的价款优先受偿。

第二百八十七条 本章没有规定的，适用承揽合同的有关规定。

2.《中华人民共和国建筑法》（2011年4月22日修正）（节录）

第十五条 建筑工程的发包单位与承包单位应当依法订立书面合同，明确双方的权利和义务。

发包单位和承包单位应当全面履行合同约定的义务。不按照合同约定履行义务的，依法承担违约责任。

第十八条 建筑工程造价应当按照国家有关规定，由发包单位与承包单位在合同中约定。

公开招标发包的，其造价的约定，须遵守招标投标法律的规定。

发包单位应当按照合同的约定，及时拨付工程款项。

第三十一条 实行监理的建筑工程，由建设单位委托具有相应资质条件的工程监理单位监理。建设单位与其委托的工程监理单位应当订立书面委托监理合同。

第三十二条 建筑工程监理应当依照法律、行政法规及有关的技术标准、设计文件和建筑工程承包合同，对承包单位在施工质量、建设工期和建设资金使用等方面，代表建设单位实施监督。

工程监理人员认为工程施工不符合工程设计要求、施工技术标准和合同约定的，有权要求建筑施工企业改正。

工程监理人员发现工程设计不符合建筑工程质量标准或者合同约定的质量要求的，应当报告建设单位要求设计单位改正。

3. 最高人民法院《关于审理建设工程施工合同纠纷案件适用法律问题的解释》（2004年10月25日　法释〔2004〕14号）

根据《中华人民共和国民法通则》、《中华人民共和国合同法》、《中华人民共和国招标投标法》、《中华人民共和国民事诉讼法》等法律规定，结合民事审判实际，就审理建设工程施工合同纠纷案件适用法律的问题，制定本解释。

第一条　建设工程施工合同具有下列情形之一的，应当根据合同法第五十二条第（五）项的规定，认定无效：

（一）承包人未取得建筑施工企业资质或者超越资质等级的；

（二）没有资质的实际施工人借用有资质的建筑施工企业名义的；

（三）建设工程必须进行招标而未招标或者中标无效的。

第二条　建设工程施工合同无效，但建设工程经竣工验收合格，承包人请求参照合同约定支付工程价款的，应予支持。

第三条　建设工程施工合同无效，且建设工程经竣工验收不合格的，按照以下情形分别处理：

（一）修复后的建设工程经竣工验收合格，发包人请求承包人承担修复费用的，应予支持；

（二）修复后的建设工程经竣工验收不合格，承包人请求支付工程价款的，不予支持。

因建设工程不合格造成的损失，发包人有过错的，也应承担相应的民事责任。

第四条　承包人非法转包、违法分包建设工程或者没有资质的实际施工人借用有资质的建筑施工企业名义与他人签订建设工程施工合同的行为无效。人民法院可以根据民法通则第一百三十四条规定，收缴当事人已经取得的非法所得。

第五条　承包人超越资质等级许可的业务范围签订建设工程施工合同，在建设工程竣工前取得相应资质等级，当事人请求按照无效合同处理的，不予支持。

第六条　当事人对垫资和垫资利息有约定，承包人请求按照约定返还垫资及其利息的，应予支持，但是约定的利息计算标准高于中国人民银行发布的同期同类贷款利率的部分除外。

当事人对垫资没有约定的，按照工程欠款处理。

当事人对垫资利息没有约定，承包人请求支付利息的，不予支持。

第七条　具有劳务作业法定资质的承包人与总承包人、分包人签订的劳务分包合同，当事人以转包建设工程违反法律规定为由请求确认无效的，不予支持。

第八条　承包人具有下列情形之一，发包人请求解除建设工程施工合同的，应予支持：

（一）明确表示或者以行为表明不履行合同主要义务的；

（二）合同约定的期限内没有完工，且在发包人催告的合理期限内仍未完工的；

（三）已经完成的建设工程质量不合格，并拒绝修复的；

（四）将承包的建设工程非法转包、违法分包的。

第九条 发包人具有下列情形之一，致使承包人无法施工，且在催告的合理期限内仍未履行相应义务，承包人请求解除建设工程施工合同的，应予支持：

（一）未按约定支付工程价款的；

（二）提供的主要建筑材料、建筑构配件和设备不符合强制性标准的；

（三）不履行合同约定的协助义务的。

第十条 建设工程施工合同解除后，已经完成的建设工程质量合格的，发包人应当按照约定支付相应的工程价款；已经完成的建设工程质量不合格的，参照本解释第三条规定处理。

因一方违约导致合同解除的，违约方应当赔偿因此而给对方造成的损失。

第十一条 因承包人的过错造成建设工程质量不符合约定，承包人拒绝修理、返工或者改建，发包人请求减少支付工程价款的，应予支持。

第十二条 发包人具有下列情形之一，造成建设工程质量缺陷，应当承担过错责任：

（一）提供的设计有缺陷；

（二）提供或者指定购买的建筑材料、建筑构配件、设备不符合强制性标准；

（三）直接指定分包人分包专业工程。

承包人有过错的，也应当承担相应的过错责任。

第十三条 建设工程未经竣工验收，发包人擅自使用后，又以使用部分质量不符合约定为由主张权利的，不予支持；但是承包人应当在建设工程的合理使用寿命内对地基基础工程和主体结构质量承担民事责任。

第十四条 当事人对建设工程实际竣工日期有争议的，按照以下情形分别处理：

（一）建设工程经竣工验收合格的，以竣工验收合格之日为竣工日期；

（二）承包人已经提交竣工验收报告，发包人拖延验收的，以承包人提交验收报告之日为竣工日期；

（三）建设工程未经竣工验收，发包人擅自使用的，以转移占有建设工程之日为竣工日期。

第十五条 建设工程竣工前，当事人对工程质量发生争议，工程质量经鉴定合格的，鉴定期间为顺延工期期间。

第十六条 当事人对建设工程的计价标准或者计价方法有约定的，按照约定结算工程价款。

因设计变更导致建设工程的工程量或者质量标准发生变化，当事人对该部分工程价款不能协商一致的，可以参照签订建设工程施工合同时当地建设行政主管部门发布的计价方法或者计价标准结算工程价款。

建设工程施工合同有效，但建设工程经竣工验收不合格的，工程价款结算参照本解释第三条规定处理。

第十七条 当事人对欠付工程价款利息计付标准有约定的，按照约定处理；没有约定的，按照中国人民银行发布的同期同类贷款利率计息。

第十八条 利息从应付工程价款之日计付。当事人对付款时间没有约定或者约定不明的，下列时间视为应付款时间：

（一）建设工程已实际交付的，为交付之日；

（二）建设工程没有交付的，为提交竣工结算文件之日；

（三）建设工程未交付，工程价款也未结算的，为当事人起诉之日。

第十九条 当事人对工程量有争议的，按照施工过程中形成的签证等书面文件确认。承包人能够证明发包人同意其施工，但未能提供签证文件证明工程量发生的，可以按照当事人提供的其他证据确认实际发生的工程量。

第二十条 当事人约定，发包人收到竣工结算文件后，在约定期限内不予答复，视为认可竣工结算文件的，按照约定处理。承包人请求按照竣工结算文件结算工程价款的，应予支持。

第二十一条 当事人就同一建设工程另行订立的建设工程施工合同与经过备案的中标合同实质性内容不一致的，应当以备案的中标合同作为结算工程价款的根据。

第二十二条 当事人约定按照固定价结算工程价款，一方当事人请求对建设工程造价进行鉴定的，不予支持。

第二十三条 当事人对部分案件事实有争议的，仅对有争议的事实进行鉴定，但争议事实范围不能确定，或者双方当事人请求对全部事实鉴定的除外。

第二十四条 建设工程施工合同纠纷以施工行为地为合同履行地。

第二十五条 因建设工程质量发生争议的，发包人可以以总承包人、分包人和实际施工人为共同被告提起诉讼。

第二十六条 实际施工人以转包人、违法分包人为被告起诉的，人民法院应当依法受理。

实际施工人以发包人为被告主张权利的，人民法院可以追加转包人或者违法分包人为本案当事人。发包人只在欠付工程价款范围内对实际施工人承担责任。

第二十七条 因保修人未及时履行保修义务，导致建筑物毁损或者造成人身、财产损害的，保修人应当承担赔偿责任。

保修人与建筑物所有人或者发包人对建筑物毁损均有过错的，各自承担相应的责任。

第二十八条 本解释自二○○五年一月一日起施行。

施行后受理的第一审案件适用本解释。

施行前最高人民法院发布的司法解释与本解释相抵触的，以本解释为准。